30
ANOS

TEMPOS INSTÁVEIS

Coleção Jornalismo Literário — Coordenação de Matinas Suzuki Jr.

41 inícios falsos, Janet Malcolm
A sangue frio, Truman Capote
Anatomia de um julgamento, Janet Malcolm
Berlim, Joseph Roth
Chico Mendes: Crime e castigo, Zuenir Ventura
Dentro da floresta, David Remnick
Elogiemos os homens ilustres, James Rufus Agee e Walker Evans
Esqueleto na lagoa verde, Antonio Callado
Fama e anonimato, Gay Talese
A feijoada que derrubou o governo, Joel Silveira
Filme, Lillian Ross
Hiroshima, John Hersey
Honra teu pai, Gay Talese
O imperador, Ryszard Kapuściński
O livro das vidas, org. Matinas Suzuki Jr.
O livro dos insultos de H. L. Mencken, seleção, tradução e posfácio de Ruy Castro
A milésima segunda noite da avenida Paulista, Joel Silveira
Na pior em Paris e Londres, George Orwell
Operação Massacre, Rodolfo Walsh
Paralelo 10, Eliza Griswold
Radical Chique e o Novo Jornalismo, Tom Wolfe
O reino e o poder, Gay Talese
O segredo de Joe Gould, Joseph Mitchell
Stasilândia, Anna Funder
O super-homem vai ao supermercado, Norman Mailer
Tempos instáveis, org. Fernando de Barros e Silva
A vida como performance, Kenneth Tynan
Vida de escritor, Gay Talese
A vida secreta da guerra, Peter Beaumont
O Voyeur, Gay Talese
Vultos da República, org. Humberto Werneck
O xá dos xás, Ryszard Kapuściński

Tempos instáveis

O mundo, o Brasil e o jornalismo em 21 reportagens da piauí

Organização
Fernando de Barros e Silva

Jornalismo Literário
Companhia Das Letras

Os textos "O povoado dos Kirchner" e "Ilusões perdidas", escritos originalmente em espanhol, foram traduzidos por Sergio Molina e Rubia Goldoni.

Grafia atualizada segundo o Acordo Ortográfico da Língua Portuguesa de 1990, que entrou em vigor no Brasil em 2009.

Capa
Alceu Chiesorin Nunes

Preparação
Silvia Massimini Felix

Revisão
Dan Duplat
Huendel Viana
Jane Pessoa

Dados Internacionais de Catalogação na Publicação (CIP)
(Câmara Brasileira do Livro, SP, Brasil)

Tempos instáveis: o mundo, o Brasil e o jornalismo em 21 reportagens da *piauí* / organização Fernando de Barros e Silva. — 1ª ed. — São Paulo: Companhia das Letras, 2016.

Vários autores.
ISBN 978-85-359-2834-1

1. Livro-reportagem 2. Jornalismo – Brasil 3. Reportagem em forma literária I. Silva, Fernando de Barros e.

16-08051 CDD-070.433

Índice para catálogo sistemático:
1. Livro reportagem: Jornalismo 070.433

[2016]

EDITORA SCHWARCZ S.A.
Rua Bandeira Paulista, 702, cj. 32
04532-002 — São Paulo — SP
Telefone: (11) 3707-3500
Fax: (11) 3707-3501
www.companhiadasletras.com.br
www.blogdacompanhia.com.br
facebook.com/companhiadasletras
instagram.com/companhiadasletras
twitter.com/cialetras

Sumário

Prefácio

O Piauí é aqui

Fernando de Barros e Silva

A *piauí* surgiu em outubro de 2006 como uma planta improvável, ou algo exótica, na paisagem das publicações brasileiras. Já existia o consenso de que o jornalismo impresso era uma atividade condenada — se não à morte imediata, a um estrangulamento progressivo que o levaria a um triste fim. Os veículos de comunicação se viam diante do dilema de adiar o inevitável, mantendo vivo, em condições cada vez mais custosas, o doente de papel, ou voltar seus recursos e atenções para a fronteira digital, apressando o declínio da versão física para que jornais e revistas pudessem conhecer uma nova encarnação na esfera virtual.

A expressão "jornalismo diário" se tornou obsoleta. Sob a tirania do on-line e das redes sociais, o tempo da notícia passou a ser medido em minutos, segundos, caracteres. Bombardeado por todos os lados, ininterruptamente, o leitor, por sua vez, deixou de ser mero receptor passivo das informações. Aquela pessoa que abre o jornal em cima da mesa no café da manhã e resmunga diante da folha de papel é uma figura em extinção. O consumidor de informações agora acorda — ou, antes, mantém-se acordado — conversando com o mundo. Contesta, repercute, interfere na difusão de notícias em tempo real. Se há um efeito democratizante nessa nova ordem, também é fato que ela produz uma algaravia selvagem. Na dinâmica entrópica da nuvem digital, elementos que devem nortear o exercício do jornalismo profissional, como o rigor da apuração, a hierarquia entre as notícias, o respeito às nuances e à complexidade dos fatos, para não falar do compromisso com a busca da verdade, parecem estar sob ameaça permanente, ou, pior, não ter mais importância.

Foi no ambiente de adensamento dessa nuvem que a *piauí* veio à luz. Seria difícil imaginar outra publicação tão na contramão do espírito dos tempos. A começar pela aposta no papel. Mal comparando, era como ingressar no ramo do aluguel de charretes no momento em que Henry Ford inventava a linha de montagem de carros. A esse descompasso seguiam-se outros: o formato incomum, pouco prático, de difícil manuseio; os textos longos, desafiando o lugar-comum de que o tempo das pessoas é um bem cada vez mais disputado e escasso; as capas, algumas engraçadas, outras contemplativas, e quase nunca relacionadas com as reportagens do miolo ou motivadas pelos assuntos do momento (aspecto que se alterou desde 2015, quando passaram a fazer comentários de fundo político); a pauta, enfim, livre das divisões convencionais por área de cobertura (política, economia, esportes etc.), sem obrigações nem assuntos imprescindíveis, além de avessa a qualquer propósito utilitário — ninguém vai ler dicas de vida saudável ou aprender a aplicar seu dinheiro abrindo a *piauí*.

Havia, sobretudo, esse nome, espécie de síntese bem-humorada de certa gratuidade inscrita no DNA da revista. Provocado a falar sobre as motivações da escolha, seu criador, João Moreira Salles, disse certa vez que ela surgiu de uma idiossincrasia: "Gosto de palavras com muitas vogais, e 'piauí' tem várias. O som é bonito. Parece banal, e talvez seja mesmo, mas a razão é essa. Vogais amolecem as palavras. Elas ficam mais simpáticas. Piauí é uma palavra simpática".

A doçura, a simpatia e as conotações afetivas da palavra podem, de fato, ser boas razões para adotá-la, mas isso não é tudo. Piauí não é uma palavra cheia de vogais qualquer. Sem querer me estender nesse ponto, fiquemos apenas com o óbvio: o Piauí é um dos estados mais pobres da federação, dentro de uma região já identificada, ela própria, com a pobreza. Levando em conta que somos, também, um país periférico, pode-se dizer que o Piauí se encontra na periferia da periferia da periferia. Como se isso não bastasse, é quase pela ausência de atributos que a maior parte dos brasileiros identifica aquele pedaço do país, que no imaginário nacional muitas vezes ocupa uma espécie de não lugar, algo como um fim de mundo.

Ao assumir esse nome, a revista se põe de alguma forma nesse não lugar, como se flertasse com a inviabilidade de sua existência já antes de nascer. Se há uma motivação de ordem afetiva, existe também ironia na escolha. Há aqui uma autodepreciação meditada, a voz silenciosa de alguém que, depois de pesar bem as coisas, diz a si mesmo: nas condições brasileiras, não há como levar adiante, nem totalmente a sério, o projeto de fazer uma publicação parecida com a *New Yorker*.

Mário Faustino, o grande poeta piauiense, escreveu um poema belíssimo intitulado "Balada (em memória de um poeta suicida)", no qual há um verso que se repete ao final de cada estrofe: "Tanta violência, mas tanta ternura". Suspeito que essas duas disposições contraditórias, bem como sua demasia (*tanta* violência, mas *tanta* ternura) — de resto tão marcantes da formação brasileira —, estejam condensadas nesse nome: *piauí*.

Havia na cabeça de Moreira Salles sérias dúvidas sobre a viabilidade da publicação que imaginava criar. Quem vai ler essa revista? Quem vai *fazer* essa revista? Eram questões que ele ruminava desde que começou a pensar no assunto, pelo menos cinco anos antes de a *piauí* se materializar, e que dividia em longas conversas com o jornalista Marcos Sá Corrêa, seu amigo, que viria a ser um dos editores fundadores da revista, ao lado de Dorrit Harazim e de Mario Sergio Conti, escolhido como diretor de redação.

Peguei o bonde andando. Mais precisamente, na metade do caminho, quando o nome *piauí* já havia sido assimilado por um público fiel, ainda que restrito. Eu vinha de quase 25 anos trabalhando em um jornal diário, a *Folha de S.Paulo*, e, como tantos colegas, gostava daquelas reportagens sem pressa, em especial dos perfis, gênero que a *New Yorker* praticamente inventou e levou às alturas, mas que no Brasil havia sido pouco cultivado com rigor e método (uma das exceções foi a revista *Realidade*, que circulou entre 1966 e 1976, e se notabilizou por fazer grandes reportagens sob a influência do *new journalism* americano, sobretudo em seus primeiros anos, antes do AI-5 e da censura pesada).

Foram, de fato, os perfis políticos os responsáveis por retirar a *piauí* de sua condição inicial de semiclandestinidade, projetando-a para fora do ambiente restrito das redações. Ao mesmo tempo, mais do que os perfis, a forma de trabalhar da revista foi se tornando uma referência para os jornalistas. Havia, na experiência piauiense, duas características cobiçadas e cada vez mais raras: tempo para apurar e espaço para escrever. Além, claro, de independência editorial, sem o que não se faz nada que valha a pena em jornalismo.

Tudo somado, talvez não seja exagero dizer que, à medida que a reportagem de fôlego foi se tornando mercadoria de luxo nas redações, a charrete da *piauí*, à primeira vista tão na contramão do curso do mundo, de certa forma reinventou a roda. A aposta na apuração paciente e minuciosa, que requer coleta exaustiva de informações, contato demorado com as personagens e capacidade de observação — o que o entrevistado fala pode não ser tão importante como aquilo que o repórter vê —, representou um oásis no semiárido da imprensa brasileira. Em boa medida, o resultado se deve também ao processo de edição, mais intenso e mais invasivo do que costuma ser em outros veículos. Mas editar, nesse caso, significa tornar o texto mais claro e mais preciso, a prosa mais fluente e a leitura mais agradável. Editar não se confunde com *editorializar*, intervir na narrativa para que ela sirva a propósitos políticos, obscuros ou explícitos, e não jornalísticos, como se tornou comum em publicações do país, de forma frequentemente caricata.

A revista que acaba de completar dez anos não é muito diferente daquela que seu fundador idealizou lá atrás. Havia, entre tantos, dois riscos fatais para uma publicação dessa natureza: a irrelevância ou a descaracterização — a *piauí* não poderia estar fora do debate público nem fazer concessões ao mercado. Acredito que até agora, bem ou mal, sua vocação vem se cumprindo.

Era impossível, porém, saber de antemão quais as histórias (e qual a história) a *piauí* iria contar. Este *Tempos instáveis* pode ser lido como uma espécie de sismógrafo de uma época. Ao organizá-lo, tive a pretensão de que as reportagens pudessem, cada uma à sua maneira, tomar o pulso do passado recente e, ao mesmo tempo, oferecer um retrato significativo do que fomos capazes de realizar.

O livro está estruturado em quatro partes. A primeira, *Cartas do mundo*, reúne reportagens internacionais (sobre os Kirchner, o sumiço de estudantes no México, a Operação Mãos Limpas); a última, *Anais da imprensa*, se debruça sobre o trabalho dos jornalistas e a crise do jornalismo; os dois blocos centrais, *Questões brasileiras* e *Perfis*, tratam mais diretamente do Brasil, entre encrencas e tragédias (a transposição do rio São Francisco, o acidente da TAM, o escândalo da Petrobras, o desastre ambiental de Mariana) e personagens que marcaram o período (de Delúbio Soares, o tesoureiro do PT no mensalão, a Delcídio do Amaral, o delator do partido no petrolão, passando por um retrato do então candidato a vice-presidente, Michel Temer, e um perfil de Ricardo Teixeira, que deflagraria sua queda da presidência da CBF). Na maioria dos casos, sempre que se identificou a necessidade, os textos foram acrescidos de um pós-escrito inédito.

Algumas das melhores matérias da *piauí* são reconstituições de assuntos já conhecidos, que tiveram grande impacto na opinião pública e visibilidade em outros lugares, mas que foram sendo aos poucos, e às vezes subitamente, relegados ao rodapé do noticiário ou simplesmente esquecidos. O trabalho da revista consiste em fazer a exumação do cadáver e ver de perto o que ele ainda tem a nos dizer.

Nem todas as reportagens, portanto, contêm furos no sentido estrito, mas todas estão cheias de novidades. As novidades derivam, em primeiro lugar, do acúmulo de detalhes que haviam sido ignorados ou eram desconhecidos até então; derivam, ainda, da capacidade de tornar inteligível, por meio de uma narrativa coesa, com começo, meio e fim, uma história que os demais veículos, premidos por urgências de toda sorte, apresentam aos pedaços, em flashes ou capítulos desconexos. O êxito de uma reportagem à moda piauiense, seja um perfil ou não, depende, quase sempre, do vaivém entre a descrição das peças e o funcionamento da engrenagem, da alternância entre a observação da árvore e a capacidade de enxergar a floresta, de certa tensão que se sustenta no tempo entre o particular e o geral, o miúdo e o abrangente.

É bem o caso de "A grande ilusão", reportagem de João Moreira Salles que abre o volume, sobre o colapso da Islândia quando o sistema financeiro internacional ruiu, em setembro de 2008. Já o texto que encerra o livro, "Ilusões perdidas", é um relato em primeira pessoa de Graciela Mochkofsky, cuja trajetória profissional na imprensa argentina se confunde com os anos de ouro e o declínio dos grandes jornais do país — e lembra, em vários aspectos, o que se passou com a imprensa no Brasil. O arco que vai da grande ilusão às ilusões perdidas dá um pouco o tom da década que este livro procura iluminar.

CARTAS DO MUNDO

A grande ilusão

Depois da farra, o colapso: choque, confusão e revolta no país mais afetado pela crise mundial

JOÃO MOREIRA SALLES
Janeiro de 2009

Um relatório da Organização das Nações Unidas publicado em outubro de 2007 afirmava que a Islândia, segundo todos os indicadores sociais, havia superado a Noruega e era agora o melhor país do mundo para se viver. Exatamente um ano depois, em 6 de outubro de 2008, boa parte dos 320 mil islandeses parou para ver o primeiro-ministro Geir Haarde se dirigir à nação. Era o meio da tarde, um horário fora do comum — os canais abertos islandeses começam a transmitir às dezoito horas. Ainda assim, lá estava ele, severo, atrás de uma mesa tão sombria quanto seu semblante, tendo ao fundo a bandeira do país. Haarde falou por onze minutos. Ao concluir, disse:

> Compatriotas, se jamais houve um momento em que a nação islandesa precisou demonstrar coesão e estoicismo na adversidade, esse momento é chegado. Diante da tempestade que se inicia, exorto as famílias a conversarem entre si, a não se deixarem dominar pelo desespero, ainda que para muitos as perspectivas sejam sombrias. Precisamos explicar aos nossos filhos que o mundo não está à beira do apocalipse e que temos de arrancar, do fundo de nós mesmos, a coragem para enfrentar o futuro. Que Deus abençoe a Islândia.

Quarenta e oito horas mais tarde, o primeiro-ministro inglês Gordon Brown invocou uma lei promulgada depois do Onze de Setembro e incluiu a Islândia na lista de países e organizações terroristas. O Banco Central, o Ministério das Finanças e os dois maiores bancos islandeses se juntavam à Al-Qaeda e ao Talibã. Os ativos dessas instituições no Reino Unido foram sumariamente congelados.

No final de novembro, em sua acanhada sala de trabalho, em Reykjavík, Árni Mathiesen, o então ministro das Finanças, balançou a cabeça e, ainda aturdido, disse: "A reação dos ingleses foi a pá de cal. Eles não precisavam fazer aquilo. Não consigo entender como alguém usa uma lei antiterrorista contra um país como o nosso. Pôr a gente nessa lista...".

Era o fim de um processo que levara a serena ilha do Atlântico Norte — que não possui Exército e cuja polícia não anda armada — ao mais grave colapso de um país em tempos de paz. Em sete dias a Islândia se tornou a maior baixa da crise econômica mundial. Não se tratava de uma instituição financeira nem de um setor da indústria, mas de uma nação na bancarrota.

Os islandeses ainda buscam a metáfora justa: um furacão, um tiro, um caminhão que os atingiu por trás. E, se o processo que os derrubou não foi necessariamente o mesmo que levou o sistema financeiro internacional à lona, o trajeto da Islândia nos últimos dez anos talvez venha a ser visto pelos historiadores como exemplo das oportunidades, excessos, vulgaridades e riscos dos tempos em que as regras foram rasgadas para que o dinheiro pudesse gerar dinheiro.

Em 1936, o jovem poeta inglês W. H. Auden propôs à Editora Faber escrever um livro sobre a Islândia. Ao chegar ao porto de Reykjavík, ele registrou: "Minha primeira impressão é de uma cidade luterana, banal e remota". A sensação associada ao país foi sempre a de isolamento.

Quando os vikings chegaram, em 874, não encontraram quase nada. Trouxeram então suas mulheres celtas raptadas às ilhas britânicas e colonizaram a ilha. Trataram as florestas que cobriam um quarto das terras como os mineiros tratam suas minas — extraindo tudo que fosse de valor —, sem se dar conta de que eram frágeis e não se regenerariam. Em menos de sessenta anos a Islândia se transformou num deserto produzido por homens e ovelhas. O fluxo migratório cessaria em 930, quando o crescimento da população já não era suportável. A maior parte dos islandeses vivos descende diretamente desses primeiros homens e mulheres que aportaram no país há mais de mil anos — e o destruíram.

O desastre ambiental foi o grande responsável pela pobreza até meados do século passado. Halldór Laxness, Prêmio Nobel de Literatura em 1955, fala de personagens que têm vontade de tomar leite e não podem, que sonham em comer carne e não a encontram. Mesmerizadas, as crianças de Laxness veem a mãe preparar a primeira refeição do dia, torcendo para que ao pão seco venha se juntar uma pincelada de gordura e fígado de bacalhau. Ao cabo da Segunda Guerra Mundial, a Islândia era um dos países mais pobres da Europa. Até um passado recente, a vida do islandês podia ser descrita como uma batalha pelo mínimo necessário à sobrevivência: um peixe, um pedaço de carne, um abrigo contra o frio.

O país passou às mãos da Noruega em 1262, e da Dinamarca, em 1380. A autonomia veio há noventa anos, e a independência, apenas em 1944. Durante todas essas etapas, o controle externo da ilha se resumiu a formalidades. Ela sempre foi deixada à própria sorte. Sem fortalezas, castelos e catedrais, nada na Islândia evoca a grande história europeia; o trabalho do homem é atestado antes de tudo pelo que *não* está mais lá: as árvores que não existem, a paisagem lunar restante. Uma nação feita de fogo, gelo, água e vento.

No verão de 1936, Auden não se deixou atrair apenas pela aventura do isolamento. Queria também conhecer o país das sagas. Ao lado de gêiser, "saga" é a palavra que os islandeses deram ao mundo. Significa "história", ou "o que se diz". São narrativas compiladas nos séculos XII e XIII que formam uma das grandes épicas da literatura universal. Junto com as Eddas — textos em verso e prosa que narram os mitos nórdicos —, são o patrimônio imaterial da Islândia, as catedrais invisíveis. Os islandeses sabem que pertencem a uma nação porque, além do gelo e do oceano, eles têm as sagas.

Durante muito tempo, foi o que bastou. Seus três grandes bens — a energia geotérmica, os peixes e as sagas — eram coletivos. Todos podiam se aquecer e pescar, e todos podiam acompanhar, no original, o drama da formação nacional. Prevalecia a noção de bem comum, até hoje um dos esteios da identidade islandesa. Auden escreveu em 1936: eles formam "a única sociedade realmente sem classes que já encontrei, e não se tornaram vulgares — pelo menos, não ainda". Em um verso, acrescentou: "Ilhas são lugares à parte de onde a Europa está ausente".

Em meados da década de 1990, um novo governo decidiu que chegara a hora de trazer a Europa para perto. O povo — ou grande parte dele — concordou.

"Quando frequentava a escola, no final dos anos 1990, havia uma sensação de que estávamos condenados a ser um país acanhado, sem perspectivas", contou Jón Steinsson em sua sala na Universidade Columbia, em Nova York, onde leciona na Faculdade de Economia. Steinsson* formou-se em Princeton

* A rigor, é impróprio referir-se aos islandeses pelo patronímico, que indica apenas a filiação pelo lado paterno e não desempenha a mesma função de nossos sobrenomes. Nesse caso específico, Steinsson significa apenas "Filho de Stein", o que equivaleria a se referir a Chico Buarque como "Filho de Sérgio". Na lista telefônica islandesa, por exemplo, emprega-se a ordem alfabética dos prenomes e não dos patronímicos. Os sobrenomes são proibidos por lei, salvo em casos

e Harvard e, com menos de trinta anos e rosto de adolescente (lembra o Pimentinha), é uma das estrelas ascendentes no campo da macroeconomia. Trabalhou no Banco Central da Islândia no início da década, e em outubro passado, nos dias mais negros da crise, foi chamado às pressas para assessorar o primeiro-ministro. "O que muita gente chama hoje de 'ambição desmedida'", disse, "foi um processo mais complexo de afirmação nacional e de criação de oportunidades."

Até o início dos anos 1990, os islandeses nasciam e morriam num país que pouco se transformava. Os empregos se concentravam na indústria pesqueira, que respondia por 50% das exportações. O então prefeito de Reykjavík intuiu que havia a possibilidade de mudar as coisas.

Chamava-se Davíð Oddsson, usava um topete arquitetônico, era ambicioso e popular. Na juventude, fora cômico e ator. Tornou-se conhecido por interpretar o Ubu Rei, personagem principal da peça homônima de Alfred Jarry — o criador da patafísica, a ciência das soluções imaginárias. Seus dez anos na prefeitura, de 1982 a 1991, coincidiram com os governos de Margaret Thatcher e Ronald Reagan, atentamente observados. Convidou economistas liberais como Milton Friedman e Friedrich Hayek a visitar sua cidade e deles ouviu propostas para desengessar o modelo islandês, no qual o Estado ocupava quase todo o espaço.

Em 1991, Oddsson foi eleito primeiro-ministro. Exerceria o cargo até 2004 — o mais longevo premiê da Islândia. Estava a caminho de se transformar no político mais poderoso — e mais radical — da história do país. Começou por privatizar a empresa municipal de pesca e, ano a ano, puxou à frente a agenda de liberalização do país. Aboliu o imposto sobre a riqueza, reduziu drasticamente os impostos sobre pessoa física e jurídica e fez o mesmo com o imposto sobre heranças. A economia respondeu. A renda média das famílias cresceu 17%.

Em 2003, Oddsson deu o passo crucial. Privatizou e consolidou o sistema bancário, que passou a ser dominado por três grandes bancos: Kaupthing, Landsbanki e Glitnir. Jón Steinsson comenta que pela primeira vez os islande-

---

muito particulares. Todos na Islândia se tratam pelo primeiro nome; no entanto, para se adequar melhor aos usos do português falado no Brasil, a *piauí* adotou o patronímico do personagem na maioria dos casos.

ses tiveram acesso a crédito. "Podíamos abrir uma empresa ou expandir um negócio. Ganhamos uma autoconfiança que não tínhamos: 'Vamos ser o país dos empreendedores!'."

Por essa época, uma palavra entrou no léxico do país: "útrás". É formada por *út* (para fora) e *rás* (corrida). "A palavra é meio agressiva", explica Ísleifur Thórhallsson, ou Ísi, um jovem produtor musical. "Significa uma invasão ao contrário, uma *ex-vasão*, ir para fora e se apropriar de coisas, pilhar. Nos anos loucos, tudo girava em torno de *útrás*", ele diz, com um sorriso encabulado.

A palavra passou a ser repetida com orgulho por políticos do governo e foi incorporada por uma nova geração cujos anseios não combinavam mais com o espírito insular. *Útrás* exprimia o desejo de garantir um lugar no mundo e rejeitar a "ilha à parte" de que falava Auden. "*Útrásarvíking*: era o que se dizia", explica Gudmundur Jónsson, professor de história da Universidade da Islândia: "Investida viking, raide para conquistar fama e dinheiro. A tomada do mundo".

A Islândia de Davíð Oddsson cresceu a taxas altíssimas. Ainda que toda a sociedade tivesse prosperado, alguns prosperaram mais. Um punhado de vinte ou trinta neovikings (os números variam) se apropriou da maior parte do produto. "Começou a surgir um abismo entre os mais ricos e o grosso da população", relembra Jónsson. "Tanta riqueza nas mãos de tão poucos era um fenômeno absolutamente novo na sociedade islandesa."

Um certo Ólafur Ólafsson, presidente da segunda maior companhia de navegação do país, contratou Elton John para tocar em seu aniversário de cinquenta anos. Outro, ligado ao Landsbanki, levou um grupo de amigos para uma ilha no Caribe e, não querendo ficar para trás, chamou o rapper americano 50 Cent para embalar a *sua* festa de quarenta anos. Pela primeira vez, islandeses abastados exibiam jatos e helicópteros particulares. Numa enquete de 2007, um jornal perguntava: "Quem é o bilionário mais interessante do país?".

Os não bilionários também enriqueciam. Uma explosão imobiliária começou a transformar a aldeia que Auden visitara. O entorno de Reykjavík foi desfigurado a golpes de investimentos vultosos. Prédios subiram no centro histórico. Concessionárias de carros tinham dificuldade em atender aos pedidos. Ao lançar o Land Cruiser, um carro de 100 mil dólares, a Toyota rapidamente identificou seus dois maiores mercados: Rússia e Islândia. Com a moeda forte, os islandeses se acostumaram a passar finais de semana em Londres e Nova York para fazer compras. Em coroas islandesas o mundo era barato, e endividar-se era um recurso sempre disponível.

* * *

Tanta prosperidade se alicerçava na extraordinária expansão dos três bancos. Entre 2003 e 2007, o PIB cresceu 25%. No mesmo período os bancos se multiplicaram por dez. E, sendo tão pequena a população islandesa, tamanho desempenho exigia ambições internacionais. O Glitnir, o Landsbanki e o Kaupthing passaram a abrir agências de Nova York a Helsinque. E a oferecer taxas de captação que chegavam a ser 50% mais elevadas que as dos bancos tradicionais.

Um dos mistérios do milagre islandês é de que maneira um sistema financeiro baseado num país tão pequeno pôde crescer tanto em tão pouco tempo. Segundo Jón Steinsson, o economista de Columbia, havia uma percepção generalizada de que os três bancos eram tão importantes para a economia islandesa que as autoridades jamais permitiriam que quebrassem. Seriam "bancos sistêmicos", logo, eternos. Algumas agências de risco compraram o argumento e, por algum tempo, concederam-lhes avaliações excessivamente generosas. Em alguns casos, chegaram a ser considerados Triple A, o Olimpo das avaliações, negado a bancos infinitamente mais sólidos, como o JP Morgan e o Bank of America.

Com reputação tão estelar, os banqueiros islandeses se julgaram protagonistas do sistema financeiro global. O Triple A estimulava os grandes investidores institucionais a buscar as altas taxas dos bancos islandeses, muitas vezes sem conhecer direito as garantias oferecidas. Empacotavam-se produtos de instituições diferentes e, num passe de prestidigitação, o banco que acabara de aportar no cenário desaparecia em meio a instituições centenárias. Quanto à dona de casa que, na Inglaterra, tomava a decisão de depositar sua poupança num banco islandês, que a remunerava tão mais generosamente do que o Barclays ou o HSBC, ela imaginava que as leis de proteção do correntista inglês vigoravam também no seu caso — afinal, ela não fora até a Islândia abrir uma conta, apenas acessara o computador da família ou visitara a nova agência inaugurada no bairro.

Os bancos islandeses cresceram, e cresceram — "como num conto de fadas", segundo o primeiro-ministro Geir Haarde. Em outubro de 2006, o Landsbanki lançou um banco on-line chamado Icesave, com vistas a captar depósitos na Inglaterra e na Holanda. Foi um sucesso estrondoso. A fartura se cristalizava em uma entrevista dada pelo presidente do banco, Sigurjón Árnason. Ele tentava explicar a dimensão de sua glória: o modelo era tão bom e o dinheiro tanto e tão farto que dispensava maiores esforços. No último parágrafo, lê-se: "'A única coisa que tenho a fazer é conferir no fim do dia quanto foi depositado', diz Sigurjón, rindo. Pega então o telefone, faz a pergunta e anuncia: 'Cinquenta milhões de libras, só nesta sexta-feira!'".

Ísi era distribuidor de cinema na época. De sua turma de colégio, foi o único que não migrou para o sistema financeiro. "Tudo girava em torno desses três bancos", diz. "As vagas eram ilimitadas, e o salário não se comparava a nada do que conhecíamos. Engenheiros, professores, matemáticos, psicólogos... todo mundo foi para os bancos. Você se perguntava: 'Será que eu também não devia ir? Tem alguma coisa errada comigo?'."

Bergsteinn Sigurdsson, um repórter de 29 anos do jornal *Fréttabladid*, conta que enfermeiras deixaram os hospitais e se tornaram gerentes de conta. Encontrar vagas para os filhos na educação infantil era uma dificuldade. "As professoras viam o salário e mandavam o emprego às favas. 'Melhor trabalhar num banco', diziam. O novo mantra era: 'Não precisamos mais dos peixes. Agora temos os *money markets*'." No bar de um hotel, seu colega Kolbeinn Proppé resume: "O sistema financeiro era bem mais sexy do que bacalhau".

"Durante muito tempo tivemos vergonha da nossa pobreza", continua Bergsteinn, "então, quando enriquecemos, foi muito bom. Deixamos de ser frugais. A minha geração se endividou, frequentemente em moeda estrangeira, porque era mais barato." "A diferença", diz Proppé, "é que nossos avós saldavam suas dívidas. No nosso caso, os bancos insistiam: 'Não paguem, façam mais dívidas'. Quem estudou comigo se lembra dos bancos indo lá oferecer cartões de crédito. Ter um cartão era mais fácil para nós do que para os nossos pais."

Havia quem se endividasse mais do que a geração de Bergsteinn e Proppé: os próprios bancos. Seus depósitos inchavam, e no final de 2007 o Glitnir, o Landsbanki e o Kaupthing eram doze vezes maiores do que a economia islandesa. O umbigo estava na Islândia, mas a cabeça, o corpo e os membros ficavam na Europa. Lá fora, colhiam depósitos e concediam empréstimos em euros, libras e dólares. Ali dentro, prestavam contas em coroas islandesas e emprestavam em moeda forte, supervisionados pelo Banco Central da Islândia. Alguém sugeriu a imagem de um gato se equilibrando no corpo de um rato.

A Islândia realizou seu projeto de *útrás* voando alto com dinheiro emprestado. Lojas de departamentos em Londres, supermercados na Escandinávia e um clube de futebol na Inglaterra passaram a mãos islandesas. Para tratar do bacalhau, da construção civil, dos serviços de manutenção e limpeza, importaram-se trabalhadores de Portugal, da Polônia e da Bielorrússia. A taxa de desemprego era próxima do zero. O país caminhava firme — ou supunha caminhar — em direção ao sonho de se tornar uma potência financeira sediada num pequeno território, como a Suíça ou Luxemburgo.

Até que no dia 15 de setembro de 2008 o mundo acordou com a notícia de que o banco de investimentos Lehman Brothers havia pedido concordata.

"Foi o acontecimento zero, o início da derrocada", diz Jón Steinsson. Sabia-se que o modelo islandês era inviável — a partir de 2005, haviam pipocado aqui e ali relatórios que demonstravam ser impossível, a um país tão pequeno, sustentar com a própria moeda um sistema financeiro tão grandioso. A embriaguez dos mercados, entretanto, parecia impermeável a toda racionalidade. "Especulação em grande escala exige um sentimento espraiado de confiança e otimismo. Quando as pessoas são cautelosas, desconfiadas ou até mesquinhas, elas se tornam imunes ao entusiasmo especulativo", escreveu o economista John Kenneth Galbraith em seu livro sobre o crack de 1929. No mundo, e em especial na Islândia, a prudência desaparecera. De austera, a pequena ilha passara a viver num entusiasmo quase carnavalesco.

A quebra do Lehman foi a ducha gelada. De uma hora para a outra os investidores constataram que, se um baluarte de Wall Street capaz de atravessar incólume a crise de 1929 podia virar pó, então todos estavam em risco — principalmente os aventureiros. Em nada ajudou o fato de um dos três bancos islandeses, o Glitnir, dispor de uma linha de crédito no Lehman.

O que se seguiu foi uma corrida aos bancos. No dia 29 de setembro, já à míngua, a direção do Glitnir pediu ajuda ao Banco Central islandês. Em vez de uma linha de crédito emergencial, souberam que o banco seria estatizado. O governo injetaria 600 bilhões de euros e, em contrapartida, ficaria com 75% das ações. No dia seguinte, o grupo controlador do Glitnir pediu concordata. Por sorte o plano do BC não chegou a ser implementado. Caso contrário, a crise bancária se transformaria numa crise do Tesouro, pois as obrigações do Glitnir passariam a ser obrigações da Islândia. Mas a sorte durou pouco. A quebra do primeiro banco produziu um efeito dominó. Investidores começavam a se dar conta de que, sem acesso à moeda forte, o Banco Central da Islândia seria incapaz de garantir as dívidas dos bancos que supervisionava. "Em vez de serem bancos grandes demais para falhar, eram grandes demais para serem salvos", resume Steinsson.

Na semana seguinte, o Landsbanki se tornou a bola da vez. Na véspera da quebra, o primeiro-ministro foi à televisão avisar à nação que a tempestade começara a fustigar a ilha. Nessa mesma noite de 6 de outubro, quem, da Islândia, tentou se comunicar com o mundo via Skype recebeu a informação de que cartões de crédito islandeses não eram mais aceitos.

No dia 7 de setembro, quando o Landsbanki quebrou, levou junto o banco virtual Icesave. Estrangeiros que tentaram sacar seu dinheiro encontraram a seguinte mensagem na única página acessível do site: "No momento não estamos processando pedidos de depósito ou saque em nossas contas on-line. Pedimos desculpas por qualquer inconveniente causado aos nossos clientes".

Alistair Darling, ministro das Finanças da Inglaterra, ligou à tarde para seu colega islandês, Árni Mathiesen, e os dois tiveram uma conversa que se transformaria num dos capítulos mais contenciosos da crise. O jornal *Financial Times* conseguiu uma transcrição do diálogo. Darling queria saber se o governo da Islândia, que acabara de estatizar o Landsbanki, compensaria os 300 mil correntistas ingleses do Icesave. "Espero que sim", respondeu Mathiesen, "mas não posso garantir isso agora. Estamos trabalhando dobrado para solucionar o problema. Não queremos ter esse peso sobre nossa cabeça." No dia seguinte, Darling declarou à BBC: "O governo da Islândia, acreditem ou não, me disse ontem que não tem a intenção de honrar as suas obrigações conosco".

Mathiesen não havia dito exatamente isso, mas o governo inglês decidiu não protelar. No dia 8, Gordon Brown anunciou que o Reino Unido poderia processar a Islândia, cujos bens em solo inglês estavam desde já congelados. O instrumento que dava legalidade ao congelamento era precisamente a lei antiterror do Onze de Setembro. O anúncio foi tão intempestivo que instalou a confusão: o que de fato havia sido congelado? Os bens de um banco, de um governo ou dos cidadãos?

Para piorar, as reservas em moeda estrangeira do Banco Central da Islândia estavam depositadas no BC inglês. Na percepção geral — e, no caso, percepção era tudo —, a Islândia não dispunha mais de um só euro ou dólar. A coroa despencou. Na frase de um morador de Reykjavík, "virou dinheiro de *Banco Imobiliário*". Era como ter patacas no bolso.

A medida de Brown, drástica e espetaculosa, abafou uma notícia importante: o único banco islandês ainda de pé, o Kaupthing, conseguira naquele mesmo dia um empréstimo do governo sueco. O Kaupthing, o maior dos três bancos, a maior empresa da Islândia, a mais bem gerida, era até o momento um banco solvente, e a ajuda sueca lhe dava liquidez. Não adiantou. A Islândia já se tornara um pária do sistema financeiro internacional. O Kaupthing quebrou e foi nacionalizado no dia seguinte, 9 de outubro.

Em menos de uma semana o sistema financeiro da Islândia derreteu, e, com ele, a economia nacional. Foi uma debacle à antiga, uma corrida bancária motivada pela desconfiança, sem o concurso de *subprimes*, derivativos ou qualquer outro instrumento da metafísica financeira contemporânea. Se dinheiro fosse doença, era como se a Islândia tivesse sido fulminada pelo escorbuto.

No centro do desmanche estava o mesmo homem que, dezessete anos antes, decidira transformar a Islândia. Depois de entregar o cargo de primeiro-ministro e passar um ano como ministro das Relações Exteriores, Davíð Oddsson assumira o Banco Central. Na estranha cultura política islandesa, velhos políticos, depois de se aposentar, ganham a sinecura de uma diretoria do BC, que são três no total: duas para as acomodações políticas e a terceira para um economista. "A diferença é que antigamente os dois políticos iam jogar golfe e deixavam o técnico trabalhar", diz o jornalista Bergsteinn Sigurdsson. "Mas Oddsson decidiu virar banqueiro central."

Na primeira quinzena de outubro, ao ver a coroa desmoronar, Oddsson decretou o câmbio fixo. Conseguiu sustentá-lo apenas por um dia. Anunciou em seguida um empréstimo — inexistente — feito pela Rússia. Reduziu a taxa de juros e duas semanas depois elevou-a de novo, seis pontos de uma só vez. Quem ainda tinha dúvidas de que a Islândia estava na mão de amadores convenceu-se de vez.

No final de outubro, o PIB da Islândia, quando calculado em euro, havia se contraído 65%; em coroa, 15%. Setenta e cinco por cento dos arquitetos foram demitidos, todas as construções estavam paralisadas. A venda de automóveis caiu 90% (algumas estatísticas indicam que nenhum carro foi vendido no mês de outubro). Corriam notícias — provavelmente infundadas, mas vivas no pesadelo nacional — de que até 80% das empresas quebrariam em seis meses. Cinquenta por cento dos jovens entre dezoito e 24 anos pensavam em emigrar. Quem quisesse viajar, fosse qual fosse o motivo, inclusive negócios, tinha de pedir autorização ao Banco Central para comprar moeda estrangeira. Era quase impossível adquirir oficialmente mais de setecentos euros.

Isso é o que todos sabiam. Mais assustador é o que *não* se sabia. Ao quebrar, o conjunto dos bancos carregava 75 bilhões de dólares nos balanços: 250 mil dólares para cada homem, mulher e criança da Islândia. Seja qual for o tamanho do passivo, ele agora pertence ao país, cujo PIB, em função da volatilidade da moeda, estaria entre 7,5 bilhões e 9 bilhões de dólares. Ninguém sabe ao certo a quanto chega a dívida do Icesave, mas há quem diga que supera o PIB. Se os credores — entre os quais 120 municípios ingleses, organizações filantrópicas, hospitais e universidades (só Cambridge depositou 20 milhões de dólares), além de centenas de milhares de pequenos correntistas — forçarem os respectivos governos a cobrar a dívida, a Islândia terá de passar adiante, apenas nesse caso, o equivalente a um ano de tudo o que produz. A reparação exigida da Alemanha ao fim da Primeira Guerra, com o Tratado de Versalhes, não chegou a tanto: limitou-se a 85% do seu PIB.

Foi no início de novembro, enquanto o frio apertava e os dias se tornavam mais curtos, que surgiram as primeiras piadas. "Você sabe como salvar um especulador que está se afogando? Não? Ótimo." "Como se livrar de um banqueiro que bate à sua porta? Basta pagar a pizza." "Que nome se dá a quinhentos investidores no fundo do oceano? Um bom começo."

Nos shoppings vazios, os quiosques exibiam camisetas: Oddsson com bigode de Hitler, "Islândia = Banana Republic", "A Islândia é o país mais quebrado do mundo". Era um modo de não se desesperar. De fora, vinham notícias de islandeses hostilizados em cidades que antes os recebiam de lojas abertas. Em Copenhague, ao mostrar o passaporte, um islandês ouviu de um policial: "Devolva o meu dinheiro!"; em Londres, outro cidadão da ilha quebrada foi convidado a se retirar de um restaurante. A seção de cartas do jornal em inglês *Reykjavík Grapevine*, lido pela comunidade de expatriados locais, refletia o sentimento dos não islandeses em relação ao país: "Talvez seja uma boa ideia vender a Islândia a quem oferecer mais. Porque esta é a única coisa que esses criminosos ainda têm: o país deles". E ainda:

É bom ver este país corrupto descer pelo ralo, levando junto seus criminosos, banqueiros e políticos. Temos que colonizar este país e pôr o povo para trabalhar, a salários de fome, claro. E depois de cem anos, quando a dívida estiver paga (inclusive os 9% que nos prometeram sobre os depósitos), a ilha poderia ser usada como campo de provas de uma nova bomba atômica.

A palavra "útrás" foi substituída pela palavra "kreppa": crise, recessão, aperto. "Nasci em 1979, não sei o que são tempos difíceis", comentou Bergsteinn. "Mas, agora, todo mundo sabe de alguém que perdeu o emprego. No jornal, aceitamos um corte no salário para não sermos despedidos. É assustador."

"Não perdemos apenas dinheiro. Perdemos também o orgulho de sermos sensatos, justos, de não sermos vulgares", diz Vilhjálmsson enquanto caminha pelas vigas de uma obra em construção à beira do oceano, no ponto mais bonito da orla. Ao fundo, coberto de neve, vê-se o Snaefellsjökull, o vulcão extinto por onde os personagens de Júlio Verne tentaram chegar ao centro da Terra. "Aqui seria o restaurante", diz Thorhallur, apontando uma laje nua. Ele é o diretor de marketing do Centro de Convenções e Música da Islândia, o esqueleto mais conspícuo de Reykjavík.

Orçado em 220 milhões de dólares, foi concebido para ser o legado do proprietário do Landsbanki à Islândia. Resultou de um concurso internacional de arquitetura do qual participaram, entre outros, o francês Jean Nouvel e o inglês Norman Foster — venceu o dinamarquês Henning Larsen —, e foi projetado para ser um edifício à altura dos prédios públicos que puseram no mapa cidades como Sidney e Bilbao. Os poliedros de vidro que se lançam sobre o mar, como um navio translúcido, seriam o destino das melhores orquestras e dos grandes artistas. Previa-se a inauguração para dezembro próximo.

A incorporadora quebrou no primeiro semestre do ano passado; o banco, seis meses depois. Sobraram Vilhjálmsson, meia dúzia de operários e 28 mil metros quadrados de obra inacabada, além de um site no qual ela aparece concluída, ao lado do hotel cinco estrelas e da nova sede do Landsbanki que ocupariam o terreno contíguo, doado pelo governo. Muitos dizem que a imensa estrutura será o verdadeiro monumento ao fracasso da década. Não há como se esconder do esqueleto. Por causa de sua localização privilegiada, está sempre a duas esquinas do olho.

Vilhjálmsson tem cerca de quarenta anos, bochechas rosadas, cavanhaque e jeito de quem passou boa parte da vida ao ar livre. Num filme, faria o papel de lenhador. Descreve a obra com paixão. Imagina-a como a expressão do espírito islandês: um lugar democrático e para todos. "Para nós, ser islandês significava que éramos iguais. Não havia ricos nem pobres. Aí veio a demência, e uns trinta caras ficaram obscenamente ricos. Não estávamos acostumados a isso. Olha ali em cima", ele aponta, indicando a parte superior das paredes da sala de concertos, cujo pé-direito passa dos dez metros. "Eles queriam construir camarotes VIPS ali. Quando eu trazia pessoas para visitar a obra, nunca falava disso porque o conceito me constrangia."

Um dos poucos operários ainda em serviço passa e diz olá num idioma que não é o islandês. Thorhallur prossegue:

> E você sabe, há também a questão do zelo, do respeito ao trabalho bem-feito. Os milionários não tinham disso. O dono do Landsbanki jamais mencionava os poloneses que estavam construindo esse prédio. Mas bate só nesta parede: é trabalho decente, sólido. Esses caras mereciam receber o crédito e foram esquecidos. Estamos com vergonha de nós mesmos.

Thorhallur compreende a ambivalência do que diz. *Útrás* não era apenas uma ideia econômica, mas também a sensação de integrar um corpo maior do que a Islândia. Era uma possibilidade de diálogo com o mundo. A obra que ele defende com alegria reflete o viés arejado da expansão. "Eu sei, sem esses caras nós jamais teríamos a ambição de construir um prédio como este. É o reverso da medalha. De todo modo, agora eles partiram, os camarotes VIPS foram riscados do projeto e eu sinto que ganhei a minha Islândia de volta." Abre um sorriso. "As pessoas vivem dizendo: *Fuck the system!* Pois bem, o sistema se fodeu sozinho. A revolução veio, e nós não tivemos que fazer nada."

Um mês depois da tragédia, no entanto, Davíð Oddsson continuava no poder. Nem ele nem o governo caíram — e aos poucos os islandeses foram substituindo o choque pela raiva. "No princípio ficávamos em casa xingando a televisão. Somos uma nação de fazendeiros deslocados", diz Vilhjálmsson, "e é isto que os fazendeiros fazem: se fecham em casa e protestam em família. Os franceses vão para a rua porque vivem há séculos em cidades e se acostumaram. Agora, pela primeira vez na história, estamos furiosos. E decidimos ficar furiosos juntos."

Os primeiros sinais de que a Islândia deixara de ser um país dócil foram anedóticos. Um banqueiro foi expulso de uma academia de ginástica. Outros acharam mais prudente se mudar para Londres. Os que ficaram decidiram imitar Oddsson e o primeiro-ministro Haarde: deixaram de andar na rua e contrataram guarda-costas, fato que os moradores de Reykjavík repetem à exaustão, com o espanto de quem narra a chegada de extraterrestres. "É realmente inédito!", exclama Ísi, o produtor musical.

O pudor é um sentimento tanto mais forte quanto menor for o grupo. Na Islândia, quando se falha, falha-se diante de todos, paroquialmente. Todo drama acaba sendo familiar, como o cunhado patife que constrange os parentes e amigos ao aparecer na ceia de Natal. "Este é um país muito pequeno, todos se conhecem. Qualquer ida ao supermercado se torna uma jornada épica rumo ao passado, porque é impossível não esbarrar num velho professor da escola ou num colega do pré-primário", conta Vilhjálmsson. "O primeiro-ministro andava pela rua, a gente acenava. Agora eles não podem nem entrar num restaurante."

Em 10 de outubro, um dia depois da quebra do último banco, duzentas pessoas se reuniram na frente do Banco Central para reivindicar a destituição de Oddsson. Hördur Torfason era uma delas. Tomando o microfone, disse ao grupo: "Isso não é uma crise financeira, é uma crise política. O protesto não deveria ser aqui, mas na praça do Parlamento". Sem saber, ele se transformava, naquele instante, no líder das maiores manifestações da história islandesa. No sábado seguinte uma multidão se aglomerou diante do Parlamento para exigir a renúncia do governo.

Em uma sexta-feira em fins de novembro, subi os três andares de um prédio numa rua quieta do centro histórico de Reykjavík. Torfason abriu a porta. Ele tem cerca de cinquenta anos e lembra o ator Daniel Craig. Seu apartamento é simples e branco; a única cor é o azul do chão. Torfason é cantor, compositor e ator. Define-se como "artista", e talvez seja o que ainda hoje, em lugares como o bairro de Santa Teresa, no Rio, ou Mauá, na serra da Mantiqueira, recebe o nome de trovador. É corajoso: na Islândia luterana do início dos anos 1970, foi o primeiro homem a se declarar publicamente gay.

"Estamos falidos, eles brincaram com o nosso dinheiro", começa, enquanto ferve água para mais um bule.

> Morei na Dinamarca muito tempo, e a cada vez que voltava o choque era maior. A vulgaridade... A partir dos anos 1960 a pobreza foi ficando para trás, mas na verdade continuamos modestos nas nossas preferências. Nos tornamos um dos países mais ricos do mundo, mas no início não se conseguia ver a riqueza. E, então, nós a vimos. Era como se alguém que tivesse ganhado na loteria passasse a pular com os sacos de dinheiro na mão. Agora acabou. Estão todos com raiva e com vergonha.

Ele se aproxima da ampla janela que se abre para a baía. À beira-mar, há um prédio inacabado. O guindaste imóvel lembra um bicho. Torfason diz: "Eles iam morar lá, nesses edifícios que desfiguraram a cidade. Esse esqueleto tem dezessete andares. Dizem que vão pôr apenas os vidros, para impedir que o vento destrua o resto. Essa geração não conheceu a adversidade, só o luxo. Eu os chamo de geração adormecida".

As manifestações canalizaram o descontentamento. Vêm acontecendo todos os sábados, sempre às três da tarde, na frente do Parlamento. Estávamos na véspera do sétimo sábado. Sete dias antes, haviam comparecido 6 mil pessoas: 2% da população.

Às duas e meia da tarde do dia seguinte, sob frio intenso e céu baixo, com nuvens carregadas, a praça do Parlamento ainda estava relativamente vazia. Um homem dava entrevista a uma televisão da Letônia: "Dez sujeitos endividaram os meus netos, é por isso que estou aqui. A democracia deixou de existir".

A praça vai sendo tomada pela multidão e quase todos carregam cartazes. "Nós todos protestamos", "Davíð [Oddsson] = Rei; Geir [Haarde] = Palhaço; Árni [Mathiesen] = Bobo da Corte", "Abaixo o capitalismo". Um homem de cinquenta anos, desempregado da construção civil, agita uma fotografia de Haarde na qual se lê: "Seu tempo acabou". "Terrorista", diz o homem, apontando a imagem do premiê. Um outro que perdeu o carro num acidente — o seguro era do Kaupthing — traz a fotografia de todo o conselho de administração do banco: "Estou aqui por causa deste, e deste, e deste, e deste...".

Uma bandinha começa a tocar marchas fúnebres e marciais. Escritores tomam o palco e leem trechos de sagas em que as almas penadas e os canalhas são substituídos por políticos e milionários. Gordon Brown aparece vestido de Hitler. Um senhor traz um cartaz que ataca o Baugur, grupo que controla supermercados, jornais e bancos e cujo dono, Jón Ásgeir, talvez seja o mais notório dos neovikings, e, também, o único a permanecer na Islândia para enfrentar os protestos. Rente ao palco, um menino de dez anos segura uma cartolina que pergunta em várias línguas: "Qual será o meu futuro?".

Às três em ponto, com cada palmo de chão ocupado, todos cantam o hino nacional. Hördur Torfason pega o microfone e grita: "Vocês querem derrubar o governo?". A resposta é estrondosa. "Davíð?" "Fora!" "Geir?" "Fora!" "Fora!" "Fora!" Ele passa a palavra a uma estudante de direito cujo rosto de ossos salientes lhe confere uma expressão firme. Com um discurso crescentemente inflamado, ela conclama a população a não pagar as dívidas. As veias de seu pescoço saltam e a voz se quebra sob o esforço dos gritos. Passados dez minutos, ela estende o braço em direção ao Parlamento e conclui, com raiva e desprezo incontidos: "Se dentro de uma semana vocês não saírem, haverá uma revolução!".

No mesmo instante, uma imensa faixa é desenrolada do alto de um prédio e, ruidosa, quase alcança o chão: nela, um lobo chamado FMI engole a Islândia e excreta as palavras "educação", "saúde", "independência". Um rapaz ergue o punho no telhado. Do outro lado da praça, um segundo ativista aparece no balcão do Parlamento e pendura uma placa no gradil. Em letras vermelhas, lê-se: À VENDA. Por sobre as palavras, um carimbo: VENDIDO. O valor: 2,1 bilhões de dólares, a cifra que naquela semana o governo havia acordado com o FMI — era o primeiro país do mundo desenvolvido a recorrer à instituição em mais de trinta anos.

Alguém avisa que um militante havia sido preso na véspera. Alcançara o telhado do Parlamento, não para pendurar placas, mas para substituir a bandeira do país pelo pavilhão de um supermercado do grupo Baugur. O símbolo da rede é um porco. Em meio a gritos, Torfason propõe que as pessoas deixem a praça e se dirijam à chefatura de polícia, onde o rapaz está encarcerado. Cerca de duzentas pessoas se põem a caminho.

Uma delas é Thór Jóhannesson, de 33 anos, estudante de literatura prestes a se licenciar como professor da língua islandesa. Ele está espantado com a dimensão dos protestos:

Quando Oddsson apoiou a invasão do Iraque (chegamos a mandar um soldado — na verdade, uma mulher), 80% dos islandeses se opunham, mas apenas uns duzentos protestaram. O que está acontecendo é absolutamente novo. O estado das coisas é o pior possível. Os políticos estão ligados aos banqueiros, que estão ligados aos grandes grupos empresariais. Este país é um grande incesto. A cada dia se parece mais com a Rússia, apenas sem os cadáveres. Uns vinte ou trinta caras são os nossos oligarcas. Tudo foi dado a eles pelo governo, dos bancos às permissões de pesca. O direito de explorar as águas da Islândia pertence agora a quinze ou vinte companhias, só elas têm o direito de pescar comercialmente. E nós perdemos tudo: dinheiro, emprego e vergonha.

A sede da polícia é um prédio de dois andares, com uma porta de dois panos à entrada. Os manifestantes tentam entrar, mas ela está trancada. Não se vê um único policial. A porta fechada parece uma tática quase infantil para sugerir que ninguém está em casa, impressão reforçada quando as luzes de dentro são apagadas. Volta e meia, percebe-se um vulto semiagachado que cruza às pressas uma janela.

Começa a chover. Na rua, bloqueada ao trânsito, senhoras e senhores de bengala se juntam aos jovens. Quando um ônibus tenta forçar passagem, um menino de quinze anos abre os braços e se deixa cair sobre o vidro da frente, olho no olho do motorista. Um segundo ônibus tenta passar, e dessa vez é uma senhora de meia-idade que se encosta no para-choque do veículo. Indiferentes à chuva e à noite, todos gritam: "*Út med Hauk! Inn med Geir!*". Haukur é o rapaz preso; Geir é o primeiro-ministro: "Soltem Haukur! Prendam Geir!".

"Onde estão as pedras?", Thór Jóhannesson pergunta. "Isso é típico da gentileza islandesa... Ficamos sempre a um passo da verdadeira revolta! Onde estão as pedras?!", repete, agora aos gritos. Alguém atira um balão de tinta vermelha na fachada do prédio. Depois outro. Um rapaz avança e dá um chute na porta. Uma garota de rosto angelical também experimenta, e, em poucos minutos, dezenas de pessoas se revezam nos chutes.

Dentro, veem-se as formas agitadas de homens de capacete e viseira. Fora, surgem pedaços de madeira para fazer as vezes de aríete. A porta cede, enquanto um urro coletivo atravessa a rua. Um grupo de jovens se atira para o interior e é contido por gás lacrimogêneo. Pela lateral do prédio surge a tropa de choque: dezenove soldados desarmados que, aos empurrões, ocupam a entrada da delegacia. Diante deles, a um palmo de seus rostos, jovens começam a xingá--los: "Fascistas!". "Traidores!" Ovos são lançados. As gemas escorrem pelas viseiras, pelos ombros. Um rapaz estende o dedo médio e o encosta, obsceno, na viseira de um policial, repetindo em voz baixa, como um mantra: "*Fuck you, fuck you, fuck you...*".

Thór Jóhannesson anda em meio à multidão apertando o braço de quem encontra pela frente: "É histórico! Se a gente conseguir umas cem pessoas para entrar à força e libertar o cara, isso significa que o governo acabou". O boato de que a manifestação será transmitida ao vivo no jornal das sete da noite reacende o fogo das cento e tantas pessoas que agora, às 17h50, começam a esmorecer diante da chuva mais forte e da fleuma dos policiais. Durou pouco: os caminhões da TV logo se afastam. "Estão indo embora!", grita Jóhannesson. "Isso não é televisão pública, é televisão de Estado!"

Quando tudo parecia levar ao impasse, a tropa de choque abre caminho e do fundo da delegacia surge um rapaz franzino, de capuz e mascarado, vestindo uma camisa do Iron Maiden e carregando uma mochila Nike. É o preso. Há um momento de choque, e então a linha de frente dos manifestantes se atira sobre o rapaz. Ele é erguido nas costas da multidão e, sem tirar a máscara, à moda do subcomandante Marcos, responde às perguntas dos repórteres.

18h10. A revolução não foi televisionada, mas quem esteve diante da sede da polícia nesta tarde gelada assistiu ao que um jornalista descreverá como "a mais eficiente manifestação da história islandesa". Da multidão, ainda se ouve um grito: "Agora somos franceses!".

Na segunda-feira de manhã, a oposição — débil, sem força — tenta passar um voto de não confiança ao governo. Fracassa.

Em Reykjavík só se fala do encontro que haverá à noite, no cinema da Universidade da Islândia. Um grupo de cidadãos convocara o governo a dar explicações. No palco, doze cadeiras, uma para cada ministro, e diante de cada uma, em letras garrafais, o nome do titular da pasta. Quem não comparecer se fará presente por sua ausência, pela força de uma cadeira vazia, de um nome. As pessoas discursarão diante dessas ausências.

Ninguém acredita que o governo compareça. Às oito da noite, não há um só lugar vazio no auditório para 1800 pessoas. Há gente sentada nas escadas, rente às paredes, ao pé do palco. Do lado de fora, no foyer, diante de telões, outras mil se espremem para testemunhar esse lance teatral.

Espantosamente, um a um, os ministros surgem pela lateral do palco. Atordoados, sob vaias, caminham em direção às cadeiras e buscam seus nomes. Apenas quatro permanecem vazias. A que mais se destaca, a de Oddsson, exibe um DAVÍÐ imenso, em letras gordas e pretas. Até mesmo o primeiro-ministro Geir Haarde aparece. Seu lugar é ao lado de Oddsson, e durante as horas de agonia ele se apoiará várias vezes no espaldar da cadeira vazia destinada ao político do qual não passa de uma sombra.

Era a primeira vez, desde o início da crise, que o governo se dispunha a dar alguma satisfação à sociedade. Fechara-se em si mesmo desde outubro, desconsiderara os protestos. Não dera entrevistas — e agora comparecia a uma audiência pública que seria transmitida ao vivo pela televisão. A estratégia das cadeiras vazias parecia ter surtido efeito.

Um jornalista comenta que o incidente na delegacia os obrigou a vir; só então teriam percebido a gravidade da situação. Outros dizem ainda que já fora decidido: caso eles não aparecessem, os manifestantes se dividiriam em grupos para ir à casa de cada um deles. Não havia escapatória.

Ao contrário do esperado, a palavra não é dada imediatamente aos ministros. Um mestre de cerimônias toma o microfone, vira-se para os oito e diz: "Hoje vocês terão que ser honestos. E terão que responder com suas próprias palavras, não com discursos preparados por homens de marketing". Irônico, faz gracejos e a plateia se põe a rir. Logo fica evidente que não se trata de uma sessão de esclarecimentos, mas de humilhação pública. Orador após orador sobe ao palco para ler discursos preparados de antemão. Um professor de economia exige a demissão sumária dos membros de conselho dos bancos (apenas os presidentes executivos haviam perdido o emprego), proposta recebida com palmas e bravos.

Haarde assiste a tudo com a cabeça enterrada nos ombros, os olhos pregados na plateia, desafiador. É traído em seu nervosismo pelo pé que não cessa de tamborilar. Um empresário declara que "o sistema político deve ser purgado, o que só acontecerá com novas eleições". Pede, explicitamente, a renúncia do governo. É ovacionado de pé. Polidamente, até o primeiro-ministro bate palmas. Uma cientista política declara que a Islândia será doravante conhecida por três palavras: "saga", "gêiser" e "kreppa". E acrescenta, referindo-se diretamente aos oito homens sentados a um metro de distância: "Se vocês não admitirem que os protestos são legítimos e não dialogarem com os manifestantes, poderá haver distúrbios e violência na Islândia". Não são jovens que confrontam o governo, mas acadêmicos, profissionais liberais, empresários, homens de terno e gravata, mulheres de tailleur. Uma jovem desempregada toma o microfone e, com fúria indisfarçável, vira-se para o primeiro-ministro e ordena: "Geir, renuncie!".

Noventa minutos depois de iniciada a sessão, os oito ministros ainda permanecem mudos, alguns de olhos no chão. Finalmente alguém entregará o microfone a Haarde para que ele responda: "Por que vocês não renunciam?". O primeiro-ministro explica que o momento é grave demais. Há uma operação de salvamento em curso, negociações complexas com o Reino Unido e o FMI, e uma eleição significaria uma ruptura desse processo. A ministra das Relações Exteriores se manifesta: "Talvez vocês que estão aqui não representem a maioria do povo islandês". É a maior vaia da noite. No dia seguinte, o líder da oposição dirá que apenas a ministra da Educação teve a decência de se desculpar pela tragédia.

A esquizofrenia política era evidente. O primeiro-ministro batia palmas para a demissão de si próprio. A ministra que desafiou o público havia declarado, dias antes, que se não estivesse no governo também iria para a rua protestar. O ministro do Comércio pediu a demissão de Oddsson. E o FMI, chamado às pressas, se apresentou para salvar um país que até então seguira a mais ortodoxa política de liberalização econômica.

Às dez em ponto a sessão foi encerrada.

O gabinete de Steingrímur Sigfússon, líder da Esquerda Verde, o maior partido de oposição, está instalado no segundo andar de uma pequena casa atrás do Parlamento. Sigfússon lembra um velho militante de 1968 — cavanhaque, sandália e meias. Entre uma frase e outra, deita uma pitada de rapé na concha da mão e aspira. Tem pedido a saída do primeiro-ministro, mas, entre o governo a que se opõe e o mundo que deu as costas ao seu país, fica com o governo.

"A crise chegou de forma tão violenta que se transformou em *force majeur*, um conceito do direito internacional que se aplica a países que sofrem guerras ou crises sistêmicas. É exatamente o que aconteceu aqui", enfatiza. Nesses casos, suspendem-se as leis vigentes.

Qual era o nosso dever? Quanto devíamos pagar? Precisávamos dos tribunais para arbitrar, mas eles não deixaram. No momento em que a nossa moeda desapareceu e deixamos de ter dinheiro até para importar comida, a Inglaterra e a Holanda bloquearam o acordo com o FMI e não o aceitariam enquanto não déssemos garantias de que o dinheiro dos depositantes deles seria devolvido. Ficamos reféns desses países. Sou crítico do FMI. Perdemos a nossa independência, eles vão ditar as nossas políticas públicas; o governo já anunciou um corte de 10% no serviço de saúde. Mas admito que, depois da catástrofe de outubro, tornou-se inevitável ir ao Fundo. Era isso ou voltar à década de 1930.

Sigfússon acredita que parte da calamidade decorre do fato de a quebra dos bancos ter ocorrido no momento mais crítico da crise mundial.

Em outubro, quando Brown declarou que éramos terroristas, o sistema já estava completamente bambo. O sinal foi muito claro: "Se algum país ou banco estiver pensando em dar calote, é melhor reconsiderar. Vejam o que aconteceu com a Islândia". Éramos ideais para servir de exemplo: um país que podia ser destruído sem causar grande transtorno. Fomos as Falklands de Gordon Brown.

As manifestações populares o assustam. "Eu realmente preferiria que superássemos essa crise de modo pacífico." Ao encerrarmos a conversa, ele conclui com espanto na voz: "Essas manifestações são de fato históricas. Nós não somos franceses".

Do lado de fora, sob a chuva, um grupo de mulheres se dá as mãos e cerca a sede do governo, onde Geir Haarde dá expediente. À beira da calçada, sem grades, o chalé lembra mais um restaurante rústico que um epicentro do poder. Os funcionários que deixam a casa pela única porta da frente se espremem entre os poucos degraus e o círculo de mulheres. Não há polícia. A dois passos, uma ótica substituiu os óculos da vitrine por um imenso cartaz: "Obrigado, Gordon, por destruir a nossa economia".

"Como você veio parar aqui?", pergunto a Luciano Dutra, 35 anos, funcionário do INSS islandês. Ele sorri: "Como quase tudo no Brasil, a culpa foi de um argentino". No caso, Jorge Luis Borges. Ao abandonar o curso de letras na

Universidade Federal do Rio Grande do Sul, resolveu traduzir os sonetos de Borges e se deparou com a paixão do escritor pelas sagas islandesas. Constatando não haver traduções delas para o português, candidatou-se a um bacharelado na Universidade da Islândia. Chegou em 2002. Aprendeu o idioma, concluiu o curso e começou a tradução das sagas, "um trabalho de mais ou menos dez anos".

"Este talvez seja um dos países mais extrativistas do mundo", observa. "Pense bem: pesca e energia. Ninguém cuida de cardumes nem planta energia. Aí, dez anos atrás, eles decidiram mudar tudo. Em menos de uma geração, migraram de uma economia baseada em recursos naturais para uma economia de serviços. Não deu certo."

Uma das funções de Dutra é processar certificados de seguridade social europeia para pessoas que estejam pensando em emigrar. "Apareciam umas vinte pessoas por semana pedindo esses certificados. No último mês, foram mais de duzentas. Há um movimento de êxodo em massa. Ouvi falar de dois islandeses que foram para a Polônia trabalhar em olarias e mandar euros para as famílias que permaneceram aqui."

É o reverso de tudo, como se a Islândia tivesse passado para o outro lado do espelho. No dia 21 de novembro os jornais publicaram a notícia de que haveria uma feira de empregos na prefeitura. No primeiro dia, mais de 2 mil pessoas se apertavam num espaço pequeno demais para abrigá-las. Jovens e velhos, homens e mulheres, trabalhadores braçais e universitários disputavam folhetos distribuídos pelos expositores: "Viver e trabalhar na Lituânia", "Informações gerais sobre o trabalho na Holanda", "Engenheiros para o mar do Norte".

Um grupo de portugueses pensa em se transferir para a Noruega, depois de terem sido todos despedidos de uma empresa de calefação. "Cheguei aqui há dois anos, era o paraíso", conta o marceneiro José de Souza. Trouxe a mulher, o filho, o sogro, o cunhado, o amigo do cunhado. "Tinha trabalho para todo lado. Agora acabou. Meu último salário vai ser o de dezembro." Seu colega, o brasileiro Adilson Mendanha, mineiro de Ipatinga, está na Islândia há sete anos. "Este país foi sensacional. Cheguei a mandar de 15 mil a 17 mil reais por mês para o Brasil. Comprei uma casa enorme e tenho um jipe Cherokee, mas agora devo deixar a Islândia em abril."

Diante da barraca da Lituânia, um islandês pergunta: "Quais são as áreas?". A representante responde: "Balconista, cozinheiro, garçom, motorista de empilhadeira…". O olho do rapaz acende: "Motorista de ônibus…?". "Também, mas você precisa falar a língua." Ele parte desanimado. Uma empresa escandinava de petróleo oferece trezentas vagas para engenheiros. Em menos de duas horas já recebeu trinta e poucos currículos, muitos escritos ali mesmo, com o apoio da coxa ou da parede.

"Foi *húbris*, excesso", admite Árni Mathiesen, o ministro das Finanças, na sede do ministério — uma casa extremamente acanhada, como tudo na Islândia. Seu gabinete é tão estreito que as cadeiras da mesa de reunião batem constantemente contra a parede. Ao ouvir um "Como vai?", responde: "Aguentando firme…". Admite que nem ele sabe quanto o país deve. "Só daqui a três ou quatro anos, quando terminarmos o processo de liquidação dos bancos, saberemos o tamanho da nossa dívida. E se não conseguirmos passá-la adiante, reprivatizando os bancos, estaremos na rua da amargura."

Mathiesen parece aliviado com o fim dos anos de delírio. "Olhe, antes de tudo isso, nós levávamos uma vida boa aqui", lembra, referindo-se à época em que a Islândia vivia de seus cardumes e ele era o ministro da Pesca. Foi mais um a migrar do setor pesqueiro para as finanças.

Ísi Thórhallsson, o produtor musical, traz à tona a pergunta que angustia o país: o que significará ser islandês depois da hecatombe?

> Agora que deixamos de ser cool, nos demos conta de que não passamos de uma ilha no mar do Norte. Nos últimos dez anos surgiram muitas oportunidades, mas na hora que o barco afundou, nós dissemos: "Fodam-se os estrangeiros!". O governo só garantiu os depósitos em coroas islandesas. Então, sim, roubamos. Eles depositaram nos nossos bancos e no fim das contas não pudemos pagar. Não éramos tão bons quanto pensávamos. Os milionários agora viraram vilões, mas antes eram heróis. Ser banqueiro era cool. Ninguém parou para pensar: "Por que diabos?". Não era melhor eles serem chatos? A gente deveria achar mais sensato confiar dinheiro a um cara prudente, não a um porra-louca. Mas não, eles eram cool. Ninguém desconfiou, e muito menos criticou. Nem os artistas. Eles também estavam no bolso dos banqueiros. Recebiam patrocínio, eram contratados para tocar. Foi uma festa. Quebramos a cara, todos nós.

* * *

O professor Gudmundur Jónsson é cauteloso na hora de atribuir responsabilidades. "Reluto em dizer que temos todos a mesma parcela de culpa. É absurdo achar que o islandês comum é responsável pela crise. Faltou prudência, mas não é essa a causa do que nos aconteceu." De fato, a dívida dos islandeses não se compara à dos bancos. Ainda assim, nas ruas nem sempre fica claro se as pessoas estão protestando contra a farra ou contra o fim dela.

O país vive o dilema de querer ou não ser novamente a Islândia de modestas expectativas. "Há o risco de nos sentirmos irrelevantes e provincianos", disse Jón Steinsson, de Columbia. Até Hördur Torfason, que todos os sábados comanda a resistência ao governo, vive o conflito: "Há 33 anos, quando eu disse publicamente que era gay, o mundo veio abaixo. Isto aqui era a Idade Média. Por isso passei anos na Dinamarca". Torfason fugiu da velha Islândia e protesta contra a nova.

Björn Hrafnsson, um jornalista especializado em economia, não tem dúvida. Num café na praça do Parlamento, ele explica: "Ninguém mais quer ser um país de pescadores. Estamos assustados, com raiva, mas não queremos voltar ao passado. Em dois ou três anos, teremos que reprivatizar os bancos e fazer tudo de novo". Será difícil. Kristján Davídsson, um executivo do Glitnir, despedido em outubro e recontratado semanas depois para liquidar o banco, me disse no mesmo dia em que decretou oficialmente a moratória da instituição: "Os bancos serão reprivatizados, mas, por conta da falta de confiança, não teremos acesso a grandes linhas de crédito. Seremos bancos pequenos, que emprestarão apenas o que os islandeses forem capazes de poupar. Com isso não se vai muito longe. Não construiremos mais nada". Um diplomata estrangeiro resumiu: "Eles vão ter que pescar muito…".

Para muita gente, a primeira salva de *útrás* foi dada em dezembro de 1998, quando o Parlamento cedeu à pressão do governo de Oddsson e aprovou uma lei espantosa. Não se tratava da privatização de um serviço público, mas do patrimônio genético islandês.

Sendo tão isolada, a população da Islândia descende dos mesmos vikings que desembarcaram ali no século IX. Todo islandês é capaz de montar sua árvore genealógica até aqueles primeiros homens e mulheres. Essa herança comum é um dos grandes tesouros da medicina moderna. Doenças podem ser rastreadas ao longo de gerações, e suas causas genéticas, se existirem, são identificadas. Todo câncer de mama na Islândia tem origem em uma única mutação genética ocorrida no século XVI, no DNA de um monge chamado Einar.

Em 1996, um neurologista e professor de medicina de Harvard fundou uma empresa habilitada a usar esse imenso banco de dados genéticos para identificar patologias e desenvolver tratamentos. Fez apenas uma exigência ao governo: que a propriedade intelectual das descobertas fosse sua. Dois anos depois, o governo aprovou o projeto e cedeu então à deCODE, a empresa fundada por Kári Stefánsson, o direito não só de explorar os prontuários médicos do serviço nacional de saúde — meticulosamente preservados desde 1915 —, mas sobretudo de se apropriar, para fins científicos e comerciais, das informações genéticas da população. Foi a primeira vez na história que se concedeu esse direito a uma empresa.

A comunidade científica se opôs violentamente. Já a população islandesa, ou 95% dela, cumprindo um dever que julgava cívico, respondeu à convocação da deCODE e doou seu sangue de livre e espontânea vontade. A empresa possui hoje um banco de dados com a história familiar de praticamente todas as 800 mil almas que já viveram na Islândia. Nos últimos anos, 70% das descobertas que relacionam uma mutação genética a determinada patologia — de esquizofrenia a câncer de pulmão, de dependência da nicotina a diabetes — foram feitas nos laboratórios da empresa, em Reykjavík.

Kári Stefánsson trabalha numa sala imensa. De sua mesa, através das janelas amplas, vê as montanhas geladas que cercam a baía de Reykjavík. Com mais de 1,90 metro, vestido de preto, em contraste absoluto com o branco alvíssimo de sua barba e do cabelo viking, tem perto de sessenta anos e a vitalidade de um touro. Parece ter atravessado a vida com a certeza de que foi sempre o animal mais belo e inteligente da manada. Dizem que é o homem mais brilhante da Islândia, opinião que não se preocupa em refutar. É simultaneamente agressivo ("Você é de fato tão mau jornalista quanto parece?") e sedutor ("Ninguém compreendeu melhor o que está se passando aqui"), uma combinação não tão rara em homens que amam ser temidos e temem não ser amados. Vaidoso de sua inteligência e de sua erudição, é capaz de interromper uma resposta para recitar, na íntegra, poemas de Auden ou de Octavio Paz.

"Não posso responder", diz com condescendência mal disfarçada, ao ser indagado se a empresa que fundou deu início ao processo desenfreado de desregulamentação.

> Não posso responder pelo simples fato de que a pergunta não faz sentido e é uma absoluta tolice. Como me comparar a essa gente que destruiu o meu país? Eu investi na Islândia. Eles investiram fora, tomando dinheiro emprestado e dando o povo islandês como garantia. Eu trouxe cientistas para cá, transformei este lugar no laboratório genético mais importante do mundo. E eles? O que deixaram?

Boa parte dos islandeses perdeu dinheiro com Stefánsson. Quando a deCODE lançou ações na Nasdaq — foi a primeira companhia islandesa a abrir o capital numa Bolsa estrangeira —, o governo incentivou toda a população a investir nela. Era uma atitude patriótica. Lançadas a trinta dólares, as ações em pouco tempo caíram para vinte e hoje valem menos de um dólar. A empresa está à beira da ruína. Em outubro, não cumpriu todas as suas obrigações junto aos credores. O tempo de maturação de uma empresa de biotecnologia é longuíssimo, e a crise mundial secou o fluxo de investimentos.

Em sua imensa mesa, olhando pelas enormes janelas, Kári Stefánsson não dá sinais da derrocada. Talvez imagine que venceu como cientista e perdeu apenas como empreendedor. Tem ojeriza a ser comparado aos outros — aos igualmente derrotados.

> Quando Auden veio aqui, quase não havia o que comer. Ele fala disso. Eu vivia com fome até mais ou menos o período de Natal, quando as coisas melhoravam um pouco. Os meus heróis eram os antigos poetas. Éramos isto: uma nação que lia os poetas. Nesta última década, viramos uma nação de especuladores. Eles eram desinteressantes, repulsivos e extremamente vulgares. Agora a vulgaridade acabou. Ninguém passará fome. Vamos nos ajudar, como sempre fizemos, e sairemos dessa situação como um povo muito melhor. Espero estar aqui pra ver.

Sabendo que seu interlocutor precisa ir embora, Kári Stefánsson se levanta e estende a mão: "Boa viagem". No caminho até o aeroporto passo diante de no mínimo setenta guindastes, todos imóveis, pairando sobre bairros fantasmas. Não era feriado.

Em janeiro de 2009, o primeiro-ministro Geir H. Haarde renunciou ao cargo. Deixava atrás de si um país em ruínas. Seu governo foi sucedido por uma coalização de centro-esquerda, à qual coube encontrar uma saída para a maior crise que a Islândia enfrentava desde a implantação da República, em 1944. Com o sistema financeiro quebrado, a moeda reduzida a quase nada e o país transformado em pária global, fechara-se o acesso aos mercados internacionais de crédito. Se as consequências desses fatos já seriam graves para qualquer país, para a Islândia elas eram desesperadoras. Sendo essencialmente uma rocha gelada nas franjas do Círculo Ártico, o país depende do mundo para ter o que comer. Sem moeda forte para importar o essencial ou sem ter quem lhe emprestasse os recursos necessários, os islandeses travaram conhecimento com a expressão "segurança alimentar".

A solução foi recorrer ao FMI, que, a pedido de Haarde, já preparara um plano de ajuste econômico para a apreciação do governo agora destituído. O novo ministro da Fazenda viria a implantá-lo. O cargo foi assumido por Steíngrimur J. Sigfússon, o velho líder da Esquerda Verde que, na oposição, se mostrara crítico do Fundo, embora admitisse não ver outra saída senão recorrer a ele. E assim foi feito. Como disse em 2011 à *piauí* um consultor internacional de risco, "o primeiro governo de esquerda quimicamente puro da história da Islândia colaborou com o FMI".

Não foi, contudo, um programa de estabilização usual. "Quando todos diziam que a Islândia devia fazer zigue, ela fez zague", escreveria alguns anos mais tarde o economista americano Paul Krugman. Foram adotadas medidas de austeridade mais severas do que em qualquer outro país europeu (com exceção da Grécia), mas sem prejuízo do contrato social nórdico. O Fundo permitiu que o governo estabelecesse controles de capital, impedindo a fuga de recursos para o exterior. A inflação comeu os salários mais altos, enquanto os mais baixos foram parcialmente protegidos por reajustes. O sistema tributário, regressivo no governo conservador, tornou-se fortemente progressivo, com aumento de impostos apenas para as empresas e para a faixa dos 40% mais ricos. Em 2009, no momento mais agudo da crise, o governo chegou a acelerar o repasse para a parcela mais atingida da população.

"Aumentar gastos sociais no pico de uma crise não é a medida mais óbvia do mundo", disse o ministro Steingrímur Sigfússon. "O consenso hoje é que o programa do FMI para a Islândia foi extremamente heterodoxo." O índice de Gini, que mede a distância entre os mais ricos e os mais pobres, apontou um país com menos disparidades em 2010 do que em 2007. Todos empobreceram, mas os ricos bem mais do que os pobres.

Pelo mundo, o capítulo da tragédia islandesa que mais despertou interesse, admiração ou ódio diz respeito às decisões que o país tomou em relação aos bancos. Em síntese: as autoridades não tentaram salvá-los. Diferentemente da Irlanda, que passou por uma crise semelhante e decidiu garantir com recursos públicos a dívida das instituições quebradas, a Islândia não assumiu o prejuízo dos bancos privados que nacionalizou. O novo governo garantiu os depósitos em moeda local — essencialmente, a poupança de seus cidadãos —, mas não estendeu a medida aos depositantes estrangeiros, aqueles com contas em moeda forte nas filiais no exterior. Nem teria como fazê-lo, uma vez que esses valores ultrapassavam em muito as reservas do país. Muita gente perdeu dinheiro. Bancos internacionais e fundos de investimento levaram um cano estimado em 63 bilhões de dólares. Mas não só eles: 400 mil depositantes do Reino Unido e da Holanda com contas num banco islandês chamado Icesave viram suas poupanças desaparecer. Eram donas de casa, organizações filantrópicas e universidades.

Londres e Amsterdam pressionaram a Islândia para que honrasse a dívida. Com receio de o país ser definitivamente abandonado pela comunidade internacional, o governo de esquerda aprovou no Parlamento um plano de pagamento. Contudo, em vez de assiná-lo para lhe dar estatuto de lei, o presidente da República decidiu submetê-lo a um referendo popular. O acordo foi rejeitado por 93% da população. Inglaterra e Holanda ameaçaram usar seu voto no FMI para bloquear as linhas de crédito emergenciais que mantinham a Islândia respirando por aparelhos.

Em desespero, o governo pediu aos credores que voltassem à mesa de negociação e propôs um acordo menos desfavorável ao contribuinte islandês. Encaminhado ao Parlamento, o plano logo foi aprovado: custaria pouco, ressarciria pequenos poupadores e abriria caminho para a normalização das relações da Islândia com o resto do mundo.

Para espanto geral, uma vez mais o presidente da República — cargo até então cerimonial — se recusou a assinar a lei e convocou um segundo referendo. Dessa vez, 40% dos islandeses se manifestaram a favor do pagamento, mas isso ainda significava que a nova proposta havia sido igualmente rejeitada. Em 2011, o ministro da Fazenda avaliou que o resultado das duas consultas populares — ligadas diretamente a "essa coisa infeliz do Icesave", como ele se referiu à catástrofe — atrasou em alguns anos a recuperação islandesa.

Os dois referendos ganharam dimensão mitológica nas praças insurrectas da Europa de 2011. Da Espanha à Grécia, bandeiras islandesas foram desfraldadas por manifestantes que gritavam: "Todos somos Islândia!".

O país levou três anos para se recuperar da crise. Em outubro de 2011, no encerramento de uma conferência promovida em Reykjavík pelo FMI e pelo BC islandês, Martin Wolf, o mais influente colunista do *Financial Times*, deu seu veredicto sobre o que vira até ali: "Passei anos cobrindo países em crise. A grande pergunta que aparece nessas horas, e que gera debates ensandecidos, é uma só: quem vai arcar com os custos? Na maioria absoluta das sociedades, as perdas acabam sendo pagas por gente relativamente pobre. Se isso não aconteceu aqui, então estamos diante de um milagre".

A Irlanda — o espelho da Islândia, o país que fez tudo segundo a cartilha ortodoxa — recuperou-se um pouco mais lentamente, mas em 2014 seu PIB já crescia a uma taxa duas vezes maior do que o da outra ilha (a desigualdade medida pelo índice de Gini, contudo, cresceu bruscamente durante os anos de crise).

Em abril de 2013, os islandeses decidiram pela volta de uma coalizão de direita ao poder.

*

Davíð Oddsson, considerado o político mais poderoso da história do país, ex-primeiro-ministro e presidente do Banco Central durante a crise, foi forçado pelo governo de esquerda a deixar o cargo no BC. Assumiu então o posto de editor-chefe do jornal *Morgunblaðið*, o mais antigo do país, de matriz liberal, no qual publicou editoriais afirmando que o colapso econômico fora provocado por interesses internacionais contrários ao país. Em 2016, candidatou-se à presidência da República e recebeu apenas 13,7% dos votos válidos.

Geir Haarde, o primeiro-ministro durante a crise, foi o único político condenado pelo tribunal especial previsto na Constituição islandesa para julgar crimes de responsabilidade política praticados por membros do gabinete ministerial. A pena não implicou reclusão. Haarde se tornaria um dos únicos dirigentes mundiais, se não o único, a ser julgado e condenado por decisões tomadas durante o colapso financeiro de 2008. Com o retorno dos conservadores em 2013 — em essência, o mesmo arranjo de forças responsável pelas políticas que levaram à crise —, foi nomeado embaixador da Islândia em Washington.

Steingrímur Sigfússon, o então líder da Esquerda Verde, foi o ministro da Fazenda que implementou as medidas do plano de estabilização do FMI. Com a derrota em 2013, voltou para a oposição.

Kári Stefánsson se mantém à frente da deCODE genetics. Deixou, contudo, de ser o controlador da empresa que fundou em 1996. Em 2012, na esteira da crise, a companhia, à beira da falência, foi adquirida por uma multinacional norte-americana de biotecnologia.

Ao contrário do que ocorreu em boa parte dos países, a Islândia condenou à prisão vários responsáveis pela crise de 2008. A lista inclui banqueiros — catorze —, diretores de empresa e um ex-chefe de gabinete do Ministério da Fazenda que se beneficiou de informação privilegiada. As penas chegaram a seis anos de reclusão.

O povoado dos Kirchner

Um passeio por El Calafate, o belo e obscuro "lugar no mundo" da presidente Cristina Kirchner

JOSEFINA LICITRA
Abril de 2013

Em 29 de junho de 2009, Cristina Fernández de Kirchner teve de fazer um discurso difícil. Acabava de sofrer uma derrota política — a coalizão que a elegera, a Frente para a Vitória, tinha perdido a maioria no Congresso Nacional —, e esse revés estava sendo entendido como o fim de uma festa, o encerramento de um ciclo de otimismo que começara em 2003, com a posse de Néstor Kirchner.

Naquele dia de 2009, a presidente surgiu na sala de imprensa da Casa Rosada como tantas outras vezes: terninho ajustado, cabeleira solta e acobreada, o rosto coberto de pesada maquiagem e acompanhada de uma claque de funcionários que aplaudia suas palavras com euforia.

Mas o curioso não foi nada disso — era o que sempre acontecia —, e sim o que ela disse em seu discurso. Por uma hora e meia, com os resultados da eleição na mão — que incluíam um notável fracasso em Santa Cruz, a província patagônica de onde provém o casal Kirchner —, Cristina Kirchner garantiu que não havia sofrido uma derrota e que, justamente, a eleição em Santa Cruz a enchia de orgulho.

"O importante é que em El Calafate, o meu lugar no mundo, tivemos 60% dos votos", disse.

El Calafate era o povoado santa-cruzense de 18 mil habitantes onde os Kirchner tinham sua casa de campo, entre tantas outras coisas. E também o local onde, um ano mais tarde, Néstor Kirchner morreria de forma inesperada. Mas naquele momento, 29 de junho de 2009, ninguém sabia muito bem que lugar o vilarejo ocupava no universo pessoal e simbólico do casal presidencial. Os Kirchner começaram sua carreira política em Río Gallegos, a capital da província de Santa Cruz, em plena Patagônia argentina, e foi só depois que Néstor assumiu a presidência da República que eles começaram a rondar El Calafate.

O povoado, portanto, era tido como um local de descanso eventual. Isso até junho de 2009, quando Cristina o citou para minimizar a derrota em Santa Cruz e em muitas outras províncias, atribuindo-lhe pela primeira vez o significado que ele realmente tem: El Calafate é o "lugar no mundo" de Cristina. O território que, como uma caricatura, expõe de modo exagerado e brutal a identidade do kirchnerismo.

"Essa história de 'lugar no mundo' deve ser porque eles lavam todo o dinheiro aqui", dirá com sarcasmo Susana Toledo, da segunda geração de habitantes de El Calafate e uma das poucas pessoas na cidade que ousam criticar publicamente os Kirchner.

Mas ainda chegaremos lá.

Hoje, 26 de novembro de 2012, estou num avião, aterrissando no povoado. O avião está cheio porque, embora El Calafate seja uma localidade muito pequena, é um dos centros turísticos mais importantes da Patagônia. Sua proximidade com a geleira Perito Moreno, somada a uma superoferta de hotéis — muitos deles ligados, primeiro, à atividade privada do casal Kirchner, e depois, à de Cristina —, faz de El Calafate uma vila ambiciosa: há muito dinheiro no município, mesmo que essa riqueza não seja evidente de longe. Do avião, e da van que me leva do aeroporto ao hotel, só se vê a aridez que marca a Patagônia: uma geografia de estepes e de ventos, matizada pelos picos nevados da pré-cordilheira dos Andes e pelo brilho turquesa do lago Argentino, um imenso espelho d'água que se estende até o Parque Nacional Los Glaciares, onde fica a geleira Perito Moreno.

A paisagem natural não é o único fator que contribuiu para a prosperidade de El Calafate. Para muitos, o maior incentivo à região veio de uma decisão política: no ano 2000, quando Néstor Kirchner ainda era governador de Santa Cruz, foi inaugurado um aeroporto no município. Daí em diante, a vila experimentou uma explosão. Em dez anos, o número de habitantes passou de 6 mil a 18 mil; o turismo disparou de 70 mil para 300 mil visitantes por ano, e houve um boom imobiliário que trouxe muito dinheiro e muitas perguntas. O que era um pequeno casario foi submetido a um crescimento desordenado: hoje não há escolas suficientes, não existe planejamento urbano nem uma rede de gás e esgoto que sirva a toda a população. O que há é uma série de terrenos e empreendimentos direta ou indiretamente ligados ao poder presidencial.

A seguir, apenas alguns exemplos: o Hotel Imago, uma construção alpina e suntuosa em frente à baía Redonda, pertence a Raúl Copetti, procurador e tesoureiro de campanha da Frente para a Vitória; a pousada Las Dunas está em nome de uma firma presidida pelo kirchnerista Lázaro Báez, um ex-bancário que também está à frente da Austral Construcciones, empreiteira responsável por grande parte das obras públicas em Santa Cruz (construiu estradas, escolas, bairros e o mausoléu de Néstor Kirchner); o Hotel Alto Calafate, uma edificação com vista panorâmica, localizada no alto de uma colina, pertence a Cristina Kirchner; e Los Sauces Casa Patagónica, um hotel-butique de frente para o lago, também é da família presidencial.

“Todos esses hotéis têm, quando muito, 30% de ocupação anual”, disse-me, antes de eu viajar, Álvaro de Lamadrid, um advogado e ex-candidato a prefeito de El Calafate que morou durante quase vinte anos na cidade e moveu uma ação contra cinquenta funcionários governistas, entre eles Néstor Kirchner. “A hotelaria é um negócio perfeito para a lavagem de dinheiro. Você pode ir a qualquer um desses hotéis e vai ver que está vazio.”

Estive em Los Sauces em setembro de 2011. Passei um fim de semana lá, enviada pelo caderno de turismo do jornal chileno *El Mercurio*, que me incumbiu de contar como era “o hotel dos Kirchner”. O complexo, vizinho à casa de campo de Cristina — uma construção de dois andares e telhado de duas águas que, apesar de grande e bonita, não é especialmente suntuosa —, imita o estilo das grandes estâncias do início do século passado e tem uma decoração refinada. Comentava-se que a presidente tinha feito questão de cuidar ela mesma dos detalhes da ambientação — assoalho em tábua corrida de carvalho, candelabros lustrosos —, mas ninguém pôde garantir que era mesmo verdade. Uma coisa é certa, porém: todos os móveis de Los Sauces foram transportados de Buenos Aires até lá no Tango 01, o avião presidencial argentino, mantido com recursos públicos.

Contudo, a lembrança mais forte que guardo daquela minha visita não é a infinidade de rumores que circulavam — e continuam a circular — em torno de Los Sauces. Prevalece uma sensação que é ao mesmo tempo uma certeza: no hotel inteiro, situado em um terreno de quatro hectares, eu era a única hóspede.

Pensei nisso depois daquela viagem — e antes de me encontrar com De Lamadrid —, quando examinei a última declaração patrimonial divulgada por Cristina que incluiu todos os bens do casal Kirchner (depois, por causa da morte de Néstor, eles seriam divididos com os dois filhos). Naquela ocasião, em agosto de 2011, a presidente justificou a multiplicação de seu patrimônio (que cresceu mais de dez vezes em oito anos e chegou a 70,5 milhões de pesos, cerca de 23,5 milhões de dólares no câmbio da época), alegando, principalmente, os altos lucros obtidos com Los Sauces.

Mas isso não tranquilizou boa parte da opinião pública. Tanto que, um ano e meio depois, o ator Ricardo Darín questionaria o patrimônio dos Kirchner durante uma entrevista e conseguiria o que nenhum jornalista conseguiu nos últimos tempos: um pronunciamento de Cristina sobre o assunto. "Não houve funcionários públicos mais denunciados criminalmente e investigados pela Justiça argentina em matéria de enriquecimento do que o meu marido e companheiro de toda a vida e esta que lhe escreve", disse a presidente numa carta a Darín divulgada em janeiro em seu perfil no Facebook. "Não apenas se investigou a fundo [o patrimônio], como também se determinou que o corpo de peritos da Corte Suprema da Nação realizasse perícias contábeis, e concluíram que não foi cometido nenhum ato ilícito, o que obrigou o juiz a arquivar as denúncias."

O negócio de Los Sauces, de acordo com a Corte, está dentro da lei. Segundo a declaração juramentada da presidente, o hotel inteiro estava arrendado para uma família de sobrenome Relats, proprietária de hotéis em Buenos Aires e Bariloche, que lhe pagava uma média de 157 mil dólares mensais para explorar o lugar. A julgar pela ocupação do hotel, só havia duas alternativas: ou os Relats estavam empenhados em falir, ou estavam ganhando dinheiro de outro modo. Ainda assim, as três ações movidas contra o casal Kirchner por suposto enriquecimento ilícito foram encerradas em tempo recorde. Os Kirchner, como disse Cristina na carta a Darín, nunca foram condenados por crimes patrimoniais ou financeiros.

"Os hotéis são o símbolo do modo kirchnerista de construção do poder", me diz Roberto Novelle, comerciante e ex-presidente da Câmara do Comércio de El Calafate.

> Veja só o caso de Los Sauces. Os Relats não são uma família qualquer. Além dos hotéis, eles têm uma empreiteira que há anos ganha boa parte das licitações para obras públicas no Norte argentino, em meio a rumores de sobrepreços e licitações arranjadas. No ano em que começaram a explorar Los Sauces, ganharam a licitação para construir um trecho da rodovia Córdoba-Rosário, no valor de pouco mais de 100 milhões de dólares. Em paralelo, eles pagam milhares de dólares por mês aos Kirchner, que é um modo de lavar dinheiro dentro da lei.

Novelle me dará essa explicação. E dirá outras coisas também. E muitas outras pessoas também dirão mais coisas, e a certa altura ficará claro que permanecer em El Calafate implica expor-se a um nível de radiação informativa que, se não for filtrada a tempo, pode desnortear. O povoado é uma usina de nomes, denúncias e dados, em geral despejados em anonimato. Só quem tem o respaldo de um partido político dá nome e sobrenome ao se manifestar. Dito de outro modo, só falam às claras os membros da União Cívica Radical (UCR), que historicamente disputou o poder com o peronismo, mas que nos últimos anos está debilitada e sem líderes de expressão nacional.

A UCR de El Calafate tem 140 filiados, mas não chegam a dez os que de fato participam das reuniões no comitê. Hoje, segunda-feira, é dia do encontro. A sede local da UCR fica em uma rua estreita, como a maioria de El Calafate, aonde se chega lutando contra todas as formas de vento. Trata-se de um prédio simples localizado no fundo de um terreno baldio, coberto de capim seco. Nada é naturalmente verde em El Calafate.

A reunião do comitê é realizada em uma sala modesta. Nas paredes, há retratos de dirigentes do radicalismo histórico como Raúl Alfonsín, uma bandeira argentina esquecida em um canto, um aquecedor e uma estante vazia. Ao redor de uma mesa com apetrechos de chimarrão e um pacote de biscoitos estão Susana Toledo, ex-candidata a vereadora de El Calafate, Pilar Duhalde, estudante e filha de Susana, Gustavo Badano, professor, e Daniel, um comerciante que se nega a revelar seu sobrenome.

"Com todo o respeito, mas quem é você?", pergunta.

Explico a ele.

Daniel é gordo, usa óculos pequenos e tem uma barba comprida e opaca, como cabelo de velho. Mexe nela com prazer, como se ali procurasse o fio de algum pensamento.

"Não posso dar meu sobrenome porque estou fazendo uma investigação secreta", diz, abocanhando um biscoito. A palavra "secreta" sai cheia de farelos.

Todos dão risada, mas em seguida afirmam que Daniel está falando sério. Ser militante radical em El Calafate, explicam, é complicado: vivem na obrigação moral de denunciar as irregularidades locais, mas não contam com o apoio de um partido com poder real. A UCR não tem peso político na cidade porque não conseguiu fazer um único vereador na eleição mais recente. Todos os vereadores são kirchneristas, entre outros motivos porque em Santa Cruz, portanto também em El Calafate, vigora a chamada Ley de Lemas: um mecanismo eleitoral que permite a cada coalizão apresentar vários candidatos, com a tranquilidade de que, terminado o pleito, ganhará aquela que, somando os votos de todos os postulantes, obtiver mais pontos. Esse sistema permitiu ao partido oficial, com mais estrutura, arrasar em todas as eleições.

"Eles têm todo o poder político, econômico e judicial. Ou seja, se você quer fazer uma denúncia, não consegue os documentos; se quer fazer uma investigação, não acha informações em toda a província... Por isso precisa ter muito cuidado. Qualquer coisa que você disser pode complicar a sua vida", diz Daniel.

"Complicar em que sentido?"

"Se você precisa fazer um trâmite pessoal na prefeitura, por exemplo, não sai. Coisinhas assim. Mas essas coisinhas vão te enlouquecendo."

Todos concordam com a cabeça, fumam e suspiram, como se fossem membros de um grupo de apoio aos sobreviventes de alguma tragédia. Tudo transcorre numa atmosfera de lentidão, sem nenhum brilho, exceto por um detalhe: Pilar Duhalde, a filha de Susana Toledo. Pilar é tão jovem, delicada e bonita que parece uma peça disposta num tabuleiro errado. Tem 21 anos, pele suave e lábios viçosos e carnudos; um rosto que, em 15 de fevereiro de 2010, lhe valeu o título de Rainha do Lago no concurso de beleza de El Calafate.

Mas Pilar não teve a sorte que parece. No mesmo dia da premiação, Cristina viajou a Santa Cruz para presidir um ato protocolar na geleira Perito Moreno. E, um dia depois desse discurso, o jornal *Clarín*, na época já em conflito com o governo federal, publicou uma matéria sobre o ato e, como contraponto, um boxe sobre Pilar. O jornal contou que, em território kirchnerista, a rainha da beleza era uma militante radical que, além disso, tinha o sobrenome de Eduardo Duhalde — o peronista, ex-presidente interino da Argentina, que conduziu Néstor Kirchner ao poder e depois se tornou seu ferrenho opositor.

Pilar Duhalde não tem nenhuma relação de parentesco com Eduardo Duhalde. Mas ninguém, nem o *Clarín* nem o governo, considerou esse detalhe.

"Misturaram tudo, e isso me prejudicou", diz Pilar. "As rainhas anteriores viajaram sem parar para as festas provinciais, e as que vieram depois também. Eu não viajei nem uma vez. Recebia os convites para visitar outras localidades, mas na prefeitura me diziam que o prefeito tinha dado ordem para eu não sair daqui."

A mãe dela, Susana Toledo, dá uma bufada áspera.

"É isso que a gente chama de 'tornar a vida impossível'", diz. "Eles controlam tudo. Todo mundo depende do governo. Todo mundo está esperando uma isenção fiscal, ou um terreno, ou qualquer outra coisa. E todo mundo fica quieto porque sabe que tudo aqui é feito conforme a escola kirchnerista: prêmios para os fiéis, castigo para quem não se alinha."

De todas as formas de domesticação em El Calafate, a mais usual e mais eficaz está ligada à entrega — ou não — de terras públicas. Na cidade, a única forma de ter uma casa própria a um preço razoável é comprando um lote do Estado. Para tanto, depois dos trâmites burocráticos é preciso se submeter a uma entrevista com o prefeito, que é quem decide se entrega ou não o terreno ao interessado.

Desde dezembro de 2007, o prefeito de El Calafate chama-se Javier Belloni. Ele chegou ao cargo envolvido em sérias polêmicas — é réu em um processo por assassinato —, mas no quesito "terras" é bem correto e, segundo dizem, entrega os lotes de um modo mais razoável que o prefeito anterior. Antes dele, em compensação, estava Néstor Méndez, um funcionário que ficou famoso pela frase "Vou te dar um terreninho" e ganhou as manchetes nacionais quando assinou um decreto de transferência de terras públicas a funcionários kirchneristas a um preço irrisório.

Néstor Méndez, ex-motorista de ambulâncias da vila, é conhecido em El Calafate como "o prefeito que vendeu o povoado". Motivos para isso não faltam. Durante os doze anos de sua dupla gestão, e com o argumento de que era preciso "povoar El Calafate e desenvolvê-lo como polo turístico", Méndez criou dois grandes bairros em terrenos públicos, distribuindo os lotes norteado por dois critérios: o do clientelismo político — nos meses anteriores à reeleição, chegou a distribuir mais de 1500 terrenos — e o da especulação imobiliária.

Exemplo desse modo de "trabalhar a terra" são os dois bairros licitados: Salesiano, situado em uma área depreciada, distante do lago Argentino, e Aeropuerto Viejo, em uma área com vista para o lago. Os lotes do Salesiano foram vendidos para a população a 1,5 dólar o metro quadrado — Gustavo Badano, o docente radical, comprou um desses lotes —, e os de Aeropuerto Viejo, com localização privilegiada, foram vendidos também a 1,5 dólar, mas só aos chamados "amigos do poder". Estes não usaram o terreno para construir uma "moradia única", que é o uso autorizado para os terrenos públicos, mas para fazer negócios imobiliários que movimentaram milhões.

Por coisas assim, Méndez é acusado dos crimes de abuso de autoridade, peculato, tráfico de influência, fraude fiscal e conduta incompatível com a função pública. Mas até o momento nenhum desses processos o afetou. Hoje recebe uma aposentadoria como legislador — foi deputado provincial pelo kirchnerismo até 2011 — e caminha alegremente pelo povoado, imune à presença de seu nome em vários escândalos. Entre eles, o da Cencosud, uma das mais notórias negociatas que vieram à tona do tempo de Néstor Kirchner.

O "Escândalo da Cencosud" consistiu na entrega a Néstor, por decreto do então prefeito Méndez, de dois hectares de terras públicas no bairro de Aeropuerto Viejo. Néstor comprou esse terreno quando já era presidente, por um valor equivalente, na época, a 50 mil dólares, e mais tarde o vendeu ao grupo chileno Cencosud por um montante quase cinquenta vezes maior: 2,4 milhões de dólares.

Essa manobra foi inicialmente denunciada por Héctor Barabino, um jornalista santa-cruzense, e mais tarde pelo advogado e dirigente radical Álvaro de Lamadrid, que reuniu informações suficientes para mover uma ação contra Néstor Kirchner por tráfico de influência. Por isso, entre outras razões, ele teve de abandonar o povoado.

Entrevistei Álvaro de Lamadrid em Buenos Aires no início de novembro. De Lamadrid é um homem alto, enérgico e de rosto vivo, quase infantil, que vestia um sóbrio terno azul-marinho e falava sem parar. O encontro aconteceu na zona dos tribunais, onde ele tem um pequeno escritório de advocacia.

Mal nos encontramos, em uma esquina, De Lamadrid começou a falar dos Kirchner e me entregou um livro de sua autoria. Intitula-se *El pingüino emperador: 20 años de poder bruto* e tem na capa uma gravura de Néstor, que era chamado de "pinguim", entre outros apelidos. Não me surpreendi tanto com o gesto, mas com minha reação: preocupei-me em ser vista com o livro na mão. Não há muito a dizer além do que implica essa sensação estranha, nova para mim.

Caminhei com o livro contra o peito até que chegamos a uma confeitaria onde era possível conversar com tranquilidade. Ali começou o monólogo. Foram duas horas e meia em que o homem despejou dados com uma velocidade constante. Fiquei exausta e nervosa. O que segue é um resumo do que ele disse.

Álvaro de Lamadrid estudou direito em Buenos Aires e foi viver em El Calafate em 1998. Nessa época, já fazia sete anos que Néstor era governador de Santa Cruz e acabara de promover uma reforma na Constituição provincial que permitia a reeleição ilimitada, o que o levaria, um ano depois, a ser eleito pela terceira vez, com 54% dos votos.

Em todo caso, quando De Lamadrid se instalou com a família em El Calafate, o povoado não era nem sombra do que viria a ser mais tarde. Era um lugar minúsculo, onde os Kirchner não tinham nem um terreno e onde De Lamadrid montou seu escritório, abriu uma imobiliária e começou a se consolidar como militante da UCR. Nesse lugar, assistiu a uma das maiores crises argentinas e à nova ascensão de Néstor Kirchner.

Tudo começou em 2001, quando o presidente radical Fernando de la Rúa fugiu da Casa Rosada e a Argentina mergulhou num caos institucional que culminou em um fato sem precedentes: em cinco dias, teve cinco presidentes. O último deles foi Eduardo Duhalde, um caudilho peronista histórico e habilidoso que em um ano e meio conseguiu estabilizar o país e prepará-lo para uma nova eleição presidencial, em 2003.

Quem seria o candidato do peronismo? Duhalde avaliou várias opções, entre elas a de Néstor Kirchner, uma figura desconhecida em nível nacional, que lhe permitiria continuar controlando o poder nas sombras. O acordo entre os dois foi firmado em uma propriedade de El Calafate, e foi claro: Kirchner se candidataria com o apoio do aparelho duhaldista, mas em 2007 — a eleição presidencial seguinte — devolveria o comando a Duhalde, com a possibilidade de indicar o vice-presidente da chapa. Supostamente, Cristina Kirchner.

"O desenho desse acordo só se explica num contexto como o da Argentina de 2003", disse De Lamadrid.

> Ninguém sabia nada sobre Néstor Kirchner. Era um candidato sem passado, e isso o beneficiou. Além disso, Kirchner financiou sua campanha com recursos de Santa Cruz, quer dizer, ele pagou para ser candidato. Isso pareceu tentador a Duhalde, e foi seu maior erro: subestimou Kirchner, que nunca respeitaria o acordo nem lhe devolveria o poder. Bom, é uma história cheia de detalhes, que eu conto no meu livro. Assumo a responsabilidade por tudo o que digo nele.

De Lamadrid citava seu livro o tempo todo: 250 páginas que tive de ler aos poucos, para não me deprimir. Ele levou à Justiça — e apresenta em seu livro — dados que permitiriam reconstituir parcialmente a origem e a dimensão da fortuna presidencial. A história é a seguinte: no início de 2003, o casal Kirchner começou a frequentar El Calafate nos fins de semana e, ao notar seu potencial econômico, logo começou a incorrer naquilo que De Lamadrid chama de "apropriação do público". Quer dizer, guiados pelo prefeito Méndez e sua célebre frase "Eu vou te dar um terreninho", começaram a comprar terras desenfreadamente.

De todos esses episódios, o que teve maior repercussão foi o da venda do chamado "terreno da Cencosud". Ao saber da manobra, De Lamadrid reuniu provas e registrou a denúncia, movendo uma ação por "tráfico de influência" contra cinquenta pessoas, entre elas o casal Kirchner. Mas o que ele não previu foi que o processo, por envolver terras municipais, iria parar na promotoria de El Calafate. Desde então, o inquérito é conduzido pela promotora Natalia Mercado, sobrinha de Néstor Kirchner, filha de Alicia Kirchner — ministra do Desenvolvimento Social — e que figura entre os imputados na própria denúncia.

Trocando em miúdos, Natalia Mercado teve de investigar a si mesma. E até agora não encontrou nada suspeito.

> A corrupção kirchnerista em El Calafate é quase pornográfica. Eles compram terras lá porque têm certeza de que, por uma questão de jurisdição, qualquer denúncia vai parar na promotoria da família. Hoje existe no local toda uma indústria de terras e hotelaria nas mãos de laranjas. Em El Calafate todo mundo sabe que esses hotéis são usados para dar alguma veracidade ao crescimento inexplicável que aparece na declaração patrimonial. Mas isso é só a ponta do iceberg.

De Lamadrid falava aos brados, e eu estava em pânico. Tomei meu refrigerante olhando para a mesa, enquanto ele disparava seus dados de um modo exaltado e estranhamente jovial. Ele parecia contente, ou melhor, livre de qualquer temor. Por dizer esse tipo de coisas, durante sua campanha a prefeito e depois dela, De Lamadrid passou maus bocados. Teve os vidros de sua casa quebrados, os muros pichados com dizeres como "Viva Perón" e "Vivam os K", e recebeu ameaças por telefone.

Se um dia eu precisasse viajar para Río Gallegos [a 320 quilômetros de El Calafate], perigava atender o telefone e escutar: "Sabemos que amanhã você tem que ir a Gallegos; cuidado, porque a estrada está péssima". Teve um dia em que eu estava com uns amigos num bar, falando de mulher, futebol, política. Quando cheguei em casa e ouvi a secretária eletrônica, a conversa inteira estava gravada, como se fosse uma mensagem. Não sei como aguentei tudo aquilo. Durante algum tempo, meus amigos ainda me pagaram uma segurança privada. Até que eu cansei e vim embora para Buenos Aires.

De Lamadrid deixou El Calafate em abril de 2009. Por medo e porque não tinha mais trabalho. Ninguém pensaria em resolver qualquer problema nos fóruns de Santa Cruz tendo-o como advogado.

El Calafate é pequeno. Do alto de uma colina pode-se ver o povoado inteiro: uma mancha de casas coloridas que se esparramam de modo anárquico, ladeadas em alguns trechos por salgueiros e álamos que se sacodem com os espasmos do vento. São sete horas da noite, e embaixo, no centro, os turistas caminham pela avenida Libertador — a via principal — depois de fazerem a excursão do dia.

O centro de El Calafate se estende por uma faixa de quinhentos metros em que há lojas de artesanato, agências de viagens, restaurantes e um imenso cassino que mistura o design étnico com o estilo imperial — registrado em nome de Jorge Bark, empresário ultrakirchnerista, dado como "devedor irrecuperável" pelo Banco Central da República Argentina. Entre tantas alternativas, opto pela única que me interessa: uma loja de chocolates. O lugar se chama Ovejitas de la Patagonia e tem caixas com desenhos de ovelhinhas, uma luminária com estampa de ovelhinhas e alguns quadros com pinturas de ovelhinhas. Compro chocolates em forma de ovelhinha e aproveito para fazer algumas perguntas.

"Tem gente que pensa que Ovejitas é da Cristina, porque a fábrica do meu patrão fica bem do lado de Los Sauces. Mas não; todo o resto é dela, menos Ovejitas", diz a vendedora, enquanto me entrega uma sacola.

Ovejitas de la Patagonia tem, de fato, uma loja no centro e uma fábrica a cem metros do Hotel Los Sauces. Em maio de 2012, essa fábrica foi notícia de jornal por ter sofrido um dos maiores assaltos à mão armada registrados no município. Por causa desse tipo de episódio, cada vez mais comum, começa-se a falar, pela primeira vez na história de El Calafate, em "roubo com risco de morte". É uma novidade difícil de entender, considerando-se que os dados oficiais registram pouquíssimos pobres no povoado.

Por que, então, há roubos em El Calafate? São várias as explicações: por um lado, acredita-se que os jovens não têm muito o que fazer e às vezes cometem delitos, não tanto por necessidade, mas por tédio. Em El Calafate não há cinemas — aliás, em toda a província de Santa Cruz não existe uma única sala —, e só recentemente foi inaugurado um centro cultural que inclui um teatro. As únicas diversões estão nos salões de baile e no cassino do povoado.

Por outro lado, os moradores dizem que as obras públicas locais são realizadas com trabalhadores trazidos de outras províncias, e que estes, quando a obra termina, ficam à toa no povoado, sem qualquer fonte de subsistência. Essas pessoas às vezes acabam roubando. No comitê radical, Susana Toledo completou assim essa explicação do problema:

> As empreiteiras trazem operários para trabalhar por dois ou três anos. Se no meio-tempo calha de acontecer uma eleição, tratam de entregar para eles um terreninho. Quando a obra termina, ficam sem trabalho, mas com o terreno. Aí não querem ir embora, querem morar no terreno, mas não têm como construir. Começam a levar uma vida mais marginal, e isso aumenta a criminalidade. Vivemos todos acuados.

Comparado com Buenos Aires, no entanto, El Calafate é um lugar muito sossegado. As pessoas caminham despreocupadas e leves. Observo parte do povoado da mesa de um bar. Estou agora no Casablanca, um dos cafés tradicionais da vila, que existe desde o tempo em que El Calafate era um reduto de ruas de terra. Rodolfo Novelle é o dono do local, por onde já passou todo o núcleo duro do kirchnerismo. Ele vem se sentar à minha frente.

Novelle já foi candidato a vereador pela UCR, mas não se elegeu. É alto, veste-se de preto, e seus cabelos brancos penteados para trás dão a seu rosto um ar cinematográfico. Agora se inclina, baixa a voz e olha pela janela.

"Você viu esse carro aí fora? O Audi, quero dizer: é do Gutiérrez. Ele tem dois Audi, além de um Porsche que deve valer uns 300 mil dólares."

* * *

Fabián Gutiérrez é o ex-secretário particular de Cristina Kirchner, processado por enriquecimento ilícito e absolvido em tempo recorde. O caso de Gutiérrez é paradigmático: ele chegou a Buenos Aires acompanhando Néstor Kirchner, em 2003, com um patrimônio declarado de 58 636 pesos argentinos (em torno de 20 mil dólares na época) e um Chevrolet Tigra. Em 2010, a declaração de Gutiérrez incluía quatro terrenos em Santa Cruz, dois apartamentos na capital federal, uma casa em El Chaltén (um povoado turístico da Patagônia), uma chácara e uma poupança de 204 276 pesos (51 mil dólares na época). Num desses lotes, situado nos subúrbios de El Calafate, ele construiu uma casa que as imobiliárias locais avaliam hoje em 3 milhões de dólares.

Ainda assim, um trabalho realizado pelo corpo de peritos contadores da Corte Suprema de Justiça concluiu que não houve nenhuma irregularidade em seu notável incremento patrimonial. Por isso Gutiérrez pode agora andar tranquilamente pelas ruas.

"Ele não precisa ser discreto, a lei aqui é a impunidade", diz Novelle. "Está mais do que claro que, por medo ou por conveniência, a sociedade local tem tolerado esse tipo de gente. O que conta aqui é a possibilidade de fazer dinheiro, portanto, mais que bater de frente com o corrupto, todo mundo trata de ficar seu amigo."

Novelle chegou à região em 1988, quando ainda era um município de 3 mil habitantes que não dependia dos favores do governo. El Calafate tinha um pequeno empresariado que vivia do turismo e não do emprego público, por isso as pessoas não eram tão permeáveis às pressões partidárias. Até que em 2000 foi inaugurado o aeroporto, em 2003 chegaram os Kirchner — pelo menos explicitamente —, e daí em diante surgiu uma casta de novos-ricos que nunca havia posto os pés no povoado e começou a circular pelas ruas em carros importados.

Kirchner também passeava, mas a pé. E, ao contrário de Cristina, ele o fazia quase sempre sem séquito: um costume que aqui lhe valeu a fama de líder simples. Na cidade todos têm seu "momento com Néstor": o dia em que fulano cruzou com ele caminhando à beira do lago, a vez em que beltrano o viu no centro ou na Costanera, a manhã em que o presidente fugiu de um ato oficial e entrou na loja de sicrano para pedir um copo d'água. O curioso é que, apesar de todo esse carisma, no dia em que ele morreu em El Calafate — 27 de outubro de 2010 — o povoado não viveu uma comoção.

"Foi traumático", recorda Novelle. "Mas não houve uma manifestação espontânea, como no Palácio de Buckingham quando Lady Di morreu. Em Santa Cruz, apesar de todo o dinheiro que eles estão despejando aqui, começa a se perceber um início de resistência."

A resistência tem duas explicações. Por um lado, a hotelaria tradicional de El Calafate está sentindo certa asfixia. A superoferta de quartos (8500 no total), impulsionada pelos negócios do kirchnerismo, derrubou o preço das diárias e mergulhou o setor em um processo de deflação que já provocou o fechamento de dois hotéis pequenos. Por outro lado, há a surpreendente resistência do próprio governador de Santa Cruz, Daniel Peralta: um funcionário que, pela primeira vez em vinte anos de fidelidade aos Kirchner, nos últimos meses começou a se rebelar, confrontando-se com Cristina. Desde então, o governo federal não só retirou o apoio a Santa Cruz como também está sufocando a província: interrompeu a transferência de recursos, e a escassez está causando um mal-estar que a população já não identifica tanto com Peralta, mas com a presidente.

As consequências disso começam a se fazer notar. Em 16 de novembro, Cristina viajou ao povoado para inaugurar o Museu do Brinquedo e também o centro cultural, mas muito pouca gente foi prestigiá-la. A prefeitura havia decretado ponto facultativo em todas as repartições públicas, inclusive nas escolas, mas só apareceram 250 pessoas. Destas, calcula-se que duzentos eram funcionários públicos trazidos de outras localidades.

O centro cultural é uma construção austera, de fortes tons avermelhados e telhado de duas águas. Apesar de já inaugurado, seu interior está deserto: há apenas uma mulher que dá as boas-vindas e, sem saber muito bem o que fazer, permite ao visitante percorrer o edifício. O que se vê é um salão de exposições em tons pastel (vazio), uma biblioteca com livros em processo de classificação — muitos são dessas reedições baratas que acompanham o jornal de domingo — e um belo teatro com capacidade para cerca de cem pessoas. Foi aqui que Cristina fez seu discurso.

Horas atrás, no comitê radical, todos diziam que a ausência de público na inauguração deixou Cristina tão furiosa que, depois do ato, "rolaram cabeças". Daniel — o gordo incógnito — ampliou o conceito:

"Cristina costuma ter acessos de fúria. Com o Néstor, era diferente. Ele não brigava com você, só te dava o beijo da morte." Daniel fez um silêncio teatral e prosseguiu:

> Se você discutia com ele, Néstor só dizia: "Acho muito bom ter podido discutir democraticamente com um companheiro como você", e te dava um abraço e um beijo. A partir daí, você estava liquidado, porque todo mundo já sabia que era para quebrar as suas pernas. Eu vi isso num evento, com meus próprios olhos. Néstor discutiu com um prefeito, até que uma hora abraçou e beijou o sujeito, e subiu no palanque. No ato, todos os prefeitos foram atrás dele, mas não deixaram o outro subir. Eu vi o tal prefeito chorar. Ele nunca mais teria a bênção do padrinho.

Amanhece; foi uma noite estranha: o barulho do vento é um inconveniente com o qual é preciso se habituar. Estar em El Calafate é, acima de tudo, acostumar-se a suportar essa conflagração sonora.

É uma linda manhã. Poucas nuvens no céu, cachorros brincando na rua e o povoado inteiro em amável sossego: os turistas estão em excursão e as demais pessoas já devem estar trabalhando. Vou, então, procurar Javier Belloni, o prefeito, em seu local de trabalho.

Belloni é um homem de aparência comum — rosto redondo, camisa aberta, franja —, que sempre pertenceu à classe abastada de El Calafate e chegou à prefeitura em meio a um escândalo. Ele é réu em um processo por assassinato. O caso veio à tona quando o jornal *Crítica de la Argentina* — dirigido pelo jornalista Jorge Lanata e fechado em 2008 — falou do "crime de El Calafate" e deu detalhes sobre o ocorrido: numa madrugada de 1997, um bando formado por quatro "filhos do poder" espancou dois descendentes da etnia tehuelche.

Um deles morreu. Chamava-se Gabriel Hueicha, tinha 22 anos e, no dia da surra, estava com um primo que sobreviveu e contou tudo. O pai de Hueicha registrou queixa e, dez dias depois do assassinato, os quatro rapazes — entre eles Belloni, que nessa época tinha 26 anos — foram detidos e indiciados. Passados dois meses, porém, três deles — Belloni incluído — foram postos em liberdade por falta de provas, embora continuassem imputados, na qualidade de acobertadores.

Hoje o processo por assassinato está arquivado em Río Gallegos. E assim Belloni pôde se dedicar à política, primeiro como vereador, depois como prefeito. Em todos esses anos, só se referiu uma vez à morte de Hueicha. Foi durante sua campanha, quando disse que a lembrança do crime era muito dolorosa, mas que ele não tinha nada a ver com aquilo. Mais tarde, quando Gonzalo Sánchez, jornalista do *Crítica de la Argentina*, o procurou na prefeitura, Belloni se entrincheirou em seu gabinete e deu ordem para não deixar nenhum jornalista entrar.

Essa ordem se mantém até hoje, pelo menos para a mídia independente. Os funcionários de Belloni nunca responderam aos meus telefonemas, e é por isso que agora estou na prefeitura. É um prédio térreo, de estrutura simples, com vidraças e paredes recém-pintadas. Percorro alguns corredores e subo uma pequena escada até dar com uma porta trancada. Dentro há pessoas rindo. Bato. Sai um homem que se apresenta como Alex Vera, assessor de imprensa e chefe de cerimonial da prefeitura. Explico-lhe tudo, e Vera olha para mim com expressão de paisagem. Finalmente, diz que o prefeito está muito ocupado, mas que vai consultá-lo. Também diz que vai me telefonar. Nos despedimos com extrema cortesia, sabendo como são as coisas.

Vera fecha a porta e continua rindo. Eu me retiro. Na véspera, Susana Toledo — que foi colega de escola de Belloni e tem apreço por ele — havia explicado assim o silêncio do prefeito: "Se ele falar demais, cortam a sua cabeça e o tiram do caminho. É assim que o kirchnerismo funciona".

Saio da prefeitura e caminho pela avenida Libertador. Olho as vitrines, passo pelo cassino e acabo no Museu do Brinquedo, um espaço identificado na entrada com uma imagem de Perón e Evita e inaugurado faz uma semana por Cristina. "Temos que apoiar esse empresário que vem colecionando brinquedos há quarenta anos", disse a presidente no ato de inauguração, referindo-se a Daniel Scardaccione, o dono de todo o acervo.

"Meu chefe juntou esses brinquedos durante muitos anos, ele adora brinquedos", diz a moça da entrada.

Bem diferente do que Rodolfo Novelle me disse ontem: Scardaccione comprou tudo em um leilão judicial, há quatro anos. E ele não é conhecido em El Calafate por seu amor aos brinquedos, mas por seus cheques. Scardaccione é agiota; as pessoas com dívidas de jogo, entre outras, recorrem a ele quando já não sabem mais de onde tirar dinheiro.

Entro no museu, e é muito bonito: parece a casa de Willy Wonka. Tento entender o que Perón e Evita têm a ver com isto. Até que chego à Sala Fundación Eva Perón, com mais de 250 brinquedos e jogos com que a fundação presenteava as crianças de todo o país. Além de brinquedos, há livros escolares (todos com imagens de Perón e Evita) e um manequim em tamanho natural de Evita sentada à sua mesa de trabalho, escrevendo um bilhete para entregar a um homem — outro boneco — que tem a mão estendida. Na carta, pode-se ler o seguinte: "Nomeei-o para um cargo no Ministério da Nação. Seja leal e não falhe".

A lealdade é a pedra fundamental do peronismo. Tanto que o dia mais importante para seus militantes — 17 de outubro — chama-se "Dia da Lealdade". A data comemora uma grande mobilização operária e sindical em 1945 para exigir a libertação do então coronel Juan Domingo Perón. Atuando na Secretaria de Trabalho e Previdência Social, criada e dirigida por ele durante um governo militar, Perón havia promovido os direitos dos trabalhadores, obtendo assim uma gratidão sem precedentes. Por isso, quando foi preso, no quadro de uma luta entre setores conservadores e tendências mais populares, um grande número de trabalhadores sindicalizados ocupou o centro da cidade, especialmente a praça de Maio, conseguindo por fim que Perón fosse libertado. No ano seguinte, Perón seria eleito presidente da República.

Desde então, o Dia da Lealdade é entendido como o dia do nascimento do peronismo. E é também um ponto de inflexão, quando se estabelece um modo de entender o exercício da política: a lealdade deve ter uma compensação. E a traição tem suas consequências.

Agora, na recepção do hotel em que estou hospedada, um funcionário da área de turismo atualiza o dogma peronista, dizendo:

"Eu moro aqui e acabei de receber um crédito da Anses [Administração Nacional da Seguridade Social]. Não posso correr o risco de que leiam minhas declarações e perguntem: 'Qual é a desse cara?'. Se eu falar mal, posso perder tudo. Difícil você achar alguém disposto a falar dando o nome."

O homem veio ao hotel porque preferiu não ser visto comigo em outro lugar. Agora está bebendo uma cerveja e observando como o sol, fincado sobre o lago, derrama uma luz tão pura que parece curar o povoado. Na primavera e no verão, diz ele, faz calor, mas venta muito. No inverno, em compensação, o ar é mais tranquilo, mas faz um frio polar, a baía congela, e só é possível fazer turismo no gelo. Ele não se queixa: afirma que a cidade cresceu, que recebeu muitos investimentos em hotelaria e que ela atrai cada vez mais gente, porque a Patagônia explodiu como conceito turístico. O homem diz que quer falar de turismo, não de política.

Pergunto como ele conseguiu sua casa.

"Passei anos tentando conseguir meu terreno. Tive que juntar os documentos e apresentar um dossiê. Depois, quando estava tudo certo, fui ver o prefeito. Se você chega até ele, é porque já está tudo aprovado, mas mesmo assim tem que viver esta cena: o prefeito te recebendo, te medindo e dizendo que vai te dar a casa."

Ele parece constrangido, ou cansado. Talvez as duas coisas. Está entardecendo, e ele olha pela janela. Do hotel, construído nos altos, avista-se uma voluta de fumaça que se enrosca em direção ao céu pela margem esquerda da baía. Algo está pegando fogo, ou alguém está queimando algo, mas não é isso que é estranho: estranho é poder ver tudo. O terrível é poder ver tudo.

Hoje só se fala em Daniel Peralta. É manhã de 28 de novembro, quarta-feira, e Peralta, o governador de Santa Cruz, acaba de dizer coisas até há pouco tempo impensáveis. Falou contra a Ley de Lemas, que permite aos kirchneristas se manter no poder em Santa Cruz, disse que não participará de nenhum ato oficial em que Cristina esteja presente, disse que a União está sufocando a província de Santa Cruz, que La Cámpora — a juventude kirchnerista — está "brincando com a paz social", e acusou o governo federal de obstruir a votação de duas leis de impostos sobre a extração de petróleo que, se aprovadas, teriam permitido a Santa Cruz um aporte de 40 milhões de pesos, o suficiente para a província sanear suas contas.

"Você chegou a El Calafate num momento insólito e imprevisível. Estamos vendo o súbito surgimento de um pós-kirchnerismo", diz Héctor Barabino, depois de me pôr a par das últimas notícias, bebericando um café.

Barabino é um jornalista de Río Gallegos respeitado por seus pares, e até pelo governo, por ter feito as maiores denúncias contra as redes de corrupção na província. Foi correspondente do jornal *Crítica de la Argentina*, trabalha num canal de televisão de Río Gallegos e é responsável pela investigação do escândalo da Cencosud, mais tarde retomada por Álvaro de Lamadrid para processar Néstor Kirchner.

Embora Barabino more em Río Gallegos, teve a delicadeza de vir à vila para fazermos o que ele chama de "corruptour": um passeio pelos principais marcos de corrupção de El Calafate. Mas ainda não saímos; estamos em um bar. Barabino — óculos leves, rosto afável — apoia os cotovelos sobre a mesa e sorri.

> Trabalho como jornalista há 28 anos e acompanhei a construção de dois presidentes. É incrível; estou fascinado com isso e também com o que está acontecendo agora. Sabíamos que o pós-kirchnerismo ia chegar. Eles ganharam as últimas eleições porque Kirchner morreu. Mas agora os efeitos do luto sobre o povo já estão passando e até os governadores fiéis começam a lhe dar as costas.

Barabino explica por que a resistência do governador Peralta tem tanto valor simbólico. Peralta foi um homem fiel ao kirchnerismo que durante décadas fez com eficiência tudo o que seus chefes mandavam, diz. Até que em 2010, depois de vários anos de favores, Kirchner lhe pediu um último gesto político: que se candidatasse à reeleição nas eleições provinciais do ano seguinte. Peralta obedeceu, sem prever as consequências. Embora ele encabeçasse a lista eleitoral, tanto Kirchner como La Cámpora indicaram os demais candidatos, sem permitir que Peralta incluísse ninguém de seu círculo mais próximo.

Como, ao contrário do que podia parecer, a subserviência de Peralta não era infinita, a relação entre ele e o governo federal começou a se deteriorar. Foi nesse contexto que, no final de 2012, Peralta se declarou um frontal opositor de Cristina Kirchner e protagonizou um gesto histórico dentro do kirchnerismo: o da deslealdade.

"Foi dignidade?"

"Não sei se foi dignidade. O sujeito percebeu que La Cámpora não existe fora da cidade de Buenos Aires, que Néstor está morto e que Cristina vai mal das pernas. Aí deve ter pensado: 'Quer saber? Vou fazer o que eu achar melhor'. E agora está aí, como se tivessem apagado a sua memória com uma lobotomia."

Barabino fala sem filtros, e isso é um pouco divertido, mas também inquietante. Ele percebe minha aflição, sorri, e procura me tranquilizar:

"Não precisa se preocupar", diz. "Faça de mim um personagem." Levanta-se. "Vamos lá."

Desce as escadas do bar e, a caminho do carro, atravessa o calçadão artesanal "Los Gnomos". Na entrada, uma placa de metal anuncia: "Aldeia dos Gnomos. Fada madrinha, dra. Cristina Fernández de Kirchner". O povoado inteiro está cheio de placas como essa.

"A plaquinha é o de menos. Aqui não há um centímetro de chão que não tenha a marca deles. El Calafate é a capital nacional da lavagem de dinheiro, um antro de corrupção, e eles não se dão ao trabalho nem de esconder isso", solta Barabino quando subimos em seu carro, um automóvel modesto que arranca rumo ao lago.

"Começou o *corruptour*", diz Barabino.

A primeira atração é a Costanera Néstor Kirchner, uma via pública recém-construída que margeia o lago Argentino e passa a poucos metros do Hotel Los Sauces.

A obra, que custou 36 milhões de dólares ao Estado e foi realizada pela Austral Construcciones, a empresa de Lázaro Báez, permite chegar de Los Sauces até Punta Soberana, um terreno onde não há nada além de alguns lotes entregues a funcionários kirchneristas.

"Essa obra milionária é só um vaso comunicante entre as propriedades que os Kirchner têm longe do centro", diz Barabino.

A avenida, como de costume, está vazia. Ninguém caminha por lá, porque no inverno faz muito frio e no verão venta demais. El Calafate, nas bordas, parece um povoado por terminar: capim seco, terra, pedras, e a cada tanto uma casa ou um imenso prédio cercado por um alambrado.

A paisagem vai passando até que, finalmente, chegamos ao bairro de Aeropuerto Viejo e àquilo que Héctor Barabino chama de "o marco mais emblemático da corrupção de El Calafate". Trata-se do terreno vendido para a Cencosud, um pedaço de terra estéril onde agora se ergue uma placa anunciando: "Em breve Easy".

Barabino desce do carro e começa a fotografar a placa. Até poucos dias atrás, acreditava-se que a Cencosud, a tal empresa chilena, desistiria de construir seu hipermercado Easy no terreno de Aeropuerto Viejo, para não ter seu nome ligado a um escândalo político. Mas, pelo jeito, mudaram de ideia. Em volta não há nada, ou quase nada: algumas casas ao longe e uma pousada em frente a uma avenida deserta. Esta, muito comprida, é a via de acesso a El Calafate. Mas é muito mais que isso.

Na década de 1990, o prefeito Méndez, com o aval do então governador Kirchner, decidiu erguer um aeroporto aqui. Chegaram a construir uma pista, que custou 7 milhões de dólares, mas logo se viu que foi malfeita. Depois de terminada a obra, os engenheiros constataram que a pista estava muito próxima das montanhas e que os pilotos teriam de fazer milagres para não bater o avião contra elas. O projeto foi abortado e transferiram o aeroporto para outro lugar, a vinte quilômetros do povoado. O que sobrou é o terreno de Kirchner e essa avenida enorme.

"É a pista", diz Barabino. "Você está em cima da pista."

Olho para meus pés: estou pisando a faixa que assinala a linha de decolagem. Logo levanto a vista. Barabino indica, ao longe, uma construção conhecida como "o shopping de Lázaro Báez". Vamos até lá. É um edifício de seis andares que nunca abriu suas portas e que, visto de perto, com tanto vidro fumê, parece uma funerária ou um cassino. Em frente ao shopping, e ao contrário do resto das ruas do bairro, que são de cascalho, há uma avenida ampla, de mão dupla e perfeitamente asfaltada.

Quando, em 2008, o jornal *La Nación* perguntou a Néstor Méndez como ele explicava esse asfaltamento seletivo, o então prefeito respondeu o seguinte: "Evidente que foi Lázaro Báez que asfaltou a rua, pois a empreiteira é dele. Se eu quiser e tiver dinheiro, faço a calçada da minha casa, pago e pronto". Mas anos depois, quando o jornalista Jorge Lanata ampliou a pergunta e o questionou sobre a entrega de terrenos valiosos por decreto, Méndez mudou o tom e deu uma resposta insólita: "Faço questão de esclarecer isso, Jorge, porque você não pode me julgar, assim como eu não posso julgar você [...] muitas vezes, ouvi as pessoas dizerem que você é homossexual, mas eu não posso dizer que você é homossexual, porque não te conheço".

Héctor Barabino também participou dessa entrevista telefônica, ao lado de Lanata. Agora, enquanto dirige, ele recorda detalhes da conversa, sufocando o riso. Méndez, diz, sempre foi um homem sem formação política: começou em El Calafate dirigindo uma ambulância, e a vida, com suas voltas, o levou à função pública. Um percurso comum a outros personagens do kirchnerismo: gente sem tradição partidária, mas leal, ambiciosa e fácil de controlar.

"De certo modo, o que aconteceu com esses laranjas é a mesma coisa que está acontecendo com Máximo Kirchner", diz Barabino, sobre o filho de Néstor e Cristina. "Máximo não só não é um estadista como nem sequer parece se interessar pelo poder. Quem o conhece diz até que é um bom sujeito, que não gosta de luxo. Por isso você vê a casa que Máximo está construindo agora em El Calafate e pensa: 'O cara não quer saber dessas coisas, não tem nada a ver com ele'."

Barabino para o carro em frente à futura moradia de Máximo. É de um tom rosa-velho e, embora não seja luxuosa, é uma casa de veraneio bonita e sólida, de frente para a baía. O lugar, acrescenta, fica a poucas quadras do Hotel Imago, um edifício de estilo alpino que lembra aquele de *O iluminado*, de Stanley Kubrick, e que acumula tantas denúncias que já não posso nem vê-lo.

"Cansou?", pergunta Barabino. "Então vou te levar para o lugar onde vou erguer a minha futura mansão."

Ele sorri, com ansiedade no olhar. Alguns anos atrás, ele e a mulher fizeram as contas e viram que não teriam dinheiro para comprar uma casa em Río Gallegos, mas aqui sim. Então procuraram um terreno particular e o compraram por 17 mil dólares, que estão pagando a prazo. Planejam construir ali uma casa pré-fabricada de fibra de vidro, alumínio e madeira.

"É aqui", diz Barabino, enchendo o peito ao descer do carro. O lugar tem a marca da Patagônia pioneira; tudo em volta é pedra, vento e promessas: um dia chegará o gás encanado, um dia haverá esgoto.

"Compramos o lote porque tínhamos amigos no terreno ao lado e porque, como não era terra pública, não tínhamos que esperar eternamente o favor da prefeitura", diz, olhando para a baía.

Avistam-se o lago azul, as montanhas, os finos fios do degelo. O cabelo de Barabino, como o de todos em El Calafate, não para de sacudir.

"Olhe como é lindo", diz ao vento.

Dessa vez é verdade.

Esta reportagem nunca saiu em espanhol porque, para mim, era problemático que ela fosse lida em meu país. Naquela época, 2013, qualquer jornalista que tivesse um olhar crítico sobre o kirchnerismo era tachado de antidemocrático, golpista, "destituinte", idiota e/ou funcionário a soldo das grandes corporações.

Em dezembro de 2015, a oposição — encarnada na figura de Mauricio Macri — ganhou as eleições presidenciais, por uma margem estreita de votos. Nos primeiros seis meses do governo macrista, algumas evidências grotescas de enriquecimento ilícito de parte da cúpula kirchnerista começaram a vir à luz. Em março de 2016, o noticiário *Telenoche* exibiu um vídeo gravado por uma câmera de segurança de "La Rosadita" (apelido do escritório financeiro clandestino do entorno kirchnerista), em que vários indivíduos ligados ao governo anterior contavam maços e maços de notas, num total de 5,5 milhões de dólares. Entre essas pessoas estava Martín Báez, filho de Lázaro Báez, que aparece nesta reportagem como um personagem fantasmagórico, sócio da suspeita empreiteira Austral Construcciones, vencedora de todas as licitações de grandes obras públicas na província de Santa Cruz. Lázaro Báez está hoje em prisão preventiva.

Em 14 de junho de 2016, José López, secretário de Obras Públicas do governo de Cristina Kirchner — organismo responsável, entre outras coisas, por habilitar as obras tocadas pela empresa de Lázaro Báez —, protagonizou uma cena digna de Pedro Almodóvar. Às três horas da manhã, armado com uma carabina, López pulou o muro de um convento na área nobre de General Rodríguez, ao norte da Grande Buenos Aires, e introduziu no prédio, com o aval das próprias freiras — que acabariam levando a denúncia à Justiça —, vários sacos contendo quase 9 milhões de dólares não declarados. Mais tarde, López admitiria que "vinham da política". A ex-presidente, no entanto, fez de conta que não era com ela: "Alguém deu a José López o dinheiro que estava com ele, e não fui eu", postou no Twitter. Álvaro de Lamadrid, o advogado que se viu forçado a fugir de Calafate, onde vivia, por ter aberto um megaprocesso contra vários membros do governo kirchnerista, passou muito tempo peregrinando por escritórios e repartições com seu livro *El pingüino emperador* embaixo do braço — título que as livrarias se negavam a exibir em suas prateleiras. As coisas, no entanto, mudaram: hoje ele dá palestras pela América Latina narrando a parábola da "corrupção K" e acaba de publicar, por uma grande editora, o livro *La década enterrada: Cristina, las valijas y el plan mesiánico para volver*.

Os 43 que faltam

Como um grupo de estudantes mexicanos desapareceu num estado dominado pelo tráfico

CAROL PIRES
Janeiro de 2015

No dia em que 43 de seus companheiros desapareceriam, Uriel Alonso Solís ia até a porta do ônibus e voltava. Estava hesitante.

Naquela sexta-feira amena, os calouros da Escola Normal Rural Raúl Isidro Burgos, do povoado de Ayotzinapa, no estado mexicano de Guerrero, iriam a uma cidade vizinha, Iguala, fazer *boteo* — as ações em que arrecadam dinheiro para manter as atividades da escola.

"Eu me sentia culpado por eles. No meu povoado, vários pais chegaram a me apontar na rua porque eu tinha incentivado seus filhos a ir", disse-me Alonso, ao relembrar os pormenores daquela noite de 26 de setembro de 2014, nove semanas antes.

De pele avermelhada, olhos astecas, maçãs do rosto pronunciadas e cabelos fartos, Alonso, como a maioria dos estudantes de Ayotzinapa, descende de camponeses indígenas. Ele parece mais sério que seus colegas normalistas. Enquanto os garotos abrem um sorrisão tanto quando acham graça como quando se envergonham, seu semblante é quase sempre fechado. As sobrancelhas graúdas também emprestam certa gravidade a seus dezenove anos. Mas, ao contrário de outros veteranos que pegavam no pé dos mais novos, Alonso tornara-se amigo de vários calouros. Decidiu entrar no ônibus. E por que não?

Os dois veículos da empresa Estrella de Oro haviam sido confiscados dias antes pelos estudantes; para economizar a passagem, eles costumam usar os ônibus e depois os devolvem às empresas. Saíram de Ayotzinapa às seis da tarde, transportando cerca de cem alunos, todos homens, quase todos do primeiro ano da Escola Normal. Uriel Alonso e outros quatro eram do segundo ano. Apenas um estudante do terceiro seguiu com eles.

Os ônibus partiram em direção a Chilpancingo, capital do estado, à qual se chega por uma estrada estreita que serpenteia uma mata fechada e verde, salpicada aqui e ali de flores brancas das ipomeias, no México denominadas *cazahuates*. De lá, pegariam a rodovia em direção a Iguala, uma cidade histórica de pouco mais de 100 mil habitantes, a terceira maior de Guerrero.

Os rapazes tinham se conhecido cerca de dois meses antes. Muitos haviam saído pela primeira vez dos povoados rurais onde nasceram e, desde o início das aulas, em 22 de julho, passaram a conviver em regime de internato na escola — "a esperança de um lar", como diz seu hino —, experimentando um cotidiano inédito de companheirismo.

Uriel Alonso viajava sério. Na véspera, os normalistas haviam feito *boteo* nas ruas de Chilpancingo — eles costumam parar o trânsito e pedir dinheiro aos motoristas —, e a polícia debelara a atividade. Alonso pressentia que os policiais de Iguala também pudessem reprimi-los. Dentro do ônibus, os amigos tanto insistiram que Alonso se rendeu às brincadeiras e acabou, ele também, abrindo um sorriso. Foram cantando e tirando sarro uns dos outros. Tinham energia, alegria, dezessete, dezoito, dezenove anos.

Às seis da tarde, quando os jovens deixavam Ayotzinapa, a primeira-dama de Iguala, María de los Ángeles Pineda Villa, apresentava seu segundo balanço à frente do Sistema Municipal para o Desenvolvimento Integral da Família. María de los Ángeles é — e praticamente todos sabiam — filha e irmã de narcotraficantes do cartel Guerreros Unidos. Tinha planos maiores: queria ser prefeita de Iguala em 2015.

Os Guerreros Unidos são uma facção do cartel dos Beltrán, cujo chefe foi morto às vésperas do Natal de 2009, fuzilado por agentes da Marinha. Desde a morte do *capo*, duas facções do mesmo grupo brigam entre si: Guerreros Unidos e Los Rojos. As duas disputam o poder local com outro cartel, a Família Michoacana.

Casos assim se espalham pelo México e por outros países latino-americanos. Se antes figuras como Pablo Escobar e "Chapo" Guzmán comandavam o tráfico com o poder de empresários multinacionais, hoje os grupos criminosos estão pulverizados. Sem capacidade de atuação hegemônica, sobrevivem do narcotráfico em menor escala, de extorsões, sequestros e formação de milícias.

Por quase todo o país, esses cartéis e milícias vivem em simbiose com a polícia e a política. Em Iguala, eram a mesma pessoa.

No final de novembro, numa manhã de sábado quente e seca, cheguei à Escola Normal Rural Raúl Isidro Burgos em uma das *urvans* — vans piratas — que ligam a capital estadual Chilpancingo a Tixtla, município ao qual pertence o povoado de Ayotzinapa ("rio de tartarugas", em língua nauatle). Na *urvan* também viajava um casal de idosos.

Descemos os três na parada que dá acesso à escola. Saindo da estrada, uma escada conduz aos fundos de um conjunto de casas — uma principal, de pedra, e outras menores, de alvenaria pintada de vermelho e branco — construído numa antiga fazenda. Madalena, 65 anos, acompanhava o marido, Roberto Callo, de 72. Callo atendia a uma convocação para uma reunião de ex-alunos feita naquela manhã pela rádio da escola.

As escolas normais surgiram na França, em 1794, inspiradas no modelo alemão de preparação de professores de ensino primário. No México, ganharam força com a Revolução de 1910, quando o país era fundamentalmente rural. À medida que o Partido Revolucionário Institucional (PRI) tornou-se um poder cada vez mais institucionalizado e menos revolucionário, perpetuando-se na presidência por 71 anos ininterruptos, essas escolas — de caráter contestatório, marxista — foram sendo paulatinamente fechadas.

Das 36 escolas normais rurais que já existiram, hoje restaram apenas dezessete, a maioria exclusiva para homens, embora haja algumas mistas e femininas. Por serem poucas, são muito unidas. Num outdoor na estrada que contorna Ayotzinapa, os estudantes pintaram a mensagem: "Se o governo continuar reprimindo e fechando escolas normais rurais, o povo terá a última palavra".

Madalena e Roberto Callo, filhos de camponeses, são do povoado de Tepechicotlán ("povo entre colinas sinuosas"), a três horas dali. Ele sustentou a mulher e os seis filhos com salário de professor primário graças à formação que recebeu em Ayotzinapa, e mais um modesto cultivo de feijão e milho. Os seis filhos do casal têm estudo superior e estão empregados. "Tenho muito orgulho de todos eles", comentou a mulher.

Callo graduou-se em Ayotzinapa em 1964, um ano depois que o estudante mais conhecido da escola, Lucio Cabañas, se formou. Naqueles anos, as guerrilhas se espalhavam por países latino-americanos; no México, ficaram concentradas em um único estado, Guerrero. E foi de Ayotzinapa que surgiu o principal líder rebelde da região: Lucio Cabañas, fundador do Partido de los Pobres, que se tornaria uma organização da esquerda armada. A sangrenta ofensiva do Estado contra os guerrilheiros ficou conhecida como "guerra suja".

Ainda hoje, pequenas células guerrilheiras, como o Ejército Revolucionario del Pueblo Insurgente e o Ejército Popular Revolucionario, ambos de orientação maoista, seguem ativas nas montanhas de Guerrero.

Em 1962, quando Cabañas estudava em Ayotzinapa, 70% da população do estado era pobre. Cinquenta anos depois, 69,7% continuam na pobreza. O narcotráfico assumiu o vazio deixado pelo governo. "Guerrero era o estado ideal", escreveu recentemente o historiador mexicano Enrique Krauze no jornal espanhol *El País*: "Uma geografia acidentada (montanhas intricadas e incomunicáveis), uma cultura ancestral da violência, uma sociedade ressentida pelas sequelas da guerra suja e tão pobre — em alguns locais — como as zonas mais depauperadas da África". Hoje, 98% da produção mexicana de papoula, matéria-prima da heroína, concentra-se em Guerrero.

Nessa nova realidade, a escola de Ayotzinapa — outrora um criadouro de guerrilheiros de esquerda — está agora mais associada às polícias comunitárias camponesas, conhecidas como *autodefensas*. Na porta da escola, a segurança é feita por homens desses grupos que não confiam nas polícias oficiais — armados, uniformizados e usando um capuz negro que esconde sua identidade.

Apontando os eucaliptos nas montanhas ao redor, Roberto Callo contou que ele e os colegas de classe plantaram aquelas árvores, cinquenta anos atrás. Sobre Lucio Cabañas, morto em 1974 em um enfrentamento com o Exército, comentou: "Ele era humilde, alegre, tocava violão. E era um orador divino. A gente ia a concursos de oratória e ele vencia todos. Não se podia contestar nada do que dizia".

Como líder estudantil de Ayotzinapa, Cabañas conseguiu, no começo da década de 1960, aumentar o subsídio para a alimentação dos normalistas de 3,5 para 6,5 pesos por dia. Hoje, cada estudante recebe do governo estadual 35 pesos diários (seis reais) para as três refeições.

Superados os degraus para alcançar os fundos da escola, Callo, o cabelo branco contrastando com o tom ocre da pele, anel dourado de formatura no dedo médio da mão esquerda, olhou a fachada do local onde morou dos catorze aos vinte anos e começou a chorar. Ali, uma faixa dizia: "Punição para os assassinos dos normalistas".

De Chipancilgo em diante, por duas horas os ônibus com os estudantes percorreram a Carretera Federal 95, uma das melhores e mais bem conservadas estradas do país, ligando a Cidade do México à turística Acapulco, na costa do Pacífico.

Os normalistas chegaram a Iguala por volta das oito horas da noite. No centro da cidade, fizeram o *boteo* sem maiores problemas. O dinheiro coletado tinha um destino: serviria para uma viagem à Cidade do México na quinta-feira seguinte, 2 de outubro, data em que ocorreu o Massacre de Tlatelolco, em 1968. Naquele ano, na esteira dos movimentos estudantis que pipocavam mundo afora e às vésperas da abertura dos Jogos Olímpicos do México, em torno de 15 mil pessoas tomaram as ruas da capital, portando cravos vermelhos em sinal de protesto contra a repressão policial a um grupo de estudantes dias antes. Ao cair do sol, militares e policiais armados com tanques e blindados abriram fogo contra a multidão. O governo reconhece quarenta mortos. Entidades civis falam em trezentas vítimas.

Na escola rural de Ayotzinapa, os normalistas não só aprendem pedagogia, como recebem formação política. Nos muros e paredes dos alojamentos veem-se pintados os rostos de revolucionários latinos — Che Guevara, o subcomandante Marcos, Lucio Cabañas —, além de retratos de Marx e Lênin. Um dos muitos murais mostra um camponês. "*Protestar es un derecho*", diz a legenda. Ao lado, a imagem de um policial agredindo um jovem traz a continuação da legenda: "*Reprimir es un delito*". Eles queriam ir às celebrações de Tlatelolco para relembrar isto: que o protesto de estudantes era um direito, e a repressão policial, um delito.

Na rodoviária de Iguala, os normalistas confiscaram mais três ônibus, estes da empresa Costa Line. Pretendiam levá-los à escola, para que acomodassem todos aqueles que quisessem ir à Cidade do México, a quatro horas de viagem. Os estudantes seguem a tradição insurgente de Ayotzinapa, mas não são violentos. As empresas de transporte se habituaram à situação e entregam os veículos, sabendo que serão devolvidos.

Os cerca de cem jovens que haviam viajado em dois ônibus agora se dividiram entre os cinco veículos que constituíam sua frota. Os motoristas das empresas conduziam os ônibus. Dois deles tomaram o rumo da Escola Normal pela saída sul da rodoviária; os outros três, pela saída norte. Uriel Alonso ia no último carro desse comboio de três.

Naquele momento, na Plaza de las Tres Garantías, a primeira-dama de Iguala e seu marido comemoravam em um baile a atuação dela como secretária da Família. O prefeito José Luis Abarca tinha uma rixa antiga com os normalistas. Um ano antes, eles haviam pichado a prefeitura, acusando-o de torturar e matar um líder camponês, o engenheiro Arturo Hernández Cardona — crime pelo qual passaria a responder oficialmente apenas depois do desaparecimento dos estudantes.

De acordo com a investigação da Procuradoria-Geral do México, ao tomar conhecimento da presença dos normalistas, o prefeito telefonou para o diretor municipal de Segurança Pública, Felipe Flórez Velázquez, que por sua vez ordenou ao chefe de polícia, Francisco Salgado Valladares, que detivesse os jovens.

Na saída norte, os estudantes do último dos três ônibus — onde estava Uriel Alonso — viram pelo retrovisor que duas patrulhas da polícia os seguiam. Os policiais atiravam e um grupo desceu do ônibus em movimento, acreditando que se tratava de tiros de advertência. Quando os alunos perceberam que os ataques eram diretos, lançaram contra as viaturas pedras que encontraram na calçada. Alonso não voltou ao terceiro ônibus. Correu e subiu no primeiro deles, para liderar a fuga.

"Para onde vamos?", perguntou o motorista da empresa Estrella de Oro. "Para Chilpancingo", respondeu Alonso. Mais à frente, porém, no cruzamento da rua Álvarez com a avenida Periférico Norte, numa via residencial, outra patrulha fechou a passagem do comboio. Alonso voltou a descer do ônibus, ao lado de outros estudantes. Dessa vez deram de cara com policiais municipais armados com fuzis AR-15, que dispararam sem aviso.

Um dia antes de encontrar o casal Callo na van pirata que me conduzia à Escola Normal, eu já visitara o local. Fui recebida então por dois alunos, Sergio Bastian Memije, de 21 anos, do segundo ano, e Benito Juárez Saldaña, de 22 anos, do terceiro.

A noite de 26 de setembro não havia sido — me contaram os dois — a primeira vez que normalistas daquela escola ficaram frente a frente com os fuzis AR-15 das polícias de Guerrero. Na estrada, pouco antes do ponto de parada das vans e dos ônibus, há uma cruz com as inscrições "Juan Manuel Huikan Huikan" e "12 de outubro 1988". Ali, entre os eucaliptos, Huikan Huikan caiu morto com um tiro no peito, disparado pela polícia estadual enquanto ele e outros normalistas faziam a guarda da escola.

No pátio próximo à quadra de esportes, há outra homenagem em memória dos normalistas Gabriel Echeverría de Jesús e Jorge Alexis Herrera Pino, também assassinados pela polícia durante uma passeata que os estudantes fizeram pela Autopista del Sol, em 2011, reivindicando que o governador cumprisse os acordos de aumentar os repasses à escola.

Nas três vezes em que o encontrei, Sergio Bastian estava sempre bem-vestido, com roupas esportivas novas — ainda que de marcas falsificadas, como as de outros estudantes —, banho recém-tomado, barba feita e gel no cabelo. No dia em que me recebeu na escola, calçava tênis impecavelmente branco e vestia uma camisa da seleção da Croácia. Ele torce pelo Cruz Azul e admira o Palmeiras. No time da escola, joga como lateral esquerdo. "Quero ser jogador de futebol e político", brincou.

Bastian é da Casa do Ativista, um grupo de estudos de alunos interessados em política. Formar-se pela Escola Normal foi a maneira que encontrou para conseguir um emprego que um dia lhe permita pagar o curso que realmente deseja, de arqueólogo ou historiador.

A Escola Normal de Ayotzinapa — que a cada mês de julho oferece 140 vagas — todo ano costuma ter quinhentos candidatos, que prestam um exame com duzentas perguntas. Os bem-sucedidos passam, então, por uma etapa de provação que consiste em ficar uma semana em regime de quartel. Acordam às cinco horas da manhã, correm, cultivam a terra, pastoreiam os animais e participam de ciclos de estudo das oito da noite às três da manhã. Às cinco, começa tudo de novo. Quem aguenta está dentro.

"Aqui é para filhos de camponeses, de gente pobre. Só que, em algum momento, filhos de burgueses, de funcionários públicos, começaram a entrar. Por isso estabeleceram o trabalho de campo nos testes", contou Bastian, que perdeu três quilos nas primeiras semanas de aula em Ayotzinapa.

Nascido em Coyuca de Benítez, a quatro horas da escola, ele só estuda porque recebe uma bolsa do governo federal para jovens do campo, de mil pesos mexicanos (182 reais). Com isso cobre as despesas que a Escola Normal não pode prover, como transporte. Em troca, durante uma semana por mês ele dá aula para crianças em Chihuahua, a vinte horas de Ayotzinapa, quase na fronteira do México com o Texas.

Na primeira rajada de AR-15 disparada pelos policiais municipais de Iguala contra os normalistas que tentavam deixar a cidade pela saída norte, Uriel Alonso olhou para o chão e viu o amigo Aldo Gutiérrez Solano caído, baleado na cabeça.

"Tive que me jogar no chão, me arrastar por baixo do ônibus, como os militares", recordou Alonso, sentado numa mureta da escola de Ayotzinapa. No sufoco do momento, parte dos estudantes que haviam descido para o asfalto voltou ao primeiro dos três ônibus que seguiam em comboio com os normalistas. Outros, como Alonso, permaneceram no chão, escondidos entre o primeiro e o segundo veículos.

Os policiais — em torno de 35, segundo Uriel Alonso — disparavam um, dois, três tiros, e paravam. Em seguida soltavam rajadas indiscriminadas. Os rapazes gritavam que eram estudantes, que não estavam fazendo nada de mal. Pediam, por favor, uma ambulância para Aldo Gutiérrez.

Deitado entre os ônibus, Alonso sacou o celular e conseguiu fazer dois vídeos, escuros e tremidos. No primeiro, de seis minutos, escuta-se apenas o barulho dos motores e Alonso dizendo: "Estamos gravando, companheiros. Por que estão apontando pra gente?". Em outro momento, desafia: "Aponta, aponta, *cabrón*, que eu estou gravando. Que bonito, matando estudantes... mas se [*você*] é bom para apontar assim, quem dera fosse contra um *narco*...".

Ao fundo, vozes insistem: "Somos estudantes", "Precisamos de uma ambulância para um companheiro que está morrendo", "Chamem os paramédicos", "Vamos levá-lo, mas baixem as armas", "Não temos armas, não temos armas, não temos armas, senhor, tenha coração".

Alonso também usou o celular para pedir socorro. No número público de emergência, a telefonista parecia não entender o pedido. "Ela perguntava: 'Mas pra que você quer ajuda? O que foram fazer aí? De onde são?'. Fiquei com raiva, desliguei e chamei os companheiros da escola", contou Alonso. O tiroteio durou entre nove e meia e onze da noite.

Em meio aos tiros, Alonso avistou policiais retirando vários estudantes do terceiro ônibus e mandando-os deitar no chão, com o rosto virado para baixo. "Eu pensei em me entregar, mas os meus companheiros não deixaram, me abraçaram e não me deixaram ir", relatou Alonso. Ele também viu quando chegaram mais carros, maiores. Vinte e nove estudantes que estavam estirados no asfalto foram embarcados com as mãos na cabeça. Só então a polícia foi embora.

Por volta de uma da manhã, os estudantes publicaram no grupo de Facebook da escola: "Alerta agora em Ayotzinapa... há alunos feridos num enfrentamento com a polícia... confirmaremos em seguida". Chovia em Iguala e os estudantes que não haviam sido levados pela polícia seguiam ali com os ônibus metralhados, esperando uma ambulância para Aldo Gutiérrez, que só foi socorrido três horas depois de baleado. Ele continua em coma, mantido vivo com a ajuda de aparelhos.

Na Escola Normal de Ayotzinapa, os normalistas são desafiados a descobrir uma vocação. Há uma banda marcial, grupos de *rondalla* (roda de viola), de danças típicas, além de equipes de futebol, vôlei e basquete, e oficina de selaria. Os mais sérios se reúnem na equipe de ordem, que assegura a limpeza e o sossego entre os rapazes. Os mais politizados entram para a Casa do Ativista.

Benito Juárez Saldaña se interessou por comunicação; comanda a rádio comunitária "Voces Nuestras, Voz de Todxs". "Aqui você desperta. Ensinam coisas que não são ensinadas nas outras escolas", disse.

Juárez — cujo nome homenageia o primeiro presidente mexicano de origem indígena, no século XIX — é mais baixo e corpulento que os demais, afável, mas está quase sempre com cara fechada e aspecto cansado. Há dois meses que sua rotina saiu dos eixos, entre marchas de protesto e viagens pelo país para participar de assembleias estudantis.

Responsável pela comunicação, Juárez também faz *tomas* de rádios — invade rádios comerciais e pede para ler comunicados. No dia em que nos conhecemos no final de novembro, havia entrado na rádio 97.1 FM da capital estadual Chilpancingo, e os funcionários lhe deram meia hora na programação. No dia seguinte, foi recebido com beijos na bochecha e lhe disseram que poderia falar o tempo que quisesse. Ele ocupou duas horas.

Benito Juárez e o colega Sergio Bastian me ofereceram um tour pela escola. Passamos pelos vários dormitórios (cada um com um nome: *Ratoneras*, *Cavernas*, *Los Olvidados* e *La Gloria*), pela quadra de esportes, pela cafeteria, pelos campos de flores lilases, pelos chiqueiros e pastos, agora quase abandonados. Terminamos em um amplo estacionamento onde havia pelo menos dez ônibus e caminhões de multinacionais alimentícias. Eram os veículos que os estudantes confiscaram provisoriamente para seu transporte e para apanhar alimentos.

Nas últimas semanas de novembro, os estudantes estavam interceptando mais veículos do que o habitual, com vistas à pressão política, explicaram. Perguntei se manter os motoristas na escola junto com os caminhões não os prejudicaria. "Não, eles gostam, porque enquanto ficam aqui a gente oferece tudo e eles descansam. Se não estivessem aqui, estariam fazendo jornadas longas", disse Benito Juárez. O céu já escurecia e os motoristas estavam sentados num gramado, conversando.

No dia seguinte, um deles se aproximou, perguntou de onde eu era e me convidou para conhecer seu estado natal, Morelos, vizinho a Guerrero. Um dia depois, procurei o grupo para saber quanto ganhavam enquanto estavam ali, mas os motoristas disseram que os normalistas os haviam proibido de falar comigo.

"Já nos contaram que você é repórter, e até sabiam sobre o que conversamos", disse-me um deles. Insisti e ele contou que estava ali havia quarenta dias, sem poder ver a família. Os estudantes lhe pagavam trezentos pesos (54 reais) por dia, além da alimentação. Se estivesse trabalhando, ele ganharia quinhentos pesos (91 reais) por dia. Estava perdendo tempo e dinheiro. Não iria embora por conta própria porque a empresa o responsabilizaria pelo caminhão que viesse a abandonar. (Em dezembro, empresas e normalistas fizeram um acordo para o revezamento dos motoristas; cada um ficaria dez dias a serviço dos jovens.)

Jornalistas locais chegaram à saída norte de Iguala no início da madrugada de 27 de setembro, quando os normalistas que escaparam de ser detidos esperavam ajuda para o colega ferido na cabeça. Enquanto os repórteres colhiam o depoimento dos estudantes, alguns carros pretos e uma caminhonete vermelha se aproximaram. Dos automóveis, desceram homens com o rosto coberto por máscaras negras, atirando com metralhadoras calibre .50 e pistolas 9 milímetros — armas de guerra. Dois estudantes foram fatalmente atingidos: Daniel Solís Gallardo e Julio César Ramírez.

Uriel Alonso fugiu e se escondeu a duas quadras dali, num terreno baldio, com mais cinco companheiros. Por cinco horas, estiveram imóveis, no escuro, até que alguns colegas os socorreram. Outros estudantes se ocultaram em casas, hospitais, onde puderam. Enquanto isso, a polícia e os homens de preto procuravam normalistas por Iguala.

Uma equipe de futebol da terceira divisão, Los Avispones, viajava de Iguala a Chilpancingo num ônibus de turismo e foi atingida a tiros na estrada. Um jogador de catorze anos e o motorista do ônibus morreram. O veículo caiu num barranco e vários atletas ficaram feridos. Uma dona de casa que estava num táxi também morreu baleada. Vinte e cinco pessoas confundidas com estudantes saíram feridas na noite do massacre.

Logo se soube que os dois ônibus que deixaram a rodoviária de Iguala pela saída sul também haviam sido atacados pela polícia. Os normalistas do segundo ônibus fugiram apavorados e se salvaram. Os do primeiro foram levados. Inicialmente, os estudantes de Ayotzinapa que foram à delegacia e à Procuradoria de Iguala em busca dos detidos pensavam que faltassem 57 companheiros. Vários, porém, foram emergindo de seus esconderijos. Quarenta e três nunca reapareceram.

Pela manhã, o corpo do normalista Julio César Mondragón, o Chilango, foi encontrado na beira da estrada. Sua pele e seus olhos haviam sido arrancados do rosto enquanto ele ainda estava vivo, segundo o perito que examinou seu corpo. As mãos e os braços foram queimados com cigarro. As costas receberam golpes que deixaram marcas. Olhando uma foto, ao ver a polo vermelha e o cachecol cor de café, Alonso reconheceu o corpo do amigo. Mondragón tinha 22 anos e era o único dos rapazes que tinha filho: a menina Melisa Sayuri nascera quinze dias antes. Ele havia passado duas semanas com a recém-nascida e chegara a Ayotzinapa na sexta-feira, pouco antes da partida dos ônibus.

Os jornais mexicanos costumam comparar os índices de violência do México e do Brasil. Em números absolutos, somos recordistas mundiais de assassinatos. No México, o crime é frequentemente mais espetaculoso. Em janeiro de 2009, um homem foi acusado de ter dissolvido trezentos corpos em ácido, a mando do cartel de Tijuana. Em agosto de 2010, 72 imigrantes que tentavam chegar aos Estados Unidos foram executados pelo cartel dos Zetas. Em novembro de 2011, às vésperas da abertura da Feira Internacional do Livro de Guadalajara, a maior do mundo em língua espanhola, duas caminhonetes e um carro foram abandonados em uma ponte da cidade, com 26 cadáveres.

A tortura é uma assinatura dos cartéis. Por isso o corpo de Julio César Mondragón não foi ocultado como os demais. Era uma mensagem. Outra estratégia do terror é o desaparecimento forçado, quando os familiares vivem uma eterna espera de alguém que não sabem estar vivo ou morto.

Damián Arnulfo Marcos tem sessenta anos, mas quase não exibe rugas ou cabelos brancos. Tem os olhos puxados, as maçãs do rosto saltadas, os lábios grossos e os dentes grandes como seu filho, Felipe Arnulfo Rosa. Como todos os agricultores pobres de sua idade, veste camisa de botão e sandálias *huarache*, de tiras de couro.

Damián Arnulfo não fala espanhol, só mixteco, língua da quarta maior população indígena do México, depois dos nauatles, maias e zapotecas. Sem entender o que se comenta a seu redor, desde o final de setembro Arnulfo vive na Escola Normal de Ayotzinapa, à espera de notícias do filho. O normalista Felipe havia estado com a família oito dias antes de desaparecer. Contou ao pai e à prima, Catalina Madero, que a rotina na escola era pesada, mas que ele suportaria para poder estudar; que alguns meninos aprontavam, mas que todos o respeitavam. Ao final da visita, Catalina preparou umas tortilhas para ele levar à escola.

Catalina Madero vive no município de Ayutla de Los Libres, a quatro horas da escola, e o tio, Damián Arnulfo, em Rancho Papa, um povoado de cerca de duzentas pessoas, ao qual se chega depois de oito horas de caminhada, cruzando um rio na serra. Nos fins de semana, Arnulfo vai a Ayutla vender cana.

Na sexta-feira, 26 de setembro, Felipe telefonou para a prima por volta das cinco da tarde, do celular de um amigo, contando que ia a Iguala. Pediu que a jovem informasse o pai, quando chegasse a Ayutla, de que ele precisava de duzentos pesos (36 reais) para comprar um par de tênis.

Um afilhado de Catalina, Pedro, também normalista, lhe telefonou por volta das dez da noite para contar que os estudantes em Iguala haviam sido atacados. O rapaz disse que chegou a entrar no ônibus, mas desceu quando soube que naquela noite haveria ensaio da *rondalla*. Catalina então telefonou para o celular do qual havia recebido a chamada de Felipe, mas ninguém respondeu.

Avisado do ocorrido, Damián Arnulfo só conseguiu chegar a Ayotzinapa na segunda-feira. Chovera muito em seu povoado, o rio estava cheio. Quando o nível baixou um pouco, atravessou a correnteza com a água batendo na altura do peito. Carregava consigo 3 mil pesos (547 reais), arrecadados entre parentes e vizinhos para pagar a fiança de Felipe. O pai o imaginava preso, já que fora detido pela polícia.

No quarto onde Felipe Arnulfo dormia, Catalina encontrou o que o primo deixou para trás: o celular, oitocentos pesos (144 reais) de economias, tênis, camisas, cadernos. Ao me mostrar os pertences, Catalina descobriu um saco azul que ainda não tinha visto. Dentro dele, um punhado de tortilhas secas, as tortilhas que ela havia preparado para Felipe.

Desde o dia em que soube do desaparecimento do filho, Damián Arnulfo sofre com uma inflamação no dente molar que também lhe causa dor de ouvido. A plantação de cana, da qual vive, está abandonada. "Não, era seu único", disse Catalina, quando perguntei se o tio tinha mais filhos. "Seu único filho homem", continuou — uma resposta comum entre alguns camponeses, que valorizam mais os descendentes homens. Arnulfo também tem uma filha, de 22 anos.

Catalina me traduzia o que o tio respondia em mixteco. "Felipe era muito colaborador. Era, não: é. Porque a gente acha que ele está vivo", disse Arnulfo. Pais e mães de Ayotzinapa querem que se fale de seus filhos empregando os verbos no tempo presente. Felipe não tem namorada, é muito tranquilo, ajuda os vizinhos em tarefas comunitárias, não tem frescura para comer. Seu prato favorito é caldo de carne.

"Nós aqui temos água, comida. Mas à noite, quando começamos a conversar, é quando choramos. Porque a gente não sabe se eles comem, se tomam água, se batem neles, o que estão fazendo. Não sabemos nada", disse Catalina com um fiapo de voz. Damián Arnulfo seguia sentado ao seu lado, ouvidos moucos, olhar perdido, como no dia em que ele e os outros pais se reuniram por seis horas com o presidente do México, Enrique Peña Nieto.

Peña Nieto reconquistou a presidência do México para o PRI em 2012, depois de dois governos consecutivos do Partido da Ação Nacional, PAN, associação de direita que conseguiu quebrar as sete décadas de hegemonia dos revolucionários institucionais. É um jovem advogado de porte aristocrático, casado com uma atriz de novelas. De topete inabalável e sangue político, foi governador do estado do México, assim como seu tio e padrinho.

Ele assumiu a presidência prometendo reformas estruturais na economia, na educação e em setores importantes como o petróleo, do qual a sucateada estatal Pemex detinha o monopólio. A imprensa internacional foi bastante generosa com ele. Capa de uma edição recente da revista *Time*, foi descrito como o salvador do México. Em 2013, o país foi a segunda economia que mais atraiu investimentos estrangeiros na América Latina, abocanhando 38 bilhões de dólares (o Brasil recebeu 64 bilhões).

O presidente mexicano tentou manter longe da esfera do governo federal o massacre em Iguala. Cobrou uma resposta do governo de Guerrero. No início de novembro, deixou o país para ir à China, sem ter visitado Iguala ou se reunido com os familiares das vítimas. "Peña Nieto é o primeiro telepresidente do México", registrou o escritor mexicano Juan Villoro. "As suas reformas ofereceram uma nova novela nacional, mas muito cedo a realidade o atropelou. Para sobreviver, terá que sair da tela e enfrentar o que está fora dela: um país dolorosamente verdadeiro."

A imprensa internacional também começou a cobrar uma atitude do presidente. "Embora as reformas de Peña Nieto sejam impressionantes, o México nunca conseguirá alcançar o potencial que deseja sem um honesto e eficiente sistema de justiça criminal. Sua democracia vai perder legitimidade se os seus políticos continuarem a tolerar a corrupção", publicou a *The Economist*.

Não era a primeira vez que a realidade interrompia a telenovela que o México reivindicava protagonizar. O Massacre de Tlatelolco já havia tisnado a imagem do país às vésperas das Olimpíadas. Em 1994, o Exército Zapatista de Libertação Nacional se rebelou em Chiapas por mais direitos sociais no dia em que entrava em vigor o Tratado de Livre Comércio da América do Norte, com o Canadá e os Estados Unidos.

Peña Nieto assumiu a interlocução diante do caso Ayotzinapa quando viu a expectativa sobre suas reformas murcharem e os protestos ganharem apoio mundial. O presidente convocou uma reunião com os pais dos normalistas na residência oficial de Los Pinos. Damián Arnulfo, proibido de entrar com um tradutor, não compreendeu o que o mandatário disse. Porém, saiu da reunião com uma opinião: "Você percebe pela cara da pessoa quando ela está mentindo".

A partir do momento em que os 43 normalistas foram apartados dos companheiros e detidos, o que se sabe procede das conclusões da Procuradoria-Geral da República do México, recentemente postas em dúvida pela imprensa do país. Segundo a Procuradoria, os 43 estudantes foram levados até a delegacia de Iguala. Agentes da polícia de Cocula, cidade vizinha, pegaram os 43 jovens na delegacia, trocaram as placas de seus carros e os conduziram até a entrada de uma montanha conhecida como Loma de Coyotes.

Lá, os estudantes teriam sido entregues a sicários do cartel Guerreros Unidos. O chefe dos sicários, Gildardo López Astudillo, avisou Sidronio Casarrubias, o comandante do grupo, que os desordeiros pertenciam à quadrilha rival, Los Rojos. Casarrubias então ordenou a execução "em defesa do território".

Os 43 foram postos em um caminhão e uma caminhonete usados para carregar animais. Ainda segundo as investigações da Procuradoria da República, com base na confissão de três sicários, eles foram conduzidos ao lixão de Cocula. De acordo com os assassinos, quinze dos estudantes teriam chegado ao lixão já mortos por asfixia. Os sobreviventes foram obrigados a descer, um a um. Caminharam até um declive, deitaram no chão e foram submetidos a um interrogatório: "Vocês são dos Rojos?". "Não, somos estudantes", respondiam a seus algozes. Um a um foram mortos com tiros na cabeça.

Os corpos dos rapazes foram jogados no fundo do lixão, dispostos dentro de um círculo formado por pedras e amontoados uns sobre os outros "como se fossem lenha", segundo um dos assassinos confessos. Por cima, jogaram pneus, lenha, gasolina e diesel. Arderam da uma da manhã às cinco da tarde do dia seguinte, quando os sicários voltaram, jogaram terra para esfriar as cinzas e recolheram tudo em sacos pretos, que depois foram atirados em um rio.

O que a polícia pôde encontrar estava tão calcinado, disse o procurador-geral Jesús Murillo Karam, que os restos de dentes se pulverizavam ao menor toque. Desapareciam.

O relato do procurador-geral enfureceu o México. A riqueza de detalhes, a crueldade dos assassinatos e a frieza de Karam, que ao final da entrevista coletiva disse "Já me cansei", levaram milhares de pessoas às ruas de todo o país. Os manifestantes lotaram o Zócalo, a praça central da Cidade do México. Na internet, a comoção vinha seguida da hashtag *#yamecansé*. Artistas se uniram à causa. Na Feira do Livro de Guadalajara houve marchas, discursos. Escritores pediam ao público que contasse até 43. Conte vagarosamente de um até 43: é insuportável.

À inconformidade social, somaram-se importantes revelações da imprensa. A primeira-dama do México — a atriz de novelas Angélica Rivera — acabara de exibir numa revista de celebridades sua espetacular mansão branca, avaliada em 7 milhões de dólares. Descobriu-se que o imóvel estava registrado em nome da empresa de Juan Armando Hinojosa Cantú, amigo de Peña Nieto beneficiado com gordos contratos públicos.

As passeatas do México tiveram uma evolução parecida com as do Brasil em 2013 — irromperam pontuais e pequenas, movidas por uma razão. Aqui, foram as passagens de ônibus. Lá, Ayotzinapa. E também lá tomaram outra dimensão, contra toda a classe política. Se antes, depois de cada massacre, os cartéis eram apontados como os vilões, o caso Ayotzinapa despertou a sociedade mexicana para o fato de que a violência é institucionalizada e é difícil identificar quem se salva desse baile macabro.

Os três principais partidos políticos do México foram chamuscados. O ex-presidente Felipe Calderón, do PAN, havia tomado como bandeira a guerra ao tráfico e pusera o Exército para combater os cartéis. Em linhas gerais, fez com que os *narcos* também se armassem para a guerra — com armas traficadas dos Estados Unidos, o primeiro mercado mundial de consumo de drogas. É um mercado que ninguém quer perder. Saldo: 70 mil mortos e 26 mil desaparecidos, segundo números oficiais.

Peña Nieto tentou adotar um perfil parecido com o do presidente da Colômbia, Juan Manuel Santos: afastando do discurso público o tema da violência, só mencionava os cartéis quando anunciava a prisão de um líder importante. O problema assim pareceria menor, e mais eficiente o governo. Mas, outra vez, a realidade atropelou a novela.

Por fim, o PRD, de esquerda, que até aqui conseguira se manter apartado das denúncias mais pesadas, viu-se contaminado pela atuação do governador de Guerrero e do prefeito de Iguala, ambos parte de seus quadros. Um dos fundadores e mais respeitados políticos do PRD, Cuauhtémoc Cárdenas, deixou o partido. Seria como se Lula abandonasse o PT, ou Fernando Henrique Cardoso o PSDB.

O governador Ángel Aguirre renunciou, e o prefeito José Luis Abarca e a mulher, María de los Ángeles, foram presos depois de ficarem mais de um mês foragidos. No México, o índice de impunidade chega a 98%. Talvez tenha sido por essa razão, acreditam as organizações de direitos humanos locais, que o prefeito calculou que poderia dar cabo de 43 pessoas e sair impune. A polícia encontrou Abarca e a mulher em uma casa na periferia da Cidade do México, de chão de cimento e teto de zinco, com apenas uma cama e uma mesa, cortina de papel e alguns vira-latas na porta.

O jornalista Diego Enrique Osorno, autor do livro *El cártel de Sinaloa*, me disse recentemente que o caso Ayotzinapa é um divisor de águas na percepção dos mexicanos sobre a guerra às drogas. Se há alguns anos uma caravana pela paz conduzida pelo poeta Javier Sicilia — atravessando estados do México e dos Estados Unidos — deu voz às vítimas, agora os pais de Ayotzinapa têm jogado luz nos algozes.

"Ninguém mais acredita que esse seja um episódio apenas criminal. Criou-se uma narrativa de que os Guerreros Unidos são um supercartel. Faça-me o favor! São uns pistoleiros que trabalham para alguém que tem poder." E acrescentou que o narco-Estado em que o México se transformou — situação levada ao paroxismo em Guerrero, seu estado mais pobre — faz com que a tragédia em Iguala exija respostas mais complexas que apenas culpar um grupo bandoleiro.

Em suas colunas em jornais e sites, o jornalista vem propondo que as investigações contemplem as Forças Armadas, que em anos recentes perderam prestígio e orçamento, e que portanto poderiam ter interesse em uma crise política e social que as reconduzisse à linha de frente da guerra às drogas. O caso Iguala também desviou a atenção de um escândalo histórico para o Exército: a revelação de que, em julho deste ano, num município ao sul da Cidade do México, soldados assassinaram a sangue-frio 22 supostos narcotraficantes.

Há um batalhão do Exército a trezentos metros de onde os estudantes foram atacados em Iguala. Em que pese todo o pandemônio, nenhum militar foi ver o que ocorria. Osorno tem recebido ameaças de morte. Em meados de dezembro, a revista mexicana *Proceso* denunciou que a Polícia Federal, que monitorava as ações dos normalistas, também estaria envolvida diretamente no massacre — o que a instituição nega. Segundo a publicação, o relato que os sicários do cartel Guerreros Unidos fizeram à Procuradoria-Geral pode não ter validade, uma vez que ele teria sido obtido mediante tortura.

Apesar de o procurador-geral mexicano ter afirmado que os 43 estudantes estavam mortos, os pais não arredaram pé da Escola Normal Rural Raúl Isidro Burgos. Um mês depois da entrevista coletiva do procurador, a mãe e o padrasto do normalista Antonio Santana Maestro estavam morando na escola com os dois filhos mais novos — Juanito, de cinco anos, e Maykop (pronuncia-se Michael, mas a mãe quis grafar em russo por ter visto esse nome em uma enciclopédia), de seis meses. Quando chegou, o bebê tinha três meses. Ele chora se fica muito tempo longe da quadra esportiva, onde muitos pais passam o dia à espera de notícias. Pensa que sua casa é ali.

A quadra é rodeada por murais com mensagens políticas. Ao redor, vê-se o verde das montanhas e as espatódeas de flores vermelhas plantadas pelos alunos. O hino da escola diz: "Ayotzinapa, és um grande colorido de beleza e tradição. Ayotzinapa, sempre tão sorridente, mas conheces a dor". Perto de uma das cestas de basquete, foram dispostas 43 cadeiras com as fotos dos normalistas desaparecidos e outras quatro para os três estudantes mortos e o colega que fora atingido na cabeça.

Em uma tarde de novembro, Juanito corria pela quadra, tirando fotos com minha câmera. Cansou-se e me disse: "Tira uma de mim com o meu irmão?". Abraçou a cadeira laranja vazia com a imagem de Antonio e sorriu para a máquina.

Além de insistirem que os filhos estão vivos, os pais levantam dúvidas sobre a versão da Procuradoria-Geral. Na madrugada do massacre, choveu a cântaros em Iguala — 27 litros por metro quadrado. Como uma fogueira pôde queimar por tantas horas? Segundo especialistas, em um crematório profissional, cada 45 quilos de massa corporal demoram uma hora para cremar. Como 43 corpos foram pulverizados em menos de um dia? Como todas essas cinzas foram alocadas em poucos sacos plásticos? É possível que alguns tenham sido mortos ali, mas não todos, argumentam.

Para as famílias, os meninos podem estar sequestrados em algum lugar. Os grupos camponeses de autodefesa continuam escavando os arredores de Iguala. Foram encontrados trinta corpos em fossas clandestinas. Como escreveu Juan Villoro, "escavar a terra em Guerrero é um inevitável ato forense". Se não são os estudantes, quem são essas pessoas?

Ezequiel Mora, 63 anos, acabou de almoçar arroz e feijão com tortilhas, preparados por voluntárias. Lavava seus talheres quando comentou que esperava por Alexander Mora, dezenove anos, o mais novo dos seis filhos. Viúvo, deixou aos cuidados dos mais velhos as plantações de milho, hibisco, abóbora e feijão, e desde então está em Ayotzinapa.

Olheiras profundas marcando os olhos indígenas, a pele queimada de sol, o primeiro botão da camisa aberto mostrando o crucifixo de madeira no pescoço, Mora está triste, mas não chora. Contou que a relação com os filhos — que ele preferiu que fossem criados pela avó desde que ficou viúvo — é respeitosa, mas sem manifestações de carinho. Nunca os abraçou. Perguntei por quê. "Assim somos nós", disse.

Mora sempre se preocupou com o fato de Alexander viver na escola em Ayotzinapa, onde foi aceito depois da segunda tentativa. "Eu não queria que ele viesse, já tinha começado os estudos lá na nossa cidade. Sabe o amo que engorda cavalos? Quando você o tem à vista, fica mais tranquilo." Na sexta-feira de 26 de setembro, ele telefonou várias vezes, tentando confirmar se Alexander havia recebido os quinhentos pesos (91 reais) que ele mandara.

Um senhor se aproximou e avisou que um grupo estava se organizando para procurar pelos estudantes em quartéis de Guerrero e também na casa de um ex-governador, onde se desconfiava haver um cativeiro.

Dez dias depois de nossa conversa, no dia 6 de dezembro — 71 dias após o desaparecimento dos estudantes —, uma equipe forense argentina reconheceu por teste de DNA o primeiro normalista desaparecido: era Alexander Mora. Os outros 42 seguem sendo tratados como desaparecidos.

Era um sábado à tarde do final de novembro e Uriel Alonso Solís estava com uma espinha de peixe engastada na garganta. De manhã, viajara até sua casa em Xalpatlahuac ("campo grande", em nauatle) para almoçar com a mãe, que lhe serviu peixe. Como a equipe dos Médicos Sem Fronteiras que atende a escola desde o episódio em Iguala não conseguiu ajudá-lo, Alonso decidiu procurar o posto de saúde na sede do município de Tixtla.

"A gente ficou morto em vida", disse ele, sentado no banco da frente do carro, sem olhar para trás. "Às vezes parece que nada importa mais, nem a minha própria vida. Eu falei para os pais: se aceitassem uma troca, eu me entregaria no lugar deles." Depois, passou a divagar sobre algumas estudantes de outra escola normal que o acusaram de autoritário. Ele não se via assim, mas agora achava que elas tinham razão.

A fila no posto estava longa. Um amigo de Alonso conversou com um sujeito e ele foi atendido de imediato. Voltou feliz. "Valeu a pena. O peixe estava gostoso."

De volta a Ayotzinapa, quis mostrar seu quarto privilegiado de membro do comitê estudantil: tem piso de cerâmica, paredes pintadas de branco, armário e um peixe beta no aquário. Jogou-se na cama — camisa polo cinza com o brasão da escola e chuteira — e introduziu o assunto: "Uma vez uma menina pegou na minha mão. Mas eu fiquei nervoso e saí de perto".

Uma fotógrafa me acompanhava e Alonso quis nos levar até nosso hotel em Chilpancingo, a capital do estado, a quinze minutos dali. Telefonou para um estudante encarregado dos transportes e fomos ziguezagueando serra abaixo numa caminhonete branca, cabine dupla, nova, retida por eles da prefeitura de Aguascalientes.

Alonso alternava as músicas no som do carro, mostrando suas canções *rancheras* favoritas. Estava apaixonado por uma garota do seu povoado. Intercalava momentos de temor e tristeza, a síndrome de sobrevivente e dilemas típicos da sua idade: um garoto de dezenove anos.

"Às vezes sonho com a noite do tiroteio, aí acordo suando", contou. Fazia algum tempo que já não sonhava com os colegas. Da última vez, os 43 lhe apareceram vestidos de branco. Ele perguntou se estavam bem, e um deles respondeu: "Nos esqueça por um instante. Queremos descansar".

PÓS-ESCRITO

Desde o desaparecimento dos estudantes, nenhuma pergunta foi respondida e novas dúvidas surgiram. Tendo firmado uma parceria com o governo mexicano, a Equipe Argentina de Antropologia Forense (EAAF), criada para ajudar na identificação de desaparecidos da ditadura e famosa pelo reconhecimento do corpo de Che Guevara, declarou que a Procuradoria-Geral da República (PGR) do México não a convocou na data da coleta no lixão, e por isso não pôde garantir a procedência do material usado para reconhecer o DNA de Alexander Mora. A EAAF sustenta ainda que a análise do terreno comprova não ter ocorrido nenhum incêndio naquela ocasião, e aponta incongruências entre o relato dos assassinos confessos e a munição encontrada.

Outro estudo, concluído no final de 2015 pelo Grupo Interdisciplinar de Especialistas Independentes (GIEI), afirma que os testemunhos dos pistoleiros do cartel Guerreros Unidos foram obtidos sob tortura e contesta a possibilidade de os corpos terem sido queimados no lixão a ponto de virarem pó. Ainda segundo o GIEI, os rapazes estavam sendo monitorados por militares desde o momento em que saíram do povoado. Como já dissera o jornalista Diego Enrique Osorno, a participação do Exército não poderia ter sido excluída da apuração da PGR. A despeito das evidências das duas investigações independentes, o governo reiterou que o cartel sequestrou os jovens e pôs fogo nos corpos.

Nos últimos dois anos, Ariel Alonso Solís viajou pelo país denunciando o desaparecimento de seus companheiros. Aldo Gutiérrez, baleado na cabeça, vive em estado vegetativo. Damián Arnulfo continua morando na escola, à espera de Felipe. Ezequiel Mora nunca aceitou a versão de que o fragmento encontrado corresponda ao DNA de seu filho. Em março de 2016, os pais dos 43 estudantes recusaram a oferta de indenização do governo. Acreditam no retorno dos 43 que faltam.

Os intocáveis

Como um grupo de procuradores tentou combater a corrupção na Itália — e acabou derrotado

RAFAEL CARIELLO
Maio de 2016

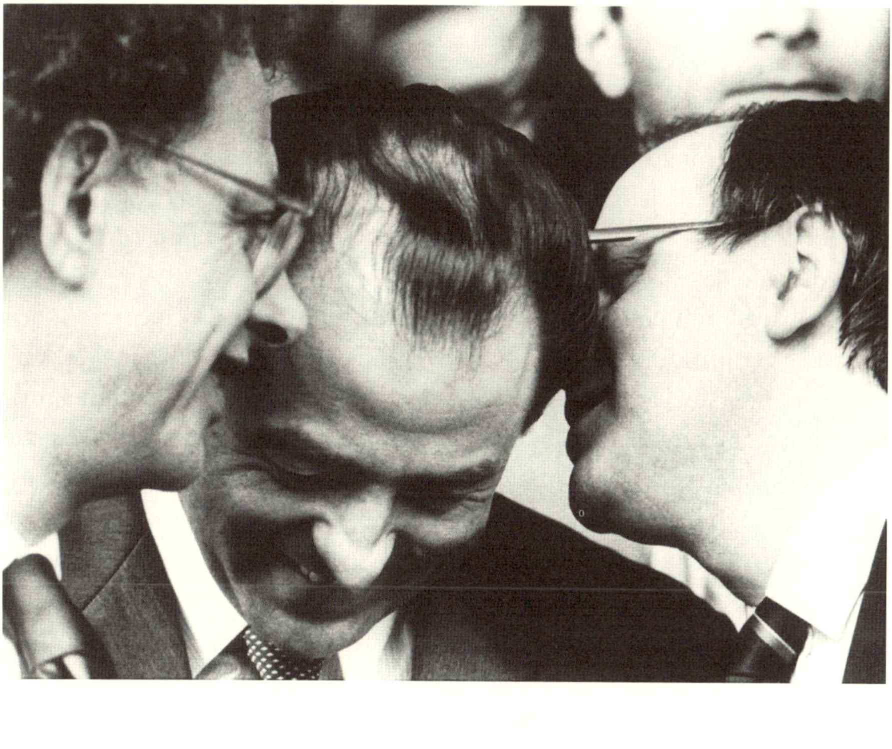

A intérprete, que traduzia do italiano para o português e vice-versa, vinha fazendo seu trabalho havia quase uma hora, sempre de maneira objetiva e impessoal — o tom de voz era neutro, monocórdio, sem ênfases ou inflexões que sugerissem qualquer interpretação sobre o que estava sendo relatado. Mantinha os olhos baixos, sobre um caderninho onde anotava os pontos mais importantes do discurso do ex-magistrado italiano Antonio Di Pietro. De repente, aparentemente motivada por algo que acabara de ouvir, achou por bem fazer uma pausa — muito breve — no fluxo do que estava dizendo e, do outro lado da mesa, levantou os olhos na minha direção. "Acho importante verificar isso", alertou-me em português, como se questionasse sutilmente aquilo que Di Pietro havia acabado de falar. "Sete milhões de liras são cerca de 3 mil euros", ela disse.

A quantia lhe parecia irrisória. Era difícil crer — como mais tarde, depois de terminada a entrevista, ela insistiria — que a Operação Mãos Limpas tivesse começado por tão pouco; um suborno quase desprezível na antiga moeda italiana. O que aconteceu depois que aquele punhado de dólares trocou de mãos foi talvez a maior crise política da Itália desde o fim da Segunda Guerra Mundial. A série de investigações deflagrada no início de 1992 por Di Pietro na Procuradoria de Milão, no norte do país, foi responsável por colocar um ponto final, em pouco mais de dois anos, no regime político clientelista e corrupto comandado ao longo de quase cinco décadas pela Democracia Cristã, a mais importante legenda italiana do pós-guerra. Como resultado da ação dos magistrados, em 1994 os principais partidos políticos do país simplesmente haviam deixado de existir.

Mais de 5 mil pessoas foram investigadas, por causa da Operação Mãos Limpas, pela Justiça italiana — centenas de empresários, centenas de parlamentares, uma dúzia de ministros de Estado e quatro ex-primeiros-ministros. Revelou-se um sistema de cobrança de propinas na administração de hospitais, nas licitações para o sistema de transporte público, na construção do metrô de Milão, de rodovias e ferrovias, que favorecia empresários amigos do poder, abarrotava o caixa dois dos partidos e financiava campanhas eleitorais.

Cerca de mil pessoas chegaram a passar algum tempo atrás das grades, presas preventivamente — entre elas, numa escala inédita na história italiana, políticos importantes e homens de negócios. Também investigado, o líder socialista Bettino Craxi, que em coalizão com a Democracia Cristã governara a

Itália em meados dos anos 1980, acabaria fugindo, indo passar seus anos finais de vida e de exílio na Tunísia, no norte da África.

Os 7 milhões de liras a que se referia Di Pietro representavam a primeira prestação, a metade do suborno exigido por um funcionário público chamado Mario Chiesa, administrador de uma unidade da rede de Saúde de Milão, a ser paga por uma empresa fornecedora de serviços de limpeza. Chiesa, que comandava um conhecido centro de cuidados médicos para idosos, o Pio Albergo Trivulzio, era filiado ao Partido Socialista e assumira o cargo por indicação política. Pedia aquela quantia para um pequeno empresário, Luca Magni, que entre outros negócios trabalhava para os hospitais da cidade mais rica da Itália. Se Magni desejasse manter seu contrato com o Pio Albergo Trivulzio, disse-lhe Chiesa, deveria entregar a ele os 14 milhões de liras requisitados — 10% do valor a ser pago pelos cofres públicos ao empresário, por seus serviços.

"Luca Magni representou, para a investigação Mãos Limpas, a chave que abriu a porta de um sistema de corrupção que nós já conhecíamos. Nós já sabíamos o que acontecia lá dentro, mas não conseguíamos abrir a porta", contou Di Pietro diante de um pedaço de papel rabiscado, caneta em punho e óculos na ponta do nariz, em sua casa em Roma, no início de abril.

O ex-procurador é um homem relativamente alto, imponente e, se não chega a ser obeso, é forte, corpulento. Tem os cabelos pretos já escassos no topo da cabeça, penteados para trás. Foi seminarista na adolescência, e não teria dificuldade para fazer o papel, no cinema, de um benevolente padre católico numa cidadezinha da Sicília — tem vagamente o mesmo tipo físico do ministro da Suprema Corte americana Antonin Scalia ou do ator James Gandolfini, que interpretou o neomafioso Tony Soprano na TV.

Vindo de família pobre, sua primeira formação foi como técnico em informática. Trabalhou no início da vida adulta como operário numa fábrica de panelas, na Alemanha. Voltou para a Itália e aos 27 anos, na segunda metade dos anos 1970, concluiu a faculdade de direito, cursada a duras penas, enquanto tentava conciliar trabalho e estudos. Antes de ser magistrado, fez concurso e atuou por alguns anos como comissário de polícia. É um mestre do interrogatório, duro e inteligente, fato que é ressaltado tanto por admiradores quanto por desafetos.

Na equipe da Procuradoria de Milão, fazia o papel do *bad cop*. "Eu era o *poliziotto*. O que tinha experiência em investigações. Minha função era arrombar a porta e correr para ver quem estava dentro do quarto", explicou, sentado à mesa numa pequena sala de sua casa, um cômodo em que mal cabia o móvel retangular de madeira escura — uma espécie de sala de jantar, com paredes de cor salmão e alguns poucos adornos. Entre eles, sobre uma mesinha de canto, havia uma estatueta de argila pintada, colorida, representando o próprio Di Pietro, o terno aberto, a barriga saliente empurrando a gravata para o lado.

Além do ex-*poliziotto*, outros dois magistrados formavam a equipe principal da Operação Mãos Limpas. Piercamillo Davigo, da mesma idade de Di Pietro — ambos nasceram em 1950 —, vinha de uma família de classe média do norte. O mais baixinho dos três, esperto, com um sorriso constante nos lábios, Davigo era o que melhor conhecia os detalhes e meandros da lei, e foi o responsável por fazer a argumentação jurídica dos casos (tanto assim que hoje ele integra a Corte de Cassação, o mais alto tribunal do país; na Itália, juízes e procuradores fazem parte da mesma carreira pública, do mesmo corpo burocrático). O terceiro magistrado era Gherardo Colombo, quatro anos mais velho que os outros dois, tão alto quanto Di Pietro, porém magro, com o cabelo encaracolado e óculos coloridos: o intelectual do grupo. Se pertencessem à equipe de Eliot Ness, Davigo teria percebido que a melhor maneira para agarrar Al Capone, do ponto de vista legal, era um crime menor, de evasão fiscal. Colombo teria examinado a papelada financeira do mafioso até conseguir encontrar a prova que o incriminasse.

Antonio Di Pietro tinha 41 anos quando, no dia 13 de fevereiro de 1992, o empresário Luca Magni ligou para a polícia de Milão e disse estar sendo extorquido pelo administrador do Pio Albergo Trivulzio. Segundo relataria mais tarde, foi a dificuldade financeira de manter o acordo — Magni já pagava propina a Chiesa havia dois anos — que o levou a procurar as autoridades e denunciar a extorsão.

Por algum tempo, nos anos 1980, em particular no governo do socialista Bettino Craxi, a Itália havia voltado a crescer — a crise do petróleo, nos anos 1970, era coisa do passado — e chegou a viver momentos de aparente pujança econômica. Com as rédeas soltas dos gastos públicos e os negócios indo bem, parecia não faltar dinheiro no país — inclusive para as propinas e o financiamento dos partidos. No início dos anos 1990, contudo, a maré baixou. Quase toda a Europa, e a Itália em particular, passou a enfrentar um momento de desaquecimento da economia que afinal, em 1992 e 1993, se transformaria em recessão.

"Para mim era um problema econômico", explicaria Magni, em relato registrado no livro *Mani pulite: La vera storia*, dos jornalistas Gianni Barbacetto, Peter Gomez e Marco Travaglio. Com dificuldades em seus negócios, manter o pagamento dos 10% exigidos por Mario Chiesa se afigurava cada vez mais difícil.

O policial que recebeu a denúncia de Luca Magni trabalhava com Di Pietro — e logo comunicou ao magistrado o que tinha ouvido. O procurador, então, determinou que o empresário marcasse um encontro com Mario Chiesa para dali a alguns dias, quando ele, Di Pietro, estaria de plantão. Na data combinada, antes de se dirigir à casa de idosos, Magni foi ter com o magistrado e os policiais. Trazia, numa maleta, o dinheiro que deveria ser entregue a Chiesa. Para que não houvesse dúvida na hora do flagrante, o procurador retirou as cédulas da valise e marcou-as com sua rubrica. Um microfone foi escondido numa caneta que Magni levava no bolso, e o dinheiro foi posto novamente na pasta. Em seguida partiram todos — empresário, procurador e policiais — para o Pio Albergo Trivulzio.

"Eu e um tenente acompanhamos Magni até a sala de espera do gabinete de Chiesa", contou Di Pietro. "Fingi que trabalhava com ele." Os três ficaram ali, aguardando para serem recebidos. Anos depois o empresário contaria que, naquele momento, estava morrendo de medo, "agitadíssimo". Depois de algum tempo de espera, Magni foi chamado ao escritório do administrador do hospital. O empresário e o magistrado haviam combinado um sinal, segundo a narrativa de Di Pietro: quando Chiesa botasse a mão no dinheiro, Magni deveria arranhar a garganta, fazer um barulho forte de pigarro. E assim fez. O procurador, na sala de espera, ouviu o sinal e, com a mão na maçaneta, abriu a porta do gabinete. "Entrei", contou.

A prisão de Mario Chiesa, por si só, não era um fato inédito, explicou Antonio Di Pietro em sua casa, diante do papel rabiscado. "Muitas outras vezes funcionários públicos que recebiam dinheiro já tinham sido presos."

O que era difícil, continuou o ex-procurador, era fazer alguém falar, fosse político ou empresário. Ir além do flagrante, do caso específico, e chegar ao sistema de financiamento dos partidos e de conluio das empresas. "A Operação Mãos Limpas não foi improvisada", garantiu o ex-magistrado.

> Ela nasceu muito antes da prisão de Chiesa. Foi a construção de um programa investigativo, de um plano. Outros procuradores haviam tentado antes. Mas faltava uma espécie de motor de ignição, algo que criasse a possibilidade de romper o pacto de *omertà* que controlava todo o sistema de comando do país por parte das empresas e dos políticos.

Deu um exemplo. Em meados dos anos 1980, Antonio Natali, então presidente da Metropolitana di Milano e um dos principais líderes do Partido Socialista Italiano na região da Lombardia, foi preso. Era acusado de receber propina em troca da concessão fraudulenta de um trecho da obra de ampliação do metrô na cidade. Natali estava atrás das grades quando o então primeiro-ministro do país, Bettino Craxi, seu correligionário no PSI milanês, disse que gostaria de visitá-lo e prestar solidariedade.

Foi um caso que marcou os magistrados italianos. Piercamillo Davigo, companheiro de Di Pietro na Mãos Limpas, também fez referência ao episódio quando o encontrei em seu gabinete, na Corte de Cassação. Davigo, que gosta de contar piadas e é espirituoso, explicou, sério, que o gesto de Craxi servia para dificultar o trabalho da magistratura:

> O primeiro-ministro da época comunicou aos jornais que queria falar com o réu, motivado por uma antiga amizade e pela militância no mesmo partido. Que efeito tem uma notícia como essa para uma pessoa que gostaria de testemunhar e colaborar com a Procuradoria? Pensaria que o Estado era representado pelo magistrado que interrogava? Ou pela pessoa que estava detida?

Em menos de um mês, Natali sairia da prisão. Pouco depois, em 1987, seria eleito, com o apoio de Craxi, para o Senado italiano, ganhando assim imunidade parlamentar — só poderia ser julgado se seus pares aprovassem a iniciativa.

O que dava confiança e uma quase certeza de impunidade a Craxi, Natali e outros era a impressionante estabilidade do sistema político do país, resultado em parte da Constituição de 1948, em parte dos efeitos da disputa entre Estados Unidos e União Soviética no plano internacional.

Paul Ginsborg, historiador inglês radicado na Itália, me disse que o princípio geral da Constituição italiana, elaborada logo depois da Segunda Guerra Mundial, é o da partilha de poder entre as diferentes instituições da República, num sistema complexo de freios e contrapesos, sem que nenhuma delas ganhe proeminência e protagonismo. Imaginado para inviabilizar qualquer arroubo autoritário e o ressurgimento do fascismo, tal sistema passou a ser objeto de queixas constantes por parte dos italianos nos anos 1980, por perceberem nele uma tendência à paralisia e ao imobilismo.

O mesmo princípio de freios e contrapesos valia para o sistema eleitoral e partidário. O voto proporcional — em que cada legenda recebia um número de cadeiras mais ou menos equivalente à sua fração total dos escrutínios em todo o país — permitia que vários partidos conseguissem ter representação legislativa e dividissem o poder. Impedia-se, assim, o surgimento de polarizações entre duas siglas ou o controle do governo por apenas uma delas. No fim das contas, isso significava que o país precisava ser governado por coalizões, com negociações cuidadosas quanto à ocupação de cargos e ministérios.

No ambiente da Guerra Fria, contudo, apesar do sistema pluripartidário, duas siglas se destacavam como as mais fortes: a Democracia Cristã, uma ampla agremiação de centro, com correntes de centro-esquerda e centro-direita — que acabaria se perpetuando no poder, liderando ou integrando todas as coalizões de governo até o início da Operação Mãos Limpas —, e o Partido Comunista Italiano, o PCI. Com base social na Igreja católica e o apoio do clero, os democratas cristãos haviam criado sua legenda enquanto ainda se lutava a Segunda Guerra. O partido se apresentou, desde os anos 1940, como um voto de segurança contra o perigo de o PCI chegar ao poder e o país passar a fazer parte do bloco socialista, liderado pela União Soviética — um temor real para muitos italianos no pós-guerra.

"Logo depois da guerra, em 1945 ou 1946, o governo do país incluía os comunistas", me disse o professor da Universidade de Chicago e economista Luigi Zingales, em Roma, num bar no Campo de' Fiori.

Era uma ampla coalizão. Em 1948, houve uma eleição. Os socialistas concorreram ao lado dos comunistas — e, claramente, o que eles queriam era fazer da Itália um país socialista. Uma coisa que ficou na memória dos meus pais foi que, poucos dias antes da votação na Itália, os não comunistas foram expulsos do governo na Tchecoslováquia — lá também eles haviam feito uma ampla coalizão, no imediato pós-guerra. E esse foi o momento em que a Tchecoslováquia se juntou ao bloco comandado pela União Soviética.

Zingales, um italiano de Pádua, nascido em 1963, parecia falar de uma realidade muito distante — em particular quando se olhava para o ambiente prosaico em volta, uma tarde agradável de primavera numa praça em que os turistas tiravam fotos. "A Itália teve medo de que o mesmo acontecesse aqui. O pai de um amigo meu uma vez me contou: ele morava numa região que votava com a direita, tinha armas em casa, e nessa altura estava pronto para lutar contra uma revolução socialista."

Em sua casa em Florença, Paul Ginsborg, um homem de setenta anos com valores de esquerda e modos aristocráticos, disse algo semelhante, em sua voz serena e sempre muito baixa, como se uma criança dormisse no mesmo recinto e ele tivesse medo de acordá-la. "O símbolo dos democratas cristãos é um escudo com uma cruz, o escudo de um cruzado, atrás do qual todos os cristãos deveriam se proteger. Os anticomunistas estavam se escondendo atrás do escudo, votando na Democracia Cristã."

O resultado prático do embate ideológico foi que a Democracia Cristã e o Partido Comunista Italiano passaram a fazer, por quarenta anos, as duas maiores bancadas do Parlamento — mas, na hora de formar governos, os demais partidos se coligavam sempre com os democratas cristãos, temerosos de que a Itália, que crescia, cada vez mais rica, deixasse o bloco ocidental liderado pelos Estados Unidos. Os comunistas até conseguiam comandar administrações locais, mas aliar-se a eles no plano nacional pareceu a muitos italianos, por muito tempo, uma aposta arriscada demais.

A perpetuação de um mesmo grupo no poder fez com que os cargos públicos fossem sendo ocupados, sem questionamento, por seus quadros. Floresceram disputas internas entre os democratas cristãos, e cada uma das facções do partido lutava para ampliar o número de indicados na máquina do Estado, que ia sendo repartida. O controle desses cargos, em contrapartida, lhes garantia os recursos para disputar poder dentro e fora do governo. Líderes de cada uma das facções ofereciam favores e empregos aos eleitores em troca de votos.

"O clientelismo é o modo básico como as pessoas operam na esfera pública na Itália", disse Ginsborg, que desde 1992 é professor na Universidade de Florença. "O democrata cristão Giulio Andreotti foi primeiro-ministro em três ocasiões. Ele era um mestre do clientelismo. Quando morreu, descobriram no seu escritório um arquivo com milhares e milhares de nomes de pessoas, onde ele também registrava os favores que tinha feito a cada uma delas."

Em troca dos favores e, sobretudo, dos cargos, as facções e os partidos esperavam não apenas votos, mas também recursos que os ajudassem a se financiar e a disputar eleições. Era dentro dessa lógica que o socialista Mario Chiesa, aliado de Bettino Craxi, operava — ele que, indicado pelo Partido Socialista para postos no sistema hospitalar em Milão, havia ajudado com votos e recursos a eleição do filho de Craxi para o Legislativo local.

Nos anos 1980, começou a entrar em crise o funcionamento desse sistema político que articulava clientelismo, corrupção e uma crescente percepção, por parte do eleitorado, de imobilismo. A Democracia Cristã, embora ainda fosse individualmente o partido com a maior proporção de votos, viu seu eleitorado encolher. A fim de se manter no poder, teve de construir uma grande coalizão que incluía outros quatro partidos, logo no início da década. O preço cobrado pelos demais, pelas chamadas "forças laicas" — e em particular pelos socialistas, a terceira força na política italiana —, foi o de pôr na mesa de negociações não apenas cargos de primeiro e de segundo escalões, mas a própria liderança do governo. Foi assim que Craxi, o socialista de Milão, acabou se tornando primeiro-ministro italiano, em 1983.

O inchaço da coalizão fez com que a máquina pública também tivesse de abrigar mais e mais gente. "O amor-próprio de cada um dos partidos tinha que ser satisfeito em termos de responsabilidades ministeriais e posições de poder dentro do aparato estatal", escreve Ginsborg sobre as coalizões nos governos dos anos 1980 em *Italy and Its Discontents*, título que faz referência ao nome em inglês de uma das obras mais famosas de Freud, e que poderia ser traduzido, de forma livre, como "O mal-estar na Itália". "O tamanho dos conselhos e o número de vice-presidentes nos bancos e agências governamentais atingiram o ápice naquela década."

Zingales é um pouco menos elegante em sua formulação do problema: "Os políticos estavam se tornando cada vez mais gananciosos. Quando você pega dinheiro só para o partido é uma coisa. Quando você começa a fazer exigências com o objetivo de ficar com uma parte dos recursos, os pedidos começam a aumentar". Era essa, de toda forma, a percepção geral dos italianos nos anos 1980, segundo ele: a de que a corrupção estava aumentando.

O economista de Chicago também não poupa críticas aos socialistas, que tinham passado por um processo de *aggiornamento* ideológico no final dos anos 1970, abandonado o marxismo e, afinal, alcançado o poder.

> Havia essa expressão da época, *la Milano da bere* [a Milão para beber]. Era o slogan de um anúncio de Campari ou de Martini, não me lembro, mas era também um jeito de se referir à Milão yuppie: "Somos ricos, poderosos, gastamos". Os socialistas fizeram isso *con gusto*. Os democratas cristãos tinham montado um sistema. Os socialistas ficaram por muito tempo olhando para esse sistema do lado de fora, sem poder participar. Quando entraram, fizeram a mesma coisa. Mas com gosto, com vontade.

Mario Chiesa não sabia, mas ter sido pego com a mão no dinheiro em sua sala, no Pio Albergo Trivulzio, era apenas o começo de seus problemas. Mesmo antes de montar o flagrante para prendê-lo, Di Pietro vinha investigando o político socialista. "Ele tinha contas no exterior. E sabíamos que possuía recursos que não correspondiam ao seu salário. Chiesa tinha se separado e pagava à ex-mulher uma pensão maior que aquilo que recebia."

Nas primeiras semanas na cadeia, o político socialista não disse nada, não abriu a boca. Recusava-se a colaborar ou a fazer qualquer acordo com a Procuradoria de Milão. Os primeiros a falar, contou Di Pietro, foram os empresários. Movidos pela certeza de que a propina paga pela companhia de limpeza de Luca Magni não era um caso isolado, os procuradores mandaram chamar executivos e proprietários das demais empresas que, no passado, haviam feito obras ou fornecido serviços para o Pio Albergo.

"Quando eu os chamei para depor, eles se esforçavam para falar um antes do outro", gabou-se Di Pietro. Como isso era possível? Resultado de "uma técnica investigativa simples", disse o magistrado, enquanto desenhava um quadradinho numa folha de papel.

“Explico qual era a técnica para convencer os empresários a falar. Toda a Operação Mãos Limpas se desenrolava dentro de uma sala — a minha sala”, disse, apontando para o quadradinho.

> O que acontecia? Nos casos de corrupção, quem dá o dinheiro é uma empresa — mas a propina não envolve só uma pessoa lá dentro. Há vários funcionários envolvidos. O que havíamos descoberto? Que, quando chamávamos uma dessas pessoas para depor, ela mesma — ou o seu advogado — informava mais tarde aos demais o que havia dito. Numa mesma empresa, todos acabavam tendo a mesma versão. Como romper esse circuito? Eu chamava no mesmo dia, na mesma hora, todos eles, todos nessa sala, que era grande e onde eu tinha nove mesas. Em cada uma delas ficava um agente de polícia. Essas pessoas vinham com os seus advogados, muitas vezes o mesmo advogado. Eu ficava no meio. Ia fazer perguntas a um, depois a outro, depois a outro.

Quis saber se era possível aos demais depoentes escutar o que cada um dos outros dizia. Di Pietro disse que não. Mas eles podiam se ver, uns aos outros? Sim, “se viam, mas não se ouviam”, explicou o procurador.

“Eles sabiam que não podiam dar justificativas divergentes. Assim, em determinado momento, percebiam que era melhor dizer a verdade. Era a única maneira de terem a mesma versão. E contavam para quem tinham dado o dinheiro.” De resto, o procurador lhes apresentava uma possibilidade de escolha relativamente simples. “Perguntávamos: ‘O senhor deu esse dinheiro porque foi cúmplice ou porque o forçaram a pagar?’. Adivinhe o que eles respondiam? Quando se viam ameaçados com acusações que podiam pôr em risco a existência das suas empresas, eles preferiam fazer um acordo e revelar o que sabiam.”

Finalmente, depois de cinco semanas de prisão, Chiesa também falou. A investigação sobre o Pio Albergo Trivulzio havia, pouco a pouco, ganhado destaque na imprensa. Incomodado, Craxi tinha vindo a público e, diferentemente do que costumava fazer, dessa vez não prestara nenhuma solidariedade ao correligionário. Ao contrário. Havia dito que Chiesa era um *mariuolo*, um pequeno bandido que agia sem vínculos com os socialistas e que jogava “uma sombra sobre a imagem de um partido que em cinquenta anos de atividade em Milão nunca teve um administrador condenado por crimes relacionados à administração pública”.

“Essa declaração do Craxi foi uma das razões para o Chiesa falar”, me disse Davigo, em abril, na Corte de Cassação. Outros empresários e políticos passaram a ser investigados e foram chamados a depor. Os homens de negócios preferiam colaborar com presteza, para minimizar os danos às suas empresas e voltar logo aos negócios. “Os políticos, no entanto, perdiam tudo se confessassem. O que os levava a falar era outra coisa. Eles falavam quando eram abandonados.”

Davigo contou então que certa vez, em meio às investigações, foi interrogar um membro de um grande partido, que estava preso.

> Eu levava um jornal comigo. Ele me perguntou se havia reportagens sobre a sua prisão. Eu disse que sim e dei o jornal a ele, que então leu o que o secretário-geral do seu partido havia dito: que ele não passava de uma “maçã podre isolada”. O sujeito me devolveu o jornal e disse: “Agora eu vou descrever para o senhor o resto do cesto de maçãs”.

Os procuradores descortinaram um sistema que envolvia boa parte das empresas de Milão e todos os principais partidos do país. Além da rede de saúde, logo Di Pietro, Davigo e Colombo chegaram a um importante esquema de propinas no sistema de transporte da cidade. Os empresários deram os nomes de representantes da Democracia Cristã, do Partido Socialista e mesmo do Partido Democrático da Esquerda (antigo PCI) a quem deviam pagar para garantir contratos nas obras do metrô. Como as cadeiras no Parlamento, também o dinheiro era repartido, mesmo entre legendas que, nas eleições, poderiam se opor. Do total de propinas recebidas na Metropolitana di Milano, naquele início dos anos 1990, dois quintos deveriam ir para o PSI (historicamente forte na cidade), um quinto para os ex-comunistas, um quinto para a Democracia Cristã, e o restante para partidos menores.

Poucos meses depois, os procuradores milaneses já investigavam contratos nacionais, obras de ferrovias e rodovias, e desvios de estatais — os mais vultosos na empresa de petróleo italiana. Cada empresário ou político que vinha falar sobre um caso específico acabava apontando desvios em outros setores, explicou Davigo. “Quanto mais avançávamos, mais gente era envolvida”, contou Gherardo Colombo, hoje presidente de uma das mais tradicionais editoras do país, em sua sala de trabalho, em Milão.

* * *

"Por que algo parecido com a Operação Mãos Limpas não aconteceu antes?", perguntei a Luigi Zingales, no Campo de' Fiori, em Roma. "O sistema judiciário italiano foi concebido para ser bastante independente do sistema político, por causa da experiência do fascismo", ele disse. "Não haveria, a princípio, motivo para os magistrados não serem duros com a corrupção. Mas não foram tanto antes dos anos 1990. Uma das razões é que havia um pacto de *omertà* entre os políticos — que funcionava. Mas também a situação política não era propícia para investigar a Democracia Cristã."

Para Zingales, era razoável supor que parte da magistratura evitasse, deliberadamente, criar problemas para os partidos no poder na Itália.

> Imagine — exagero um pouco, mas não muito — que eles acreditassem que poderiam, com as suas investigações, desestabilizar a política a ponto de favorecer uma tomada do poder pelos comunistas. Em 1978, um ex-primeiro-ministro, Aldo Moro, foi sequestrado e morto pelos terroristas das Brigadas Vermelhas. Se você está em guerra, não pode se dar ao luxo de dividir as tropas.

Gherardo Colombo, quando me recebeu em seu escritório na Editora Garzanti, também ressaltou o conservadorismo da magistratura italiana. Mas o controle sobre o trabalho de juízes e procuradores, ele disse, vinha sobretudo de fora.

> A Itália era um país de fronteira entre a Europa Ocidental e o bloco comunista. Isso de certa forma justificava o pagamento de propinas. O fenômeno era muito ligado ao financiamento dos partidos políticos. Então diziam: se não tivermos dinheiro suficiente, os comunistas vão assumir o poder. Ser um país de fronteira fez com que se criasse um bloco de poder que conseguiu deter, que conseguiu parar as investigações sobre corrupção.

Davigo, na Corte de Cassação, deu um exemplo concreto dos entraves impostos ao trabalho da magistratura: a influência que os governos e os políticos podiam exercer sobre a polícia — com muito mais facilidade que sobre os procuradores ou os juízes —, da qual os magistrados dependiam para mover seus processos. O mesmo me disse Colombo: "Os policiais podiam investigar por meses a fio, sem dar satisfações à Procuradoria. E podiam esconder provas, por exemplo".

No final da década de 1980, no entanto, as coisas mudaram. Depois de uma reforma do Código de Processo Penal, o Ministério Público passou a ter o poder de coordenar diretamente o trabalho dos policiais designados para assessorá-los. O ex-*poliziotto* Di Pietro não cansou de chamar a atenção para a importância dessa reforma. "A polícia passou a entregar ao Ministério Público o resultado das suas investigações, e a Procuradoria podia pedir diretamente à polícia as investigações que desejasse, sem precisar passar por toda a cadeia hierárquica", disse. "Além disso, eu sabia como funcionava. Conhecia as técnicas que eles usavam. E conhecia o próprio pessoal da polícia: eram os meus colegas."

O curioso é que a reforma do Código de Processo Penal italiano havia sido proposta e realizada nos anos 1980, justamente durante os governos de coalizão entre socialistas e democratas cristãos — políticos que, pelo que se soube depois, não deveriam ser os mais interessados em aumentar o poder dos magistrados. "Os políticos estavam bastante confiantes em que o sistema deles continuaria a funcionar", garantiu Colombo. "Eles se sentiam seguros."

A mudança fundamental que permitiria a realização da Mãos Limpas, porém, não tinha a ver com a reforma de um código de leis, mas com um abalo geopolítico que aconteceria em 1989: a queda do Muro de Berlim. Com o fim, para todos os efeitos práticos, da divisão do mundo em dois blocos, um capitalista e outro socialista, deixaram de existir os fundamentos da política italiana das quatro décadas anteriores. Uma das primeiras reações ao que se passava na Alemanha veio do líder do Partido Comunista Italiano.

Havia muito tempo que o PCI se orgulhava de sua independência em relação a Moscou e de sua posição crítica a iniciativas soviéticas. Prevendo os efeitos das mudanças no Leste Europeu sobre os partidos comunistas de todo o mundo, o secretário-geral do PC italiano entendeu que era hora de tomar uma providência radical. Apenas três dias depois da queda do Muro, num discurso em Bolonha a ex-combatentes da resistência ao fascismo, Achille Occhetto anunciou que o PCI deveria mudar de nome. O problema é que nenhuma outra designação viria a ser escolhida até o vigésimo congresso do partido, realizado mais de um ano depois, em janeiro de 1991. Como Occhetto insistisse que o nome da nova agremiação era uma questão secundária — "primeiro vem a coisa, depois o nome" —, houve quem passasse a chamar o ex-PCI de *la cosa* ("a coisa"), título de um documentário de Nanni Moretti sobre a crise do partido.

No final de 1991, o democrata cristão Antonio Gava, ao comentar o cenário político e o aparente fim do "perigo comunista", fez uma análise de conjuntura que entraria para a história: "Daqui por diante nós vamos ser votados por aquilo que somos, e não simplesmente pelo nosso anticomunismo". O que aconteceu, na verdade, foi bastante diferente. Sem a ameaça do PCI, eleitores que tradicionalmente haviam votado na Democracia Cristã ou no Partido Socialista se viram à vontade para abandonar as antigas agremiações.

No norte do país, desde o final dos anos 1980 cresciam as "ligas" regionais, que viriam a se unir na Liga Norte. Seu discurso populista de direita, muitas vezes xenófobo e favorável à autonomia das regiões setentrionais, continha um apelo que provinha sobretudo da crítica aos gastos "excessivos" do Estado, aos impostos cobrados pelo governo central — cujos políticos e instituições eram tratados por eles como "Roma ladrona" — e aos entraves burocráticos ao empreendedorismo, às pequenas empresas e ao livre mercado.

Os resultados eleitorais das ligas, nos anos 1980, haviam sido marginais. O melhor desempenho, significativamente, havia acontecido na Lombardia — região cuja capital é Milão — em 1989, quando conseguiram 8% dos votos.

No início dos anos 1990, contudo, a Itália sofria os efeitos de uma desaceleração econômica provocada, em parte, também pela queda do Muro de Berlim. Na verdade, pelos esforços da reunificação alemã — ocidentais e orientais se juntariam novamente num único país no final de 1990 —, esforços que levaram os políticos do país vizinho a aumentar os gastos governamentais. As autoridades monetárias alemãs, então, ciosas do efeito inflacionário do excesso de gastos e dispostas a contrabalançar a expansão fiscal, aumentaram os juros. Para o restante da Europa, o aumento dos juros na Alemanha, a principal economia do continente, significou um freio econômico.

Como se isso não bastasse, disse Luigi Zingales, no final dos anos 1980 a Itália "começou a sentir a pressão" da competição econômica vinda de países vizinhos. "Espanha, Grécia e Portugal já faziam parte da União Europeia, e tinham trabalho barato." Os empresários na Itália, que por décadas haviam tido a vantagem comparativa de trabalhadores mais baratos dentro do Mercado Comum Europeu, começaram a perceber que estavam ficando para trás.

É nesse contexto que a Liga se tornou uma ameaça que não podia mais ser ignorada, roubando votos dos democratas cristãos e dos socialistas em todo o norte do país. "Houve uma espécie de rebelião da classe média, com a queda do voto nos partidos tradicionais e o fortalecimento da Liga Norte", disse Donatella Della Porta, professora de ciência política na Escola Normal Superior, em Florença. "A corrupção, que até então era tolerada, se tornou um problema, e passou a ser estigmatizada como algo que impedia o sucesso e o avanço dessas classes médias no norte do país. Algo que dificultava sua capacidade de competir no resto da Europa."

Em 1990, a Liga Norte conseguiu 19% dos votos na Lombardia. Em abril de 1992, apenas dois meses depois da prisão de Mario Chiesa, chegaria a quase 24%. Entre uma coisa e outra, Bettino Craxi mudou de comportamento em relação a seus correligionários, de um modo, para muitos, surpreendente. Em vez de proteger o aliado político e tentar bloquear o trabalho dos magistrados, como fizera com Antonio Natali na década de 1980, tentou isolar Chiesa e jogá-lo às feras.

Para Alberto Vannucci, professor da Universidade de Pisa e, ao lado de Donatella Della Porta, um dos maiores especialistas em corrupção na Itália, a mudança é compreensível. "Naquele momento, havia novas forças políticas que estavam ameaçando Craxi", disse Vannucci. "As novas condições políticas tinham tornado mais fácil para os eleitores mudarem de um partido para outro. Ele deve ter imaginado que, se desse apoio a um sujeito que havia sido pego com o dinheiro nas mãos, perderia votos. Por exemplo, para a Liga Norte, que era muito forte em Milão e tomava eleitores dos socialistas."

Também os empresários tinham a impressão, no início de 1992, de que os partidos tradicionais, enfraquecidos, já não eram mais capazes de protegê-los nem "de dar o que sempre tinham dado, no passado", explicou Della Porta. Não parecia mais tão absurdo, àquela altura dos acontecimentos, colaborar com o Judiciário.

"Di Pietro acabou virando, naquela época, uma espécie de Nossa Senhora", me disse em abril um jornalista na redação do *Corriere della Sera*, o principal diário de Milão. Ainda no início de 1992, segundo o repórter, começaram a aparecer as primeiras pichações nos muros da cidade: "*Grazie*, Di Pietro". Depois, no caminho para o aeroporto internacional: "Di Pietro, prenda todos eles". E uma outra, próxima ao estádio San Siro, que comparava o magistrado italiano ao craque argentino Diego Armando Maradona. "Di Pietro é melhor que Pelé", dizia.

As pessoas admiravam o fato, registrado nos jornais, de que Di Pietro fosse um self-made man. De origem pobre, ele inseria na fala palavras e expressões de seu dialeto do Sul, mesmo em situações formais, audiências públicas e julgamentos, que passaram a ser transmitidos pela TV. Quando ele e seus colegas tinham de se locomover pela cidade, muita gente gritava seu nome, outros batiam palmas.

Uma "análise" sobre o "herói" Di Pietro, no caderno de cultura do *Corriere*, em julho de 1992, exaltava o modo sóbrio como ele se vestia, a escolha de gravatas, "o sorriso aberto, cordial" e a "maneira humana de tratar os outros", até mesmo os interrogados. "Um novo consenso popular", anunciava o texto. Ao lado, a foto de três jovens numa discoteca da cidade, todas com a mesma camiseta, onde em letras gigantes se lia: *Milano ladrona, Di Pietro non perdona.*

Num ambiente de crise econômica e política, a luta contra o desvio de dinheiro público parecia a chave para a recuperação do país. "A corrupção se tornou, de repente, a explicação para tudo", me disse Vannucci, o professor da Universidade de Pisa e referência no tema (inclusive para o juiz brasileiro Sérgio Moro, que o citou no texto que escreveu sobre a Operação Mãos Limpas).

Perguntei a Gherardo Colombo por que seu ex-colega Di Pietro havia se tornado o símbolo das investigações, em detrimento dos outros dois membros da equipe. "Em primeiro lugar, porque foi ele que começou tudo", ele me disse.

> Mas também porque eu evitei entrar numa competição com o sr. Di Pietro. Logo no início da Operação, o *Corriere della Sera* fez uma enorme reportagem sobre ele, com fotos grandes, a família, o filho. No dia seguinte, o *La Repubblica*, o outro jornal importante da Itália, me pediu que eu fizesse o mesmo e concedesse uma entrevista. Eu recusei. Pensei que uma competição entre mim e Di Pietro poderia prejudicar as investigações.

Até mesmo quem tinha muito a perder com o trabalho da magistratura parecia participar de alguma forma do "dipietrismo", expressão que apareceria na imprensa ainda naquele ano. No início de junho, Renato Amorese, integrante do Partido Socialista na pequena cidade de Lodi, não muito distante de Milão, passou a ser investigado pela procuradoria. Suspeitava-se que pudesse fazer parte do esquema de cobrança de propinas que alimentava o financiamento ilegal dos partidos. Como outros políticos e empresários naquele momento, Amorese decidiu apresentar-se espontaneamente a Di Pietro, que o interrogou.

Dias depois o político foi encontrado ao volante de sua Land Rover, estacionada à beira de uma estrada vicinal, com um tiro na têmpora. Havia telefonado pela última vez à mulher na véspera. Depois ela diria à imprensa que tinha ficado preocupada quando se deu conta da falta de uma Beretta na coleção de pistolas do marido.

Antes de se matar, Amorese escreveu cinco cartas. Quatro estavam no banco do carona: para os pais, para a mulher, e uma para cada um dos dois filhos. A quinta ele havia enviado a Di Pietro. Em todas, escreveu: "Peço perdão pelo que fiz". Na mensagem ao procurador milanês, agradecia "pela compreensão que ele havia demonstrado durante o interrogatório".

No início do mês seguinte, julho, num discurso ao Parlamento, Bettino Craxi tentou diluir a gravidade das acusações, que pareciam atingir com mais força os socialistas. Afirmou que não havia partido ali presente que não fizesse uso de recursos ilícitos para se financiar. "O que precisa ser dito, e que de resto todos sabem, é que boa parte do financiamento aos partidos e ao sistema político é irregular ou ilegal", declarou.

Mais e mais políticos vinham recebendo, naqueles meses, os "avisos de investigação" — um anúncio formal de que estavam sendo investigados, algo que em princípio deveria servir para garantir os direitos do réu, inclusive o de recorrer a um advogado, mas que, noticiados pela imprensa, eram tomados como indicação de culpa.

Em meados do ano, três desses "avisos" foram sucessivamente encaminhados ao deputado socialista Sergio Moroni, próximo e fiel a Craxi. No dia 2 de setembro, Moroni combinou jantar fora com a mulher e a filha. Como demorasse a chegar ao restaurante, a esposa telefonou à faxineira e lhe pediu que passasse em sua casa, para ver se o marido ainda estava por lá. Moroni foi encontrado numa poça de sangue, com um tiro na garganta. Tinha 45 anos quando se suicidou. Desde a adolescência participava da política partidária no PSI.

Antes de se matar, enviou uma carta ao então presidente da Câmara dos Deputados, Giorgio Napolitano. "Um grande véu de hipocrisia (compartilhado por todos) cobriu por muitos anos os modos de vida dos partidos e seus sistemas de financiamento", declarava na mensagem. Ao mesmo tempo, não aceitava ser tratado como "ladrão": "Nunca me beneficiei pessoalmente de uma só lira". Dizia esperar que seu gesto pudesse impedir que outros viessem a ter de passar pelo mesmo tipo de "sofrimento moral" que o afligia, e que ajudasse a pôr fim "aos processos sumários — na praça ou na televisão — que transformam um aviso de investigação numa sentença prévia de condenação".

No início de 1993, os parlamentares, assustados com a escalada dos processos e com o inédito descontrole em relação à atuação da magistratura e da polícia, tentaram o que chamariam de uma "saída política" para a crise. O governo então preparou uma lei que, na prática, descriminalizava o financiamento ilegal dos partidos. A reação da opinião pública foi avassaladora, com cartas e faxes sem fim às redações dos jornais e emissoras de TV, além de manifestações em muitas cidades. O presidente da República, alegando problemas constitucionais na peça legislativa, declarou que simplesmente não assinaria a lei.

No dia 29 de abril, a Câmara recusou quatro pedidos da Procuradoria de Milão para processar Craxi (como era parlamentar, o líder socialista tinha imunidade, que só poderia ser suspensa pela decisão de seus pares). No dia seguinte, uma pequena multidão se reuniu na frente do hotel onde o político se hospedava em Roma. Quando o ex-primeiro-ministro finalmente apareceu, foi saudado com uma chuva de moedas, enquanto muitos perguntavam, cantando, se ele "também queria" aquele dinheiro.

Enquanto isso, em Milão, a Operação Mãos Limpas chegava ao seu caso mais significativo, do ponto de vista financeiro. Investigações na ENI, Ente Nazionale Idrocarburi, a estatal de petróleo, revelaram que o equivalente a cerca de 20 mil euros saíam mensalmente dos cofres da empresa para serem distribuídos entre a Democracia Cristã e os socialistas, nos anos 1980. O presidente da companhia, Gabriele Cagliari, havia sido preso preventivamente no início de março. Depois de passar 133 dias detido, o todo-poderoso executivo cometeu suicídio dentro de sua cela (na época levantou-se a hipótese de que ele pudesse ter sido assassinado, mas isso nunca foi provado). Dias antes de morrer, Cagliari enviara uma carta à família, em que acusava os procuradores de estarem percorrendo "a estrada que leva ao Estado autoritário".

A ENI também havia se envolvido num negócio suspeito ao se associar a um grupo privado italiano, nos anos 1980, a fim de criar uma empresa de indústria química, a Enimont. O principal executivo do lado privado dessa empreitada, Raul Gardini, era acusado de ter pagado propinas a políticos de diversos partidos para que o negócio acontecesse — e de ter lucrado na hora de vender de volta ao Estado a sua parte na Enimont, no início dos anos 1990, mais uma vez com a distribuição de subornos para que o preço das ações fosse superfaturado.

Gardini, conhecido como um bon vivant que gostava de praticar esportes, suicidou-se com um tiro de pistola no final de julho de 1993, três dias depois da morte de Gabriele Cagliari na prisão.

Os suicídios abalaram a opinião pública italiana. Não era uma atitude de modo algum esperada ou comum entre políticos e empresários antes que aquela onda de mortes ocorresse, entre 1992 e 1993, durante a Operação Mãos Limpas. "Aconteceu uma espécie de colapso do sistema de valores deles", me disse a professora Donatella Della Porta em seu escritório, em Florença. "Os políticos e empresários não acreditavam que tinham feito algo fora do normal, algo verdadeiramente criminoso. Então a prisão era um choque psicológico."

O economista Luigi Zingales tem opinião semelhante. As prisões preventivas, ele disse, não eram, em si, novidade: já haviam sido utilizadas no passado, em particular no combate ao terrorismo de esquerda.

> Meu pai era professor de engenharia, em Pádua. Um dos seus assistentes foi preso, em 1979, sob a acusação de fazer parte das Brigadas Vermelhas. Meu pai era como eu, um liberal, em muitos sentidos conservador. Esse sujeito que foi preso era comunista. Se você quiser, ele estava à esquerda do Partido Comunista. Mas não fazia parte das Brigadas Vermelhas. Ele passou um ano e meio na prisão — e depois foi declarado completamente inocente. Então essa possibilidade de manter as pessoas presas de modo preventivo já existia. A diferença é que a Mãos Limpas usou isso pela primeira vez com gente que nunca tinha ido para a cadeia, gente como o banqueiro André Esteves, do BTG Pactual, no Brasil. Isso era inédito. Para muita gente, foi absolutamente chocante.

"Na Itália, como no Brasil, o status social importava muito", continuou Zingales. "Acho que muitos desses suicídios tinham a ver com isso: você sentia que tinha perdido a sua honra ao ser mandado para a prisão. Raul Gardini, por exemplo, cometeu suicídio antes mesmo de ser preso. Ele não aguentava a simples possibilidade dessa humilhação."

Há quem diga — entre eles o cientista político inglês Martin Bull, importante especialista na política italiana — que os suicídios representaram um momento de inflexão no apoio da opinião pública aos magistrados. O começo, talvez, de um longo declínio. O também inglês Paul Ginsborg lembrou-se de momentos em que os italianos se incomodaram com aparentes excessos da Justiça. "Um dos democratas cristãos foi levado a julgamento com algemas nas mãos e nos pés. As pessoas se escandalizaram. 'Ele não é um estuprador!', diziam."

Ginsborg falava em seu tom de voz baixo, cuidadoso, mas de repente ficou em silêncio. Estávamos na sala de estar de sua casa, em Florença — uma das paredes da sala, com o pé-direito alto, completamente tomada por uma estante de livros. O chão de taco. Tudo simples e elegante. Ele parecia pensar.

> Isso daria um ótimo artigo, comparando os dois países, Itália e Brasil. Estou pensando na questão da vergonha. Essas pessoas se mataram porque se sentiram humilhadas, diante das suas famílias e dos seus pares. Elas se mataram porque tiveram que ir para a prisão. Se fôssemos pensar numa tradição latina, ou algo desse tipo, deveria ser parecido para os portugueses e os brasileiros. Mas não é.

Ao final da entrevista que me concedeu em sua sala no Palácio de Justiça, sede da Corte de Cassação, em Roma — um edifício imponente, de inspiração barroca, cuja fachada dá para o rio Tibre —, o juiz Piercamillo Davigo quis contar uma história. Era uma "anedota", ele disse, que servia para indicar a que estado tinha chegado a luta contra a corrupção na Itália.

Disse Davigo que, no período do fascismo, Mussolini mobilizou os italianos numa guerra contra as moscas e os pernilongos. Cada município, por menor que fosse, tinha de participar dos esforços de desinfestação. Eis que um dia — e aqui começava a parte ficcional da história, ele alertou — um representante do governo de uma província pegou seu carrinho e foi visitar um vilarejo escondido no interior. Esperava por ele a máxima autoridade da cidadezinha. Quando desceu do carro, na praça, o representante do governo foi cercado pelas moscas que infestavam o lugar. O representante quis saber o que acontecia: por acaso eles não estavam engajados na guerra contra as moscas? "Sim, senhor, fizemos a guerra", respondeu a autoridade local. "O problema é que as moscas venceram."

Como resultado das primeiras eleições nacionais realizadas depois do auge da Operação Mãos Limpas, o empresário Silvio Berlusconi tornou-se primeiro-ministro da Itália, em abril de 1994. Nascido em Milão, em 1936, Berlusconi "fez seu dinheiro na construção civil, que é o setor mais corrupto da economia em qualquer país", me disse Luigi Zingales, em Roma.

Nos anos 1970, o empresário criou um canal de TV local, em Milão, que aos poucos se expandiria até formar a primeira rede nacional privada, nos anos 1980. A rigor, a transmissão televisiva para todo o país deveria ser um monopólio da rede pública, a RAI. Em 1984, magistrados conseguiram a ordem da Justiça para suspender a transmissão da TV de Berlusconi. Paul Ginsborg escreve que a reação de boa parte dos italianos a essa decisão foi a pior possível, uma vez que se viram, da noite para o dia, privados de programas de sucesso, como *Os Smurfs* e a novela *Dallas*, que só passavam no canal de Berlusconi. O então primeiro-ministro Bettino Craxi, seu amigo e compadre — padrinho de uma das filhas do magnata —, não demorou a aprovar no Parlamento uma lei que regularizava a transmissão privada de TV no país.

Silvio Berlusconi entrou para a política, em primeiro lugar, porque a porta estava aberta. No início de 1994, como resultado da Operação Mãos Limpas, a Democracia Cristã deixou de existir. Muitos políticos abandonaram a sigla, e os poucos que ficaram trataram de trocar o nome do partido, assim como os comunistas haviam feito em 1991. Muitos socialistas também abandonaram o PSI, e o que restou da sigla para as eleições de 1994 foi fragorosamente derrotado.

Com os partidos de centro ou centro-direita em frangalhos ou sendo fechados, os políticos de esquerda — em particular os herdeiros do PCI, reagrupados no Partito Democratico della Sinistra, o PDS — cometeram o mesmo erro de democratas cristãos e socialistas, poucos anos antes: acreditaram que a crise dos adversários representaria vitória certa nas urnas. Ocorre, como lembrou Donatella Della Porta, que "quem votava na Democracia Cristã não estava disposto, do ponto de vista ideológico, a votar na esquerda". Foi esse tipo de eleitor que Berlusconi e seu novo partido, o Forza Italia, conquistaram.

Mas essa não foi a única razão para o empresário decidir concorrer. Ele entrou na política como estratégia de sobrevivência. "Entrou para a política com medo de perder os seus canais de TV, caso a esquerda chegasse ao poder, ou com medo até de ser preso", disse Zingales. "Ele percebeu que precisava entrar para a política porque aqueles que podiam protegê-lo não estavam mais lá", explicou Della Porta.

E, no final das contas, acabou sendo convincente ao se vender como uma alternativa ao antigo sistema político corrupto. Segundo Della Porta, o próprio fato de ser rico era apresentado como garantia de que continuaria "limpo". "Como ele controlava boa parte da mídia, em apenas alguns jornais você ficava sabendo que era próximo de Craxi." Ao concorrer pela primeira vez, no início de 1994, Berlusconi ainda apoiava os procuradores da Operação Mãos Limpas. "Ele estava a favor do trabalho dos magistrados", me disse o professor Alberto Vannucci. "Quando foi eleito, propôs a Di Pietro que se tornasse ministro do Interior. Isso é de conhecimento público." Tentava cooptar os procuradores, provavelmente para tentar evitar ser investigado.

Ao longo daquele ano as coisas mudariam, de forma acelerada. Com o início da nova legislatura, em meados de abril, Bettino Craxi, sem um novo mandato, perdeu a imunidade parlamentar. Quando, algumas semanas depois, a polícia recebeu a ordem de reter seu passaporte, por perigo de fuga, era tarde: o ex-líder socialista já havia deixado o país. Seria visto em Paris no dia 5 de maio. De lá, viajaria para o norte da África. Viveria o restante de seus dias na Tunísia, onde morreria, no ano 2000, e onde também seria enterrado.

Ainda em abril, enquanto o novo governo tomava posse, os magistrados continuaram seu ataque. Cerca de oitenta policiais e centenas de empresários foram acusados de participar de esquemas de corrupção para sonegar impostos. Poucos meses depois, em junho, essas investigações chegaram a uma das empresas do primeiro-ministro.

Pela primeira vez os magistrados tinham encontrado um inimigo verdadeiramente à altura. "Berlusconi foi posto sob investigação pouco depois de tomar posse", lembrou Vannucci.

> Mas ele não era um líder como os que antes tinham sido envolvidos em investigações: ele era também um magnata da mídia que tinha poder de influenciar a

opinião pública por meio de seus três canais de TV, emissoras de rádio, jornais, agências de publicidade. Ao ser investigado, Berlusconi começou uma campanha violenta contra os juízes, que passaram a ser considerados comunistas, motivados politicamente, e não mais como magistrados imparciais. Houve uma politização do assunto. Não era mais uma questão legal, apenas: saber se alguém é corrupto ou não. Passou a ser uma questão política: quais os interesses dos magistrados? De que lado eles estão?

Todos os analistas concordam que os procuradores começaram a perder apoio da opinião pública em 1994. Apesar do poder que Berlusconi tinha nas mãos, não citam a cobertura da imprensa como o único fator para o declínio político do grupo, mas também o fato de terem começado a investigar "gente comum", inclusive como parte do mesmo processo que ameaçava o primeiro-ministro.

"Na Itália, todo mundo fazia algo de errado. Fosse o fato de não pagar o imposto integralmente ou o desrespeito a uma regulação qualquer", me disse Zingales. "Quando prenderam os primeiros suspeitos, acharam ótimo. As pessoas gostam quando os ricos e poderosos vão para a cadeia. Prenderam a segunda leva, e ainda acharam ótimo. Mas aí começaram a prender mais e mais. Foi quando as pessoas se deram conta: bom, o próximo pode ser eu."

O ex-magistrado Gherardo Colombo tem impressão semelhante:

> A mudança da opinião pública aconteceu depois que as provas aproximaram as nossas investigações das pessoas comuns. À medida que as investigações avançaram, elas nos levaram a achar propinas e corrupção cometida por pequenos empresários ou, por exemplo, por algum inspetor do Ministério do Trabalho que aceitava suborno de uma empresa.

Além de atacar os magistrados de forma geral, Berlusconi também tentou minar a credibilidade do herói e símbolo da Mãos Limpas, que meses antes ele havia convidado para participar de seu governo. Casos anteriores ao início da investigação foram desenterrados. "Levantaram a suspeita de que Di Pietro teria recebido favores, que um empresário, por exemplo, lhe havia emprestado um carro", contou Vannucci. "Para um homem de negócios, era um bom investimento manter esse tipo de boas relações, mesmo que sem a expectativa de receber um favor imediato de volta, apenas para ser um 'bom amigo' de pessoas muito poderosas e potencialmente perigosas para eles, como Di Pietro."

"Teve também a acusação, contra Di Pietro, de receber empréstimos sem precisar pagar juros", continuou Vannucci. "Ele foi envolvido nesse sistema de troca de favores. Nunca chegou a ser processado por isso. Os casos foram encerrados sem que fosse necessário julgá-lo. Ficou claro que ele tinha esse tipo de, digamos, 'ligações perigosas' com empresários. Mas não foi considerado um crime."

Di Pietro também foi formalmente acusado, naqueles meses, de abusar do cargo — e teve seu método de investigação questionado. Tudo somado, acabou abandonando a magistratura no final de 1994. Em sua casa, em Roma, quase no fim de uma longa entrevista, ele me disse que não havia outra coisa a fazer naquele momento.

> Fui acusado, com o objetivo de deslegitimar a minha atividade, de crimes graves, que teria cometido como magistrado. Acusado de promover prisões ilegais, falsidade ideológica nas atas dos processos, abuso do cargo. Tornou-se meu dever me defender dessas acusações, e assim defender tudo o que eu tinha feito na Mãos Limpas. Tornando-me um simples cidadão, queria demonstrar, como demonstrei, que tinha feito bem o meu trabalho e me comportado bem. Fui absolvido de todas as acusações, e aqueles que me acusaram foram condenados.

O contra-ataque das moscas, me disse o juiz Piercamillo Davigo, no Palácio de Justiça, não veio apenas de Berlusconi, mas de toda a classe política. Nas últimas duas décadas, coalizões de esquerda e de direita se alternaram no poder na Itália. Tanto num tipo de governo quanto no outro, leis que dificultavam o trabalho da Promotoria foram aprovadas. "A partir de 1994, a política, toda a política, se esforçou para impedir não a corrupção, mas as investigações e os processos contra a corrupção", disse Davigo.

Fraudes na contabilidade das empresas — o uso de caixa dois, de onde saíam os recursos para financiar ilegalmente os partidos — passaram a encontrar dificuldades muito maiores para ser admitidas como prova e punidas. Também em outras frentes, vários tipos de provas, antes aceitáveis, passaram a ser consideradas inválidas. As condições de admissibilidade de confissões e depoimentos foram restringidas. A gravidade e as penas impostas a vários crimes, reduzidas. Além disso, processos passaram a poder ser transferidos a outros juízes caso a imparcialidade dos magistrados originais fosse considerada duvidosa.

Por fim, a regra que realmente permitiu livrar muitos políticos de qualquer tipo de punição foi aprovada em 2005. "Uma lei que reduziu o prazo de prescrição para muitos crimes de colarinho-branco, entre eles o crime de corrupção", explicou Vannucci. "Os prazos de prescrição foram cortados, de modo geral, pela metade. É difícil dar exemplos, porque o cálculo depende da pena máxima possível para cada crime. Mas, na média, para crimes de corrupção, o prazo de prescrição ficava entre doze e catorze anos. Logo depois dessa lei, passou para algo entre cinco e sete anos." Ou seja, passado um pequeno espaço de tempo da data em que o crime teria sido cometido, a pessoa antes acusada não poderia mais ser julgada.

Assim, disse Vannucci, a estratégia de qualquer pessoa envolvida numa acusação de corrupção passou a ser a de retardar o máximo possível seu julgamento, usando "todos os recursos formais possíveis para isso". Visava-se "à prescrição, e não mais à declaração de inocência".

A redução dos prazos de prescrição, segundo Gherardo Colombo, ajuda a explicar o fato de, ao fim e ao cabo, menos de cem pessoas, segundo ele, terem efetivamente cumprido algum tipo de pena de prisão como resultado da Operação Mãos Limpas. De modo geral, um dos resultados práticos desse contra-ataque por parte dos políticos, segundo Alberto Vannucci, foi que a corrupção não só não diminuiu na Itália, nos anos seguintes às investigações da magistratura de Milão, como há indícios de que possa ter aumentado.

Desde 1995, a organização não governamental Transparência Internacional elabora e publica um Índice de Percepção da Corrupção no mundo, calculado a partir de diversas pesquisas com jornalistas, analistas e executivos. Entre outras perguntas, os entrevistados informam quão "limpo" é o processo de fazer negócios nos países pesquisados, a partir de sua própria experiência, e o quanto as autoridades locais aumentam os custos dessas transações, com extorsões ou cobranças de propinas.

Ao longo dos últimos vinte anos, dois fatos foram constatados com impressionante regularidade nos sucessivos levantamentos da Transparência Internacional. O primeiro é que países ricos, de modo geral, tendem a ser considerados como mais "limpos" ou mais "transparentes" que países pobres — e os especialistas debatem se essa correlação pode ser vista como um sinal do preconceito dos entrevistados em relação aos mais pobres ou não. De toda forma, o segundo fato regularmente observado em duas décadas de pesquisa é que a Itália é uma exceção constante à primeira regra.

Em 1995, dos 41 países pesquisados, apenas oito pareceram aos olhos dos especialistas entrevistados mais corruptos que a Itália: Tailândia, Índia, Filipinas, Brasil, Venezuela, Paquistão, China e Indonésia. Em 33º lugar, o país ficou atrás de México, Colômbia, Grécia e Argentina. Em 2015, ocupava a 61ª posição, num levantamento com 168 países. Ainda tinha um dos piores desempenhos entre os europeus, e ficava atrás de nações mais pobres, como Romênia, Grécia, Gana, Cuba e Ruanda.

Para Vannucci, a queda no número de pessoas processadas e punidas por corrupção no país nos anos seguintes à Mãos Limpas, associada à percepção por parte de italianos e estrangeiros de que o problema persiste, indica que a capacidade de controlá-lo tem diminuído.

Della Porta e Vannucci também analisaram os preços das licitações públicas no país e descobriram que, em alguns lugares, eles chegaram a cair até 40% logo depois da atuação dos procuradores de Milão. "O modo como nós lemos isso foi o seguinte: nesse sistema, muitas vezes era o empresário que ganhava mais", afirmou Della Porta. Isso porque a propina para os políticos representava, em geral, entre 5% e 10% do valor do negócio. De toda forma, parecia uma conquista inegável da Mãos Limpas. O preço das obras tinha baixado, e portanto o gasto público havia se tornado mais eficiente. "Sim, é verdade", respondeu a pesquisadora. "Mas isso não durou muito tempo. Cheguei a ficar otimista. Mas me lembro de pouco tempo depois entrevistar empresários, e eles me dizerem: 'Olhe, o preço está voltando a subir'. Foi o que aconteceu."

No final de 1993, no auge da Operação Mãos Limpas, o sistema de eleição proporcional adotado desde o final da Segunda Guerra Mundial na Itália — e que havia contribuído para a perpetuação da Democracia Cristã e de seus aliados no poder — foi reformado. Havia a esperança, assim, que a corrupção pudesse ao menos ser controlada.

Um novo sistema eleitoral foi adotado. Mantinha características do voto proporcional, mas se aproximava um pouco mais do modelo majoritário inglês ou americano, em que cada parlamentar ou congressista representa um distrito. Um dos efeitos do sistema majoritário é a manutenção de um número menor de legendas viáveis politicamente e o estímulo à polarização entre dois partidos ou dois grupos de partidos, já que quem não se mostra capaz de vencer eleições em vários distritos — ainda que consiga uma fatia expressiva do eleitorado total — acaba sendo excluído do Parlamento e, com o tempo, da própria disputa eleitoral. Foi o que aconteceu, em certa medida, também no modelo eleitoral misto da Itália. Daí a alternância entre coalizões de direita — lideradas por Berlusconi — e de esquerda nos anos seguintes.

Pelo menos do ponto de vista teórico, era de se esperar então um maior grau de fiscalização mútua — em particular quanto à corrupção — entre os dois blocos em disputa. Pelo menos uma fiscalização um pouco maior que a que havia no tempo em que quase todas as legendas procuravam se coligar com a Democracia Cristã. Mas não foi o que aconteceu.

"O potencial da alternância de partidos contra a corrupção está na probabilidade maior de que as forças de oposição denunciem as práticas corruptas de quem está no poder", disse Vannucci. A oposição esperaria, assim, receber os votos dos eleitores indignados e insatisfeitos com as práticas de quem está sendo acusado.

> Na Itália, todos esses mecanismos foram enfraquecidos pelo fato de que tanto o partido no governo quanto aquele na oposição não eram críveis como forças anticorrupção. Porque todos eles já tinham se envolvido em casos de corrupção no passado. Fosse Berlusconi ou a esquerda. Ninguém podia, com credibilidade, dizer que era contra práticas de corrupção.

Vannucci também chamou a atenção para o fato de que, em vários casos de corrupção descobertos de 1995 para cá, muitas vezes estavam envolvidos representantes tanto da esquerda quanto da direita — no mesmo escândalo. Em Roma, no Campo de' Fiori, Zingales também mencionou esse tipo de conluio. "Mas não era de se esperar que a alternância no poder ajudasse a diminuir esse tipo de acerto?", perguntei. "Não sou um cientista político, sou um economista", ele respondeu. "Mas sei que num duopólio sempre pode haver um bocado de coordenação entre as duas partes."

* * *

Fora da magistratura, Di Pietro ingressou na política. Em 1998, fundou seu próprio partido, o Italia dei Valori, ou Itália de Valores. Anos mais tarde, o ex-procurador que havia sido comparado a Pelé explicaria sua decisão com o uso de uma metáfora futebolística, dizendo que a vida pública era como uma partida, em que se devia escolher entre jogar ou ser apenas um espectador.

A partir de meados dos anos 2000, o partido de Di Pietro conseguiria eleger representantes para o Parlamento, sem no entanto abandonar a condição de força menor da política italiana. Não deixa de ser irônico que o Italia dei Valori, sob alguns aspectos, se parecesse com o Forza Italia, de Berlusconi: agremiações personalistas, centradas na figura do líder e concebidas para promover suas ambições políticas. Mas com uma importante diferença: do ponto de vista ideológico, a agremiação de Di Pietro era mais confusa, com gente dos dois lados do espectro. "Seu partido era um mix estranho", disse Della Porta. "Tinha gente da esquerda, que também se incomodava com a corrupção. Mas ele fazia um discurso *law and order*, o que não costuma ter apelo com a esquerda."

Segundo a pesquisadora, provavelmente Di Pietro esperava obter um apoio maior do eleitorado. "Minha impressão é a de que, desde o início, ele teve menos sucesso do que acreditava que iria ter. Provavelmente porque a política não é fácil para quem vem de fora. Quando teve algum sucesso, acabou sendo abandonado por seus correligionários. Ele próprio chegou a dizer que não era muito bom para escolher pessoas. Era um outsider."

Gherardo Colombo, antigo colega que também abandonou a magistratura — mas que não considerou entrar para a política —, disse que Di Pietro nunca teve, no final das contas, "o jeito certo" para ser político. "Há uma enorme diferença entre ser um magistrado e ser um político. Como político é preciso ser mais humilde e não subestimar a inteligência dos outros políticos. Você também não pode ser extremado nas suas posições, tem que saber negociar. E você tem que saber escolher, com muita acurácia, os seus parceiros." Em todas essas frentes, disse Colombo, muitas vezes Di Pietro acabou falhando.

Seus problemas políticos aumentaram quando começaram a surgir acusações de que mesmo integrantes do Italia dei Valori, fundado para defender a causa da honestidade, haviam se locupletado. "Membros do seu partido foram acusados de ter recebido propinas", disse Colombo.

Outros tiveram dificuldades para explicar o uso de dinheiro público. Na região de Molise, no sul do país, representantes do Italia dei Valori receberam, como os demais partidos locais, recursos do Estado. A verba deveria ser destinada a despesas partidárias e eleitorais, mas os membros da legenda na região não conseguiram comprovar todos os gastos que fizeram — entre eles estava o próprio filho de Di Pietro, Cristiano, tratado na imprensa italiana como "Di Pietro Junior". Foram recentemente condenados a ressarcir os cofres públicos em cerca de 45 mil euros.

"Não creio que já se tenha uma condenação final em relação a Cristiano Di Pietro", me disse Alberto Vannucci, por telefone, no final de abril. "Como aconteceu em muitos ou talvez em todos os conselhos regionais da Itália, eles foram acusados de usar dinheiro público para propósitos pessoais."

O próprio Di Pietro também foi objeto de acusações — e insinuações de enriquecimento ilícito. No final de 2012, depois de um programa jornalístico da RAI afirmar que o ex-magistrado, a mulher e os filhos detinham dezenas de propriedades — entre casas, terrenos e vagas de garagem —, a Itália se pôs a discutir o tamanho da riqueza patrimonial da família Di Pietro. Pelas estimativas mais conservadoras, e favoráveis ao ex-magistrado, seriam onze imóveis. O fundador do Italia dei Valori também foi acusado de usar recursos públicos, destinados ao partido, para reformar sua casa em Roma — indicada por ele como sede da agremiação. E de ter usado uma empresa sua para alugar um imóvel ao próprio partido, numa transação paga com recursos públicos.

Questionado, Di Pietro disse à *piauí* por e-mail que a Justiça italiana havia feito as devidas verificações e declarado que seu comportamento era "irrepreensível" no que se referia à gestão dos fundos públicos destinados ao seu partido. O ex-magistrado também anexou a cópia de uma decisão da Justiça, de 2010, em que o juiz reconhece não ter sido encontrado nenhum problema por parte do Tribunal de Contas e do Parlamento italiano quanto ao uso de recursos públicos pelo partido Italia dei Valori até aquela data. Na mensagem, Di Pietro se dizia vítima de "falsas acusações" feitas por "difamadores profissionais".

"As explicações de Di Pietro nunca foram satisfatórias", me disse um jornalista do *La Repubblica*. Outro repórter, do *Corriere della Sera*, afirmou não acreditar que o ex-magistrado tenha se apropriado, em benefício próprio, de dinheiro público. Mas, para Alberto Vannucci, ainda que o ex-magistrado não tenha sido formalmente acusado ou julgado pelas suspeitas que apareceram na imprensa no final de 2012, estava claro que a gestão dos recursos de seu partido não era transparente. "Di Pietro fundou uma entidade privada, e o partido pagava aluguel por uma sede que estava em nome dessa entidade. A entidade era a proprietária do imóvel. Era um conflito de interesses gigantesco. O líder do partido alugava um imóvel para o próprio partido. O dinheiro usado para pagar era dinheiro público, recebido pelo partido."

Para Vannucci, as suspeitas contra o Italia dei Valori representaram uma tragédia política. "Essa é a tragédia de um país. Quando se espera que a sociedade possa superar um sistema corrupto, acaba-se descobrindo — sempre tarde demais — que até mesmo o símbolo dessa mudança estava envolvido ou passou a se envolver com esse ambiente de corrupção, tomado num sentido mais amplo."

No final de 1992, talvez no auge de sua reputação, Antonio Di Pietro conseguiu um espaço em sua agenda para participar de um encontro com empresários em Monza, cidade a menos de uma hora de carro de Milão. Já era de noite. Antes de passar a palavra à plateia, o procurador explicou em que pé andavam as investigações da Mãos Limpas e exortou os empresários ali presentes a fazerem sua parte no combate à corrupção.

Um deles, Ambrogio Mauri, um senhor de pouco mais de sessenta anos, dono de uma fábrica de ônibus urbanos, esperou Di Pietro terminar de falar e levantou a mão (é o que narra Monica Zapelli em seu livro *Un uomo onesto*). "O senhor deveria mudar de profissão", disse Mauri ao magistrado. "Já explico por quê." Em seguida deu as costas a Di Pietro e fez uma pergunta à plateia, onde estavam seus colegas empresários: "Pode levantar a mão quem, entre nós, nunca deu um dinheiro, pelo menos uma vez na vida, a um gerente de compras de alguma empresa".

Os empresários na sala sorriram, sem no entanto mover o braço. Apenas o próprio Mauri levantou a mão. "Doutor, ou são todos manetas, ou eu tenho razão e o senhor deveria mudar de profissão", disse então a Di Pietro.

Ambrogio Mauri era um entusiasta da Operação Mãos Limpas e, para alguns italianos, virou uma espécie de símbolo da honestidade. Dizia que se recusava a pagar qualquer tipo de propina e evitava as licitações públicas na

Itália. "Mauri fazia negócios e vendia seus ônibus sobretudo fora da Itália, exportava os veículos, porque tinha sempre se recusado a participar dos circuitos corrompidos em Milão e na Lombardia", lembrou Vannucci, numa conversa por telefone. "Isso também foi comprovado pelos investigadores da Operação Mãos Limpas. O nome de Ambrogio Mauri não aparece nas investigações."

Passado o auge das atividades dos procuradores, Mauri achou que já era hora de voltar a fazer negócios em Milão. Em 1996, a companhia de transportes públicos da cidade lançou uma licitação para a compra de cem novos ônibus. Era uma ótima oportunidade, e o empresário decidiu participar. "E aí, realmente, ele concluiu que as coisas tinham mudado", contou Vannucci. "Porque, pela primeira vez, ele venceu uma concorrência na Itália. Tinha investido, ampliado e melhorado a sua linha de produção."

"O problema", continuou Vannucci, "é que logo depois houve um recurso dessa licitação. Que acabou sendo anulada, declarada irregular. Foi refeita, e Mauri perdeu. Quem ganhou foi uma empresa que já tinha estado envolvida, no passado, em casos de corrupção."

A derrota abalou o empresário. Às oito da manhã do dia 21 de abril de 1997, Mauri chegou ao trabalho em sua fábrica. Cumprimentou funcionários e se fechou no escritório. Alguns minutos mais tarde, tirou da gaveta uma pistola e, como já havia planejado, deu um tiro no peito. Nas cartas que deixou, falava de sua desilusão — dizia que, passada a Operação Mãos Limpas, tudo na Itália havia voltado a ser como antes.

"Mauri se deu conta de que o sistema de corrupção tinha voltado a dar as cartas em Milão", me disse Vannucci. "Ele tinha investido muito dinheiro naquele contrato público, que acabou perdendo. Escreveu as cartas de despedida e decidiu cometer suicídio. Essa é a história."

QUESTÕES BRASILEIRAS

A onda

Uma reconstituição da tragédia de Mariana, o maior desastre ambiental do país

CONSUELO DIEGUEZ
Julho de 2016

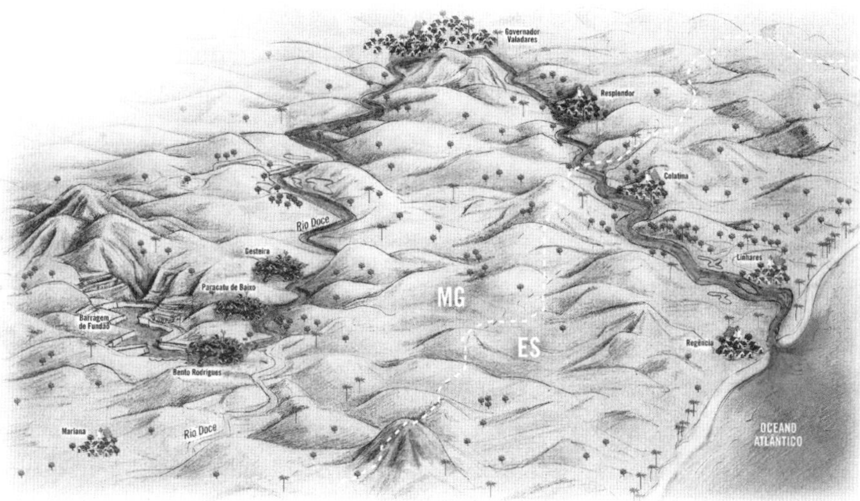

No dia 5 de novembro de 2015, uma gigantesca barragem de rejeito de minério de ferro, conhecida como Fundão, pertencente à empresa Samarco, controlada por duas das maiores mineradoras do mundo — a brasileira Vale e a anglo-australiana BHP Billiton —, rompeu-se inteira sobre o pequeno povoado de Bento Rodrigues, distrito de Mariana, Minas Gerais.

Quando a barragem se desmanchou, às três e meia da tarde, vazando uma mistura de lama e metais em volumes aterrorizantes, Paula Geralda Alves preparava mudas de reflorestamento para a Samarco, numa fazenda vizinha ao povoado; Eliene dos Santos, diretora da escola de Bento Rodrigues, acabara de fechar a porta de vidro do prédio, depois de entregar documentos de alunos a um portador; Reinaldo Caetano olhava satisfeito a caixa-d'água da casa da mãe, que ele acabara de encher com água trazida do córrego. A cerca de 350 quilômetros dali, em Governador Valadares, o empresário Sandro Faria Heringer, dono de uma revenda de caminhões, falava ao telefone com um cliente. Um pouco adiante, em direção ao mar, nas franjas da cidade de Resplendor, Dejanira Krenak pitava seu cachimbo, na prainha de rio da aldeia dos índios krenaks. Seguindo a jusante, em Colatina, já no Espírito Santo, o fotógrafo Edson Negrelli tirava fotos em seu estúdio. Na vila capixaba de Regência, o líder comunitário Carlos Sangália caminhava pela areia branca banhada pelo mar azul, observando os ninhos das tartarugas marinhas que desovavam na praia, uma área de proteção ambiental.

Nenhum deles podia imaginar que, naquele exato instante, o mundo que lhes era tão familiar estava prestes a desaparecer. O rompimento da barragem da Samarco se converteu na maior tragédia ambiental brasileira e no mais grave acidente — e único dessa natureza — da história da mineração mundial. Dezenove pessoas morreram só na primeira meia hora. Mas, nos dias que se seguiram, a vida de outras centenas de milhares que vivem ao longo dos 650 quilômetros percorridos pela lama seria afetada para sempre. Essas sete são só algumas delas.*

* A primeira parte desta reportagem foi inspirada por *Hiroshima*, de John Hersey.

* * *

Paula Geralda Alves acordou às seis e meia da manhã e preparou o café que levaria para os colegas de trabalho — ao todo nove pessoas lotadas na Brandt Meio Ambiente, terceirizada da Samarco que desenvolvia mudas de reflorestamento — e seguiu para lá em sua pequena moto. O céu naquela manhã era de um azul transparente como há muito ela não via. Alves, de 36 anos, vivia em Bento Rodrigues desde que nascera. Não mais que seiscentas almas moravam ali e, portanto, era natural que todos se conhecessem.

O povoado do século XVIII era um dos mais antigos do estado — seu nome homenageava o bandeirante que adentrou aquelas terras — e abrigava uma das primeiras igrejas de Minas Gerais, a de São Bento. O Bento, como era chamado, era uma vila bucólica, cercada por dois riachos cujas pequenas pontes levavam ou à vizinha Santa Rita Durão ou à estrada para Mariana. Tinha ruas asfaltadas e casas bem construídas. Boa parte de seus habitantes trabalhava na Samarco ou nas empresas que lhe prestavam serviço. Quem não fazia isso cuidava da roça. Para o pessoal do Bento, Mariana, a quarenta minutos dali, era cidade grande, e a maioria ia até lá apenas para resolver burocracias.

No galpão da Brandt, Alves repassou com os colegas as normas de segurança de trabalho, procedimento diário exigido pela mineradora em todas as suas unidades, inclusive nas terceirizadas, e se pôs a preparar as mudas para plantio nas áreas degradadas pela extração mineral. Por volta das três e meia da tarde, o rádio de uma das caminhonetes da Samarco começou a enviar um chamado urgente pela faixa 4, própria para alertas máximos de segurança da empresa. Preocupado, o grupo se aproximou do veículo e ouviu o inimaginável: a barragem de Fundão rompera, avisava uma voz assustada e confusa. Passado o instante de perplexidade, Alves anunciou: "Não sei vocês, mas eu vou avisar o meu povo", e montou em sua moto. Enquanto seguia na velocidade que lhe era possível, podia ouvir os gritos dos camaradas pedindo que voltasse, pois não daria tempo de chegar à vila. O mar de lama já despontava no alto da montanha, a 2,5 quilômetros do povoado, a uma velocidade de quinze quilômetros por hora. Enquanto subiam o morro em disparada para se proteger da enxurrada, eles viram Alves entrar no povoado. Levaria pouco mais que dez minutos para que a ponte que ela cruzara fosse arrastada pela avalanche. Com a mão enterrada na buzina, Alves percorreu algumas ruas, aos gritos: "Foge todo mundo, a barragem rompeu!". Ao deixarem suas casas e olharem para as montanhas, os moradores avistaram uma descomunal onda de poeira e lama se deslocando celeremente em direção à vila, produzindo um som de imensas cataratas. Àquela hora da tarde, cerca de trezentas pessoas estavam no povoado. Começou então uma alucinada corrida para as partes mais altas do lugar. Cada um se virava como podia, e todos tratavam de ajudar uns aos outros. Alguns velhos, crianças e pessoas com dificuldade de locomoção que estavam na parte mais próxima ao rio foram postos na carroceria de um caminhão que naquele dia fazia trabalhos de limpeza. Os carros também saíram lotados, resgatando quem encontravam pelo caminho. Quem não conseguia condução tentava escapar a pé. Ao ver a lama cada vez mais perto, uma jovem, esgotada, se ajoelhou no asfalto. Mais tarde ela contaria ter pensado que, se a morte era inevitável, o esforço de correr não fazia mais sentido. Viu passar um grupo de pessoas mais velhas em direção ao alto. Foi o que a fez reagir. Se havia alguma chance, também se agarraria a ela.

Eliene dos Santos chegara cedo ao prédio baixo e bem cuidado da escola da qual era diretora. Na parte da manhã, nas salas espaçosas, com amplas janelas, estudavam as crianças menores. À tarde era o turno das turmas mais adiantadas. Como morava na parte mais baixa de Bento, no intervalo do almoço a diretora costumava comer na escola e depois saía para amamentar o filho, que ficava com a sogra. Naquele dia, como havia tido uma manhã movimentada, ela só pôde encontrar o bebê depois das duas e meia da tarde. Por volta das três, voltou para o colégio, reuniu documentos do programa de saúde dos alunos e os levou até o ponto de ônibus. Uma prima sua esperava condução para Santa Rita Durão e ela lhe pediu que entregasse a papelada à cobradora, que por sua vez a encaminharia a um encarregado que a levaria ao dentista. Santos retornou ao prédio, trancou a porta de vidro e seguiu em direção a sua sala. Mal dera alguns passos quando ouviu seu nome. Seu marido a chamava, assustado. Ao vê-lo, percebeu que algo de muito grave acontecera. Wiley dos Santos, conhecido como Lelei, estava pálido, o pavor estampado no rosto. O coração dela acelerou. Achou que ocorrera alguma coisa com o filho deles e correu em direção à porta. Então o marido lhe disse para tirar todo mundo de lá porque a barragem havia rompido e estava descendo em direção ao povoado. Aos gritos, ela pediu a uma professora que a ajudasse a avisar os alunos. "Todo mundo para fora, todo mundo para o alto de Bento. A barragem rompeu", ela berrava. E se postou na porta até que todos saíssem.

Só então ela correu. Já se preparava para embarcar no carro do marido quando se deu conta de que na última sala do prédio havia uma pequena turma de reforço que não fora alertada. Voltou agoniada, quase sem ar, abriu a porta da sala e, com a voz trêmula, mandou que todos saíssem. Então, deu-se o inesperado. As crianças, apavoradas, ficaram paralisadas e não se mexeram. Santos tentou falar novamente, mas, com a boca seca, sua voz não saiu. Num esforço desesperado, ela soltou um grito que tirou os alunos do torpor em que se encontravam: "É para sair agora senão nós vamos morrer!". As crianças correram. As sessenta pessoas que estavam na escola evacuaram o local em cinco minutos. Como a Samarco não havia treinado os moradores para situações de emergência, a retirada foi feita na base do improviso. Ao voltar para o carro, Santos avistou o ônibus que seguia para Santa Rita e que levaria os documentos da escola. As crianças lotaram o veículo, que acelerou.

Dali onde estava, a diretora pôde ver a avalanche ocupando as margens do riacho de Santarém. Naquele instante, ela teve a sensação de que centenas de helicópteros sobrevoavam o lugar, tamanho o ruído. Com a lama, chegou um fedor de lixo apodrecido. No carro, trêmula, ela perguntou pelo filho. O marido lhe disse que falara com a mãe ao celular e ela o avisara que estava fugindo com a criança. A mulher não acreditou, queria ir à casa da sogra se certificar. Quando o carro alcançou a parte mais alta de Bento, o marido pediu que ela descesse e prometeu que iria verificar se a mãe e o menino haviam saído em segurança. Ela obedeceu. Acompanhou com os olhos o carro se afastando e viu o marido cruzar a ponte para ir à casa da mãe. A vaga lamacenta começou a engolir parte da vila. A diretora sentou e chorou. Seu marido agora estava ilhado, quem sabe com seu bebê.

Naquela manhã, o agricultor Reinaldo Caetano havia decidido: iria encher a caixa-d'água da mãe para que ela não precisasse transportar água da bica. No terreno próximo ao rio, havia outras casas: a dele, onde vivia com a mulher e o filho; a do pai, de oitenta anos, há muito separado da mãe; a da irmã. Ao lado, viviam outras pessoas da família, entre elas um tio. Caetano aproveitou a ausência da mãe para lhe fazer a surpresa: quando voltasse, encontraria a caixa cheia.

Caetano andava contente consigo mesmo. Acabara de comprar um colchão e uma cama box com o dinheiro que vinha economizando para um tratamento dentário (queria repor alguns dentes). Considerou, contudo, que a cama deixaria a mulher feliz e, portanto, deu prioridade à aquisição. Ele conhecera Jéssica em Mariana e a trouxera para Bento, onde ela se livrara do crack e passara a cultivar uma rotina doméstica. Tiveram um filho, Iago, agora com seis anos. Passava das três e meia da tarde quando o agricultor deu a tarefa por encerrada. Tirou o boné, limpou o suor do rosto e olhou para a caixa-d'água. No instante seguinte, avistou "um poeirão" despontando no alto das montanhas. Logo, alguém vindo do final da rua berrava para que fugissem: a barragem se rompera. Caetano disse à mulher para entrar em casa e foi buscar o pai.

Jéssica, ao ver a onda de lama descendo para o vale, pegou o filho e gritou para que fossem em direção ao alto. "Se ficarmos aqui vamos morrer", berrou. Caetano lhe disse para correr e, enquanto arrastava o pai pelo braço, lembrou-se do tio que estava sozinho na casa ao lado. Voltou para buscá-lo, mas o homem se recusou a sair — não abandonaria sua casa. Em desespero, Caetano iniciou a subida até a parte mais alta de Bento, para onde outros moradores também se dirigiam apavorados.

Um pouco antes das quatro da tarde, Bento Rodrigues deixou de existir. A gigantesca onda de lama invadiu a vila, engolfando casas, estourando vidros, arrastando móveis, roupas, brinquedos, panelas e todas as histórias de vida. Muitos animais que estavam presos no momento em que a onda chegou também foram levados. Cachorros, gatos, cavalos, galinhas, porcos, passarinhos engaiolados não tiveram chance. Rolaram com telhados, janelas, o altar da igreja de mais de trezentos anos, árvores e automóveis.

Os moradores assistiram ao mar vermelho passar por telhados e cobrir rapidamente toda a vila. Como ficaram ilhados em pontos diferentes, ninguém sabia quem havia sobrevivido. Mães gritavam pelos filhos, filhos gritavam pelas mães. Adultos e crianças choravam. Alguns moradores formaram uma corrente humana e resgataram vizinhos que iam sendo arrastados pelo entulho líquido. Wesley Pinto Izabel era um deles. Ao ser retirado da lama, ele pedia que salvassem o filho, de dois anos, que começava a afundar. Um rapaz se atirou na enxurrada e puxou a criança. A filha de Wesley Izabel, Emanuelly Fernandes, de cinco anos, se perdeu e foi levada pela onda.

Quando a barragem se rompeu, ele estava em casa com as duas crianças. Num primeiro momento, achou mais seguro não sair dali. Ao perceber a força da enxurrada, porém, viu que não teriam chance. Quando decidiu fugir, agarrado aos dois filhos, a lama já estava a seus pés. Enquanto corria, um galho trazido pela torrente atravessou seu caminho e quebrou-lhe o tornozelo. A menina que segurava lhe escapou e desapareceu. Ele e o garoto boiaram. Eliene dos Santos, a diretora da escola, que ainda estava sem notícias do marido e do filho, viu quando Wesley Izabel e o menino foram retirados da lama, nus, muito machucados e quase sem respirar. A lama que engoliram — mistura de terra, metais e amido — endurecera dentro deles e lhes queimava as entranhas. Izabel chorava pela filha, enquanto pedia água para o menino.

Perto dali, em outra área da vila, também no alto, Paula Alves, a jovem da motocicleta, se abrigara com a mãe, o filho e a irmã, além de outros moradores, ao lado da Igreja Nossa Senhora das Mercês, uma construção histórica. De onde estavam, acompanharam a onda engolfar o povoado e continuar seu curso em direção ao rio Gualaxo do Norte, onde o Santarém deságua. Então, algo pavoroso aconteceu. Ao encontrar o estreitamento na curva do rio, a lama, sem ter como escoar, entalou, fez um rodamoinho e retornou ao povoado imensa e violenta, esmagando as casas que ainda não haviam sido atingidas e subindo em direção às partes mais altas, onde os moradores haviam se refugiado. Quando a onda voltou, eles se viram encurralados entre o mar de lama e o morro. Não havia para onde correr. Abraçaram-se e choraram, numa despedida.

Inesperadamente, porém, a lama estacionou a poucos metros de onde eles estavam e recuou, como que sugada por um grande ralo. Com a intensa pressão que exercera sobre a estreita passagem em direção ao rio Gualaxo, a enxurrada rompeu a barreira que a estrangulara, rasgou as margens e seguiu em frente. Alves e os outros moradores chamaram aquilo de milagre.

Por volta das cinco da tarde, bombeiros desceram de helicópteros, vindos de Belo Horizonte e Ouro Preto. Homens da Defesa Civil haviam desembarcado de carro pouco antes, mas não tinham o que fazer. A estrada para Bento Rodrigues estava bloqueada, coberta por toneladas de lama. No alto, onde se viram obrigados a parar, vislumbraram, paralisados, a vila completamente encoberta pela lava de minério, como uma Pompeia moderna. Concluíram que todos os moradores estavam mortos. Foi com surpresa que assistiram a um bombeiro, pendurado na corda presa ao helicóptero, descer e retirar uma mulher do meio da lama, ainda com vida. Ela não queria ser salva. Chamava pelo neto, Thiago Damasceno Santos, de sete anos, que ficara soterrado próximo ao que fora sua casa. Então, gritos de socorro — um coro de quase trezentas pessoas — vindos das partes mais altas da vila começaram a ser ouvidos. Os homens da Defesa Civil comemoraram. Não acreditavam que alguém pudesse ter sobrevivido àquele inferno. A questão era como tirá-los de lá.

A noite caía quando os bombeiros e a Defesa Civil conseguiram abrir uma trilha para resgatar os moradores ilhados numa área mais próxima à estrada para Santa Rita Durão. Wesley Izabel e o filho, desfalecidos, foram levados de helicóptero ao hospital. Eliene, a diretora da escola, seguiu com os outros para o vilarejo vizinho. No caminho, avisaram a ela que seu filho e sua sogra estavam lá, salvos. Os dois estavam no grupo de idosos e crianças recolhidos às pressas no caminhão de limpeza. Lá também estavam os alunos da escola que escaparam no ônibus. Havia muito choro e muito desespero. A jovem Pamela, mulher de Wesley Izabel, estava na escola na hora do rompimento e fugiu com os outros alunos. Em Santa Rita, assistiu à chegada do marido e do filho e soube que a filha Emanuelly sucumbira.

Já era noite quando Wiley dos Santos, marido da diretora da escola, chegou a Santa Rita, bastante machucado. Conseguira escapar, saltando do carro e correndo em direção à parte mais alta, com a lama em seu encalço. Lá, seguiu por dentro da mata cerrada até o povoado vizinho. Foi ele quem acalmou os moradores com notícias do outro grupo ilhado próximo à Igreja Nossa Senhora das Mercês. Calculando quem estava em Santa Rita e quem ficara na área da igreja, os moradores concluíram, incrédulos, que quase todo mundo se salvara. E foi uma comoção quando souberam das mortes dos cinco vizinhos que horas antes estavam com eles: as duas crianças, Thiago e Emanuelly; o tio do agricultor Reinaldo Caetano, Antônio de Souza, que se recusara a sair de casa; Maria Elisa Lucas, de sessenta anos, e Maria das Graças Silva, de 65, que não conseguiram escapar.

A notícia do rompimento da barragem chegou à Secretaria de Estado de Meio Ambiente e Desenvolvimento Sustentável (Semad) um pouco antes das cinco da tarde. Como o secretário estava acamado, coube ao subsecretário, Geraldo Vitor de Abreu, um militante histórico do PT sem nenhuma formação na área, ir até o local. Foi direto para a sede da Samarco, a vinte quilômetros de Mariana. Quando chegou, deparou-se com uma cena inquietante. Os diretores da companhia estavam em pânico, sem saber como agir. A única providência tomada até aquele momento tinha sido contatar a Defesa Civil para que avisasse os moradores do acidente, como mandava o manual de segurança da mineradora. Medida, àquela altura, inócua. Uma simples sirene teria ajudado a alertar os moradores do perigo, mas não havia nenhuma.

Abreu, um sujeito pequeno, de fala suave e forte sotaque de Minas, pediu calma ao gerente-geral de Projetos Estruturantes da empresa, Germano Lopes, que lhe passava informações desconexas, com a voz trêmula. "Germano, tudo o que não pode acontecer agora é vocês perderem o controle", pediu Abreu. O que Lopes lhe revelaria a seguir era aterrador. Primeiro, a direção da Samarco não sabia até onde a lama poderia chegar. Segundo, a barragem de rejeito da unidade de Germano, localizada mais acima, mas emendada à de Fundão e duas vezes maior que ela, também corria o risco de romper, já que suas estruturas tinham sido abaladas. O mesmo poderia acontecer com a barragem de água de Santarém, à frente de Fundão, que fora invadida pela lama. Ou seja, sobre Bento Rodrigues pendia uma arma de três canos, com alto poder de destruição. Por último, a empresa não tinha nenhum plano para controlar a situação. Estavam diante de um acidente fenomenal, de consequências imprevisíveis, e ninguém sabia como agir.

Enquanto os executivos da Samarco batiam cabeça, os bombeiros da região se deram conta de que, seguindo pelo riacho de Santarém, a onda de lama alcançaria rapidamente o rio Gualaxo do Norte. Dado o volume colossal de terra, o rio transbordaria e inundaria os povoados vizinhos, como acontecera em Bento.

Um pouco depois das seis, um helicóptero dos bombeiros pousou no campo de futebol do povoado de Paracatu de Baixo, a cerca de setenta quilômetros de Bento, a jusante do rio. Um oficial desembarcou e avisou que os moradores tinham dez minutos para correr para a parte mais alta do lugar. Informou que a barragem da Samarco havia rompido e uma onda de lama vinha em direção ao povoado. O pessoal desconfiou. Quem acreditaria que o rejeito do Fundão chegaria até lá? Josi Lourival dos Santos, de onze anos, brincava com a irmã gêmea na casa da avó quando ouviu o barulho do helicóptero. Achou que fosse algum festejo e partiu com ela em direção ao campo. Não avançaram muito. No caminho, cruzaram com pessoas apavoradas mandando que voltassem.

Os que não obedeceram escaparam por pouco. Logo ouviram um ruído ensurdecedor e avistaram a onda levando as casas na entrada da vila. Correram então para o alto. Em poucos minutos, apenas a cúpula da igreja centenária podia ser vista. Paracatu estava destruída. Como os bombeiros previram, a lama continuava sua trajetória, rasgando as margens do rio Gualaxo e fazendo estragos em outros seis povoados: Gesteira, Moinhos, Barretos, Barra Longa, Vista Alegre e Corvina. Apesar da inundação, todos os moradores foram salvos.

Máquinas da Samarco trabalharam durante a madrugada para abrir uma passagem por dentro da mata e resgatar quem ficara em Bento. Ao amanhecer, os bombeiros e a Defesa Civil chegaram lá. Os feridos seguiram de helicóptero, os demais caminharam em fila por uma trilha enlameada. Moradores dos outros lugarejos foram embarcados em ônibus e caminhões.

Barragens de rejeito são estruturas gigantescas, construídas em concavidades naturais no topo das montanhas. Destinam-se a armazenar todo o material descartado na extração de minério de ferro, nas minas próximas a elas. As da Samarco, em Minas Gerais, são de itabirito, um minério muito pobre. Na década de 1970, a empresa, então pertencente à S.A. Mineração Trindade (Samitri) e à americana Marcona — cujas iniciais formaram seu nome —, desenvolveu uma técnica para extrair o máximo de ferro existente nesse mineral, por meio de um processo de lavagem. O empreendimento se revelou um sucesso, pois o produto retirado dali é de alta qualidade. O problema dessa técnica é que ela gera enorme quantidade de rejeitos, que precisam ser armazenados em algum lugar.

O rejeito segue para a barragem, onde seca e se transforma em terra dura. Ano a ano, esse resíduo vai sendo empilhado, em degraus, até chegar ao topo da concavidade. Como não há nenhuma parede frontal, a muralha de contenção é o próprio rejeito. Por essa razão, esse material tem de estar bem seco e compactado, sem contato com a água, caso contrário vira lama e desmancha. Seria, mal comparando, botar pó de café coado em uma xícara partida ao meio. O pó só se mantém firme caso esteja seco e comprimido. Para impedir a saturação da estrutura — seja pela chuva seja pela umidade dentro dela —, a água é permanentemente drenada e desviada para uma barragem de resíduos líquidos. No caso de Fundão, a barragem de Santarém.

Vista de cima, uma barragem de rejeito se assemelha a um deserto. Olhada de baixo, a impressão que provoca não é menos aflitiva. Fundão, por exemplo, com 898 metros acima do nível do mar, era uma colossal montanha construída pelo homem, recheada de rejeito mineral. Sua área de superfície era de 3,4 milhões de metros quadrados, o dobro do Aeroporto de Congonhas, em São Paulo. O volume de rejeitos ali armazenado era espantoso: 55 milhões de metros cúbicos, o equivalente a quase dez vezes o volume da lagoa Rodrigo de Freitas, a imensa massa de água na zona sul carioca.

Por ser uma estrutura de enorme poder de devastação ambiental, as mineradoras precisam ter estratégias de emergência para a eventualidade de suas barragens romperem, o chamado plano de contingência. A Samarco não tinha nenhum. Logo se descobriria que o plano que a empresa encomendara em 2009 à consultoria RTI, de São Paulo, especializada em controle de risco, fora engavetado para reduzir custos. Segundo informações do diretor da RTI, Randal Fonseca, o plano previa o monitoramento permanente das estruturas, com visitas diárias de especialistas. A estratégia ainda incluía ações como alerta às comunidades próximas, previamente treinadas para agir em caso de rompimento, além de instalação de sirenes. Também fora prevista a construção de diques ao longo do vale, que freariam a lama no caso de ruptura. Como a Samarco nunca acreditou que isso fosse possível, esses cuidados eram considerados desnecessários.

Quando a barragem se rompeu, a única informação segura que os executivos da empresa tinham era que, dos 466 trabalhadores que estavam na empresa na hora do acidente, 452 já haviam sido localizados. Catorze estavam desaparecidos, contando os terceirizados.

Um deles era Daniel Altamiro de Carvalho, de 53 anos, operador de máquinas da Integral, prestadora de serviços para a Samarco. Sua filha, Sandra Carvalho, de 22 anos, assistia a uma aula no curso de engenharia na Universidade Federal de Ouro Preto quando a barragem desmoronou. Moradora de

Mariana, ela ligou para a mãe para ter notícias do pai. A mãe a tranquilizou, disse que estava tudo bem. Mas na verdade não tinha notícias do marido. Com receio de que a filha se acidentasse na estrada, preferiu poupá-la.

No fim da noite, o subsecretário Geraldo Abreu deixou a sede da Samarco e voltou para Mariana. No caminho, desabou uma chuva. A primeira, em muitos meses. Um agravante para uma situação já absurdamente dramática. Abalado com os gritos das pessoas ilhadas em Bento Rodrigues (que ouvira ao cruzar o local em que estavam os homens da Defesa Civil), e preocupado com um possível rompimento das outras barragens, Abreu passou a noite em claro. Na casa da família Carvalho, tanto Sandra, que voltara para Mariana, como a irmã e a mãe tampouco dormiram. Haviam entrado em contato com a Integral, que repetira não saber do paradeiro do funcionário.

Na manhã do dia 6, dezesseis horas após o rompimento, uma massa de criaturas famintas, feridas e em estado de choque começou a chegar à Arena Mariana. Haviam sido resgatadas em Bento Rodrigues e nos povoados abaixo dele. Desde a véspera, o prefeito Duarte Júnior, do PPS, montara uma operação para receber os desabrigados. Como ninguém apareceu, Júnior temeu que estivessem todos mortos. Quando enfim chegaram, o lugar estava coalhado de colchões, roupas e comida doada pela população. Receberam abraços de amigos e desconhecidos que acorreram ao local. Ao ver Eliene dos Santos, o marido e o bebê, sujos e esgotados, um voluntário levou roupas, fraldas e leite. Ela se emocionou. Paula Geralda Alves, do outro lado do salão, foi saudada como heroína. Não fosse ela ter disparado em sua moto, boa parte daquelas pessoas estaria morta.

Carlos Eduardo Ferreira Pinto, promotor de Justiça do Meio Ambiente do Ministério Público Estadual de Minas Gerais, estava em Brasília na hora do acidente. Chegou à sede da Samarco às seis da manhã do dia seguinte. Encontrou um ambiente de caos. Não havia hierarquia, estrutura de comando ou sala de crise (que só seria criada cinco dias depois). Dezenas de burocratas e técnicos de vários órgãos públicos federais e estaduais circulavam desnorteados, cobrando ações dos diretores da empresa. Ricardo Vescovi de Aragão, o presidente da mineradora, que no momento do rompimento estava no escritório em Belo Horizonte participando de uma reunião sobre segurança, se deslocou para Mariana ao saber do acidente. Lá o procurador o encontrou com os olhos arregalados, repetindo a mesma frase: "Isso nunca aconteceu antes, isso nunca aconteceu antes". Diante das evidências de que a Samarco e os órgãos ambientais não tinham ideia de como enfrentar o problema, Ferreira Pinto concluiu que os rejeitos só seriam contidos se topassem com algum bloqueio no caminho.

Muito mais rápido do que se pudesse prever, aconteceu o que todos mais temiam: a onda, que na madrugada entrara no rio do Carmo vinda do Gualaxo do Norte, encontrou o rio Piranga, em Santa Cruz do Escalvado, a cem quilômetros de Mariana, e na manhã de sexta-feira alcançou o rio Doce. Ali, a lama se espalhou e transbordou. O Doce, com 650 quilômetros de extensão até o mar, entrava no centro da tragédia.

Ao atingir o rio, a lama misturada à água ultrapassara 800 mil NTUs. Sigla em inglês para Unidades Nefelométricas de Turbidez, NTU é a unidade de medida do nível de turbidez. Antes de sua chegada, a turbidez naquela parte do rio era de 2,50 NTUs, ou seja, água quase transparente. Pelos manuais geológicos, o nível máximo tolerável é de 1500 NTUs, o limite de sujeira que as estações de tratamento de água conseguem limpar para distribuí-la em segurança para a população. Os técnicos da Agência Nacional de Águas, ANA, e da Companhia de Pesquisa de Recursos Minerais, CPRM, que seguiam a rota dos rejeitos e fizeram a medição dos resíduos, se apavoraram com o resultado: a lama soterrara o rio.

Por volta das sete da manhã, dezesseis horas depois do rompimento de Fundão, a onda encontrou o primeiro obstáculo nos 102 quilômetros que percorrera até ali: o paredão de concreto da barragem da usina hidrelétrica de Candonga. Os técnicos chegaram a acreditar que naquele ponto ela seria contida, mas o volume era tamanho que logo a usina precisou abrir as comportas para escoar parte do resíduo acumulado. Se não o fizesse, havia o risco de a barragem não suportar o peso e também se romper, aumentando a tragédia.

Quando as comportas se abriram, a onda desceu com força de catarata. Um mingau espesso da cor de mertiolate, impregnado de rejeito de minério, avançou pelo rio Doce, eliminando a vida existente: peixes, algas, micro-organismos, capivaras que passeavam nas margens, além de toda a vegetação ao redor, que desapareceu como se cortada por uma lâmina. Ao contaminar o rio, a lama, em uma reação em cadeia, afetou toda a bacia do Doce, uma região de 86 mil quilômetros quadrados, território equivalente ao da Áustria. No total,

228 municípios foram impactados pelo desastre. Naqueles primeiros dias, seis deles seriam dramaticamente atingidos.

A trezentos quilômetros dali, em Governador Valadares, o empresário Sandro Heringer acordou com a notícia de que a lama invadira o rio Doce. Conhecedor da região, deduziu que em breve a onda chegaria a sua cidade. Com 300 mil habitantes, Valadares é o maior município banhado pelo rio. A relação dos moradores com suas águas é tão estreita que Valadares é a única cidade brasileira a ter um finalista na prova pan-americana de canoagem — o que não impede que o rio seja maltratado pelo esgoto sem tratamento, o lixo em suas margens e a pesca predatória. Heringer integrava um grupo de 150 remadores que costumava singrar por suas águas, em seus caiaques. Na ilha dos Araújos, um dos poucos pontos aprazíveis da calorenta Valadares, o rio descia formando pequenas corredeiras, lugar ideal para a prática de canoagem. O empresário passou o dia apreensivo.

Os moradores aguardavam a lama, sem nada poder fazer para impedir o desastre. No domingo, dia 8, três dias após o rompimento, conscientes de que a destruição do rio era inexorável, a turma do remo se juntou para uma melancólica despedida. Em silêncio, em seus caiaques, mais de cem remadores, Heringer entre eles, entraram no rio, remaram por um longo tempo e atiraram-se em suas águas. Sabiam que seria a última vez, pelos próximos dez anos, no mínimo, que poderiam repetir aquele ritual.

Na vizinha ilha de São Tarcísio, os pescadores também estavam aflitos. Se a lama viesse não haveria mais pesca. A atividade já vinha encolhendo havia tempo, devido a vários problemas que afetavam o rio Doce. Um detalhado levantamento feito pelo Ibio, ONG contratada pelo Comitê de Bacia — entidade que reúne os municípios da região para discutir saídas para a crise hídrica —, revelava que a poluição era o maior dos males enfrentados pelo rio. Das 228 cidades da bacia, totalizando 3,5 milhões de habitantes, apenas vinte tratavam o esgoto. Além disso, a crise era agravada pelo assoreamento das margens e o crescimento desordenado das cidades, bem como o aumento da atividade agrícola, do plantio de pasto em detrimento da mata ciliar, do lixo descartado e do avanço da indústria. Muitos municípios já vinham abastecendo suas estações de água com caminhões-pipa.

O Ibio também alertara que as invasões haviam comprometido áreas de preservação ambiental. Com isso, as nascentes que alimentavam o rio ou estavam secando ou, simplesmente, haviam desaparecido. Em muitas partes ao longo da calha, a água chegara a níveis tão baixos que uma lancha para dois corria o risco de encalhar. Regiões mais ao norte de Minas já estavam se desertificando. Se antes da lama o rio Doce estava enfermo, depois da catástrofe a situação atingiu níveis alarmantes.

Na prefeitura de Governador Valadares, a maior preocupação era com o abastecimento. Como 100% da água da cidade é coletada no rio Doce, haveria corte do fornecimento quando a lama chegasse por lá. E não existia um plano para enfrentar o problema. Os técnicos do Serviço de Abastecimento de Água e Esgoto, SAAE, calculavam de quanto tempo ainda dispunham para manter o sistema de captação em funcionamento. A aproximação da lama era monitorada minuto a minuto.

Há 31 anos servindo no SAAE, o químico Reinaldo Pacini, um homem de expressão triste e aflita, estava no auge do estresse. Como o diretor-geral da autarquia, Omir Quintino Soares, e seu adjunto, Vilmar Dias Júnior, ocupavam os cargos não por conhecimento técnico, mas por acertos políticos com a prefeitura do PT, o químico sabia que lidaria sozinho com a crise. Os técnicos da ANA o pressionavam para desligar as máquinas logo, Pacini bateu o pé: só interromperia a captação quando a lama estivesse a poucos quilômetros da estação. Precisava estar com os reservatórios cheios no momento de cortar o abastecimento. "Conheço o sistema e sei a hora de desligar."

Às quatro da manhã de segunda-feira, dia 9, quase noventa horas após o transbordamento de Fundão, a 1,8 quilômetro por hora a lama avançou até a Usina Hidrelétrica Baguari — pouco acima de Valadares e a 289 quilômetros de Bento Rodrigues. O nível de turbidez da água era de mais de 400 mil NTUs. Com a paralisação da usina de Candonga, o Operador Nacional do Sistema Elétrico entrou em alerta. Temia-se que o fornecimento de luz para a região Sudeste ficasse comprometido caso mais uma usina parasse. O empresário José Francisco Silva de Abreu, presidente da Associação dos Pescadores e Amigos do Rio Doce, rumou para Baguari junto com técnicos da Companhia de Pesquisa de Recursos Minerais. Desesperou-se com o que viu: milhares de peixes agonizavam. Ao voltar para Valadares, seu choque foi maior: os ribeirinhos encurralavam os peixes que escapavam pelos córregos tentando se livrar da lama. A quantidade era tamanha que eles os pescavam com baldes.

* * *

Às cinco da tarde do dia 9, quatro dias após o acidente de Fundão, a lama entrou em Valadares, a uma velocidade de 0,4 quilômetro por hora. Pela manhã, o técnico Pacini fechara a captação da água para evitar a contaminação do sistema. Quando a lama se aproximou da cidade, milhares de pessoas já se aglomeravam em pontos estratégicos, inclusive no alto das pontes, para assistir ao espetáculo macabro. Heringer viu tudo da ilha dos Araújos, onde mora. A onda desceu pelo rio caudaloso, tingindo-o imediatamente de vermelho, e logo os peixes começaram a subir até a lâmina d'água em busca de oxigênio. Em pouco tempo estavam todos mortos, boiando, envoltos em terra. A turbidez do rio, que antes da chegada do rejeito era de 2,62 NTUS, ultrapassou 120 mil. Toda a vida do rio Doce em Valadares foi dizimada por sufocamento. Não demorou muito e o odor de peixe podre infestava tudo.

Na manhã de terça-feira, dia 10, cinco dias após o desastre, a água em Valadares começou a escassear. No dia 11, com os reservatórios vazios, a cidade entrou em colapso. Os caminhões-pipa contratados pela prefeitura não davam conta de atender a todas as comunidades. A prefeitura exigiu da Samarco a doação de água mineral, o que só foi feito após ordem judicial, já que a empresa afirmava não ter logística para fazer a distribuição. Governador Valadares se transformou numa praça de guerra, com saques a lojas e supermercados, tiroteios e ataques aos caminhões-pipa. O Exército precisou ser acionado. Moradores armados obrigavam os motoristas a desviar os caminhões-pipa para bairros não assistidos. Pessoas com dificuldades de locomoção ficaram presas em casa, com as torneiras secas.

Para acompanhar a crise, o comando do Comitê de Bacia do Rio Doce rumou para a cidade. O comitê é presidido por Leonardo Deptulski, do PT, prefeito de Colatina, uma das maiores cidades do Espírito Santo, a 225 quilômetros de Valadares seguindo o rio, responsável pela captação de água no município. Além do prefeito, seguiram para Valadares especialistas da comunidade científica capixaba, entre os quais Abrahão Elesbon e mais dois pesquisadores do Instituto Federal do Espírito Santo, IFES, em Colatina.

O grupo chegou à cidade mineira na manhã de quinta-feira, dia 12, seis dias após o rompimento de Fundão. Ao longo da viagem de carro, na contramão da onda, testemunharam a aflição dos peixes em busca de oxigênio, nas margens cobertas de lama rubra. Era época da desova, quando a pesca fica proibida, e por isso os peixes eram tão numerosos.

Na prefeitura de Valadares, Elesbon e seu grupo encontraram uma situação insólita. A prefeita Elisa Costa, do PT, implorava aos prantos por água. "Eu não quero dinheiro, quero água para a população", ela repetia. A água mineral aportou em vagões de trem da Vale, cuja ferrovia corta a região — vai de Belo Horizonte até Vitória. Os moradores avançaram sobre os fardos de garrafas, alguns chegaram a estocar muito mais do que precisavam. Somente na semana seguinte, mais de quinze dias após o acidente, a situação começaria a se normalizar.

Resplendor é uma cidadezinha a duas horas de Governador Valadares, em direção à foz do rio Doce. A alguns poucos quilômetros do município, seguindo-se por uma estrada cercada de montanhas, entra-se por um caminho de terra onde uma placa quase apagada avisa tratar-se de uma reserva indígena. É a aldeia dos índios da tribo krenak. Viviam ali desde sempre. Com o garimpo na região do rio Doce, suas terras foram invadidas e a população, exterminada. Nos anos 1960, os sobreviventes foram levados à força para reservas indígenas em outros estados. Fazendeiros ocuparam o lugar e o transformaram em pasto, destruindo a vegetação nativa e matando as nascentes. Com a política de demarcação de terras, os krenaks voltaram. Vieram a pé, e lá se restabeleceram.

Dejanira Krenak tem mais de setenta anos e viveu toda aquela violência. Como era uma das poucas pessoas da tribo a conhecer a língua krenak, passou a ensiná-la aos mais jovens. No dia em que a barragem se rompeu, ela estava na prainha da aldeia, banhada pelo Doce. Para o povo krenak o rio é uma entidade sagrada, mas nem por isso deixa de ser próximo e acolhedor. "É o nosso pai, é a nossa mãe", ensina Dejanira às crianças da aldeia. "Ele nos alimenta, nos dá água, nos dá a vida." Apesar desse reconhecimento, eles mantêm uma relação ambígua com o Doce, poluindo-o com a lavagem de roupa e louças, e também assoreando seu leito com a irrigação de pequenas plantações.

Na tarde do dia 12, oito dias após o desastre, ao serem avisados por parentes de fora que o rio estava prestes a se tornar estéril, os krenaks se reuniram na praia da reserva para uma cerimônia fúnebre. Aguardaram pela chegada da onda com chocalhos nas mãos, cantando um réquiem para o *watu* — rio, na língua krenak. A toada triste diz coisas como "rio bom, rio sagrado, rio cheio de peixes". Quando viram a lama vermelha, abraçaram-se e choraram. O *watu* estava morto.

Depois do que presenciaram em Valadares, o prefeito Leonardo Deptulski e os pesquisadores do IFES voltaram assustados para Colatina. Sabiam que precisavam montar uma operação de emergência para evitar o que acontecera no município mineiro. Colatina tem 120 mil habitantes e é um importante polo têxtil e de serviços do estado. Deptulski instalou um gabinete de crise na sede do Departamento de Água e Esgoto. Técnicos da Samarco, dos governos estadual e federal foram convocados, assim como as Forças Armadas.

O professor Elbone, do IFES, depois da cena de mortandade de peixes a que assistira, achava que era preciso fazer alguma coisa para impedir que a matança se repetisse no Espírito Santo. Entrou em contato com o fotógrafo Edson Negrelli, um ativo ambientalista de Colatina. Decidiram montar uma operação de salvamento da fauna hídrica antes da chegada da lama, à qual deram o nome de "Arca de Noé". Pediram apoio ao Instituto Brasileiro do Meio Ambiente e dos Recursos Naturais Renováveis (Ibama), que aprovou a ideia, mas determinou que apenas as espécies nativas seriam salvas e levadas para tanques no campus do instituto. As não nativas seriam deixadas no rio — não podiam ser transportadas para lagoas próximas, pois modificariam a fauna local ao se misturarem aos demais peixes. Negrelli não concordou com o pré-requisito: para ele, todas as espécies deveriam ser salvas.

A operação foi cuidadosamente preparada. A Samarco enviou tanques de transporte com controle de oxigênio, o IFES preparou os tanques e Negrelli, que preside a associação de pesca esportiva de Colatina, convocou pescadores profissionais para ajudar no resgate. Para decepção do fotógrafo, os pescadores toparam participar, desde que fossem pagos. Após os acertos financeiros, a Arca de Noé teve início. A operação contou com o entusiasmo da população, que em pouco tempo se agrupou na beira do cais. Quem não entrava no rio assessorava a turma do resgate, providenciando café, água e comida. Durante uma semana, os voluntários trabalharam no salvamento. Centenas de espécies autóctones foram deslocadas para os tanques do IFES. E milhares de peixes não nativos foram retirados e lançados às lagoas, ao arrepio das ordens do Ibama.

Na manhã do dia 19, quinta-feira, catorze dias após o rompimento de Fundão, a lama chegou a Colatina. Quando a onda estava a cinquenta quilômetros da cidade, fechou-se a captação de água. Nas ruas já havia 180 caminhões-pipa, além daqueles de distribuição de água mineral. Cada morador podia pegar o que julgasse necessário, medida que tranquilizou a população. A onda entrou, fazendo do largo rio um vasto campo barrento. Sentado no cais, Negrelli chorou.

A crise em Colatina estava sob controle. No entanto, havia pela frente um problema e tanto: a onda se aproximava rapidamente da foz do rio, na vila de Regência, a 132 quilômetros dali. Isso significava que em breve desembocaria no oceano Atlântico. Instalou-se o pânico. Como os vários órgãos públicos trabalhavam sem uma coordenação central, ninguém sabia o que fazer. Dias antes, pesquisadores da Universidade Federal do Espírito Santo haviam sugerido que a usina hidrelétrica de Aimorés, na divisa de Minas com o Espírito Santo, fechasse as comportas para reter os resíduos e impedir sua entrada no estado. Quando a decisão foi tomada e o alerta dado, era tarde: a lama já escapara.

No dia 19, como que surpreendida pela notícia de que a lama alcançaria o litoral capixaba, a Justiça Federal do Espírito Santo deu 24 horas para que a Samarco tomasse uma atitude para impedir o avanço da onda, sob pena de ser multada em 10 milhões de reais ao dia. Para cumprir a ordem, a Samarco espalhou ao longo do rio, até a foz, boias utilizadas em acidentes com vazamento de petróleo.

Em Regência, o líder comunitário Carlos Sangália e o pessoal do Projeto Tamar retiravam os ninhos de tartarugas para transferi-los a outras áreas. As boias distribuídas pela Samarco se revelaram inúteis: os resíduos deslizavam por elas, prosseguindo em sua rota de destruição.

No dia 20, sexta-feira, a lama, após passar por Colatina, atingiu a vizinha Linhares, numa região por um lado cercada de lagoas azuis e altas montanhas, e por outro pelo rio Doce, cujas águas escarlate e apodrecidas destoavam da paisagem deslumbrante. Um pouco antes das quinze horas do dia 21, a lama chegou à foz do rio. Em instantes a vida no mangue foi sufocada. Exatamente às três horas da tarde, dezesseis dias após o rompimento da barragem, a lama desembocou no mar, arrasando a biodiversidade numa área de quarenta quilômetros.

O delegado Rodrigo Bustamante, da Polícia Civil de Minas Gerais, lotado em Ouro Preto, rumou para Bento Rodrigues acompanhado do perito Otávio Guerra Terceiro assim que soube da notícia do rompimento, às três e meia da tarde de 5 de novembro. Como era grande a probabilidade de o desastre ter feito vítimas fatais, eles iniciaram a investigação a partir do levantamento das causas do acidente, para poder chegar aos responsáveis. Em meados de abril eu me encontrei com Bustamante em Ouro Preto, em seu gabinete na delegacia. Ele foi direto: "O que aconteceu ali foi uma tragédia anunciada", disse. "E aquela pequena comunidade embaixo dela nunca soube do risco que corria."

O delegado tirou da gaveta uma cópia do inquérito da Polícia Civil e apontou para o depoimento da gerente de Geotecnia e Hidrogeologia da Samarco, Daviely Rodrigues Silva, responsável pelo monitoramento da barragem. "Veja isso", ele falou, e pôs-se a ler em voz alta. A gerente revelou que Fundão, projetada em 2006 pela empresa Pimenta de Ávila e construída pela empresa Camter, sempre apresentou problemas de drenagem. O primeiro deles foi em 2009, quando surgiu um vazamento; em 2010, um segundo; e outro, mais sério, em 2012. Todos foram reparados.

Em 2012, a Samarco cancelou o contrato com a Pimenta de Ávila e decidiu, por conta própria, fazer uma obra na estrutura da barragem. Mudou seu eixo, encurvando-o, para que ela pudesse comportar maior volume de rejeitos, mas não comunicou a obra aos órgãos ambientais do estado, à época governado por Antonio Anastasia, do PSDB. Desde então, os problemas se intensificaram. Em 2013 houve um vazamento na metade esquerda da barragem, onde a obra fora feita. Em 2014, a água brotou na metade direita.

O maior risco para uma barragem de rejeitos é o surgimento de água em suas entranhas. Quando isso acontece, o rejeito compactado vira lama e se desmancha. Acidentes como o de Fundão já ocorreram ao redor do mundo — nunca, porém, uma barragem inteira havia se desmantelado. Segundo a Polícia Civil, isso prova que toda a estrutura estava inundada.

Para prevenir esse tipo de acidente, é obrigatória a instalação de piezômetros no interior das barragens. São medidores de água que avisam se as estruturas estão ou não em risco de liquefação. Em 2014, como os problemas de água em Fundão não cessavam, a Samarco pediu um parecer à Pimenta de Ávila.

Em depoimento à Polícia Civil, o presidente da consultoria, Joaquim Pimenta de Ávila, contou que o projeto original não previa o recuo feito em 2012, e explicou que aquela foi uma obra arriscada e tecnicamente não recomendável. Revelou ainda que fez seis inspeções na barragem em 2014, destacando uma em especial, a de 4 de setembro, quando identificou rachaduras de grande extensão, próximas ao dique onde fora construído o recuo. Na ocasião, Ávila sugeriu à Samarco que fizesse obras de reforço e aumentasse o número de piezômetros naquela área. Além disso, recomendou que diariamente se verificasse o nível de água.

Por determinação dos órgãos ambientais, as mineradoras devem apresentar anualmente um laudo comprovando a segurança de suas barragens. Cabe às companhias contratar consultorias que atestem a estabilidade. No caso da Samarco, a contratada era a VOGBR, também responsável pelo projeto de construção do recuo. Em junho de 2015, Samuel Paes Loures, técnico da VOGBR, emitiu um parecer atestando a segurança de Fundão. Ou seja, o fiscal era o próprio construtor — um conflito de interesses clássico.

Quando Bustamante perguntou a Loures se ele analisara a área onde havia sido feito o recuo, ele respondeu que não: não viu necessidade. O técnico também alegou desconhecer as recomendações da Pimenta de Ávila para aumentar o número de piezômetros naquela parte da estrutura. E ainda sustentou que tampouco fora informado da necessidade de leitura diária do nível da água naquela área. O delegado me disse não entender como a VOGBR pôde atestar a estabilidade de Fundão, dadas as inúmeras falhas na estrutura da barragem.

Os depoimentos que vieram a seguir complicaram ainda mais a Samarco. A última medição de água fora feita no dia 26 de outubro, dez dias antes do desmoronamento — a Pimenta de Ávila recomendara a leitura diária. E mais: as leituras foram manuais porque a maioria dos piezômetros automatizados, de medição mais precisa, estava com defeito. Além disso, mesmo sabendo dos problemas de drenagem, a empresa, segundo o delegado Bustamante, aumentou o volume de rejeitos lançados ali, contrariando as normas técnicas.

Por essas normas, o alteamento de barragens — jargão do setor para designar a quantidade de rejeito acumulado por ano — deve ser de, no máximo, dez metros. Em Fundão, era de mais de quinze metros. Mesmo consciente dos problemas na estrutura, a mineradora pediu à Secretaria de Meio Ambiente de Minas Gerais — já durante o governo Fernando Pimentel, do PT — autorização para elevar a barragem de 898 metros para 920, ampliando assim sua capacidade de armazenamento. Autorização concedida.

Tanto a construção da barragem, autorizada em 2008 no governo de Aécio Neves, do PSDB, como sua elevação, com o aval do governo Pimentel, em 2015, se justificavam, segundo a Samarco, em razão do crescimento da produção. Quando começou a operar, em 1977, a empresa produzia 5 milhões de toneladas de minério. Em 2014, eram 30 milhões. A aceleração visava aproveitar a disparada no preço do minério, que chegou a 240 dólares a tonelada, no caso do minério da Samarco, de melhor qualidade.

Mas foi o depoimento do presidente da empresa, Ricardo Vescovi de Aragão, que explicitou o total descuido da direção. Vescovi de Aragão botou a culpa em seus subordinados, esquivando-se de suas atribuições. Como diretor presidente, disse, não possuía "responsabilidade direta em relação às barragens de Fundão, Santarém e Germano"; não tinha conhecimento da obra de recuo, aprovada, em 2012, pelo gerente-geral de Projetos; não poderia informar a causa da ruptura porque isso era da alçada do diretor de Operações.

Segundo Vescovi de Aragão, ele não tinha nada a ver com aquilo tudo. Mas ainda assim garantiu que no dia do acidente "passou suporte e confiança aos funcionários que estavam atuando com a Defesa Civil e os bombeiros". Mentiu à polícia ao dizer que o plano de ações emergenciais fora posto em prática, já que tal plano não existia. Ao ser indagado, Vescovi continuou batendo em sua tecla preferida: disse não possuir "qualquer responsabilidade no que competia ao plano de ações".

Roger Lima de Moura, chefe da Delegacia de Meio Ambiente e Patrimônio Histórico da Polícia Federal de Minas Gerais, assistiu à notícia do rompimento da barragem pela TV, em seu gabinete, em Belo Horizonte. Impressionou-se com as imagens, mas não tinha certeza se poderia atuar, já que naquele momento o acidente se limitava a rios estaduais. Na sexta-feira, dia 6 de novembro, quando a lama atingiu o Doce, um rio federal (corta dois estados), ele enviou sua equipe para investigar o crime. Em dezembro, os agentes federais grampearam conversas telefônicas de alguns funcionários da Samarco e da empresa VOGBR. Pelo que ouviram, concluíram que os executivos de ambas as empresas sabiam dos problemas da barragem, mas assumiram o risco de mantê-la funcionando.

O engenheiro da VOGBR, Samuel Paes Loures, por exemplo, em conversa com o sócio da empresa, Othávio Afonso Marchi, fez um comentário raivoso sobre Joaquim de Ávila, o dono da consultoria Pimenta de Ávila: "Ele foi o único que jogou merda no ventilador e levantou a bola para a polícia. O curso da investigação mudou por causa dele. A gente tem que sair fora dessa". E, mais adiante, admitiu a culpa. "O Pimenta tem razão, mas ele está contribuindo com a investigação e fodendo a gente."

No momento do desastre, a presidente Dilma Rousseff e o ministro da Integração Nacional, Gilberto Occhi, participavam da inauguração do Canal do Sertão, que levou as águas do rio São Francisco para alguns municípios de Alagoas. Souberam da tragédia no avião, na volta para Brasília. A presidente imediatamente entrou em contato com a ministra do Meio Ambiente, Izabella Teixeira, e com outros integrantes do governo, mas àquela altura ninguém tinha a dimensão da tragédia. O primeiro aviso à comitiva presidencial fora dado ao ministro Occhi, por sua assessoria, em Brasília, que ligou para saber se no dia seguinte ele iria ao local do desastre. Precisavam dar uma resposta ao *Jornal Nacional*, que lhes fizera a consulta. O ministro disse que sim.

Na tarde de sexta-feira, 24 horas após o rompimento da barragem, quando o desastre repercutia em todo o mundo, a assessoria da presidente ainda tentava convencê-la a ir a Mariana prestar solidariedade. Dilma disse não. Achou que chegar lá no meio da tragédia poderia parecer oportunismo. Decidiu ficar no Planalto cobrando providências. Irritada com a demora da ministra Izabella Teixeira em lhe apresentar dados sobre o acidente, a presidente teve uma discussão com ela, por telefone, em decibéis que podiam ser ouvidos por quem passava do lado de fora de seu gabinete. "Eu quero dados confiáveis", a presidente gritava, enquanto cobrava soluções. Do outro lado da linha, a ministra se defendia no mesmo tom de voz.

O presidente da Vale, Murilo Ferreira, sobrevoou o vale do rio Doce, que deu nome à mineradora, no sábado, dia 7, 48 horas após o acidente. Apesar dos apelos de sua assessoria para que desse alguma satisfação à sociedade, Ferreira se manteve em silêncio. Achava que era hora "de trabalhar para ajudar as vítimas, e não de falar". Na verdade, desde o rompimento da barragem da Samarco, a Vale, que em 2000 comprara 50% da empresa — os outros 50% pertencem à anglo-australiana BHP Billiton —, tentou se descolar do desastre, escorando-se no acordo de acionistas que obrigava os controladores a não ter contato com a controlada. Como as três companhias produzem minério de ferro, justificavam que uma eventual aproximação com a Samarco significaria formação de cartel.

Na Austrália, a pressão de grupos ambientalistas forçou o presidente da BHP Billiton, Andrew Mackenzie, a se manifestar. Uma de suas maiores preocupações era evitar que o acidente arruinasse a imagem da companhia.

No domingo, dia 8, 72 horas após o rompimento de Fundão, com parte do estado em situação de emergência, o governador de Minas Gerais, Fernando Pimentel, convocou uma entrevista. Escolheu a sede da Samarco para falar com os jornalistas. Movimentos sociais o acusaram de estar sendo conivente com a empresa. Durante a comunicação, disse que o governo do estado e a companhia estavam fazendo "todo o possível para mitigar os danos causados pelo desastre". E não pegou pesado com a Samarco. "Não podemos apontar culpados sem uma perícia técnica mais apurada", disse. O setor de mineração é um dos maiores pagadores de impostos de Minas.

Na tarde de quarta-feira, dia 11, seis dias após o desastre, os presidentes das três mineradoras convocaram uma entrevista na sede da Samarco. Ricardo Vescovi de Aragão, com o pânico estampado no rosto, sentou-se entre Ferreira e Mackenzie — que voara de Sidney a Belo Horizonte para participar da coletiva —, e os tocou nos ombros, como que sinalizando estarem juntos no problema. Ferreira e Mackenzie reagiram com espanto, não escondendo o desconforto. Vescovi de Aragão iniciou sua apresentação não com um pedido de desculpas, como seria de se esperar, mas com um agradecimento pela enorme solidariedade que a empresa estava recebendo da sociedade em razão do drama que enfrenta por causa do desastre. Encerrou prometendo fazer o possível para resolver rapidamente os problemas humanos e ambientais resultantes do acidente. Ferreira e Mackenzie se solidarizaram com as famílias dos mortos e desaparecidos, mas tampouco se desculparam.

Dilma só visitou a região afetada pelo maior desastre ambiental da história brasileira uma semana depois. Nos Estados Unidos, o presidente George W. Bush esperara dois dias para sobrevoar New Orleans — em agosto de 2005, o furacão Katrina devastou 80% da cidade —, atraso que derrubou seu índice de popularidade. A demora veio a ser considerada uma das mais graves omissões de responsabilidade da história da presidência norte-americana. No dia 12, a assessoria de Dilma finalmente a convenceu a ir a Governador Valadares — àquela altura já em estado de calamidade. O Ibama, ligado à pasta do Meio Ambiente, resolvera aplicar multas no valor de 250 milhões de reais à Samarco pela destruição ambiental. Caberia a Dilma Rousseff anunciar a medida. No aeroporto de Valadares, ela fez uma reunião de emergência com os prefeitos das cidades atingidas e em seguida discursou. Foi um constrangimento. Primeiro, atrapalhou-se com o nome da empresa, que chamou de "São Marcos". Depois, como que desconhecendo a gravidade da situação, afirmou que o rio Doce seria recuperado e ficaria "muito melhor do que era". Por fim, anunciou a multa, da qual a empresa recorreria (e nunca pagaria). E se retirou.

Desde o dia do desastre, deu-se um jogo de empurra-empurra entre os diversos órgãos federais e estaduais, um querendo atribuir ao outro a responsabilidade pela fiscalização da barragem. O Ibama afirmava que cabia à Secretaria Estadual de Meio Ambiente de Minas Gerais. Esta, por sua vez, argumentava que seu papel se restringia ao licenciamento, empurrando a função de fiscal para o DNPM, o Departamento Nacional de Produção Mineral, vinculado ao Ministério de Minas e Energia. Acuado pelas pressões, o diretor-geral do órgão, Celso Luiz Garcia, demitiu-se.

A lei brasileira estabelece que "a construção, ampliação e funcionamento de atividades utilizadoras de recursos ambientais, que possam causar degradação ambiental, dependerão do licenciamento do órgão estadual e do Ibama". No entanto, o Conselho Nacional do Meio Ambiente determinou que o licenciamento de barragens seria da competência do poder estadual. Em 2010, uma nova lei definiu que, além dos órgãos estaduais, caberia também ao DNPM fazer a fiscalização. O problema é que, embora tenha sido obrigado a assumir as atribuições, o DNPM não recebeu recursos. Minas tem hoje quinhentas barragens de rejeitos, 10% delas, segundo autoridades, em situação de risco. O DNPM possui quatro técnicos para fazer as vistorias.

No final de novembro, inconformada com a demora das três mineradoras em propor um plano de reparação aos danos provocados pelo desastre, Dilma Rousseff convocou uma conferência por telefone com os presidentes da Vale e da BHP. Falou duro e os ameaçou com uma ação judicial. Até então, as duas mineradoras tentavam manter distância do problema, alegando não interferir na gestão da controlada. Dilma se encontrou pessoalmente com Ricardo Vescovi de Aragão. Durante a reunião, quase não o deixou falar, interrompendo-o a todo instante. Quando a presidente saiu da sala, ele comentou: "Ela tem tantas certezas sobre mineração que poderia presidir a empresa". Vescovi de Aragão só seria afastado da presidência da Samarco em janeiro.

A primeira vitória sobre as empresas se deu quando a Justiça creditou o desastre não só à Samarco, mas também à Vale e à BHP. A Vale, inclusive, como poluidora direta, pois também depositava rejeitos em Fundão, embora não tivesse comunicado o fato aos órgãos ambientais. A partir daí, as três mineradoras teriam de se haver com o estrago. No começo de dezembro, os dirigentes das companhias procuraram a presidente Dilma Rousseff em busca de entendimento.

O Ibama, então presidido pela engenheira Marilene Ramos, ficou responsável pelo comando das negociações. Depois de discussões com prefeitos e governadores das áreas atingidas, com entidades ambientais e as empresas, estipulou-se o valor de 20 bilhões de reais, entre indenizações e reparações, a ser pago pelas três mineradoras em vinte anos. Desse total, 2 bilhões seriam destinados às pessoas que perderam bens pessoais e tiveram seus negócios inviabilizados — empresas, hotéis, pousadas, fazendas —, e aos municípios que tiveram suas estruturas públicas destruídas. Já os 18 bilhões restantes seriam empregados em medidas reparatórias e de compensação pelo dano causado.

As reuniões na sede do Ibama, em Brasília, foram tensas. As mineradoras levavam mais advogados que técnicos. Um dos grandes embates foi quanto à obrigação das empresas de construir redes de tratamento de esgoto nos municípios da bacia do Doce e retirar todos os lixões das margens. As companhias alegavam que não era responsabilidade delas. Numa reunião que começou às nove da manhã e varou a noite, Marilene Ramos insistiu que o tratamento de esgoto era fundamental para o rio restabelecer mais rapidamente seus processos biológicos destruídos pela lama. "Eles pareciam não entender o tamanho da destruição que tinham provocado", Ramos comentaria, durante uma conversa em seu gabinete, em Brasília.

Os representantes do Ministério Público federal e estadual abandonaram as negociações logo de cara. O procurador federal de Minas Gerais, Eduardo Henrique Aguiar, explicou, numa conversa que tivemos no começo de abril, as razões da saída do MP — a principal delas teria sido o fato de o vazamento continuar enquanto as discussões ocorriam.

À época das negociações em Brasília, a Samarco não havia apresentado um plano de contenção da lama remanescente na barragem, o que só ocorreria no dia 13 de janeiro. No entanto, quando entrevistei o procurador Aguiar, cinco meses após o desastre, ele me disse que a empresa ainda não havia resolvido o problema. "Estamos em abril e a barragem continua vazando. Isso é inaceitável." Apesar da reação do MP, o acordo foi homologado pela Justiça no dia 5 de maio.

No final de fevereiro, o delegado Bustamante, da Polícia Civil, apresentou o resultado de seu inquérito. Ele incriminou o presidente da Samarco, Ricardo Vescovi de Aragão, e mais cinco executivos da companhia, além do perito da VOGBR. E pediu a prisão dos sete pela morte de dezenove pessoas. No final de março, no entanto, o Superior Tribunal de Justiça suspendeu os pedidos de prisão até decidir se a competência das investigações é da Justiça estadual ou federal. Em junho, a Polícia Federal indiciou oito pessoas por danos ambientais, além da Samarco e da Vale.

Roberto Lúcio de Carvalho substituiu Vescovi de Aragão na presidência da Samarco. Em meados de maio, tivemos uma reunião no escritório da empresa, em Belo Horizonte. Falei sobre o resultado das investigações, que apontavam para a liquefação da barragem. Ele me disse que estavam aguardando o parecer das investigações encomendadas pela Samarco a consultorias internacionais. Perguntei se a Samarco não deveria ter instalado ao menos uma sirene de alerta em Bento Rodrigues para o caso de rompimento. "A sirene não era obrigatória", disse. "Além disso, nunca nos passou pela cabeça que a barragem pudesse romper inteira. Isso nunca aconteceu no mundo." E acrescentou: "Depois deste acidente, o modo como olharemos as barragens vai mudar completamente. É como o acidente de Tchernóbil. A indústria nuclear nunca mais foi a mesma depois dele". Finalmente, disse estar confiante de que a companhia poderia voltar a operar em novembro, garantindo que a mineradora estaria fazendo um intenso trabalho de recuperação das áreas devastadas.

Não é bem assim. No começo de junho, sete meses após a tragédia, o Ibama montou uma operação de emergência para acompanhar o trabalho que a

Samarco, com suporte da Vale e da anglo-australiana BHP Billiton, estaria fazendo nas áreas afetadas. Chamada de Augias — em alusão a um dos doze trabalhos de Hércules, a limpeza dos estábulos —, a operação é coordenada por André Sócrates de Almeida Teixeira, diretor do Ibama. Criticando as mineradoras pelo atraso nas obras, ele confessou que seu maior temor é em relação à hidrelétrica de Candonga — como ela reteve 10 milhões de metros cúbicos de sedimento, sua estrutura está sob pressão. E as obras ali estão paradas. A draga que a Samarco reservou para limpar a lama sequer iniciou os trabalhos. "Candonga está abaixo do nível de segurança e já apresenta rachaduras", disse Sócrates de Almeida Teixeira. "Não quero imaginar o que pode acontecer se ela se romper."

Com a chegada da estação das chuvas, em outubro, os 13 milhões de metros cúbicos de rejeitos remanescentes em Fundão também correm o risco de deslizar. Segundo Sócrates de Almeida Teixeira, os diques que a Samarco ergueu para reter os resíduos estão saturados e não suportam quinze dias de chuva forte. A mineradora e suas controladoras estariam agindo de forma negligente: não fazem as obras ou as fazem de maneira incorreta.

Com a aceitação de abertura do processo de impeachment de Dilma Rousseff, o governo interino de Michel Temer nomeou Zequinha Sarney para a pasta do Meio Ambiente. Logo que assumiu o posto, o ministro esteve em Mariana e avisou que não permitiria a retomada de operações da Samarco se a empresa não vier a fazer muito mais do que foi feito até agora. Ele inclusive pretende rever o acordo que o governo Dilma fechou com as três mineradoras.

O rompimento da barragem deixou sequelas difíceis de serem sanadas. Análises da Universidade Federal do Espírito Santo revelam que a lama alterou toda a biodiversidade hídrica e marinha. Além da fauna, ela destruiu as algas e os micro-organismos (a cadeia alimentar dos peixes), e por isso é impossível prever as consequências para a vida do rio e do mar. "Será que os peixes vão se adaptar à nova dieta? Quais os efeitos da contaminação no ser humano? E as tartarugas? Voltarão a desovar ali? Podemos ter uma fuga de toda essa vida. Os resultados ainda estão por aparecer", disse o professor Alex Cardoso Bastos, do Departamento de Oceanografia da universidade. Por causa dos altos índices de contaminação dos peixes e crustáceos, a pesca em toda a extensão do rio Doce não é recomendada e no mar de Regência está proibida.

O fotógrafo Gustavo Nolasco, nascido em Mariana, viajou para sua cidade natal assim que soube do acidente. Ao ver o desespero dos moradores de Bento Rodrigues, criou uma publicação que lhes possibilitasse externar suas dores e, dessa forma, reduzir seus traumas. Para a primeira edição do jornal, chamado *A Sirene* — instrumento só agora instalado nos povoados destruídos —, Nolasco pediu que escrevessem sobre o que eles gostariam de levar do antigo Bento Rodrigues para o novo, a ser construído pela Samarco. A lista é uma reflexão sobre o desbaratamento do fluxo da vida. Eis o que escreveram: as serenatas, a escada de pedra, o pé de esponjeira, os vizinhos, as igrejas, o banco de pedra da praça, a praça, o cemitério, o lambari frito, o "ranca" na quadra, a brincadeira na rua, as cachoeiras, a vida livre...

EPÍLOGO

Numa tarde de abril, encontrei Paula Alves, que hoje vive em Mariana, numa casa alugada pela Samarco. Como a maioria dos moradores de Bento Rodrigues, ela não conseguia se adaptar à cidade. Muitos enfrentam problemas de depressão e já foram registrados três casos de suicídio.

Alves não estava deprimida. Triste, sim. Trabalhava como tratadora de animais no galpão que a Samarco montou para abrigar aqueles que sobreviveram ao desastre. Continuava indo para o serviço montada em sua moto, que ela chama de Berenice. Em maio, um mês depois de nosso encontro, a empresa promoveu uma feira em que oitenta animais foram adotados. O galpão esvaziou e Alves foi demitida. Seu filho de cinco anos está em tratamento psicológico.

Eliene dos Santos, a diretora, conseguiu uma escola para receber os alunos de Bento. Ela, que viveu a vida toda no povoado, hoje mora num apartamento em Mariana, com o marido e o filho. Perguntei qual sua expectativa em relação à nova Bento Rodrigues. Ela não pareceu animada: a casa que a Samarco lhe entregará não vai ter a mesma história da anterior, que construiu com o marido. "Não terá a janela, o piso que escolhemos com tanto cuidado." E completou: "Eu gostaria que a minha vida estivesse do jeito que era até 5 de novembro. Não há indenização que pague a mudança de rumo da minha história".

Nos últimos tempos, os antigos moradores de Bento vêm sendo vítimas de preconceito. "Somos como refugiados. Alvos de pena e de ódio", disse Santos. Em razão da paralisação da Samarco, que afeta a economia local e aumenta o desemprego, muitos cidadãos de Mariana atribuem a crise aos recém-chegados. O prefeito Duarte Júnior admite a existência do preconceito, sobretudo porque os desalojados recebem da Samarco cartão de alimentação e uma bolsa em dinheiro. Já os desempregados, esses têm de se virar sozinhos. Duarte Júnior, que assumiu a prefeitura em junho de 2015, após o titular ter sido cassado por corrupção, disse que sem a arrecadação da Samarco as contas do município não fecham.

Numa manhã de abril, no Centro de Convenções de Mariana, o agricultor Reinaldo Caetano, junto com duas centenas de moradores, esperava pelo cheque que a prefeitura distribuía às vítimas da catástrofe. O dinheiro provinha de doações de várias partes do Brasil. Caetano brincava com seu filho Iago num canto do salão, aguardando a vez. Contou que havia se separado da mulher, Jessica, depois que se mudaram para a cidade. "Ela voltou a se drogar. Vi quando ela chegou em casa toda mijada", falou com naturalidade. Ele mesmo não anda bem, admitiu. Não consegue dormir à noite. Sente uma "aflição sem fim". Passa a madrugada no ponto de táxi, conversando com os taxistas.

Por questões de segurança, o acesso a Bento Rodrigues agora é restrito. Saqueadores entravam no povoado para roubar o que ainda podia ser aproveitado. Telhas, esquadrias. Em Paracatu de Baixo, as casas continuam soterradas. E seus restos também foram roubados.

A estudante Sandra Carvalho contou que sua família foi informada da morte do pai no dia 24 de novembro. Encontraram o corpo de Daniel Altamiro de Carvalho destroçado no meio da barragem. Carvalho, que por 25 anos trabalhara na Vale e fora demitido por causa da crise no setor de mineração, ficara feliz por ter conseguido emprego na Integral, em agosto. Menos de três meses depois estava morto. Em janeiro, seus familiares passariam por uma experiência tétrica: foram-lhes entregues alguns pedaços remanescentes do corpo, para os quais deveriam providenciar sepultura.

Os corpos dos outros treze trabalhadores também foram retirados dos rejeitos, quase todos desmembrados. São eles, pela ordem em que surgiram: Waldemir Aparecido Leandro, Samuel Vieira Albino, Sileno Narkievicius de Lima, Marcos Roberto Xavier, Edinaldo Oliveira de Assis, Marcos Aurélio Pereira de Moura, Claudemir Elias dos Santos, Pedro Paulino Lopes, Mateus Márcio Fernandes, Vando Maurílio dos Santos, Cláudio Fiuza da Silva, Aílton Martins dos Santos e Edmirson José Pessoa.

Em Valadares, Sandro Heringer me levou até a beira do rio. Desde o acidente, o remador se envolveu num movimento para não deixar a tragédia ambiental passar incólume. Na vila de pescadores, perto do rio, mosquitos atacavam quem se aproximava das margens. Vieram com a lama. Grande parte dos moradores vive agora dos cartões de auxílio da Samarco. Ocorreu a multiplicação não de pães e peixes, mas de pescadores, que proliferaram com a notícia de que a categoria seria indenizada. Muitos dos que recebem o cartão nunca pegaram num anzol, disse Heringer. Valadares também sofre com um surto de dengue. Temendo a falta de água, os moradores exageraram no armazenamento. Hoje, caixas-d'águas, tanques, tonéis viraram focos do mosquito.

No SAAE, o químico Pacini explicou que, devido ao período de seca, a lama grossa decantara e a limpeza das máquinas deve ser feita mais amiúde. Dias depois da conversa, seus dois superiores, o diretor-geral do SAAE, Omir Quintino Soares, e o adjunto, Vilmar Dias Júnior, foram presos pela Polícia Federal durante a Operação Mar de Lama, que investiga desvios da verba federal enviada em 2013 para socorrer vítimas da enchente de Valadares. São acusados de ter embolsado o dinheiro das obras de recuperação da cidade.

Em Colatina, o fotógrafo Negrelli continua tentando chamar a atenção para a destruição ambiental. Sua mágoa com os pescadores não passou: não fala mais com eles. Tem feito campanha para que a Samarco, a Vale e a BHP sejam pressionadas a agir com mais rapidez.

Em Regência, o líder comunitário Carlos Sangália me acompanhou até a praia. O mar continua uma imensa mancha vermelha. No caminho para a vila, ele mostrou as pousadas fechadas. "Olha isso. Acabou tudo. Sequer sabemos o que vai acontecer com as tartarugas."

Em Resplendor, dois líderes comunitários da reserva da tribo krenak, Giovani e Itamar Krenak, falaram das consequências do acidente para seu povo. "Não podemos mais plantar porque não temos água para irrigar. Não podemos fazer os nossos rituais no rio e as nossas crianças não podem nadar. Já viu índio sem saber nadar?", reclamou Giovani. "A pior coisa que podia acontecer foi essa discussão do impeachment. Ninguém mais quer saber do rio Doce."

Dejanira Krenak, a anciã da aldeia, sugeriu que eu espiasse o rio. "É um silêncio só. Não tem mais vida ali. Nem mais um peixe brincando na água", disse. Um caminhão-pipa cortou a aldeia. O motorista acenou. Quando o veículo parou, as crianças correram para tomar banho de mangueira.

Era uma vez a transposição

Pressa política, erros de planejamento e pouco-caso das empreiteiras comprometem as obras do rio São Francisco

PAULA SCARPIN
Dezembro de 2012

Em outubro de 2009, uma equipe de assessores da presidência foi enviada ao canteiro de obras da transposição do rio São Francisco na cidade de Floresta, interior de Pernambuco. A comitiva de Luiz Inácio Lula da Silva chegaria dali a uma semana, e os prospectores estavam em busca de boas histórias que Lula pudesse mencionar nos palanques — o que sempre gostava de fazer. A comerciante Eliane Lisboa, então com 35 anos e o rosto envelhecido pelo sol, era uma das personagens cujo enredo servia aos propósitos do ex-presidente. Pensando numa forma de lucrar com as obras, havia abandonado o roçado onde trabalhava com o marido para vender coxinhas, pastéis e refrigerantes nos canteiros. Os salgados fizeram sucesso. E logo Eliane montou um pequeno restaurante na garagem de casa para servir café, almoço e jantar aos operários. Em pouco tempo, precisou construir um anexo e contratar funcionários. "Desde criança sonhava em ter um negócio. Só precisava de uma oportunidade", disse três anos mais tarde, deitada no sofá de casa numa tarde de setembro.

No palanque montado no canteiro em que trabalhava o Exército, Lula mencionou a história da empreendedora. Quando a comitiva presidencial se retirava, Eliane se apressou para falar com ele. "O Lula me chamou para almoçar. Me sentei à mesa com ele e o governador Eduardo Campos", contou. "Ele quis saber como eu comecei, eu disse que me inspirei nele. Ele chorou, me abraçou muito." O clima era de confraternização.

Dilma Rousseff, então ministra-chefe da Casa Civil, também participou da viagem. Como sempre fazia, Lula tratou de anunciar à população que aquela desconhecida a seu lado era "a mãe do PAC". Em Floresta, Dilma obteve 86,3% dos votos válidos na disputa presidencial de 2010. Na vizinha Betânia, atingiu 95,4%.

O Nordeste tem mais da metade de seu território coberto pelo semiárido, dispondo de apenas 3% da reserva de água doce do Brasil. A situação se complica porque cerca de 10 milhões de sertanejos vivem da agricultura e da pecuária, atividades muito vulneráveis à seca. O São Francisco concentra 63% da oferta hídrica do Nordeste e é um dos únicos rios perenes a atravessar o sertão. O desvio de parte de sua vazão foi diversas vezes aventado ao longo da história do país. A conversa remonta ao início do século XIX. De maneira intermitente, atravessou o Império e a República.

Em 2007, quando Lula resolveu tirar a transposição do papel, o projeto estava orçado em 4,8 bilhões de reais e tinha sua conclusão prevista para o fim do mandato, em 2010. Hoje, no final de 2012, depois de gastos 3,4 bilhões, pouco mais de 40% das obras estão concluídas. Um novo orçamento, divulgado em março deste ano, estimou um custo final de 8,2 bilhões de reais. O novo prazo para o fim das obras — otimista demais, na avaliação de vários críticos — é 2015.

O nome oficial — "Projeto de integração do rio São Francisco com bacias hidrográficas do Nordeste Setentrional" — procurou contornar a insatisfação dos estados por onde o rio já passa, contrários à obra. O plano, em resumo, prevê a construção de dois longos canais que devem levar uma parcela da água do São Francisco para rios não perenes. A retirada de água prevista é de 26,4 metros cúbicos por segundo, o que corresponde a mais ou menos 1% da vazão garantida pela Barragem de Sobradinho, na divisa dos estados de Pernambuco e da Bahia. Quando foi lançado, o projeto veio acompanhado da promessa de beneficiar 12 milhões de pessoas em 391 municípios, incluindo a região metropolitana de Fortaleza, onde o problema de falta de água é crônico para 2 milhões de habitantes.

Os pontos de partida dos dois canais ficam no estado de Pernambuco, a menos de cem quilômetros de distância um do outro. O eixo leste parte do lago de Itaparica e deve percorrer 220 quilômetros até desembocar no rio Paraíba, o mais importante do estado, perto da cidade de Monteiro. A captação de água do eixo norte fica próxima à Barragem de Sobradinho, em Cabrobó, e o canal, com 402 quilômetros, atravessa Pernambuco, Paraíba e Rio Grande do Norte, até atingir a bacia do Jaguaribe, no Ceará.

O governo dividiu os dois longos trechos, que somam 622 quilômetros, em dezesseis lotes, licitados individualmente. A exceção são as duas tomadas d'água, que ficaram sob a responsabilidade da Engenharia do Exército. A região de onde partem os canais é conhecida como "polígono da maconha". O uso da mão de obra do Exército naquela área tinha também a intenção de inibir a possível resistência às obras por parte de traficantes.

A tomada d'água, ou "ponto de captação", é um trecho de canal de cerca de dez quilômetros, aberto artificialmente e revestido de talude — pequenas pedras encaixadas de forma manual — para evitar o assoreamento, ou seja, o acúmulo de sedimentos pelo depósito de terra, detritos etc. Em seguida, há uma primeira barragem, que funciona como reservatório, e a primeira torre de bombeamento, responsável por impulsionar a água para o restante do canal por centenas de quilômetros.

Numa manhã de setembro, entre as cidades pernambucanas de Betânia e Custódia, o padre Sebastião Gonçalves avistou uma placa desbotada fincada entre mandacarus e galhos raquíticos retorcidos. Leu em voz alta o aviso taquigráfico: DEVAGAR TRECHO EM OBRAS CANAL TRANSPOSIÇÃO. Gonçalves puxou bruscamente o freio de mão de seu Fiat Uno e desceu para bater uma foto. "Devagar *meeeesmo*", disse, sarcástico, ao voltar para o carro. Pelos próximos quilômetros de estrada de terra, não haveria qualquer vestígio de obra. Dispensado dos compromissos eclesiásticos para que possa fiscalizar os efeitos da transposição do rio São Francisco nas comunidades de sua diocese, o padre paraibano faz esse trajeto semanalmente há dois anos. Conhece os caminhos da caatinga de cor. Não titubeia em nenhuma bifurcação, não desacelera quando a estrada perde os contornos e se indiferencia da paisagem.

Visto de cima, o canal que margeávamos pareceria um tracejado esparso, em que os traços seriam os trechos já com o concreto armado, separados um do outro por quilômetros de caatinga virgem ou, no máximo, de vala aberta.

Depois da primeira estação de bombeamento, como a água corre com mais força, o canal é nivelado com cimento coberto por uma manta impermeável de PVC, sobre a qual é aplicado o concreto. O percurso deve ter uma declividade constante: em trechos de maior depressão, é necessário fazer aterros ou construir aquedutos; em trechos de elevação, deve-se desgastar o solo, construir uma nova estação de bombeamento ou, até mesmo, um túnel.

O padre, inicialmente, tinha a missão de cobrar oportunidades de emprego para os pais de família da região, de conferir as indenizações para quem é relocado, de verificar se as detonações para abrir o canal têm abalado a estrutura já frágil das casas. Mas o trecho do canal que passará pela área de sua diocese, com sede em Floresta, está parado há mais de dois anos. A principal atividade do padre desde então tem sido fotografar a vegetação que invade as obras abandonadas e as rachaduras no concreto já armado — e publicar seus registros na internet.

Sebastião Gonçalves é o 13º filho de uma família católica não praticante de Patos, na Paraíba. Ligado à Comissão Pastoral da Terra e devoto de são Francisco de Assis, o padre, de 37 anos, não esconde sua simpatia pelo socialismo. Tem desprezo por qualquer tipo de luxo. E raramente sorri. Em uma semana de viagem, riu uma única vez, ao ouvir a canção "O pobre e o rico", de Biliu de Campina: "Todo rico tem um meio de vida/ Todo pobre, a vida pelo meio/ O rico pega o carro e sai para passear/ O pobre sai para passear e o carro pega".

Padre Sebastião, como é mais conhecido, é capaz de passar horas sem pronunciar uma única palavra. Na maior parte das vezes, simplesmente ignora o interlocutor quando é abordado. Ainda nos primeiros quilômetros de trajeto, perguntei-lhe o que pensava do programa de cisternas. Foi uma das perguntas que deixou sem resposta.

Distribuídas por órgãos governamentais para armazenar a água da chuva, as cisternas podem abastecer uma família de cinco pessoas por até oito meses, caso a água seja utilizada só para beber e cozinhar. Nos anos 1980 e 1990, o Instituto Nacional de Colonização e Reforma Agrária organizou a construção de cisternas de alvenaria no Nordeste. No governo Lula, foi dada ampla divulgação ao projeto Um Milhão de Cisternas, que recentemente alcançou metade da meta. O Ministério da Integração Nacional, no projeto Água Para Todos, começou agora a distribuir cisternas de polietileno.

Quando o sol se pôs, o padre embicou o carro num vilarejo e estacionou ao lado de uma casa de reboco. "Já tomou banho de cuia?", perguntou, sem esperar pela resposta. Na janela da casa, uma senhorinha com longos cabelos brancos presos num coque abriu um sorriso e estendeu os braços para Sebastião Gonçalves. Maria do Socorro da Silva mora sozinha com o filho e sempre hospeda o padre. "Tia Cuca", como é chamada pelos vizinhos da comunidade da Serra Negra, gosta de mimá-lo com cuscuz de milho na manteiga e biscoitos.

Na cozinha, a beata guarda a água em potes de barro para beber, cozinhar e lavar a louça. No banheiro, um balde sob a pia serve tanto para a descarga quanto para lavar as mãos. Uma bacia sobre um banquinho ocupa metade da área do boxe. A "cuia" é uma canequinha de plástico, que auxilia o enxágue do banho. Oito anos atrás, quando a prefeitura cavou um poço à distância de 7,5 quilômetros da vila, ela e o marido instalaram pias, descarga e chuveiro. Mas as gestões municipais seguintes alegaram que não havia dinheiro para as adutoras, e o marido de Tia Cuca morreu antes de ver a água chegar pelos canos.

Ainda que distante, o poço salvou o vilarejo da total dependência dos caminhões-pipa, que são a única fonte de abastecimento das cisternas em longos períodos de seca, como a atual, que já dura dois anos e é considerada a maior dos últimos trinta anos na região.

Aos domingos, as famílias sobem de moto até o poço, com as roupas da semana para lavar. "A gente leva uma carne-seca, uma macaxeirinha para passar o dia. É até um divertimento", disse a viúva. Aproveitando a campanha eleitoral, o padre Sebastião e um grupo de moradores levaram a seguinte proposta à prefeita, que tentava a reeleição: ela doaria o material necessário para a adutora e a própria vila ficaria responsável pela mão de obra. Ela aceitou.

Na manhã seguinte à nossa chegada à Serra Negra, o padre juntou-se ao mutirão que puxava o encanamento da água do poço. Decidiu que já era hora de responder à minha pergunta sobre o programa de cisternas. "Quem diz que cisterna é a solução para o sertanejo é porque tem água encanada em casa", disse.

No mutirão, um homem magro de bigode e pele avermelhada transportava longos canos de PVC azul sobre os ombros, cinco de cada vez. Para se proteger do sol inclemente, Luís Henrique da Silva vestia calça comprida e camisa de manga longa. Tinha um lenço sob o boné, para esconder o pescoço. Desempregado desde que a construtora Egesa abandonou seu lote na obra do São Francisco, Silva tem feito bicos como catador de madeira para sustentar a família. Arrependido dos "quatro meses e seis dias" em que trabalhou como servente de pedreiro na transposição, ele e outros colegas tentam anular a passagem profissional na Justiça. Ainda que breve, o registro em carteira impede que ele se aposente como trabalhador rural aos sessenta anos.

A água vertida pelo poço em Serra Negra deverá ser usada somente para beber, cozinhar e tomar banho. "Não tem suficiente para todo mundo fazer uma plantaçãozinha irrigada, criar gado. Vai dar no máximo para uma horta no quintal de casa e dar de beber a uns poucos animais", disse Silva. Ele tem esperança de que, quando o canal da transposição estiver concluído, passando ao lado da comunidade, será possível captar a água necessária para o vilarejo viver da agricultura e da pecuária.

* * *

No terceiro dia de viagem no carro do padre Sebastião Gonçalves, em meio a uma paisagem árida e monótona, avistamos um cilindro amarelo de dez metros de altura. "Canteiro da Camter", disse o padre ao bater a porta do carro. Um funcionário que cochilava à sombra do misturador de concreto acordou assustado. Disse que não existia qualquer atividade ali havia dois anos. Pediu para não ser identificado, mas afirmou ser segurança — e logo em seguida zombou da própria declaração: "Segurança... se alguém quiser levar alguma coisa, eu não vou poder fazer nada...".

O canteiro da Egesa, parceira da Camter no consórcio responsável por aquele trecho da obra, foi abandonado ainda antes. Certa manhã, os operários chegaram para trabalhar e encontraram a estrada fechada por moradores de Serra Negra, onde parte das casas deverá ser removida. As obras haviam começado antes do processo indenizatório e da construção de novas casas. Como em quase todo o trajeto, ali também é necessário detonar explosivos para abrir o canal. As plantas na região são esparsas e raquíticas, e uma fina camada de terra cobre o terreno rochoso.

Em maio de 2010, um grupo de moradores acampou por dois dias na estrada, impedindo o acesso ao canteiro. "O pessoal da Egesa passava e dizia: 'Esses homens vão ficar desempregados e a culpa vai ser de vocês'", lembrou o padre Sebastião, um dos organizadores do motim. "Mas já corria o boato de que a empresa ia abandonar o consórcio, e mesmo os moradores que conseguiram emprego na obra estavam do nosso lado." Mobilizados, eles exigiam a presença de "uma pessoa de Brasília" para negociar as indenizações.

Rubens Lopes, responsável pelo setor fundiário do Ministério da Integração, foi enviado às pressas para tratar com os revoltosos. Depois de uma reunião na igrejinha da comunidade, a equipe voltou a Brasília prometendo solucionar o caso no máximo em um mês. Em maio deste ano, a obra completou dois anos parada. No último dia 31 de agosto, o Ministério da Integração Nacional rescindiu unilateralmente o contrato com o consórcio Camter/Egesa — responsável por executar o lote 9. Os trabalhadores ainda não foram indenizados.

Cansado de rodar pelas obras abandonadas, o padre Sebastião pretende pedir autorização para ficar lotado um tempo na comunidade da Serra Negra, onde acredita que será mais útil. O padre e o amigo sindicalista Manoel Bernardo — que muitas vezes o acompanha nas viagens — pretendem trabalhar com a formação de jovens. "Existe uma ideologia de messianismo no sertanejo, de esperar alguém de fora vir resolver o problema. Esse salvador era o coronel, agora pode ser um político, um técnico, até mesmo a Igreja", disse o padre. "Eles preferem morrer de sede esperando pelo assistencialismo a usar a sua força."

No final de outubro, em sua sala no Ministério da Integração, em Brasília, a coordenadora de programas ambientais Elianeiva de Queiroz explicou que a vila da Serra Negra é uma região particularmente complexa por se tratar de um assentamento do Incra dentro de uma área reivindicada pela Funai como reserva indígena. Segundo ela, o canal da transposição foi parado naquele trecho porque o Incra ainda não apresentou a documentação de propriedade ao Ministério.

Cearense, Elianeiva tem em sua sala mais de cem imagens de são Francisco de Assis, que comprou ou ganhou desde que começou a trabalhar no projeto da transposição, em 2004. Mas nem a devoção ao mesmo santo a faz simpatizar com Sebastião Gonçalves. "Esse padre Sebastião é um mobilizador, quer aparecer", disse. "Isso tudo é muito mais complicado do que parece. A gente parou a obra porque é uma zona de conflito. Essa é uma das melhores terras para irrigação, mas precisamos de um posicionamento do Incra e da Funai."

"Essa estradinha aqui margeando o canal vai ser futuramente uma estrada de serviço, para manutenção. O canal vai ser cercado, para não entrar animal, para não entrar população", explicou o engenheiro Renato Saraiva, no final de setembro. Ele foi contratado pelo Ministério da Integração para fiscalizar o andamento das obras na região de Salgueiro, em Pernambuco. Peguei carona em sua 4×4 num dia de vistoria. Enquanto visitávamos o canteiro, ele explicava alguns detalhes do projeto. "A população não vai ter acesso à água diretamente. Vai ter unidades de acesso, mas isso aqui não vai ser um rio para quem quiser vir e pegar água."

O trabalho de Saraiva é verificar a produção de cada empreiteira para definir a parcela mensal de remuneração devida. Há, ao todo, setenta engenheiros do Ministério destacados para a obra. Controlam a quantidade e a qualidade das tarefas executadas. No final do mês, com a ajuda da equipe de topografia, contabilizam o metro cúbico de aterro, escavação ou concreto, e liberam o pagamento correspondente.

Paulista de São Bernardo do Campo, Saraiva trabalha na transposição há quase quatro anos e diz que se sente completamente adaptado à vida no interior do Nordeste. Casado com uma pernambucana, com quem tem uma filha, diz que os amigos e a família não entendem como ele conseguiu sair do "agito" da Grande São Paulo para viver no "meio do nada".

Saraiva é muito assediado por pessoas procurando emprego. Com a seca, as grandes obras do governo federal apareceram como alternativa de trabalho. "O pessoal já parou meu carro. Na porta dos canteiros das empresas chegou a ter barraca de churrasquinho, porque o pessoal passava o dia na fila para entregar o currículo."

O engenheiro diz que as empresas, em princípio, são receptivas à mão de obra local. Trazer trabalhadores de fora exige investimento em moradia e um regime de folgas mais longas para visitar familiares. Mas a contratação esbarra na falta de qualificação. O engenheiro diz ter ouvido o seguinte do encarregado de uma construtora: "Para o trabalho mais braçal, tudo bem, mas não vou entregar uma retroescavadeira que custa 500 mil reais na mão de uma pessoa que não sabe operar".

Segundo Saraiva, a distância dos grandes centros encarece o preço de tudo. Além disso, ele reconhece que os contratos estão desatualizados, foram orçados antes do boom da construção civil que houve no país. "As obras da Copa têm um preço melhor, mais visibilidade. Houve uma perda de interesse nisso aqui, a realidade é essa." Tal fato seria uma das principais razões para a quantidade de lotes abandonados. Ouvi o mesmo argumento de diversas pessoas durante a viagem, mas a maioria não quer se identificar.

Dos dezesseis lotes licitados, cinco contratos foram rescindidos. De acordo com o Ministério da Integração, a maior parte dos lotes está com cerca de 30% das obras executadas. Existem exceções, como os canais de aproximação, sob a responsabilidade do Exército, praticamente finalizados, e, no extremo oposto, o lote 4, com apenas 7% das obras concluídas. A empreiteira Encalso, responsável pelo consórcio nesse trecho, não quis se pronunciar. Alegou que o contrato já foi rescindido.

No lote 8, que Saraiva fiscaliza, sob a responsabilidade da Mendes Júnior e da GDK, pouco mais de 20% das obras estão concluídas. Mas os canteiros, agora, funcionam a pleno vapor, 24 horas por dia, em três turnos. Segundo a Integração Nacional, essa é uma opção do consórcio. As obras nesse lote começaram em março de 2011 e estariam "dentro do cronograma", segundo o Ministério.

Saraiva argumentou que o andamento ou não de cada lote tem menos a ver com a empreiteira do que com o trecho licitado. Ele cita como exemplo o consórcio formado pelas construtoras Carioca, Serveng e S.A. Paulista, que ganhou as licitações dos lotes 1 e 7. No lote 1, próximo ao canal de captação do eixo norte, as obras estão funcionando num ritmo normal, enquanto o lote 7 foi abandonado. "Cada consórcio pode entrar em várias concorrências. E cada contrato é um caso. A gente trata como se fossem empresas diferentes", disse.

Pouco antes de uma parada no canteiro de Cabrobó para o almoço, o engenheiro apontou para um terreno alto e rochoso que estava sendo escavado. "No projeto inicial aqui seria um túnel. Quando começaram a escavar, viram que não daria certo porque a rocha não tinha estabilidade, começou a desmoronar." Naquele trecho, era impossível executar o projeto da maneira como havia sido planejado. "Isso, por exemplo, dá à construtora o direito de entregar o lote e ir embora, porque o estudo era de responsabilidade do governo", disse o engenheiro.

Antes de abrir a licitação para as empreiteiras, o Ministério da Integração encomendou um projeto básico ao consórcio Harza/Engecorps. O projeto básico é uma investigação preliminar, com sondagens e levantamento topográfico pouco detalhados. A legislação exige que a licitação seja feita nesses termos, o que abre o caminho para uma série de imprevistos.

Além das discrepâncias entre o projeto básico e a realidade da obra, no caso da transposição as empreiteiras enfrentaram problemas que vão do atraso na desapropriação de terrenos habitados até a descoberta de postes e fiação elétrica no meio da rota prevista para os canais. "A construtora quer fazer a obra o mais rápido possível para receber e ir embora, mas ela nunca teve o terreno livre para trabalhar. Então, ela põe uma equipe pequena e vai administrando, porque ficar com equipamento parado, mão de obra parada, aumenta o custo e diminui o lucro", disse o engenheiro. "A maneira que algumas encontraram de pressionar foi parar a obra."

O contrato prevê uma multa no caso de abandono da obra. "Mas o governo federal não cumpriu a parte dele no contrato. Não tinha todos os projetos, não tinha feito as desapropriações, não tinha feito a remoção das interferências, então não tinha como fazer a obra", resumiu o funcionário do Ministério. Na prática, como o governo não deu totais condições para a execução da obra, as duas partes vêm firmando acordos. O prazo original, concluiu Saraiva, "era muito ambicioso, não era exequível, era um prazo político".

Os dois presidentes que antecederam Luiz Inácio Lula da Silva tentaram realizar a transposição. No último ano de seu mandato, Itamar Franco chegou a anunciar a execução da obra, mas suspendeu o plano pouco antes da fase de licitação, por pressão de opositores — dos quais o mais histriônico era o então senador baiano Antônio Carlos Magalhães, do antigo PFL, atual DEM.

Entre 1995 e 2002, nas duas gestões de Fernando Henrique Cardoso, vários projetos foram estudados e novamente engavetados. Na última tentativa, em 2001, o governo chegou a desembolsar quase 3 milhões de reais num estudo detalhado que deu um parecer favorável à obra. O custo estimado da transposição girava, à época, em torno de 3 bilhões de reais.

Na campanha presidencial de 2002, Lula e o candidato tucano José Serra evitaram se posicionar sobre o assunto. Em junho daquele ano, o PT lançou uma proposta por escrito para a área de meio ambiente, sem tocar no tema. Perguntado sobre o rio São Francisco, um dos responsáveis pelo documento disse ao jornal *Folha de S.Paulo*: "A transposição não é solução para os efeitos da seca. Há outras medidas prioritárias, como construção de poços comunitários e cisternas". Meses depois, em um debate na Rede Globo, o candidato Anthony Garotinho, então no PDT, tentou arrancar dos dois adversários um posicionamento sobre a transposição. Serra logo disse que não tinha opinião formada. Lula esquivou-se — e chegou a dizer para Garotinho que ele, Lula, era líder nas pesquisas e precisava ser mais cuidadoso com o que dizia.

Já eleito, em maio de 2003, o petista fez um discurso inflamado no Congresso, em que, finalmente, defendeu sua posição:

> A tal da transposição das águas do rio São Francisco, que eu recusei debater durante tanto tempo, que, dependendo do estado de que você fale, você apanha,

dependendo do estado de que você fale, você é aplaudido... Eu vou confessar, eu não sei se do São Francisco ou de onde, mas vai haver a transposição das águas para o semiárido nordestino!

Ele incumbiu o então ministro Ciro Gomes de tirar o projeto do papel. O titular da Integração Nacional saiu em peregrinação pelo país. Foi a programas de TV, visitou redações de jornais, participou de debates, fez reuniões com representantes dos mais variados partidos. Em todas as ocasiões, empenhou-se em convencer seus interlocutores da urgência das obras.

Entrevistado pelo programa *Roda Viva*, da TV Cultura, em fevereiro de 2005, o então ministro enfatizou que a grande diferença entre o projeto de transposição aventado por FHC e o de Lula residia na inclusão de um detalhado projeto de "revitalização" do São Francisco — uma contrapartida para os estados que se consideravam prejudicados e também aos ambientalistas. O ministro se valeu da origem nordestina para defender o projeto: "Eu sou de lá, então fico indignado, porque devia ser pacífica, entre os que não estão doentes de egoísmo, a percepção de que há milhões de brasileiros na miséria mais aguda por falta de água", disse.

Entre os opositores da obra, um dos argumentos mais contundentes é o de que o São Francisco já estaria condenado à deterioração e à morte pela série de interferências que sofre da nascente à foz — portanto, não teria como ceder parte de suas águas para dois novos canais. Com o desmatamento da mata ciliar, cerca de 18 milhões de toneladas de terra se desprendem das margens e assoreiam a calha do rio anualmente, chegando a formar bancos de areia e até ilhas. Com isso, vários trechos deixaram de ser navegáveis.

As autoridades públicas dos chamados estados "doadores" — Minas Gerais, Bahia, Alagoas e Sergipe — em geral se posicionaram contra a obra. Além da questão ambiental, reclamavam da falta de investimentos sociais do governo federal onde o rio São Francisco já passa. O governador de Sergipe, Marcelo Déda, embora petista, esteve todo o tempo entre os opositores da transposição. Jaques Wagner, hoje governador da Bahia, nunca deixou clara sua posição. Preferiu negociar a execução de um terceiro eixo de transposição: o sul, em direção ao interior baiano, cuja licitação está prevista para o começo de 2013, apesar da situação dos demais eixos.

Wagner teve um papel de relevo no episódio mais polêmico relacionado ao início das obras. Quando o bispo dom Luiz Flávio Cappio, de Barra, cidade banhada pelo São Francisco no interior da Bahia, começou uma greve de fome para protestar contra o projeto, em 2005, Wagner, na época ministro de Relações Institucionais, foi enviado para negociar com o religioso. Cappio interrompeu o jejum em troca de ser atendido por Lula, o que acabou não acontecendo.

Em 2007, o bispo deu início a uma nova greve de fome. Seus apoiadores argumentavam que o governo estava agindo a toque de caixa, sem submeter a obra à discussão pública. O bispo ficou 23 dias sem comer.

"Essa obra dividiu a política, o povo e até a Igreja", disse o padre Sebastião Gonçalves num dos poucos momentos em que tomou a iniciativa de quebrar o silêncio enquanto margeávamos o futuro canal. "A estratégia que dom Cappio encontrou de chamar a atenção foi contundente, mas questionável. Ele tomou uma decisão isolada, foi quase um suicídio. Esse não é o caminho do Evangelho", disse.

Do projeto de transposição proposto no governo Fernando Henrique Cardoso ao implantado por Lula, poucas mudanças técnicas foram feitas. A maior delas está na vazão: o plano anterior pretendia que os canais desviados tivessem vazão média de 64 metros cúbicos por segundo, mais que o dobro do previsto hoje. É flagrante, entretanto, a mudança no discurso que pretende justificar a obra e o investimento. Em 2000, o plano de FHC propunha a seguinte divisão para a água desviada: 71% para irrigação, 25% para consumo urbano e 4% para perdas e outros consumos. O projeto deixava explícito que o objetivo era inserir o Nordeste Setentrional em um "processo de produção econômica realmente competitivo: a agricultura irrigada".

O maior exemplo de sucesso da agricultura irrigada do país é o polo Petrolina-Juazeiro, a menos de duzentos quilômetros da tomada d'água do eixo norte. Implantado a partir do final dos anos 1960, nos anos 1990 o polo passou a se destacar como o maior produtor e exportador de verduras e frutas de alta qualidade do país. Além da produção para exportação, com ênfase para a manga e a uva, há uma grande variedade de produtos para o consumo interno, como banana, coco, melão e tomate. Entusiasta do projeto, FHC estimulou a industrialização da produção, como o processamento de tomate para molho e ketchup e de polpa de frutas. Atraída pelos benefícios da fruticultura irrigada, a maior vinícola do país, a gaúcha Miolo, passou a produzir no vale do São Francisco — em 2012, seu vinho Testardi, feito com a casta Syrah, foi eleito o melhor tinto nacional no teste cego realizado no evento ExpoVinis.

No artigo "O debate parlamentar sobre o projeto de transposição do rio São Francisco no segundo governo Fernando Henrique Cardoso", citado em diversos estudos sobre a questão, a antropóloga Cecília Campello do Amaral Mello conclui que o projeto pretendia investir no desenvolvimento econômico da região para só depois distribuir os frutos entre a população. Numa nota de rodapé, a doutora pela Universidade Federal do Rio de Janeiro pondera:

> O discurso do governo FHC oscilava ao definir publicamente os beneficiários diretos do projeto de transposição. Em certos momentos, definia-se como objetivo central a garantia de água para os grandes projetos de agricultura irrigada para exportação. Porém, em outros momentos, o governo produzia estratégias discursivas de ocultamento de tal objetivo, definindo que o objetivo seria garantir a "oferta hídrica", sem explicitar seus usos finais.

Num fim de tarde de setembro, o presidente da Federação das Indústrias do Estado da Paraíba, Francisco Gadelha, listava entusiasmado os benefícios da transposição. "Com as águas do São Francisco, vamos poder investir na irrigação...", começou, para logo se censurar com ironia: "Irrigação é uma palavra proibida, tem que se falar somente em abastecimento humano e animal. Porque irrigação gera riqueza, e riqueza é proibida no Nordeste". Em seguida, defendeu a segurança da cultura irrigada: "Você põe água na conta certa, sem matar afogado, sem matar de sede. A gente vê duas safras e meia de uva por ano em Petrolina. Mandando melões, morangos, uvas para o mercado europeu".

Gadelha é bom de conversa. Fala como se sua sala de espera não estivesse lotada. Não economizou histórias pessoais, exaltou o projeto arquitetônico do prédio da Fiep, apresentou seu jardim de inverno com um mural de azulejos de Athos Bulcão e contou episódios com a presidente Dilma, a quem acompanhou numa viagem recente à Índia. Dilma o chama pelo apelido de "Buega" — assim ele é conhecido em Campina Grande.

Para Gadelha, o Nordeste está crescendo "num ritmo chinês", mas a partir de um patamar muito baixo, que só a transposição poderá corrigir. Adiantando-se ao final das obras, ele montou escolas do Senai no interior da Paraíba para a formação de trabalhadores na indústria de sucos, extrato de tomate, ketchup e vinho. "Quando as águas chegarem, já estaremos formando as primeiras turmas", disse.

A Paraíba é o estado mais pobre em recursos hídricos do Brasil, e também o que será mais beneficiado com a transposição. A segunda maior cidade do estado, Campina Grande, tenta até hoje reviver seu passado glorioso. Entre os anos 1910 e 1930, quando sua produção de algodão só ficava atrás da de Liverpool, na Inglaterra, a cidade viu a população aumentar em 650%. Com as plantações devastadas pela praga do bicudo e a concorrência da produção de outros estados, Campina Grande investiu na industrialização e até hoje tem um dos maiores parques industriais do Nordeste — as sandálias Havaianas, por exemplo, são todas produzidas ali.

Irmão de Marcondes Gadelha, deputado relator do Grupo de Trabalho da Transposição do Rio São Francisco durante o governo FHC, o presidente da Fiep não esconde seu ressentimento com o tempo que o projeto levou para decolar. "O dinheiro de umas cem transposições é gasto todo ano em obras no Sul e no Sudeste do país. Porto de São Sebastião: 5 bilhões de reais, ninguém nota. Trem-bala: 30 bilhões, não tem problema nenhum." Para ele, só Lula teve a sensibilidade de investir na transposição por saber o que é carregar uma lata de água na cabeça. "Infelizmente as obras estão andando muito lentamente, o que dá tempo de as pessoas voltarem a reclamar de uma coisa que já está decidida."

Um dos mais incansáveis adversários do projeto de transposição é João Suassuna, especialista em hidrologia do semiárido. No começo de setembro, na sede da Fundação Joaquim Nabuco, no Recife, onde é pesquisador, o engenheiro explicou sua posição. Disse que em 2004 participou de um grupo de estudos convocado pela Sociedade Brasileira pelo Progresso da Ciência, a SBPC, que concluiu ser possível resolver a carência hídrica do sertanejo apenas com fontes de água do próprio Nordeste. "O Nordeste tem mais de 70 mil represas, que acumulam o volume potencial de 37 bilhões de metros cúbicos de água. É o maior volume de água represado em regiões semiáridas do mundo", disse Suassuna.

Dois anos depois, a Agência Nacional de Águas editou o *Atlas Nordeste: Abastecimento urbano*, na mesma linha do resultado do grupo de estudos da SBPC. Segundo o engenheiro, o projeto da ANA tinha um custo previsto de 3,3 bilhões de reais e, apenas canalizando as águas das represas da região e de alguns novos poços, beneficiaria 34 milhões de pessoas (em comparação com o orçamento atual de mais de 8 bilhões de reais e os 12 milhões de beneficiados previstos na transposição). "Além disso, não ficou claro como essa água vai chegar aos tais 12 milhões de pessoas. É uma população que vive de forma esparsa nos grotões, nos pés de serra, nos sítios, nos pequenos lugarejos. E vive sendo atendida por frotas de caminhões-pipa, com os problemas políticos que a gente sabe."

Para Suassuna, a única explicação verdadeira para um projeto monumental como esse é que a água será destinada ao abastecimento das capitais, à irrigação e à indústria, e não ao pequeno trabalhador do sertão. "Nós, técnicos envolvidos com questões hídricas, sabemos que o programa de abastecimento de populações não é feito através de canais", disse Suassuna, batendo exaltado com a mão na mesa. "Essa água vai para o agronegócio! Vai para a irrigação pesada, vai para os usos industriais, para a criação do camarão. Essa é a verdadeira indústria da seca", completou.

Numa manhã no final de outubro, em seu gabinete, o ministro da Integração Nacional, Fernando Bezerra, do PSB de Pernambuco, classificou a afirmação de João Suassuna como "meia verdade". "Quando a pessoa quer criticar a transposição, ela não vê os outros programas do Ministério", disse. Citou o Água Para Todos, que prevê a instalação de 750 mil cisternas. "Estamos furando poços, fazendo os pequenos barreiros e as barragens subterrâneas que o Suassuna defende."

O ministro concordou que houve problemas com as licitações, conforme havia mencionado o engenheiro Renato Saraiva, e acrescentou que ter fatiado o projeto em tantos lotes foi outro grande erro. "A ideia na época era evitar que a obra fosse feita pelas grandes empreiteiras. Os lotes menores permitiriam a participação das médias construtoras e ampliariam a competição", afirmou. "Só que esqueceram que uma obra dessas tem engenharia complexa envolvida. Não é qualquer empreiteira que vai ter o know-how, a expertise."

Bezerra alegou que a obra já estava "desmobilizada" quando ele chegou. "Como os contratos eram ruins, a empresa fazia o filé e deixava o osso. Então você tem uma colcha de retalhos na obra. Que maluquice é essa?", bateu, também ele, na mesa. Bezerra disse que sua intenção era não deixar a obra parar e que estava disposto a negociar os aditivos reivindicados pelas empreiteiras, mesmo que ultrapassassem os 25% previstos em lei. "Os aditivos costumam ser vistos como coisas ruins e onerosas para a administração pública, mas, em alguns casos, é muito melhor propor o aditivo do que relicitar", disse.

Até agora, só um lote foi autorizado a extrapolar os 25% no aditivo: onde estão sendo construídos os túneis Cuncas I e II, na divisa da Paraíba com o Ceará. Como o custo de mobilização e desmobilização do maquinário é muito alto, o governo autorizou o acréscimo de mais de 80% no orçamento. Nos lotes restantes, foi necessário negociar com as empresas para rescindir os contratos e poder relicitar a parte da obra que está pendente. "Esta é sempre uma questão delicada em obras públicas: evitar a judicialização dos contratos. Se você tem um contrato questionado na Justiça, pode impedir a continuidade da obra", disse o ministro. "É um canal. Se tiver um problema num trecho, a água não passa. Então a gente fica entre a pressão dos órgãos de controle e dos contratados."

A meta do Ministério era ter todas as novas licitações feitas até julho deste ano, mas algumas empresas que negociaram a continuidade de seus contratos voltaram a descumpri-los. Com isso, o saldo do que deve ser licitado outra vez aumenta. "A gente tem que tomar muito cuidado para não lançar o edital de um serviço que já tenha sido feito, ou deixar algum de fora", argumentou Bezerra.

No começo de agosto, o Tribunal de Contas da União definiu como "moroso" o trabalho do Ministério da Integração para resolver as pendências nas obras da transposição. O relatório apontou ainda falta de fiscalização, superfaturamento e problemas de manutenção nos serviços já executados. "O ministro Raimundo Carreiro quer saber quem diabo deu causa a essa obra estar com todos esses problemas", disse Fernando Bezerra. "A gente não é contra um processo desses, mas ele gera muitas demandas. Eu disse a ele: 'Se a gente for atrás para ver o que aconteceu, nós não vamos fazer o que tem que fazer, que é botar a obra para terminar.'"

O ministro Raimundo Carreiro disse à *piauí* que o TCU pediu ao Ministério da Integração que ouvisse os gestores responsáveis pelas contratações no passado. "O ministro Fernando Bezerra ficou assustado com o relatório e veio conversar comigo", disse Carreiro. Ele pediu que o ministro se manifestasse por escrito, solicitando um novo prazo. A solicitação de Bezerra ainda não chegou ao TCU, mas, a despeito das irregularidades que apontou, Carreiro disse que autorizará "o prazo que for necessário para as obras não atrasarem ainda mais". Afirmou ter entendido o argumento do ministro, de que "não teria pessoal para tocar as obras e investigar ao mesmo tempo".

O Ministério da Integração pretende lançar em janeiro o edital referente às obras do terceiro braço a ser desviado do São Francisco, o eixo sul. "Mas dessa vez vamos licitar no RDC", disse o ministro Bezerra, referindo-se ao Regime Diferenciado de Contratações — nele, a empresa vencedora da licitação fica encarregada dos projetos básico e executivo da obra, o que para o governo agilizará os serviços, enquanto para os críticos deve encarecê-los. Já as licitações para os trechos que foram interrompidos nos eixos norte e leste serão divididas em seis lotes, no lugar dos dezesseis iniciais. "Quando eu levei a presidenta à obra, em fevereiro, a gente consolidou essa nova estratégia", disse o ministro.

"É óbvio que houve uma desmobilização, e nós não estamos aqui negando a realidade", declarou Dilma Rousseff aos jornalistas que a aguardavam no aeroporto de Juazeiro do Norte, no Ceará, ao fim de sua visita às obras da transposição.

Em 8 de fevereiro deste ano, a presidente esteve no canteiro de Floresta e em trechos dos canais nos municípios de Cabrobó, Mauriti e Areias — onde se reuniu com representantes das empreiteiras. "Muitos contratos foram feitos só com o projeto básico, sem todas as sondagens, sem um projeto definitivo. Agora fizemos um processo de renegociação que é quase uma reengenharia. E a partir de agora vamos cobrar metas, resultados concretos", prometeu.

Dez meses depois, com a demora das novas licitações, o prazo em vigor para o fim das obras, 2015, já está seis meses atrasado. Em meio à seca, a ministra do Planejamento, Miriam Belchior, disse no final de novembro que as pessoas do sertão "têm fé" e pediu que elas "não percam a confiança", porque "a água vai chegar, sim, em 2015".

A comitiva de Dilma desembarcou naquele dia de fevereiro, logo pela manhã, no Aeroporto de Paulo Afonso, na divisa da Bahia com Pernambuco. A presidente, Fernando Bezerra, o titular dos Transportes Paulo Passos e a interina de Planejamento, Eva Chiavon, foram recebidos pelo governador Eduardo Campos, que os acompanhou de helicóptero até Floresta. Lá pousaram num canteiro do Exército. O sol do sertão estava implacável, "faltando meio grau para pegar fogo", nas palavras de Campos, e a equipe ganhou chapeuzinhos camuflados para visitar o restante das obras.

Era a segunda vez que Dilma pisava no canteiro. Na primeira ocasião, em 2009, a então ministra da Casa Civil era coadjuvante e o ambiente era festivo. Este ano, a situação era outra. Um grupo do lado de fora do canteiro, bastante exaltado, tentava chamar a presidente, mas ela evitou se aproximar. Sua passagem por Floresta ficou restrita a uma visita à maquete do projeto.

Eliane Lisboa, a sertaneja que havia abandonado a roça para vender salgados no canteiro três anos antes, estava na linha de frente dos que protestavam e gritavam por atenção. Nos tempos de vacas gordas, a comerciante chegou a atender mais de quinhentos clientes por dia. Algumas empresas que pagavam fiado abandonaram as obras sem acertar as contas com ela. "Eu vi uma oportunidade de crescer e investi pesado um dinheiro que não tinha, fui ingênua", contou Eliane, com os olhos marejados, sem se levantar do sofá.

Ela pagou caro pela inexperiência: acumulou uma dívida de quase 30 mil reais com fornecedores, bancos e agiotas. Disse que chegou a ser ameaçada em casa por homens armados. Perdeu o bebê que esperava, ganhou uma gastrite e agora vive à base de medicamentos psiquiátricos, com crises de ansiedade. "Mandei uma carta para o programa do Gugu, mas não fui sorteada", disse. Eliane tinha esperanças de que conseguiria uma brecha para pedir ajuda a Dilma, mas não conseguiu.

PÓS-ESCRITO

Dois meses antes das eleições presidenciais de 2014, Eliane Lisboa foi convidada para se encontrar novamente com Lula e Dilma no canteiro de Floresta. As obras continuavam paradas, e a comerciante ainda não tinha conseguido limpar seu nome. Sem muitas esperanças de quitar as dívidas com o lucro do restaurante, que mantinha funcionando apesar do baixo movimento, Eliane matriculou-se num curso de extensão em pedagogia em Petrolândia, a pouco mais de uma hora dali. Tinha planos de arrumar um emprego como professora. No encontro, Lula mais uma vez elogiou sua perseverança, e Dilma prometeu que as obras seriam retomadas.

Isso aconteceu, e as novas empresas terceirizadas que aportaram em Floresta logo procuraram as quentinhas de Eliane Lisboa para alimentar os operários. "Eu caí mais uma vez no calote", disse a comerciante por telefone. "Até novembro correu tudo bem. Aí eu confiei, investi um pouco mais, e eles pararam de pagar. Dizem que não têm dinheiro, e eu estou de novo com uma dívida de mais de 5 mil reais." Ela não culpa Lula nem Dilma por seus infortúnios — e, para confirmar isso, enviou por WhatsApp uma foto da mesinha de sua sala, onde os retratos com os ex-presidentes dividem espaço com imagens de familiares e santinhos. "Eles são bem-intencionados. Eu culpo essa gente de má índole que abusa do povo mais humilde, inexperiente como eu", disse. Terminado o curso de pedagogia, ela ainda está à procura de emprego.

No dia 6 de maio de 2016, Dilma voltou à região da transposição, mas não passou por Floresta. Um palanque improvisado foi montado no canteiro de obras de Cabrobó, no outro ponto de captação. Eliane não foi convidada para o evento. Horas antes, a comissão especial do impeachment havia aprovado o prosseguimento do processo no Senado, e aquela seria sua última viagem antes do afastamento do cargo.

Não fosse o momento político, a visita teria caráter positivo: desde a publicação da reportagem, em dezembro de 2012, a transposição do rio São Francisco caminhou a passos lentos, teve o prazo de conclusão sucessivamente postergado — mas saltou de pouco mais de 40% para quase 90% da sua conclusão. O clima, no entanto, era de despedida. Grande parte da plateia trajava vermelho e carregava faixas de apoio à petista. Eram moradores da região, correligionários que vieram de longe para apoiá-la, e trabalhadores contratados pela empreiteira responsável pelo lote, a Mendes Júnior — uma das investigadas na Operação Lava Jato. Dilma discursou visivelmente exausta: "Se tiver uma coisa que vou ficar muito triste na minha vida é não ver o dia que dona Maria e seu João abrirem a torneira e eu não estiver aqui para comemorar com vocês", disse.

Um mês mais tarde, Cabrobó recebeu a visita do novo ministro da Integração, Helder Barbalho, empossado pelo então presidente interino Michel

Temer. Barbalho convocou a imprensa e prometeu aumentar o repasse mensal às empreiteiras para intensificar o andamento da obra e entregar os eixos Norte e Leste até o final de 2016. Se cumprir a promessa, terão sido seis anos de atraso do prazo inicial prometido por Lula. O eixo Sul, negociado por Jaques Wagner, que seguiria pelo interior da Bahia, nem sequer foi mencionado pelo ministro. Barbalho é o quarto a ocupar a pasta desde a saída de Fernando Bezerra Coelho, entrevistado na reportagem. Bezerra deixou o ministério em outubro de 2013, quando o Partido Socialista Brasileiro entregou os cargos no governo, no primeiro passo para o lançamento da candidatura de Eduardo Campos à presidência no ano seguinte. Hoje senador por Pernambuco, o ex-ministro também entrou na mira da Lava Jato em duas fases da operação.

"Eu passei a vida toda contra a transposição do rio São Francisco", disse o pesquisador João Suassuna, por telefone. "Mas agora, depois de mais de 8 bilhões investidos nesse projeto, eu só posso defender que ele seja concluído. O Nordeste não precisa de mais um elefante branco." Para Suassuna, agora o foco dos hidrólogos é a revitalização do rio em seu próprio leito. "Era uma das bandeiras da proposta de Lula, e muito pouco foi feito." O pesquisador argumenta que, como o tratamento da água no Nordeste não é confiável, o desvio do rio poluído tem potencial para causar um problema de saúde pública enorme — e vê a ameaça de surtos de hepatite e esquistossomose nas regiões da transposição. Isso se o rio chegar até lá. "A gente já não tem dúvidas de que a transposição vai ser concluída. Mas será que o rio tem força pra chegar nos canais?", perguntou o padre Sebastião Gonçalves, também por telefone. Transferido da diocese de Floresta para o interior da Paraíba há quase dois anos, o clérigo mantém contato frequente com os fiéis antigos. "Já começaram a cercar o canal, e o povo está percebendo que aquilo ali não vai ser para eles", disse, para em seguida ponderar: "Mas é verdade que, a poder de luta, muita coisa foi conquistada. Construíram casas e até um posto de saúde no assentamento de Serra Negra". Na sua nova casinha, Tia Cuca tem finalmente água na torneira. Mas ela vem do velho poço.

O desastre

Denise Abreu e as circunstâncias da tragédia de 2007 no Aeroporto de Congonhas

CONSUELO DIEGUEZ
Outubro de 2013

Na chuvosa manhã de 17 de julho de 2007, terça-feira, um avião da TAM vindo de Brasília pousou no Aeroporto de Congonhas. Entre os passageiros estavam Denise Abreu e mais três diretores da Agência Nacional de Aviação Civil, a Anac, responsável pela regulação e fiscalização do setor aéreo: Leur Lomanto, Jorge Luiz Velozo e Josef Barat. Viajavam para uma reunião com o gerente regional da Anac em São Paulo, o coronel Janôr Alfredo Basílio Dias, no próprio aeroporto. O coronel havia programado um lanche de confraternização para depois da reunião, prevista para terminar no fim da tarde. Depois de pousar em Congonhas, o avião seguiu para Brasília, Goiânia, Brasília e novamente São Paulo, onde uma nova tripulação assumiu o comando, dessa vez rumo a Porto Alegre. De lá, o avião regressaria a São Paulo. No Aeroporto Internacional Salgado Filho, na capital gaúcha, faltava pouco para as cinco da tarde quando os 174 passageiros e cinco tripulantes extras da TAM, que pegaram carona no voo, foram convidados a embarcar.

O avião estava lotado — famílias e jovens que iam ou voltavam de férias, empresários e executivos com negócios em São Paulo, sindicalistas que participariam de um encontro nacional. Entre os passageiros estavam Paula Masseran Xavier, de 23 anos, e o namorado Lucas Mattedi, que traziam na câmera 160 fotos tiradas durante as férias em Gramado; Rebeca Haddad e Thais Scott, ambas de catorze anos, eufóricas por viajarem sozinhas para encontrar a avó de uma delas; o empresário Mario Corrêa Gomes, de 49, que participaria de uma reunião de negócios; Douglas Teixeira, de 31, que fora a Porto Alegre a trabalho; e Madalena Silva, de vinte, tripulante da TAM, que estava de folga.

Às 17h19, a porta foi fechada. As comissárias Cássia Negretto, Michelle Leite, Renata Gonçalves e Daniela Bahdur explicaram os procedimentos de segurança. Todos os assentos estavam ocupados, inclusive os destinados a tripulantes extras. Havia ainda dois bebês de colo. O comandante Kleyber Lima, que acabara de voltar de férias, anunciou a partida. Ao seu lado estava o também comandante Henrique Stephannini di Sacco, fazendo as vezes de copiloto. Menos de duas horas depois, todos os 187 ocupantes do voo JJ 3054 da TAM estariam mortos.

Numa quarta-feira gelada, em meados de agosto, Denise Abreu acendeu um cigarro, um dos quase vinte que fuma por dia, e caminhou pisando firme pela sala de sua casa. Ela é uma mulher grande, de ossos largos, e sua estatura fica realçada pelo salto alto. Uma semana antes, nos dias 7 e 8 daquele mês, ela participara das audiências preparatórias do julgamento dos réus no acidente. Denise está entre os acusados, junto com Marco Aurélio dos Santos de Miranda e Castro, diretor de Segurança de Voo da TAM à época do desastre, e Alberto Fajerman, ex-vice-presidente de Operações da companhia. A denúncia foi feita pelo procurador Rodrigo de Grandis, do Ministério Público Federal em São Paulo, ao juiz da Oitava Vara Criminal paulista. Os dois ex-executivos da empresa são acusados de negligência e Denise, de imprudência por ter exposto aeronaves ao perigo. Em agosto foram ouvidas as testemunhas de acusação. Em novembro serão ouvidas as de defesa.

Denise sentou-se na poltrona da sala, passou os dedos longos pelo cabelo alourado, levou o cigarro à boca e tragou com avidez. Em seguida iniciou uma aflita narrativa sobre a inclusão de seu nome no rol dos culpados. "Eu já fui sentenciada", disse. "A imprensa e a opinião pública já me declararam culpada, comprando a versão que interessa aos envolvidos nesse caso." Sua fala é encadeada e sem pausas. "Eu fui escolhida como bode expiatório. O governo precisava de uma cara, de alguém em quem pôr a culpa, e escolheu a parte mais fraca nesse jogo. Alguém que não teria uma estrutura por trás pra protegê-la."

Suavizou a voz como se estivesse com pena de si mesma, e questionou:

> Pense bem. Havia todos os órgãos de segurança e controle de voo da Aeronáutica; havia toda a diretoria da Infraero; e, por fim, havia outros diretores da Anac, principalmente o presidente da agência e aqueles responsáveis pelas áreas de aeroportos e de segurança. Vai sobrar justamente pra mim, que era diretora da área de regulação, que nada tinha a ver com segurança?

Como se, subitamente, tivesse se dado conta do que dissera, fez uma ressalva. "Não é que eu esteja dizendo que essas pessoas sejam culpadas. Mas por que fui a escolhida pra levar toda a culpa por um sistema que estava caótico?"

Para ela, fica claro que era muito mais fácil responsabilizar a Anac, então recém-criada, por todos os problemas. "A Anac é um órgão de *Es-taa-doo* e não de *go-veeerr-noo*", disse, esticando sonoramente as duas últimas sílabas, como costuma fazer sempre que pretende chamar a atenção para determinado ponto de seu raciocínio. "Jogando pra cima da Anac, o acidente não ficaria tão colado à cúpula do governo. E, como na Anac era eu quem mais aparecia, trataram de pôr a culpa em mim."

A Anac foi a única agência reguladora criada no governo de Luiz Inácio Lula da Silva. Surgiu em março de 2006 em substituição ao Departamento de Aviação Civil, o DAC, que desde 1967 era controlado pela Aeronáutica. A Aeronáutica nunca se conformou com o fim do DAC, cujos postos eram todos ocupados por brigadeiros e coronéis da Força Aérea. Afora a questão corporativa, havia outra preocupação entre os militares: eles temiam que a nova agência tivesse uma composição mais política que técnica, o que representaria um risco para a aviação brasileira.

As indicações para a diretoria da Anac seguiram a linha das acomodações políticas que o governo vinha fazendo em todas as áreas. A presidência da entidade ficou com o engenheiro Milton Zuanazzi, um militante petista amigo de Dilma Rousseff — que, em junho de 2005, substituíra José Dirceu na Casa Civil. Zuanazzi tinha sido secretário de Turismo do Rio Grande do Sul, no governo de Olívio Dutra, na mesma época que Dilma era secretária de Minas e Energia. No governo Lula, Zuanazzi fora antes premiado com um cargo no Ministério do Turismo. Durante o processo de escolha dos nomes para a Anac, o ministro Walfrido dos Mares Guia, do Turismo, pediu a Zuanazzi que intercedesse junto a Dilma para que indicasse Alex Romera — que ajudara a formular o projeto da Anac — à presidência da agência. Zuanazzi voltou do encontro com sua própria indicação para o posto. Romera ficou com uma das superintendências.

Para a Diretoria de Infraestrutura Aeroportuária foi indicado Leur Lomanto Jr., sete vezes deputado pelo PMDB baiano e que até então ocupava um cargo na Infraero, como prêmio de consolação depois de uma derrota nas urnas. Para a Diretoria Operacional, os militares haviam conseguido emplacar o coronel-aviador Jorge Luiz Velozo, egresso do DAC. A Diretoria de Relações Internacionais ficaria sob a responsabilidade do economista Josef Barat, especialista na área de transportes.

Nessa época, Denise estava prestes a deixar o cargo que ocupava na Casa Civil, depois da saída de José Dirceu. Engolfado pelo escândalo do mensalão, ele deixara o ministério para se defender das denúncias e tentar salvar seu mandato na Câmara. Antes de sair, Dirceu sugeriu que Denise fosse indicada para um cargo no Conselho Administrativo de Defesa Econômica, o Cade. Sua indicação foi vetada pelo PT antes mesmo de chegar ao Senado. Erenice Guerra, então chefe de gabinete de Dilma, chamou Denise para uma conversa e disse que o pedido para vetá-la tinha partido do senador Aloizio Mercadante.

Para alguns amigos, Denise afirmou que teve seu nome recusado porque, no Cade, ela poderia contrariar interesses de Benjamin Steinbruch, dono da Companhia Siderúrgica Nacional e um dos financiadores de campanha de Mercadante. A versão chegou aos ouvidos do senador, hoje ministro da Educação, que a classificou como fantasiosa. Ele alegou que pediu à ministra Dilma que não indicasse Denise por ter a convicção de que o nome dela seria rejeitado no Senado, devido à ligação com Dirceu.

Denise foi até a cozinha e trouxe uma bandeja com uma garrafa térmica de café e duas xícaras. Depositou-a sobre a mesa de centro à sua frente, onde repousam vários livros de arte. Denise mora com o filho do primeiro casamento, Breno, de trinta anos, que ela considera seu esteio. A sala de sua casa, no Butantã, em São Paulo, tem uma decoração moderna, na linha industrial. As paredes são cinza, como os sofás e as poltronas. A mesa de jantar é preta, com as cadeiras da mesma cor. Numa das paredes da sala fica uma estante cinza repleta de brinquedos metálicos e mais livros de arte. O resto do espaço é ocupado por uma mesa de sinuca forrada com feltro vermelho. Uma porta de vidro se abre para um pátio onde fica a piscina.

Ela se encolheu na poltrona e, por alguns instantes, sua postura quase agressiva foi substituída por uma mais desarmada. "Uma das coisas que mais me magoam é que as pessoas me tratam como se eu tivesse surgido agora na vida pública, como se eu fosse uma despreparada que só existe por causa do José Dirceu", desabafou. "Eu tenho uma história, um passado. Eu nunca fui petista. Minha carreira pública não começou no PT. Mas o PT acabou com ela."

Denise Maria Ayres de Abreu nasceu em São Paulo, em 1961, filha de Olten Ayres de Abreu, um juiz de futebol com certo renome na década de 1960, e de Denia Abreu. Dos dois aos quatro anos, ela morou em Bogotá, na Colômbia, por causa do trabalho do pai. A família morou também no Recife, onde Olten foi técnico de futebol do Sport. Ainda criança, Denise voltou para São Paulo com os pais e o irmão mais velho.

"Eu e o meu irmão estudamos no *me-lhoorr* colégio de São Paulo, o Bandeirantes", disse, novamente carregando nas sílabas finais. "Aos dezesseis anos eu já tinha viajado qua-se to-do o mun-do", contou, separando sílaba por sílaba, a essa altura já sem qualquer candura na voz. Aos dezessete, fez vestibular para direito na PUC e passou. Casou-se aos dezoito e engravidou, mas não abandonou os estudos. No terceiro ano da faculdade, conheceu "José Dirceu de Oliveira e Silva", que saíra da clandestinidade, e a quem ela se referiu esticando a pronúncia de *O-li-veeiii-ra e Siiillva*. Ficaram amigos. Colegas dos dois contaram que ela costumava fazer os trabalhos acadêmicos para ele.

Denise formou-se aos 23 anos, fez concurso para a Procuradoria do estado e foi aprovada. A partir daí, começou a trabalhar auxiliando o Executivo paulista. "Eu tive excelentes professores, que sempre me indicaram para missões importantes", gabou-se. "O que eu posso fazer se sou competente?", perguntou. Durante a conversa, ela usaria várias vezes os adjetivos "inteligente" e "competente" para se definir. Separou-se aos 24, casou-se de novo com um juiz, com quem teve o segundo filho (Carlos, o Cacá, hoje com 27 anos e já casado). Trabalhou nos governos peemedebistas de Orestes Quércia e Luiz Antônio Fleury Filho, mas foi no do tucano Mário Covas que se destacou.

Num começo de noite de setembro, o médico José da Silva Guedes, que foi secretário de Saúde de Covas, me recebeu em seu escritório, num prédio em frente à Santa Casa de Misericórdia de São Paulo, onde trabalha. "Ela sempre foi extremamente responsável e comprometida com o que faz", atestou. Denise trabalhou com ele na Secretaria. Ajudou a formular um projeto de lei de parceria público-privada para que fossem concluídos os esqueletos de catorze hospitais. O projeto foi aprovado, e entidades filantrópicas assumiram a construção. "Nós devemos esses catorze hospitais a Denise, que se empenhou ao extremo para que a parceria desse certo."

Foi por causa desse empenho que o grupo mais próximo ao governador Mário Covas estranhou quando, depois da eleição de Lula, no final de 2002, Denise Abreu entrou com um pedido para se licenciar da Procuradoria a fim de assumir um cargo na Casa Civil, com José Dirceu. Na época, deputados do PSDB na Assembleia paulista questionaram seu pedido de licença. Um deles foi Vanderlei Macris, hoje deputado federal tucano. "Nós achamos estranho a Denise, procuradora do estado, que teve amplo acesso aos assuntos ligados ao governo, pedir licença para servir o governo do PT", disse Macris. "Aquilo deu a impressão de que ela funcionou durante o governo Mário Covas como uma espécie de quinta-coluna. Tinha um quê de traição", contou.

A licença foi negada e Denise, num gesto ousado, pediu demissão. O procurador-geral do estado, Elival da Silva Ramos, chefe de Denise na época, descartou qualquer retaliação política. "A Procuradoria não a cedeu porque o governo federal já havia requisitado dois de nossos procuradores. Não podíamos abrir mão de todos os nossos quadros", contou. Ele disse ter sugerido a ela que pedisse ao ministro José Dirceu para devolver um dos procuradores. Ela não se interessou pela proposta.

Como quem faz uma confidência, Denise abaixou o tom de voz para explicar por que se demitiu de um emprego estável para abraçar um projeto que não lhe dava qualquer garantia. Ela descobrira um câncer na tireoide e vira no convite para a Casa Civil a chance de conduzir sua vida de forma diferente. "Achei que, se eu fosse morrer, eu precisava fazer algo grande antes. No governo federal, eu poderia ter a oportunidade de prestar um serviço ao meu país", disse.

Denise trabalhou dois anos como assessora jurídica da Casa Civil. Lá, tomou a frente do caso da Varig, já à beira da falência. José Dirceu, amigo do então presidente da TAM, Daniel Mandelli Martin, defendia a fusão das duas companhias, com a TAM no controle. Denise se empenhou nesse objetivo. "Ela era sempre muito ríspida nas reuniões do governo que discutiam o caso Varig. Fazia questão de deixar claro que estava ali representando Dirceu. Até com o vice-presidente José Alencar ela encrespava", contou o ex-diretor de uma estatal que participou das reuniões. "Pela arrogância, ela me parecia ser o tipo de pessoa que, se caísse, teria uma queda muito espetacular", ele disse.

Às vésperas de entregar o cargo na Casa Civil, Denise encontrou o então presidente da Gol, Constantino de Oliveira Júnior, e um representante da TAM, em uma cerimônia no Planalto. Contou que eles lhe perguntaram por que ela, que havia acumulado experiência no setor aéreo, não ia para a nova agência. Denise se animou com a ideia. Logo foi chamada para fazer parte da Anac.

No dia da posse da diretoria, 20 de março de 2006, Denise contou que lhe aconteceu "uma coisa muito estranha", que ela devia ter entendido como um sinal. "Eu estava indo para a posse no carro oficial junto com meus filhos. De repente ouvi um estalo. Meu dente de trás, sem mais nem menos, quebrou", relembrou. Passou a mão pela testa até pousá-la no topo da cabeça num gesto dramático. "Meu Deus, por que eu não ouvi a Sua voz naquele momento e desisti do posto?"

* * *

O comandante Kleyber Lima decolou de Porto Alegre preocupado. Além dos 187 ocupantes, o avião vinha com uma carga extra de combustível. Como o ICMS sobre querosene de aviação é mais baixo no Rio Grande do Sul, a TAM, numa medida de economia, determinava que se enchessem até o limite os tanques das aeronaves que pousavam ali, para evitar abastecimento com combustível mais caro em outras escalas. Assim, lotado e com 6 toneladas de querosene, 2,4 toneladas a mais que o necessário para a rota, o JJ 3054 saiu da capital gaúcha quase com o peso máximo permitido para pouso em Congonhas.

Aviões muito pesados não podem reduzir a velocidade antes do pouso da mesma forma que os mais leves, já que necessitam de maior potência para se manter no ar. Chegando ao solo mais embalados, eles vão exigir também uma frenagem maior antes de parar. Nessa situação, quanto mais longa a pista, maior a segurança. A pista de Congonhas, bastante curta e localizada em uma área cercada de prédios, exige destreza do piloto para que ele consiga frear a aeronave quase imediatamente depois de tocar o solo. Com 1945 metros, é uma pista maior que a do Aeroporto Santos Dumont, no Rio, que tem 1323 metros. Mas o pouso no Santos Dumont é facilitado pela densidade maior do ar ao nível do mar, que ajuda o avião a parar.

Em caso de pista molhada, a dificuldade aumenta, pois há risco de derrapagem. Se o aeroporto possui áreas de escape para a aeronave que não conseguiu frear a tempo, as chances de acidentes graves são bastante reduzidas. Em Congonhas, porém, a pista termina praticamente à beira de um declive, ao pé do qual fica uma das avenidas mais movimentadas de São Paulo. Um erro na aterrissagem pode ser fatal.

Afora o peso, o JJ 3054 decolara de Porto Alegre com uma dificuldade a mais para o pouso em Congonhas. Havia quatro dias que a aeronave estava com um de seus dois reversos — equipamento que inverte a pressão da turbina e ajuda a aeronave a frear — sem funcionar. É possível pousar sem um reverso. Mas em caso de avião pesado e pista molhada e curta, a recomendação é de que todos os sistemas de freio estejam funcionando.

Há anos pilotando os Airbus A320 da TAM, o comandante Kleyber Lima sabia que a situação do voo não era das mais confortáveis. Cerca de cinco minutos depois da decolagem, ele fez contato com a torre de controle de Porto

Alegre e foi informado de que Congonhas "estava impraticável, com pista molhada e escorregadia". Ele repetiu a informação, denotando preocupação: "Molhada e escorregadia!".

Na Anac, Denise Abreu foi logo designada para cuidar do caso Varig. Em junho de 2006, a companhia já estava em recuperação judicial. Sem recursos para manter seus aviões e funcionários, precisava ser vendida o mais rápido possível para um comprador disposto a investir no negócio. O maior interessado era o consórcio Volo, do fundo americano MatlinPatterson, administrado pelo chinês Lap Chan. Como a legislação brasileira limita a participação estrangeira em companhia aérea nacional a no máximo 20%, dois sócios brasileiros faziam parte do consórcio. Denise desconfiou que os brasileiros eram laranjas de Lap Chan, e pediu à Receita Federal que informasse a declaração de renda dos dois. Passou a sofrer pressões do governo para que abrisse mão da exigência.

No final de junho, a Varig parou de operar, em plena Copa do Mundo, deixando milhares de passageiros no solo, inclusive na Alemanha. Na tentativa de amenizar os danos, Denise Abreu convocou os dirigentes das duas maiores empresas brasileiras — a TAM, que na época ainda não tinha sido vendida à LanChile, e a Gol — para que ajudassem a resgatar os passageiros da Varig pelo mundo.

"Ela era muito autoritária, batia na mesa, pedia providências rápidas", contou um ex-dirigente da Gol que participou de uma dessas reuniões. Sua avaliação, contudo, é de que nem Denise nem qualquer um dos diretores da agência sabiam exatamente o que fazer. "Ela chegou a nos mandar fretar um Jumbo para trazer os brasileiros. Tivemos que explicar que não há aviões disponíveis para alugar. Isso não se faz de uma hora pra outra", contou. De acordo com esse executivo, naquele momento ficou patente o alto grau de desconhecimento dos diretores da Anac sobre o setor. Ainda assim, segundo ele, Denise parecia se empenhar no trabalho, enquanto o diretor-geral da agência, Milton Zuanazzi, dava a impressão de não se interessar pelos problemas da aviação.

Logo Denise e Zuanazzi começaram a disputar espaço, a ponto de outros diretores terem de intervir nas discussões. "O Milton aceitava passivamente as ordens do Planalto", contou um ex-diretor. "A Denise resistia mais às pressões."

As ingerências políticas eram grandes. Erenice Guerra, que acabaria deixando o governo sob a acusação de tráfico de influência, pôs o filho em um cargo na Anac. Rosemary Noronha, amiga íntima do presidente Lula, emplacou Rubens Vieira na corregedoria do órgão. Vieira depois seria preso pela Polícia Federal na Operação Porto Seguro, sob a acusação de favorecer interesses privados. Denise também não ficou imune a críticas. Seu irmão, Olten Ayres de Abreu Júnior, amigo de José Dirceu, foi advogado da TAM enquanto ela estava na diretoria da Anac.

Quem mais causava problemas à Anac era o advogado Roberto Teixeira. O amigo e compadre do presidente Lula circulava pela agência com desenvoltura. Defendia o consórcio de Lap Chan no caso Varig e pressionava Denise para que liberasse logo a venda da empresa. Tiveram várias altercações. Certa vez, um diretor da agência acompanhou o diretor-geral a uma reunião com Dilma, na Casa Civil. Lá, Zuanazzi brincou com a ministra. "Papai está dando um trabalho danado", disse. "Papai" era como Zuanazzi se referia a Roberto Teixeira. Dilma devolveu a brincadeira: "Deixa para lá. Papai é assim mesmo".

Com o desmantelamento da Varig, os problemas no setor aéreo começaram a vir à tona. A Gol, criada em 2001, ainda era uma empresa nova. A TAM, que em 2005 já detinha 43,5% do mercado de aviação nacional, tinha mais chances de absorver os passageiros da antiga concorrente. Em 20 de julho, a Varig foi leiloada para o consórcio Volo. A concorrência entre TAM e Gol se acirrou.

Foi nesse clima de desassossego que, no dia 29 de setembro de 2006, a recém-criada Anac enfrentou sua primeira e cruenta grande crise: por volta das cinco da tarde, um avião da Gol que viajava de Manaus para Brasília, com 154 ocupantes, chocou-se no ar com um jato executivo Legacy, da Embraer, que seguia para os Estados Unidos.

Denise Abreu levantou-se da poltrona e circulou pela sala carregando o maço de cigarros. Sacou um deles e o acendeu. Sentou-se novamente e começou a falar daquele dia como se um filme passasse à sua frente. "Eu estava jantando com o meu ex-marido, o Julio [ela se casou cinco vezes], em um restaurante em Brasília. O celular tocou. Era a assessora de imprensa da Anac, Cosete Castro. Ela me avisou que um avião da Gol tinha desaparecido." Sua reação na hora foi: "Querida, avião não some. É a lei da força da gravidade. Tudo que se joga para cima tem que descer. Ou ele vai descer aterrissando ou caiu. Não tem como avião sumir".

Cosete, segundo Denise, lhe disse que o presidente da Anac não estava em Brasília e que seria bom alguém conversar com a imprensa. "Eu saí dali e fui com o Julio para uma sala de crise montada pela Aeronáutica no aeroporto", contou. "Para variar, era só eu da Anac em Brasília. Os outros diretores estavam todos fora."

No dia seguinte, os destroços do avião foram encontrados na Floresta Amazônica, sem sobreviventes. O jato Legacy conseguira pousar numa base da Aeronáutica na serra do Cachimbo. Circulando pela sala, Denise avaliou que foi imprescindível no episódio. "Logo de manhã a ministra Dilma me ligou e me mandou ir para o aeroporto porque o presidente da Infraero, o brigadeiro José Carlos Pereira, estava 'falando muita bobagem'." Ela continuou: "Eu trabalhava por todos".

Sua atuação na tragédia, no entanto, ficou marcada pelo comportamento desrespeitoso com os parentes das vítimas. Como ela tomou a frente no contato com a imprensa, passou a dar seguidas entrevistas no aeroporto. Dois superintendentes da Anac encarregados de visitar as famílias alojadas em hotéis em Brasília, aguardando notícias sobre o resgate, ouviram queixas de que elas estavam recebendo as informações por meio da imprensa, em vez de serem informadas primeiro pelas autoridades.

Denise então se dispôs a falar antes com os parentes. Num desses contatos, foi de uma crueza chocante: "Vocês são inteligentes. O avião caiu a 11 mil metros de altura, a quatrocentos quilômetros por hora. O que vocês esperam encontrar? Corpos?". Revoltadas, as famílias pediram ao então ministro da Defesa, Waldir Pires, que tirasse a Anac da interlocução. A Aeronáutica passou a ser a responsável pela comunicação com parentes e jornalistas.

Questionada sobre o episódio, Denise negou que tivesse sido a autora da frase. Culpou a assessora de imprensa, embora, na época, ela tenha procurado as famílias para tentar, sem sucesso, desculpar-se por suas declarações. "Não fui eu que falei isso", disse-me ela, elevando o tom de voz. "Você me acha burra?", perguntou. E ela mesma respondeu: "Não sou burra. Podem falar o que quiserem de mim, menos que sou burra. Todos vão dizer que sou muito competente. Concorda que seria um grau de burrice *imeeeeeenso* uma autoridade pública falar isso?". Respondi que, mais que burrice, seria uma total falta de sensibilidade. "*Nananão*, querida", ela retrucou irritada. "Um servidor público não tem que ser sensível. Ele tem que ser inteligente!"

O acidente da Gol acabou por desencadear a maior crise da história da aviação brasileira, conhecida como o Apagão Aéreo. Logo nos primeiros dias, as investigações da Aeronáutica já apontavam como responsáveis pela tragédia, além dos pilotos americanos, os controladores de voo da torre de Brasília. Estes, quando o Legacy passou por sua jurisdição, não informaram que o avião tinha de mudar a altitude. Depois, não conseguiram mais contato com os pilotos do jato da Embraer, que haviam desligado a comunicação com a torre. Com isso, o Legacy passou a voar nas mesmas altura e rota do Boeing da Gol, provocando o choque.

A atenção voltou-se para os controladores. Descobriu-se que muitos eram mal formados e que não falavam inglês. Os controladores, a maioria sargentos da Aeronáutica, alegaram que trabalhavam em excesso e ganhavam mal. No dia 26 de outubro de 2006, a ministra Dilma Rousseff convocou uma reunião no Planalto com o ministro da Defesa, Waldir Pires, o comandante da Aeronáutica, o brigadeiro Luiz Carlos Bueno, e o presidente da Infraero, o brigadeiro José Carlos Pereira. O assunto foi a saturação do tráfego aéreo em Brasília: o número de aeronaves que cruzavam a região superava o limite de catorze aviões por controlador, o máximo permitido pelas normas internacionais de segurança. No dia seguinte, o ministro da Defesa anunciou a contratação de reforço.

Enquanto isso, os controladores militares se reuniam em Brasília para discutir a possibilidade de uma operação-padrão, com o estrito cumprimento de todas as normas operacionais. Os voos em todos os aeroportos começaram a atrasar. No dia 30 de março de 2007, Denise Abreu deixou Brasília às onze da manhã rumo a Salvador, para assistir ao casamento da filha de Leur Lomanto. Os outros dois diretores da Anac — Josef Barat e Jorge Luiz Velozo — já haviam chegado lá. Por volta das seis e meia da tarde, ela estava em um salão de beleza sendo maquiada e penteada quando recebeu um telefonema de Erenice Guerra com a notícia de que havia atrasos fenomenais em vários aeroportos.

"Você me entende?", perguntou Denise, angustiada. "Nós não administramos uma agência, nós administramos a maior crise aérea deste país, que começou com o fim da Varig, se acirrou com o acidente da Gol e se transformou no caos aéreo com o motim dos controladores de voo."

A partir daí, disse ela, seu telefone não parou mais de tocar. "O que eu podia fazer? Era um motim de sargentos da Aeronáutica. Não tinha nada que ver com a Anac." Mas não seria o caso de os diretores da agência ajudarem? "Não, se os aviões não podiam voar por falta de controle aéreo, não tínhamos o que fazer", ela respondeu.

Foi naquela festa em Salvador que Denise foi fotografada fumando um charuto, flagrante que até hoje está colado à sua imagem. A foto saiu publicada n'*O Estado de S. Paulo* junto com a reportagem sobre o caos aéreo. "Você é machista?", ela me inquiriu. "Eu queria que alguém me explicasse qual o problema de uma mulher aparecer fumando charuto. Eu não estava fazendo nada de errado. Estava numa festa."

Sugeri que o mal-estar talvez estivesse vinculado ao clima de comemoração quando milhares de passageiros aguardavam seus voos atrasados nos aeroportos. "Mas nós não tínhamos nada a ver com aquilo. Era um problema da Aeronáutica", ela me respondeu, aflita.

> Eu nem consegui aproveitar aquela festa, que estava maravilhosa. Eu trabalhei o tempo todo sentada numa cadeira na entrada do banheiro. Quando me avisaram que a situação estava se normalizando, eu finalmente entrei no salão. Foi quando o Leur me trouxe um charuto pra comemorar o casamento da filha dele. Coisa de baiano rico. Eu aceitei. E eu nem fumo charuto.

Depois, como se provocada por uma voz interior, reagiu com indignação. "Estavam *too-dooss* os outros *dire-too-res* da Anac lá dentro fumando charuto e bebendo. Eu nem bebo. E fui eu quem apareceu na imprensa. Justo eu, a única que estava trabalhando." Ela teria uma explicação? Sim, Denise é do tipo que tem sempre uma explicação na ponta da língua: "*O Estado de S. Paulo* estava fazendo uma matéria para falar dos gastos absurdos da festa, que não eram compatíveis com o salário de um diretor da Anac. Então, nada melhor que um fato novo para tirar o foco de uma situação que não querem que seja divulgada." Sua imagem, diz ela, se ajustou com perfeição a esse propósito.

Em 31 de março, os controladores aéreos encerraram o motim, sob a garantia do ministro Waldir Pires de que não haveria punições. Naquele mesmo dia, o alto-comando da Aeronáutica decidiu entregar a chefia das salas de controle aéreo. Lula então voltou atrás e entendeu que a punição era necessária para se evitar a quebra de hierarquia. O novo comandante da Aeronáutica, brigadeiro Juniti Saito, decretou a prisão dos líderes do movimento.

As condições meteorológicas na rota do voo JJ 3054 não eram favoráveis. Na subida, o comandante Kleyber Lima reportou à torre de Porto Alegre turbulência moderada com picos de intensidade severa. Em seguida, pediu autorização para mudar sua posição e evitar uma formação de nuvens. Dez minutos depois, pediu nova autorização de desvio para fugir, pela segunda vez, de turbulência severa e nuvens carregadas.

Por volta das cinco da tarde, as operações para pouso e decolagem no Aeroporto de Congonhas haviam sido suspensas por causa da chuva. Vinte minutos mais tarde, a pista foi reaberta depois de a Infraero verificar que não havia poças nem lâminas d'água. A torre comunicou ao piloto que Congonhas tinha voltado a operar.

O comandante Lima demonstrava estar ansioso com o pouso. Tanto que pediu duas vezes ao copiloto, o comandante Di Sacco, que perguntasse à torre sobre as condições da pista. Não é comum nem recomendável pelos padrões internacionais de segurança que dois comandantes pilotem a mesma aeronave. Pilotos e copilotos são treinados para funções diferentes e complementares. Além disso, o comandante Di Sacco, embora tivesse grande experiência de voo em Boeings, tinha apenas duzentas horas de voo no Airbus A320.

Com o fim da Varig, a TAM aumentara sua frota em 30%, com um crescimento de 110% na quantidade de horas voadas. Para fazer frente a esse aumento, o número de pilotos dobrou e o de comissários cresceu 160%. Havia, no entanto, entre os tripulantes mais antigos, uma preocupação com o crescimento acelerado da empresa. É que, na pressa de pôr os novos pilotos em operação, a TAM encurtou seu tempo de formação. O treinamento prático de um piloto de A320, recomendado pela fabricante Airbus, é de quarenta horas. O adestramento é feito em um equipamento eletrônico para situações normais e de emergência, com divisão de tarefas e coordenação de cabine. Os pilotos novos da TAM estavam recebendo doze horas desse curso — o que não era ilegal, mas ficava bem aquém do recomendado. Como não havia copilotos em número suficiente no mercado, a TAM passou a utilizar comandantes nessa função.

Outro motivo de ansiedade dos tripulantes era o fato de a TAM, por medida de economia, estar pressionando seus comandantes a evitarem arremeter as aeronaves ou desviar os voos para aeroportos fora do destino original por razões meteorológicas. A companhia alegava que esses procedimentos aumentavam muito os custos e passavam uma má imagem aos passageiros — conforme se descobriria mais tarde com os depoimentos de vários tripulantes ao Cenipa, o Centro de Investigação e Prevenção de Acidentes Aeronáuticos. O comandante Kleyber Lima sabia que teria de fazer o possível para aterrissar em Congonhas naquele começo de noite chuvosa.

Desde 2003, o então Departamento de Aviação Civil vinha alertando a Infraero sobre as péssimas condições da pista de Congonhas. Uma obra feita para ampliar a área de embarque, sem autorização do DAC, tinha criado mais obstáculos na pista. No começo de 2005, o DAC encaminhou um relatório à Infraero alertando para a falta de área de segurança no final das extremidades da pista e pedindo providências. O relatório também recomendava obras para melhorar as condições de frenagem dos aviões. A Infraero só respondeu seis meses depois, dizendo que avaliaria as recomendações. A única providência da estatal foi fazer uma obra emergencial para reduzir a derrapagem. Em poucos meses avaliou-se que a obra não surtia mais efeito. Os aviões voltaram a derrapar.

Em março de 2006, pouco antes de ser substituído pela Anac, o DAC emitiu um ofício afirmando que a Infraero seria responsabilizada "por eventuais danos ou prejuízos a terceiros" caso as irregularidades não fossem resolvidas. O prazo dado pelo DAC à Infraero para fazer as obras de reforma expiraria no dia 30 de agosto de 2006, quando a fiscalização já teria passado para a Anac. Ou seja, a Infraero, a Aeronáutica e, posteriormente, a Anac, assim como o Ministério da Defesa, sabiam dos riscos em Congonhas. Houve um jogo de empurra para saber quem seria responsável por fazer com que a Infraero, uma empresa estatal, cumprisse a ordem de reformar a pista, e nada foi feito.

Como Congonhas, à época, operava como aeroporto internacional, a Anac deveria ter comunicado à Organização da Aviação Civil Internacional que o aeroporto estava fora dos padrões estipulados pela convenção do setor. Não o fez. Contudo, havia pelo menos três anos, ou seja, bem antes da criação da agência, que os pilotos alertavam sobre casos de deslizamento, que pode provocar a perda do controle da aeronave.

No dia 10 de abril de 2006, às dez da manhã, representantes da Anac, da Infraero e do Departamento de Controle do Espaço Aéreo, o Decea, se reuniram em Congonhas para discutir medidas que reduzissem os riscos do aeroporto. O representante da Anac na reunião era o comandante Gilberto Schittini, gerente de Padrões de Avaliação de Aeronaves, área subordinada ao diretor de Infraestrutura, Leur Lomanto. A reunião terminou às duas horas da tarde. Dela saiu uma ata, assinada pelos representantes da Anac, do Decea e da Infraero, estabelecendo que, em caso de chuva em Congonhas, várias providências deveriam ser adotadas. Uma seria a suspensão das operações para se verificar a quantidade de água na pista. Outra, impedir que aeronaves pousassem em pista molhada sem que todos os reversos e sistemas de freio estivessem funcionando. A ata também estabelecia limite de peso da aeronave para pouso em dias chuvosos.

O documento terminava afirmando: "Está em vigor procedimento especial para operação em Congonhas em condição de pista molhada. Os operadores [companhias aéreas] devem observar os procedimentos listados". Determinava também que "caberia à Anac, em coordenação com o Decea e a Infraero, convocar reunião com os operadores aéreos do Aeroporto de Congonhas" para tratar do assunto. Essa ata, entretanto, jamais chegou à diretoria da Anac.

A implementação das medidas se arrastou. A convocação das companhias aéreas só foi feita em 13 de dezembro, oito meses depois da reunião de abril. Nesse dia, o representante da Anac, o superintendente de Infraestrutura, Luiz Miyada, informou às empresas que o comandante Schittini estava elaborando uma instrução suplementar relativa às operações em pista molhada. Em 28 de dezembro, o mesmo grupo discutiu a minuta da instrução, elaborada pela Anac. Ali, ficava estabelecido que, em caso de chuva, o comandante da aeronave deveria se certificar de que estivesse com todos os sistemas de freio funcionando, "notadamente reversos, *antiskid* e *autobrake*". Sem isso, não poderia pousar em Congonhas.

A minuta também não foi levada para a aprovação da diretoria, mas foi inserida no site da Anac em 31 de janeiro de 2007 e retirada dias depois. De qualquer forma, as companhias aéreas já estavam cientes dos riscos da pista. Tinham sido alertadas que seus aviões não poderiam descer em Congonhas sem todos os reversos, embora a instrução suplementar ainda não tivesse força de norma legal. Quando perguntei a Denise Abreu sobre a norma, ela me disse que, na época, nunca soube que estava sendo elaborada. Mesmo porque, alegou, o comandante Schittini era subordinado ao diretor Leur Lomanto, e não à diretoria dela.

No dia 17 de janeiro de 2007, um Boeing da Varig derrapou na pista de Congonhas. Uma semana depois, enquanto os representantes dos órgãos do governo ainda batiam cabeça para decidir o que fazer no caso do aeroporto, o Ministério Público Federal entrou com pedido de liminar exigindo que a pista principal passasse por uma reforma para pôr fim às derrapagens. O MPF entendeu o óbvio: "As derrapagens ameaçam a vida de passageiros, tripulantes e moradores da região".

Dois dias depois, o juiz Ronald de Carvalho Filho determinou que a Anac e a Infraero fornecessem informações técnicas sobre o aeroporto. No dia 5 de fevereiro, ele proibiu o pouso de Boeings 737-700 e 737-800, operados pela Gol e pela Varig, e de Fokkers 100, operados pela OceanAir, com o argumento de que era necessário reduzir o movimento no aeroporto. A decisão foi revogada pelo desembargador Antônio Cedenho, que determinou que, em caso de chuva, quando a lâmina d'água na pista atingisse três milímetros, as operações em Congonhas tinham de ser suspensas para todos os modelos de aeronave.

Quando a questão judicial parecia estar resolvida, a desembargadora Cecília Marcondes, do Tribunal Regional Federal da Terceira Região, que voltava de férias, resolveu pedir que a Anac entregasse, até o dia 26 de fevereiro, um estudo sobre o comprimento da pista e o peso das aeronaves que pousavam em Congonhas. Caso isso não fosse feito, ela voltaria à decisão do juiz Ronald de Carvalho Filho de proibir o pouso de Boeings e Fokkers. Denise sentou-se à mesa de jantar, pôs as mãos sobre a testa e sacudiu a cabeça. "Foi aí que tudo começou", disse ela. "Eu realmente não entendo como fui envolvida em toda essa confusão."

Ela contou que no dia 22 de fevereiro de 2007 estava na praia da Baleia, no litoral paulista, com o marido, quando recebeu um telefonema do Planalto dizendo que fosse para São Paulo com os técnicos da Anac para falar com a desembargadora Cecília Marcondes. "Eu não tinha nem roupa", contou ela. "Tive que pegar uma da minha mãe em São Paulo."

Junto com Denise estavam o procurador da Anac Paulo Roberto Gomes de Araújo, dois técnicos da área de infraestrutura e o superintendente Luiz Miyada, levando com ele a minuta da tal instrução suplementar, que não tinha sido aprovada ainda pela diretoria da Anac. Eles se reuniram na antessala da desembargadora para conferir os documentos solicitados por ela. Eram cinco documentos, todos em inglês. A minuta, que estabelecia procedimentos para pouso sob chuva — entre os quais a proibição de descer sem todos os reversos funcionando —, foi anexada ao pacote entregue à desembargadora. "Ninguém sabia daquele documento, só o Miyada, que não ficou para a reunião. Alegou que tinha que ir embora pescar", disse Denise.

Ela afirma que praticamente não abriu a boca durante o encontro com Cecília Marcondes. "Ninguém discutiu nenhuma outra questão que não fosse o peso das aeronaves, porque foi pra isso que tínhamos sido chamados", disse. "Não entendo dessa parte operacional." Segundo Denise, seu único argumento era de que, se a pista fosse fechada apenas para as aeronaves Fokker e Boeing, haveria um monopólio da TAM, que opera com Airbus. Isso no aeroporto mais rentável do país, onde a disputa das companhias por espaço é selvagem. "Nós criaríamos uma reserva para a TAM e eu, como responsável pela área de regulação, não poderia aceitar isso."

Depois de duas horas de reunião — tempo insuficiente, segundo os técnicos da Anac, para analisar todo o material levado por eles —, a desembargadora recolheu os documentos e autorizou todas as aeronaves a pousarem em Congonhas. Depois disso, as obras de reforma no aeroporto começaram. No dia 29 de junho, a pista foi entregue, só que sem um recurso fundamental para ajudar na frenagem das aeronaves. Apesar de constar no contrato com a empreiteira, o *grooving* — ranhuras na pista que ajudam no escoamento da água e previnem a derrapagem — não fora realizado. Como se estava às vésperas das férias de julho, a Infraero liberou a pista sem que estivesse totalmente concluída.

Até o dia 14 de julho, o tempo estava seco. A partir do dia 15, tempestades desabaram sobre São Paulo. No dia 16, um avião da empresa Pantanal deslizou na pista, que ficou interditada por vinte minutos. No dia 17, às 17h04, um piloto da Gol que acabara de pousar alertou a torre sobre a pista escorregadia. A pista foi fechada pela Infraero para a medição de lâmina d'água. Vinte minutos depois foi reaberta.

O voo JJ 3054 iniciou a aproximação de Congonhas. O piloto Kleyber Lima comentou com Di Sacco que estava com dor de cabeça. A torre de Congonhas informou novamente que a pista estava molhada e escorregadia, condições que haviam sido relatadas pelas tripulações que tinham acabado de pousar. O comandante Lima conferiu os procedimentos de descida e lembrou ao companheiro que estavam sem um reverso. Os passageiros foram orientados a apertar os cintos. Escurecia. Às 18h54, a aeronave tocou no solo e não desacelerou. "*Spoilers*, nada", disse Di Sacco, referindo-se às peças móveis nas asas do avião, que ajudam a controlar a velocidade de descida. "Olha isso, desacelera, desacelera", gritou ele. "Não dá, não dá", respondeu Lima. "Vira, vira", voltou a gritar Di Sacco. "Não consigo, oh, meu Deus..."

Nos segundos seguintes, o avião escorregou pela lateral da pista, cruzou a avenida Washington Luís sobre os carros e se chocou a uma velocidade de 230 quilômetros por hora contra um prédio da TAM Express e um posto de gasolina, explodindo em chamas. Além de todos os 187 ocupantes do JJ 3054, mais doze pessoas em solo perderam a vida.

Naquele momento, ali mesmo no aeroporto, Denise Abreu e os outros diretores da Anac já participavam da confraternização organizada pelo coronel Janôr Basílio, o gerente regional da agência. Um oficial entrou esbaforido na sala e avisou, aos gritos, que um avião da TAM havia batido contra o prédio da TAM Express. Todos desceram as escadas correndo até a pista, de onde avistaram o avião, o prédio e o posto de gasolina em chamas. Ao saber que era o voo que vinha de Porto Alegre, Denise se deu conta de que era o mesmo avião em que tinha viajado pela manhã. O horror logo se espalhou no saguão do aeroporto e tomou o país.

Já havia escurecido e o frio em São Paulo aumentou. Denise Abreu passou a intercalar sua fala com uma tosse intermitente. Esfregou os pés e reclamou de dor. Retomou o relato. Disse que, depois do acidente, ficou dois dias no aeroporto, sem sair. No dia 19, foi convocada para uma reunião com a ministra Dilma no Planalto. "Estávamos todos lá, os diretores da Anac, o presidente da Infraero e os assessores da ministra. Menos o ministro Waldir Pires, que nunca aparecia."

Um dos participantes dessa reunião me contou que Dilma gritava muito, a ponto de chamar o presidente da Infraero de incompetente. Num determinado momento, a então ministra disse que, se o acidente tivesse sido no Rio, no Santos Dumont, seria melhor, porque o avião teria caído no mar. "Era muito amadorismo", comentou esse participante. No dia seguinte, os diretores da Anac foram protagonistas de outra situação constrangedora. Participaram da cerimônia de entrega da Medalha Santos Dumont, em reconhecimento ao seu trabalho. Denise, até hoje, não vê problema nisso: "Foi tudo muito discreto. Não houve festa".

Pouco depois do acidente, a minuta da Anac que nunca chegou a ser aprovada caiu nas mãos da CPI do Apagão Aéreo. A desembargadora Cecília Marcondes foi chamada a depor. Disse que tinha liberado a pista porque Denise Abreu a tinha induzido ao erro. Segundo ela, Denise teria lhe garantido que a minuta da instrução suplementar — proibindo que aviões com problemas nos reversos pousassem em Congonhas sob chuva — tinha sido aprovada pela diretoria da Anac e já era norma. A desembargadora afirmou também na CPI que Denise havia sido bastante enfática ao defender a instrução e que os técnicos da Anac presentes na reunião de fevereiro haviam lhe garantido que as normas da Anac eram mais rígidas que as exigidas internacionalmente.

Denise se exalta ao falar do assunto. "Eu jamais disse isso naquela reunião. Eu sequer sabia que aquela norma estava lá." Essa acusação da desembargadora foi a razão de Denise ter sido incluída no rol dos acusados pelo procurador Rodrigo de Grandis.

No final de setembro, perguntei a De Grandis por que, com tantos órgãos do governo envolvidos na história, apenas Denise Abreu havia sido denunciada. "É claro que teria mais gente para ser incluída no rol dos culpados. Mas não posso punir a Infraero, não posso punir instituições. Isso não existe no direito criminal." Então por que não denunciar também os outros diretores da Anac e o presidente da Infraero? "Essa é uma pergunta que os familiares também me fazem, e eu explico que a única prova contundente foi a ação da Denise junto à procuradora, que foi enganada por ela." A procuradora não teria de ter visto que aquela norma não estava valendo? "Ela confiou no agente público", respondeu-me De Grandis.

Depois da denúncia da desembargadora na CPI, o então ministro da Defesa Nelson Jobim, que substituíra Waldir Pires, determinou que a Corregedoria-Geral da União apurasse os fatos. Foram nove meses de investigação. Tanto o procurador da agência Paulo Roberto Gomes de Araújo quanto os dois técnicos da Anac que despacharam com a desembargadora Cecília Marcondes em fevereiro de 2007 afirmaram que a minuta jamais foi discutida com a representante da Justiça.

Em seu depoimento à Corregedoria, a desembargadora deu uma versão que contradisse o que afirmara na CPI. Cecília Marcondes disse que, na reunião de fevereiro, "não foi feita nenhuma referência específica à instrução suplementar". Afirmou também que "não adotou em sua decisão especificamente a matéria tratada na instrução suplementar". Diante dos depoimentos da desembargadora e dos técnicos da Anac, Denise Abreu foi inocentada pela Corregedoria. Essa é uma das provas que ela pretende apresentar em sua defesa, quando for depor diante do juiz. No entanto, há dois meses, em sua audiência ao juiz, a desembargadora voltou a afirmar que foi enganada por Denise (a *piauí* procurou a assessoria de Cecília Marcondes, que informou que ela estava de férias).

Independentemente dos responsáveis, se a instrução suplementar tivesse sido aprovada pela diretoria da Anac e fosse respeitada, o acidente não teria acontecido, já que sem um dos reversos o avião teria sido impedido de pousar em Congonhas. São muitos "ses" diante do fato consumado. Mas ninguém na agência explicou à CPI por que a norma não foi aprovada. Schittini e Miyada, que acusaram Denise de ter mandado inserir a minuta da instrução no site da Anac para dar impressão de que era oficial, foram convocados pelo juiz, mas não compareceram à audiência em agosto. O paradeiro de Schittini é desconhecido. Miyada alegou problemas de saúde para não ir.

Em 2009, o Centro de Investigação e Prevenção de Acidentes Aeronáuticos, o Cenipa, do comando da Aeronáutica, responsável pela investigação da tragédia, apresentou um relatório de 122 páginas no qual detalha suas causas. A conclusão foi de que os manetes, alavancas que aceleram e param o avião, estavam na posição errada por uma falha dos pilotos. Na hora da aterrissagem, os dois manetes deveriam estar na posição de pouso. O manete esquerdo foi posto nessa posição. Mas o direito, que desaceleraria o motor com reverso inoperante, foi mantido na posição *climb*, o que fez com que a turbina continuasse acelerando. Assim, com o motor esquerdo freando e o direito acelerando, a aeronave não conseguiu parar e desgovernou-se.

Antes do acidente com o JJ 3054, pilotos de Airbus de companhias estrangeiras que estavam com reversos inoperantes cometeram o mesmo erro de troca da posição dos manetes na hora da aterrissagem. Os acidentes só não foram fatais porque ocorreram em pistas com áreas de escape. Segundo o Cenipa, o fabricante deveria ter posto um dispositivo — com avisos sonoros e de luzes na cabine — que alertasse os pilotos do erro de forma contundente. Esse dispositivo já havia sido desenvolvido pela Airbus para o A320. Mas, se ela obrigasse todas as empresas aéreas a instalar o equipamento, teria de fazer um recall e arcar com os custos. Como o alarme foi oferecido apenas a título de sugestão, a Airbus jogou a responsabilidade para as companhias. A TAM optou por não instalá-lo — só o fez depois da tragédia.

O relatório do Cenipa comprova a máxima da aviação de que são necessários vários erros para ocorrer um acidente. Uma das conclusões dos investigadores é de que o fator estresse pesou no momento do pouso, já que o comandante vinha preocupado com as condições da pista. Congonhas, concluiu o relatório, era motivo de grande tensão para os pilotos de todas as companhias. No caso da TAM, disse o documento, havia o agravante de a direção da empresa sugerir, de modo velado, que os pilotos não arremetessem nem desviassem para outros aeroportos em caso de mau tempo. O caos aéreo, com pressões dos passageiros sobre os tripulantes, também era motivo para a desestabilização emocional dos profissionais.

O comandante Carlos Camacho é ex-diretor de Segurança do Sindicato Nacional dos Aeronautas. Falei com ele no final de setembro. "Eu nem gosto da Denise Abreu", disse-me com franqueza. "Mas jogar a culpa em cima dela não me parece correto", completou. Para Camacho, ainda que a minuta sobre o reverso não tivesse valor de norma, "a TAM sabia perfeitamente que os aviões sem um dos reversos corriam sério risco ao pousarem em Congonhas em dia de chuva". Não há justificativa, disse ele, para aquele avião ter descido naquelas condições, embora a causa imediata do acidente tenha sido a falha dos comandantes.

* * *

Faltava pouco para uma da tarde quando Denise chegou à casa da mãe, a poucas quadras da dela, para almoçar. Estava acompanhada de Felipe Meinberg, um rapaz de trinta anos, divertido e galhofeiro, amigo de seus filhos. Ao perder a mãe, aos doze anos, Felipe pediu ao pai para ficar morando com Denise. "Eu me sentia seguro ao lado dela. Para mim, ela é a minha mãe." Denise o trata como filho. Antes de saírem, ela havia pedido para Felipe filmar a entrevista. No meio da empreitada, ele desistiu. "Você fala muito, vai acabar com a minha bateria", provocou. No carro, Denise chamou-lhe a atenção por causa de uma manobra. "Calma", ele pediu. Virou-se para mim e disse: "Ela é uma Thatcherzona".

Denia Abreu nos recebeu na porta da casa. Ela é uma mulher pequena, que fala baixo e pausadamente. O oposto da filha. Logo na entrada, imagens de santos católicos estavam arrumadas sobre um altar. Em seguida chegou Dionísia, que mora ali desde a adolescência e faz as vezes de dama de companhia de Denia. As duas sentaram-se em volta da mesa. Denia lembrou o dia em que soube que a filha estava sendo acusada de ser a responsável pelo acidente. "Eu caí no choro", disse, voltando a chorar. Ao seu lado, Dionísia também chorava. "Eu quero lhe dizer uma coisa. A minha filha não é culpada de nada. Ela não é terrorista." Dionísia completou: "O problema é que ela tem esse jeitão. Fala alto, briga. Aí todo mundo acha que ela é culpada. Mas ela é muito boa".

Como a mãe, Denise, que já cultivava a religiosidade, agarrou-se ao catolicismo. É devota de Nossa Senhora, Santa Teresa e Joana d'Arc. Contou que, ao ser convocada pela CPI do Apagão Aéreo, fez um treinamento com o ator Odilon Wagner, seu amigo, que a fez representar Joana d'Arc. Ela respirou fundo e passou a me relatar uma experiência mística. Disse que participou de uma sessão de exorcismo no Convento das Carmelitas, em São Paulo. Lá, um padre e duas freiras a ampararam. Em determinado momento, ela começou a sangrar pelo nariz, enquanto uma das freiras lhe dizia: "Renega esse charuto batizado". Contou isso em tom grave, abaixando a voz e olhando em volta como se estivesse sendo observada por uma força sobrenatural.

Denise alterna momentos de impetuosidade com outros em que assume uma lógica de advogado, até resvalar para uma carência quase infantil. Sua vida pessoal, diz ela, desmoronou depois de sua passagem pela Anac. O casamento acabou, ficou desempregada e sem namorado. "Quem vai querer uma mulher com uma história tão pesada quanto a minha?"

Encontrei-me com seu filho Carlos no escritório dele. Carlos disse que Denise sempre trabalhou muito e seu maior prazer é o trabalho. "É triste vê-la assim, sem poder fazer o que mais gosta." Perguntei-lhe o que pensou quando viu a mãe fumando charuto. Ele riu. "Na época nós até achamos graça porque ela nunca fumou charuto, odeia." Quanto ao acidente da TAM, ele diz não ser a pessoa indicada para analisar, mas que tem "certeza" de que a mãe não cometeria uma irresponsabilidade daquelas. "A pergunta que eu me faço sempre é por que só ela nessa história está sendo acusada", indagou.

A CPI do Apagão Aéreo no Senado encerrou os trabalhos em outubro de 2007 e, em um relatório de mais de mil páginas, concluiu que houve desvio de 500 milhões de reais nas obras de dez aeroportos brasileiros nos quatro primeiros anos do governo Lula. O Tribunal de Contas da União (TCU) encontrou um sobrepreço de 25% nos 188 milhões de reais gastos no Aeroporto de Congonhas. Ninguém foi punido ou chamado a ressarcir os prejuízos. Em 2010, o Instituto de Pesquisa Econômica Aplicada, do governo federal, concluiu que, para um crescimento de 263% no número de passageiros domésticos entre 1995 e 2009, houve um crescimento de apenas 27% nas obras de infraestrutura aeroportuária. Dos vinte principais aeroportos administrados pela Infraero — incluindo Congonhas, Guarulhos, Santos Dumont, Galeão e Brasília —, treze estão saturados, operando muito acima de sua capacidade, situação que só piorou de 2009 para cá.

Denise foi demitida junto com toda a diretoria da Anac pouco depois do acidente. Ao receber a informação de Erenice Guerra de que seria dispensada pelo ministro Jobim, ela diz que respondeu: "Minha mãe me ensinou que quem não me quer não me merece". A minuta da Anac proibindo o pouso em Congonhas nos dias de chuva sem o uso dos reversos só seria transformada em norma um ano depois do acidente.

Roberto Gomes é assessor de imprensa voluntário da Associação dos Familiares e Amigos das Vítimas do Acidente da TAM, a Afavitam, criada com o intuito de se conseguir justiça para o caso. Ele estava satisfeito com a decisão da Procuradoria de denunciar Denise Abreu e os diretores da TAM Alberto Fajerman e Marco Aurélio Castro. Acha que é um primeiro passo para se acabar com o descaso do governo e a ganância das empresas. Contudo, questiona por que somente Denise foi denunciada. Gomes perdeu o irmão, Mario Corrêa Gomes, de 49 anos, no acidente. Contou que não consegue tirar da cabeça as últimas frases dos pilotos na cabine. E as repete com ansiedade.

Os pais de Paula Masseran Xavier e de Lucas Mattedi se emocionaram quando lhes foi entregue o cartão de memória com as 160 fotos que o casal tirou nas férias de Gramado, encontrado entre os destroços do avião. Dario Scott, presidente da Afavitam, que perdeu a filha Thaís Scott, de catorze anos, encontrou-se com Denise Abreu no dia da audiência, em agosto passado. Contou que ela chorou e que disse saber o tamanho de sua dor, porque era mãe. Dario e a mulher tiveram filhos gêmeos no ano passado.

Do lado de fora do Fórum, Maria Estela Teixeira, mãe de Douglas Teixeira, de trinta anos, que tinha ido a trabalho a Porto Alegre, e Roberto Silva, pai da comissária Madalena Silva, de vinte, esperavam por Denise. Emocionado, Silva lhe disse: "Moça, tem seis anos que eu não durmo, desde que a minha filha morreu". Maria Estela trazia o atestado de óbito do filho. "Ele morreu carbonizado. Espero que nunca falhem com os seus filhos como você falhou com o meu." Perguntei a Denise como se sentira. "Um dia eles vão me perdoar. Vão entender que não tive culpa."

PÓS-ESCRITO

Seis anos depois da tragédia, três pessoas foram acusadas pelo acidente: Denise Ayres de Abreu, Marco Aurélio dos Santos de Miranda e Castro e Alberto Fajerman. A ex-diretora da Anac, por imprudência, por ter exposto aeronaves ao perigo; os dois executivos da companhia, por negligência, já que um dos sistemas de freio do avião, o reverso, não estava funcionando.

Somente em abril de 2015 a Justiça daria seu veredicto: o juiz Márcio Assad Guardia não aceitou a denúncia da Procuradoria da República e absolveu os três acusados. Quando a decisão foi anunciada, a TAM não pertencia mais aos mesmos controladores: havia sido vendida, em 2010, para a LanChile. Em julho de 2016, os familiares entraram com recurso contra a decisão e aguardam novo julgamento. Quase dez anos depois do desastre, ninguém, até hoje, foi responsabilizado ou punido pelas 199 mortes.

A baleia branca de Rodolfo Landim

A briga do ex-executivo de Eike Batista

LUIZ MAKLOUF CARVALHO
Janeiro de 2011

Tem pai que matricula filho em aula de artes marciais para que ele aprenda a lutar. Com o engenheiro Jaderico Machado foi diferente. "Você vai entrar no jiu-jítsu para perder o medo de apanhar", disse ao filho do meio, Rodolfo, quando este tinha seus oito anos. Era ali pelo meio dos anos 1960, no Rio de Janeiro. Duas vezes por semana, até os treze, Rodolfo foi à academia dar a cara para bater. Hoje, com seus bem-dispostos 53 anos, olhos azuis irrequietos e a voz quase sempre alguns tons acima, o engenheiro especializado em petróleo, empresário e investidor Luiz Rodolfo Landim Machado, mais conhecido pelos dois nomes do meio, diz: "Aprender a não ter medo de apanhar, como eu aprendi, impede você de ser covarde". Depois de dois goles na limonada que a empregada acabou de servir no terraço do apartamento de São Conrado, zona sul do Rio, completou: "Não existe situação na vida em que eu vá me acovardar. Se passar a mão na minha bunda, vai tomar uma porrada. Seja do tamanho que for".

Referia-se ao 1,80 metro de altura e 40 bilhões de dólares no bolso do empresário Eike Batista, seu ex-patrão e atual desafeto, com quem ficou rico e a quem está processando. Ficará estimados 270 milhões de dólares mais rico se ganhar a causa — mas afirma que não é esse o busílis. "A questão é de honra, de princípio, e eu sou um homem de princípios", disse, grifando os termos. Era um fim de tarde de dezembro.

Em outro fim de tarde do mesmo mês, o advogado Flávio Godinho se sentou numa confortável poltrona na sala de reuniões de seu patrão, o empresário Eike Batista. Fica no décimo andar de um edifício na praia do Flamengo e parece que a baía da Guanabara está ali dentro. Godinho é um dos executivos mais próximos do dono do grupo EBX, que reúne cinco empresas de capital aberto — OGX (petróleo e gás), MPX (energia), LLX (logística), MMX (mineração) e OSX (estaleiros) — e valia em dezembro, na Bolsa de Valores, coisa de 82 bilhões de reais, ou 48 bilhões de dólares. (Quando o mercado estimava em 27 bilhões de dólares o valor do grupo, Eike Batista entrou na lista dos homens mais ricos da revista *Forbes* em oitavo lugar. Achou que merecia mais e protestou, por carta, dizendo que a revista tinha usado critérios de avaliação errados.) De costas para a paisagem, Godinho deu uma risada quando ouviu a frase de Landim sobre honra e princípio. Depois disse, falando grosso: "A questão do Rodolfo é só dinheiro, ao qual não tem nenhum direito. O Eike o fez milionário. Ele devia estar na praia, curtindo a vida, muito grato, e não cuspindo no prato que comeu".

O que não está em disputa é o fato de o conglomerado de Batista ter aumentado exponencialmente de valor durante os anos em que ele e Landim trabalharam lado a lado. Quando se juntou a Batista, a empresa pioneira do grupo, MMX, estava cotada em 600 milhões de reais. Quando Landim rompeu com Batista, quatro anos depois, o conglomerado estava estimado em 82,4 bilhões de reais, uma valorização de 13 700%.

Como se sabe, o capitão Ahab jura não dar trégua a Moby Dick, a grande baleia-branca que lhe arrancou a perna no livro homônimo de Herman Melville. A energia e a convicção com que Landim se dedica a reaver o que considera seu mostram que Eike Batista virou sua baleia-branca. Ao ouvir a comparação, o engenheiro deu um sorriso, pensou um pouco, e afirmou: "Eu é que sou a baleia-branca. O Eike quer me destruir".

Por trás da disputa judicial em torno de uma verdadeira fortuna, está uma briga tão ou mais crucial para os contendores, e muito mais difícil de ser arbitrada pois envolve valores intangíveis, medidos não em moeda sonante, mas em reconhecimento frente aos pares: de quem, afinal, é o mérito pelo sucesso de Eike Batista?

Os Landim Machado eram uma família de classe média alta. Moravam num bom apartamento em Copacabana, na quadra da praia, e tinham sítio em Araras, na região serrana do estado. Jaderico Pires Ferreira Machado — com senadores na árvore genealógica — era dono de uma ativa firma de construção civil. Perfil conservador, do tipo daqueles pais que diziam, rabugentos, "primeiro o dever de casa, depois a diversão". Dona Maria Augusta, a mãe, foi professora de francês e de literatura. O avô materno, José Ferreira Landim, era diretor de liceu, e o neto vivia lá, cercado de livros e do entusiasmo do avô por um time que não o Fluminense de sua casa. Foi assim que acabou flamenguista fanático. O pai se foi em 1993, com 72 anos. Com a mãe, de 82, ele fala todo dia, e às vezes mais de uma vez.

Em 1975, segundo ano da ditadura Ernesto Geisel, Landim entrou para a Faculdade de Engenharia da Universidade Federal do Rio de Janeiro, a UFRJ. Colou grau em 1979, primeiro ano de Figueiredo. Mais estudou do que fez política estudantil. "Eu sempre fui de centro", diz. Bom aluno, foi monitor na cadeira de Hidráulica, com estágios na Eletrobras e em Furnas. Tinha um carro — "Se aquele Passat falasse..." —, e do que gostava mesmo era viver a vida e jogar bola. "Fui da seleção da UFRJ", conta, de peito estufado.

Homem de muitas amigas fiéis, não foi de muitas namoradas. Casou-se com uma delas, Denise Provenzano, também da engenharia da UFRJ, um ano depois de formado, em 1981. Foram morar em Copacabana, num apartamento presenteado pelo pai dela. Depois de trabalhar numa firma de engenharia, a Promon, Landim já tinha entrado para a Petrobras, por concurso público, em fevereiro de 1980. Faria 23 anos no mês seguinte. A estatal vivia o 27º ano de monopólio na exploração, produção, refino e transporte do petróleo. Pelos próximos 26 anos, o engenheiro ficaria lá.

Landim fez o curso de engenharia de reservatório, ministrado por especialistas que a Petrobras trazia do exterior. Cabe ao engenheiro de reservatórios simular, através de modelos matemáticos, como se dará a vida produtiva da jazida, e o número de poços que maximizam a rentabilidade do projeto de produção. Os estudos gerados por esses profissionais são a base para o dimensionamento adequado das instalações, aí incluído o número de plataformas. Foi isso que ele fez nos primeiros anos. Em 1985, a estatal o mandou para Alberta, no Canadá, fazer outro curso de especialização.

O casamento não resistiu à crise dos sete anos. Acabou, por inanição e sem maiores dramas, em 1988. Flávio, o filho, ia fazer dois anos. O ex-casal cuidou para que o choque fosse o menor possível. Seu chefe na companhia era um Gabrielli (Milton Luiz, já falecido), que ele admirava e considerava um segundo pai — de um outro, que é o presidente atual, já não gosta tanto, como se verá adiante. De chefe da Engenharia de Reservatórios, foi promovido a superintendente de Produção da região Nordeste. Com campos em terra (onshore) e no mar (offshore), representava a terceira área mais produtiva da estatal, com 70 mil barris por dia. A missão de Landim era revitalizar os campos algo declinantes, para otimizar a produção. Sentou praça na sede de Aracaju.

Um pôster de uma plataforma marítima no campo Marlim Sul, bacia de Campos, diminui a insipidez de uma sala de reuniões no Ministério de Minas e Energia. É um dos lugares onde despacha o engenheiro Marco Antônio Martins Almeida, secretário de Petróleo, Gás Natural e Combustíveis Renováveis. Landim foi chefe de Almeida nos tempos de Aracaju, quando era engenheiro de produção do então maior campo de terra do país, em Carmópolis. "Ele trouxe um novo estilo — aboliu o terno, por exemplo — e novas ideias de gestão, com destaque para a franqueza e a cobrança de metas, muito rigorosa", lembrou-se o secretário. "O Rodolfo é muito determinado nas coisas que faz. Sabe ouvir, mas é difícil demovê-lo de uma coisa quando ele está convencido." Landim encontrou sua segunda mulher, Ângela, a Gita, em Aracaju. Ela dirigia uma pousada da família na praia do Atalaia. Recebeu Flávio como filho e não teve crise com a primeira mulher Denise (nem vice-versa).

Três anos e meio depois, em julho de 1992, a Petrobras o promoveu mais uma vez. Ele foi despachado para a região Norte, como superintendente-geral. Gita o acompanhou. A base foi Belém, com um frequente vaivém de Landim para as longínquas regiões de produção, entre elas o Campo de Urucu. "Era que nem macaco namorando girafa: sobe pra dar um beijinho, e desce pra pegar na mão. Uma canseira." Numa região em que as distâncias e a infraestrutura carente dificultavam e encareciam a logística, o desafio era principalmente o de cortar custos operacionais. Não se furtou a trombar com a área sindical. "Eu defendia com empenho os interesses da companhia — e era o cara que dizia não. Como é que eles iam gostar de mim?", explicou.

Landim voltou para a sede, no Rio de Janeiro, em março de 1994. A estatal já estava em seu 28º presidente — Joel Mendes Rennó, em seu primeiro mandato (governo Itamar Franco). Já soava mais alto a batucada contra o monopólio. Como a grande maioria de seus colegas, Landim não dava ouvidos. Continuava passivamente monopolista — muito diferente de técnicos ferrenhamente nacionalistas como, por exemplo, Guilherme Estrella, àquela altura já se aposentando para começar uma militância no PT. Landim participou de um grupo técnico que discutiu, pioneiramente, a exploração do petróleo em águas profundas, abaixo de quinhentos metros, na bacia de Campos. Os três primeiros campos que foram implantados — Marlim, Albacora e Barracuda — começaram a nascer aí. Claramente valia a pena investir naquele jovem engenheiro. No segundo semestre de 1994, a companhia o mandou para um MBA de seis meses na Harvard Business School.

Na entrada da sede da EBX, a holding de Batista na praia do Flamengo, uma árvore de Natal com bolas vermelhas e prateadas divide o espaço com poltronas largas de espaldar alto, fotos de instalações industriais e quinze bandeiras de estados brasileiros, enfileiradas nos mastros, numa parede ao fundo.

Dali é que se entra para a sala de reuniões com a bela visão da baía da Guanabara. A távola de madeira maciça tem doze lugares e, ao contrário da mais famosa, é oval. Flávio Godinho já brigou feio com seu chefe no passado — até de ter suas coisas jogadas porta afora, numa das piores saídas do sério do milionário temperamental. Mas faz tempo que se reconciliaram. Desde então, mais que diretor de novos negócios, ele é o que se chama de braço direito; não o único nem o mais importante, mas dos poucos. Veste blazer preto sobre camisa preta, sem gravata.

Está ali, a pedido de seu chefe, para desmontar Landim e contestar as afirmações que este fez ao repórter a respeito de Eike Batista. Mesmo as coisas menores não passarão em branco. Landim conta, por exemplo, que ali mesmo, no décimo andar da távola oval, cansou de ouvir Batista incentivar seus executivos aos gritos de *Greed is good! Greed is good!* [A ganância é boa], frase que ganhou a imortalidade no filme *Wall Street*, de Oliver Stone. "Nunca ouvi o Eike dizer *Greed is good*", corrigiu Godinho.

Certo. E que tal esta, que, segundo Landim, o patrão sempre desfiava: ao morrer, a alma santificada encontrará na porta do céu ou do inferno a placa *It's all about money* [O que interessa é o dinheiro]. "Está distorcido", conserta mais uma vez o revisor de Batista. "O que ele diz, em tom de crítica, é que essa frase estará escrita no inferno, para quem for ganancioso. O Landim fica dizendo que o Eike é um sujeito frio e calculista, que o traiu por causa de dinheiro. Isso é um factoide que ele criou, para não ter que dizer que foi demitido por incompetência. A vaidade do Landim não suporta isso." Depois de um suspiro, veio mais: "Uma das principais características, tanto do Eike como do pai dele, o Eliezer, é a humildade. O pai usa a mesma gravata. Até diz, brincando, que é um *gravanapo*. Então, a cultura da casa é de humildade".

Godinho tem ao seu lado, de terno e gravata — num cargo que já foi de Landim —, o diretor-geral da OGX, o geólogo Paulo Mendonça, português naturalizado que nunca perdeu nem perderá o sotaque. De seus sessenta anos, 35 foram passados na Petrobras. Até aquele fim de tarde, o mundo pensava que Landim é que o tinha levado para Eike Batista — o geólogo e todo o conhecimento técnico que acumulou em quase quatro décadas naquela casa. Para alguns funcionários antigos da Petrobras, a defecção de Paulo Mendonça para a iniciativa privada, pelas mãos de Landim, representava um dos grandes episódios de traição da história da estatal. Nem uma coisa nem outra, disse o geólogo. As informações que trouxe consigo estavam disponíveis a quem quisesse consultá-las na Agência Nacional do Petróleo, Gás Natural e Biocombustíveis. Quanto a sua vinda, "o Landim apenas me apresentou para o Eike. O resto foi o Eike que fez". Sempre olhando para Godinho, para ver se ele aprovava suas palavras, Mendonça não se poupou:

> Aqui tem uma figura fundamental, companheiro: Eike Batista. Ele é o diferencial. Nós, com todo o nosso conhecimento, a nossa tecnologia, não seríamos nada se não tivéssemos o dinheiro, o milhão de dólar, o "bota aí". Eu sou amigo do Rodolfo, mas aqui no grupo há uma frase que o define bem: "O Landim, de cada dez minutos que fala, quinze é sobre ele".

Quando voltou de Harvard, no final de 1994, Landim tornou-se o chepot da área nobre da produção da Petrobras — a bacia de Campos (85% da produção brasileira, na época com trinta plataformas e 7 mil trabalhadores). No dialeto petroleiro de lá, chepot significa "chefe da porra toda". Era a primeira vez que a região de Campos tinha um gerente-geral de Exploração e Produção. Antes, eram três. "O primeiro chepot fui eu, porra", disse Landim, orgulhoso. Com Gita do lado e Flávio sempre às voltas, mudaram-se para Macaé. Foi o cargo de que mais gostou até hoje.

Nelson Guitti, também engenheiro, é mais um egresso da Petrobras a ter ficado rico trabalhando para Eike Batista. Guitti é um carioca simpático de 49 anos. Dirige um carro blindado e gosta de tomar café da manhã numa boa casa da zona sul. Tinha onze anos de Petrobras quando conheceu Landim. A sua parte, na Porra Toda, era a área de engenharia submarina, que gerenciava. "Tinha muita briga quando eram três gerentes. O Rodolfo criou um clima de camaradagem, agregou pessoas certas nas posições certas, e revigorou o ânimo", disse Guitti passando manteiga no pão crocante.

Revigorou também, mas contra si, o ânimo do aguerrido Sindicato dos Petroleiros do Norte Fluminense, com sede em Macaé. Numa greve que entrou para a história, em maio de 1995, Landim tratou os grevistas sem muito jogo de cintura. Até plataforma marítima ocupada, no campo de Enchova, ele retomou. Para os dirigentes sindicais, entre eles o geólogo Henyo Barreto — hoje um dos assessores especiais do presidente da Petrobras, Sergio Gabrielli —, o apelido de chepot ganhou mais três letras: FDP.

Em 1997, no primeiro governo Fernando Henrique, a batucada antimonopólio entrou na avenida e ganhou o desfile. Landim não comemorou, mas achou que o novo regime combinava melhor com as ideias que tinha. Joel Rennó estava no segundo mandato. Ele não é amigo de Landim, como Nelson Guitti, mas também faz uma avaliação positiva do período em que conviveram na Petrobras. "Ele era dedicado e competente", disse, com mineira tranquilidade em seu sóbrio escritório no bairro de Ipanema.

O diretor de Exploração e Produção de Rennó, chefe direto de Landim, era o geólogo José Coutinho Barbosa. Em abril de 1999, ele subiu o chepot para gerente executivo de Produção e Exploração do Sul e Sudeste. "Ele havia feito um bom trabalho em Campos. É um sujeito inteligente, íntegro, trabalhador e muito obediente à hierarquia", disse Coutinho na sala de reuniões da consultoria que criou depois de passar 37 anos na Petrobras, chegando inclusive à presidência da estatal, em sucessão a Rennó.

Foi por sua vez sucedido por um presidente que não sabia nada do ramo, o francês naturalizado brasileiro Philippe Reichstul. "Eu não entendia xongas de petróleo", disse o próprio, na sala de seu escritório numa rua tranquila do bairro de Pinheiros, zona oeste de São Paulo. Mas era banqueiro, entendia de gente, conhecia os segredos do mercado, os entraves dos monopólios e os caminhos para sepultá-los. Foi o suficiente para que o presidente Fernando Henrique ignorasse completamente o xongas. Goste-se ou não do que fez — os nacionalistas como Guilherme Estrella, por exemplo, não gostaram —, Reichstul operou uma revolução na gestão da Petrobras. Abriu as caixas-pretas que pôde abrir, preparou-a para jogar com a concorrência e até extrapolou, querendo acrescentar um X no santo nome da ex-estatal, que viraria Petrobrax. Foi em vão — e até hoje lhe custa alfinetadas. (Caso queira, poderá sempre dizer que foi o primeiro a ter a ideia de pingar um X no nome de uma petroleira.)

Landim caiu-lhe nas graças durante a primeira grande desgraça que enfrentou: o assustador vazamento de 1,3 milhão de litros de óleo na baía da Guanabara, em janeiro de 2000, tido até hoje como o primeiro desastre de grandes proporções na história da companhia. Coutinho o indicou a Reichstul quando este pediu um gerente capaz de pilotar a crise. "Temos o Rodolfo Landim, mas ele está de férias em Aracaju", disse. Desenhou a figura — e o presidente que não entendia xongas de petróleo, quanto mais de vazamento gigante, pediu que o chamassem.

O engenheiro voltou o mais rápido que pôde e, sob a direção de Reichstul, coordenou não só a gigantesca e complexa operação de limpeza, como também a difícil negociação com a população diretamente prejudicada. "A transparência com que assumimos a culpa foi uma mudança de paradigma no tratamento das questões do meio ambiente", disse Reichstul. "O Rodolfo soube assumir a responsabilidade e fazer o melhor possível. E nunca perdemos o bom humor, nem nos piores momentos."

Rodolfo Landim e Eike Batista se encontraram pela primeira vez no final de 2002, em um almoço de trabalho num restaurante de massas e frutos do mar da praia do Flamengo. O primeiro era presidente da Gaspetro, subsidiária da Petrobras na complicadíssima área de gás natural, para onde Reichstul o havia guindado. Seu chefe direto era o hoje senador petista Delcídio do Amaral. No almoço, a pauta foi um contrato entre a Gaspetro e a chamada "Termo-Luma" — uma usina térmica no Ceará, assim alcunhada, por parte da imprensa, pelo fato de Batista, à época, ser mais conhecido como o marido da modelo Luma de Oliveira. Landim não lembrou o assunto específico, mas disse que foi uma conversa cordial e produtiva.

Foi na Gaspetro que Rodolfo Landim conheceu a hoje presidente da República, Dilma Rousseff. Ela era, então, secretária de Energia do governo do petista Olívio Dutra, no Rio Grande do Sul. Queria fazer um gasoduto do qual ele discordou. Bateram cabeça em diversas reuniões — mas gostaram um do outro. "O Rodolfo era um dos profissionais mais talentosos e bem preparados da Petrobras", disse Delcídio do Amaral numa sala da Biblioteca do Senado. Acabava de ser reeleito e estava no sétimo céu. "A campanha foi linda", ainda vibrava. Eike Batista foi um doador expressivo, tendo contribuído com 500 mil reais. "Sou amigo dos dois", disse o senador, antes de tornar a falar de Landim. "Ele trabalhava muito, conhecia os problemas a fundo. Era muito *by the book* e não fazia nada se não estivesse convicto. Um tipo de sujeito que não é qualquer um que pode comandar."

De fato. Landim faz a seu jeito e é obcecado em vencer. Ele, Nelson Guitti e o também engenheiro Sérgio Bandeira de Mello, ou Gico, até hoje na Petrobras, foram por muito tempo um trio inseparável e assíduo no futebol soçaite. Jogaram em muitos campos, um deles na arena do sítio de Araras, onde os três irmãos Landim Machado — Fred, Rodolfo e Pedro — se digladiavam e xingavam a própria mãe. O campo mais famoso, entretanto, foi o do compositor e escritor Chico Buarque de Holanda — o Politheama, na Barra da Tijuca. Chico acha-se um bom jogador. Landim também — no futebol como em tudo o mais. Costuma desconsiderar essa história de cintura pra cima e de cintura pra baixo. "Ele pega mesmo", disse Gico. "Eu admito que é mais transpiração que inspiração", concedeu Landim. Chico vinha, na vaga geometria, uma firula exata pra cá, um belo parafuso pra lá, e, quando ia emplacar a pintura na pinacoteca, Landim abateu-se sobre ele. "Nem foi falta", disse o empresário. O juiz achou diferente. Vinicius França, empresário do compositor, entrou no campo com os braços agitados, admoestando: "Não pode encostar no Chico! Não pode encostar no Chico! Todo mundo foi avisado!". É que os frequentadores do Politheama, antes, são informados de algumas regras especiais. Os adversários não podem se aproximar de Chico além da distância de um metro e meio. "É um campo de força", disse Gico, entre risadas. "Assim, qualquer um joga bem", aduziu Guitti. "E nem foi falta", repetiu Landim.

No começo do governo Lula, com o apoio da ministra das Minas e Energia, Landim assumiu a presidência da Petrobras Distribuidora, a subsidiária gigante na área de comercialização. Tinha currículo para esperar mais — a diretoria de Exploração e Produção, por exemplo, assumida por Guilherme Estrella, resgatado da aposentadoria pelo PT —, mas gostou. "Vibrei com o desafio", disse. O presidente Lula o conheceu em seu gabinete, durante uma reunião de trabalho em 2003, e achou que a BR estava em boas mãos. No começo de 2005, quando se avizinhava a troca da presidência da Petrobras — Dutra ia sair em campanha, candidato a senador — o nome de Landim começou a aparecer, em notas na imprensa, entre os cotados com bons cacifes. "É óbvio que se eu fosse convidado seria um orgulho", disse, na sala de sua nova empresa, que ocupa o andar inteiro de um prédio de Botafogo.

"Ele tinha todas as condições, seria o coroamento de uma carreira brilhante", disse o senador Delcídio do Amaral, que então debutava no primeiro mandato. O que houve, então? Amaral se ajeitou na cadeira e aprumou a voz: "Houve que a Petrobras tem um sujeito chamado Henyo Barreto, com H e Y, imagine só. É o rei do dossiê. Foi ele que pilotou a queimação". Vem a ser o geólogo e líder sindical que agregou aquelas três consoantes ao nome do chepot da Bacia de Campos. (Barreto não quis dar entrevista.) Landim dispensou comentário específico. Mas disse: "É notório que a área sindical não gosta de quem negocia em nome do patrão. E é notório que circulou um dossiê com acusações que o TCU rejeitou". Os documentos acusavam o engenheiro de gastos administrativos irregulares. Landim não gostou. A chateação cresceu quando soube que seu nome fora lembrado pelo presidente Lula, quando Dutra tratou da sucessão na Petrobras. Ao ouvir o nome de Gabrielli, que Dutra indicara, respaldado por negociação do partido, o presidente perguntou se Landim não seria outra boa alternativa.

Poder-se-ia imaginar que o senador Amaral, do partido do governo, trabalharia para que Landim, cuja excelência profissional reconhece, permanecesse no sistema Petrobras, tão defendido pelo PT. Não foi assim. "Eu é que fiz a primeira ponte para o Landim ir pro Eike", contou, orgulhoso, entre uma foto e outra com prefeitos que o procuravam na Biblioteca Luiz Viana Filho. Aconteceu assim: Batista vinha ligando insistentemente para o presidente da BR, mas não passava das secretárias. Pediu, então, ajuda ao senador. Amaral ligou para Landim: "O Eike está louco atrás de você. Ele quer conversar pessoalmente. Vai ligar de novo".

Batista ligou, e Landim atendeu. Marcaram um encontro. A conversa entre o milionário e o funcionário aconteceu na sala do primeiro, precisamente a do décimo andar da praia do Flamengo, número 154, com a tábula oval de doze lugares e a vista de tirar o fôlego. Batista expôs seus projetos de ampliação da MMX Mineração e Metálicos. Landim gostou, mas achou que ainda podia crescer na Petrobras. *Headhunters* também o procuraram, em nome de grandes empresas, mas ele os ignorou.

Percebeu, no entanto, que o processo de sua fritura não arrefecia. No escritório de Botafogo, contou que isso acabou queimando um dos três elementos que o deixam profissionalmente feliz: ambiência, desafios e remuneração. Esta última andava pela casa dos 40 mil reais por mês, desafios não lhe faltavam, mas a tal ambiência, que ia bem na Distribuidora e junto à ministra Dilma, virou um inferno na nova direção da Petrobras. Ele foi a Gabrielli e disse: "Tiro na trincheira não dá. Estou saindo". Gabrielli se fez de rogado. Lamentou, disse que a perda seria grande, tudo com algodões, mas não moveu uma palha para demover o colega.

Landim saiu em maio de 2006. Tinha 26 anos de empresa. Foi despedir-se da ministra Dilma, então na Casa Civil, e do presidente Lula. Este perguntou, segundo ele, em que ramo iria trabalhar. Disse que não seria na área de petróleo. "Me impus uma quarentena a que não era obrigado", afirmou. Tinha um patrimônio que estimava em 500 mil reais — entre imóveis, carros e dinheiro no banco. "Suei a camisa para economizar. Passei muitos anos sem ar-condicionado no carro", contou o empresário, que é pão-duro assumido.

A primeira porta que o recebeu foi a do empresário Abilio Diniz, dono do grupo Pão de Açúcar. Namoro de duas semanas, atropelado pelo assédio de Eike Batista e sua proposta irrecusável: 1 milhão de dólares na assinatura do contrato, 150 mil reais limpos por mês, bonificação anual, opções de compra de ações e outros benefícios. Coisa, na média, de 40 milhões de reais por ano — ou 50 milhões, nas contas do pessoal de Batista, ciosos em demonstrar que Landim foi extremamente bem remunerado.

Landim assinou o contrato em 15 de maio de 2006 — nem duas semanas passadas desde que saíra da Petrobras. Entregou ao fisco, no primeiro ano, quase 9 milhões de reais. "Comprei este apartamento na primeira semana com o Eike", disse, ao mostrar o apartamento de São Conrado, com vista para o mar. "Foi uma pechincha." Pagou pelo imóvel 450 mil reais, num leilão judicial, mais inadimplências. Hoje, depois de uma bela reforma, vale uns 4 milhões de reais.

Nos números de Landim, a MMX valia 600 milhões de reais no dia em que começou a trabalhar com Eike Batista. Depois da abertura do capital — processo que coordenou com competência reconhecida por Batista — a empresa passou a valer, em dezembro de 2006, 3,4 bilhões de reais. Quatro anos depois, somadas as outras X, o grupo EBX chegou aos tais 82,4 bilhões de reais, ou 48 bilhões de dólares. Landim se atribui uma boa parcela de responsabilidade na criação dessa riqueza, uma espécie de chepotX, seja pela reputação profissional, seja pela liderança que exerceu, reconhecida pelo mercado.

* * *

Almoçando um peixe grelhado num restaurante do centro velho do Rio, Landim destacou, como grandes momentos, a oferta pública de ações da MMX — uma das mais bem-sucedidas do mercado, em julho de 2006 — e, no ano seguinte, o meganegócio da venda de uma parte da MMX para a gigante Anglo American, pela fortuna de quase 6 bilhões de dólares. O Grupo EBX afirma que, somente nessa operação, Landim ganhou exatos 54 740 878,96 reais.

Àquela altura, para usar uma expressão do advogado Flávio Godinho, o clima entre Batista e Landim era de lua de mel. Fizeram dezenas de viagens a trabalho pelo mundo afora, afinaram as convergências, minimizaram as dissonâncias. Nos cinquenta anos de Landim, em março de 2007, houve uma festa num bufê do Itanhangá, bairro nobre da zona oeste do Rio. Batista foi com a namorada. Não achou que precisasse de fantasia e deu boas risadas ao abraçar um Landim roqueiro dos anos 1970, com peruca comprida e faixa na cabeça.

O primeiro vento da tempestade que chegaria soprou, sem que eles percebessem, em dois voos internacionais. No primeiro, de Nova York para Londres, em 1º de dezembro de 2006, Landim explicou para Batista, em termos técnicos, hipotéticos, como a criação de uma outra Petrobras, menor, é claro, poderia ser um ótimo negócio. "Eu tinha na cabeça a ideia de criar uma empresa de petróleo, depois que passasse a quarentena", contou, enquanto saboreava o cherne. "O Eike ficou louco, no avião, quando eu mostrei que os índices de acerto eram muito maiores do que na área de mineração. Não saiu mais do meu pé pelo resto da viagem." No voo de Londres para o Brasil, três dias depois, Batista escreveu um bilhete que já entrou para a história — pelo menos para a história dos bilhetes.

Já fartamente divulgado, ele diz:

> De: Eike Batista
> To: Rodolfo Landim (meu amigo)
> Após vários meses trabalhando com você, constatei que você pertence ao pequeno e seleto grupo de pessoas muito raras e muito especiais que conheci na minha vida.

Você é transparente, ético ao máximo, profissional competente e disciplinado — um homem do bem. Gostaria de convidá-lo a fazer parte da minha holding; como cavaleiro da "távola do sol eterno", fiel guerreiro e escudeiro, um grande amigo!

Ao invés de uma bela espada, você receberá 1% da holding + 0,5% das minhas ações da MMX (acho, e quero, que você tenha o mesmo Nr que os outros diretores).

Uma das coisas mais gostosas na vida é trabalhar com amigos competentes e fiéis, e dividir a riqueza criada!!

Você merece,

Do amigo

(ass.) Eike Batista

Por que um empresário experiente como Eike Batista escreveria um bilhete assim? Landim respondeu:

Porque ele ficou o tempo todo no meu ouvido: "A gente precisa fazer a petroleira, a gente precisa fazer essa empresa, você é o cara, você é o cara". Eu dizia: "Não quero fazer. Ainda estou na quarentena. Assumi um compromisso com o presidente da República e com a Dilma". Como insistiu muito, eu falei, no avião, que depois da quarentena iria pensar. Ele pegou o papel, levou uns minutos escrevendo e me entregou, animado: "Tá aqui, ó. Tu tem 1% de tudo o que vai ser criado". Eu li e achei generoso. Ficamos emocionados, apertamos as mãos e selamos o compromisso, de homem pra homem, olho no olho, honra por honra, de que eu tocaria o projeto que veio a ser a OGX.

Era 4 de dezembro de 2006.

No terraço de São Conrado, Landim contou que, dias depois de chegar ao Rio, consultou alguns advogados sobre o valor jurídico do bilhete. Ouviu opiniões afirmativas e o guardou, junto com o talão do embarque na primeira classe do voo da British Airways.

"Por que Eike Batista escreveu o bilhete?", perguntei mais uma vez, agora para o advogado Flávio Godinho, na grande távola da praia do Flamengo. "Porque o Eike é extremamente carinhoso e costuma escrever bilhetes elogiando seus executivos. Não foi a primeira vez. Mas foi a primeira vez que um executivo guardou um bilhete, por quatro anos, com o cuidado de também guardar o tíquete do voo em que ele foi escrito, o que prova que ele já estava mal-intencionado." Pergunto se Landim não pode ter guardado legitimamente, para servir de garantia a uma promessa feita. "Não houve nenhuma promessa", respondeu o advogado.

> O Eike nunca teve sociedade com os seus executivos e jamais proporia isso. O bilhete não tem valor jurídico nenhum. E os contratos que o Landim assinou, depois, mostram que ele já recebeu tudo o que tinha para receber e mais alguma coisa. Foram 50 milhões de reais por ano de trabalho. Ao invés de ser grato e reconhecer a generosidade do Eike, ele ainda quer mais.

Godinho acrescentou:

> O problema do Rodolfo foi achar que ele foi o mentor intelectual do Eike, e que foi o responsável principal por tudo o que foi feito sob a indiscutível e visionária liderança do Eike. Mas ele não foi nada disso. De zero a cem, a participação dele foi seis. No caso da OGX, se nós fôssemos na orientação dele, ela nem teria nascido. Na MMX, ele decepcionou a todos nós, desde o início. Landim jamais foi um pilar de sustentação. Aqui a regra do jogo é clara: ganha-se muito dinheiro, mas tem que suar o litro certo. O Eike paga, mas é exigente. Se você quer boa vida, não venha para cá. Ele ganhou muito mais do que um dia podia ter imaginado. Eu adoro o Rodolfo, adoro, mas esse deslize é incompreensível.

Landim e Nelson Guitti, que saiu antes dele, contaram que os problemas começaram depois da crise do Lehman Brothers, em 2008, quando Batista, naturalmente preocupado em perder dinheiro, passou a querer que os executivos investissem, nas empresas do grupo, parte dos rendimentos ganhos com a venda dos ativos para a Anglo American. "Foram recursos generosos, distribuídos até a mais, e nada mais natural do que pedir essa colaboração num momento difícil", justificou o advogado de Eike Batista. Landim e Guitti não concordaram com todos os pedidos de contribuição, entre eles alterações contratuais que significariam diminuição de rendimentos. Insatisfeito com as mudanças das regras, mas satisfeito com a bolada que lhe resolveu a vida, Guitti saiu, como vários outros. Landim, que tinha o bilhete, ficou.

* * *

Na memória de Godinho não há um fato específico a marcar o começo do impasse. "Foi um conjunto de muitas coisas", disse. Landim acha que há dois: a mudança das regras no meio da partida, reduzindo valores, e, no caso dele em particular, Batista ter ficado com a vaidade ferida porque o executivo estava aparecendo demais, uma espécie de outra Luma na vida dele. A gota d'água foi uma reportagem da revista *IstoÉ Dinheiro*, em novembro de 2008, logo depois da abertura de capital da OGX, coordenada por Landim. Sua foto está na capa, de corpo inteiro, com o título "Ele tem R$ 8 bilhões em caixa e nenhuma gota de petróleo (ainda)". A foto e a chamada ignoram Batista. O texto da reportagem é marginalmente mais generoso em menções ao fundador das empresas X.

Não seria a primeira vez que vaidades feridas determinariam atitudes drásticas dentro do grupo. O próprio Godinho vivera situação parecida, quando Batista o mandou embora por também achar que estava mandando demais. Da sombra do pai, o engenheiro Eliezer Batista, presidente mítico da Vale do Rio Doce, ele ainda fala. Contou, por exemplo, à revista *Alfa* de dezembro, em reportagem de Vicente Vilardaga, uma história que poucos conheciam: ao ouvir os projetos do filho, então com 21 anos, o pai lhe entregou um diploma de idiota. Batista tem feito declarações públicas com elogios ao pai, mas em histórias como essa, contadas espontaneamente trinta anos depois dos fatos, é difícil não detectar certo gozo em alardear para o mundo que o grande homem estava errado e o idiota venceu.

Esse traço psicológico também apareceu em uma das melhores entrevistas de Eike Batista, dada ao jornalista americano Charlie Rose e levada ao ar pela televisão pública americana em fevereiro deste ano. Está disponível nos sites do jornalista e da EBX. Há, porém, uma discrepância entre as duas versões. O trecho transcrito abaixo só pode ser visto no site de Charlie Rose, pois é o único a ter sido expurgado da tradução disponível no endereço eletrônico da empresa de Batista. Refere-se à ex-esposa, Luma de Oliveira.

Rose pergunta: "Agora um pouco de psicologia. Seu pai era famoso, você era casado com uma mulher muito conhecida, capa da *Playboy*. Alguma coisa em você acordou e o fez decidir: preciso deixar uma marca no mundo, eu serei o homem mais rico do Brasil?". Eike Batista responde: "Até o ano 2000 eu aceitava ser o marido da Luma, minha mulher. Foram doze anos muito felizes. [...] Aí eu disse: 'Agora estou sozinho, como faço para deixar minha marca no mundo?'. Acho que você tem razão, a psicologia explica um pouco isso".

O processo de desgaste entre as duas vaidades durou mais de um ano — até Landim ter sido definitivamente despedido, em maio de 2010. "Foi tenso", disse, em seu novo escritório. Batista não é direto no confronto. O processo de afastamento é sutil. Landim foi perdendo espaço, renegociando o que aceitou — para menos — e batendo o pé contra prejuízos maiores, em seu entendimento. Batista o demitiu uma primeira vez, e o chamou de volta. Uma segunda, com novo recuo. Na terceira, não teve volta.

O bilhete voltou ao proscênio: *Você receberá 1% da holding + 0,5% das minhas ações da MMX...* "Era tudo o que eu tinha para provar que ele havia assumido um compromisso e para abaixar a crista daquela arrogância, que acha que pode tudo, inclusive mudar as regras do jogo a seu bel-prazer", afirmou o empresário. "Mas passar a mão na minha bunda não. Jamais!", exclamou. Segundo conta, sua primeira atitude foi propor uma negociação. Procurou o advogado Raphael de Almeida Magalhães, conselheiro de empresas de Batista. Não deu certo. Procurou, então, o advogado Sergio Tostes, de banca prestigiada. Quando leu o bilhete, Tostes não perdeu a brincadeira: "Você sabe que se isso vier a público vão dizer que tem paixão no meio?". Landim também riu, e assinou a procuração.

Tostes argui, na inicial que deu entrada em agosto passado, que o bilhete, ali chamado de "documento" ou "instrumento manuscrito de próprio punho pelo réu", encerra um "inquestionável comprometimento de natureza societária". Num trecho da página 10, lê-se: "Não existem [no bilhete] palavras vãs. A expressão 'fazer parte da minha holding' só tem um significado lógico, semântico e, principalmente, jurídico: ser sócio da minha holding. Não há possibilidade de qualquer tergiversação". Pede que Eike Batista seja condenado a indenizar seu cliente, por danos materiais, no montante de 1% das ações em todas as empresas do grupo, valor a ser apurado em perícia, mas estimado, no mínimo, em 300 milhões de dólares (1% do suposto valor de mercado de 30 bilhões de dólares, que segundo a EBX já está em 40 bilhões de dólares). Tostes deu à causa o valor de 1,2 milhão de reais.

* * *

O defensor de Batista é o advogado Sergio Bermudes, de banca igualmente prestigiada. Ele não quis dar entrevista. Sua contestação diz que a ação de Landim "não passa de feio e canhestro expediente, destinado à colheita de pingues [gordos] lucros resultantes da imaginária capitulação do demandado à inescrupulosa tentativa de alimentar a cobiça de quem não se contenta com os gigantescos proveitos obtidos pelo exercício das funções em empresas de controle do suplicado".

Esses proveitos, na conta de Bermudes, foram, nos quatro anos, de 200 milhões de reais — "mais de 4 milhões de reais por mês, equivalentes a cerca de 130 mil reais por dia de trabalho, compensação exuberante dos seus afazeres, que não propiciaram os resultados de que ele se vangloria".

Nas 37 páginas de sua argumentação, Bermudes não contesta a existência do bilhete, que chama de "papelucho", nem as circunstâncias em que foi escrito, mas o valor jurídico, que para ele é nenhum. O "papelucho" é explicado pelo advogado como uma "declaração programática", uma "afirmação idealística", uma "declaração de sentimento", porque "não cria, nem sequer esboça, direito algum".

Sergio Tostes disse, em entrevista telefônica: "Papel, papelucho, papelzinho, papiro ou o que for, vale pelo que nele estiver contido. É um manuscrito de autoria definida e destinatário certo. O réu pode debochar do papel que ele próprio escolheu, mas não pode fugir daquilo a que se comprometeu". Quanto à classificação de Bermudes para o bilhete, ele só concordou com a "declaração de sentimentos" — pela quantidade de elogios de Batista a Landim.

Quem perde uma causa paga a chamada sucumbência — que é um percentual sobre o valor da mesma, estipulado pelo juiz ao final do processo.

Em uma outra petição, Sergio Bermudes pediu ao juiz da Quarta Vara Empresarial, onde o processo tramita, a impugnação do valor da causa, os 1,2 milhão de reais sugeridos por Tostes. Achou-o "irrisório e ridículo, se comparado com o gigantismo do pedido monstruoso, com o inegável objetivo de minimizar os riscos da sua aventura judicial". Fez, então, o cálculo de quanto seria o 1% reivindicado por Rodolfo Landim. Considerou o valor de participação da holding Centennial Asset Mining Fund, de Batista, apenas na OGX e OSX, e afirmou, na petição, que o "exorbitante pedido" de Landim "corresponde a, no mínimo, R$ 493 054 748,55". Este deve ser o valor da causa, pediu ao juiz. "É uma tentativa de intimidar o meu cliente", disse Sergio Tostes. "Mas, quando ganharmos, já há pelo menos um cálculo, feito por eles, de quanto será pago ao Landim." Para usar o jargão, é briga de cachorro grande. "Quem viver verá", disse Flávio Godinho. "Quem viver verá", afirmou Sergio Tostes.

Rodolfo Landim, consultor de empresas e colunista quinzenal do jornal *Folha de S.Paulo*, está dando partida em empreendimentos novos: um deles, com Guitti e outros sócios, entre os quais o ex-presidente do BNDES, Demian Fiocca, é um fundo de *private equity*. O outro é uma empresa de petróleo, sua. Já está funcionando, na praia de Botafogo, com especialistas que ele trouxe da Petrobras. O nome é YXC. Numa livre tradução do inglês, por ele estimulada, pode-se ler: "O Eike se...". Landim dá uma risada e diz que não vai decifrar o jogo de letras: "É um segredo nosso".

Flávio Godinho encerrou assim: "Um trapezista pode fazer mil piruetas. Mas, no dia em que achar que voa, ele se esborracha. O Rodolfo se esborrachou". Landim também disse o "quem viver verá".

PÓS-ESCRITO

A disputa judicial entre Rodolfo Landim e Eike Batista foi resolvida em poucos meses, e terminou com uma derrota e uma vitória para cada lado. Em junho, Landim perdeu a ação principal, aquela em que pedia 1% do grupo X, ou 270 milhões de reais. O juiz Mauro Pereira Martins, da Quarta Vara Empresarial do Tribunal de Justiça do Rio de Janeiro, considerou que o bilhete de Eike não tinha valor de contrato. Landim ainda recorreria da decisão em cortes superiores, sem sucesso. Em julho daquele mesmo ano, porém, o executivo conseguiu autorização da Justiça para vender o último lote de ações da OGX que recebera trabalhando para o bilionário. Colocou no bolso mais 77 milhões de reais. No cômputo final, a experiência de Landim no grupo X lhe rendeu 242 milhões de reais. Hoje, ele dirige a própria empresa, a Ouro Preto Óleo e Gás, uma pequena petroleira que explora áreas no litoral do Espírito Santo, no Piauí e no Maranhão.

Eike Batista, por sua vez, viveria, a partir daquele ano de 2011, trajetória descendente nos negócios. A OGX não conseguiu cumprir as metas de produção e, no início de 2012, admitiu ter muito menos óleo em seu reservatório do que o prometido aos investidores. As ações da petroleira despencaram, arrastando todas as outras empresas do grupo, que ficou sem dinheiro para concluir seus projetos de portos, ferrovia, minas e de estaleiro.

Pressionado, em 2014 Eike entregou parte das empresas aos credores e colocou a OGX e a OSX, de navios, em recuperação judicial. Os investidores que haviam comprado ações do grupo X perderam milhões de reais e processaram o ex-bilionário. Mas o juiz do caso foi substituído por usar os bens apreendidos do empresário, e até setembro de 2016 o novo magistrado mantinha o caso parado. Também em 2014, a Polícia Federal abriu inquérito para investigar Eike por crimes financeiros e lavagem de dinheiro, mas o trabalho ainda não foi concluído. A Comissão de Valores Mobiliários, o xerife do mercado de capitais, multou Eike em 1,7 milhão de reais e, em abril de 2015, o proibiu de participar de empresas com ações em Bolsa até 2020.

Em águas profundas

A guerra entre uma empreiteira e um aliado de Eduardo Cunha expõe as entranhas do petrolão

MALU GASPAR
Agosto de 2015

"O senhor acha que vocês estão acima da lei, que podem fazer o que bem entendem, desde que paguem propina a agentes públicos?" A primeira pergunta endereçada ao depoente que comparecia à Comissão Parlamentar de Inquérito da Petrobras na tarde de 27 de maio caiu no vazio. Sentado num dos cantos da longa mesa da comissão, junto aos dois advogados que o acompanhavam, o empresário Carlos Eduardo Schahin limitou-se a responder o que havia ensaiado: "Por orientação dos nossos advogados, eu vou ficar em silêncio". Seria assim diante de todas as outras indagações que lhe seriam feitas.

Assistindo a tudo dos bastidores, outros quatro membros do clã aguardavam a vez de falar. Entre eles, o pai e o tio de Carlos Eduardo, Salim e Milton Taufic Schahin, os irmãos fundadores de um conglomerado empresarial que chegou a ter 10 mil funcionários e hoje amarga um complexo processo de recuperação judicial.

Semanas antes, sentado àquela mesma mesa da CPI, o delator Pedro Barusco havia contado que, em 2008, a Schahin pagara propina para ganhar o contrato de construção de um gasoduto entre as cidades de Caraguatatuba e Taubaté, no interior paulista. Segundo o ex-gerente da Petrobras, a comissão, de 2,2 milhões de reais, correspondia a 2% do valor do contrato, de 223 milhões. O próprio Barusco entregou aos parlamentares um comprovante de depósito de 59 mil dólares em uma conta no Panamá, feito por uma offshore dos Schahin nas Ilhas Virgens Britânicas. E ainda revelou um inusitado acerto de compensação de créditos envolvendo a Schahin e o tesoureiro do PT, João Vaccari Neto: Barusco enfrentava problemas para receber a propina combinada com a Schahin pela obra do centro de pesquisas da Petrobras, ao passo que Vaccari passava pela mesma dificuldade com a MPE, empresa de montagem de módulos para plataformas. "O Vaccari falou: 'Olha, eu tenho mais facilidade de receber da Schahin. Você me passa essa dívida da Schahin e recebe a dívida que a MPE tem comigo. E nós fizemos essa troca", declarou o homem que confessou ter amealhado em suas contas bancárias mais de 100 milhões de dólares em propinas enquanto trabalhava na estatal.

"Qual a relação que a empresa tinha com o sr. Pedro Barusco?", prosseguiu o deputado Arnaldo Faria de Sá, do PTB de São Paulo, lendo mais uma das muitas perguntas que trouxera por escrito. A fisionomia do executivo não se alterou: "Por orientação dos meus advogados, vou ficar em silêncio". "Com quem mais a Schahin tratou de assuntos relacionados a contratos, recebimentos, pagamentos de propinas e corrupção? Algum agente político, ministro, governador, prefeito? Com quem?", continuou o parlamentar. A resposta parecia sair de um gravador: "Por orientação dos meus advogados...".

Depois de Carlos Eduardo, seu tio, Milton, responsável pela área de óleo e gás do grupo, foi o mais bombardeado. "O senhor não tem medo de ser preso, não?", foi uma das 115 perguntas que lhe fizeram, respondidas invariavelmente com a mesma frase decorada. Até que a tarde virasse noite, os Schahin a repetiriam 190 vezes, com leves variações de tom e de vocabulário.

Ancoravam-se num habeas corpus concedido na véspera pelo ministro Celso de Mello, do Supremo Tribunal Federal, que lhes assegurava "o direito de exercerem a prerrogativa constitucional contra a autoincriminação" e de serem acompanhados por seus advogados, assim como se comunicarem com eles durante o depoimento. Salvaguardas desse tipo são frequentes em CPIs. O próprio Vaccari se beneficiara do mesmo instrumento diante daquela comissão. Ainda assim, respondeu a uma ou outra pergunta. Já os Schahin foram intransigentes. "Eu queria saber se Carlos, Milton, Salim e Rubens são irmãos", solicitou o deputado Izalci Lucas, do PSDB do Distrito Federal. "Por orientação dos meus advogados, eu vou ficar em silêncio."

A lenga-lenga foi irritando os parlamentares. O petista Luiz Sérgio, do Rio de Janeiro, sugeriu que dispensassem a família logo no início da sessão, mas o resto da CPI queria partir para cima dos empreiteiros. "Nós já tivemos depoentes aqui que se recusaram a falar, e na semana seguinte estavam na cadeia", provocou Celso Pansera, do PMDB do Rio. "Vamos fazer perguntas com cujas respostas ele possa querer contribuir. De repente, baixa nele o espírito dos homens de bem", ironizou André Moura, do PSC de Sergipe. Inconformada com o comportamento dos depoentes, a maranhense Eliziane Gama, do PPS, solicitou uma operação de busca e apreensão nos escritórios da Schahin em São Paulo. Uma celeuma se instalou quando ela percebeu que, enquanto arguia, os advogados se concentravam mais nas mensagens que trocavam pelo WhatsApp do que na fala dos deputados.

No meio da sessão, o delegado Waldir, do PSDB de Goiás, deixou o plenário abanando a cabeça, contrariado: "Vou embora, vou fazer o quê? Papel de palhaço? Não tem mais o que fazer...". Ao final de horas de interrogatório e de uma fieira de intervenções nervosas, os Schahin foram liberados.

* * *

Quatro semanas depois, Milton Schahin ainda tinha o dia da CPI entalado na garganta. Trajava um pulôver azul-marinho por cima da gravata azul quando me recebeu em seu escritório, na avenida Paulista. Sentou-se à cabeceira da mesa de reuniões, ladeado pelo assessor de imprensa, Marcio Chaer, e pelo diretor jurídico do grupo, João Alves Meira Neto, e desandou a falar, arregalando os olhos azuis:

> Eu tenho setenta anos, comecei aos 22. Trabalho feito um condenado, para chegar ao final da vida e ser chamado para uma CPI da Petrobras… E aqueles ladrões me chamarem de quadrilheiro! Perguntaram se eu não tinha vergonha de chegar em casa e encarar minha mulher e meus filhos sendo um mau-caráter, um cara sujo, um sem-vergonha que joga contra o Brasil. E eu ali dizendo que não tinha nada a declarar. Foi uma humilhação.

Poucos anos atrás, no auge do governo Lula, o Grupo Schahin ocupava um edifício inteiro nas proximidades da mesma avenida Paulista. Agora, estavam concentrados no único andar em que se instalava o escritório onde Milton — um homem de porte atarracado, cabelos brancos já rareados e fala mansa — não escondia sua amargura. Sustentou que o tratamento recebido na CPI foi desproporcional à pouca importância da empresa. "Eu sou pequeno diante de toda essa situação. Se havia cartel, não éramos parte dele. Para esse samba, não me convidaram."

De fato, a Schahin não fazia parte do clube VIP do cartel das empreiteiras. Sua especialidade no universo da Petrobras não são as obras físicas — refinarias, complexo petroquímico, gasodutos — em que o cartel reinou absoluto. A receita que obteve da estatal veio em grande medida da operação de sondas (equipamentos de perfuração e prospecção) e plataformas (de onde é extraído o petróleo do fundo do mar). Mal comparando, é a área que o ex-deputado pernambucano Severino Cavalcanti chamava de "diretoria de furar poço", reivindicando-a para sua órbita de influência na rápida passagem à frente da presidência da Câmara. Nesse ramo, de "furar poço", a Schahin fechou com a Petrobras contratos que lhe renderiam 5,1 bilhões de dólares até 2018.

O ingresso da Schahin nos negócios com a Petrobras foi recebido com má vontade pelas grandes do setor. Numa das mensagens apreendidas pelos investigadores da Operação Lava Jato na sede da Odebrecht, o principal executivo do grupo baiano para a área de óleo e gás deixa claro como a Schahin era vista pelo cartel, ao discutir um sobrepreço no fornecimento de sondas: "Acho que temos que pensar bem em como envolver a UTC e OAS, para que eles não venham a se tornar futuros concorrentes na área de afretamento e operação de sondas. Já temos muitos brasileiros 'aventureiros' nesse assunto (Schahin, Etesco...)".

Foi justamente na seara das sondas e plataformas que a Lava Jato obteve recentemente grandes revelações. A mais impactante coube ao lobista Júlio Camargo. Em novembro do ano passado, ele havia contado em delação premiada ao juiz Sérgio Moro ter pago 40 milhões de dólares em propinas para conseguir contratos na Petrobras. No início de julho, em novo depoimento, afirmou que 5 milhões desse montante teriam ido para o bolso do próprio presidente da Câmara, Eduardo Cunha.

Como representante da Samsung, Camargo vendeu à estatal dois navios-sonda à custa de suborno; um deles passou a ser operado pela Schahin. Esse é um dos episódios em que se cruzam as trajetórias de Cunha e Schahin. Há outro, que nada tem a ver com o escândalo do petrolão, mas envolve diretamente um velho amigo do presidente da Câmara, o operador financeiro Lúcio Bolonha Funaro, figura conhecida no mundo brasiliense.

Funaro e os Schahin travam uma guerra renhida em torno da responsabilidade pelo estouro da barragem da Usina Hidrelétrica de Apertadinho, em Rondônia, um caso de cifra bilionária que se arrasta na Justiça desde 2008. "O Funaro é a razão da nossa crise. Ele e a sua ligação com o Eduardo Cunha. A força que eles têm é impressionante", disse Schahin em nosso encontro. Virando-se para o advogado, João Meira, completou: "Quantas vezes fomos chamados para aquelas comissões na Câmara formadas apenas para achacar?".

Os registros da Câmara dos Deputados mostram que, desde 2008, foram 29 as medidas tomadas pelos parlamentares em relação à Schahin — entre requerimentos de informação, convites para audiências em comissões, pedidos de auditorias ou fiscalizações. Até serem convocados por Arnaldo Faria de Sá, porém, os Schahin não haviam dado as caras no Parlamento, uma vez que convites, ao contrário das convocações, não precisam ser atendidos. Nos últimos seis anos, o interesse dos deputados pela Schahin foi maior do que o mostrado em relação a gigantes como a Odebrecht, a Andrade Gutierrez ou a Camargo Corrêa, todas encrencadas no petrolão. O Senado, no mesmo período, só fez um requerimento de informações a órgãos públicos a respeito da empresa.

Foram dez os parlamentares que manifestaram curiosidade em relação aos negócios da Schahin. Cinco deles, notoriamente ligados ao atual presidente da Casa, foram responsáveis por dois terços dos requerimentos: os mineiros João Magalhães e Carlos Willian, que estavam, então, no PMDB; Altineu Côrtes, do PR fluminense, indicado por Cunha para uma sub-relatoria da CPI; Alexandre Santos e Solange Almeida, companheiros de partido de Cunha no Rio.

A deputada, aliás, enrolou-se no petrolão justamente por causa do aliado ilustre. Em 2011, ela assinou dois pedidos de convocação de executivos da Mitsui, empresa japonesa também representada por Júlio Camargo, para depor na Câmara — requerimentos que, segundo o lobista, serviram como instrumento de pressão na cobrança de 10 milhões de dólares em propinas atrasadas, destinados a Cunha e Fernando Soares, conhecido como Baiano, de quem, na definição de Camargo, Cunha era "sócio oculto". Para escapar do assédio, Camargo contou ter recorrido ao então ministro de Minas e Energia Edison Lobão, do PMDB. Em vão. Em março de 2011, o jornal *O Globo* descobriu que os requerimentos de Solange haviam sido redigidos no computador do gabinete de Cunha.

O presidente da Câmara rechaça as acusações. Diz que Camargo está mentindo e questiona a validade da delação feita ao juiz Moro. E completa: "Afirmar que eu sou responsável pela atividade parlamentar de cada deputado que conheço, além de ser absurdo, é constranger os deputados". Por WhatsApp, Cunha me disse ainda que, se as acusações de Milton Schahin fossem publicadas pela *piauí*, iria processar o empresário.

Dias depois da conversa com Schahin, encontrei Lúcio Funaro em seu escritório, no Itaim, em São Paulo. No local trabalham dois ou três auxiliares numa pequena mesa de operações, além da secretária, do motorista e da mesma copeira que o atende desde o primeiro emprego, no início dos anos 1990. Os ambientes são decorados com móveis e quadros modernos. Há câmeras espalhadas por toda parte, e as imagens são exibidas num monitor instalado ao lado da mesa de trabalho de Funaro, na sala ao final do corredor. Ali, uma máquina de picar papel ao alcance de sua cadeira é acionada sempre que ele acaba de fazer uma anotação — o que significa funcionar o tempo todo, já que ele tem o hábito de escrever enquanto fala.

Na sala de reuniões, onde Funaro me recebeu na primeira de duas longas conversas, não havia máquina para picotar papel. A cada anotação que fazia, ele rasgava as folhas com a mão. Ao final de uma manhã inteira, um bolo de papel picado com rabiscos a respeito dos Schahin, do mercado financeiro e do Congresso Nacional repousava sobre a mesa.

Quando o confrontei com as afirmações de Schahin, Funaro respondeu gesticulando, em seu tom de voz habitualmente alto: "Sou eu o problema dele? Ele quebrou por minha causa ou porque não cumpre os acordos que faz? Esse cara sempre pensou que podia me passar a perna e não me pagar o que deve. Ele sempre pensou que era o mais fodido. Mas não é!".

Reconhecido tanto pela inteligência como pelo temperamento explosivo, Lúcio Funaro é daqueles personagens que quase todos no mercado financeiro conhecem, mas raros fazem questão de admitir. Está por dentro das finanças de algumas das maiores fortunas do país e demonstra uma capacidade de articulação incomum. É capaz de, num único dia, ser atendido pelo dono do Grupo JBS-Friboi, Joesley Batista, almoçar com os rivais dele, os irmãos Bertin, e jantar com o ex-ministro da Fazenda Antônio Delfim Netto. Fala regularmente ao telefone com políticos, empresários, especuladores e banqueiros.

O cabelo começando a rarear nas têmporas e os óculos de lentes grossas não desfazem a impressão de que ele parece ter menos do que seus 41 anos. A fala acelerada, entremeada por palavrões, e o forte sotaque à moda dos manos da zona leste de São Paulo reforçam sua aparência de garoto.

Quando Funaro tinha dezesseis anos, sua mãe percebeu que o filho não tinha paciência para os estudos. Mandou-o então fazer estágio na corretora da família, a Plusinvest, em que eram sócios o pai e alguns tios (o ex-ministro da Fazenda de José Sarney, Dilson Funaro, era seu primo de segundo grau, mas, conforme disse Lúcio, nunca participou do negócio). "Eu era hiperativo, mas naquela época não existiam esses diagnósticos de TDAH, DDAH, essas coisas. Eu não dava sossego pra minha mãe, ela arrumou alguma coisa para eu fazer."

Em 2005, quando apareceu pela primeira vez no noticiário nacional, Lúcio Funaro já tinha larga experiência no mercado financeiro e um patrimônio que ele mesmo avaliava em 15 milhões de dólares. Apontado pela CPI dos Correios como um dos operadores do mensalão e descrito como "doleiro chique de São Paulo" — aposto que odeia com a mesma intensidade com que odeia os Schahin —, ele usou uma empresa registrada em nome de laranjas, a Garanhuns Empreendimentos, para repassar 6,5 milhões de reais do mensalão ao líder do PL, Valdemar Costa Neto. A CPI o incluiu ainda entre os responsáveis por operações de câmbio que provocaram perdas de mais de 300 milhões de reais a fundos de pensão de estatais. E concluiu que o fundo que mais teve perdas com a corretora de Funaro era a Prece, dos funcionários da Companhia de Água e Esgoto do Rio de Janeiro — área de influência do ex-governador Anthony Garotinho e do deputado Eduardo Cunha, então em seu primeiro mandato na Câmara. Na ocasião, a revista *Época* mostrou que Funaro pagava o aluguel do flat em que Cunha morava em Brasília.

No início, Funaro tentou driblar todas as acusações. Chegou também a tentar obter no STF um habeas corpus para não precisar depor. Mas não teve a mesma sorte dos Schahin. O então relator do caso, Joaquim Barbosa, não lhe concedeu o benefício. "Ali comecei a entender como funcionam as CPIs. Fui vendo que não tinha como eu sair bem daquele jogo. Eu ia perder de qualquer jeito. Minha melhor opção era falar." Meses depois, ele se tornou o único delator oficial da hoje histórica Ação Penal 470, como ficou conhecido o processo do mensalão, ao admitir ter repassado o dinheiro para Costa Neto. O resto ele nega até hoje. ("Esse negócio de dizer que os fundos tiveram prejuízo comigo é coisa de quem não entende nada de mercado.")

Funaro conhece Eduardo Cunha desde os anos 1990, quando o presidente da Câmara era presidente da Companhia Estadual de Habitação do governo Garotinho. Na época, o operador trabalhava numa corretora no Rio e era próximo dos filhos do presidente da Assembleia Legislativa do estado, Albano Reis — o "Papai Noel de Quintino", famoso entre os eleitores por distribuir na periferia presentes de Natal fantasiado de bom velhinho. Reis tinha o gabinete forrado de moedas. "O dinheiro sempre pisou em mim, agora eu piso nele", costumava dizer, em alusão à origem pobre. Foi sobre o tapete de moedas que Funaro e Cunha se conheceram. Ao apresentá-los, Reis disse que o secretário de Garotinho estava destinado a ser um dos homens mais poderosos do Brasil. Morreu em 2004, sem ter visto seu vaticínio confirmado. Desde a sua profecia, no entanto, a relação entre Cunha e Funaro só se estreitou.

O corretor considera "uma bobagem" associar à defesa de interesses seus a pressão do "grupo de Cunha" na Câmara contra a Schahin. "Eu não preciso do Eduardo para pedir que pressionem a Schahin. Eu mesmo falo com os deputados e explico o que está acontecendo. Eles tomam providências porque concordam comigo. Isso não tem nada a ver com o Eduardo. Além disso, há vários outros deputados de quem sou muito mais amigo. O Arnaldo Faria de Sá, por exemplo."

Os caminhos de Funaro e dos Schahin se cruzaram em 2007, quando a Gallway — uma empresa registrada nas Ilhas Virgens Britânicas, da qual Funaro é a única face visível — comprou uma central hidrelétrica em construção no entorno da cidade de Vilhena, no sudeste do estado de Rondônia. Funaro tinha grandes planos para a Gallway. Pensava em arrematar várias usinas, juntá-las na mesma empresa e depois oferecer ações na Bolsa. Como parte da estratégia, adquiriu na mesma época uma usina no Rio de Janeiro, em sociedade com Furnas, outro feudo político de Eduardo Cunha (anos depois, seria acusado de vender à estatal sua parte na empresa por 73 milhões de reais a mais que seu valor). Pela usina de Rondônia, ele pagou 75 milhões de reais, herdando uma dívida de 150 milhões com três fundos de pensão de estatais — entre eles o Prece, seu velho conhecido. A usina de Apertadinho era modesta, projetada para fornecer trinta megawatts à população daquela região da Amazônia (Belo Monte, a terceira maior do mundo, terá capacidade para gerar 11 mil megawatts). Quem tocava a obra era a Schahin.

Poucos meses depois da aquisição, porém, um acidente fez ruir os planos de Funaro. Na tarde de 9 de janeiro de 2008, assim que o lago da represa foi preenchido, a barragem se rompeu, provocando uma avalanche de lama que inundou cerca de 280 hectares, elevou o nível do rio em mais de quatro metros e desalojou centenas de famílias do entorno. O estrago só não foi pior porque a barragem de outra hidrelétrica, rio abaixo, conteve o fluxo da água. Passados sete anos, a área ainda é um lamaçal. O cenário desolador integra a vasta coleção, país afora, de obras que morrem antes de ter existido.

Na noite em que a barragem desmoronou, a mãe de Funaro teve o primeiro de uma sequência de seis acidentes vasculares cerebrais. Foi internada no Hospital Albert Einstein, onde continua até hoje, em estado vegetativo. "Minha mãe teve os AVCs de vergonha. Desde aquele dia, acabar com esses Schahin se transformou em questão de honra."

Ao acidente, seguiram-se investigações do Ibama e do Ministério Público, que multou em 100 milhões de reais o consórcio responsável pela obra. Para tentar retomar o empreendimento o mais rápido possível, a empresa de Funaro assinou um Termo de Ajustamento de Conduta, comprometendo-se a criar uma área de proteção ambiental na região. Logo, porém, ficou claro que a negociação entre ele e a Schahin não seria fácil. O seguro da obra vencera meses antes do acidente e não havia sido renovado. Portanto, alguém teria de arcar com o custo de uma eventual reconstrução. Funaro pressionou a Schahin, que se recusou a desembolsar qualquer centavo. "Primeiro nós tínhamos que apurar as responsabilidades e saber o que exatamente havia derrubado a barragem", lembrou Meira, o diretor jurídico do grupo. "Era preciso elucidar as questões do seguro e do projeto. De que adiantava sair refazendo a obra sem saber o que exatamente havia provocado o desmoronamento?", perguntou, justificando-se com o argumento de que a empresa assumira a execução de um projeto que não era de sua autoria.

Na época, Funaro se reuniu em seu escritório com o advogado dos Schahin e não gostou do que ouviu. "Ele estava querendo me dar um golpe", lembrou. A discussão evoluiu para um bate-boca e, num segundo, o corretor foi para cima de Meira — um galalau de mais de 1,80 metro —, atingindo seu rosto com um tapa de raspão. Foram contidos antes de se engalfinharem de vez, mas a conversa havia azedado.

Semanas depois, novo encontro foi marcado, dessa vez sem a presença de Funaro. O operador enviou para um hotel da Vila Olímpia, na zona sul de São Paulo, seu advogado e mais três representantes, entre eles seu tio e um ex-dirigente da Camargo Corrêa. No meio da reunião, Funaro ligou para o tio a fim de saber como andavam as tratativas. "Nenhum avanço", ele respondeu. Funaro se descontrolou. Passou a xingar o rival ao telefone. Schahin percebeu e retrucou de volta, aos berros. "Eu ouvia o velho gritar de lá: 'Esse bosta não sabe com quem está mexendo. Conheço o Lula, o José Dirceu. Eles vão ficar do meu lado!'." Milton Schahin afirma que tal cena nunca ocorreu. O fato é que, depois da nova reunião frustrada, a disputa ganhou mais alguns volts. "Os amigos dizem que tenho pavio curto. Já eu reconheço: não tenho pavio. Aprendi na vida que há dois jeitos de resolver um problema. Ou é com dinheiro ou é na porrada. Já que não seria com dinheiro, ia ter de ser na porrada", disse Funaro.

* * *

Para atingir os Schahin, o rival mirou naquela que, durante os anos Lula, havia se tornado a principal fonte de receita deles: a Petrobras. Passou a enviar cartas aos diretores da estatal expondo seu litígio. A primeira foi expedida em 11 de setembro de 2009, quando conseguiu uma liminar na Justiça do Rio arrolando os bens dos Schahin para eventual pagamento de indenização. Desde então, os diretores da estatal receberam oito pacotes de documentos com a íntegra do processo de Funaro. Em paralelo, a ofensiva do corretor no Congresso recrudescia.

Como costuma acontecer nos corredores de Brasília, a alta octanagem da disputa acendeu o radar dos políticos. "Foram muitos os que vieram oferecer ajuda para tentar um acordo", comentou Milton, sem, no entanto, citar nomes: "Não me lembro". Entre tantos interlocutores, o primeiro a sensibilizar o fundador do Grupo Schahin não foi propriamente um político, mas alguém com trânsito no poder. Tratava-se do pecuarista José Carlos Bumlai, uma espécie de primeiro-amigo do ex-presidente Luiz Inácio Lula da Silva — uma das poucas pessoas com livre acesso a seu gabinete no Palácio do Planalto.

Os Schahin já conheciam Bumlai desde os anos 1990, da época em que ele era executivo de uma empreiteira com quem tinham boas relações, a Constran. Haviam se tornado mais próximos em 2004, quando o banco da família emprestou ao pecuarista 12 milhões de reais. Anos depois, uma auditoria do Banco Central iria incluir o empréstimo entre uma série de outros créditos irregulares, com alto risco de calote — "feitos para não serem pagos", segundo me disse um executivo do setor que avaliou com lupa as transações.

O maior problema dos Schahin com a operação, porém, não seria o escrutínio do Banco Central. Em 2012, o publicitário Marcos Valério, já condenado a quarenta anos de prisão, decidiu contar ao Ministério Público coisas que até então mantinha em segredo, como forma de negociar a redução da pena. Em longo depoimento ao então procurador-geral da República, Roberto Gurgel, o operador do mensalão relacionou pela primeira vez o empréstimo dos Schahin a Bumlai com a morte de Celso Daniel, o prefeito petista de Santo André, ocorrida em 2002. À época a polícia concluiu que se tratava de um crime comum — sequestro seguido de morte —, mas o caso até hoje permanece envolto numa nuvem de interrogações. A hipótese de crime político e queima de arquivo nunca deixou de ser cogitada quando o assunto vem à tona. O depoimento de Marcos Valério deu novo gás a essa versão.

Segundo ele, tudo começou em 2004, quando foi procurado por Silvio Pereira, o Silvinho, secretário-geral do PT. Como o publicitário já vinha intermediando os empréstimos do Banco Rural e do BMG ao partido, Pereira lhe pediu para conseguir mais um. Dessa vez, ele explicou, o dinheiro serviria para comprar o silêncio de Ronan Maria Pinto, um empresário de ônibus de Santo André, que estaria chantageando Lula e seu chefe de gabinete, Gilberto Carvalho. Valério então disse que não podia resolver o problema ("Me inclua fora dessa"), mas aceitou participar de uma reunião com Pereira e Maria Pinto num hotel de São Paulo. No encontro, segundo Valério, o empresário contou que precisava de dinheiro "para comprar o *Diário do Grande ABC*, que estava divulgando notícias vinculando-o à morte de Celso Daniel". Segundo Valério, Maria Pinto pagaria 6 milhões de reais por 50% do jornal. Hoje, o empresário é o único dono do diário.

Depois da conversa, Valério sugeriu a Pereira que arranjasse alguém de confiança para capitanear a operação. Mais tarde, soube que o dinheiro chegou pelas mãos de Bumlai, que o obtivera por meio do empréstimo no Banco Schahin. Em pagamento ao "serviço" prestado, disse Marcos Valério, o Partido dos Trabalhadores conseguiu vultosos negócios para Schahin na Petrobras. "Depois que o caso do mensalão veio à tona, o depoente ficou sabendo que o Banco Schahin tinha uma construtora, e que essa construtora comprou umas sondas de petróleo que foram alugadas pela Petrobras, por intermédio de seu diretor Guilherme Estrella, como uma forma de viabilizar o pagamento da dívida", registrou o Ministério Público.

Os petistas sempre negaram a história. E Milton Schahin afirma que não tem nada a ver com o imbróglio: "O Bumlai pegou, sim, um empréstimo, como tantas outras pessoas. Mas eu não sou obrigado a saber para que o dinheiro foi usado", disse-me em seu escritório. Schahin também considera despropositada a afirmação de que a Petrobras o contratou como forma de pagar o empréstimo. "Os nossos contratos só vieram muito tempo depois."

No dia em que os Schahin foram à CPI da Petrobras, a deputada Mara Gabrilli fez questão de estar presente, apesar de não integrar a comissão. "Eu gostaria que o senhor olhasse para mim", exortou a parlamentar tucana a Carlos Eduardo, o primeiro da família a depor. Ele levantou o rosto e fixou os olhos na deputada, que foi elevando o tom de voz: "O senhor tem consciência de que as operações feitas pelo grupo Schahin foram para calar a boca de um chantagista barato? O senhor sabia que o Grupo Schahin faz a ligação de todo o esquema de corrupção e assassinato do prefeito de Santo André com o petrolão?". O empresário nada respondeu.

Mara Gabrilli é filha de um empresário de ônibus de Santo André que, durante anos, pagou propina aos assessores de Celso Daniel para manter seus ônibus circulando, achacado por um esquema mafioso, segundo relatos dela. Depois que o prefeito morreu, ela fez carreira na política como oposição ao PT.

"Eu me emputeci ao saber que o Grupo Schahin só começou a receber contratos depois de ter ajudado Bumlai e o PT a abafar a verdade sobre o assassinato do Celso Daniel", disse-me Gabrilli no início de julho, durante um almoço em seu gabinete.

Naquele início de 2010, quando Bumlai se sentou à mesa com Milton Schahin para discutir o caso de Apertadinho, ninguém ouvira falar nem de empréstimo nem de chantagem. O pecuarista era o todo-poderoso primeiro-amigo, e sua presença daria aval político a um eventual acordo. O encontro ocorreu na sede da Schahin. Bumlai levou consigo o sócio Silmar Bertin, o Mazinho — que, além de ser um dos melhores amigos de Funaro, tinha interesse em assumir a usina de Rondônia. Mal a conversa começou, viu-se que a iniciativa era um tiro n'água. Schahin foi logo dizendo que não tinha nenhuma oferta a fazer, afirmou que o inimigo já o prejudicara muito e prometeu seguir até o fim na guerra. Ficou evidente para os dois intermediários que a disputa havia extravasado o campo dos negócios. "O Bertin chegou aqui muito impressionado, dizendo que os olhos do Milton marejavam de raiva quando falava no meu nome", lembrou Funaro, com um ar de satisfação. Por e-mail, no final de julho, o presidente do Grupo Schahin disse que "não se recorda desse evento". Por intermédio de um assessor, Bumlai disse que ele não aconteceu, e que "nunca passou perto do assunto Apertadinho".

Ao ouvir o relato da reunião, Funaro reagiu com a beligerância costumeira. "Ele acha que já se fodeu tudo o que tinha para se foder? Pois está muito enganado. Eu só comecei a abrir a minha caixa de ferramentas", ameaçou. "Ele não entendeu ainda que não tem roupa para essa festa."

Fracassada a tentativa de Bumlai, foi a vez de outro intermediário entrar no circuito: o investidor Naji Nahas. Libanês, ainda na juventude Nahas se tornara amigo de Salim, neto de sírios, quando ambos tentavam as primeiras tacadas nos negócios. De Lúcio Funaro, Nahas se aproximou décadas depois, quando já era famoso pelas operações sem lastro que terminaram na quebra da Bolsa de Valores do Rio. Em 2008 chegou a ser preso durante a Operação Satiagraha, da Polícia Federal. Continua, no entanto, figura influente no mundo das transações financeiras. Reúne empresários, políticos e consultores para almoços em sua casa no Jardim Europa, em São Paulo, com razoável frequência.

Foi para um desses almoços que Nahas convidou Salim Schahin. "O Naji disse que era o próprio Eduardo Cunha que queria conversar com a gente", recordou Milton — que não participou do episódio. Funaro pleiteava uma indenização de 600 milhões de reais pelos prejuízos com a quebra da barragem, e Nahas dizia que conseguiria um acordo por menos que isso, ou até mesmo só com a reconstrução da usina. Salim aceitou a proposta e foi para o encontro com o filho, Carlos Eduardo. Foram convidados também o ex-ministro da Fazenda Delfim Netto e um dos irmãos Bertin — além de Cunha, é claro.

Como Cunha e Bertin demoravam a chegar, Delfim fez o preâmbulo, ponderando que aquela seria uma briga sem vencedores. "Ele disse que estávamos mexendo com interesses muito poderosos e que o melhor a fazer era buscar um acordo", contou Milton. O ex-ministro confirma o almoço, mas diz que nunca soube que aquele era um encontro de negociação. "Era apenas uma ocasião social, havia diversas outras pessoas. Estão botando muito chantilly nessa história", desconversou Delfim, negando que tivesse feito qualquer introdução ao assunto da disputa ou mencionado "interesses poderosos em jogo". "Eu só disse o que um economista brilhante chamado Ronald Coase descobriu há mais de setenta anos: quando o custo de transação de uma disputa é muito alto, o melhor é buscar um acordo."

Durante todo o encontro, os Schahin se mantiveram na defensiva, sem colocar uma proposta concreta na mesa. Embora não manifestassem, estavam intrigados com o atraso de Cunha e Bertin. Os dois só apareceram quando a refeição — "Ótima, como sempre na casa do Naji", comentou Delfim — já havia terminado. Cunha foi falar com Salim. Mostrava-se estranhamente simpático e disse amenidades, mas não tocou no tema que os levara até ali. Até hoje o episódio é lembrado com um certo pavor pelos Schahin, que o consideram a maior prova de que Cunha é quem turbina a guerra de Funaro com o clã.

À *piauí*, o presidente da Câmara disse que nunca esteve com nenhum dos Schahin. "Participei de alguns almoços com Delfim Netto em São Paulo, com vários empresários, e sempre o local era a casa do Naji. Não me recordo se esse personagem estava ou não em alguns deles."

Hoje se sabe que a disputa entre Funaro e os Schahin em torno da barragem de Apertadinho não era o único ponto de interseção entre os interesses do clã e os de Eduardo Cunha. Havia também a Petrobras. As pontas soltas dessa história estão no chamado "processo das sondas", um dos 24 decorrentes das investigações da Operação Lava Jato. Exclusivamente dedicado às compras de navios de perfuração pela Diretoria Internacional da Petrobras, ele foi aberto a partir do depoimento do lobista Júlio Camargo. Área de influência política do PMDB, a Diretoria Internacional foi comandada primeiro por Nestor Cerveró e, depois, por Jorge Zelada (ambos presos em Curitiba).

As negociações que Camargo relatou à PF, e que resultaram no pagamento de propina, ocorreram sob a gestão de Cerveró. Camargo representava na ocasião a sul-coreana Samsung, que construiu dois dos cinco navios-sonda contratados pela Petrobras, a um custo total de 1,2 bilhão de dólares. Foi para conseguir esses contratos que o lobista diz ter pago 40 milhões de dólares, distribuídos a Cerveró, ao operador do PMDB Fernando Soares, o Baiano, e ao deputado Eduardo Cunha. "Tal como nas crônicas de Rudyard Kipling, não existia almoço grátis na Diretoria Internacional", resumiram os procuradores da Lava Jato ao apresentar sua denúncia contra Baiano, Camargo e Cerveró.

Só depois das primeiras revelações do lobista da Samsung, no final de 2014, a Petrobras decidiu realizar uma auditoria nos contratos de sondas da Diretoria Internacional. O relatório, de março deste ano, concluiu que o estudo interno usado para justificar a compra dos equipamentos era "excessivamente otimista", ao estimar uma produção sabidamente improvável de ser atingida. Afirma ainda que o time de Cerveró desconsiderou que, para aquela missão, a estatal já tinha no golfo do México um equipamento do mesmo tipo prestes a ficar ocioso.

Na verdade, a iniciativa de encomendar os navios não fora sequer da estatal, e sim uma oferta da Samsung. No período em que a compra das sondas foi negociada, Camargo se reuniu dezoito vezes com Cerveró na sede da estatal.

Baiano, 72 vezes. Apesar de tamanha assiduidade, os técnicos da auditoria não encontraram nenhum registro do que foi dito ou discutido nas reuniões.

A Schahin entrou no jogo no momento seguinte à encomenda dos navios. Fechado o contrato para a construção, era preciso selecionar quem iria operá-los. Para o primeiro navio, o *Petrobras 10000*, já havia uma licitação em curso (que só terminaria no final de 2007, com a escolha da multinacional americana Transocean). Os Schahin acabaram levando o contrato do segundo navio. E com a ajuda de Baiano, segundo indicam os documentos fornecidos pela Petrobras aos investigadores da Lava Jato.

Em 20 de dezembro de 2006, Baiano e o braço direito de Carlos Eduardo Schahin, Sandro Tordin, foram recebidos por Cerveró na sede da estatal, junto com outro lobista, Jorge Luz, velho conhecido de lideranças do PMDB como Jader Barbalho, Renan Calheiros e o próprio Cunha. Três meses depois, em março de 2007, a Schahin foi contratada para operar o navio-sonda batizado de *Victoria 10000*. O nome era apropriado. Depois de mais de uma década administrando apenas uma sonda, o *SC Lancer*, a Schahin finalmente crescia na estatal. Em julho daquele mesmo ano, obtivera os primeiros dois contratos na Diretoria de Exploração e Produção, administrada pelo petista Guilherme Estrella, aquele citado no depoimento de Marcos Valério.

Milton Schahin diz não saber nada a respeito da reunião de seu ex-subordinado com Baiano e Cerveró, e afirma que todos os contratos foram feitos conforme a lei. Os trâmites na Petrobras, porém, não foram nada ortodoxos. Está no relatório da auditoria da estatal: Cerveró não só dispensou a licitação para escolher a empresa que operaria o navio, como também não formou sequer uma comissão de técnicos para estabelecer regras para a contratação. Concedeu à fornecedora um bônus de desempenho bem acima do que se costumava praticar na estatal. E não submeteu o assunto à Diretoria Executiva antes de decidir pela Schahin, como seria de praxe. Os outros diretores só foram informados do negócio quando ele já havia sido selado.

Para justificar tantos lances atípicos, Cerveró argumentou que a Schahin era "detentora dos melhores índices operacionais de águas profundas na bacia de Campos". Na realidade, a empreiteira operava então uma única sonda, com notas de desempenho até boas, mas nada excepcionais. E, como se não bastasse, o acordo fechado trazia algumas especificidades que o faziam ser descrito por executivos da estatal como um "presente de pai para filho". Isso porque a

Petrobras comprou o navio e depois o repassou a uma empresa da Schahin, sediada nas Ilhas Virgens Britânicas. Essa empresa pagaria o leasing das sondas em prestações mensais pelos próximos dez anos, com o dinheiro recebido da própria estatal para operá-lo. Ao final desse período, a empreiteira se tornaria dona do navio. Negócio parecido só fora registrado antes na estatal uma vez, com o primeiro navio vendido por Camargo, o *Petrobras 10000*.

O resultado do "otimismo excessivo" de Cerveró não demorou a aparecer. Um ano depois de ter zarpado para Angola, o primeiro navio já estava ocioso, porque os campos africanos eram secos. Por isso, em julho de 2010, ao ser entregue, o *Victoria* já não tinha mais utilidade nos mares africanos. Também não podia ir para o golfo do México, onde a Petrobras tem alguns campos em águas profundas, porque as perfurações na região estavam suspensas em razão do desastre ambiental provocado pela explosão da plataforma de Macondo, em abril daquele ano. Enviou-se então o navio à África do Sul, onde ficou atracado, à espera da conclusão dos trâmites burocráticos que lhe permitiriam regressar ao Brasil. Quando o *Victoria* finalmente chegou à costa brasileira, no início de 2011, nem o país nem a Schahin eram mais os mesmos.

Em quase meio século de existência, nunca houvera tempos tão bons para a Schahin como os anos de bonança na Petrobras. Netos de imigrantes sírios que se instalaram no início do século na rua Vinte e Cinco de Março, Milton e Salim já nasceram em uma família próspera. Cursaram engenharia na Universidade Presbiteriana Mackenzie e fundaram a incorporadora em 1966. Evoluíram devagar. Primeiro, aproveitando o boom de conjuntos habitacionais nos anos 1970, na esteira do milagre econômico. Depois, na recessão dos 1980, diversificando as atividades com agropecuária, banco e empresa de energia. Nos anos 1990, os Schahin cavaram espaço no setor público e começaram a conquistar obras maiores, como a do Sistema de Vigilância da Amazônia, o Sivam.

O pulo do gato, porém, viria no governo Lula — primeiro com a explosão no crédito que impulsionou os bancos médios, e depois com os contratos na Petrobras. De 2003 a 2010, o faturamento da Schahin Holding saltou de 133 milhões de dólares para 395 milhões, segundo números do levantamento Melhores e Maiores, da revista *Exame*. Operar no setor de petróleo, porém, exige investimentos pesados. Para financiá-los, a empresa captou cerca de 4 bilhões de dólares no exterior, sobretudo junto a bancos chineses e japoneses — um endividamento bem acima de sua capacidade financeira, o que intrigava os concorrentes. Diz um deles: "A pergunta que sempre nos fizemos era como eles conseguiam tanto crédito com o balanço que tinham".

Milton Schahin admite ter tentado dar um passo maior que as pernas. Ainda assim, para ele, o maior problema foi ter insistido em manter o banco. Ao relembrar a trajetória do grupo, deixou escapar, em tom de lamento: "O banco foi nosso maior erro. Várias vezes tivemos conselhos de assessorias financeiras para vendê-lo e ficar com o petróleo, mas nunca o fizemos".

A instituição financeira chegara aos anos 2000 especializada em financiamento de veículos e de pequenas empresas. E na mira do Banco Central, alvo de fiscalizações, processos administrativos e multas constantes. É dessa época, por exemplo, a auditoria que incluiu o empréstimo a José Carlos Bumlai em uma lista de operações de alto risco de calote, que ajudavam a embelezar o balanço ao serem registradas como créditos a receber. Com a crise de 2008, a situação do Schahin, que já não era boa, agravou-se. Para manter a impressão de saúde financeira, o banco desafiou a vigilância do BC. Vendeu títulos de créditos sem lastro, repassou créditos podres a outras empresas do grupo e ainda fez operações cruzadas com outros bancos. Com isso, criou-se um lucro fictício total de 325 milhões de reais em 2009 e 2010.

No início de 2011, o Schahin era um dos vários bancos médios em crise e imersos em fraudes que estavam prestes a quebrar, como o PanAmericano. A solução apareceu quando o mineiro BMG, que tivera a imagem arranhada pelo envolvimento no mensalão, se propôs a comprar o Schahin.

Pessoas que participaram do processo de venda relatam que os Schahin se comportavam como quem não quisesse de fato fechar negócio, apresentando a cada momento novas exigências. "Tivemos a impressão de que eles pretendiam ganhar tempo para conseguir uma salvação de última hora", contou à *piauí* um executivo que integrava, então, a cúpula do BMG. Segundo esse executivo, os Schahin efetivamente tentaram uma cartada de última hora, num domingo de fevereiro de 2011 em que os dois lados se reuniram no escritório de advocacia Pinheiro Neto, em São Paulo. Divididos em duas salas, os Schahin e os Pentagna Guimarães, donos do BMG, já haviam assinado boa parte da papelada quando, às oito da noite, um dos advogados, lívido, abriu a porta da sala do grupo comprador. "Ele disse que os Schahin estavam com o ex-presidente Lula no *speakerphone*. Pediam socorro para não ter que vender o banco", relembrou o executivo. O presidente do conselho do Fundo Garantidor de Créditos (FGC) na ocasião, Antônio Carlos Bueno, deu um ultimato aos Schahin. "Vocês têm duas alternativas. Ou vendem o banco, ou o BC intervém no Schahin amanhã". Na terça-feira, 27 de abril, o BMG anunciou ao mercado a compra do Schahin por 230 milhões de reais, além de assumir um rombo de 1 bilhão. (Milton Schahin diz que a cena nunca aconteceu.)

Sem crédito na praça, os Schahin começaram a ter problemas para honrar seus compromissos com a Petrobras. No início, a estatal tentou ajudar, antecipando créditos e fazendo vista grossa ao calote nas parcelas do leasing do *Victoria*. A vontade de ajudar, no entanto, não era unânime dentro da empresa — e, em meados de 2011, tornou-se insustentável. Em 12 de maio daquele ano, a Diretoria Financeira questionou a Internacional sobre as "falhas de gestão" envolvendo as duas sondas vendidas por Júlio Camargo a Cerveró. Só para trazer o *Victoria* para o Brasil, a estatal havia desembolsado 19 milhões de dólares — sem contar o fato de que a Schahin não pagava as parcelas do aluguel do navio desde 2010.

Os técnicos da Diretoria Internacional deram início à elaboração da papelada de cancelamento do contrato do *Victoria*. O impasse, porém, perdurou durante todo o ano de 2011. A Diretoria Financeira apontava os seguidos descumprimentos de contrato como razão suficiente para cancelá-lo e tomar o navio de volta, enquanto os diretores Estrella e Renato Duque, ambos ligados ao PT, manifestavam o temor de que a manobra pudesse pôr em risco as outras embarcações da companhia no Brasil. No início de 2012, quando a dívida da Schahin com a Petrobras já alcançara 38 milhões de dólares, os técnicos entraram num acordo e decidiram afinal cancelar o contrato.

Os Schahin então pediram para se reunir com o sucessor de Cerveró, Jorge Zelada, a fim de discutir o imbróglio. Em uma nota preparada para dar subsídios a Zelada nessa conversa, o técnico que acompanhava o contrato reconhecia que o assunto era sensível: "A solução do problema com a Schahin e o Vitoria 10K é também política, motivo pelo qual estamos propondo elevar o assunto para a avaliação e deliberação da Diretoria Executiva".

Sempre que "subia" para a cúpula da estatal, a questão da Schahin rachava a diretoria. Guilherme Estrella e Renato Duque defenderam até o final que se desse "uma chance" à empresa, enquanto a Diretoria Financeira queria romper. Por fim, chegou-se a um meio-termo: a Petrobras passou a reter parte do dinheiro que pagava à Schahin pela operação do navio. O contrato só veio a ser cancelado de fato em maio de 2015, quando a companhia já havia pedido recuperação judicial.

No dia 27 de fevereiro de 2014, uma quinta-feira, Salim Schahin procurou Naji Nahas em seu escritório. "Naji, estou fodido. Perdemos a arbitragem para o Lúcio Funaro, mas estamos quebrados. Não temos como pagar." A comissão de arbitragem contratada pelos dois lados para decidir a disputa em torno da barragem de Apertadinho acabara de se pronunciar a favor de Funaro. O operador tinha em mãos um parecer técnico estimando o valor da indenização em 1 bilhão de reais. Schahin precisava da ajuda de Nahas para firmar um acordo. O investidor prometeu tentar intervir, mas, constatando o estrago que a disputa havia feito ao grupo, fez a Salim uma pergunta que o intrigava havia tempo. Por que, afinal, eles haviam deixado a coisa ir tão longe? Não teria sido muito mais fácil entrar num acordo lá atrás? A resposta não deixou de ser, ela também, intrigante: "O Milton sempre achou que tinha mais força política que o Funaro". Salim estava constatando da pior maneira que o irmão havia superestimado suas conexões.

Nos primeiros dias, Nahas pôs seu braço direito, o ex-executivo do setor bancário Roberto Bastos, para estudar o caso e entender a verdadeira situação do grupo. Não havia dúvida de que se encaminhava para a concordata. Desenhou-se uma proposta para Funaro, e dois meses depois de terem batido à porta de Nahas, em abril, os rivais foram postos juntos numa mesma sala.

Salim e Carlos Eduardo chegaram de Mercedes-Benz ao escritório de Nahas, no bairro de Pinheiros. Instalaram-se em confortáveis poltronas de madeira escura e se puseram a esperar. Minutos depois, chegou o corretor. Entrou de dedo em riste, avançando contra Salim: "Seu velho filho da puta, você acha que vai me dar um calote e continuar andando de Mercedes? Você tá pensando que tem roupa para essa festa? Eu vou tomar tudo o que você tem, velho safado!". Nahas e Bastos tentavam conter Funaro, que, em sua fúria, gritava ora contra o pai, ora contra o filho.

O corretor mandara investigar os Schahin e reunira documentos que, segundo ele, indicam que os rivais têm 500 milhões de dólares em 107 contas em nomes de offshores no exterior (no dia do depoimento dos Schahin à CPI da Petrobras, esse mesmo dossiê foi exibido pelo deputado Altineu Côrtes, um dos que orbitam em torno de Eduardo Cunha). "Você pensa que vai me enganar, seu velho safado. Você tá com câncer, né? Pois eu não estou nem aí. Vou acabar com você e comer o seu fígado com câncer e tudo!" Estupefatos com o comportamento de Funaro, os Schahin ficaram sem ação. Foi de repente, como se se livrasse de uma persona, que Funaro se acalmou. Passou então a apresentar alternativas. Disse que a OAS tinha interesse em reconstruir a barragem, desde que junto viessem também a Schahin e seus contratos.

Salim, uma vez mais, tinha proposta bem diferente. Queria que Funaro usasse sua influência para angariar novas obras para a construtora. Quando isso ocorresse, ele daria parte da empresa ao operador. A proposta não foi aceita. Significaria trabalhar de graça para o inimigo, pensou Funaro. Depois de quarenta minutos, a conversa terminou — e de novo sem acordo. Já era um avanço que ninguém tivesse saído machucado.

Como a negociação não ia a lugar algum, Funaro e os Schahin enveredaram por uma nova guerra de liminares e acusações de compras de sentenças judiciais que segue até hoje, injetando nova dose de veneno à disputa. Funaro desenvolveu um método particular de assédio: a cada fase da Operação Lava Jato, telefonava para o escritório da Schahin, ou mesmo para o celular de Milton, com provocações: "Você não foi preso ainda? Pode arrumar a mochila porque você é o próximo". Em 5 de fevereiro do ano passado, quando a CPI da Petrobras foi criada, ele enviou um e-mail a um assessor dos Schahin: "Afirmo ter a certeza de que a Câmara Federal irá apurar todos os delitos nessa CPI aprovada hoje, principalmente os fatos relacionados ao Grupo Schahin e ao sr. José Carlos Bumlai".

O salão verde da Câmara estava especialmente agitado no final da manhã de quinta-feira, 9 de julho. Era dia de votar a reforma política. Nos semblantes que costumam antecipar as tempestades de Brasília, porém, o motivo do alvoroço era outro: a lista dos próximos convocados para a CPI da Petrobras que acabara de ser aprovada. Àquela altura já era segredo de polichinelo que o lobista Júlio Camargo tinha modificado seu depoimento, incluindo Eduardo Cunha na roda da propina. Naquela manhã, o pedido para levar Camargo à

CPI, parado havia quatro meses, foi finalmente aprovado. Com a novidade iminente, tornou-se um risco político para os escudeiros de Cunha driblar sua convocação. Um dos mais ativos, Celso Pansera, do PMDB do Rio, incluiu na lista o nome da advogada do lobista, Beatriz Catta Preta, que defendia nove dos dezessete delatores da Lava Jato.

Nas semanas seguintes, Catta Preta renunciou a todos os clientes — incluindo Lúcio Funaro, em nome de quem negociara a única delação do mensalão. Fechou o escritório em São Paulo, desligou o telefone celular e se mandou para Miami sem dar nenhuma explicação. Multiplicou-se o rumor de que a criminalista estaria fugindo da CPI — ou, na pior versão, do próprio Eduardo Cunha. No final de julho, de volta ao Brasil, Catta Preta deu uma entrevista ao *Jornal Nacional*, da Rede Globo, em que disse ter abandonado a carreira e declarou se sentir perseguida pelos integrantes da CPI. Mencionou ameaças veladas a ela e a seus filhos e discorreu sobre o medo que seu cliente, Júlio Camargo, tinha do presidente da Câmara. Mas não revelou de onde partiram as ameaças à família e evitou acusar Cunha diretamente. ("Não posso afirmar, eu não vi nenhum depoimento dele a respeito desse assunto.")

A deputada Eliziane Gama, do PPS do Maranhão, pediu uma acareação entre Cunha e Camargo. Mas nem ela parecia acreditar no sucesso da iniciativa. "Nessa CPI, a única coisa concreta é a presença da Kroll", disse-me.

A britânica Kroll, maior empresa de investigação do mundo, foi contratada em março pela CPI para rastrear ativos e contas bancárias no exterior de uma dúzia de envolvidos no petrolão. Deve receber mais de 1,2 milhão de reais dos cofres da Câmara pelo serviço, mas ninguém sabe ao certo quem são seus alvos. Tal informação é controlada apenas pelo presidente da CPI da Petrobras, Hugo Motta, e pelo sub-relator André Moura, ambos homens de confiança de Eduardo Cunha — que decretou ele mesmo sigilo sobre o assunto até 2020. "Sigilo sobre os dados bancários eu entendo, mas sigilo sobre quem está na lista da Kroll é absurdo. O fato de só dois aliados de Eduardo Cunha saberem quem está sendo investigado é a maior evidência de que ele capturou essa investigação", disse-me o deputado Júlio Delgado, do PSB de Minas Gerais, membro da comissão.

Até o momento em que Camargo envolveu Cunha, a "lista da Kroll" não era assunto de interesse para o público em geral, embora já fosse tema de controvérsia na CPI. Depois da acusação ao presidente da Câmara, tornou-se candidata a "escândalo dentro do escândalo" e objeto de vazamentos e suposições de todo o tipo. Entre as especulações mais fortes, a de que pelo menos um dos alvos teria o sobrenome Schahin. Funaro, porém, descarta a hipótese. "Não tem essa de CPI. Quem contratou uma investigação internacional para rastrear os Schahin no exterior fui eu. Os resultados vão direto para as mãos do Ministério Público. Desta, eles não escapam."

PÓS-ESCRITO

A CPI da Petrobras terminou em outubro de 2015 — não produziu nenhum indiciamento ou novidade importante sobre o esquema de corrupção na companhia. Ainda assim, temendo o avanço da Operação Lava Jato, os irmãos Schahin fecharam um acordo de delação premiada com o Ministério Público Federal e confessaram ter emprestado dinheiro ao pecuarista José Carlos Bumlai em troca dos contratos de operação de sondas na Petrobras. Preso em novembro do mesmo ano, Bumlai confirmou ter tomado o empréstimo a pedido do PT. Desde então, Eduardo Cunha tornou-se réu em dois processos no Supremo Tribunal Federal, e ainda é alvo de uma denúncia e de quatro inquéritos que apuram corrupção passiva, obstrução de Justiça e desvio de recursos públicos.

Cunha e Lúcio Funaro são acusados de comandar um esquema de cobrança de propina para a liberação de verbas do Fundo de Infraestrutura do FGTS, administrado pela Caixa Econômica Federal. Em razão dessa denúncia, Funaro está preso na Penitenciária da Papuda, no Distrito Federal. Cunha renunciou à presidência da Câmara em julho, um mês depois de o Conselho de Ética da casa recomendar sua cassação. No dia 12 de setembro, o deputado teve seu mandato cassado em votação acachapante: 450 contra e apenas dez a seu favor, além de nove que se abstiveram. A advogada Beatriz Catta Preta continua nos Estados Unidos. Ela nunca mais voltou a morar no Brasil.

O petróleo é deles

A história do processo de bilhões de dólares movido contra a Petrobras nos Estados Unidos

ROBERTO KAZ
Julho de 2016

O advogado André de Almeida se lembra do frio que fazia em Nova York na segunda-feira, 8 de dezembro de 2014: "Era um dia cinzento, com muito vento, daqueles em que é melhor ficar em casa tomando chá". Pela manhã, fez uma visita rápida ao Wolf Popper, escritório americano de direito ao qual havia se associado. "A ideia era abrir o processo na semana anterior, mas tivemos que acertar uns detalhes." Almoçou num bistrô e decidiu aguardar no hotel até quatro da tarde, quando termina o pregão da Bolsa de Nova York. "Não queríamos dar entrada antes disso para não assustar o mercado."

Meia hora depois chegava ao edifício de 27 andares onde fica a Corte do distrito sul de Nova York. Na recepção, tirou o paletó de lã, apresentou o passaporte ao segurança e foi parado, em função da espiral de um caderno, no detector de metais. Constatado o problema, adentrou o saguão que abriga uma estátua da Justiça, e de lá seguiu para a divisão de novos processos. "Era uma sala de espera, com um guichê, em que os advogados eram chamados por ordem de chegada", contou. Levava na pasta uma ação de 38 páginas contra a Petrobras. "A petição já havia sido feita, minutos antes, pela internet", continuou. "Qualquer pessoa poderia ter ido no meu lugar buscar o protocolo, mas eu queria estar lá. Era um caso importante na história jurídica do país — e na minha vida profissional."

Almeida entregou o processo, pegou o recibo e seguiu de metrô até a Grand Central — uma estação de trem garbosa no miolo de Manhattan. De lá caminhou por quinze minutos de volta ao hotel em que estava hospedado. "Eu estava trêmulo, verificando o celular a cada minuto, porque sabia que a notícia ia explodir assim que fosse divulgada." Diz ter ligado para sua mulher e falado: "Começou. Agora segura". Logo depois o telefone começou a tocar.

O processo de número 14-cv-9662, que corre na Justiça de Nova York, é um calhamaço com mais de mil páginas em que a Petrobras é acusada de maquiar relatórios a fim de esconder um "esquema bilionário de lavagem de dinheiro". O texto inicial, em inglês, foi produzido de julho a dezembro de 2014 pela equipe de Almeida e do escritório americano Wolf Popper. Aponta, com base em delações de Paulo Roberto Costa e Renato Duque, ex-diretores da Petrobras, que os contratos da estatal eram inflados — e que 3% do valor eram repassados a políticos alinhados com o governo federal. Até 2015, tal prática jamais foi trazida à tona em relatórios do Conselho de Administração da empresa. "A Petrobras, direta ou indiretamente, engajou-se num esquema de conduta em que, de forma intencional, ou descuidada, cometeu transações fraudulentas", explica o texto. "Fez várias afirmações falsas [...] e empregou métodos ilusórios e manipuladores no que diz respeito à compra e venda de ADSs", continua o documento, referindo-se, com a sigla, às ações da empresa negociadas na Bolsa de Nova York. A descoberta do esquema pela força-tarefa da Operação Lava Jato — acrescida da alta do dólar, do controle sobre o preço da gasolina e da queda do barril de petróleo — fez com que o valor de mercado da empresa minguasse de 300 bilhões para 100 bilhões de dólares entre 2010 e 2015. Milhares de acionistas foram lesados.

Criada em 1953 por Getúlio Vargas, a Petrobras foi uma estatal puro-sangue até 1957, quando passou a ter parte de suas ações negociadas no mercado. A abertura maciça de capital, no entanto, só ocorreu no governo Fernando Henrique Cardoso: primeiro em 1997 — quando 180 milhões de ações foram vendidas na Bolsa de São Paulo — e depois em 2000 — quando a empresa passou a negociar papéis na Bolsa de Nova York. Para tanto, precisou emitir American Depositary Shares, as ADSs — nome dado às ações de empresas estrangeiras negociadas nos Estados Unidos. "A ideia do Fernando Henrique era fazer da Petrobras uma empresa internacional", explicou o economista Adriano Pires, diretor do Centro Brasileiro de Infraestrutura, uma empresa de consultoria especializada no mercado de óleo e gás. Hoje, mais de vinte companhias brasileiras — dentre elas Vale, Ambev e Bradesco — vendem ADSs. Na Petrobras, elas representam 41% do capital negociado em Bolsa.

O mercado de ADSs funciona da seguinte forma: primeiro a empresa emite um número específico de ações em seu país, mas as deixa congeladas na própria tesouraria. Em seguida contrata bancos que se encarregam de distribuir os recibos desses papéis nos Estados Unidos. É como se fosse um espelho da ação", disse André de Almeida. Por serem negociados no exterior, os recibos acabam sujeitando a empresa às normas da SEC, a Comissão de Valores Mobiliários americana, que fiscaliza o mercado americano de capitais. A empresa torna-se imputável nos Estados Unidos.

O pregão que marcou a entrada da Petrobras na Bolsa de Nova York, em agosto de 2000, contou com a presença de Pelé, contratado por dois anos para promover a marca no exterior. "A Petrobras é o Brasil que deu certo, o Pelé também", declarou o jogador, à época, justificando sua contratação. O primeiro dia de vendas atraiu 13 mil investidores, que pagaram 2,6 bilhões de dólares pelas ações americanas. O plano de internacionalização tinha dado certo.

Mas o divisor de águas no mercado exterior ocorreria em 2010. Quatro anos antes, já no governo Lula, a Petrobras anunciara o descobrimento de petróleo na camada do pré-sal. A extração, bem mais complexa e cara, em função da profundidade, exigia um investimento pesado. Para levantar recursos, agendou-se uma nova oferta, de 4 bilhões de ações. No dia 24 de setembro, Lula, o vice José Alencar, o ministro da Fazenda Guido Mantega e o presidente da Petrobras José Sergio Gabrielli vestiram jaleco laranja e capacete branco — uniforme da empresa — para abrir o pregão da Bolsa de São Paulo. Naquele instante, parte das novas ações já era negociada na Bolsa de Nova York.

Ao final da operação, a Petrobras arrecadaria 70 bilhões de dólares, tornando-se a segunda maior empresa de petróleo do continente americano, atrás apenas da ExxonMobil em valor de mercado. O processo aberto por André de Almeida nos Estados Unidos começa seu inventário de prejuízo aos acionistas justamente no ano de 2010.

André de Almeida é um homem alto de 42 anos, que tem a fala mansa de quem nasceu em Minas Gerais. Formou-se em direito pela Pontifícia Universidade Católica mineira e concluiu um curso de extensão, na mesma área, pela Universidade de Georgetown, em Washington. Lá permaneceu por quatro anos, de início trabalhando na Organização dos Estados Americanos e depois em um escritório especializado em direito societário.

Em 2001, já de volta ao Brasil, fundou o próprio escritório, o Almeida Advogados. Hoje tem 120 profissionais espalhados por São Paulo, Rio, Brasília e Belo Horizonte. A sede, na capital paulista, ocupa um andar alto de um prédio escuro na avenida Brigadeiro Faria Lima. Almeida fica numa sala com vista para o Jockey Club e para o Parque do Ibirapuera. Sua estante exibe um Código Civil e o livro *Oil: Money, Politics and Power in the 21st Century*, sobre a história da British Petroleum. No frigobar há duas garrafas de Chandon e, na parede, dois quadros — um com uma ilustração de Romero Britto e outro com o pôster do campeonato mundial de ciclismo junior de 1991, disputado no Colorado. "Fui bicampeão antes de advogar", explicou.

Almeida contou ter começado a pensar no processo em março de 2014, quando foi deflagrada a Operação Lava Jato. Flertou com a ideia durante alguns meses, até que ocorreu a delação premiada do ex-diretor de Abastecimento da Petrobras, Paulo Roberto Costa. "Até ali, havia informações sobre corrupção e perda de valor da empresa, mas os envolvidos, como o Pedro Barusco, ocupavam níveis gerenciais. Discutia-se se a Petrobras era vítima ou se havia sido conivente." Com o depoimento de Costa, a suspeita mudou de termos. "Ele era diretor estatutário. Fazia parte da governança corporativa. Aquilo me deu certeza da nossa tese."

Por conhecer a Justiça americana, achou que o processo teria mais chance de dar certo nos Estados Unidos. "Não existe no Brasil uma boa forma de processar coletivamente. Uma ação civil pública só poderia ser aberta por uma associação já existente. Seria necessário criar essa associação, o que tornaria o processo demorado, caro e malsucedido", explicou. "Além disso, pela Lei das Sociedades Anônimas, teríamos que processar o controlador da empresa, que é a União. O caráter político da ação seria transmitido aos tribunais." Optou por abrir uma *class action* em Nova York. "Eu nunca havia feito uma por conta própria, mas já tinha trabalhado com isso por muitos anos, quando morei por lá."

A *class action* é uma ação coletiva, disponível no sistema americano, em que um indivíduo, sentindo-se lesado, abre um processo em nome de um grupo com o qual divide um interesse — no caso de uma empresa, um acionista que se sinta lesado pode dar entrada numa ação em nome dele e de todos os outros sócios minoritários. No tocante ao custo processual, o mecanismo é benéfico tanto para quem processa quanto para quem é processado: o que seriam dezenas, centenas ou milhares de requerimentos independentes acabam condensados numa única ação. No que toca ao montante indenizatório, contudo, é o pesadelo corporativo.

"A sentença coletiva tem um valor geometricamente potencializador, de acordo com o número de membros do grupo", escreveu o jurista brasileiro Antonio Gidi, professor da Universidade de Houston, no livro *A* class action *como instrumento de tutela coletiva dos direitos*.

> A desproporção entre o baixo custo do processo e o alto valor da sentença faz com que mesmo uma ação com uma pequena possibilidade de vitória seja economicamente viável para o grupo, e extremamente perigosa para o réu. A situa-

ção de desigualdade entre as partes persiste, mas agora de forma invertida; a empresa ré passa a estar em situação de desvantagem: deixa de ser opressora para ser oprimida.

Tal equação (que une um custo baixo à possibilidade de um retorno exponencial) faz a ação coletiva movimentar uma indústria — a tal ponto que a despesa da acusação é totalmente bancada pelo escritório de advocacia. "O cliente representado tem um caráter figurativo", contou-me o professor Gidi, por telefone. "O dono do caso é mesmo o advogado, que nos Estados Unidos tem um poder de quase vida ou morte." Em outras palavras, a ação coletiva, além de um instrumento de defesa, é também uma aplicação financeira — em que escritórios gastam milhões de dólares na esperança de que esse valor volte multiplicado. Do cliente, exige-se apenas que divida eventuais ganhos com os advogados, em caso de acordo ou de vitória. Em caso de derrota no tribunal, os custos recaem sobre o escritório.

Em 2015, 189 empresas com papéis na Bolsa de Nova York foram processadas. No primeiro semestre de 2016, foram quase cem. Os casos sempre terminam antes do julgamento, com acerto entre as partes. Das mais de 4 mil *class actions* referentes a perdas acionárias abertas nos últimos vinte anos, nenhuma chegou a ser julgada. Ainda assim, acionistas recuperaram 87 bilhões de dólares em acordos extrajudiciais.

Para dar entrada na corte americana, André de Almeida precisaria de um sócio local. Em sucessivas viagens a Nova York, apresentou o caso a seis escritórios. "Como fui presidente da Federação Interamericana de Advogados, foi fácil ser recebido", contou. "Mas a maioria riu da minha cara no início, dizendo que seria impossível processar a Petrobras. Eles não acreditavam que os depoimentos seriam validados ou que as ações iriam adiante." Depois de diversas visitas, diz que cinco dos seis escritórios acabaram se interessando. Optou pelo Wolf Popper, de estatura mediana. "Eu já havia trabalhado com dois sócios de lá."

Selado o acordo, Almeida voltou ao Brasil para montar o caso. Por questão de ordem, passou a anotar os fatos mais relevantes em cadernos de capa preta, com folhas de tamanho A4. No dia 6 de setembro, escreveu, num misto de português e inglês: "*Conference call* com a Emily [Madoff, advogada do escritório Wolf Popper]. *Several acts of corruption and arrests of 2 VPs* [referia-se às prisões de Paulo Roberto Costa e Renato Duque na Operação Lava Jato]. Pricewaterhouse [Coopers, a auditora da Petrobras] *refuses to sign the* balanço".

Atravessou o mês juntando notícias, relatórios e transcrições de depoimentos colhidos pela Comissão Parlamentar de Inquérito que investigou a Petrobras. No dia 6 de outubro, anotou: "Trabalhei com a Natalie [Yoshida, do seu escritório] na leitura dos jornais para fazer a *class action*. Não usar a palavra 'corrupção' para não ser processado. Saí do escritório às duas da madrugada". Em paralelo, passou a buscar investidores, no Brasil, que tivessem sido lesados pela compra de papéis americanos da Petrobras (a prática de adquirir ações da mesma empresa aqui e lá é comum, para que o acionista se previna da variação cambial). No final do mês, escreveu: "Estou preparando a minha ida a Nova York na semana que vem. Já temos seis clientes fechados, com perda superior a 20 milhões de dólares. Ainda é pouco para a *class action*".

No passado, duas empresas brasileiras enfrentaram ações coletivas nos Estados Unidos. Em 2011, a Sadia fechou um acordo de 27 milhões de dólares, com os acionistas, para livrar-se de uma acusação de fraude cambial. No ano seguinte a Aracruz pagou 37,5 milhões. Ambas haviam sido processadas por ocultar os riscos que corriam ao investir no mercado de derivativos (tais investimentos haviam resultado, anos antes, em perdas de centenas de milhões de dólares).

Com a Petrobras, o cálculo do valor perdido pela empresa é complicado. A dificuldade reside em discriminar o que foi perdido em função da corrupção, de um lado, daquilo que foi causado por ingerência, desvalorização do real e queda do barril do petróleo, de outro. Seja como for, a segunda página do texto de Almeida na ação coletiva declara que "o esquema de propina e lavagem de dinheiro é estimado pelas autoridades num desvio de até 28 bilhões de dólares".

"O processo da Petrobras é mais grave", contou-me a advogada Érica Gorga, professora de direito da Fundação Getulio Vargas de São Paulo, que publicou um estudo sobre os casos da Sadia e da Aracruz, e trabalhou como parecerista, para a acusação, no da Petrobras. "A Aracruz, por exemplo, foi a empresa brasileira que pagou o maior valor num acordo. Mas o prejuízo que ela havia gerado era de 2,5 bilhões de dólares, ao passo que o da Petrobras foi dez vezes maior."

Gorga lembrou que as ações contra a Sadia e a Aracruz eram apenas cíveis. "Mas a Petrobras também está sendo investigada em outros processos, que podem render multas milionárias." Ela se refere a duas investigações: uma criminal, que corre no Departamento de Justiça dos Estados Unidos, e outra administrativa, tocada pela Comissão de Valores Mobiliários americana, a temida SEC, que em 2008 multou a alemã Siemens em 800 milhões de dólares.

Mas o grande risco, em termos de perda financeira, é mesmo a ação coletiva. Oito anos atrás, a Enron, gigante americana de energia, pagou 7,2 bilhões de dólares aos acionistas para dar fim a uma *class action* (na virada do século, o presidente e os principais executivos da empresa haviam decidido não contabilizar as perdas financeiras, gerando balanços absolutamente irreais).

"O caso da Petrobras é pior que o da Enron em termos de prejuízo", disse Érica Gorga. O consultor Adriano Pires complementou: "O da Enron fez um estrago fenomenal, mas esse ainda tem muitos imponderáveis além do dinheiro. Pense no que pode causar em termos de imagem".

O contador aposentado Peter Kaltman, que mora em Nova York, é especialista na estranha arte de protocolar ações coletivas. Em 2001 processou a Scientific Atlanta, que fabrica equipamentos para televisão. Em 2004 voltou-se contra a Key Energy Services, que presta serviços para a indústria do petróleo. Dois anos depois peticionou contra a Sunterra, companhia do ramo hoteleiro. Os três casos terminaram em acordos extrajudiciais. "Ele tem papéis de várias empresas", contou-me André de Almeida.

Kaltman foi o marco zero da ação coletiva contra a Petrobras. Em outubro de 2014 — quando já corria a Operação Lava Jato —, o investidor comprou mil ações da empresa, por 11 mil dólares. Dois meses depois, estava sendo representado por Almeida, na abertura do caso. "O ideal é começar o processo com pouca envergadura, para não expor os fundos", explicou-me o advogado. "Você busca um acionista qualquer que tenha pouquíssimas ações. Funciona como uma isca para o mercado."

A partir daí, se inicia um período de sessenta dias em que investidores em situação parecida se apresentam à Corte para disputar a liderança do caso. Advogados passam então a cortejar pessoas e fundos, na ânsia de encontrar quem tenha sofrido perdas monumentais. No geral, quanto maior o prejuízo do acionista, maior é a chance de ele e seu respectivo advogado serem escolhidos, pelo juiz, para liderar a ação. O escritório vencedor passa a definir a estratégia de acusação em nome de todos os acionistas — até mesmo daqueles que acabaram de perder o pleito.

Almeida tinha esperança de que os grandes fundos brasileiros com papéis americanos da Petrobras ingressassem no caso. "Nesses sessenta dias tive muitas reuniões", contou-me. Mas já em 12 de dezembro — quatro dias depois de aberto o processo — escreveu, desgostoso, em seu diário: "O meu sócio foi ao BTG e diz que ninguém no Brasil vai ter peito para entrar com a ação". Ainda assim, agendou um encontro na Amec, a Associação de Investidores no Mercado de Capitais, que representa bancos e seguradoras com mais de 400 bilhões de reais investidos no mercado acionário. Anotou: "Um dos bancos presentes, o Santander, gosta da ação, mas acha que não vai dar em nada. Os investidores foram céticos e nem um pouco simpáticos. Saí de lá desanimado".

"Naquela sala havia 40 bilhões de reais em perdas", contou-me Almeida, em seu escritório, lembrando a cena, ocorrida na sede da Amec, em dezembro de 2014. "Estavam Itaú, Safra, BTG, Bradesco, HSBC. Se entrassem [e liderassem a ação], teriam autonomia para decidir os movimentos no caso", esbravejou. "Mas tiveram uma posição covarde, por medo de retaliação. A Dilma tinha acabado de ser reeleita." Ele diz que aquele foi "o pior dia" de sua vida profissional.

No dia 15 de janeiro, num tom confessional, Almeida anotou no diário que ainda tinha esperanças de liderar a ação: "Não por questão econômica. Passei a vida toda me preparando para esse momento". Duas semanas depois, no entanto, escreveu que estava pessimista: "Minha maior perda tem 20 milhões [de dólares], achamos que não vai ser suficiente". Ele diz que nesse período seu escritório no Rio foi invadido por um funcionário da Petrobras. "Ele gritava pelo meu nome." Já o de São Paulo teve o telefone cortado. "Fizeram uma sabotagem nos fios, que ficam no térreo do prédio. Fiquei dez dias sem telefone." Registrou dois boletins de ocorrência. "Também contratei segurança pessoal."

Em 6 de fevereiro — quando terminava o prazo de sessenta dias para a adesão de acionistas —, vários pedidos para liderar o caso foram protocolados. Um deles vinha do banco sueco Handelsbanken, que estimava suas perdas em 21 milhões de dólares. Outro vinha da holding alemã Union Asset Management, que alegava ter perdido 29 milhões. O fundo dos funcionários públicos aposentados do estado de Ohio declarou um prejuízo na ordem dos 50 milhões de dólares. Já o fundo britânico Universities Superannuation Scheme estimou o seu em 84 milhões. O maior rombo veio do Skagen-Danske Group, um conglomerado formado por três bancos, da Noruega e da Dinamarca, que afirmou ter perdido entre 222 milhões e 268 milhões de dólares.

Almeida entrou no páreo representando dois brasileiros — os investidores Roberto Gomes de Melo e Jacob Licht — cujas perdas, somadas, davam pouco mais do que 2 milhões de dólares (seus demais clientes — entre eles o que perdera 20 milhões de dólares — haviam desistido dias antes). Escreveu no diário: "Dia D. Estou com a sensação de derrota. Acho que não vai dar. Ou será que dará?". Quando constatada a discrepância em relação às perdas de outros investidores, ele e os advogados do Wolf Popper entregaram um documento ao juiz, avisando que se retiravam do páreo. "Acabou o sonho. Fizemos o acordo com outros escritórios. Estamos fora. *Game over*", anotou no diário.

Em abril deste ano, hospedei-me na casa de um amigo, em Nova York, onde estive para entrevistar alguns advogados. Certo dia ele recebeu uma carta — possivelmente entregue a todos os moradores do prédio — avisando-o de uma ação coletiva recém-encerrada. "Se você comprou suplementos manufaturados pela Rexall Sundown, está apto a receber dinheiro de um acordo decorrente de uma *class action*", dizia o texto. A empresa, que vende vitaminas e produtos dietéticos, acabara de pagar 9 milhões de dólares para dar fim a uma acusação de propaganda enganosa. Mesmo quem jamais tivesse ouvido falar do processo estava apto a ser indenizado, mediante o preenchimento de um formulário.

"Na ação coletiva, todo mundo é representado, a não ser que manifeste a vontade de estar fora", explicou-me Érica Gorga. Reside aí o gigantesco poder de fogo do mecanismo jurídico: ele engloba não apenas as pessoas que aderiram ao caso (e que o fizeram com o objetivo único de disputar a liderança da ação coletiva), mas também toda e qualquer pessoa que tenha sido lesada pelo réu durante um período específico.

O advogado que conduz o processo, portanto, representa milhares de clientes — e não apenas aquele por quem foi contratado. Banca os custos visando ao montante a ser recebido no final. No caso da Enron, a firma Coughlin Stoia Geller Rudman & Robbins, que esteve à frente da ação, recebeu quase

10% do valor fixado no acordo — ou 688 milhões de dólares (normalmente o escritório fica com 25% do valor acertado, mas o percentual diminui quando a indenização é alta).

Daí que a partir de 6 de fevereiro de 2015 — quando terminou o período estipulado pelo juiz para que os escritórios aderissem ao caso contra a Petrobras —, os inscritos passaram a se trucidar abertamente para ver a quem recairia a liderança do litígio. O advogado Jeremy Lieberman, do Pomerantz — que representava o fundo britânico Universities Superannuation Scheme —, escreveu teses desqualificando tecnicamente o grupo europeu Skagen-Danske e o fundo de pensão dos aposentados de Ohio — que, em termos de perda, eram seus principais rivais.

O resultado se fez conhecer no dia 4 de março. Num documento de duas páginas, o juiz Jed Rakoff determinou que o fundo britânico representado por Lieberman tocaria a ação. A escolha se embasava em argumentos de ordem jurídica (como o fato de o escritório já ter liderado ações coletivas no passado) e monetária (o percentual cobrado — não revelado no documento — era menor do que os dos demais escritórios).

Lieberman soube da escolha por um telefonema que recebeu de sua secretária. “Achei que ela havia se enganado”, contou-me. “Éramos os azarões. Os dinamarqueses haviam perdido muito mais dinheiro. E eu ainda por cima tinha saído mais cedo, no dia da defesa oral, porque era *shabat*.” Confirmado que estava à frente do caso, celebrou: “Eu me senti o máximo”.

Jeremy Lieberman é um judeu ortodoxo de corpo rechonchudo, cabelo preto e barba rala. Tem 42 anos, sete filhos e mora na região do Queens, onde também fica sua sinagoga. Integra desde 2004 o escritório Pomerantz, pelo qual já advogou em mais de cinquenta ações coletivas. A maior delas, contra uma empresa de tecnologia chamada Comverse, resultou, seis anos atrás, num acordo de 225 milhões de dólares. Tornou-se sócio da casa.

O escritório, que ocupa o vigésimo andar de um edifício espelhado na parte central de Manhattan, tem decoração sóbria e paredes claras. Sobre a mesa, na sala de espera, há um catálogo onde se lê que “o espírito pioneiro” do fundador, Abraham L. Pomerantz, sobrevive em processos como o da Petrobras, “um dos maiores escândalos de corrupção e propina do século XXI”.

Lieberman trabalha numa sala surpreendentemente pequena e desarrumada. Quando o visitei, em abril, havia um guarda-chuva no chão e um quadro, também no chão, com a tela voltada para a parede. Já sua mesa, de madeira escura, estava soterrada por papéis e jornais, que quase faziam sumir uma placa dizendo, em inglês, que "uma mesa bagunçada é indício de um gênio".

Era meio-dia de uma sexta-feira. Perguntei se Lieberman ouvira falar do caso da Petrobras antes do dia 8 de dezembro de 2014, quando a petição inicial foi protocolada por André de Almeida. "Não", admitiu. "Era fim de ano, véspera de Natal, as coisas andavam devagar aqui no escritório. Naquela época eu não entendia a profundidade da fraude, e não sabia até que ponto o governo brasileiro estava envolvido." Diz ter assuntado com advogados de outras firmas, que lhe perguntaram, surpresos, "se o caso valia a pena". De toda forma, como seguro morreu de velho, achou prudente protocolar uma petição quatro dias mais tarde (a prática é comum em *class actions*; por receio de perder uma oportunidade de lucros, escritórios entram em processos sem saber ao certo do que tratam).

Assim, no dia 12 de dezembro daquele ano, Lieberman entregou um pedido praticamente idêntico ao de Almeida, com a diferença de que representava outro acionista, Jonathan Messing, que detinha 80 mil dólares em papéis da Petrobras. "Mandamos e-mails para alguns clientes que poderiam ter ações da empresa, e o sr. Messing nos respondeu", explicou.

Uma vez inscrito, passou a estudar o caso. Logo entendeu que a briga, ali, seria de cachorro grande — e que, se quisesse ter chance de vitória, precisaria representar um cliente de porte. Viajou então à Inglaterra para encontrar os diretores do Universities Superannuation Scheme, um fundo universitário de 65 bilhões de dólares — o maior do Reino Unido —, que gerencia a pensão de 300 mil pessoas. "Eles já eram clientes nossos de casos passados, mas nunca tinham liderado uma *class action* antes", contou-me. O acordo foi firmado.

Meses depois, a dupla formada pelo fundo e pelo escritório seria escolhida para liderar a ação. Lieberman diz ter mais de quarenta pessoas trabalhando no caso: "Já gastamos milhões de dólares".

Quando um escritório de advocacia é apontado líder de uma ação coletiva, ele fica incumbido de entregar um novo texto à Corte, atualizado, representando o interesse de todos os membros da classe. A partir desse momento, a petição inicial — no caso da Petrobras, aquela protocolada por André de Almeida — passa a ser uma espécie de rascunho do caso.

O texto de Lieberman — cinco vezes maior que o de Almeida — foi apresentado no dia 25 de março do ano passado. Começava por mencionar que naquele mês "aproximadamente 1 milhão de brasileiros" haviam tomado as ruas do país, "pedindo o impeachment da presidente Dilma Rousseff". Os protestos, explicava, haviam sido desencadeados "pelo enorme esquema de corrupção na Petrobras, onde Rousseff serviu como conselheira entre 2003 e 2010". Mencionava também que tal esquema diluíra em quase dez vezes o capital da empresa, "que em 2009 era a quinta maior do mundo, com um valor de mercado de 310 bilhões de dólares".

Depois, Lieberman descrevia vários casos de corrupção desvendados pela Operação Lava Jato. Citava as prisões do tesoureiro do PT, João Vaccari Neto, e dos executivos da Petrobras Paulo Roberto Costa, Renato Duque, Pedro Barusco e Nestor Cerveró. Mencionava a compra superfaturada da refinaria de Pasadena e as obras, também superfaturadas, das refinarias Abreu e Lima e do Complexo Petroquímico do Rio de Janeiro. Falava do cartel formado pelas empreiteiras Odebrecht, Camargo Corrêa e Queiroz Galvão — que, de acordo com o depoimento de Paulo Roberto Costa, aumentavam o preço das obras em 20%, de forma a que 3% desse valor fossem repassados a políticos aliados.

Na argumentação, com mais de duzentas páginas, Lieberman ainda mencionava que "a diretoria executiva — incluindo [os ex-presidentes da empresa] José Sergio Gabrielli e Graça Foster — havia sido repetidamente avisada das fraudes". Para incriminar Gabrielli, citava a delação premiada do doleiro Alberto Youssef — que dizia ter pago propina "por ordem direta" do ex-presidente da Petrobras. Para acusar Graça Foster, mencionava os e-mails enviados em 2011 pela ex-gerente da área de Abastecimento, Venina Velosa da Fonseca — que diz ter avisado Foster, quando ela ainda era diretora de Gás e Energia, de irregularidades no setor de comunicação da estatal.

O conhecimento de tais fatos, argumentava Lieberman, fez com que uma série de declarações e balanços supostamente verdadeiros, publicados pela Petrobras entre 2010 e 2015, contivessem informações deliberadamente falsas (a palavra "falso" aparece 95 vezes no texto). Para ampliar o escopo da ação, Lieberman decidiu processar também a PricewaterhouseCoopers, responsável, desde 2012, por auditar as contas da Petrobras. De quebra, ainda requereu que dezoito executivos da petroleira respondessem como réus — entre eles Gabrielli, Foster, Renato Duque e Paulo Roberto Costa (um advogado americano me disse que Dilma Rousseff — que presidiu o conselho da Petrobras — não foi incluída na lista por receio de que o processo, assim, fugisse do escopo civil, virando um assunto para o Departamento de Estado).

"Os fatos nesse caso são melhores do que em qualquer outro em que eu tenha atuado", Lieberman me contou, com ar de vitória, quando o encontrei em Nova York. "A presidente está sendo impedida, os executivos estão indo para a cadeia, o Tribunal de Contas da União tem aplicado várias multas. Se a Petrobras arriscar ir a julgamento, as chances de derrota para ela são enormes."

Perguntei-lhe como se sentiria se o processo terminasse por levar a empresa à falência (algo pouco provável, na verdade, visto que 28 bilhões de dólares representam cerca de um quarto da dívida atual da Petrobras, de 130 bilhões de dólares). "Vou me sentir mal se ela quebrar, claro", respondeu. "Quero que ela dê certo. Mas quem são as vítimas nessa história?" Fez uma pausa, e tratou de responder à própria pergunta: "São os acionistas, os brasileiros e os empregados. Queremos mostrar que, se você quer investir nos Estados Unidos, precisa seguir as regras. O Mauro Cunha, por exemplo, entendeu."

Mauro Rodrigues da Cunha é presidente da Associação de Investidores no Mercado de Capitais. Integrou o conselho administrativo da Petrobras de 2013 a 2015, como representante dos investidores minoritários.

"Minha participação nesse órgão me deu acesso a informações muito importantes", Cunha declarou, em 2015, à Comissão Parlamentar de Inquérito que investigou a Petrobras na Câmara dos Deputados. Referia-se ao embate travado com o conselho no começo de 2014, quando houve uma reunião para aprovar o balanço anual. "As demonstrações financeiras de 2013 não representavam adequadamente a realidade econômico-financeira da Petrobras", explicou aos deputados, justificando por que votara contra a aprovação das contas.

Um mês depois, Guido Mantega — então presidente do conselho — sugeriu, em reunião registrada em ata, que houvesse um "rodízio entre os participantes dos comitês". Nesse novo desenho, Mauro Cunha foi forçado a deixar o comitê de auditoria para integrar o de meio ambiente. À CPI, contou que "o comitê [de auditoria] passou então a ser formado pelos srs. Sergio Quintella [vice-presidente da Fundação Getulio Vargas], Luciano Coutinho [que presidia o BNDES] e Miriam Belchior [então ministra do Planejamento] — ou seja, todos indicados pelo controlador, e, em sua maioria, funcionários do controlador". Alegou que tal indicação limava "a independência do órgão exatamente no momento em que essa independência se revelava mais importante para a Petrobras". Concluiu: "O comitê foi aparelhado".

A ação coletiva contra a Petrobras menciona Mauro Cunha na 62ª página. Lembra que, em abril de 2015, não apenas ele, mas também os conselheiros José Monforte e Silvio Sinedino contestaram o balanço do ano anterior — o que não impediu que o documento fosse aprovado e divulgado aos acionistas. Nele, a empresa contabilizava 6,2 bilhões de reais em perdas referentes a "gastos adicionais capitalizados indevidamente na aquisição de ativos imobilizados" — eufemismo encontrado para se referir ao esquema de propina revelado pela Operação Lava Jato. O cálculo, apoiado na delação de Paulo Roberto Costa, tomou por base 3% do valor dos contratos. Em seu voto, Cunha disse não ver sentido "em lançarmos esses valores baseados nas delações premiadas de pessoas inidôneas". Reclamou também que o balanço, de 319 páginas, fora distribuído no mesmo dia da votação, sendo aprovado "mediante apresentações de PowerPoint, sem ter sido possível a qualquer conselheiro a leitura das demonstrações".

Quando encontrei Mauro Cunha, no último mês de maio, na sede da associação, em São Paulo, ele se recusou a falar da Petrobras, lembrando que perdeu "saúde e cabelo" durante o período em que foi conselheiro. "A barba também não era branca." Alertou, no entanto, que o descontrole do mercado de ações no Brasil — somado à falta de um recurso jurídico que proteja os investidores, como a *class action* — pode acabar gerando um êxodo acionário do país. "A gente está conseguindo exportar o nosso mercado de capitais, por conta da fraqueza da nossa jurisdição. Se não protegermos os investidores, eles vão passar a comprar os ativos brasileiros no exterior."

Hoje, além da Petrobras, outras cinco companhias brasileiras — Braskem, Vale, Bradesco, Gerdau e Eletrobras — enfrentam ações coletivas nos Estados Unidos. Nenhuma delas é ré em algo do tipo no Brasil.

A Petrobras tem tomado medidas internas no intuito de recuperar o prestígio no mercado. Em novembro de 2014 criou a Diretoria de Governança,

Risco e Conformidade, a cargo do executivo João Elek Junior, que foi encarregado de evitar novas irregularidades. Um mês depois, a estatal montou também um comitê especial — que conta com o auxílio de três escritórios externos de direito e auditoria — para investigar suspeitas de fraude. Presidido por Ellen Gracie, ex-ministra do Supremo Tribunal Federal, o comitê já gastou 370 milhões de reais.

Já na corte americana, a Petrobras é defendida pelo escritório nova-iorquino Cleary Gottlieb Steen & Hamilton, que tem filiais em mais de dez países e é constantemente citado entre os mais poderosos dos Estados Unidos. A sede do Cleary, em Nova York, ocupa onze andares altos de um edifício com vista para o One World Trade Center, no centro financeiro da cidade. Na entrada, há uma fila separada para os clientes da casa.

Roger Cooper é o principal advogado na defesa da Petrobras. Numa quinta-feira, 25 de junho de 2015, ele e Jeremy Lieberman se confrontaram diante do juiz Jed Rakoff, na Corte do distrito sul de Nova York. A cada um foram dados cerca de vinte minutos para a arguição oral. Cooper estava acompanhado de mais um advogado e de dois executivos da estatal. Começou pela defesa da ex-presidente Graça Foster.

"A acusação se baseia na alegação de que uma pessoa chamada [Venina Velosa da] Fonseca levantou suspeitas de irregularidade a respeito de certos pagamentos no departamento de comunicação da Petrobras", explicou Cooper, enfatizando que tal departamento nada tinha a ver com o cartel formado pelas empreiteiras. "Na verdade, o valor que se reclama em relação a essas irregularidades é simplesmente de 18,8 milhões de dólares, o que de forma alguma se aproxima do tipo de valor que a acusação alega ter sido empregado no esquema de propinas." Cooper contou também que a denúncia de Fonseca fez com que o então presidente da estatal, José Sergio Gabrielli, montasse um comitê para investigar tais irregularidades.

Em seguida, Cooper defendeu que a participação de certos indivíduos no esquema, como Paulo Roberto Costa, não poderia ser generalizada a ponto de resultar em punições para toda a empresa. "Eles não estavam envolvidos na produção dos balanços e comunicados enviados ao público", explicou. "Agiram em interesse próprio, e contra o interesse da companhia." Enfatizou que a Petrobras não teve benefício algum com o cartel. "O efeito no balanço foi pior para a companhia, que foi obrigada a pagar valores mais altos pelos ativos. Se o esquema não tivesse ocorrido, ela teria pagado 3% a menos."

Lieberman pôde então replicar. Contou que Venina da Fonseca e Graça Foster tiveram várias conversas, entre 2008 e 2014, sobre o esquema de fraudes. "As investigações sobre a Refinaria Abreu e Lima surgiram com base nas suspeitas dela", disse, referindo-se a Fonseca. Lembrou que, apesar de o comitê montado por Gabrielli ter apontado um aumento de 4 bilhões para 8 bilhões de dólares no custo das obras da refinaria, a diretoria continuou a endossá-las. "Novamente, meritíssimo, isso são fraudes levadas ao nível mais alto da hierarquia. Não se trata de uma ou outra maçã podre, mas de toda a raiz da empresa sendo corroída pela fraude."

Depois, respondeu ao argumento de que a Petrobras não teria se beneficiado. "Meritíssimo, 51% da companhia pertencem ao governo federal. O esquema certamente ajudava o governo", explicou. "O interesse dos políticos corruptos que governavam o país na época e das pessoas corruptas comandando a companhia era um só. [...] Eles não tinham nada a ganhar ficando limpos." Rechaçou também o cálculo, feito pela Petrobras, de que as perdas referentes ao esquema de corrupção seriam de 6,2 bilhões de reais.

Na tréplica, Roger Cooper diria que o descontrole fiscal referente à Refinaria Abreu e Lima decorreria de ingerência, "o que não o situa no mesmo nível de uma fraude acionária". Usaria o mesmo argumento, citando um relatório do Tribunal de Contas da União, para descrever a compra superfaturada em 792 milhões de dólares da refinaria de Pasadena. "Talvez tenham pagado muito, mas não há alegações de propina." Lieberman contra-argumentou, citando a recomendação, feita pelo TCU, para bloquear os bens de Gabrielli: "Você só bloqueia os bens de uma pessoa quando há algo ilegítimo". A sessão — convocada para que o juiz tomasse decisões preliminares sobre o caso — foi encerrada depois de uma hora e meia. (Em dezembro de 2015 — portanto seis meses depois do embate entre os advogados, Nestor Cerveró admitiu, em delação premiada, que a compra de Pasadena rendera 15 milhões de dólares em propina.)

Na manhã de um domingo, no último mês de maio, Roger Cooper me recebeu por meia hora na sede do Cleary Gottlieb, em Nova York. Estava acompanhado de Lewis Liman e Francesca Odell, outros dois advogados envolvidos no caso. No encontro, confirmado um dia antes, Cooper repetiu a tese de que a Petrobras é vítima — e não o algoz — da história. Disse que nenhum balanço da empresa foi contestado no Brasil pela Comissão de Valores Mobiliários ou por sua equivalente nos Estados Unidos, a SEC. Argumentou que alguns dos fundos que integram a acusação continuaram a investir na Petrobras mesmo depois de iniciado o processo. E afirmou que a empresa não pretende fazer acordo.

Desde que a ação coletiva foi aberta, em dezembro de 2014, o juiz Jed Rakoff fez uma série de determinações. Baseou-se na data de publicação de balanços da Petrobras para delimitar o período exato coberto pelo caso — que passou a incluir todo acionista que negociou papéis americanos da empresa entre os dias 22 de janeiro de 2010 e 28 de julho de 2015. Determinou, também, que o processo seria dividido em dois grupos: um lesado pela desvalorização das ações — que caíram 80% no período — e outro, bem menor, lesado pela compra de títulos da dívida pública. Em agosto de 2015, Rakoff negou o pedido de Lieberman para incluir, na ação, quem foi lesado pela compra de papéis da Petrobras na Bovespa. Em fevereiro deste ano, julgou que a PricewaterhouseCoopers não agiu de má-fé quando aprovou os balanços anuais. A auditora continua como ré, mas apenas em função dos pareceres sobre a venda de títulos.

A pedido da acusação, Rakoff expediu cartas rogatórias — um instrumento jurídico de cooperação entre dois países — pedindo que a Justiça brasileira colhesse depoimentos do doleiro Alberto Youssef, do lobista Fernando Baiano, do ex-senador Delcídio do Amaral e dos ex-executivos Paulo Roberto Costa, Renato Duque, Jorge Zelada, Pedro Barusco e Nestor Cerveró. Também pediu, por meio das cartas, que fossem recolhidos documentos nas empreiteiras Andrade Gutierrez, Odebrecht, Galvão Engenharia e Camargo Corrêa.

A Petrobras fez uso do mesmo mecanismo jurídico, pedindo a Rakoff que enviasse cartas rogatórias à Inglaterra — onde está a sede do Banco HSBC — e à Suíça — onde fica o Credit Suisse. A ideia — que se parece mais com uma tentativa de redução de danos — é diminuir o tamanho do grupo de acionistas, excluindo do processo quem tenha comprado ADSS nesses países (a lei americana permite que ações da Bolsa de Nova York sejam negociadas por bancos e fundos alhures, mas não defende quem as compra fora dos Estados Unidos).

Mauro Cunha não foi citado em nenhuma carta rogatória. Dos vários conselheiros mencionados no processo, foi o único a ser diretamente intimado a depor nos Estados Unidos. O pedido partiu de Lieberman, sob o argumento de que Cunha detinha "informações críticas" sobre a Petrobras. Gabrielli, Foster e alguns ex-diretores da estatal tentaram impedir seu depoimento, alegando, em carta ao juiz, que a intimação de um estrangeiro desafiaria a Constituição americana: "A Corte deveria hesitar antes de ordenar tal ato". Como Cunha nasceu nos Estados Unidos, o argumento foi negado.

Em março, Graça Foster e José Sergio Gabrielli também endereçaram cartas à Corte negando cada parágrafo da acusação (documentos parecidos foram enviados por ex-diretores como Guilherme Estrella, que chefiava a área de Exploração, e Almir Barbassa, que estava à frente de Finanças). Na resposta de Foster, de 88 páginas, há 592 repetições da frase "Foster nega as alegações". Na de Gabrielli, a construção sintática aparece 579 vezes.

Para além do processo coletivo, a Petrobras ainda enfrenta 29 processos individuais nos Estados Unidos — abertos por quem escolheu se desvincular da ação em grupo, na esperança de negociar um acordo próprio e garantir, assim, um retorno financeiro mais alto. Os reclamantes, variados, vão de fundos de pensão — como o dos empregados da cidade de Nova York — a fundações — como a Bill e Melinda Gates —, passando, claro, por toda sorte de banco. (Os processos individuais, também julgados pelo juiz Jed Rakoff, orbitam em torno da ação coletiva, como pequenos peixes que nadam ao redor de um tubarão para comer os restos; serão julgados com base no que for decidido na *class action.*)

Há, por fim, dois projetos de ação, já anunciados, que aguardam em banho-maria. Na Europa, a Isaf (International Securities Associations and Foundations), que reúne investidores da Espanha e da Holanda, planeja processar a Petrobras na corte de Rotterdam. No Brasil, a Associação dos Investidores Minoritários anunciou que vai abrir uma ação civil pública no Rio de Janeiro (em maio deste ano, um processo similar da mesma associação, contra Eike Batista, foi rejeitado em primeira instância). "Será um absurdo os acionistas americanos serem ressarcidos e os brasileiros, não", defende o economista Aurélio Valporto, vice-presidente do grupo. "Os acionistas brasileiros já foram lesados pela roubalheira que levou a empresa ao estado de penúria atual, e serão duplamente lesados quando a empresa for desvalorizada por causa das indenizações americanas." Valporto diz aguardar a resolução de entraves burocráticos no estatuto da associação antes de dar início ao processo. De certa forma, aguarda também as decisões do juiz Rakoff: "Não fizemos os levantamentos das perdas. Vamos usar o resultado da *class action* como parâmetro".

Numa sexta-feira fria, em meados de abril, encontrei Jeremy Lieberman pela segunda vez, em seu escritório em Manhattan. Ele vestia um suéter preto de zíper e usava quipá — o que anunciava a chegada do *shabat*. Perguntei por que não cultivava uma barba farta, como tende a ser comum na comunidade ortodoxa. "Minha mulher não deixaria", respondeu, rindo.

Naquele mês, as primeiras cartas rogatórias haviam sido enviadas ao Brasil. "Em algum momento devem chegar aos destinatários, mas talvez não antes que o caso seja julgado", comentou, aludindo aos entraves burocráticos. Disse também que, em caso de acordo, imaginava algo na ordem das dezenas de bilhões de dólares. "Os cenários estão sendo considerados."

Contei-lhe ter ouvido, do advogado Roger Cooper, que a Petrobras levaria o caso ao tribunal. "Não há nenhuma conversa entre vocês sobre um possível acordo?", perguntei. A resposta de Lieberman foi um abrir de mãos, com as palmas para cima, e um sorriso contido, de boca fechada. "Até os balanços atuais são falsos", disse, em seguida. "Mesmo quando eles tentam ficar limpos não é suficiente."

A Petrobras preferiu não receber a *piauí* durante esta reportagem. Enviou uma nota, pela assessoria de imprensa, em que definia os pleitos da ação como "improcedentes", e em que reiterava estar "se preparando para o julgamento marcado para o segundo semestre de 2016". (Ainda assim, o novo presidente da estatal, Pedro Parente, declarou em junho ao *Wall Street Journal* que o histórico de ações coletivas nos Estados Unidos "mostra que você faz acordos".)

Há dois temas principais a serem julgados no caso. O primeiro é se a empresa pode ser responsabilizada pelo crime cometido por um grupo de indivíduos — indivíduos esses, vale lembrar, que ocupavam posições estatutárias. O segundo é definir o valor exato a ser pago. "É difícil separar que parte da queda das ações deveu-se à corrupção, e que parte deveu-se à baixa do preço do petróleo", enfatizou o advogado americano Robert Finkel, do escritório Wolf Popper, quando o encontrei em Nova York.

Em caso de vitória da acusação, a indenização será determinada pelo juiz Jed Rakoff. "Ele não tem rabo preso com ninguém; é uma espécie de Sérgio

Moro daqui", disse Lieberman, confiante. Se a sentença for por corrupção, a Petrobras terá de arcar com a dívida integral. Se for condenada por ingerência, é possível que reparta o valor com suas seguradoras. Na hipótese de a estatal sair vencedora, ela não será ressarcida pelos custos processuais.

O julgamento está agendado para o dia 19 de setembro, uma segunda-feira, em Nova York.

PÓS-ESCRITO

Em agosto de 2016, a Petrobras recorreu à Corte Federal de Apelações do Segundo Circuito, em Nova York, pedindo que o julgamento da *class action* — até então agendado para o dia 19 de setembro — fosse adiado. Conseguiu, sob o argumento de que o tamanho da classe (ou seja, o número de pessoas a ser indenizadas) precisava ser redefinido. Meses antes, pedido similar havia sido negado pelo juiz Jed Rakoff, que julga o caso na primeira instância.

A ação coletiva e as 27 ações individuais estão paralisadas até que o recurso seja julgado — o que dá à Petrobras mais tempo para negociar um eventual acordo.

À procura de Leff

Como um economista americano ofereceu uma explicação para o atraso do Brasil — e desapareceu

RAFAEL CARIELLO
Janeiro de 2016

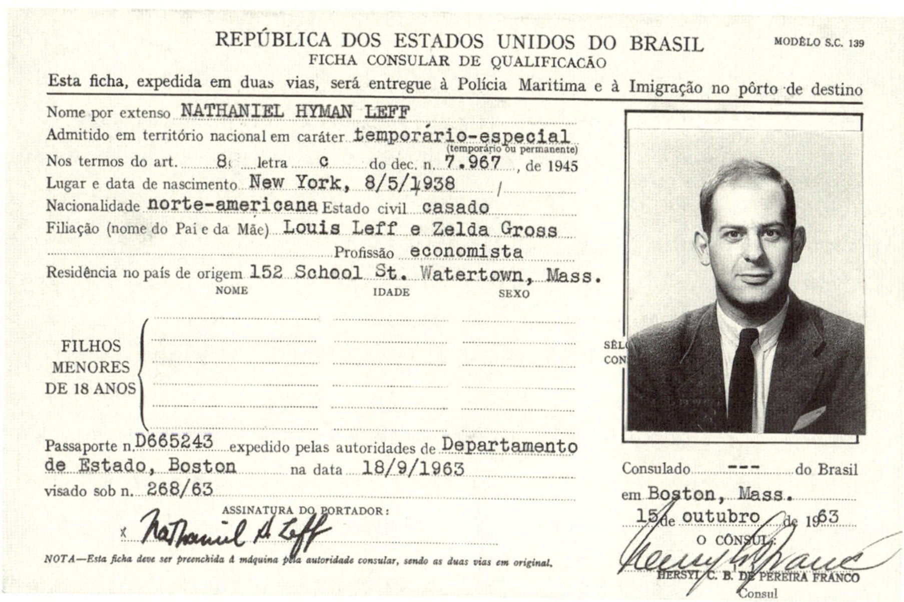

REPÚBLICA DOS ESTADOS UNIDOS DO BRASIL — MODÊLO S.C. 139
FICHA CONSULAR DE QUALIFICACÃO

Esta ficha, expedida em duas vias, será entregue à Polícia Maritima e à Imigração no pôrto de destino

Nome por extenso NATHANIEL HYMAN LEFF
Admitido em território nacional em caráter temporário-especial (temporário ou permanente)
Nos termos do art. 8 letra c do dec. n. 7.967, de 1945
Lugar e data de nascimento New York, 8/5/1938
Nacionalidade norte-americana Estado civil casado
Filiação (nome do Pai e da Mãe) Louis Leff e Zelda Gross
Profissão economista
Residência no país de origem 152 School St. Watertown, Mass.

FILHOS MENORES DE 18 ANOS — NOME — IDADE — SEXO

Passaporte n. D665243 expedido pelas autoridades de Departamento de Estado, Boston na data 18/9/1963
visado sob n. 268/63

ASSINATURA DO PORTADOR:
x Nathaniel H. Leff

NOTA—Esta ficha deve ser preenchida à máquina pela autoridade consular, sendo as duas vias em original.

Consulado --- do Brasil
em Boston, Mass.
15 de outubro de 1963
O CÔNSUL:
HERSYL C. B. DE PEREIRA FRANCO
Consul

No dia 8 de junho de 2015, entre algumas outras tarefas de um dia banal de trabalho, enviei um e-mail ao economista Samuel Pessôa, pesquisador da Fundação Getulio Vargas. Na mensagem, eu retomava uma conversa que havíamos iniciado dois anos antes: queria saber o que mais ele podia me contar sobre um historiador econômico norte-americano cujas ideias ele havia mencionado com ênfase e entusiasmo em mais de uma ocasião. Chamava-se Nathaniel Leff.

Formado em física e doutor em economia pela Universidade de São Paulo, Pessôa tem predileção por temas de história econômica. Quando questionado sobre algum problema conjuntural, quase sempre seus argumentos e sua linha de raciocínio remetem a dinâmicas de longo prazo e a circunstâncias históricas. Uma dúvida em relação ao mercado de trabalho e aos números de desemprego, por exemplo, pode levá-lo a discorrer sobre os efeitos da escravidão e da imigração do século XIX na desigualdade brasileira. A conversa a respeito de Leff havia começado assim — e despertado meu interesse. Apesar de algum esforço, eu vinha de toda forma encontrando dificuldades para obter maiores informações sobre aquele professor, aparentemente pouco conhecido.

"Ninguém fala sobre esse sujeito, ele é quase um mistério", escrevi. "Você por acaso conhece alguma história dele? Sabe de alguém que o conheça, algum outro brasilianista? Não tenho nem mesmo certeza se ele ainda está vivo."

Tudo o que eu conhecia dele — e daí meu interesse — era seu trabalho acadêmico. No início de 2013, havia lido, por sugestão de Pessôa, um livro de Leff sobre a economia brasileira no século XIX. *Subdesenvolvimento e desenvolvimento no Brasil*, publicado pela primeira vez em 1982, era a rigor uma reunião de ensaios, modificados e atualizados, escritos anos antes.

Entre o final dos anos 1960 e o início da década de 1970, alguns dos artigos que Leff produziu haviam aparecido nas mais prestigiosas revistas de história econômica e de economia. Periódicos como o *Journal of Economic History*, em que as ideias e os modelos formais dos economistas começaram a ser aplicados ao estudo do passado, ou a *American Economic Review*, o *Journal of Political Economy* e o *Quarterly Journal of Economics*, que fizeram a história da disciplina e continuam a figurar nos sonhos de pesquisadores do mundo inteiro. Milton Friedman, Friedrich Hayek, Paul Krugman e Joseph Stiglitz, todos prêmios Nobel, apresentaram algumas de suas mais importantes ideias nas páginas dessas publicações.

Procuras no Google com o nome de Leff trazem links para seus textos e informações sobre o lugar onde ele deu aula por quase três décadas, entre o fim dos anos 1960 e meados dos 1990 — a Escola de Negócios da Universidade Columbia, em Nova York. Abaixo do campo de pesquisa aparecem livros, artigos e ensaios. E quase nada mais. É difícil encontrar algum outro tipo de registro a seu respeito. Não há dados sobre data e local de nascimento, família, onde estudou, comparecimento a eventos públicos, homenagens de amigos, festas, fotos. A impressão que fica é a de alguém que desapareceu antes que a internet, em algum momento entre meados dos anos 1990 e o início dos anos 2000, lançasse sua teia minuciosa sobre cada aspecto de nossas vidas.

Ao receber minha mensagem, Samuel Pessôa pediu ajuda ao historiador William Summerhill. "Bill, recebi este e-mail", escreveu o pesquisador da FGV ao amigo, docente da Universidade da Califórnia em Los Angeles, no dia seguinte. "Você consegue ajudar? Nathaniel Leff é o cara que escreveu o melhor livro que conheço de história econômica brasileira. Tudo que sei é que ele é (ou era) judeu ortodoxo. É só."

Não era difícil entender o entusiasmo de Pessôa por Leff. Em seus ensaios, o pesquisador norte-americano havia levantado hipóteses ao mesmo tempo rigorosas e imaginativas para tentar responder aos dois principais problemas da história econômica brasileira: por que acabamos nos tornando um país relativamente pobre, com renda per capita baixa; e por que somos tão desiguais.

Uma das ideias de Leff era a de que o Brasil, ao longo de quase cinco séculos de história, havia se tornado uma máquina de produzir gente "barata": trabalhadores em número abundante, pouco qualificados e que custavam pouco. Esses trabalhadores tinham sido, antes de tudo, importados da África, à força. Mas não só. Importantes arranjos políticos e institucionais — como a restrição ao acesso à terra, no século XIX, e o incentivo à imigração de trabalhadores europeus com baixa escolaridade — foram providenciados para que o mecanismo continuasse a funcionar, mesmo depois do fim da escravidão. Sem poder comprar um pequeno pedaço de terra com facilidade — e nele produzir —, os trabalhadores que chegavam ou que já estavam no Brasil tinham poucas alternativas senão vender barato a sua força de trabalho. Algo que contrastava radicalmente com a experiência norte-americana, que produzira o inverso:

terra farta e muito barata para os imigrantes que lá chegavam, e, assim, gente relativamente "cara" — os donos de indústrias e de terras, para contratar assalariados, tinham de oferecer uma renda pelo menos igual ao que essa mão de obra poderia ganhar por conta própria na agricultura. Em relação ao capital abundante — terras e maquinário —, o trabalho era escasso nos Estados Unidos, e os salários, altos.

Sua análise era em tudo diferente daquela encontrada nas obras clássicas da "formação econômica" brasileira, de Caio Prado Jr., Celso Furtado e Fernando Novais. Em vez de buscar as razões do "atraso" do país em suas relações com a Europa — nas trocas comerciais que beneficiariam a metrópole em detrimento dos proprietários de terra locais —, o autor norte-americano chamava a atenção para problemas internos da economia brasileira e decisões da elite política que mantiveram a renda per capita baixa e a desigualdade alta.

O que parecia incompreensível era por que apesar do valor intrínseco dos ensaios que ele produziu e do reconhecimento explícito que recebeu das principais publicações econômicas, capazes quase sempre de ditar os debates na disciplina, as ideias de Leff acabaram recebendo pouca atenção nos círculos acadêmicos no Brasil, entre o final dos anos 1960 e o início dos anos 2000.

Muitos daqueles textos, escritos havia mais de quarenta anos por um recluso professor da Universidade Columbia, em Nova York, eram desconhecidos por boa parte dos pesquisadores brasileiros.

O próprio Pessôa disse ter passado toda a sua formação, na USP, sem ouvir falar em Leff. Descobriu-o por acaso, já nos anos 2000, numa conversa com André Urani, economista italiano radicado no Rio, morto em 2011. Comprou, no dia seguinte, dois exemplares de *Subdesenvolvimento e desenvolvimento no Brasil*. Ofereceu um deles a Marcos Lisboa, seu amigo, à época secretário de Política Econômica no Ministério da Fazenda do primeiro governo Lula. Lisboa contou que lia o livro, com entusiasmo, à noite, depois do expediente.

Samuel Pessôa era então assessor econômico do senador Tasso Jereissati, do PSDB. "Eu lia o Leff no avião, indo para Brasília. Isso deve ter sido em 2005." Volta e meia o assessor tucano ligava para o secretário do governo do PT, a fim de comentar as ideias do economista norte-americano. "A gente ia conversando, pelo telefone. O Marcos ficou alucinado."

Doutor pela Universidade da Pensilvânia, Marcos Lisboa havia feito a graduação e o mestrado na Universidade Federal do Rio de Janeiro, na segunda metade dos anos 1980 — e, até receber o livro de Pessôa, tampouco tivera qualquer notícia das obras de Leff, em sala de aula ou fora dela. Disse que só veio a ler com atenção os autores que aplicavam modelos formais da economia ao estudo da história quando já era docente em Stanford, no final dos anos 1990 — e, mesmo então, ainda desconhecia os trabalhos do professor de Columbia. "Quando apareceu o Leff, eu achei aquilo inacreditável. 'Esse cara fez isso há tanto tempo, no início dos anos 1970', pensei. Foi um susto total. Ele estava muito à frente do seu tempo. As pessoas não entendiam."

O historiador e economista Renato Perim Colistete é outro que descobriu o autor norte-americano por essa época, em meados dos anos 2000. Colistete tem 53 anos, rosto de menino e um jeitão calmo, com a voz baixa e mansa. Professor de história econômica na Universidade de São Paulo, ele disse ter encontrado referências ao trabalho de Leff por acaso, quando começou a pesquisar o século XIX brasileiro. "A influência dele na historiografia econômica ainda é muito pequena; não é absolutamente um autor que seja utilizado nos cursos de economia nem nos cursos de história", avaliou Colistete em sua sala, na USP, em agosto. Algo que muito lentamente vem mudando. O próprio Colistete recomenda ensaios de Leff em seus cursos.

É o caso também de André Villela. Professor das quatro disciplinas de história econômica no curso de graduação em economia na Fundação Getulio Vargas, no Rio, Villela tem cinquenta anos — é da mesma geração de Colistete e Pessôa, portanto. Trombou com a obra de Leff sobre o Brasil na livraria da London School of Economics, onde fazia doutorado, no final dos anos 1990. A princípio torceu o nariz para o que considerou um exagero no uso de métodos quantitativos, muitas vezes com o recurso a dados frágeis e de qualidade duvidosa, característicos do século XIX. "Sofri esse primeiro choque e estranhamento."

Com o tempo, passou a apreciar mais o trabalho do professor de Columbia. No livro *Desenvolvimento econômico: uma perspectiva brasileira*, de 2013, que reúne ensaios de diversos especialistas, coube a Villela o capítulo sobre a história econômica brasileira entre 1500 e 1945. Ao final desse artigo, numa nota sobre "leituras recomendadas", ele indica três autores "aos interessados nas raízes históricas da formação socioeconômica do Brasil": Caio Prado Jr., Celso Furtado — e Nathaniel Leff.

* * *

Em meados dos anos 1990, sem dar maiores satisfações aos colegas e amigos da universidade onde fizera toda a sua carreira, Nathaniel Leff desapareceu dos corredores de Columbia. Quase ninguém, ali dentro, voltaria a ter notícias dele.

O economista Hugh Patrick, hoje com 86 anos, professor da Columbia Business School, a escola de negócios da tradicional universidade americana com sede em Nova York, tampouco sabia dizer o que tinha acontecido com seu antigo colega quando nos encontramos, em outubro. "Eu já dava aulas aqui quando ele se aposentou", disse-me o pesquisador de olhos verde-claros e rosto vermelho, bochechudo. "Convivemos na escola de negócios por uma década. Nós dois tínhamos interesse em desenvolvimento econômico. Eu trabalhava com a Ásia e o Japão. Ele, com a América Latina. Conversávamos bastante."

Patrick diz que Leff era "uma boa pessoa, trabalhador, ético, preocupado com os outros". Era também, como Samuel Pessôa tinha ouvido dizer, bastante religioso — um judeu ortodoxo.

> Eu realmente gostava dele. Ele era quieto. Não diria tímido, mas não era uma pessoa extrovertida. Nunca voltamos a nos falar depois que ele se aposentou. Em parte, acho, porque ele era bastante reservado. Em parte porque tinha a sua própria rede social fora da universidade. Acho que não havia muita gente de Columbia com quem ele convivesse fora daqui — talvez tivesse a ver com o fato de ele ser tão religioso.

Uma das poucas pessoas com quem o brasilianista se dava dentro e fora da Columbia Business School era o israelense Gur Huberman, professor de finanças na instituição. "Eu era amigo dele", disse-me Huberman — um sujeito de 64 anos, magro e de aparência jovem, apesar dos cabelos completamente brancos — quando o encontrei na sala de professores da escola de negócios.

Por algum tempo, ele e o colega mais velho tiveram gabinetes de trabalho vizinhos, na faculdade. Acabaram se aproximando. Huberman se lembra de o amigo ir ao campus e passear entre os jardins e os prédios neoclássicos de Columbia, com chapéu e terno escuros, e uma barba cheia, branca. Embora menos religioso que o colega, o israelense acabou pedindo que Leff o acompanhasse na leitura e o orientasse nos estudos do livro sagrado dos judeus. "Por cerca de um ano, uma vez por semana, ele leu a Torá comigo. Era um sujeito gentil e preocupado com as outras pessoas. Mas não era muito extrovertido."

Huberman disse ter passado pelo menos um *shabat* na casa de Leff e da mulher, num subúrbio de Nova York. Quando sua primeira filha nasceu, no começo dos anos 1990, o professor de finanças estava fora da universidade, trabalhando para o Banco JP Morgan. Ainda assim, fez questão de levar a filhinha, com poucos meses, ao campus, na parte norte da ilha de Manhattan, para que o amigo a conhecesse.

Apesar da proximidade, ele também deixou de ter notícias de Leff depois de 1995. Hugh Patrick se lembrava de ter tomado conhecimento, por essa época, de que a saúde do colega não ia bem — e de que seria esse o motivo de sua súbita aposentadoria. "Sabíamos que ele tinha alguma doença. Não me lembro se me disse o que era. Mas ele não fazia um grande caso disso." Huberman também tinha recordação de algum problema de saúde enfrentado pelo amigo.

Assim que nos encontramos, o professor de finanças quis saber: "Ele ainda está vivo?". Fiz a mesma pergunta a Patrick. "Meu palpite é o de que ele morreu pouco tempo depois de ter se aposentado", disse o especialista em economia asiática. "Mas me sinto pouco à vontade pelo fato de não saber. Quando você me ligou, tive sentimentos ambivalentes. Fiquei feliz que estivessem escrevendo sobre ele. Mas me arrependo de não ter mantido contato. Lamento não saber o que aconteceu com o Leff."

"O Leff simplesmente desapareceu", resumiu Huberman. "Não me disse adeus, não me disse nada. E nunca mais voltou."

Depois de receber o e-mail de Samuel Pessôa que nos punha em contato, escrevi para William Summerhill, o professor da Universidade da Califórnia. Ele não demorou a responder. "Conheci os trabalhos do Leff como aluno de pós-graduação, e o próprio Leff quando eu era aluno de doutorado em história econômica em Stanford, num minicongresso, em 1992", respondeu Summerhill.

> Em pessoa e por carta, o Leff era supergentil, atencioso, e prestou apoio intelectual ao meu projeto de pesquisa. A minha impressão era a de um senhor humilde, modesto e de pensamento profundo. Uma das hipóteses levantadas por ele

em seu livro *Subdesenvolvimento e desenvolvimento no Brasil* virou depois um dos principais temas do meu livro sobre a história econômica das ferrovias no Brasil.

Meses depois eu me encontraria com Summerhill, em São Paulo. Ele tinha vindo ao país para dar cursos na USP e no Insper, o Instituto de Ensino e Pesquisa, uma faculdade particular de economia e administração. Sua tese sobre a construção de ferrovias no Brasil, publicada em 2003, é hoje considerada um trabalho fundamental sobre a economia brasileira no século XIX.

O professor da UCLA tem 52 anos. É um sujeito grande e forte, com 1,90 metro de altura, pesando cerca de cem quilos. Fala português praticamente sem cometer erros, mas com o típico sotaque norte-americano.

Além de historiador econômico, Summerhill foi por muito tempo paraquedista e capitão do Exército dos Estados Unidos. Participou do programa de formação de oficiais durante a faculdade, o que lhe garantia um salário e a independência financeira dos pais. Contou que durante o treinamento, quando tinham de fazer saltos e passar dias seguidos na mata, levava consigo as obras de história que estava estudando. "Pulava do avião com *As origens sociais da ditadura e da democracia*, do Barrington Moore Jr., na mochila", lembrou.

O impacto econômico das ferrovias, assunto que Summerhill, inspirado pela leitura dos trabalhos de Leff, viria a pesquisar em seu doutorado, era um tema de predileção da *new economic history* — nome da "escola" que reunia método econômico com pesquisa histórica. Nos anos 1960, o uso de formalizações matemáticas e manipulação de bases estatísticas para testar ideias sobre o passado ganhou notoriedade com um trabalho do historiador Robert Fogel justamente sobre os efeitos da construção de linhas férreas no crescimento dos Estados Unidos no século XIX. A pesquisa em história econômica americana sempre dera grande destaque e valor à "revolução dos transportes" que tivera lugar no hemisfério Norte, dos dois lados do Atlântico, no século XIX.

A construção de melhores estradas — usadas para o transporte em carroças —, a abertura de canais, o uso de barcos a vapor e a construção de ferrovias ajudaram a ligar diversos centros urbanos e pequenos proprietários rurais nas antigas colônias inglesas, impulsionando o crescimento econômico. Com meios de transporte melhores e mais baratos, caía o custo de fazer chegar bens agrícolas e manufaturados aos principais mercados, com ganhos mútuos para produtores e consumidores. É difícil imaginar outra medida que provoque impacto tão generalizado numa economia. Quando o gasto com transporte diminui, o preço final do produto, pago pelo consumidor, também pode baixar. Preços menores, por sua vez, permitem que muito mais gente tenha acesso a bens transportáveis — e os compre —, aumentando os lucros dos fazendeiros e donos de manufaturas, bem como os investimentos e o tamanho da produção. Quando se fala na criação de mercados nacionais — ou mesmo na globalização, que começa com as grandes navegações do século XV e ganha forte impulso com os barcos a vapor do século XIX —, pensa-se antes de tudo na interligação de um maior número de mercados por meios de transporte mais baratos e eficientes.

Melhores meios de transporte também contribuíram para o aumento da especialização e da produtividade na economia americana. Como ficava mais barato percorrer distâncias maiores com carregamentos de trigo e leite, por exemplo, não era mais necessário produzir os dois bens numa mesma região. Uma delas — com solo melhor para o trigo, digamos — poderia se especializar no cereal, enquanto a outra aumentava o número de vacas por metro quadrado. Ambas as produções cresciam, e assim, também, a renda per capita dos produtores.

O que Robert Fogel mostrou, contudo, em seu artigo dos anos 1960, é que toda essa revolução dos transportes dependeu pouco da construção de ferrovias. A excelente rede de rios e canais americana, além das boas estradas percorridas a cavalo, já era capaz de interligar boa parte do país. O custo de transporte por elas não era muito maior que o custo de levar os produtos nos trens. Se todas as locomotivas e vagões em funcionamento no final do século XIX fossem tirados de circulação — e as cargas que usavam transporte ferroviário fossem transferidas para barcos e carroças —, o impacto seria mínimo. "Você perderia o equivalente a duas semanas do PIB, nas estimativas do Fogel", me disse Summerhill, em São Paulo. A história no Brasil, no entanto, seria diferente.

O seminário em Stanford em que William Summerhill se encontrou com Nathaniel Leff não durou mais do que três dias. "Era um congresso de fim de semana. O Leff não podia participar na sexta de noite e tampouco no sábado, por ser um judeu observante. Mas estava lá no sábado à noite e no domingo, quando tive a oportunidade de conversar com ele."

Leff apresentou um texto que fazia a síntese de suas mais de duas décadas de trabalhos sobre o Brasil. "O que ele conseguiu é impressionante", disse Summerhill.

> Muitas vezes ele usava dados que ainda não haviam sido publicados, produzidos por outros economistas. Ele foi o primeiro a juntar esses trabalhos esparsos sobre a economia brasileira e a pensar sobre as informações de que dispunha dentro de um *framework* de análise econômica convencional. Juntou o que existia, fez a análise e imaginou uma narrativa inteira, uma interpretação inovadora para a história econômica brasileira.

Em seus textos, Leff defende que a chave para entender por que o Brasil se tornou um país relativamente pobre, com renda per capita bastante inferior àquelas alcançadas pela Europa e pelos Estados Unidos, estava no século XIX — nem antes, nem depois. A historiografia tradicional — responsável pela narrativa que ainda hoje prevalece sobre as razões do "atraso" do país —, no entanto, costumava procurar no período colonial, e nas relações da América portuguesa com as metrópoles europeias, as razões da demora do país para se industrializar e se desenvolver.

Ocorre que até a Revolução Industrial, no final do século XVIII, os padrões de desenvolvimento econômico não eram tão divergentes assim, em qualquer parte do globo. Foram os contínuos ganhos de produtividade que se seguiram à adoção do modelo fabril que permitiram a alguns países pular na frente e passar a crescer numa velocidade muito maior do que outros. Estima-se que a renda per capita nos Estados Unidos fosse similar à brasileira no início do século XVIII. Em 1820, depois de iniciado o processo de industrialização nas antigas colônias inglesas, cada americano já auferia, segundo se supõe a partir dos poucos dados disponíveis, duas vezes mais renda que os moradores do Brasil. E em 1890, apenas setenta anos depois, a renda per capita nos Estados Unidos era mais de quatro vezes maior do que no Brasil.

"O enigma econômico está aqui, no meio do século XIX", me disse o professor da USP Renato Colistete, ao comentar a ênfase dada por Leff àquele período da história brasileira. Em seguida, ponderou: "Talvez as causas estivessem na colônia. Mas o pepino aparece no XIX".

Alguns dos argumentos utilizados pela historiografia tradicional para mostrar que os motivos do "atraso" do país se localizavam no período colonial, no entanto, eram muito bem construídos. Pelo menos os argumentos de Celso Furtado. O economista paraibano, em seu livro *Formação econômica do Brasil*, defende que a América portuguesa não passaria, na maior parte de sua história, de um conjunto de grandes fazendas que usavam mão de obra escrava para abastecer o mercado externo. Segundo Furtado, o próprio fato de o Brasil ter sido forjado como "uma plantação de produtos tropicais", dependente da Europa e sem lógica econômica própria, inibia o desenvolvimento de um mercado interno — e o desenvolvimento da colônia.

A impressionante renda auferida pelos engenhos no Nordeste no século XVI, escreveu Furtado, seria suficiente para que a indústria açucareira dobrasse sua capacidade produtiva a cada dois anos. Apesar disso, o desenvolvimento econômico ao seu redor era pequeno. É que boa parte dessa renda "vazava" para fora da América portuguesa, dizia o economista. Parte servia para pagar empréstimos aos comerciantes europeus que haviam adiantado os recursos para a construção dos engenhos e a compra de escravos. Parte ficava nas mãos dos traficantes que traziam cativos da África. Investimentos em maquinário e mão de obra, comprados fora da América portuguesa, tinham assim pouco efeito na economia à sua volta, que não se desenvolvia. Outra parte da renda do açúcar era gasta com produtos importados — inclusive bens de luxo da Europa, como vinhos.

Assim, o crescimento da empresa açucareira se realizava sem que outras atividades da colônia, que a princípio poderiam se beneficiar da renda gerada pelo açúcar, também se desenvolvessem. Não havia, segundo Furtado, "modificações sensíveis na estrutura do sistema econômico" da colônia. Os ganhos dos engenhos não se traduziam numa economia mais complexa ao seu redor, e o país continuava a ser um aglomerado de fazendas voltadas para a exportação, com alguns poucos setores dedicados a abastecer o mercado interno, como a criação de gado.

Do ponto de vista social, a lógica econômica descrita por Furtado tornava quase irrelevante a população livre, empregada em outras atividades. Éramos um país de poucos senhores e de muitos escravos. Gente livre pobre ocupava, quando muito, um papel secundário.

* * *

Para Leff, as razões do subdesenvolvimento econômico brasileiro também estavam nas dificuldades enfrentadas pelo mercado interno para se articular e crescer de maneira mais rápida, criando uma economia complexa. Só que, em vez de responsabilizar as relações comerciais com a Europa por essa dinâmica, ele apontava para a falta de integração *interna* da economia brasileira — e o alto custo de transporte no país.

Não que não houvesse produção para o mercado interno. Ao contrário. Desde os anos 1970, o professor de Columbia sugeria que se desse maior atenção para o setor, bem mais importante do que supunha a historiografia tradicional. Sem dispor de informação detalhada, Leff argumentava ser razoável supor que, no período colonial e no século XIX, a maior parte da população brasileira estivesse ocupada sobretudo com a produção agrícola para consumo interno.

Os motivos que ele apresentava para dizer isso eram, antes de tudo, lógicos. Os primeiros dados confiáveis de que se dispunha sobre a importância do setor externo, do início do século XX, indicavam que as exportações totais do país equivaliam a 16% de tudo que era produzido no Brasil em 1913 — o restante era produção para o mercado interno. Era impossível que todo esse setor gigantesco da economia tivesse surgido do dia para a noite, e já não existisse no século XIX, argumentava Leff.

Além disso, mesmo nas áreas voltadas principalmente para a produção exportável, os escravos nunca chegavam a representar a maior parte da população. Os grandes proprietários de terra, por sua vez, eram uma ínfima minoria dos brasileiros. Logo, longe de se resumir à dicotomia entre senhores e cativos, a maior parte da população brasileira era livre. E pobre. O que fazia toda essa gente que não era dona de fazenda, não produzia para a exportação e tampouco era escrava? Era o que Leff se perguntava.

Uma resposta surgiu na passagem dos anos 1980 aos 1990. Os historiadores João Fragoso e Manolo Florentino, professores da Universidade Federal do Rio de Janeiro, ofereceram então uma nova interpretação para o funcionamento da economia colonial, a partir de pesquisas empíricas inéditas. Mostraram que a produção e a circulação de mercadorias na América portuguesa eram bem mais sofisticadas e complexas do que se supunha, pelo menos nos últimos anos da colônia. A economia brasileira possuía ciclos econômicos próprios e relativa autonomia das flutuações de preço e demanda dos principais produtos exportados para a Europa — ou seja, não era tão dependente assim da venda de açúcar, algodão e café.

Fragoso e Florentino também registraram o grande movimento de tropas de mulas e os negócios que interligavam o sul de Minas Gerais, São Paulo e o Rio de Janeiro, entre o final do século XVIII e o início do XIX, comercializando a produção local. Nos portos do Rio, era grande a movimentação de cargas de charque e trigo, vindas do Rio Grande do Sul, de farinha de mandioca, da Bahia e de Santa Catarina, e de milho e feijão, vindas do próprio Rio e de São Paulo. Os dois autores também mencionavam a existência de uma grande parcela da população dedicada à produção para o mercado interno — gente livre e relativamente pobre, que não era proprietária de quantidade expressiva de escravos.

Por fim, em um golpe às interpretações tradicionais da formação econômica do Brasil, Fragoso e Florentino mostravam que um dos principais canais de "vazamento" da renda gerada na América portuguesa simplesmente não existia. O comércio de escravos, negócio mais rentável da época, estava concentrado nas mãos de traficantes residentes no Rio e em Salvador, que além de comprar e vender homens, mulheres e crianças africanas funcionavam como os banqueiros da colônia e do início do Império, adiantando recursos para os fazendeiros e a ampliação da produção.

Algumas hipóteses levantadas por Leff ainda nos anos 1970 haviam, portanto, sido confirmadas — o autor norte-americano, no entanto, não chega a ser citado pelos pesquisadores brasileiros; e tampouco o professor de Columbia os menciona, em seu trabalho dos anos 1990.

Explicar a letargia da economia brasileira no século XIX significava portanto explicar por que o mais importante setor econômico do país, o da produção voltada para o mercado interno — fosse ela agrícola ou de produtos manufaturados —, crescia num ritmo muito menor do que aquele que podia ser constatado, na mesma época, na Europa e nos Estados Unidos. Pela própria natureza daquela produção, a explicação não podia ser buscada no comércio exterior. Na verdade, ela estava justamente no comércio interno, e nas difíceis condições de transporte e de integração dos mercados *dentro* do Brasil.

Diferentemente dos Estados Unidos, o Brasil não contava com uma boa rede de rios navegáveis por onde escoar a produção. Tampouco havia construído canais ou boas estradas que facilitassem a circulação de mercadorias. "As condições das estradas no interior eram tão ruins [...] que veículos de roda raramente podiam ser usados", escreve Leff. A geografia tampouco ajudava. Quase tudo que era comercializado no Sudeste, por exemplo, era transportado no lombo de burros e mulas pelas difíceis serras de Minas, de São Paulo e do Rio. Era muito caro movimentar cargas e produtos pelo país, o que limitava o aumento da produção doméstica e os ganhos econômicos dos sitiantes e fazendeiros que se dedicavam a essa atividade.

As mesmas dificuldades também eram enfrentadas por quem tinha de levar seu produto até os portos, antes de vendê-lo fora do país. "Os custos de transporte eram tão altos que eles absorviam um terço do valor total de uma carga de café antes da chegada das ferrovias", escreveu Leff.

Por fim, mas não menos importante, os limites impostos pelas dificuldades de transporte à integração de mercados e aos ganhos dos agricultores também tornavam quase impossível a industrialização do país. "Uma renda menor no interior do país e um custo alto para levar mercadorias até lá limitavam o tamanho do mercado para bens manufaturados", dizia o norte-americano. Numa situação dessas, nem mesmo a proteção tarifária feita pelo governo para tentar assegurar a demanda para produtos nacionais poderia funcionar. "Uma industrialização baseada no mercado interno claramente necessita, como condição prévia, de um mercado interno", escreve o norte-americano, com ironia.

Quando as ferrovias finalmente começaram a ser construídas, a partir da década de 1850, tudo mudou: o mercado interno se expandiu, houve aumento da produção agrícola e o país finalmente se industrializou. O curioso é que a maior parte da malha ferroviária foi implementada para atender às necessidades dos grandes exportadores, em particular do café, em São Paulo. Ainda assim, o efeito do transporte por trens dos bens voltados para o consumo interno foi impressionante. Dados usados por Leff e William Summerhill mostram que nas três principais "ferrovias do café", em São Paulo, a fração total de carga de outros produtos — em geral alimentícios e manufaturados — transportados não parou de crescer, entre o final do século XIX e o início do XX. A tal ponto que, de parcela menor dos fretes, esses produtos já representavam entre 60% e 90% do total de carga movimentada, nas três ferrovias, na década de 1910.

Ao que tudo indicava, Leff tinha razão, e um dos principais motivos para o "atraso" do Brasil no século XIX era a falta de integração econômica ocasionada pelos altos custos de transporte. Além disso, ao contrário do que diziam os historiadores clássicos, não parecia haver uma competição entre o avanço do setor exportador e o desenvolvimento do mercado interno e a industrialização. Foi justamente um impulso vindo da produção que seria transportada até os portos — o café, sobretudo — que criou as condições para superar obstáculos ao crescimento de toda a economia.

Com o aumento da malha ferroviária no país, que passou de cerca de mil quilômetros de trilhos no início da década de 1870 para 26 mil, em 1914, e a consequente queda nos custos de transporte, "baixaram os preços pagos por consumidores, aumentaram os preços recebidos pelos produtores, aumentou a mobilidade dos trabalhadores, a produção e a renda cresceram, e foram assentadas as bases para as mudanças estruturais que viriam na primeira metade do século XX", escreveu Summerhill. Se nos Estados Unidos, com sua ótima rede de rios e canais, os trens fizeram pouca diferença, no Brasil eles foram responsáveis por finalmente fazer o país crescer.

No capítulo que escreveu sobre quase cinco séculos de história econômica do Brasil, o professor da FGV André Villela, depois de citar Summerhill, afirma que "é difícil exagerar o impacto das ferrovias sobre a economia brasileira na virada do século XIX para o XX".

Os contatos que manteve por carta ao longo de alguns anos com Nathaniel Leff, me disse Summerhill, foram interrompidos na segunda metade dos anos 1990. Em 1997, o historiador e capitão do Exército americano foi destacado para participar de uma missão da Otan — a aliança militar ocidental — na Bósnia. À época o professor da Universidade da Califórnia estava escrevendo um artigo que resumia sua tese sobre o impacto das ferrovias no país, trabalho que só seria concluído nos intervalos das patrulhas de seu pelotão, dentro de um bunker, nos Bálcãs. "Quando voltei para a UCLA, tive que restabelecer contato com muita gente. Mas não consegui voltar a falar com o Leff."

Quem talvez soubesse algo mais sobre o professor desaparecido de Columbia era o historiador Herbert Klein, colega de Leff na universidade nova-iorquina, me disse Summerhill. Ele próprio tratou de entrar em contato com o pesquisador. Depois me escreveu, dizendo qual era o endereço de e-mail do professor Klein. Na mesma mensagem, adiantava uma notícia importante. "Falei com ele hoje. Confirmou que o Leff faleceu faz tempo." Que o professor de Columbia tivesse morrido era, de toda forma, e já havia algum tempo, uma convicção de Summerhill. Ao publicar sua tese sobre a expansão das ferrovias no Brasil do século XIX, ele registrou sua gratidão, na introdução do livro, "[*to*] the late Nathaniel Leff" — ao falecido Leff.

Aos 79 anos, o historiador Herbert Klein segue sendo um dos grandes especialistas em escravidão e tráfico atlântico de escravos para a América. Depois de dar aulas em Columbia, onde chegou a escrever um artigo em parceria com Leff, mudou-se para Stanford, na Costa Oeste. Por telefone, apesar de a ligação insistir em cair — "a conexão aqui na Califórnia é ruim às vezes" —, ele me disse que havia procurado o historiador econômico Stanley Engerman, que também conhecia Nathaniel Leff, após receber o e-mail de Summerhill. Engerman também tem 79 anos e é um dos maiores historiadores econômicos em atividade. Em parceria com Fogel — o pesquisador que mediu o impacto das ferrovias na economia americana no século XIX —, escreveu sobre a escravidão no sul dos Estados Unidos.

"O Engerman também fez ligações para outros colegas, perguntando sobre o Leff", disse Klein. "Ele é um bibliófilo. Tem todo o material do Leff. E estava tão interessado quanto eu. Ficamos tentando encontrar algum obituário, em algum jornal ou na internet. Mas não encontramos nada. Procuramos na web toda. Nada. Desapareceu."

Segundo Klein, Nathaniel Leff já dava aulas em Columbia quando ele chegou por lá, em 1970. Frequentavam os mesmos seminários sobre o Brasil e ficaram amigos. Klein chegou a visitar a casa de Leff, no subúrbio de Nova York, onde conheceu a mulher do colega de universidade, "uma judia francesa", segundo disse. "Era bióloga. Tiveram vários filhos, não sei exatamente quantos. Não lembro o nome dela. Ele era um judeu ortodoxo moderno. Acho que a mulher também era."

Leff era bem-humorado, contou. Gostava de fazer brincadeiras e frequentemente era irônico — descrição que contrastava com a impressão de outros colegas e amigos, que enfatizavam o caráter introspectivo do professor de Columbia.

Como na narrativa dos outros colegas, o historiador contou que, a partir de determinado momento, o amigo "começou a desaparecer" — não ia mais aos seminários, até sumir completamente da universidade. Ele e Engerman, no entanto, sabiam a causa daquele repentino desligamento: o economista sofria do mal de Parkinson. Por causa da doença, "parou de dar aulas e de falar com os colegas".

"Não conseguimos encontrar a data da morte, mas estou seguro de que ele morreu. Não apareceu mais. Acho que morreu no seio da família, em algum momento dos anos 1990, provavelmente em 1995", disse Klein.

Stanley Engerman, com quem falei a seguir, também se lembrava bem de Leff. O professor da Universidade de Rochester não mora em Nova York, mas tem família na cidade. Nos anos 1970 costumava ir até lá e, com frequência, almoçava com o colega historiador econômico. "Nós nos dávamos muito bem. Os dois somos judeus, embora ele fosse bem mais ortodoxo do que eu. Depois de um tempo não ouvi mais nada dele. Achei que tivesse morrido."

Segundo Engerman, Leff gostava de falar sobre religião e economia. "Quase sempre ele estava usando o *yamaka*. Pessoas menos religiosas, como eu, só usam o quipá quando vão ao templo, em geral." Nunca era impositivo ao expor suas ideias. "Ele ouvia as ideias dos outros. Se discordava, tudo bem. Ele não insistia em suas afirmações, como a maioria de nós faria. Isso tornava bastante fácil conversar com ele. Ele não parecia partir do princípio de que tinha que estar cem por cento certo, e os críticos cem por cento errados."

Após a consulta de Summerhill, ao tentarem obter informações sobre Leff, Klein e Engerman acreditavam ter conseguido elucidar uma dúvida antiga sobre a carreira acadêmica do colega. Segundo Klein, o amigo havia tido uma trajetória impressionante, em especial para um judeu de seu tempo: graduação em Harvard, mestrado em Columbia e doutorado no MIT, o Instituto de Tecnologia de Massachusetts. "Eu sempre me perguntei como ele havia conseguido entrar para Harvard", comentou Klein.

Segundo o historiador, Leff, dois anos mais novo que ele, deveria ter nascido em 1938 e, mais importante, entrado para Harvard em meados da década de 1950, época em que a mais tradicional universidade americana ainda impunha limites à admissão de judeus. "Eu nem me candidatei para Harvard", disse

Engerman. "Não seria aceito. Funcionava dessa maneira em algumas das melhores universidades americanas."

No livro *The Chosen* [Os escolhidos], o sociólogo Jerome Karabel, professor da Universidade da Califórnia, em Berkeley, explica como o atual e intrincado sistema de seleção universitária nos Estados Unidos — com sua atenção a características não relacionadas ao simples desempenho acadêmico dos candidatos, como "caráter", "capacidade de liderança" e envolvimento em atividades extracurriculares — surgiu no início do século passado como uma maneira de barrar a entrada de judeus em Harvard, Yale e Princeton.

A tradicional elite protestante norte-americana, escreve Karabel, se via então ameaçada pelo afluxo de imigrantes ao país, em particular por aqueles que considerava de alguma maneira "inferiores". Quando esse pessoal, além de tudo, se aproveitou da expansão do ensino médio norte-americano — que entre 1900 e 1920 mais que triplicou — para começar a ocupar espaços tradicionais dos brancos anglo-saxões, providências foram tomadas. Os reitores, explica Karabel, também se preocupavam com uma questão de mercado: algumas universidades, quando passaram a ter proporções muito grandes de judeus, viram seus alunos protestantes optar por outras instituições. Com medo de perder seus principais doadores, Harvard impôs um "teto" não declarado de 15% para novos alunos judeus.

Já nos anos 1950, os entraves haviam diminuído, mas ainda não tinham deixado de existir. A mudança, explicou Engerman, provinha do fato de que, logo depois da Segunda Guerra Mundial, "já não era tão fácil ficar do mesmo lado que Hitler". Ele e Klein descobriram, no entanto, que Leff deve ter conseguido sua vaga por ter se formado, antes mesmo de chegar a Harvard, numa das mais tradicionais escolas secundárias do país, a Boston Latin School. "Vir de lá", do ninho da elite anglo-saxã, "talvez tenha tornado o processo mais fácil", disse Engerman.

A dupla de pesquisadores também tinha uma resposta mais satisfatória para as razões que poderiam ter levado o aluno brilhante de Harvard a se interessar pelo Brasil. No começo dos anos 1960, justo quando Leff cursava o mestrado em Columbia, começou a chover dinheiro para quem quer que desejasse estudar a América Latina. Nunca como naqueles anos que se seguiram à Revolução Cubana, de 1959, houve tantos incentivos para a formação de especialistas na região. Pouca gente promoveu tanto os estudos latino-americanos nos Estados Unidos, disse Klein, quanto Fidel Castro.

"Havia no governo essa grande preocupação com países subdesenvolvidos", acrescentou Engerman. "Os que mais receberam dinheiro foram os estudos sobre Brasil e Índia, que eram tidos como espécies de protótipos de subdesenvolvimento. Muito dinheiro foi investido nisso."

Em Columbia, no início dos anos 1960, uma nova geração de brasilianistas começou a ser formada, e um dos pioneiros do estudo sobre o país, Charles Wagley, era professor por lá. Segundo Klein, Wagley deve ter sido importante para a "conversão" de Leff ao Brasil.

Antes de desligar, perguntei a Klein se, passados tantos anos do desaparecimento de Leff, ele tinha alguma notícia ou contato da família dele. Não, não tinha. E se eu procurasse na lista telefônica pessoas com o mesmo sobrenome? "Eu e o Engerman tentamos também. O problema é que tem muito Leff por aí."

"Ele está pensando, o tempo todo, nos Estados Unidos", me disse Renato Colistete, com seu jeito calmo, tranquilo, em sua sala na Universidade de São Paulo. O professor explicava que muitas das perguntas que Leff fazia a respeito da história econômica brasileira nasciam por contraste com a experiência americana, que ele conhecia bem. Uma dessas questões tinha a ver com o valor do trabalho e com a distribuição de renda nos dois países.

Desde o período colonial, mas em particular no século XIX, a renda dos trabalhadores era alta nos Estados Unidos. A mão de obra era cara, inclusive em relação à Europa, e as desigualdades econômicas no país, àquela época, relativamente pequenas. Isso acontecia porque, de certa forma, havia escassez de trabalhadores na América do Norte, e o preço deles subia. Havia muita gente por lá, é verdade, e muitos outros não paravam de chegar, com a imigração da Europa — mas esses novos trabalhadores não precisavam necessariamente vender seu trabalho aos proprietários de terra e industriais.

Podiam migrar para o Oeste e ocupar terras livres, com bom acesso a meios de transporte — por rios, estradas carroçáveis ou linhas de trem — e facilidade para comercializar a produção rural. A partir de 1862, com a aprovação do Homestead Act, uma lei federal, passaram a se tornar legalmente donos das terras que houvessem ocupado por mais de cinco anos — e isso mesmo que não tivessem nascido nos Estados Unidos. Assim, os trabalhadores só abririam mão da renda que uma pequena propriedade integrada ao mercado pudesse lhes proporcionar se os salários oferecidos pelos grandes fazendeiros ou donos de indústria compensassem a troca. Ficava difícil, assim, atrair e contratar novos trabalhadores — e os salários subiam.

No Brasil as coisas não se passavam assim, observou Nathaniel Leff em mais de um artigo. O que surpreendia o pesquisador era o fato de que, a princípio, as experiências dos dois países poderiam ter sido semelhantes. A terra também era abundante no Brasil. Ainda assim, ao contrário do que acontecia na América do Norte, o trabalho era barato.

A explicação para a diferença vinha do fato de que as novas terras a serem ocupadas no Brasil não eram, na prática, tão vastas como a extensão do território poderia sugerir. Faltava — e Leff insistia nesse ponto — transporte barato, capaz de interligar as fazendas do interior aos centros de consumo. O custo de levar mercadorias e produtos agrícolas no lombo das mulas era alto, e terras muito distantes se mostravam pouco rentáveis ou mesmo inviáveis economicamente.

Além disso, a partir de 1850, novas barreiras foram erguidas para dificultar o acesso à terra no país. Todo pedaço de chão ainda não utilizado ou registrado tornou-se, naquele ano, propriedade do Estado. E só poderia passar às mãos de novos proprietários que comprassem essa terra do governo, à vista — um sério entrave para a maioria da população pobre e livre tanto quanto para os imigrantes que desembarcavam no país. Quem chegava — e chegava muita gente — tinha poucas opções. Podia tentar ocupar terras pouco valorizadas, distantes dos principais mercados, com custos de transporte altos e retorno econômico baixo. Ou vender barato seu trabalho para quem já tinha terra.

"No século XIX, a oferta elástica de trabalho barato (e pouco qualificado) vinha de fora na forma, primeiro, de escravos da África e, mais tarde, de imigrantes do sul da Europa", escreveu Leff. "No século XX, políticas nacionalistas e populistas restringiram a imigração. Mas a essa altura as taxas internas de aumento populacional já haviam crescido tanto que o padrão de crescimento econômico com oferta de mão de obra abundante continuou, acompanhado dos esperados efeitos sobre a renda dos trabalhadores."

Não deixa de ser curioso que um economista "ortodoxo" — com a ajuda de modelos formais tidos até hoje por parte da esquerda como intrinsecamente conservadores — tenha se ocupado das raízes históricas da baixa renda per capita e da desigualdade brasileira. Problema que, de resto, durante muito tempo não esteve no centro do debate sobre a formação econômica brasileira, mais atento à relação do Brasil *como um todo* com a Europa.

Mas que Brasil? Como bem escreveu Leff, "no caso brasileiro, interesses de classe eram tão obviamente distintos que é razoável questionar a validade de se usar a *nação* como unidade de análise".

"Boa noite, sr. Leff", eu disse. "Sei que essa é uma ligação estranha. Sou jornalista, do Brasil. Estou escrevendo uma reportagem sobre o historiador econômico Nathaniel Leff."

"É o meu pai", disse o interlocutor do outro lado da linha, após uma breve pausa. Falava de uma pequena cidade no estado de Nova York, nos Estados Unidos.

"É o seu pai?"

"Sim, claro, é ele", insistiu Avraham Leff, um sujeito de 53 anos, simpático e gentil, filho de Nathaniel e Judith Leff. Doutor em ciência da computação, trabalha como pesquisador da IBM. Sem que eu precisasse fazer a pergunta seguinte, Avraham me disse que, sim, seu pai estava vivo, ainda que não muito bem de saúde. "Infelizmente, ele tem lutado contra o mal de Parkinson há 25 anos, e não está em condições de dar uma entrevista", acrescentou.

"Claro, eu entendo", respondi, antes de explicar a Avraham em mais detalhes o que estava fazendo e como tinha chegado até ele.

Depois de ter passado algum tempo, sem sucesso, procurando por Leff na internet, uma amiga que conhecia a história — e que é mais hábil com ferramentas de busca — trouxe uma boa notícia. A jovem brasilianista Flora Thomson-DeVeaux, aluna de doutorado na Universidade Brown, me avisou que reproduções das fichas consulares que autorizavam a entrada da família Leff no Brasil, preenchidas em outubro de 1963, podiam ser encontradas na rede. Numa delas era possível ler o nome completo e a data de nascimento de Avraham, o que facilitava encontrar seu número de telefone nos Estados Unidos.

"Meu pai tinha um interesse especial pelo Brasil", disse ele, depois de ouvir falar das tais fichas.

> Eu tinha um ano de idade quando fomos para aí, e tudo que sei do Brasil é pelos meus pais. Eles falavam sobre o Rio, sobre São Paulo. Foi uma época importante

para eles. A minha avó francesa também viajou para aí, para ficar com eles. Meu pai estava fazendo o trabalho de pesquisa para o doutorado, nessa época. Resolveu aprender o português, e fez isso num único verão, logo antes de nos mudarmos. Ele tinha um grande talento para línguas. Me desculpe por me referir a ele no passado, mas você entende, não é? Ele falava latim, alemão, português, espanhol, francês — e hebraico, claro.

Avraham confirmou a data de nascimento do pai, em maio de 1938. E, embora o amigo Herbert Klein tivesse se enganado quanto ao fato mais importante de todos — seu ex-colega estava vivo —, ele estava certo no que dizia respeito à escola em que Leff havia estudado: a ótima Boston Latin, onde havia começado a aprender aquelas tantas línguas. A ordem das universidades por que ele passou também estava correta. E o que dizer sobre a religiosidade de Leff? "A maioria dos judeus é secular", Avraham respondeu. "Meu pai era sim, com muito orgulho, ortodoxo."

E, no entanto, na pequena fotografia colada ao documento diplomático que autorizava sua entrada no Brasil, Leff não tem nenhum sinal exterior dos que são comumente associados a judeus religiosos. Nem sinal de barba ou quipá. Expus a Avraham essa minha impressão.

"Faz sentido", ele respondeu.

Eu estava, tempos atrás, vendo uma foto dele da época da faculdade, em Harvard. Se eu não soubesse que se tratava do meu pai, talvez eu não o identificasse. Sem barba, sem chapéu, nada. Isso era a América nos anos 1950: podendo, era melhor não criar caso. Quando afinal ele conseguiu estabilidade de emprego na universidade, só então deixou a barba crescer. Ele mudou assim que pôde.

Comentei o que me haviam dito — e o que eu havia lido — sobre as cotas informais impostas pelas melhores universidades americanas aos judeus, no passado. "Eu tenho um doutorado e trabalho na IBM", disse Avraham. "Não posso dizer que sofra preconceito. O mundo mudou. Mas não tenho dúvida de que era diferente uma geração atrás. Sei que não era tão simples."

Conversamos mais um pouco, e ele falou das dificuldades que o pai tinha para se comunicar. Precisava fazer um grande esforço quando queria dizer alguma coisa. Estava quase sempre lúcido, e era capaz de compreender o que lhe diziam, no entanto. Eu quis saber se Avraham conhecia em detalhes as razões que haviam levado seu pai a querer estudar o Brasil. Ele não tinha certeza.

"Mas eu vou tentar perguntar a ele", prometeu, antes de se despedir.

"Alô", disse a voz feminina do outro lado da linha, com forte sotaque.

Judith Leff, a mulher de Nathaniel, é três anos mais velha que ele. Tem oitenta anos. Nasceu na Áustria, mas mudou-se com a família, ainda criança, na década de 1930, para a França. Tentavam fugir do nazismo. É bastante religiosa, como o marido, mas talvez paradoxalmente uma mulher à frente do seu tempo. Nos anos 1950, fez doutorado em biologia na Universidade de Paris. É especialista em fisiologia das plantas, e uma pessoa impressionantemente inteligente, culta e estoica.

Gur Huberman, o professor de finanças que se tornou amigo da família e pediu ao colega que lesse a Torá com ele, fala da "sra. Leff" com grande admiração. "Ela era impressionante", ele me disse, na sala dos professores de Columbia, em Nova York. "Ela tem um ph.D., mas não é pelo título que digo isso. Tinha a ver com o jeito dela, com a conversa."

Nathaniel, me disse a sra. Leff pelo telefone, nasceu em Nova York. Fazia parte da terceira geração norte-americana de uma família de imigrantes da Polônia. Seu pai, Louis, trabalhava negociando ações na Bolsa. A mãe, Zelda, era professora de ensino médio. Em algum momento se mudaram para Boston. Ela também sabia que Nathaniel havia passado parte da adolescência — talvez não mais do que um ano — no recém-criado Estado de Israel.

Foi lá, tempos depois, em 1960, que os dois se encontraram. Judith estava fazendo pesquisas para o seu doutorado — "a parte laboratorial do projeto" — na Universidade de Jerusalém. Nathaniel passava mais um ano na cidade, depois de ter concluído a faculdade em Harvard.

"Foi na cantina da universidade", ela disse, carregando no "r" da palavra "university".

> Havia dois amigos meus lá, da França, e ele, quando cheguei. Estavam numa mesa, conversando. Ele falava francês tão bem que eu achei que era belga. Se soubesse que era dos Estados Unidos, eu teria dito "oi", mas não muito mais do que isso. Eu era bastante antiamericana naquela época. Achei que ele vinha da

Bélgica, e ele não me corrigiu. Quando afinal eu soube que era dos Estados Unidos, já era tarde demais.

Perguntei pelas razões do antiamericanismo dela. "Eu era uma estudante em Paris no final dos anos 1950. A maioria de nós pensava assim, tinha esse tipo de sentimento." Eu também quis saber das razões do seu encantamento por Leff. "Ele era a pessoa mais inteligente que eu já tinha conhecido. Era culto. Nós compartilhávamos o amor pela música. Ele era tudo o que eu não esperava que um americano fosse. Por exemplo, um dos meus livros favoritos era *José e seus irmãos*, de Thomas Mann. Ainda é. E ele gostava tanto do livro quanto eu."

Segundo Judith, os dois começaram a namorar imediatamente. Depois de alguns meses, a mãe de Nathaniel foi visitá-los. Não aprovou o que viu. "Ela achou que o filho era muito novo para se casar. Ao final do ano de estudo, ele voltou para os Estados Unidos para fazer o mestrado na Universidade Columbia. E eu voltei a Paris, para escrever a minha tese."

Alguns meses depois, contudo, ela recebeu uma ligação de Leff. Ele perguntava se poderia visitá-la na França, durante um recesso escolar. Ficaram noivos, em Paris. Ele regressou aos Estados Unidos. Seis meses depois estava de volta à Europa, acompanhado da família, para o casamento. Judith deixou tudo para trás e foi viver com o marido do outro lado do Atlântico.

Foi nesse período, entre 1961 e 1963, que Nathaniel Leff se interessou definitivamente pelo Brasil. Seu orientador em Columbia, disse Judith, foi o economista Albert Hirschman, especialista em desenvolvimento econômico que naquela época vinha se dedicando a estudar a América Latina.

Ainda assim, parece ter havido um momento decisivo, em que Leff afinal se dispôs a fazer um doutorado sobre a economia brasileira. Na memória da sra. Leff, o marido já se ocupava do Brasil desde o início do mestrado, e sua dissertação teria sido sobre o país. Os registros da Universidade Columbia, no entanto, mostram que Nathaniel escreveu seu trabalho final sobre a economia da Argélia, talvez pela facilidade que tinha com o francês.

Já ao fim de seu período em Columbia, Leff decidiu aprender português. Disse a Judith que iriam se mudar para o Brasil, onde faria pesquisa. Ela não sabe explicar em detalhes essa aparente guinada, mas contou que o marido conversava com ela sobre o Brasil e sobre como o país se encaixava em seus interesses como economista.

"Ele estava interessado em desenvolvimento econômico", ela disse. "E achava que um lugar ótimo para estudar esse fenômeno era a América do Sul. O Brasil era bastante interessante no sentido de se saber por que seu desenvolvimento e o dos Estados Unidos foram tão diferentes. Ele era fascinado por isso." Acresce, explicou Judith, que o marido também soubera que havia uma grande comunidade judaica em São Paulo, o que pesou na decisão.

No final de 1963, dois anos depois de ela ter deixado a França, Judith e Nathaniel partiram para o Brasil. Levavam com eles dois filhos, um de catorze meses, Avraham, e uma menina de apenas três semanas, Anne.

Estavam no país quando veio o golpe de 1964. Judith disse não lembrar qual a visão do marido sobre o movimento militar. Ela mantém vivo na memória, contudo, o fato de que do dia para a noite o estipêndio que recebiam do governo americano passou a valer muito mais, por causa da desvalorização da moeda brasileira. "De repente, podíamos comprar um monte de coisas com a nossa bolsa em dólares. Essa foi a parte boa. Tínhamos acesso a coisas que não podíamos comprar nos Estados Unidos."

Gostavam do Brasil, "das pessoas, da paisagem, do jeito relaxado de viver". Foram morar num prédio alto, perto da avenida Paulista, o que trazia uma inconveniência: aos sábados, em observância à fé judaica, precisavam subir e descer vinte andares a pé. Leff mantinha contato frequente com economistas brasileiros. Judith se lembra de receber Delfim Netto, então um jovem professor da USP, em casa para jantar. O ex-ministro também se recorda do breve convívio com o americano. Quem também se encontrou com Leff foi o ex-presidente do Banco Central Affonso Celso Pastore, à época aluno de Delfim.

"Um dia apareceu lá, num dos nossos seminários na USP, um sujeito meio careca, que falava depressa", contou Pastore. "Era o Nat Leff. Ele arranhava o português. Nós arranhávamos o inglês. Dava a impressão de ser um pesquisador extremamente curioso, que estava tentando entender quais eram as forças que haviam levado o Brasil a um processo de industrialização."

Tanto quanto Judith Leff se lembra, o marido nunca mais voltou ao Brasil depois desse breve período de pouco mais de um ano no país.

Os primeiros sinais do mal de Parkinson apareceram quando Nathaniel Leff tinha cinquenta anos, em 1988. O diagnóstico, disse Judith, veio dois anos depois. "A doença evoluiu rápido", contou. Leff passou a ter dificuldade para controlar os tremores, os movimentos involuntários dos membros e da cabeça, e para falar.

Ainda assim, continuou a dar aulas. "Ele era um professor muito popular", disse Judith.

> As pessoas o tratavam como um orientador, elas o procuravam com os seus problemas. Ele era valorizado e estimado pelos estudantes. Por causa dos tremores e das dificuldades na fala, no entanto, temia que os alunos pudessem abandoná-lo. Havia outros cursos pelos quais eles poderiam optar. Mas os alunos ficaram. Resolveram lidar com o problema filmando as aulas. Depois distribuíam as fitas, para que pudessem rever as partes mais difíceis de entender.

Por volta de 1995, surgiu uma esperança. Havia um médico na Califórnia, contou a sra. Leff, que desenvolvera um método novo para tratar o mal de Parkinson. Reportagens foram publicadas no *New York Times* e no *Wall Street Journal*. O pesquisador inseria eletrodos no cérebro do paciente, identificava áreas que controlavam determinados movimentos — a rigor, que *descontrolavam* os movimentos — e, segundo Judith, interrompia ligações neuronais, fazendo parar os tremores.

"Resolvemos fazer a cirurgia", ela disse. Os dois viajaram para a Califórnia, Leff foi operado, e deu tudo certo. Os movimentos involuntários cessaram. "Ele ficou livre dos sintomas; era como se não tivesse mais Parkinson." A cirurgia funcionou perfeitamente — por uma semana. Depois disso, os piores tremores nunca mais voltaram, é verdade. Mas Leff praticamente perdeu a voz. Judith não tem dúvidas em relacionar a piora na fala do marido com a cirurgia experimental a que ele se submetera. Não é só que o economista tem dificuldade de falar. Quando afinal consegue dizer alguma coisa, o som que sai é baixo. Fica muito difícil de entender. "Para ele, era muito frustrante tentar conversar com as pessoas." Não havia outro jeito, e o professor de Columbia decidiu se aposentar.

"Não creio que ele fosse um brasilianista de verdade", me disse, a respeito de Nathaniel Leff, o professor da Universidade de Illinois e economista Werner

Baer — um dos mais influentes especialistas em economia brasileira nos Estados Unidos. De certa forma, pelo reconhecimento que conquistou tanto lá quanto no Brasil, por sua capacidade de formar novos pesquisadores, de influenciar o debate, pelo diálogo que sempre manteve com a academia brasileira, Baer é uma espécie de anti-Leff, o historiador econômico esquecido. Curiosamente, os caminhos dos dois se cruzaram nos anos 1960, quando ambos estavam começando a pesquisar a economia brasileira.

> Eu o conheci há muito tempo, em Harvard. Estava terminando o meu doutorado, e ele estava um ou dois anos atrás de mim. Ele estudava no MIT, mas nos encontrávamos nos seminários sobre o Brasil, em Harvard. Desde que você entrou em contato comigo, eu tentei descobrir alguma coisa sobre ele, onde ele estava, o que tinha acontecido, se estava vivo ou não — e não consegui nada. Muito estranho.

De todo modo, disse Baer, eles não eram próximos. A tese de doutorado de Leff acabou sendo publicada como dois livros independentes, no mesmo ano — um sobre a indústria de bens de capital no Brasil, no século XX, outro sobre as decisões de política econômica no país, no período entre o Estado Novo e a ditadura militar.

> O primeiro foi editado pela Harvard University Press. Aí pela mesma época, eu tinha escrito um livro sobre a indústria de aço no Brasil e entreguei os originais para a Harvard University Press. Eles recusaram o meu livro. Quando surgiram essas duas obras do Leff, minha impressão era a de que ele fazia afirmações pouco críveis sobre o Brasil — com as quais em geral eu não concordava. Os livros tinham pouca base documental. Eu me surpreendi que a Harvard University Press tivesse decidido publicá-lo.

Werner Baer acabou sendo convidado para escrever uma resenha das obras do colega. O artigo saiu em 1971, no periódico *Economic Development and Cultural Change*. "Hoje me arrependo de ter escrito aquele texto. Era bastante agressivo. Quando você envelhece, fica menos duro e se dá conta de que, quando não tem nada de positivo a dizer, é melhor deixar pra lá. Foi um artigo malcriado."

A principal crítica de Baer era a de que Leff fazia, em seus livros, hipóteses bastante audaciosas sem, no entanto, contar com suficiente embasamento empírico — sem apresentar dados que convencessem o leitor de que ele tinha razão. A mesma observação foi feita pelo historiador econômico Marcelo de Paiva Abreu, responsável por formar gerações de economistas na Pontifícia Universidade Católica do Rio — e que, ao longo de sua extensa carreira como professor, não chegou a usar algum texto de Nathaniel Leff em sala de aula. Numa resenha de *Subdesenvolvimento e desenvolvimento no Brasil*, publicada em 1985, Paiva Abreu elogia em particular o capítulo sobre a oferta de trabalho no século XIX, mas ressalta que, de modo geral, a fundamentação empírica das "enfáticas conclusões revisionistas" feitas por Leff é "bastante frágil".

O curioso é que talvez mesmo os entusiastas de Leff diriam que Baer e Paiva Abreu têm boa dose de razão em suas críticas.

É o caso do australiano Christopher Absell, que faz doutorado em história na Universidade Carlos III, em Madri, sobre o século XIX brasileiro — e é um grande admirador de Nathaniel Leff. Duas coisas, segundo Absell, são notáveis no trabalho do norte-americano: a capacidade de síntese e o que ele chama de "antevisão".

"Ele conseguia fazer essas previsões, chegar a conclusões impressionantes, mas sem ter muita evidência empírica", disse Absell, transformando a crítica de Baer em elogio. "Outro dia estava pensando sobre isso. Se alguém escrevesse hoje alguns dos artigos dele, talvez tivesse um bocado de trabalho para conseguir publicá-los. Talvez dissessem: 'Volte, por favor, quando você tiver uma quantidade maior de evidências empíricas para o que você está dizendo. Mostre-nos os números!'."

Quando escrevia seus principais artigos sobre a economia brasileira do século XIX, entre o fim dos anos 1960 e o início da década de 1970, Nathaniel Leff — ou qualquer outro pesquisador — de fato não dispunha de dados ao mesmo tempo abundantes e confiáveis sobre o período. Ao contrário. As informações que existiam serviam no máximo para fazer esboços de reconstituição da época.

Leff, assim, trabalhava sobretudo com a lógica econômica, avaliando as consequências da abundância ou da escassez de fatores de produção — terra e trabalho, sobretudo — e de decisões sociais e políticas que afetavam a oferta e a relação entre esses fatores — como meios de transporte, incentivo à imigração, legislação de terras, demografia e educação.

Construía assim, com base nas ideias da economia neoclássica, suas "antevisões", ao mesmo tempo imaginativas e rigorosas. E que muitas vezes acabaram se mostrando corretas, como no caso da importância das ferrovias, confirmada pelos estudos e pela maior quantidade de dados de William Summerhill. "Ele fazia algumas afirmações interessantes sem ter grande base empírica; mas isso é ótimo para estudantes como eu", disse Absell, o australiano que tem testado hipóteses de Leff em seu doutorado. "É uma mina de ouro."

Independentemente das críticas e dos elogios, o tipo de método privilegiado por Leff — e que valeu um Prêmio Nobel de Economia a Robert Fogel, o pesquisador que advogou o uso de métodos quantitativos e modelos econômicos na pesquisa histórica e mediu o impacto das ferrovias nos Estados Unidos — não chegou a ser amplamente adotado e a criar uma tradição acadêmica no Brasil. Ao longo dos anos 1970 e 1980, lembrou Claudio Haddad, ex-diretor do Banco Central e fundador do Insper, vários pesquisadores brasileiros formados nos Estados Unidos fizeram teses ligadas à área de história econômica, com bom conhecimento de teoria e uso de métodos quantitativos. Mas não seguiram adiante com suas pesquisas ao regressarem ao país. Uma parte acabou atraída para áreas de pesquisa diferentes, e outra parte foi fazer a vida fora da universidade.

O próprio Haddad, que em seu doutorado em Chicago estimou o Produto Interno Bruto brasileiro entre 1900 e 1947, foi trabalhar num banco de investimentos.

> A área de história econômica no Brasil acabou ficando parada. Muita gente foi para o mercado financeiro, como eu. As pessoas foram desistindo. Não havia muito estímulo. Além disso, a área de pesquisa que dominava era outra: todo mundo queria falar sobre a inflação brasileira, na década de 1980. Parecia haver coisas mais relevantes e interessantes a se fazer.

Em seu pequenino escritório na FGV do Rio, com estantes de livros cobrindo cada pedaço de parede, André Villela argumentou que a disciplina híbrida a que Leff, Summerhill e Haddad haviam se dedicado acabava ficando isolada entre os historiadores, de um lado, e os economistas, de outro. Nos departamentos de história, ele disse, não se ensinam as técnicas estatísticas e as formalizações matemáticas usadas na economia. "Um sujeito como o William

Summerhill, um historiador que domina os métodos da economia, dificilmente surgiria no Brasil." Entre os economistas, por outro lado, prevaleceria a vontade de construir um saber que tivesse validade universal, independente das circunstâncias históricas.

"Olhando para o lado da economia, para o pessoal que domina a teoria e os métodos quantitativos, aí não é tão diferente no Brasil e nos Estados Unidos. Existe um menosprezo pela história. Há uma percepção de que ela não tem muito a acrescentar aos estudos de economia", disse André Villela. Sorrindo, completou o raciocínio: "Tirando um ou outro colega, como é o caso do Samuel Pessôa, que se interessa por história, a maioria acha que o que eu faço é uma coisa menor".

"Olá", disse Judith Leff, com um sorriso tímido no rosto, quando abriu a porta de sua casa na pequena cidade de Passaic, em Nova Jersey.

Chega-se ali, saindo de Manhattan, em não mais do que trinta minutos de viagem de trem. Da janela do vagão se avista, no curto trajeto, uma paisagem predominantemente industrial — silos, armazéns, espaços para carga e descarga de caminhões — e subúrbios que se sucedem, todos parecidos, ricos e bem cuidados, com suas ruas calmas e arborizadas, as casas bonitas de dois andares com os telhados de cores variadas — cinza, vermelho, bege.

Passaic seria uma cidadezinha entre outras naquela linha secundária de trem, não fosse pela estação aparentemente mais simples que as demais — apenas um casebre com telhado de duas águas e quatro bancos de madeira — e pelo fato de a maior parte de sua população ser composta por judeus ortodoxos. A casa de dois andares dos Leff é branca, com as molduras das janelas e outros detalhes em verde, e um telhado cinza bastante inclinado. Uma rampa para cadeiras de rodas foi instalada sobre os poucos degraus que conduzem à entrada principal.

A sra. Leff, que acabara de abrir a porta, vestia-se com uma saia que cobria os joelhos, sapatos pretos e uma blusa roxa. Convidou-me a entrar. Logo atrás dela, sentado numa poltrona de couro reclinável diante da lareira, na sala de visitas da casa, estava o professor Nathaniel Leff. Dono de uma volumosa barba branca, ele usava um quipá preto, calça e sapatos pretos e uma camisa quadriculada azul e branca. As pernas estavam estendidas, apoiadas numa extensão da poltrona, os braços bastante contorcidos, junto ao corpo. Com a mão direita ele conseguia segurar uma toalhinha branca, que usava às vezes para limpar o canto da boca. Judith me apresentou a Nathaniel Leff e pediu que eu me sentasse no sofá.

Com alguma dificuldade, ele me cumprimentou: "Olá". Logo em seguida a sra. Leff chamou uma enfermeira — uma mulher negra, forte — que ajudou a colocá-lo numa cadeira de rodas. Passamos à sala ao lado, e nos sentamos, os três, diante de uma mesa de jantar coberta com uma toalha simples, tendo ao centro um jarro alto com cinco enormes girassóis. Falei sobre o Brasil, disse que admirava os trabalhos que ele havia escrito. O professor aposentado de Columbia sorriu, satisfeito. Olhava vidrado na minha direção. Perguntei se ele havia voltado alguma vez ao país, depois de 1964. Leff demorava para responder. Judith interveio e reforçou a pergunta. O economista parecia fazer um grande esforço, murmurou algumas palavras, que eram incompreensíveis para mim. Olhei para a sra. Leff, que indicou também não compreender o que seu marido dizia.

Eu já sabia, claro, que o sentido daquela visita não era entrevistar Leff. Não seria razoável — nem gentil — esperar respostas satisfatórias de um senhor com enormes dificuldades de fala por causa do mal de Parkinson. Ainda assim, arrisquei perguntar sobre as razões de ele ter se interessado pelo Brasil, nos anos 1960. Ele me olhou satisfeito e perguntou, fazendo pausas entre as palavras: "Você quer a história toda?". Disse que sim, esperançoso.

Do discurso que se seguiu, consegui identificar algumas poucas frases e palavras. Leff fez referência a algum "documento da ONU" que sugeria prestar atenção ao Brasil, porque o país teria uma indústria de bens de capital. Houve algo também sobre "a Argentina não ser um país multicultural", se entendi bem. Olhei para a sra. Leff, que tampouco parecia compreender o que seu marido dizia. Ela afinal falou: "É como eu havia dito. Meu marido tinha grande interesse em comparar o desenvolvimento do Brasil e o dos Estados Unidos".

Outra dúvida importante que me restava dizia respeito à sra. Leff. A ficha diplomática que ela preenchera antes de entrar no Brasil indicava que havia nascido na Áustria em 1935. O que os pais dela faziam? E como ela havia sobrevivido à guerra? "Meu pai era pintor", ela disse. Tive um momento de dúvida. Que tipo de pintor? "Ele era um artista", interveio Nathaniel Leff, da cabeceira da mesa, rápido, com ênfase. Judith se levantou e buscou uma foto que reproduzia um autorretrato feito por seu pai. A pintura era bonita e tinha um estilo interessante — lembrava os traços de Egon Schiele e do expressionismo alemão.

A sra. Leff me disse então que, se eu tinha realmente interesse naquela história, deveria ler uma carta que ela havia mandado emoldurar, enviada por seu pai à sua mãe, e que estava na sala de visitas, ao lado. Nascidos no antigo Império Austro-Húngaro, os pais de Judith haviam tentado se esconder na França depois da ascensão do nazismo. Mas seu pai fora preso quando da ocupação alemã, em 1940. Passara os primeiros anos da guerra num campo francês, menos severo que outros — dali, no entanto, os judeus eram mandados por trem para morrer na Alemanha ou na Polônia. Quando soube que seria transferido para Auschwitz, Arthur, o pai da sra. Leff, enviou uma carta à esposa.

Nela, pedia que a mulher continuasse a confiar em Deus e tentasse manter os cinco filhos juntos, sob sua proteção, pelo tempo que durasse a guerra. Se isso não fosse possível — se por acaso se visse separada das crianças —, ainda assim ela deveria permanecer viva, "mesmo sozinha", recomendava o pintor, prestes a ser enviado para o Leste.

Judith Leff acabou tendo de se separar da mãe e dos irmãos durante a guerra, como o pai temera acontecer. Todos se esconderam em casas de franceses que resistiam à ocupação. Embora muito novinha entre 1940 e 1945, Judith se lembra das várias famílias por que passou, na região do vale do rio Loire. Terminada a guerra, foi morar com uma tia, na Inglaterra, enquanto a mãe lutava na Justiça para reaver o apartamento que lhe haviam tomado. Em 1948, a família se reuniu na antiga casa, reconquistada. Arthur morreu em Auschwitz.

"Oi, tudo bem? Ele já está aí? Papai está bem?" Era Avraham, que cumprimentava sua mãe. O filho mais velho dos Leff chegou à casa dos pais poucos instantes depois de eu ler a carta de seu avô materno. Sentamo-nos todos à mesa da sala de jantar.

Avraham também tinha barba — menor que a do pai, contudo, e grisalha —, também usava um terno preto e um quipá grande, que cobria quase toda a cabeça. Nathaniel aproveitou a chegada do filho para pedir que o pusessem de volta na poltrona reclinável. Na sala de jantar, perguntei à sra. Leff sobre o mal de Parkinson. "A primeira coisa que notei foi que ele tinha ficado deprimido", ela disse. O braço ficava parado, às vezes, no ar. Foram a um neurologista.

Judith contou que o marido, ao ouvir o diagnóstico, disse não saber que doença era aquela. E disse mais: que não queria saber. Era ela que conversava com os especialistas e tomava as providências necessárias, com conhecimento da provável evolução dos sintomas. "Ele não queria saber, e também não queria que ninguém soubesse. Não queria que sentissem pena dele", contou.

"Ele não queria compaixão. Sempre foi uma pessoa muito autossuficiente", disse Avraham, que havia voltado para a sala de jantar. Ele e a mãe se lembraram da insistência do pai em dirigir, muito tempo depois de já ter sido diagnosticado. Mais tarde houve a cirurgia, na Califórnia, e o problema da voz, que piorou. Judith Leff aludiu a uma festa de despedida da Universidade Columbia, que deveria ter acontecido, mas, por algum motivo, não houve. O marido acabou indo embora sem dizer adeus aos colegas. De uns anos para cá, nem sempre ele consegue manter uma atenção constante ao que está sendo dito. Tampouco consegue mais escrever, mesmo no computador. Há momentos, contudo, "em que ele está lá", inteiro e perspicaz, explicou Judith.

Eu disse a ela e a Avraham que muitos antigos colegas lamentavam não terem tido mais notícia dele. Alguns chegaram mesmo a achar que ele tinha morrido. "Ele estava focado em permanecer vivo, em lidar com a sua doença", disse-me Avraham. "Mas ele também não recebeu nenhum telefonema", argumentou Judith. "As pessoas não nos procuraram."

Era hora de ir embora. Na sala ao lado, o professor Leff estava desperto e atento. Eu me inclinei sobre ele, segurei em seu braço e agradeci por terem me recebido. Ele me olhou sorrindo e disse que não era nada. Reparei que estava usando um relógio — embora claramente ele não conseguisse conferir as horas. Sua camisa, de perto, parecia novinha em folha. Só então me dei conta de que ele e a sra. Leff haviam se arrumado para me receber. Ela me levou até a porta. Já fazia um frio danado naquele fim de tarde, apesar do céu azul, sem nenhuma nuvem. Com a mesma gentileza com que havia me recebido, Judith Leff se despediu e fechou a porta atrás de mim.

PERFIS

O presente

Ricardo Teixeira, o dono do futebol brasileiro

DANIELA PINHEIRO
Julho de 2011

A varanda do Hotel Baur au Lac foi construída, em 1844, de maneira a oferecer aos hóspedes uma paisagem inspiradora: o jardim aparado com esmero em primeiro plano, depois o lago sereno e, ao fundo, os Alpes soberbos. Milionários bronzeados que pilotam Jaguar são habitués do hotel, no centro de Zurique. Eles costumam ser acompanhados por senhoras que portam dois relógios de brilhante no mesmo braço (um que marca a hora local e o outro com o fuso do país de onde vêm). Ou então por loiras magras que bebem Campari com gestos lentos. Em maio, o hotel estava cheio de dirigentes da Fédération Internationale de Football Association, a Fifa, que realizava seu 61º congresso na maior cidade da Suíça.

Num começo de tarde, Ricardo Teixeira, o presidente da Confederação Brasileira de Futebol, a CBF, tomava champanhe sentado de costas para o jardim. A seis dias da eleição do novo presidente da Federação, ele falava de tudo um pouco, com animação: das dificuldades do ministro Antonio Palocci para explicar seu patrimônio, da blitz da Lei Seca que pegou o senador Aécio Neves ao fim de uma noitada, da despedida de Ronaldo Fenômeno da Seleção, dali a alguns dias.

Parecia imune à catadupa de incriminações de corrupção dos dirigentes da Fifa — ele inclusive, e com realce. David Triesman, ex-presidente da Federação Inglesa de Futebol, dissera que Ricardo Teixeira lhe pedira dinheiro para votar na Inglaterra como sede da Copa de 2018. O cartola britânico contou que o colega o abordou durante o jogo do Brasil com a Inglaterra, no ano passado, e lhe disse: "O Lula não é nada, venha aqui e diga o que você tem para mim".

Quando o assunto surgiu, no terraço do Baur au Lac, ele apertou os olhos, franziu o nariz como se tivesse sentido um odor pestilento e emitiu um "pfffffffffff", enquanto girava a cabeça para o lado. O gesto se repete todas as vezes que se fala de uma acusação a ele, ou da hipótese de um estádio não ficar pronto a tempo da Copa no Brasil.

"Minha filha, você acredita em tudo que sai na imprensa?", perguntou, sarcástico. "Esquece, isso é tudo armação. Esses ingleses estão putos porque perderam, eles não se conformam. Olha para mim e me fala se eu diria uma bobagem dessas. Que eu ia dizer que o Lula era nada. E pedir suborno em tribuna, na frente de todo mundo. Faz favor, né?"

Discorreu então sobre o domínio colonial e o imperialismo britânico. Classificou os ilhéus de "piratas do mundo", relatou casos da empáfia da Loira

Albion e lembrou até de falar mal da comida inglesa. "Esse Triesman está tendo que explicar na Justiça como gastou 50 milhões de *dólares*, sendo 15 milhões do governo, na candidatura da Inglaterra", prosseguiu, sublinhando as moedas. "É uma quantia absurda, não se explica. Nós gastamos 3 milhões de *reais* e levamos 2014. Eles não engolem isso, percebe?"

Outra acusação foi feita pelo jornalista Andrew Jennings, no programa *Panorama*, da BBC. Ele apresentou uma lista de dirigentes da Fifa, entre eles Teixeira e João Havelange, que teriam recebido 100 milhões de dólares, ao longo dos anos 1990, de uma empresa de marketing esportivo chamada ISL. Em troca, os cartolas teriam concedido benesses à companhia na venda de direitos de transmissão de campeonatos.

Teixeira, afirmou o repórter inglês, recebeu 9,5 milhões de dólares, por meio de uma empresa de fachada. Jennings disse que um tribunal suíço obrigara o brasileiro a devolver o suborno, o que significava admitir o crime. "Ah é? Devolvi dinheiro? Então, cadê? Por que ninguém mostra?", perguntou Teixeira. Porque, segundo a BBC, o processo foi encerrado com um acordo extrajudicial que garantiu o anonimato dos acusados. "Eu nem era do Comitê Executivo nessa época, iam me subornar para quê?"

Juntou-se à mesa a mulher de Ricardo Teixeira, Ana Carolina Wigand, uma morena de 34 anos, trinta mais nova que ele, e a filha do casal, Antônia, de onze. Falou-se da cidade, do clima, do hotel. O presidente abraçou a filha, uma menina espevitada que o beijava e acariciava os cabelos dele. Brincando, ele disse que a proibiria de sair à rua de roupa curta.

Quando as duas se foram, ele voltou ao assunto. Disse que Jennings, autor de um livro sobre corrupção na Fifa, era um "fanfarrão" que vivia de palestras. "Minha querida, presta atenção, raciocina", pediu, "a BBC é estatal, é do governo, entende? É interesse do governo inglês anular a escolha da Rússia e tirar o Brasil do páreo, porque eles acham que podem nos substituir na última hora. É tudo orquestrado, percebe?"

Quando quer que fixem o que diz, Teixeira faz "psssiii" e põe o dedo indicador na altura da boca. Ele costuma chamar mulheres e homens de "meu amor", com acentuado sotaque carioca: "Meu amor, já falaram tudo de mim: que eu trouxe contrabando em avião da Seleção, a CPI da Nike e a do Futebol, que tem sacanagem na Copa de 2014. É tudo coisa da mesma patota, UOL, *Folha*, *Lance*, ESPN, que fica repetindo as mesmas merdas".

Uma garçonete se aproximou e recolheu os copos. "O Lula me falava: 'Eu não vejo essa Globo News porque só dá traço'", disse, referindo-se à baixa audiência da emissora. "Então, esse UOL só dá traço. Quem lê o *Lance*? Oitenta mil pessoas? Traço! Quem vê essa ESPN? Traço!"

Ele concorda com um raciocínio que José Bonifácio de Oliveira Sobrinho, o Boni, teria feito no tempo em que dirigia a Rede Globo. Certa vez, falaram-lhe que um avião caíra e centenas de pessoas morreram. Boni teria dito que, se o *Jornal Nacional* não noticiasse, para todos os efeitos o avião não teria caído. "Portanto, só vou ficar preocupado, meu amor, quando sair no *Jornal Nacional*", disse Teixeira.

Aos 64 anos, o mineiro Ricardo Terra Teixeira está há 22 à frente da CBF. É também presidente do Comitê Organizador da Copa de 2014 e membro do Comitê Executivo da Fifa. Dito de outro modo: ele é o chefe do futebol brasileiro, o cartola-mor.

É Teixeira quem decide onde, quando e a que horas os clubes jogam. No que toca à Seleção, ele define o cachê de um amistoso, a emissora que o transmite, e é quem fecha os acordos milionários com os patrocinadores. É quem dá ou não credenciais para que jornalistas possam trabalhar nos estádios. E quem nomeia o técnico da equipe brasileira.

Na próxima Copa, Teixeira influenciará na escolha dos estádios, dos lugares de concentração das equipes estrangeiras, e poderá palpitar sobre qualquer obra pública ligada ao Mundial.

Filho de um funcionário do Banco Central e de uma dona de casa, Teixeira nasceu em Carlos Chagas, no interior de Minas Gerais. Foi criado em Belo Horizonte, mas ainda na infância se mudou para o Rio. Estudou no Santo Inácio, escola tradicional carioca onde aprendeu francês com um padre (se comunica bem em portunhol e tem um inglês infrabásico).

Na adolescência, chegou a integrar a equipe de vôlei do Botafogo. Futebol nunca foi seu forte. Torce pelo Atlético Mineiro e pelo Flamengo. Em 1968, ele estava no Centro de Preparação de Oficiais da Reserva, o CPOR, de onde observou a radicalização da ditadura militar.

Aos dezenove anos, em um baile de Carnaval em Teresópolis, foi apresentado a Lúcia, filha de João Havelange, o presidente da Confederação Brasileira de Desportos, organização que antecedeu a CBF. Começaram a namorar, casaram-se cinco anos depois e tiveram três filhos. Abandonou o curso de direito, no quarto ano, para trabalhar em uma financeira de Belo Horizonte, o que o obrigava a viver na ponte aérea.

Quando fala de seu período como operador do mercado financeiro, ele se deleita em lembrar como vendia ações desacreditadas e triplicava o investimento. "Eu ganhava muito mais que hoje", disse. "Era como se eu ganhasse um Dodge Charger RT por dia." Graças aos contatos de João Havelange, fez cursos e estágios em Zurique e em Nova York. Foram suas primeiras viagens ao exterior.

Para explicar como saiu do mercado financeiro e virou cartola de futebol, Teixeira é sucinto: "Foi o rumo natural das coisas". No relato de João Havelange, porém, foi ele o Merlin que ensinou e preparou o genro para as artes da cartolagem. Em 1989, Teixeira foi eleito presidente da CBF. Ao falar da Confederação ou da Seleção, Teixeira emprega a metonímia "eu": "Eu tive que pagar", ou "Eu tenho 120 milhões em caixa", ou "Eu tinha que ganhar aquela Copa", ou "Eu não queria abrir a Copa da Alemanha".

Teixeira é pródigo em citações folclóricas, que atribui sempre a sua mãe, qualquer que seja o assunto. "Mamãe, que era mineira, sempre dizia...", ele começa, e daí segue: "o que não tem remédio remediado está", "aqui se faz, aqui se paga", "macaco senta no próprio rabo para falar do dos outros", "nada como um dia após o outro", "a vida é fácil, a gente é que complica". Sua expressão predileta para falar da imprensa esportiva é: "Isso é de quinta categoria!".

Ele tem as feições pouco marcadas, rechonchudas. Como anda um pouco curvado, devagar e tem pigarros recorrentes, aparenta mais idade. Parece estar sempre irritado porque, mesmo relaxado ou de bom humor, mantém o cenho contraído, como se o sol do meio-dia ou uma forte dor de cabeça lhe atingisse em cheio a fronte. Quando se desarma, ou toma uma taça a mais num fim de noite, é espirituoso e atencioso com todos. Ele se veste de maneira formal, padrão: calça marrom, camisa branca, blazer azul com botões dourados e gravata vermelha. Antes de se casar — sua mulher contou — usava sapato preto com meia soquete branca.

Nos dez dias em que convivemos, riu às lágrimas em duas ocasiões. Na primeira, ao contar a história, que jurou ser verdadeira, de duas brasileiras do interior que entraram num elevador do Hotel Plaza, em Nova York, com o jogador de basquete Michael Jordan e o cachorro. Sem saber de quem se tratava, e alertadas para a violência na cidade, vinda dos negros, elas se agacharam em pânico quando ele ordenou *sit!* ao animal. A outra foi sobre ladrões portugueses que, ao explodir um caixa eletrônico, botaram fogo no dinheiro.

O presidente entrou às sete e meia da noite em um de seus restaurantes preferidos, o Zeughauskeller. Especializada em salsichão, chucrute e batata rosti, a casa tem a decoração rústica dos Alpes, com mesas longas e bancos de madeira pesada. Foi recebido em espanhol pela dona, que o conhecia pelo nome e o encaminhou a uma mesa reservada para quinze pessoas. Sentou-se, tirou a gravata e arregaçou as mangas.

Os convivas eram cartolas de confederações sul-americanas, suas esposas e assessores. Parecia um jantar do elenco do seriado *Chapolin*, com muita tinta acaju, pulseiras de prata, calças de tergal e sobrancelhas feitas com um risco em forma de meia-lua. Estava lá o octogenário Julio Grondona, *jefe* da Associação do Futebol Argentino. Ele é acusado de ter ganho 78 milhões de dólares para votar no Catar para sede da Copa de 2022.

Também apareceu Nicolás Leoz, um paraguaio de 82 anos que preside a Confederação Sul-Americana de Futebol, a Conmebol. Além de ter recebido suborno da ISL, diz-se que ele teria pedido um título de nobreza a David Triesman, em troca de seu voto pela Inglaterra. "*Don Leoz, donde está su corona?*", gritou-lhe Teixeira, trazendo à baila o almejado título de Sir. Leoz fez um bico de muxoxo e levantou os braços sobre a cabeça, fingindo estar sendo coroado, e todos gargalharam. "Se nos devolverem as Malvinas, eu voto em qualquer coisa!", gritou Grondona, que usa um anel de ouro no mindinho com a expressão "*Todo pasa*".

Em Zurique, Teixeira anda sempre com os latinos. Quando não estava com a família, sua companhia mais frequente eram cartolas uruguaios, argentinos e paraguaios. Mesmo durante a maior crise da história da Fifa, permaneceu à margem de reuniões da cúpula da entidade — como a que ocorreu às vésperas da eleição, quando um grupo virou a noite ajudando Joseph Blatter a preparar seu discurso.

Depois do jantar, Teixeira — apesar da locomoção vagarosa — quis voltar a pé para o hotel. Em 1998, caiu do cavalo, foi operado e lhe puseram uma placa de ferro na coxa, o que lhe encurtou em dois centímetros a perna direita. Ele enfrenta o problema usando sapatos feitos sob medida, por "um cara em Olaria", com um salto interno para compensar a diferença.

À medida que percorria a Bahnhofstrasse, a rua das lojas de luxo, comentava o que via nas vitrines: "Não gosto dessa roupa, acho brega", "Olha que diferente isso", "Essa loja é nova", "Nessa aqui você acha tudo quanto é tipo de perfume", "Olha que coisa bem bolada esses chocolates". Na esquina do Baur au Lac, ele parou, com as mãos enfiadas nos bolsos do paletó, e se espantou: "Ah, não. Olha isso! Casaco de pele a mil euros? Tenho que comprar. Não é possível esse preço".

Parecia cansado, mas sugeriu que tomássemos um último café no salão de chá. Meio em inglês, meio em espanhol, pediu um expresso com um pouco de água quente em separado. Eram seis da tarde no Brasil e o celular de Rodrigo Paiva, diretor de comunicação da CBF que estava conosco, tocava sem parar. Em quarenta minutos, ele havia atendido treze telefonemas, e escutara perguntas sobre o atraso do salário da Seleção Brasileira de Futebol Feminino, o suposto achaque ao dirigente inglês e os gastos da Confederação.

Quando Paiva desligou, Teixeira se aprumou na cadeira, como se tivesse descansado o suficiente, e disse: "Que porra as pessoas têm a ver com as contas da CBF? Que porra elas têm a ver com a contabilidade do Bradesco ou do HSBC? Isso tudo é entidade pri-va-da. Não tem dinheiro público, não tem isenção fiscal. Por que merda todo mundo enche o saco?".

Ao assumir a presidência, Teixeira abriu mão de toda a receita pública, inclusive de dividendos da loteria esportiva, uma das principais fontes de renda da entidade. Também abdicou dos ganhos pelo uso da imagem dos times, e deixou que o lucro de bilheteria ficasse para os clubes. Ao contrário do Comitê Olímpico Brasileiro, cujas verbas são públicas, na CBF não há dinheiro do Estado.

Ele conta que, ao assumir o cargo, encontrou a Confederação em petição de miséria. Até a Taça Jules Rimet estava penhorada. Houve ocasiões em que os jogadores só entraram em campo depois de ver, literalmente, a cor do dinheiro de seus salários atrasados. Diz que saneou as contas graças a sua experiência no mercado financeiro. Hoje a entidade tem 120 milhões de reais em caixa, jatinho, helicóptero e um terreno na Barra, estimado em 25 milhões de reais, destinado à construção de uma nova sede. Em seu mandato, a Seleção chegou à final da Copa três vezes, venceu duas e ganhou a Copa América em cinco ocasiões.

No final de 2009, ele encomendou uma pesquisa ao Vox Populi. Das 2500 pessoas entrevistadas em 150 municípios, 53% disseram que seu trabalho na CBF era ótimo ou bom. Mais da metade considerou que o Campeonato Brasileiro de Futebol estava mais organizado. E a maioria se disse favorável às mudanças que o presidente implementou, como o ponto corrido, a quantidade de times da série A e o fim do mata-mata. "Só jornalista fala mal de mim", ele disse.

Todos haviam terminado o café. Um representante da empresa Match, que negocia os pacotes de hospedagem e entradas para a Copa, quis saber se, na entrevista agendada com a Rede Globo, haveria perguntas sobre os preços, considerados estratosféricos, de hotéis e restaurantes no Brasil. "Não vai ter isso, não: está tudo sob controle", respondeu Teixeira. Quase à uma da manhã, ele se despediu. Antes de entrar no elevador, comentou: "E essa coisa da Dilma doente? Não quero nem pensar".

Inaugurada há dois anos, a sede da Fifa em Zurique custou 250 milhões de dólares. Em uma área de 44 mil metros quadrados, o prédio de três andares tem outros cinco pisos subterrâneos, sala de meditação, capela ecumênica, academia de ginástica e um campo de futebol oficial. O piso do saguão da entrada é forrado com granito e lápis-lazúli importados do Brasil. Era meio-dia quando Teixeira saiu de uma reunião e verificou a programação do dia com seu secretário particular.

Alexandre Silveira o acompanha há dezoito anos. Carrega sua mala, celular e computador, tem sempre duas gravatas do patrão à mão, completa suas frases, faz ligações, organiza sua agenda, e tudo o mais que lhe for pedido, com a eficiência de alguém treinado no cerimonial do Palácio de Buckingham — e sem jamais ouvir um "por favor" ou um "obrigado". Ex-telefonista da CBF, ele é jovem, baixo, só anda de terno e passa mais tempo com o chefe do que com a mulher e a filha de sete anos. José Serra uma vez o confundiu com o ministro Orlando Silva, dos Esportes, e o cumprimentou efusivamente.

Breno Silveira e Andrucha Waddington, da Conspiração Filmes, registraram os bastidores da Copa na Alemanha, em 2006. No DVD com a primeira montagem das imagens, pode-se ver Ronaldo Fenômeno sem camisa, com 91 quilos de músculos, enquanto a imprensa o chamava de gordo (hoje ele pesa cerca de 110 quilos). Também chamam a atenção as cenas no vestiário que mostram o ambiente pesado, de derrota inevitável, ainda no intervalo da final contra a França.

No carro, a caminho do almoço, Teixeira falou que quer fazer um filme em 2014 cujo tema seja "a Copa que perdeu e a Copa que ganhou" (pressupondo que na próxima a Seleção vencerá). Queria ter feito isso no Mundial passado, mas Dunga proibiu que os cineastas se aproximassem dos jogadores, o que o irritou sobremaneira. No banco de trás, Rodrigo Paiva observou que deveriam pedir o copião do que fora gravado, e Teixeira o atalhou: "Pedir porra nenhuma, o filme é nosso, as imagens são minhas".

Mesmo com a temperatura de dezoito graus, o presidente quis ficar no terraço do restaurante italiano Bindella. Naquela manhã, uma nota de cinco linhas na *Folha de S.Paulo* noticiava que o processo conhecido como "voo da muamba", no qual ele era réu, havia sido arquivado, dezessete anos depois de iniciado. "São uns filhos da puta, nem colocaram que não tinha a coisa do meu bar", disse.

O avião que trouxe a Seleção de volta ao Brasil, depois de ganhar a Copa do Mundo nos Estados Unidos, em 1994, tinha na bagagem dezessete toneladas de compras de jogadores, cartolas e convidados. Teixeira foi acusado de pressionar um funcionário para liberar a carga sem vistoria. "Falaram que eu tinha trazido material contrabandeado, o caralho", lembrou. "Agora, sabe por que isso tudo aconteceu? Porque não deixei que a imprensa entrasse no avião e porque o secretário da Receita, o Osíris Lopes Filho, ia ser demitido."

O garçom, que falava português, interrompeu a conversa para anotar os pedidos. Ele quis *burrata* com presunto cru, uma massa bem cozida ("Detesto al dente, sinto gosto de farinha", disse) e vinho tinto. Teixeira não gosta de peixe, dispensa frango e não come nada verde.

Explicou que Osíris seria exonerado por Itamar Franco, por ter "falado umas merdas sobre a Petrobras". De fato, em julho daquele ano, numa palestra, o secretário da Receita disse que a estatal devia o equivalente a 1 bilhão de dólares em impostos.

"Aí, foi tudo armado", prosseguiu. "Descemos no aeroporto, o povo da Receita falou para deixarmos as bagagens, que eles iam guardar e dali a três dias devíamos voltar para pegar. A CBF pagaria todo o imposto, como pagou depois, mas o seu Osíris armou para mostrar serviço, posou de arauto da moralidade, a imprensa comprou a história e nós nos fodemos."

Havia toda sorte de eletroeletrônicos e eletrodomésticos a bordo. Falou-se que o jogador Branco havia trazido uma cozinha inteira e que Teixeira incluíra na bagagem chopeiras para seu bar no Jockey Club, no Rio. "Essas chopeiras vieram da Nova Zelândia", disse ele. "Então, presta atenção: o gênio aqui conseguiu entrar com esse material contrabandeado ilegalmente nos Estados Unidos, depois sair dos Estados Unidos ilegalmente, e entrar no Brasil também ilegalmente, até ser descoberto?" Dias depois, em Brasília, encontramos por acaso Henrique Hargreaves, chefe da Casa Civil do governo Itamar Franco, que confirmou a versão de Teixeira.

Há mais de quarenta anos, Jean-Marie Faustin Goedefroid de Havelange se hospeda no Hotel Savoy. Não gosta da badalação do Baur au Lac. Num fim de tarde, ele chegou ao saguão para a entrevista com pontualidade suíça. Aos 95 anos, mantém o porte reto e senhorial. Sempre de terno, chama a todos de mais de quinze anos de "senhor" ou "senhora". Para expor seus argumentos, usa o método socrático: faz perguntas cujas respostas já sabe, mas deixa que o interlocutor chegue a elas por conta própria.

Havelange é talvez o maior responsável pela transformação da Fifa em uma potência. Ao assumir a sua direção, contou ter encontrado vinte dólares no caixa. Foi um dos primeiros a perceber, nos anos 1970, que o futebol tinha a vocação de se transformar, com as transmissões ao vivo, via satélite, num espetáculo mundializado, atraindo patrocinadores multinacionais. Com a vantagem de, ao contrário das Olimpíadas, o futebol não ser contaminado pela política da Guerra Fria, já que os Estados Unidos não se interessavam pelo esporte.

Mas seria preciso que a Federação, de origem europeia e bem de vida, incorporasse países pobres. Alterou então o critério de eleição para presidente, dando o mesmo peso dos europeus aos votos da África, do Caribe e da Ásia. Destinou-lhes também verbas para organizarem estruturas nacionais. Assim, consolidou seu poder. Hoje, a Fifa fatura 4,6 bilhões de dólares só com o Mundial.

No Savoy, Havelange disse que, se teve algum sucesso, foi porque nasceu no Brasil, onde "aprendemos a lidar desde o berço" com diferenças de raça e religião. Lembrou-se do primeiro congresso da Fifa que organizou, em 1974:

"A senhora acha que um inglês dá beijo num preto? Um alemão dá? Pois todo africano que entrava no congresso, eu e a minha mulher, Anna Maria, beijávamos todos".

A escolha do Brasil para sediar a Copa do Mundo passa pela relação de Havelange com os cartolas africanos. Em troca do apoio que teve durante os anos à frente da Fifa, Havelange havia conseguido, já em 2006, a maioria dos votos para que a África do Sul fosse a sede da Copa. Em contrapartida, os africanos apoiariam a candidatura brasileira na eleição seguinte.

Na última hora, no entanto, numa atitude suspeitíssima, o representante da Nova Zelândia votou em branco, e a Alemanha levou o Mundial de 2006. A Fifa mudou logo as regras de rodízio de continentes, de modo que a sede seguinte fosse na África e, na sequência, na América do Sul. Como a África do Sul e o Brasil eram os países mais ricos de seus continentes, não tinham como perder. E não perderam.

As denúncias de corrupção não lhe fizeram mossa. Para Havelange, tratava-se de maquinações para desestabilizar candidatos, de disputa política por um cargo cobiçadíssimo. "Quem não quer sentar nessa cadeira com os recursos e o poder que a Fifa tem hoje?", perguntou.

Ele descreveu Ricardo Teixeira assim: inteligência acima da média, observador, calado "como um bom mineiro", tem sempre uma pessoa dele infiltrada nos lugares que importam ("O que faz com que esteja sempre bem informado") e capacidade de aguentar desaforos e planejar o troco para mais tarde. "O Ricardo é o quê? Mineiro, não é? O Aécio é amigo dele, não é? Onde você acha que vai ser a abertura da Copa do Mundo?" "Em Belo Horizonte", concluí. "Isso é o Ricardo, nós é que somos bobos", ele comentou.

Quando o casamento de sua filha acabou, Havelange rompeu com Teixeira. Ninguém da família podia pronunciar o nome dele na sua frente. "Um dia a minha mulher, Anna Maria, me disse: 'Não te esqueças que ele é o pai dos teus netos'", contou. "E aí apaguei tudo. Voltei a me relacionar como se ele ainda estivesse casado com a minha filha. Porque neto é neto. Bisneto é bisneto."

Por isso, tentará o que lhe estiver ao alcance para fazer o ex-genro chegar à presidência da Fifa, em 2015: "O Ricardo queria se apresentar agora, mas eu disse a ele: 'Faz uma Copa do Mundo de qualidade, trata todo mundo de maravilha, vão votar em você por agradecimento'".

* * *

Perguntei se Teixeira precisava dele para se eleger. "Claro que não, burro é uma coisa que ele não é", respondeu Havelange. "Se a senhora um dia tivesse que definir a malandragem, no bom sentido, claro, ela se chamaria Ricardo Teixeira."

Ele acha, contudo, que seu herdeiro deveria ter mais paciência para cultivar as pessoas, como ele próprio fez. E poderia se preocupar um pouco mais em não melindrar certos ânimos. Contou que, certa vez, Joseph Blatter foi de jatinho à Etiópia. E ele fez uma ponderação ao seu sucessor na Fifa: "Não se anda em país pobre de jatinho. Pega um avião comum, salta pela frente, todo mundo respeita. É essa sensibilidade que se tem que ter".

Depois de quase duas horas sentado, Havelange sentiu uma fisgada no pé. Apesar de ainda nadar 1200 metros diariamente, teve uma fissura no osso do tornozelo. Gentilmente, encerrou a entrevista. Sua observação final foi a seguinte: "O Ricardo é sozinho. Deveria ter alguém para confiar, para se *détendre*".

Jornalistas esportivos me disseram que a CBF privilegia repórteres e veículos de comunicação que preservam Teixeira. E procura restringir o acesso daqueles que o criticam. Em Zurique, o presidente conversou por duas vezes com advogados sobre a possibilidade de negar credenciais para jogos da Seleção Brasileira. Foi orientado a conceder pelo menos uma aos desafetos, de maneira a não se caracterizar a discriminação.

Uma equipe da BBC mandara mais de dez pedidos de entrevista a Teixeira, para uma reportagem que fariam no Brasil sobre a Copa de 2014. "Eu vou infernizar a vida deles", explicou. "Enquanto eu estiver na CBF, na Fifa, onde for, eles não entram." Apesar de a reportagem da BBC e de o depoimento do inglês David Triesman terem ocupado a primeira página de dezenas de jornais, Teixeira não buscou reparação na Justiça. Um advogado francês lhe disse que um processo contra a BBC lhe custaria, no mínimo, 500 mil dólares. "Fora isso, tem que ir lá, dar depoimento, aquela coisa toda, muito trabalho", comentou.

No Brasil, suas investidas judiciais têm um alvo preferencial, o comentarista Juca Kfouri, a quem já processou mais de cinquenta vezes. "Dele, eu não deixo passar nada", afirmou. "Outro dia, recebi um dinheiro dele. Mas eu doo para a caridade. Na próxima que ganhar, vou publicar no site da CBF um agradecimento."

A desavença entre ambos, contou, tinha uma origem pessoal. Antes de se divorciar da filha de Havelange, correu o rumor de que uma amante de Teixeira havia morrido em um desastre de carro, em Miami. Kfouri noticiou a história, provocando um terremoto em sua vida familiar que culminou com o fim do casamento.

Kfouri disse que o cartola usa a história como pretexto para atacá-lo, e que a origem real do conflito foi o fato de ele ter noticiado as "relações promíscuas" de Teixeira com a Nike. "A estratégia dele é me processar por qualquer coisa, na tentativa de convencer meus empregadores que eles gastam muito com advogados para me defender, e me mandem embora", disse Kfouri. "Ele não pode achar que pode agir como quiser à frente do futebol, sem que ninguém fale nada. Na camiseta da Seleção não está escrito *Teixeira*."

No terraço do Bindella, a mesa aguardava a sobremesa enquanto Rodrigo Paiva atendia mais chamadas de repórteres brasileiros. Queriam saber o que o presidente pensava da tentativa do deputado Anthony Garotinho, da bancada evangélica, de aprovar uma Comissão Parlamentar de Inquérito para investigar a CBF e a organização da Copa do Mundo. "Ele está trabalhando para a Record", disse Teixeira.

As relações de Teixeira com a Record ficaram atritadas no ano passado, quando a rede mantida pela Igreja Universal do Reino de Deus tentou tirar da Globo o direito de transmissão do Campeonato Brasileiro. Falava-se que a Record ofereceria 1 bilhão de reais aos vinte maiores times, congregados no chamado Clube dos 13. E a Globo, com o apoio da CBF, passou a negociar individualmente com os clubes. Logo de início, acertou-se com o Flamengo e o Corinthians, cujos dirigentes são bastante próximos de Teixeira. No fim, a maioria renovou com a Globo, e a Record novamente ficou sem futebol.

"A partir daí, o Garotinho começou com essa coisa de montar CPI", disse Teixeira. Em março, o ex-governador do Rio conseguiu reunir as assinaturas para formar uma Comissão sobre a Copa. Pego de surpresa, o presidente da Confederação voou para Brasília, peregrinou pelos gabinetes e conseguiu demover muitos parlamentares. "Todo mundo que era do PT e tinha assinado voltou atrás quando viram que aquilo era um absurdo", disse.

No futuro, Teixeira considera montar uma estrutura jornalística própria, que produzirá conteúdo de interesse da CBF. Seja para responder aos ataques dos críticos, seja para comercializar o acesso privilegiado que a entidade tem sobre os jogadores.

* * *

Antes de pagar a conta no restaurante, Teixeira falou pelo telefone com Evandro Guimarães, lobista da Globo em Brasília. Trocou ideias sobre inseminação de bovinos, uma de suas mais novas atividades. Sua fazenda, no interior do Rio, produz 10 mil litros de leite por dia e os laticínios do presidente são consumidos em diversos restaurantes cariocas. Ele também vende doce de leite, ricota, queijo de minas, parmesão e requeijão (o melhor produto, no seu entender). O negócio é rentável? "Não sou de jogar dinheiro fora", respondeu.

Perguntado sobre quem são seus melhores amigos, ele disse: "O Rico, o Beto, a Joana e a minha mulher". São os seus três filhos mais velhos, que, assim como seu irmão e seu cunhado, também estão no ramo dos negócios do futebol. Para ilustrar sua visão da amizade, inventou uma pequena fábula. "Se você está na merda, vão falar: 'Coitado do Ricardo, vamos dar uma mão para ele'. Mas aí, todo mundo volta para casa, não ajuda e finge que esqueceu o assunto", disse. "Agora, pense na situação inversa: 'Porra, o Ricardo está bem pra caralho, que sucesso'. Pode ter certeza de que vai ser aquele que você acha que é o seu melhor amigo quem vai dizer primeiro: 'Também, roubando, quem não fica bem?'."

Ele disse que não se incomoda com as acusações de corrupção: "Não ligo. Aliás, caguei. Caguei montão". Como Tom Jobim, ele acha que os brasileiros lidam mal com o sucesso alheio. "O neguinho do Harlem olha para o carrão do branco e fala: 'Quero um igual'", raciocinou. "O negro não quer que o branco se foda e perca o carro. Mas no Brasil não é assim. É essa coisa de quinta categoria."

Ao sair do Bindella, quis novamente andar até o hotel. "Preciso dar essa caminhadinha para fazer a digestão", justificou. Em frente à loja dos casacos de pele, mais uma vez se mostrou intrigado: "Olha o casaco, ainda está lá. Será que o preço é esse mesmo?".

No salão de chá do Baur au Lac, o argentino Julio Grondona estava esparramado numa poltrona, com o rosto afogueado. "Ah, fui ver os vitrais do Chagall, comi um risoto maravilhoso, bebi uma garrafa de Chianti e brindei à eleição da Fifa", disse, caindo na gargalhada.

Teixeira pareceu surpreso ao saber que um dos principais pontos turísticos de Zurique, os vitrais de Marc Chagall, ficava a menos de quinhentos metros do hotel. Ainda que frequente a cidade há mais de trinta anos, seus trajetos são inalteráveis: hotel, Fifa, os mesmos restaurantes, onde é atendido pelos mesmos garçons — a quem pede os mesmos pratos. As paisagens deixaram de deslumbrá-lo.

Às cinco e meia da tarde, Teixeira disse que precisava dar uns telefonemas, avisou que jantaríamos às oito e subiu para o quarto. Eduardo Deluca, o secretário-geral da Confederação Sul-Americana de Futebol, falou então sobre o companheiro: "Você conhece alguém que tenha esse cargo, essa projeção e sobre o qual não inventem as mesmas histórias? Ele é um candidato fortíssimo para 2015, por isso o atacam. Estamos fechados com ele". Deluca é uma figura pantagruélica, de fala monocórdia, cujos olhos parecem boiar no vazio.

O presidente, a mulher, as duas filhas, Rodrigo Paiva e o secretário Alexandre Silveira foram jantar no Dézaley, que serve uma das fondues mais elogiadas da cidade. Instalaram-se numa mesa de fundos, o garçom lhes deu boas-vindas em português e anotou os pedidos.

"Olha aqui, tenho uma notícia fresquinha", anunciou o cartola à mulher enquanto lhe passava um maço de folhas de papel. "A Federação inglesa mandou um relatório agora à tarde para a Fifa dizendo que não tenho nada com aquilo de pedir suborno para o inglês, lê aí."

Quando chegou a fondue, Teixeira dizia que o documento seria mostrado à imprensa dali a três dias, durante uma entrevista coletiva. "Mas que absurdo. Vão deixar você apanhar até lá?", perguntou Ana. "Tanto faz para mim", respondeu ele. Sua filha mais velha, Joana Havelange, de 34 anos, só escutava a conversa. Ela é loira, alta e gosta de roupas pretas. Foi nomeada pelo pai diretora executiva do Comitê Organizador da Copa.

Nos almoços e jantares com Ricardo Teixeira (que nunca me permitiu pagar nem um café em sua companhia), todos são instados a dar palpites sobre a burocracia do futebol, sobretudo da Copa, e a comentar fofocas políticas. São raros os momentos de intimidade, como quando a caçula Antônia abraçou o pai e disse que ele era lindo, tinha um cabelo maravilhoso e que não deveria cortá-lo. Derretendo-se, ele deixou a cabeça descansar no ombro da menina.

Quando a conta chegou, Teixeira sacou a carteira Gucci, que só tem cartões de crédito e nenhuma nota de dinheiro. Ajeitou os óculos na ponta do nariz e perguntou, atarantado: "O que é *trinkgeld*?". Quando soube que se tratava da gorjeta, contou que uma vez teve um cartão recusado porque se confundiu com os números da senha, ainda que o limite fosse de 600 mil reais.

Perto da meia-noite, o grupo andou até a ponte do rio Limmat e parou na frente do relógio da catedral de Fraumünster. Estavam munidos de pedaços de pão velho, trazidos do restaurante, que foram jogados ao vento, caíram e boiaram na água cristalina do rio. "Dou pão aos patos aqui desde 1974", disse Teixeira, suspirando. Na Bahnhofstrasse, ele chamou a atenção da filha: "Toninha, olha esse casaco: mil euros! Eu vou comprar!".

Em 1997, Ricardo Teixeira se separou de Lúcia Havelange e engatou um namoro com a grã-fina Narcisa Tamborindeguy. Logo depois, conheceu Ana Carolina, que estudava administração na Pontifícia Universidade Católica. Ela esperava amigas no bar da El Turf, a boate dele. As amigas não chegaram e o cartola, sem se identificar, disse a um funcionário que pegasse o telefone da jovem de dezenove anos. Dias depois, ligou. "Ele não ficou enrolando, disse que não era garoto, que não tinha tempo nem paciência para ficar de paquera e foi logo direto ao assunto", contou Ana Carolina.

Passaram semanas até que ela consentisse em marcar um encontro. Foram jantar e, na hora de deixá-la em casa, beijaram-se. Ela gostou, mas Teixeira deu-lhe um gelo. "Depois daquilo, ele me ignorou totalmente, e aí eu fiquei com a pulga atrás da orelha: quem era ele para fazer aquilo comigo?", disse.

Ana Carolina comentou que mexera recentemente numa caixa de fotos antigas. Ficou surpresa com as mudanças físicas do marido, ocorridas em tão pouco tempo: "O pescoço, a pele, tudo; o cabelo era grisalho e agora é todo branco".

Passaram-se outras tantas semanas até que começassem a namorar. Aí veio Paris. Com um sorriso eloquente, ela lembrou a primeira viagem que fizeram juntos. Jantaram no Jules Verne, o restaurante da Torre Eiffel, e depois, caminhando para o hotel, ocorreu, segundo ela, uma das cenas mais românticas do casamento. "Tinha uma cigana vendendo rosas. Ele perguntou quanto era, ela disse que eram dez francos, acho, ele pegou uma nota de quinhentos, deu a ela e pegou uma rosa", contou, encarando o marido, que ficou todo o tempo de cabeça baixa, examinando algo invisível nas mãos. "Aí, ele pegou a rosa, deu para a cigana, pegou o balde inteiro de flores e me deu." Teixeira continuava vexado. Quando perguntei o que lhe havia chamado a atenção em Ana Carolina, ele não respondeu (para desconsolo da mulher).

* * *

A quatro dias da eleição da nova diretoria da Fifa, uma equipe da Globo foi mandada de Londres para Zurique a fim de fazer uma reportagem sobre os preparativos da Copa. Executivos da Federação, inclusive Teixeira, falaram longamente sobre as obras de infraestrutura no Brasil, a construção dos estádios e as cidades-sede dos jogos. Apesar de todas as denúncias sobre corrupção e suborno, nenhuma pergunta foi feita sobre o assunto pela Globo.

Durante a CPI da Nike, em 2001, a rede levou ao ar uma reportagem no *Globo Repórter* sustentando que a renda de Ricardo Teixeira era incompatível com seu patrimônio e padrão de vida. A CBF anunciou pouco depois, do nada, uma mudança no horário de transmissão de uma partida Brasil x Argentina, clássico sul-americano que costuma bater recordes de audiência. Em vez de ser exibido no horário de praxe, depois da novela das oito, o jogo foi marcado para as 19h45.

"Pegava duas novelas e o *Jornal Nacional*. Você sabe o que é isso?", cochichou-me Teixeira, no Baur au Lac, quando o caso foi relembrado. Como a Globo transmitiu a partida, amargou o prejuízo de deixar de mostrar diversos anúncios no horário nobre, o mais caro da programação. A partir daí, não houve mais reportagens desagradáveis sobre o presidente da CBF na Globo.

Teixeira quis almoçar de novo no Zeughauskeller. No caminho, o celular de Rodrigo Paiva tocou e, do Rio, alguém lhe contou que o prefeito Eduardo Paes havia divulgado que a sede do centro de imprensa da Copa seria na cidade. O anúncio, no entanto, deveria ter sido feito pelo Comitê Organizador, ou seja, por Ricardo Teixeira. O que se falou no carro é impublicável.

Chovia com intensidade e o celular de Paiva não parava. Em outro telefonema, alguém avisou que uma reportagem "bombástica" sobre Teixeira seria exibida, no domingo, na Rede Record. Ele reagiu amaldiçoando a emissora, jornalistas, sites noticiosos e a imprensa toda. Disse que não se preocupava porque o programa da rede da Igreja Universal "dava traço". Achava até bom: "Quanto mais tomo pau da Record, fico com mais crédito na Globo". Ao longo dos dias, porém, teve a sensação de que era injusto tomar bordoadas sozinho por causa de uma briga deletéria entre a Globo e a Record.

Quando o carro entrou na rua do restaurante, disse ao secretário para não se esquecer de "comprar as meias do vice-governador Pezão". No Zeughauskeller, pediu cerveja e o estrogonofe de vitela. Depois, telefonou para o líder do PMDB na Câmara, Henrique Eduardo Alves, para reclamar de Garotinho.

Enquanto comia, disse que estava comprometido "desde sempre" com a reeleição de Joseph Blatter, que disputava com o milionário catariano Mohammed Bin Hammam. A filha Antônia, que saboreava batatas fritas, virou em direção ao pai com uma expressão de não ter entendido direito. "Ué, mas você não quer o Bin Hammam?", ela perguntou. Teixeira fez um movimento brusco com o braço direito por debaixo da mesa. Quis ser discreto, mas a menina protestou, alto: "Ai, pai! Não me belisca!".

Houve um silêncio desajeitado. Teixeira voltou a comer, sua mulher a ler o cardápio, e Antônia escreveu uma mensagem no *smartphone*. A menina passou o telefone para a mãe, que digitou alguma coisa antes de lhe devolver o aparelho. De olho na tela, Antônia riu e disse alto: "Desculpa".

Teixeira mandou o secretário ligar para Sandro Rosell, presidente do Barcelona, ex-diretor da Nike e seu padrinho de casamento. "Meu querido, boa sorte, tudo de bom, estamos torcendo demais", disse-lhe. No dia seguinte, o Barcelona enfrentaria o Manchester, na final da Copa dos Campeões, em Londres, e Rosell havia convidado os Teixeira a assistir a partida na tribuna. O presidente não aceitou para evitar o assédio da imprensa inglesa.

Eles são amigos desde os anos 1990, quando Rosell morou no Rio. Foi nessa época que a empresa se tornou fornecedora oficial do material esportivo das seleções do Brasil e uma grande patrocinadora da CBF. A relação entre a Confederação e a Nike foi investigada na Câmara e no Senado, e ficou meses a fio no noticiário.

"Aquilo só aconteceu para abafar a CPI do Eduardo Jorge: ela estava pronta, mas aí inventaram essa do futebol, que, obviamente, ofuscou a outra", disse Teixeira. Ele se referia ao secretário-geral da presidência, no governo Fernando Henrique Cardoso. À época, Jorge foi envolvido no escândalo de superfaturamento de obras do Tribunal Regional do Trabalho, junto com o juiz Nicolau dos Santos Neto e o senador Luiz Estevão. (Nada ficou provado contra Eduardo Jorge, que processou e ganhou indenização de vários órgãos de imprensa que o acusaram.)

"Até o Ronaldo teve que depor na CPI da Nike", prosseguiu ele. "E, no depoimento, um deputado ficou perguntando quem era o encarregado de marcar o Zidane. Isso é coisa para CPI?" Ao final da investigação, Teixeira foi indiciado por treze crimes, entre eles apropriação indébita, lavagem de dinheiro e sonegação fiscal. Todos os processos vieram a ser arquivados, a pedido do Ministério Público Federal. "Reviraram tudo e não acharam nada. Foi tudo arquivado. E aí? O Ministério Público é incompetente, então?", disse.

A empresa Match alugara uma sala no hotel para que caciques da Fifa assistissem ao jogo do Manchester contra o Barcelona. Teixeira ajeitou-se numa cadeira na primeira fileira, em frente à televisão. Havia salgadinhos e bebida, mas ele tomou suco. Um cartola uruguaio lhe perguntou detalhes dos times brasileiros e ele respondeu de maneira lacônica: "*Santos es muy fuerte. El problema es que sólo tiene dos jugadores*", "*Problema de Palmeiras es que gastó mucho y no ganó nada*".

Ao contrário dos outros, que vibravam, comentavam, gritavam e xingavam, Teixeira parecia ver um filme repetido da sessão da tarde. Fez comentários breves sobre os passes errados do Barça, e apertava os lábios quando o time perdia uma boa jogada. No meio do jogo, pegou seu iPad. Quando Messi marcou um gol, mal levantou os olhos por cima dos óculos para conferir o tira-teima.

Ao final, comentou que detestava ver jogo rodeado de "muita gente". Ele já me havia dito que sabia separar o público do privado no que dizia respeito ao gosto pelo esporte. "Eu não sou dirigente torcedor, eu sou administrador", dissera. "Não quero saber quem o técnico vai escalar, não fico de ti-ti-ti com jogador, não chamo jogador para a minha casa."

No dia seguinte, devido às denúncias, o tradicional baile de gala que antecede a eleição do presidente da Fifa foi cancelado. O secretário-geral Jérôme Valcke mostrara à imprensa o documento que absolvia Teixeira da acusação de suborno. Ainda assim, o cartola estava com a cara péssima. "Olha como a imprensa brasileira é escrota!", disse, na varanda do hotel. Pegou o iPad e mostrou três reportagens de sites brasileiros sobre o assunto. Apenas a da BBC esclarecia o caso com detalhes. As demais punham o documento sob suspeita, já que era produto de uma investigação de um órgão ligado à Fifa.

"A imprensa brasileira é muito vagabunda", disse. Contou que, certa vez, um site noticiara que ele havia passado o Réveillon em uma estação de esqui.

Usara como fonte um porteiro de hotel. "Se eu não estivesse com a minha mulher, esses putos teriam acabado com o meu casamento", falou.

Às 7h45, João Havelange estava sentado sozinho no saguão do Savoy, esperando seu motorista, que só chegaria às nove para levá-lo à eleição da Fifa. A caminho, falou que comemorava seu aniversário, havia décadas, indo a um circo em Zurique. "O circo é o único lugar do mundo hoje onde ainda há solidariedade", disse. Quando chegou, em frente ao prédio, dez manifestantes exibiam cartazes pedindo "jogo limpo". Havia mais de quinhentos jornalistas cadastrados, a maior parte ingleses.

Antes de começar a votação da Fifa, Jérôme Valcke avisou aos 203 delegados presentes que deveriam testar a maquininha de voto. Ele faria duas perguntas pró-forma, e os representantes dos países filiados deveriam apertar verde para sim, amarelo para abstenção e vermelho para não. As instruções foram traduzidas em sete idiomas. "Este Congresso está ocorrendo na Hungria?", foi a primeira questão. Para o espanto geral, 45 delegados responderam que sim. "Foi a Espanha que ganhou a última Copa do Mundo?" No painel, viu-se que sete responderam negativamente.

Aprovaram-se pontos de um novo estatuto, a entrada de novos membros e, motivados pelas acusações de corrupção, mudanças no sistema de escolha dos países para sediar as Copas do Mundo. Dali em diante, todos os delegados, e não mais só os membros do Comitê Executivo, poderiam votar. O aumento do número de votantes dificultará, em tese, a corrupção, já que haverá muito mais gente para se subornar.

Ricardo Teixeira passou todo o tempo com o fone de tradução no ouvido. Antes de o resultado da eleição ser proclamado, sumiu. Tinha de pegar um voo para o Brasil ainda naquela tarde. Sem adversários, Blatter foi reeleito por mais quatro anos. O primeiro-ministro inglês, David Cameron, classificou o resultado de "farsa".

Era meio-dia quando Ricardo Teixeira atravessou o saguão do Hotel Caesar Park, em Guarulhos, onde a Seleção Brasileira estava concentrada para o amistoso contra a Romênia. O jogo marcaria a despedida de Ronaldo Fenômeno. Em uma sala do hotel, ocorreu a cerimônia de entrega de um relógio comemorativo ao jogador, com quem Teixeira estava estremecido. "Você foi o melhor jogador da Seleção Brasileira na minha gestão", disse-lhe o cartola. Na frase, havia uma vendeta particular: o deputado federal Romário, que quisera levar Teixeira a depor na Câmara, havia dito que era ele, e não Ronaldo, o melhor atleta da história recente do Brasil.

A eleição da Fifa ocorrera havia uma semana e ninguém mais falava dela. Quando encontrei Teixeira, quis saber se a situação era como dizia o anel de seu amigo Grondona: *Todo pasa*. Ele riu, botou a mão no meu ombro e disse: "O feio é perder, minha querida. Quando ganha, acabou".

Na saída do evento, o presidente do Corinthians, Andrés Sanchez, contou que o ex-presidente Lula lhe havia dito que não poderia assistir ao jogo de Ronaldo porque tinha de ir a Brasília "resolver essa coisa do Palocci, que está dando a maior merda". Quando alguém comentou que Palocci não se sustentava mais no cargo, Teixeira respondeu: "Por que ele tem que sair? Não tem que sair nada, o Palocci não vai sair".

À tarde, a Seleção fez um treino rápido no Estádio do Pacaembu. Ao final, Luiz Gleiser, diretor da Globo, ensaiou Ronaldo: ensinou como ele e seus dois filhos deveriam andar ao entrar no campo, a que horas deveriam correr, quantos minutos depois deveriam se retirar, onde ele deveria falar. Assim, na noite da partida, depois de quinze minutos em campo, duas tentativas de gols perdidas, o Fenômeno se despediu.

Na hora do intervalo, fez um discurso preparado e agradeceu aos torcedores por "terem me aceitado como eu sou". As câmeras e as lentes dos fotógrafos registraram a última imagem do ídolo em campo: suado, gordo e, curiosamente, usando um dilatador de nariz. Em casa, os espectadores da Globo tiveram uma informação complementar: entre a despedida de Galvão Bueno e a chamada do *Jornal da Globo*, o único comercial exibido foi o do Respire Melhor, o dilatador de nariz que Ronaldo usara sem nenhum motivo.

Na semana seguinte, Ricardo Teixeira entrou numa sala VIP do Aeroporto Santos Dumont, no Rio, onde embarcaria no jato da CBF para Brasília. Soube que a deputada Ideli Salvatti havia acabado de ser anunciada ministra de Relações Institucionais. "A presidenta sabe exatamente por que quis a Ideli lá", disse ele, em resposta a um comentário estranhando a nomeação.

Na hora da decolagem, olhou pela janela, respirou fundo e fez cinco vezes seguidas o sinal da cruz. Só relaxou quando o avião alcançou a altura de cruzeiro. Alexandre Silveira se sentou à sua frente e começaram a despachar. Eram três pastas com dezenas de cartas, solicitações, convites. A cada uma, o presidente dava uma orientação: "Arquivo", "Recebo", "Manda para o Salim", "Diz que me coloco à disposição". A respeito de um convite para um baile pelo aniversário da rainha Elizabeth, no Copacabana Palace, disse: "Ninguém vai a nada de inglês".

Em Brasília, ele pretendia assistir à cerimônia de posse de três ministros do Superior Tribunal de Justiça. Também esperava se encontrar com Ciro Gomes e Aécio Neves. A um ele chama de "Cirinho", mas quer que o outro seja presidente da República. O vínculo entre o cartola e o senador mineiro é recente. Quando era presidente da Câmara, foi Aécio Neves quem indicou Sílvio Torres para o cargo de relator da CPI da Nike. Torres preparou uma denúncia nutrida e bem concatenada contra Teixeira.

Até a CPI da Nike, a CBF fazia doações em dinheiro para candidatos. Assim, manteve no Congresso, durante anos, a chamada "bancada da bola". Agora, com investimentos previstos de 24 bilhões de reais em obras para a Copa, os políticos o bajulam e pressionam para que ele marque jogos em seus currais eleitorais.

Teixeira se aproximou de Lula em 2004, quando a Seleção Brasileira foi jogar no Haiti, numa ação de propaganda para valorizar as tropas nacionais enviadas a Porto Príncipe. Lula passou a recebê-lo, geralmente às sextas-feiras, no final do expediente, para tomar um uísque e conversar sobre futebol e política. Com Dilma Rousseff, a situação mudou: jamais esteve com a presidenta. Quando quer saber sobre os bastidores do Palácio do Planalto, costuma acionar interlocutores em comum, com trânsito privilegiado em Brasília.

Ao entrar no restaurante Gero, num shopping center de Brasília, Teixeira foi cumprimentado pela maioria das mesas: "Oi, presidente!", "Boa tarde, presidente!"; "Por aqui, presidente", disse-lhe o garçom. "Não tenho a mínima ideia de quem seja aquele baixinho. Tenho que fazer óculos para longe", falou. Nem Ciro Gomes nem Aécio Neves apareceram. Não estavam na cidade.

Ele pediu nhoque com ragu ("O meu nhoque é muito cozido, tá? Ragu é tipo bolonhesa, é isso?") e uma garrafa de vinho tinto. Um assessor comentou que o sucesso da Copa do Mundo no Brasil seria a prova de sua competência e calaria os inimigos. Teixeira mencionou que já havia conseguido amealhar 300 milhões de dólares, três anos antes do Mundial, enquanto a África do Sul não havia faturado nem 40 milhões de dólares em todo o período dos jogos.

E continuou: "Taí, vai ver que a minha vaidade é esta: ver que as maiores empresas do mundo, a maior de carne, a maior de seguros, a maior cervejaria, o maior banco do país, a maior editora, todo mundo investiu milhões no ladrão, no bandido aqui, numa CBF de merda, num time que só perde, né?". Referia-se aos grandes patrocinadores da Copa no Brasil: Seara, Liberty, Ambev, Itaú e Abril. Entre risadas, contou que, ao voltar de Zurique, mandou cancelar o resumo dos jornais, parou de ver televisão e fuçar a internet. "Não leio mais porra nenhuma, a vida ficou leve pra cacete, tá muito bom", afirmou.

A cerimônia de posse dos ministros do Superior Tribunal de Justiça foi rápida. Mas havia uma fila de cumprimentos interminável. Ao deixar o plenário, Teixeira foi abordado por uma repórter. "Não dou entrevista", disse, ríspido. Foi informado de que se tratava de uma jornalista da TV Justiça, que só queria saber o que ele achara da cerimônia.

Depois de uma hora em pé na fila, ele começou a sentir dores na perna operada. Uma desembargadora a seu lado puxava assunto sobre as obras para a Copa de 2014. "No que depender de nós, está tudo dentro do prazo", disse. "Estou muito tranquilo, vai dar tudo certo. O Rio está um canteiro de obras; Belo Horizonte, Salvador e Recife, idem. Com dinheiro, se faz tudo", afirmou.

Quis saber sobre a polêmica dos estádios paulistas. "A imprensa é a maior culpada de tudo isso", ele disse. "Por ser toda paulista, passou três anos tentando enfiar goela abaixo o Morumbi. Com isso, atrasaram todos os projetos."

Há outra versão. A de que, na esteira da briga envolvendo o Clube dos 13, a Globo e a Record, Teixeira teria descartado o Morumbi, que pertence ao São Paulo, para atingir o presidente do clube, Juvenal Juvêncio — um de seus detratores —, durante a disputa. Os críticos do presidente argumentaram que, em vez de se gastar o triplo na construção do estádio do Corinthians, o Itaquerão — como ele defende —, bastaria apenas uma reforma para viabilizar o Morumbi.

Teixeira argumentou que o melhor estádio da Copa na Alemanha ficava "no meio de uma estrada e outra estrada". Segundo ele, "Itaquera tem muito mais estrutura do que o Morumbi. Tem trem e metrô na porta".

Como de hábito, responsabilizou a imprensa pela celeuma: "Olha a merda que foi a Copa na França: a Seleção jogou num estádio de 27 mil lugares, ficamos concentrados no meio do nada. E algum jornalista reclamou? Não, né? Afinal, estavam indo para Paris". Quando se falou em aeroportos, ele deixou claro que o problema não lhe diz respeito. "Isso é o governo. E se o governo acha que a Copa não é prioridade, não posso fazer nada. Esse é o SEU país", disse.

A fila andou, mas havia pelo menos mais vinte minutos em pé. Falou-se sobre o goleiro Bruno, acusado de mandar matar a mãe do filho dele. Teixeira acha que há pelo menos cinco jogadores de renome que foram salvos pelo futebol. Se não tivessem se tornado profissionais, teriam sido mortos antes dos quinze anos por terem índole de criminosos. Depois de quase duas horas de espera, os cumprimentos duraram menos de cinco minutos. Mas ele ficou satisfeito: "Foi muito bom, encontrei pelo menos vinte ministros".

Na Base Aérea de Brasília, recebeu um telefonema alertando que a Record anunciava mais uma "reportagem avassaladora" sobre sua vida, naquela noite. Teixeira afastou-se para falar com seu advogado, e perguntava o que exatamente exibiriam no programa. Repórteres haviam feito imagens de sua fazenda, atribuído a ele uma casa em Búzios que não era sua e mostrado sua casa na Flórida.

Ele mandou o advogado preparar a notificação para um processo. O jatinho taxiava e ele atendeu a mais uma chamada pelo celular. Quando desligou, ficou sentado longe do espaldar da poltrona segurando o telefone na mão. "Alguém está falando do Palocci hoje? Não, né? Se eu renunciasse hoje, eu viraria santo", disse, em tom de desabafo.

Enquanto o avião decolava, tirou os sapatos, estendeu as pernas sobre um banquinho de couro creme e fez o sinal da cruz. As luzes da cidade tinham ficado para trás quando rompeu o silêncio: "Em 2014, posso fazer a maldade que for. A maldade mais elástica, mais impensável, mais maquiavélica. Não dar credencial, proibir acesso, mudar horário de jogo. E sabe o que vai acontecer? Nada. Sabe por quê? Porque eu saio em 2015. E aí, acabou".

PÓS-ESCRITO

Em março de 2012, Ricardo Teixeira renunciou à presidência da Confederação Brasileira de Futebol, cargo que ocupava havia 23 anos. O afastamento se deu em meio à onda de denúncias de que havia embolsado milhões de dólares em propinas pagas pela ISL, empresa de marketing esportivo, nas negociações para a transmissão de jogos da Copa do Mundo. O dinheiro foi dividido com seu ex-sogro, João Havelange, que comandou a Fifa por mais de duas décadas. Para se livrar das acusações, ambos pagaram uma multa de 5 milhões de dólares à Justiça suíça, onde o processo tramitou durante anos.

Quando o FBI passou a investigar a Fifa, soube-se que Teixeira também havia recebido propina para fechar um milionário contrato entre a CBF e a Nike, comandada por seu compadre, o espanhol Sandro Rosell, ex-diretor da empresa no Brasil e ex-presidente do Barcelona. No total, o Departamento de Justiça americano indiciou por corrupção um grupo de dezesseis cartolas, majoritariamente da América Latina.

Desde que o escândalo veio à tona, a vida de Teixeira passou por uma reviravolta. Ele se mudou para Miami, separou-se da mulher e acumulou uma série de problemas de saúde. Nos últimos tempos, debilitado, vive recluso em seu apartamento no Rio.

A cara do PMDB

Quem é e o que quer Michel Temer

CONSUELO DIEGUEZ
Junho de 2010

O deputado Michel Temer, do PMDB, recebeu, em meados de abril de 1998, um jovem advogado, cuja família conhecia de longa data, para um almoço tête-à-tête na residência oficial da presidência da Câmara dos Deputados. Mal haviam começado a comer quando o rapaz criticou a nomeação do senador Renan Calheiros para o Ministério da Justiça. "Não sei como o presidente Fernando Henrique pôde fazer uma escolha tão desastrosa", disse. Temer olhou com um pouco mais de interesse o interlocutor e, sem alterar a expressão e a voz, respondeu: "O Renan foi escolhido pelo PMDB; portanto, é uma escolha minha". E levantou-se logo em seguida, alegando que precisava dar um telefonema. Não voltou. Um mordomo pediu ao moço que se retirasse, dizendo que Temer estava ocupado e não poderia continuar o almoço. O PMDB é isto: lealdade.

Passados sete anos, Renan Calheiros chamou Temer ao seu gabinete. Era uma conversa crucial para o deputado. Ele se lançara candidato à presidência da Câmara pela segunda vez. Precisava do apoio do companheiro de partido, que tinha ascendência sobre um grupo de parlamentares e era respeitado pelo governo petista. O senador garantiu que diria ao presidente Luiz Inácio Lula da Silva que Temer era a escolha do PMDB. Naquela mesma noite, Temer soube que, na reunião com Lula, ao invés de seu nome, Calheiros defendera o de seu principal oponente: Aldo Rebelo, do Partido Comunista do Brasil. Com o apoio do Planalto, o deputado do PCdoB elegeu-se presidente da Câmara. O PMDB é isto: traição.

Michel Temer chegou à presidência do partido no início de 2007. Pouco depois, a jornalista Mônica Veloso trombeteou que tivera um affaire e uma filha com Renan. Também revelou que quem pagava a pensão da criança, em dinheiro vivo, em nome do senador, era a empreiteira Mendes Júnior. Parlamentares de vários partidos entraram com um pedido de cassação de Renan, então presidente do Senado. Temer marcou um jantar na casa do senador e, assim que entrou, apertou a mão que o apunhalara e disse: "O PMDB não vai te abandonar". Renan teve de sair da presidência do Senado, mas o partido garantiu os votos que lhe impediram a cassação. O PMDB é isto: reconciliação.

Na maior crise do governo Lula, a do mensalão — o esquema de compra de votos de parlamentares em benefício do Planalto, que veio a se tornar público em 2005 —, o PMDB negociou o apoio ao presidente e mais que dobrou seu plantel de ministros, que passaram a ser cinco. Em 2007, numa reunião de cinquenta minutos entre Michel Temer e Lula, o partido passou a integrar oficialmente o governo. Em troca, levou mais dois ministérios e dezenas de cargos de direção em empresas estatais. O PMDB é isto: fisiologismo.

O PMDB é o grande partido brasileiro. Tem a maior bancada da Câmara, com 91 deputados, e a maior do Senado, com dezoito senadores. Governa nove estados, entre eles o Rio de Janeiro, que respondem por quase 30% do Produto Interno Bruto nacional. Controla 1201 municípios, inclusive seis capitais, e tem 3500 vereadores e 2 milhões de filiados. Os seis ministérios hoje sob seu comando, somados aos cargos em estatais e fundos de pensão em seu poder, administram cerca de 250 bilhões de reais ao ano.

Depois de fechar o Congresso, extinguir todos os partidos e cassar centenas de parlamentares, em 1966 a ditadura militar enquadrou a política institucional em duas agremiações: a Aliança Renovadora Nacional, a Arena, e o Movimento Democrático Brasileiro, o MDB. Como não podiam fazer campanha eleitoral nem oposição parlamentar, ambas serviam de adorno institucional ao regime. Em 1970, a votação nos candidatos do MDB foi tão pífia que o partido quase não conseguiu ter representação no Congresso. Seus integrantes se dividiram em duas correntes internas. A majoritária era a dos "moderados": os que apoiavam o regime militar tal como ele era, para evitar que se tornasse mais ditatorial. A outra era a dos "autênticos": aqueles que, por meio de um bem calibrado palavrório liberal, se propunham abrandar a ditadura.

Nas eleições de 1974, na esteira da crise do petróleo e do fim do "milagre econômico", o MDB canalizou o descontentamento generalizado. Saiu das urnas com três quartos das vagas do Senado e dobrou a bancada na Câmara. Para dividi-lo, a ditadura permitiu, cinco anos depois, a criação de novas organizações. Mas obrigou que todas tivessem a designação "partido" antes do nome. O regime supunha que a corrente moderada criaria um novo agrupamento, e os autênticos ficariam com os restos da agremiação extinta. Tancredo Neves liderou a criação do Partido Popular. E o deputado Ulysses Guimarães assenhorou-se do Partido do Movimento Democrático Brasileiro, o PMDB.

O arranjo não prosperou porque Tancredo Neves percebeu que o Partido Popular não tinha futuro e bandeou-se para o PMDB. Com o apoio de Ulysses e de uma parte do regime, Tancredo foi nomeado presidente da República por um colégio eleitoral que, apesar de toda a retórica democrática, era uma instituição ditatorial. Tancredo Neves morreu na véspera da posse e a presidência foi parar nas mãos do vice José Sarney, que sustentara com denodo os militares e deles se beneficiara largamente. Com Sarney no Planalto e Ulysses Guimarães no Congresso, o PMDB chegou ao poder. Com mão de gato, o partido logo mostrou o que viria a se tornar: o ocupante de cargos-chave no Estado, que usaria para se associar a empresários e alimentar o caixa e a clientela que garantiriam sua reprodução eleitoral.

O PMDB no poder foi um desastre total. Em cinco anos de governo, teve doze ministros. Dominou o Congresso que se autointitulou Constituinte e redigiu a Carta em vigor. Patrocinou pacotes econômicos que provocaram hiperinflação, desemprego em massa e o desmonte de serviços públicos já precários. Com a popularidade no fundo de um abismo, Sarney saiu do Planalto sob vaias. Ulysses Guimarães, o líder histórico do partido, candidatou-se a presidente e obteve um vexatório sétimo lugar, com 4,4% dos votos.

Apenas três anos depois, no entanto, o partido derrotado nas urnas voltava ao Planalto. Dessa vez por meio de Itamar Franco, o senador do partido que fora vice do presidente destituído, Fernando Collor. A partir daí, o PMDB compôs com todos os governos. Ficou com dois ministérios no primeiro mandato do ex-emedebista Fernando Henrique Cardoso, e com quatro no segundo. Nas eleições de 2002, repetiu a coreografia da divisão interna para melhor manter o mando: a banda do Senado apoiou a candidatura petista; a da Câmara, a tucana. Só no segundo mandato de Lula o partido aderiu com homogeneidade ao governo do PT.

O PMDB não lança candidato próprio à presidência desde a derrota de Ulysses Guimarães, há duas décadas. O sociólogo Bolívar Lamounier acha que isso aconteceu porque o partido "perdeu todos os seus líderes de envergadura, como Tancredo, Ulysses e também Montoro e Mário Covas, que foram para o PSDB", e não conseguiu se renovar na passagem de uma geração para outra. "Sem uma liderança nacional, o partido ficou na mão dos feudos regionais e dos clientelistas", disse Lamounier em sua casa, no Alto de Pinheiros, em São Paulo. "O PMDB não tem um projeto nacional e não sei se quer ter. A sua briga é por cargos."

Um dos melhores postos da República é o de vice-presidente. É ele que o PMDB quer ocupar a partir do ano que vem. Pela legislação eleitoral, o tempo nos programas de campanha na televisão e no rádio é dividido segundo o tamanho das bancadas partidárias. E, mesmo tendo direito à maior fatia da propaganda eleitoral, o PMDB decidiu não disputar diretamente o Planalto. Preferiu que o presidente da sigla, Michel Temer, fosse o candidato a vice na chapa de Dilma Rousseff.

Nem Lula nem Dilma queriam Temer. Consideram-no ardiloso e voraz em demasia quando reivindica posições para o partido, e uma nulidade em termos eleitorais. Para agradar o patronato, Lula convenceu Henrique Meirelles, que é filiado ao PMDB, a continuar presidente do Banco Central, até que a possibilidade de ser vice se tornasse palatável ao partido. O PMDB não se entusiasmou. O presidente tentou também que o PMDB lhe oferecesse uma lista de três nomes, dos quais ele selecionaria um para vice. Temer não topou.

Na história republicana, 20% dos vices viraram presidente antes do término do mandato do titular. Itamar Franco, por exemplo, estava desgarrado do PMDB e não participou do governo Collor. Passou a fazer muxoxos quando o presidente perdeu popularidade, e só foi para a oposição quando a destituição de Collor se tornou inevitável. Do ponto de vista de Fernando Henrique Cardoso, não houve vice melhor que Marco Maciel, do Partido da Frente Liberal: ele entrou mudo no cargo e saiu calado.

Lula conheceu José Alencar durante uma visita à fábrica do empresário, a Coteminas. Segundo relembrou várias vezes, encantou-se com ele e logo pensou em fazê-lo seu vice. A chapa com ele e Alencar, no raciocínio de Lula, simbolizaria à perfeição a ideia de governo que o petista pretendia: a da conciliação de classes, da aliança entre trabalho e capital.

José Alencar estava no Partido Liberal, o PL, uma legenda evangélica de aluguel. Houve uma reunião, na casa do deputado Paulo Rocha, do PT, em Brasília, para acertar a aliança entre eles. Ela ocorreu no dia 19 de junho de 2002. De um lado, estavam presentes Lula, José Dirceu e Delúbio Soares, o tesoureiro da campanha do PT. De outro, José Alencar e o deputado Valdemar Costa Neto, chefe do PL. Três anos depois, quando estourou o mensalão, Costa Neto contou que, no encontro, pediu 20 milhões de reais para que o partido apoiasse Lula e Alencar fosse seu vice. Com a bênção de Alencar, acabou aceitando 10 milhões de reais. Durante a campanha, o candidato a vice pôs 2 milhões de reais do próprio bolso na mão de Delúbio.

No cargo, José Alencar ajudou o governo. Suas críticas às altas taxas de juros, por exemplo, foram discutidas previamente com Lula, que o incentivou a fazê-las. Assim, o presidente pressionava indiretamente o Banco Central a reduzir os juros. Mais recentemente, Alencar defendeu que o Brasil tenha armas nucleares. Não se tratou de uma boutade inconsequente, feita por quem não tem poder de fato, e sim da expressão do pensamento de um setor do governo e do PT. Por fim, a divulgação estrepitosa, em horário nobre e na primeira página de jornais, do tratamento de saúde do vice, e da bonomia com que enfrenta o câncer, lhe granjearam a admiração da opinião pública.

É bem o contrário do que ocorre com Michel Temer. Ele não tem imagem pública definida. No máximo, é reconhecido como um político profissional e anódino. No interior da política oficial, porém, é considerado a encarnação do pantagruélico aparelho peemedebista. O historiador Luiz Felipe de Alencastro chamou a atenção para um problema em potencial do consórcio PT-PMDB. "Uma presidenciável desprovida de voo próprio na esfera nacional, sem nunca ter tido um voto na vida, estará coligada a um vice que maneja todas as alavancas do Congresso e da máquina partidária peemedebista", disse Alencastro. "É uma chapa de alguém que sabe tudo e tem sob seu comando a maior bancada do Congresso, com alguém que vai começar a aprender." Acrescente-se que Dilma não tem ascendência sobre o PT. Ela ficou no Partido Democrático Trabalhista, o PDT de Leonel Brizola, até 2001. E nele desenvolvia uma política de cunho provinciano-familiar: eleger seu marido governador do Rio Grande do Sul.

Perguntei a Alencastro, que é titular da cátedra de história do Brasil na Universidade Sorbonne, se Lula e o PT, por trás de Dilma, não poderiam estabelecer um equilíbrio de forças. "Ninguém sabe onde Lula estará no próximo governo e o PT não tem liderança no Parlamento", disse o professor. O único que poderia assumir a liderança do partido, em sua opinião, seria José Genoíno. Mas o deputado se enfraqueceu demais quando um assessor de seu irmão foi flagrado com dólares na cueca. "O Genoíno não tem mais força para virar o jogo", completou.

Autor de *O trato dos viventes*, Alencastro não acha que Temer possa ser um perigo, numa eventual presidência de Dilma Rousseff, apenas no caso de ela ter de se afastar do cargo. A ambição do PMDB, avaliou Alencastro, poderia levar Temer a lançar mão de uma proposta tentada durante o governo de Fernando Henrique Cardoso: a instauração do regime parlamentarista. "Não digo que o Temer vá fazer isso, mas, num contexto de crise, com o controle que ele tem do Congresso, é possível uma manobra de votação de uma emenda constitucional, instaurando o parlamentarismo", comentou. "No final dos anos 1990, Temer defendeu a tese de que o Congresso tinha poderes para isso." Nesse cenário, o vice poderia vir a ser nomeado primeiro-ministro.

Michel Temer me recebeu pouco antes do almoço, na residência oficial da presidência da Câmara. Cumprimentou-me com o sorriso metálico que é seu traço de expressão mais eloquente. Não parecia à vontade, suas mãos tremiam um pouco. Sentamo-nos na sala, cuja enorme porta de vidro se abre para o jardim e a piscina. Temer fala baixo, nunca usa gíria e se expressa num português que parece escrito previamente. Antes de iniciar uma frase, costuma acrescentar um "Você sabe?", e levanta o dedo indicador.

Perguntei-lhe o que achara do artigo de Luiz Felipe de Alencastro. "Ele faz uma pregação de que é um risco eu ser vice", disse. "Eu, claro, não vejo dessa maneira. A minha presença só fará aumentar a interlocução do governo com o Congresso." Afirmou que não será "um vice que atrapalha". E rechaçou a tese de que sua influência no Congresso deixaria Dilma Rousseff vulnerável: "A ex-ministra conhece muito bem o país e os seus problemas por força dos cargos que ocupou". O PMDB no governo, sustentou, dará maior tranquilidade ao Planalto. "Nós garantimos a estabilidade do real e, no governo Lula, apoiamos os programas sociais", completou. "Cito isso para me opor à tese dos que dizem que o PMDB é fisiológico."

Temer tem 69 anos, é magro e mede 1,70 metro. Ele tem o hábito de engatar a ponta dos dedos e puxar as mãos como se quisesse separá-las. Sua postura é sempre ereta, e parece não relaxar nem quando se senta numa poltrona. Quando o entrevistei, vestia terno preto e gravata de seda azul. A camisa não tinha uma ruga, apesar de ele ter passado a manhã em reuniões no Congresso. "Você sabe, sou uma pessoa formal", avisou sem que eu perguntasse. "Disseram que eu preciso mudar o meu jeito, que sou muito cerimonioso. Mas como? Tenho inveja de quem faz blague. Eu não sei fazer isso. Se fizer, vai ser um desastre. Não sou eu."

Indaguei se fora educado para se comportar dessa forma. Disse que não. Enganchou as mãos novamente, puxou-as e arriscou uma explicação: "Você sabe, eu tinha um irmão que era muito formal e elegante no trato com as pessoas. Ele serviu um pouco de modelo. As pessoas gostavam dele. Eu acho que não se pode confundir cerimônia com antipatia".

O deputado é o caçula de oito irmãos. Seus pais, os libaneses March e Miguel Elias, migraram para o Brasil em 1930. O casal, com três filhos nascidos no Líbano, foi morar numa chácara, em Tietê, no interior de São Paulo, onde beneficiavam arroz e café. A diferença de idade de Temer e os irmãos mais velhos era de mais de vinte anos. Quatro deles foram estudar em São Paulo, na Faculdade de Direito do Largo São Francisco.

Sozinho na chácara, que ficava a certa distância da cidade, ele lia para passar o tempo. "Pegava os livros na biblioteca da cidade e lia de tudo, romances e poesias", disse. Também adorava cinema. Aos nove anos, viu um filme sobre a vida de Chopin que permaneceu para sempre em sua memória: *À noite sonhamos.* "Fiquei tão impressionado quando uma gota de sangue pingou no teclado enquanto Chopin tocava uma *Polonaise* que pedi para o meu pai me deixar ter aulas de piano." O pai, no entanto, o matriculou num curso de datilografia. "Eu dedilhava as teclas da máquina de escrever como se fossem de piano", disse, rindo. "Com isso, aprendi a datilografar usando os dez dedos."

Um de seus irmãos, Elias, sabendo do interesse do caçula pela leitura, costumava lhe trazer de São Paulo o jornalzinho do centro acadêmico da faculdade. Num dos exemplares, vieram publicados dois poemas. Um se chamava "A mulher que eu não queria" e o outro "Filosofia de um diretor de circo". Os dois tinham sido escritos por um estudante chamado Antônio Malanga. "Gostei tanto daqueles versos que os decorei pelo resto da vida." Pedi que ele me recitasse um trecho. Ele começou:

Possui os cabelos sedosos
Uma boca perfeita, um primor,
E trazia nos olhos formosos,
Mil promessas e sonhos de amor.

E prosseguiu, por outros dez versos. Depois engatou com o segundo poema, de outros catorze versos, que terminava assim:

Mas por ser tão medonha e teimosa
Numa jaula, fechei-a.
Nesse dia ficou sendo uma fera famosa
Ficou sendo a mulher que eu queria.

Adulto, Michel Temer foi apresentado por acaso ao autor das poesias que sabia de cor. "Comecei a declamar os seus poemas, e ele ficou muito espantado", contou o deputado. "E me disse que tinham sido as duas únicas coisas que havia escrito na vida."

Ele também estudou direito na Universidade de São Paulo. Já no primeiro ano de faculdade, em 1959, foi eleito segundo tesoureiro do centro acadêmico. A diretoria foi convidada para almoçar pelo então governador paulista, Ademar de Barros, o do lema "Rouba, mas faz". O chefe de gabinete do governador o apresentou e informou o cargo de Temer. O governador se interessou. "'Segundo tesoureiro? Então você é o homem do caixinha? Sente aqui ao meu lado.' Eu fiquei vermelho, morto de vergonha", contou o deputado.

O escritório do advogado Homar Cais fica no primeiro andar de um prédio na rua Haddock Lobo, nos Jardins. Sua sala é decorada com fotos emolduradas dos amigos de faculdade. Cais e Temer dividiam o mesmo quarto na república em que moraram durante os estudos. Uma das diversões era jogar água da janela em quem passava na rua. "Será que eu posso contar essa história? Será que não fica chato?", perguntou-me apreensivo. Disse-lhe que não, que todo jovem já tinha feito isso na vida. "Mas e jogar água na Seleção Brasileira?", retrucou Cais. Quando a seleção desfilou por São Paulo, comemorando a vitória na Copa de 1962, alguns estudantes, Temer entre eles, fizeram tubos com jornais, encheram de água e despejaram nos jogadores.

No começo dos anos 1960, o movimento estudantil começou a virar à esquerda. Na faculdade das Arcadas, porém, o pensamento liberal continuou a imperar. Em 1962, Temer lançou-se à presidência do centro acadêmico pelo partido Academia Independente e perdeu. No ano seguinte, foi indicado candidato à presidência do Diretório Central dos Estudantes da USP. José Serra, o presidente da União Nacional dos Estudantes, integrava a Ação Popular, organização católica de esquerda que era contra a chapa de Temer. Um militante da

AP, o hoje deputado tucano Arnaldo Madeira, foi incumbido de convencer Temer a abrir mão da candidatura, para que os estudantes se unissem em torno de um nome. Temer contou que, em sua primeira eleição para a presidência da Câmara, em 1997, Madeira e Serra o procuraram e falaram que votariam nele. "Nós vamos te apoiar porque estamos em débito com você: te tiramos a presidência do DCE", disse-lhe Serra.

Formado, Temer montou um escritório de advocacia com Celso Bandeira de Mello, Dalmo Dallari e Geraldo Nogueira. Não apoiou o golpe de 1964, tampouco resistiu. Passou a dar aulas de direito constitucional na Pontifícia Universidade Católica de São Paulo, a PUC, em 1968. Lançou um livro de direito constitucional que é até hoje um dos mais usados em cursos universitários. E se aproximou de Franco Montoro, um professor da PUC ligado ao MDB. Quando Montoro foi eleito governador, em 1982, nomeou-o procurador-geral do estado. "Eu tinha 41 anos e achava o máximo para a minha carreira ter mil procuradores sob o meu comando", disse. "Estava feliz naquela posição."

Numa manhã de 1984, Montoro lhe telefonou e avisou: "Você vai ser o meu secretário de Segurança". Temer gelou: seria o terceiro secretário de Segurança em apenas um ano de governo. Argumentou que não entendia nada de direito penal e sequer sabia onde ficava a Secretaria. A resposta de Montoro foi: "Passa lá na casa do José Carlos Dias [então secretário da Justiça] e acerta tudo com ele". Temer ficou uma semana no cargo sem saber o que fazer.

"Eu não conhecia nada, não tinha contatos", contou. "O clima estava pesado, com crise entre as polícias civil e militar." Pensava em desistir quando, num fim de semana, viu na televisão uma entrevista de Gianfrancesco Guarnieri, secretário municipal de Cultura. O ator explicava como se adaptara ao terno e à gravata. "Guarnieri falou: 'A vida é uma representação e você tem que representar o papel que a vida te entrega'", contou Temer. "Aí eu pensei: a vida me deu o papel de secretário de Segurança. Se renunciar agora, o governo Montoro pode cair e eu me destruo."

Na segunda-feira seguinte, Temer chamou o delegado-geral da Polícia Civil e o comandante da Polícia Militar e começou a exercer seu papel. "O Montoro me disse que não era para eu ser policial, e sim para unir as polícias. A coisa da hierarquia funcionava, o meu jeito cerimonioso impunha certo respeito. O comandante e o delegado se entrosaram, e entrosaram as duas polícias."

José Oswaldo Vieira era o delegado-geral e hoje está aposentado. Perguntei-lhe se Temer tinha sido crucial para unir as polícias. Vieira respondeu que, "infelizmente, existe até hoje essa dicotomia entre as polícias civil e militar, e isso não é razoável, não é inteligente".

Quando Temer era secretário de Segurança, quatrocentos estudantes da Universidade de São Paulo ocuparam o prédio da reitoria, no centro da cidade. Temer conversou com o comandante da Polícia Militar, que lhe disse que a única maneira de invadir o prédio seria entrando pelo telhado. Era uma operação arriscada, com consequências imprevisíveis. Ele decidiu falar com os estudantes. "Bati à porta, eles abriram e me olharam com espanto", lembrou. Argumentou com eles que a Justiça havia expedido mandado de reintegração de posse. Como estavam em um estado de direito, eles teriam de cumprir a lei. Os estudantes fizeram uma assembleia que durou mais de seis horas. Temer ficou esperando. Ao final, concordaram em desocupar o prédio, desde que o governador recebesse uma comissão. "Liguei para o Montoro e ele concordou", contou. "Saímos todos juntos cantando o hino nacional."

Tempos depois, um grupo de sem-teto invadiu um prédio do estado. Montoro lhe telefonou logo cedo. "Temer, vai lá nos sem-teto e faz a mesma coisa que você fez com os estudantes." Temer riu ao lembrar da história. "Eu falei: 'Governador, uma coisa é negociar com estudante, outra, com sem-teto. Entrar num prédio ocupado desse jeito não é brincadeira.'" Montoro insistiu: "Vai lá, que não tem perigo, não", contou o deputado imitando a voz e o jeito suaves de Montoro. Acabou indo junto com um grupo da Secretaria de Promoção Social. Depois de horas de conversa, os sem-teto concordaram em ir para abrigos.

Michel Temer gostou da política e se candidatou a deputado em 1986, pelo PMDB de Franco Montoro. Não se elegeu, mas entrou na vaga de suplente e, dois anos depois, participou da Constituinte. Ao final do mandato, voltou para a Secretaria de Segurança, dessa vez a convite de um quercista, o governador Luiz Antônio Fleury Filho, logo depois do massacre no Carandiru, onde 111 presos foram assassinados pela Polícia Militar. No final dos anos 1980, José Serra, Fernando Henrique e Mário Covas romperam com Orestes Quércia e o PMDB, o qual acusaram de leniência com a corrupção e o fisiologismo — e fundaram o Partido da Social Democracia Brasileira. Temer ficou com os quercistas. Concluiu que teria mais chance de se destacar permanecendo onde estava. "O PSDB tinha muito cacique", justificou.

Sua ascensão no PMDB foi rápida. Foi eleito duas vezes líder do partido. Na primeira, em 1995, disputou o cargo com o deputado baiano João Almeida, hoje no PSDB. "Nós começamos a fazer a campanha do Michel, mas ele estava de férias com a namorada, em Trancoso", contou o deputado federal Geddel Vieira Lima. "Eu liguei e ele me disse para fazer a campanha porque ele estava namorando." Ou seja, Temer era candidato, mas não queria comprar briga com seu oponente. Depois de eleito, disse a João Almeida que só saíra candidato por insistência da bancada paulista. "O Michel só é ousado nas conquistas amorosas. Na política ele é muito ponderado", me disse Vieira Lima.

Temer está em seu terceiro casamento. Do primeiro, com Maria Célia, teve três filhas: Maristela, de quarenta anos, Luciana, 37, e Clarissa, 35. Casou-se a seguir com Neuza, mas não teve filhos. Depois, teve um "relacionamento estável", como ele diz, mas não chegou a casar. Na mesma época, namorou uma jornalista, em Brasília, com quem teve um filho, hoje com dez anos. Dá uma pensão ao menino, mas o vê pouco. Está casado há nove anos com Marcela, mais jovem que ele 42 anos, com quem tem um filho de um ano. "O Michelzinho é a minha paixão", admitiu. Conheceu Marcela, uma jovem loura e esguia, quando ela estava com dezoito anos e, ele, sessenta. Disse que a viu no restaurante do tio dela, durante uma campanha eleitoral, e a achou muito bonita. Recebeu um e-mail dela, cumprimentando-o pela vitória. Temer ligou para a moça e a convidou para sair. "Ela foi com a mãe", contou o deputado. Quatro meses depois estavam casados.

Em março de 2007, na eleição para a presidência do PMDB, o governo petista apoiou a candidatura de Nelson Jobim, o nome lançado pela bancada do partido no Senado, capitaneada por José Sarney e Renan Calheiros. Ganhou Michel Temer, da Câmara. Numa conversa em um café em Brasília, pedi ao ex-deputado Wellington Moreira Franco, peemedebista de longa data e vice-presidente da Caixa Econômica Federal, que explicasse a diferença entre o PMDB-Senado e o PMDB-Câmara. Enquanto saboreava um sorvete de chocolate, Moreira Franco disse que "o Lula compreendeu, depois da tentativa fracassada da eleição do Jobim, que o pessoal do Senado estava vendendo terreno na lua. O Sarney não é PMDB, nem o Renan". "O Sarney faz um esforço grande, mas toda instituição tem a sua cultura. Ele foi obrigado a ser PMDB para ser vice do Tancredo. Mas a relação forte dele era com a Arena." Inclinou-se sobre a mesa e me falou em tom de confidência: "O Sarney é hábil, é astuto, mas não conhece as bases do partido como nós, da Câmara, conhecemos".

* * *

Era uma e meia da tarde quando Michel Temer me convidou para a mesa de almoço. O cardápio era salada, bife com purê, moqueca de peixe e pirão. Enquanto se servia, contou como se deu a aproximação com Lula. "Logo após a minha eleição para a presidência do partido, o ministro Tarso Genro me chamou para uma conversa com o presidente." Temer chegou ao Palácio do Planalto acompanhado de mais três integrantes da executiva do partido. Na antessala da presidência, pediu que o deixassem a sós com Lula por cinco minutos. "Assim que entrei, eu falei: 'Presidente, quis entrar antes para furar um tumor. Acho que nós vamos acabar fazendo uma grande coalizão, mas não podem ficar mágoas pessoais. Sei que dizem que o senhor não vai com a minha cara e sei que lhe dizem que eu tenho desapreço pelo senhor'." A reação do presidente teria sido positiva. "Ele foi gentil e me agradeceu por ter esclarecido aquela questão", disse.

Segundo Temer, ele apresentou a Lula pontos programáticos do partido que serviriam de base para o acordo com o governo. "Você sabe, o PMDB tem fama de fisiológico. Não me interessava ouvir o presidente dizer que nos queria no governo e que, para isso, faria mais tantos ministérios. Não estávamos atrás de cargos."

Os pontos acordados foram bastante vagos: o crescimento do PIB a um ritmo anual de 5%, uma tentativa de reforma tributária e a manutenção dos programas sociais. Já a discussão de cargos foi bastante concreta. O PMDB ganhou o Ministério da Integração Nacional, que foi para Geddel Vieira Lima, e o da Agricultura, atribuído a Reinhold Stephanes. A vice-presidência da Caixa ficou com Moreira Franco. A indicação para a presidência de Furnas coube ao deputado Eduardo Cunha, do Rio de Janeiro. Quase uma centena de postos em órgãos de ministérios, estatais e fundos de pensão foram devidamente loteados.

Segundo Temer, desde então a sua relação com Lula só tem melhorado. "Sinto que ele tem grande consideração por mim e eu passei a admirá-lo", disse. Perguntei o que o fez mudar de opinião. "Ele conseguiu satisfazer o sistema financeiro e, ao mesmo tempo, tirou 20 milhões de pessoas da pobreza", respondeu. Temer também elogiou a rapidez com que o governo reagiu à crise financeira mundial: "Lula soube aproveitar a crise e levou a classe média ao paraíso com a desoneração fiscal dos automóveis e dos eletrodomésticos". Outro feito do governo, na sua avaliação, foi a liquidação da dívida com o Fundo Monetário Internacional, o FMI. "Não esqueço a imagem da Ana Maria Jull, representante do Fundo, vindo fiscalizar as contas brasileiras nos anos 1980. Era uma humilhação", comentou.

Alcancei o deputado Geddel Vieira Lima na entrada do plenário da Câmara. Estava afobado: acabara de voltar de uma reunião no Ministério da Integração Nacional, do qual abdicara dias antes para concorrer ao governo da Bahia. Geddel é baixo, gorducho, tem uma cara redonda e sorridente. Vestia um terno verde-claro cintilante. Foi um dos primeiros peemedebistas a aderir ao governo. Nas eleições de 2006, fez campanha na Bahia para Jaques Wagner, o candidato do PT ao governo. "O último a aderir foi o Michel", contou. "Eu fiz a ponte entre ele e o presidente." A aproximação, disse, foi lenta porque "o Lula não gostava dele. Achava-o aristocrático. Dizia que ele olhava os outros de cima pra baixo. Não é nada disso. O Michel é tímido".

Uma das resistências do governo ao nome de Temer é sua forte ligação com o deputado Eduardo Cunha, do Rio — conhecido no Congresso por sua voracidade por cargos e pelas artimanhas que usa para consegui-los. Evangélico, surgiu na política pelas mãos de Paulo César Farias, o tesoureiro de Fernando Collor. Depois, ligou-se ao ex-governador do Rio de Janeiro, Anthony Garotinho. Foi um dos principais artífices para a eleição de Temer a presidente da Câmara. "O Eduardo Cunha tem lá o jeito dele", disse-me Temer. "Mas ele é competente, trabalhador, dedicado e tem uma inteligência privilegiada. Só recentemente descobri que ele não é advogado, e conhece o direito tanto quanto eu. Toda medida provisória, todo projeto importante o Eduardo Cunha conhece em detalhes." Admitiu que o colega é malfalado e relativizou a má fama: "Não vou me impressionar com as críticas a ele porque teria que me impressionar com as feitas a todos os outros. Eu administro os conflitos".

Eram quase três horas da tarde, quando, sem que fosse anunciado ou aguardado, Eduardo Cunha entrou na residência do presidente da Câmara com o deputado Henrique Alves. Temer ficou um pouco constrangido. Os dois se instalaram na sala de estar. Pouco depois, um assessor o alertou para um compromisso na Câmara. Temer combinou com os deputados de encontrá-los lá. No carro, a caminho do Congresso, ele me perguntou: "O que eu posso fazer se o Eduardo Cunha aparece aqui em casa? Não deixá-lo entrar? Ele se impõe". Explicou que um dos motivos do sucesso de sua gestão como presidente da Câmara é deixar a porta aberta para todos os deputados.

A área de interesse de Cunha é a menina dos olhos da ex-ministra Dilma Rousseff: o setor de energia. Com a ajuda de Temer, Cunha instalou o deputado Bernardo Ariston na presidência da Comissão de Minas e Energia da Câmara. Entre outras atribuições, a Comissão trata da regulação da exploração de petróleo e da construção de usinas elétricas. Cunha controla um grupo de vinte deputados, a maioria evangélicos, com capacidade de infernizar a vida do governo. Para conseguir a nomeação de Luiz Paulo Conde para a presidência de Furnas, por exemplo, ele protelou o que pôde a votação da emenda que prorrogava a CPMF, da qual era relator.

Conseguiu pôr Conde em Furnas, mas se envolveu numa briga com os funcionários e aposentados da estatal por causa do fundo de pensão, o Real Grandeza, que conta com um patrimônio de 6,5 bilhões de reais. O deputado foi acusado de tramar a queda da direção do fundo para poder controlar seu caixa. O temor dos funcionários era que, sob o comando do grupo de Cunha, o Real Grandeza sofresse os mesmos problemas do Prece, o fundo da companhia de água do Rio de Janeiro, também sob sua influência, que teve um rombo de 153 milhões de reais em 2006.

Eduardo Cunha tem uma explicação singela para as críticas. "Em política não existe lugar vazio", disse. "Esses comentários são coisa de gente que não trabalha, que tem preguiça e fica com inveja dos que trabalham." Negou que tivesse qualquer influência no setor elétrico: "A única nomeação que eu fiz foi a de Conde, há três anos, e ele nem está mais em Furnas". Segundo ele, "nem a Dilma nem o PT têm qualquer resistência ao meu nome. Faço parte da comissão de negociação do PT e do PMDB, onde todas essas questões são discutidas. Existe zero de resistência ao meu nome. Pergunte ao pessoal do PT".

Perguntei ao deputado José Genoíno o que pensava da aliança de seu partido com o PMDB. "O PT aprendeu na porrada que sozinho não ganha eleição e não governa", disse. "Precisamos de um aliado que tenha força e que ajude a dar estabilidade para o governo." Genoíno elogiou Michel Temer. "Ele não é trator, não passa por cima."

* * *

Na entrada principal do Congresso, Temer foi cercado por jornalistas que queriam saber sobre o jantar que ele teria, naquela noite, com Dilma Rousseff. "O jantar vai ser às nove horas", informou. "Onde?", quis saber uma repórter. "Não sei onde é a casa dela. Nunca fui lá." Temer tem a simpatia de deputados de todos os partidos. "Ele fez com que o Congresso voltasse a exercer o seu papel", disse Miro Teixeira, do PDT do Rio. "Temer negocia, ele ouve", disse Chico Alencar, do Partido Socialismo e Liberdade. "Quando tem demandas de movimentos populares, ele costuma me chamar para ajudá-lo." Rodrigo Maia, do Democratas, o considera "um craque", porque conseguiu unir o PMDB, "o que não acontecia desde a época do Ulysses".

Temer deixou o plenário pouco antes das nove da noite. O jantar fora marcado para que Dilma Rousseff o conhecesse melhor, já que nunca haviam conversado a sós por mais de alguns minutos. Dilma o recebeu acompanhada de dois assessores que ele não conhecia. Na hora do jantar, sentaram sozinhos à mesa. Foi servido um caldo, seguido de uma salada, que ele recusou, ela não. O prato principal foi um peixe com molho de maracujá. Ele tomou água de coco e ela, água. O deputado achou a comida "muito boa, delicada".

Durante o jantar, Temer disse à ex-ministra que seria referendado como candidato a vice na convenção do partido, marcada para o dia 12 de junho. Deixou claro que o PMDB queria ser protagonista e não apenas coadjuvante do governo. Informou que o partido elaborava um programa econômico com ajuda do ex-ministro Mangabeira Unger, do ex-deputado Moreira Franco e do deputado Henrique Alves. Dilma, segundo Temer, não se opôs a ouvir as propostas do PMDB. "Ficou acertado que nós discutiremos tudo na campanha", contou-me. "Teremos liberdade para dizer um ao outro o que queremos e o que não queremos, do que gostamos e do que não gostamos."

O jantar, disse ele, foi sobretudo para aparar arestas. "A ministra me garantiu que não tem qualquer resistência ao meu nome", afirmou. Comentou também que se impressionara com a disposição de Dilma: "Ela estava com uma aparência muito saudável. Acho que a política revigora. Isso acontece comigo". O encontro durou menos de duas horas.

A relação de Temer com sua companheira de chapa era tão remota que, no começo deste ano, o ex-ministro Márcio Thomaz Bastos, amigo dos dois, iniciou um trabalho de aproximação. "Eu conversei com eles e falei para pararem com as formalidades", disse Bastos em seu escritório, em São Paulo. "Sugeri que, pelo menos, deixassem de lado o *senhor* e *senhora*." Perguntei a Temer se essa barreira havia caído. Ele disse que ambos aceitaram a sugestão, com um adendo: em público, ele só a chamaria de *ministra*.

Márcio Thomaz Bastos é advogado da empreiteira Camargo Corrêa, acusada de financiar campanhas políticas com dinheiro de caixa dois. O nome de Temer está na lista dos beneficiados. Uma operação da Polícia Federal levantou que, entre 1995 e 1998, os pagamentos a políticos chegaram a 178 milhões de reais, em valores da época. Segundo o levantamento da PF, Temer recebeu mais de meio milhão de reais da construtora. "O governo está preocupado que, durante a campanha, surjam mais denúncias contra Temer, o que poderia prejudicar o desempenho de Dilma", disse-me um parlamentar do PT.

No PMDB, não existe constrangimento com a investigação da PF. E menos ainda com o pouco entrosamento entre Temer e Dilma. O deputado Moreira Franco ironizou quando eu lhe disse que os dois protagonizavam um casamento arranjado. "Se na Índia dá certo, por que não poderia dar certo entre eles?", perguntou. "Às vezes, é melhor um casamento arranjado, quando o casal vai se conhecendo e aprendendo a se gostar, do que aquele nascido da paixão que depois acaba."

No dia subsequente ao jantar com Dilma, Temer recebeu uma delegação chinesa para um almoço no restaurante da Câmara. À tarde embarcou para São Paulo. O escritório dele na cidade fica num casarão rosado no Alto de Pinheiros. No dia seguinte, pela primeira vez em uma semana, Temer não usava terno. Estava com calça cinza e camisa listrada. Um dos quartos da casa foi transformado em sala de reunião e mobiliado com uma grande mesa de madeira e cadeiras de escritório. Nelas se sentaram seu assessor de imprensa, Márcio Freitas, e o marqueteiro Gaudêncio Torquato. Parecia um pouco mais à vontade. Reclamou que, naquele dia, os jornais não atribuíram a ele a responsabilidade pela aprovação do projeto Ficha Limpa. "Acho uma injustiça", disse, "pois o projeto só foi a votação porque eu o banquei desde o começo."

Temer deixou o escritório para almoçar no restaurante Senzala, vizinho ao casarão, onde o maître veio cumprimentá-lo. "Há anos frequento este lugar, aqui todo mundo vota em mim", disse. Enquanto comia, falou da amizade com o ministro do Supremo Tribunal Federal, Carlos Ayres Britto. Durante o almoço, o deputado atendeu um telefonema da mulher. Tapou o bocal e perguntou, abaixando a voz: "O Michelzinho melhorou da tosse?".

De volta ao escritório, sua filha Clarissa chegou de carro. "Como não nos vemos tanto quanto eu gostaria, tenho que aproveitar essas oportunidades", ela me explicou. Enquanto o deputado recebia um grupo de prefeitos, ela disse que sua preocupação com o pai aumentou com a possibilidade de ele se tornar vice-presidente: "Sei que ele se preparou a vida toda para isso, mas é um cargo em que ele vai ficar muito exposto. Como filha acho péssimo, mas como brasileira acho ótimo ter uma pessoa como ele no governo".

Clarissa é psicóloga. Ela disse que, na intimidade, o pai é afetuoso e engraçado. Quando eram crianças, ele costumava contar histórias para as filhas e dizer poesias. "Ele adorava recitar 'Navio negreiro', do Castro Alves, e 'O operário em construção', do Vinicius de Moraes", contou. Ela elogiou a formalidade do pai: "Um homem público tem que passar uma imagem de seriedade, de respeito. Um político tem que ter um discurso cuidadoso. Não pode sair falando o que dá na cabeça. É até desrespeitoso".

Outro na família que se preocupa com as atividades políticas de Temer é seu único irmão vivo, Adib, de 75 anos. O escritório de advocacia dele fica num prédio acanhado no centro da cidade. Adib costuma passar as tardes ali, embora já esteja praticamente aposentado. Tem os cabelos completamente brancos e a pele bronzeada. Como o irmão, mantém a postura ereta. O escritório é decorado com muitos bichos de pelúcia: cachorros, passarinhos, gatos expostos na estante, e vários porta-retratos de plástico com fotos dos irmãos, dos pais e da mulher.

"Não conseguimos nos ver muito. Não sei por que ele continua nisso", disse Adib. "Eu vivo dizendo para ele deixar essa vida. Falo para ele: 'Michel, você já tem tudo, tem uma família linda, as suas filhas, a sua mulher, e agora o seu filhinho, para que continuar com essa coisa de política?'. Mas ele não me ouve." Adib acha que o irmão faria muito melhor se largasse tudo e fosse aproveitar a vida. "Adoro quando ele me chama para ir à casa dele aos domingos", continuou. "É quando temos tempo para conversar. Mas isso está cada vez mais difícil. Quando não dá e a saudade aperta, ligo a TV Câmara e fico vendo ele."

Temer ainda estava reunido com o grupo de prefeitos quando a filha deixou o escritório. No fim da tarde, voltou à sala onde estávamos. Foi até um armário e me trouxe uma pasta com uma centena de guardanapos de companhias aéreas, anotados à caneta. Contou que, nas viagens entre São Paulo e Brasília, aproveita para escrever poesias e aforismos. Faz isso há três anos. Começou a selecionar os que mais gostava e pretende publicá-los. Uma parte deles foi passada para o computador. Leu o seguinte:

Ando à procura de mim.
Só encontro outros que, em mim,
Ocuparam o meu lugar.

Numa folha havia um poema maior, que ele escrevera para um irmão morto. "Recordo-me agora, toda vez que o violino toca...", começou Temer, mas a voz lhe faltou e os olhos se encheram de lágrimas. Passou para outro:

Eu desencantado
desfigurado,
desanimado
desconstruído
derruído
destruído.

Perguntei-lhe se havia escrito aquilo quando sofrera a derrota para a presidência da Câmara. Disse que não lembrava das datas. Quis saber se ainda continuava escrevendo. Disse-me que não tinha tido muito tempo ultimamente. Escolhi um dos papéis e li em voz alta:

Lamentavelmente,
Tudo anda bem.
Por isso, andam mal
Os meus escritos.

Perguntei-lhe se era essa a razão de ele ter abandonado a poesia. Ele sorriu, guardou os papéis e fechou a pasta.

PÓS-ESCRITO

No dia 12 de junho de 2010, Dilma Rousseff participou da convenção do PMDB, em Brasília, que indicou o então deputado Michel Temer, de São Paulo, como candidato a vice na sua chapa. Em seu discurso, num Centro de Convenções lotado de políticos e militantes peemedebistas, Dilma destacou que a união de seu partido com o PMDB representava o encontro entre a luta democrática e a luta social. Temer, por sua vez, ressalvou que seria um vice nos limites da Constituição. "Quando ocupo um cargo, cumpro a tarefa constitucional. Serei extremamente discreto, como convém a um vice", disse na época.

A convivência entre Dilma e Temer começou nos limites da Constituição e ele se manteve extremamente discreto. Mas não por muito tempo. No final do primeiro mandato, em 2014, o relacionamento entre ambos já se desgastara. Em abril de 2015, após a eleição de Eduardo Cunha para a presidência da Câmara e as manifestações contra Dilma nas ruas, com a crise escalando degraus, Temer foi chamado às pressas para apagar o incêndio: assumiu, então, a articulação política do governo, na tentativa de reunificar a base que se esfacelara. Não deu certo. Em agosto, o vice disse numa entrevista que a situação do país era grave e que era preciso alguém com "capacidade de reunificar" a todos. Dilma não gostou e ele deixou o posto quatro meses após ter assumido a função. Em dezembro de 2015, numa carta pessoal à presidente que vazou para a imprensa, Temer reclamava ter se transformado em "vice decorativo" e enumerava uma série de situações em que dizia ter sido desconsiderado. O PMDB, a essa altura, atuava fortemente para viabilizar o impeachment.

No final de março de 2016, o partido rompeu formalmente com o governo. No dia 16 de abril, a Câmara aprovou a abertura do processo de impeachment com 367 votos a favor e 137 contra. Às duas da tarde do dia 31 de agosto de 2016, o Senado, por 61 votos a favor e vinte contra, cassou o mandato de Dilma Wana Rousseff, cinco anos e sete meses depois de ela ter chegado à presidência da República. Naquela mesma tarde, às quatro horas, no mesmo plenário onde Dilma fora deposta, Michel Temer foi empossado. A cara do PMDB chegava à Presidência.

O soldado do PT

Delúbio Soares explica que ele não inventou o mensalão, apenas cumpriu ordens e serviu ao partido

DANIELA PINHEIRO
Junho de 2012

Delúbio Soares chegou de terno escuro risca de giz, camisa branca, gravata vinho e sapatos pretos lustrosos. A barba alvinegra estava bem aparada, os cabelos um tanto despenteados e o agudo diastema dental — sua marca registrada — havia sido corrigido com um penoso tratamento ortodôntico, que os amigos dizem ter lhe dado confiança para sustentar sorrisos largos. Eram quase seis horas de uma tarde recente quando o antigo tesoureiro do Partido dos Trabalhadores entrou na sede do Sindicato dos Petroleiros da Bahia, que fica numa casa térrea precisando de reformas num bairro empobrecido de Salvador.

Convidado pela juventude do PT local, ele participaria de um debate sobre sua defesa jurídica no processo do mensalão, que adversários do partido e do governo chamam de "o julgamento do século". Embora a decisão do Supremo Tribunal Federal sobre o caso possa não ser a mais formidável do século que mal começou, ela esmiuçará a grande convulsão política dos oito anos do governo de Luiz Inácio Lula da Silva. Iniciada no outono de 2005, a crise abateu dirigentes históricos do PT, derrubou ministros, marcou a ferro e fogo parlamentares da base aliada, alterou a sucessão presidencial e botará no banco dos réus banqueiros de renome.

Delúbio Soares percorre há meses o Brasil para falar em sindicatos, faculdades e organizações populares. Oferece-se, ou é convidado, para expor suas razões. Tenta explicar que as denúncias contra ele são frágeis, insiste em mostrar evidências de sua inocência. Diz que grandes jornais e revistas fazem pressão sobre juízes do Supremo para condená-lo, e se recusa sempre a conversar com repórteres. Afirma pagar do próprio bolso, na maioria das vezes, as despesas de viagem.

Segundo a denúncia que o então procurador-geral da República Antônio Fernando de Souza encaminhou ao Supremo em 2007, o mensalão foi feito por "uma sofisticada organização criminosa, associada de modo estável e com divisão de trabalho, para o cometimento de crimes contra a administração pública, o sistema financeiro, a fé pública e lavagem de dinheiro". Ao longo dos anos, o processo acumulou 52 mil páginas, distribuídas em 233 volumes. Foram ouvidas mais de seiscentas testemunhas em quase cinquenta cidades brasileiras e no exterior. Quarenta pessoas foram denunciadas, entre elas a nata do PT: José Dirceu, que perdeu o cargo de ministro da Casa Civil e o mandato na Câmara, o deputado José Genoíno, então presidente do partido, o marqueteiro-chefe, Duda Mendonça, e o secretário-geral Silvio Pereira, além de Delúbio, o homem encarregado de cuidar das contas partidárias. O caso entrou na reta final e já pode ser votado, em data a ser definida pelo Supremo. Avalia-se que o julgamento vai se estender por várias semanas, talvez meses.

Foi o próprio Delúbio quem tirou do táxi duas caixas de papelão com o material que pretendia distribuir à plateia do sindicato baiano. Eram exemplares de uma publicação de oitenta páginas intitulada *A defesa de Delúbio Soares no STF*, cuja capa trazia uma foto do tribunal e, em primeiro plano, a escultura da Justiça cega, de Alfredo Ceschiatti. Na última página, informava-se que o caderno fora "impresso pelos companheiros petistas de Delúbio Soares" e tivera tiragem de 20 mil cópias. Na outra caixa havia canetas, abridores de garrafa e prospectos da Geral Imóveis, uma imobiliária virtual da qual é dono e, segundo ele, de onde vem sua única fonte de renda.

Umas poucas dezenas de cadeiras de plástico alaranjadas foram dispostas em fileiras no acanhado auditório, diante de uma mesa de madeira coberta com uma toalha vermelha e a bandeira do PT. Somente um dos ventiladores de teto funcionava e a temperatura ambiente era de estufa. A maioria dos presentes, de camiseta e chinelo de dedo, não se incomodava. Delúbio, de terno e gravata, suava como numa sauna. Recostado na parede, enxugando a testa com um lenço de papel amarfanhado, ele contava a um grupinho como desavenças e comoções de ciúme ainda eram resolvidas à bala até há pouco tempo na sua cidade, no interior de Goiás. Sem expressar emoção, detalhava casos de assassinato em discussões banais de gente que frequentava desde a infância.

Aos 56 anos, Delúbio fala baixo, com um arrastado sotaque interiorano, exacerbado em situações de cansaço ou tensão. Quando concentrado numa conversa, costuma cruzar os braços e enfiar as mãos dentro das axilas como um personagem de Mazzaropi. Basta alguém mencionar a palavra "mensalão" ou "jornalista" para que, num átimo, troque a risada expansiva pela carranca pouco amistosa. Quem o conhece o define como leal, aplicado e boa-praça. Certa ocasião, para descontrair o ambiente, deu uma conferida nas minhas unhas e disse: "Sabe como se chama *smartphone* de mulher da roça? Esmaltefone". Mas na maior parte do tempo é discreto e pouco efusivo. O azul raso de seus olhos reforça a impressão de que ele está distante e ausente, como se estivesse pensando em algo inacessível aos demais.

Quarenta e cinco minutos depois do horário marcado para o início do debate, havia apenas treze pessoas no local. Seis delas faziam parte da organização do encontro, dois eram seus amigos e cinco militavam no PT. Ele tentava disfarçar a irritação. "Deviam ter programado isso aqui melhor", limitou-se a dizer. Ao ser solicitado a dar autógrafos e posar para fotos, passou da água para o vinho. Como um candidato ou uma celebridade instantânea, escancarou o sorriso, abraçou as gentes, fez um ângulo com o indicador e o dedo médio, e ainda deu orientações para que celulares registrassem as cenas. Passou logo a distribuir os chaveiros, os abridores, o livrinho com sua defesa e um CD de capa vermelha com sua foto. "Isso aqui é a última palavra em interatividade na internet: você instala no seu computador e ele baixa direto o que eu escrevo no meu blog e no Twitter", disse, mostrando o disco. "Ah, também umas fotos e umas músicas que eu gosto."

A denúncia encaminhada ao STF diz que o mensalão foi estruturado em três frentes: uma perna político-partidária, uma publicitária e outra financeira. Elas foram colocadas de pé com o intuito de comprar deputados para votar de acordo com os interesses do governo. Também serviu para financiar de forma ilegal campanhas eleitorais passadas e futuras de petistas e parlamentares das legendas que apoiaram a eleição do presidente Lula. Para tanto, a "quadrilha", como está dito, na denúncia valeu-se de um sistema intrincado de notas frias, empréstimos falsos, transações com doleiros, movimentações financeiras em paraísos fiscais e malas de dinheiro.

Segundo a acusação, o plano funcionava assim: as agências de publicidade do empresário mineiro Marcos Valério de Souza firmavam contratos para fazer propaganda de empresas ligadas ao governo, como o fundo Visanet, que trabalha com cartões de crédito e cujo patrimônio tem participação do Banco do Brasil. As agências recebiam a soma contratada, mas muitas vezes não executavam o serviço. O dinheiro que entrava nas contas das empresas de Valério era entregue a parlamentares ou seus assessores. Concomitantemente, as mesmas empresas tomavam empréstimos de dois bancos, o Rural e o BMG. Esses empréstimos não iam para o publicitário. Seu destino era o PT, e ambos os bancos sabiam disso, o que os tornou sócios da fraude. Marcos Valério, cujas agências faturavam milhões de reais ao ano, tinha crédito na praça, bem ao contrário do partido, que, endividado na campanha presidencial, não tinha como afiançá-los.

Os débitos do PT existiam, mas o propósito do sistema era também bancar parlamentares de partidos que apoiavam a gestão Lula, inclusive em campanhas futuras. O dinheiro — cuja origem estava em estatais e empresas públicas — era repassado por Valério às pessoas indicadas pelo tesoureiro Delúbio Soares. Em troca, Marcos Valério teria prioridade em contratos oficiais, os bancos contariam com vantagens e oportunidades de negócios oriundos do Estado, e o PT teria dinheiro para seu projeto de poder. Tudo isso acontecia, segundo a acusação, a mando de José Dirceu, que, nas palavras do procurador-geral, seria "o chefe da quadrilha".

Devido ao baixo quórum, as cadeiras do sindicato em Salvador foram dispostas em roda. Delúbio Soares pôs-se a falar. Alertou para o risco de que o julgamento não se baseasse em fatos e fosse "político". Disse não haver indícios no processo de que houve compra de votos e que a maioria das pessoas que sacaram as verbas nas contas de Valério deixou seus nomes e identidades no banco. "Se fosse uma coisa errada, alguém faria isso?", perguntou à audiência. "Não posso concordar com a denúncia, tal como foi feita."

As aparições públicas de Delúbio obedecem a um roteiro que ele costuma seguir à risca. Primeiro, mostra como teve a defesa cerceada: houve depoimentos de testemunhas sem o conhecimento de seus advogados, o que é ilegal. Depois, diz não haver provas de que alguém tenha recebido vantagem indevida. Em seguida, recorre à biografia do falecido vice-presidente José Alencar, escrita pela jornalista Eliane Cantanhêde, para demonstrar a existência de um entendimento entre o PT e o PL, fechado ainda antes da campanha de 2002, que previa o repasse de muito dinheiro para pagar as despesas eleitorais de uns e de outros.

Delúbio então repete à exaustão que nem a direção do PT nem José Dirceu tinham ciência da combinação que ele fizera com Marcos Valério. E alega desconhecer o método e as vias usadas pelo publicitário para conseguir empréstimos e distribuir o dinheiro. "Eu pedia para ele pagar e ele pagava", disse. "Como, onde, de que jeito, eu não sabia. O fato é que não teve dinheiro público, ninguém embolsou nada em benefício próprio e eu não fui beneficiado com um centavo."

O ex-tesoureiro pediu que todos abrissem o caderno com sua defesa na página 31. "Olhem aí essa tabela", conclamou. "Total de depoimentos transcritos nos autos: 394. Total que não menciona o nome de Delúbio Soares: 337. Total que diz ter conversado com Delúbio sobre compra de votos ou ouviu falar de possível compra de votos: zero!"

O caderno trazia ainda uma série de gráficos, feitos pelo deputado Odair Cunha, do PT de Minas, com um cruzamento da ocorrência dos saques feitos das contas de Marcos Valério por parlamentares ou assessores e a posição das bancadas em votações importantes para o governo. A pesquisa indicava haver um comportamento-padrão dos partidos nas votações, independente dos pagamentos. "É a prova de que ninguém votou a troco de nada, isso é uma fantasia", afirmou. A CPI dos Correios, que também investigou o mensalão, apresentou um relatório oposto, que foi anexado aos autos.

Delúbio Soares teve os sigilos bancário, telefônico e fiscal quebrados durante as investigações. "Não há um papel, uma gravação que me comprometa", disse. O que houve, ele sustentou, foi crime eleitoral, pois o PT se valeu de dinheiro não registrado para pagar suas dívidas de campanha e a dos partidos aliados. "Nós fizemos uma coisa errada, que foi o caixa dois, mas não é isso que vai ser julgado, não é isso o que está nos autos", ele falou. "Do que estamos sendo acusados aqui, não há sequer uma prova." Se entendido como delito eleitoral, o crime já estaria prescrito.

Não haveria razão, prosseguiu ele, para subornar parlamentares do próprio partido ou da base aliada para votar com o governo. A denúncia, insistiu, agrupou aleatoriamente algumas pessoas para formar "o número mágico" de quarenta — e assim aludir ao conto das mil e uma noites de Ali Babá e os quarenta ladrões. Na peça de defesa de Delúbio, seus advogados escreveram que o número cabalístico foi "o ingrediente necessário para deleitar a mídia nacional. A cereja do bolo, por assim dizer".

A defesa é assinada pelos escritórios de Arnaldo Malheiros Filho e Celso Vilardi, criminalistas de São Paulo conhecidos e respeitados nos meios jurídicos, cujos honorários, não revelados, são pagos pelo PT. Em torno de Delúbio Soares, contudo, orbitam outras figuras, que lhe dão suporte jurídico nas palestras pelo Brasil. A seu lado costumam estar Luiz Eduardo Greenhalgh, ex-

-deputado pelo PT, dois advogados goianos e seu amigo Sebastião Leite, o Juruna, que conhece há décadas.

À diferença dos demais réus do processo, Delúbio foi o único a assumir a responsabilidade de um crime, a arrecadação de recursos pelo caixa dois. Ele sempre disse ter sido sua — e apenas sua — a iniciativa de pedir a Marcos Valério que tomasse empréstimos que posteriormente seriam repassados.

"Esse cara é uma fortaleza", disse Arnaldo Malheiros a propósito de seu cliente, durante um almoço em um restaurante da moda em São Paulo. "Ele não falou nada. Assumiu para si sozinho a culpa de tudo. E disse textualmente: 'A responsabilidade dos empréstimos foi minha'. Isso é muito forte." Delúbio e o advogado conversam uma vez por mês, quando muito. Malheiros ainda não conseguiu desvendar de todo a personalidade do cliente: "Não sei se esse é o jeito dele mesmo, ou se é um processo de negação sobre o que pode ser o resultado desse julgamento, mas ele parece tranquilo", afirmou. Mas sempre lhe chamou a atenção o comprometimento e a doação de Delúbio em relação ao PT.

Malheiros ficou surpreso quando lhe contaram, por exemplo, que, para não atrapalhar a militância petista, Delúbio e a mulher haviam decidido não ter filhos. "Esse pessoal é feito de outra argamassa, eu fico impressionado como o partido é a vida dele", comentou. O advogado estranhou que a defesa de alguns dos principais réus — José Dirceu, José Genoíno e Marcos Valério — tenha "apontado demais o dedo" para as ações do ex-tesoureiro. "Eles bateram demais no Delúbio. Eu fiquei meio assim, achei exagerado", disse. "Comentava com o Delúbio e ele não dizia nada."

Segundo Malheiros, a denúncia não conseguiu levantar uma prova sequer contra Delúbio, além de ser uma peça inepta e de difícil compreensão: "Ela põe sob o mesmo guarda-chuva, o da compra de votos, um monte de gente e fatos, que está claro que não têm nada a ver com isso. Em qualquer julgamento técnico, essa tese morreria na primeira esquina". Malheiros e Celso Vilardi invocaram Hitler, Jesus Cristo, Barrabás, Rui Barbosa e Lewis Carroll para sustentar que Delúbio Soares é "idealista, probo e pobre". Argumentaram que ele já foi condenado pela opinião pública, que julga tal qual a Rainha de Copas em *Alice no País das Maravilhas*: "Primeiro a sentença, depois o veredicto!".

Em Salvador, o calor e a umidade continuavam inclementes. Delúbio se ajeitou na cadeira e enxugou de novo o suor da testa. Uma moça se abanava com a peça da defesa quando ele considerou incongruente que o deputado Paulo Rocha, do Pará, tenha sido incluído na denúncia, enquanto o ex-presidente do PT da Bahia, Josias Gomes, que também recebeu verbas, tenha ficado de fora. "E o Marcio Lacerda, que era o tesoureiro da campanha do Ciro Gomes? Ele recebeu 1,2 milhão de reais na conta dele e ninguém falou nada", disse. Lacerda, do PSB, se elegeu prefeito de Belo Horizonte em 2008 com o apoio do PT. Disputará a reeleição novamente apoiado pelo PT.

Seguindo adiante, Delúbio lembrou-se do ex-deputado Professor Luizinho, denunciado por ter recebido 20 mil reais ("Vinte mil reais, olhe só!", falou, como se a quantia fosse irrisória), e do ex-presidente da Câmara, João Paulo Cunha, também processado porque a mulher dele foi ao banco sacar na boca do caixa 50 mil reais de uma conta de Marcos Valério. "Sabe por que eles entraram e os outros não?", indagou. "Porque o Paulo Rocha era líder do PT na Câmara, o Professor Luizinho era líder do governo, o João Paulo era o presidente da Câmara, eu era tesoureiro, o Silvinho era secretário-geral, o Zé Dirceu era o ministro mais importante. Eles queriam acertar o PT no coração."

Ato contínuo, passou a expor sua tese de fundo sobre a denúncia do mensalão. "O que fizeram nesse processo foi o mesmo feito pela ditadura no Brasil", começou. "Ao contrário de países como o Chile e a Argentina, aqui morreu menos gente porque a matança foi seletiva. Eles queriam exterminar uma geração." Voltou ao presente e prosseguiu: "Agora, com a gente, o intuito era exterminar o PT. Essa denúncia é seletiva. Foi acusado quem tinha cargo, e não quem recebeu dinheiro". A dúzia de presentes balançou a cabeça em concordância, pareciam sentir um misto de admiração e orgulho. "Se antes a morte dos companheiros que lutaram na ditadura foi real, hoje a nossa morte é a morte política, é a execração pública."

A sala ficou em silêncio. Ele esperou alguns segundos antes de continuar: "E eles quase conseguiram. Sobraram o Lula e o Dulci [Luiz Dulci, então secretário-geral da presidência] e, se a gente bobeia, eles iam junto também. Mas todo mundo segurou, todo mundo sabia que era uma questão de sobrevivência. O alvo era o Lula, óbvio. Queriam atingir o Lula", disse.

Um petista perguntou qual foi o erro do partido na condução do processo do mensalão. Ele respondeu que, logo depois do escândalo, o PT estava fragilizado. Os principais quadros haviam sido atingidos pelas denúncias. Os cargos-chave passaram a ser ocupados, segundo ele, por gente sem "experiência de partido", o que foi mortal. "Antes, era o Zé Dirceu, eu, o Dulci, o Silvinho Pereira, era o grupo que levou Lula à presidência e todos estavam no governo, menos eu", disse. "Quando chega 2005, assumem Tarso Genro, Fernando Pimentel, Ricardo Berzoini, Humberto Costa. Ninguém tinha vinculação com a base do PT. O Tarso Genro nunca deve ter ido a um diretório regional, nem nos do interior do Rio Grande do Sul."

A conversa seguiu por mais duas horas e terminou com uma salva de palmas. Ele circulou pelo ambiente, despediu-se com abraços e beijos, e depois se sentou para conversar com algumas pessoas. Em um momento, deitou a cabeça para trás e apontou o próprio céu da boca com o dedo para uma mulher loira, viúva de um sindicalista baiano, que fora seu amigo por mais de três décadas. Explicava como havia sido seu tratamento dentário, que sumiu com os dentes separados e escuros.

Dentre os acusados, Delúbio é o único a fazer um périplo pelo país, à margem da imprensa, reunindo-se com grupos organizados e pessoas do povão, para tentar convencê-los de sua versão dos fatos. Há alguns meses, José Dirceu começou a conversar com jornalistas em encontros privados e em off. Promove jantares, dando preferência aos chamados formadores de opinião — colunistas, editores e dirigentes de empresas de comunicação, caso de Fábio Barbosa, da cúpula da Editora Abril, que publica a revista *Veja*.

Como Delúbio havia falado naquele dia a um número reduzido de pessoas, e só a convertidos, lhe perguntei se valera a pena ter ido de Goiás à Bahia. "Sim, valeu porque um vai falando para o outro, vai explicando o que é o caso no boca a boca", disse. Não seria importante falar também com quem tem poder sobre o noticiário, como fazia José Dirceu? "Não. Eu não sou o Zé Dirceu", respondeu, seco. "Esse processo vai ser esclarecido, nem que seja *in memoriam*. Eu não tenho pressa", continuou. Quando ensaiava mais uma pergunta, ele me cortou: "Isso aqui está virando entrevista. E eu não dou entrevistas".

O advogado que o acompanhou em Salvador, o goiano Pedro Paulo Guerra de Medeiros, especulou posteriormente sobre a intenção das palestras. "Delúbio foi expulso do partido, continua sem dinheiro, teve a vida devassada e não provaram nada", disse. "Acho que faz isso para ter a sensação que está fazendo algo por ele mesmo, e não só deixando a coisa na mão dos advogados.

Ele deve saber que isso não vai influenciar o julgamento, mas é uma coisa pessoal."

Antes de ir embora, Delúbio Soares pediu ao filho de um amigo que me desse uma carona. No caminho, o rapaz comentou a palestra e o processo. "O meu pai sempre falava que o Delúbio era um soldado, ficava impressionado como ele aguentou tudo sozinho, ninguém acreditava naquilo", disse. "É incrível, porque ele nem queria continuar sendo tesoureiro do PT. Ele queria ir para o governo, mas o Lula não deixou. O presidente quis que ele ficasse nessa posição, achava que ele era a única pessoa na qual confiava para cuidar das finanças do partido." Quando o carro parou numa encruzilhada, ele disse em tom melancólico: "Ele é pobre, sabia? Ele não tem nada, mora de favor na casa da sogra".

Filho de um agricultor e de uma dona de casa, ambos analfabetos, Delúbio Soares de Castro nasceu em Buriti Alegre, no sudoeste de Goiás. Seu nome foi uma homenagem a um sanfoneiro, cuja performance numa festa havia emocionado o casal. O músico se chamava Danúbio, mas o pai entendeu errado e assim ficou — "Delúbio". A família, incluindo ele e os três irmãos, trabalhava na roça. A mãe fazia queijos, cuidava de galinhas, e o pai tinha um punhado de cabeças de gado. Aos dezesseis anos, Delúbio saiu de casa e foi morar sozinho em Goiânia para completar o colegial. Vivia com dinheiro contado e fazia bicos, dando aulas particulares, até ser aprovado no vestibular de matemática da Universidade Católica de Goiás.

Tornou-se professor de escola pública, onde lecionava matemática e desenho geométrico. (Recentemente, Delúbio foi condenado a devolver 164 mil reais aos cofres públicos por ter, durante anos, recebido o salário de professor sem pisar em sala de aula. Ainda não devolveu.) Desde cedo, mostrou interesse pela política, o que o levou para o movimento sindical. Foi um dos primeiros a liderar greves da categoria no estado. Em 1980, participou da fundação do PT em Goiás, quando conheceu o também sindicalista Luiz Inácio Lula da Silva. Deram-se bem desde o início: ambos compartilhavam o gosto por pescarias, música sertaneja, uma cachacinha e, mais tarde, cigarrilhas cubanas. O ex-presidente disse certa vez que a incriminação do amigo o magoara profundamente: considerava-o um dos seus, um militante que viera do movimento social como ele, e não de grupos de esquerda.

Delúbio foi também presidente do Sindicato dos Professores e da Central Única dos Trabalhadores em Goiás. Seus amigos corroboram a lenda de que ele passou quase duas décadas sem tomar Coca-Cola para não contribuir com o imperialismo americano. Sempre foi engajado, a ponto de não tirar o broche com a estrelinha do PT mesmo em festas familiares. Foi no sindicalismo que ele conheceu sua mulher, Mônica Valente, que ocupou cargos no PT nacional, foi secretária de Gestão Pública de São Paulo no mandato da prefeita Marta Suplicy e hoje está entre os quadros do partido.

Em 1986, Delúbio se arriscou nas urnas pela primeira e única vez, tentando se eleger deputado federal por Goiás — sem sucesso. Recebeu menos de 8 mil votos, o que o fez migrar para os bastidores da política e da burocracia partidária. Era um dirigente conceituado da CUT e acabou se tornando presidente do Conselho Deliberativo do Fundo de Amparo ao Trabalhador, o FAT. "Foi a única vez que mexi com dinheiro público na minha vida", disse ele na Bahia. "Na época, eu cuidava de um orçamento de 50 bilhões de reais. E as minhas contas foram aprovadas pelo Tribunal de Contas com louvor."

Quando, em 1999, a chapa encabeçada por José Dirceu passou a comandar o PT, Delúbio tornou-se tesoureiro do partido. Sua relação com o ex-ministro, oriundo do castrismo, sempre foi boa. Mas seu vínculo estreito era com Lula: foi ele quem o indicou para cuidar das finanças da legenda.

Em 2002, a poucos meses do segundo turno das eleições presidenciais, disputadas entre Lula e o tucano José Serra, Delúbio foi procurado pelo deputado Virgílio Guimarães, do PT de Minas. O parlamentar queria apresentá-lo a um amigo de infância, um bem-sucedido publicitário chamado Marcos Valério de Souza. Embora as agências do empresário tivessem contas de propaganda em ministérios e estatais, sua fama no submundo eleitoral vinha do papel que havia desempenhado em 1998 na campanha de reeleição do governador de Minas Gerais, o tucano Eduardo Azeredo.

No livro *O operador: Como (e a mando de quem) Marcos Valério irrigou os cofres do PSDB e do PT*, o jornalista Lucas Figueiredo contou como as tratativas entre Marcos Valério com o Banco Rural e o BMG tomaram forma e se transformaram no laboratório do que, sete anos depois, viria a ser chamado de mensalão. Segundo o relato de Figueiredo, empresas públicas como a Companhia Energética de Minas Gerais e a Companhia Mineira de Águas e Esgotos superfaturavam contratos de publicidade com as agências de Valério, e a "sobra" era usada para financiar campanhas do PSDB e aliados. Quem quisesse contribuir por baixo do pano, sem prestar contas ao fisco, também firmava contratos com as agências, como foi o caso da Usiminas, que doou ilegalmente 100 mil reais ao então deputado Roberto Brant, do Partido da Frente Liberal. Assim teriam sido arrecadados 100 milhões de reais.

De acordo com *O operador*, o financiamento ilegal de campanhas através do Banco Rural era antigo. Foi por meio do banco que Paulo César Farias conseguiu empréstimos irregulares para bancar, em 1989, parte da candidatura de Fernando Collor de Mello à presidência, e abrir contas fantasmas para movimentar o dinheiro de corrupção no governo. Hoje deputado federal, Azeredo responde a um processo no Supremo pelo chamado "mensalão mineiro".

Delúbio Soares e Marcos Valério se encontraram pela primeira vez na sede do PT em São Paulo. Ambos tinham divisas de alta patente. Conforme afirmaram em depoimentos à Justiça, o tesoureiro "cuidava de tudo das finanças do PT" e o publicitário era alguém com expertise em "trabalhar com recursos". A conversa, eles disseram em juízo, foi sobre amenidades. Mas, como contaram depois, dali nasceu uma grande amizade.

Com a eleição de Lula, Delúbio esperava ser nomeado para algum cargo no Ministério do Trabalho ou no Banco Nacional de Desenvolvimento Econômico e Social. O presidente insistiu para que continuasse à frente das finanças do partido e o bom soldado seguiu suas orientações. No começo de 2003, com Lula no Planalto, as dívidas da campanha começaram a ser cobradas. Oito candidatos petistas haviam chegado, inesperadamente, ao segundo turno das eleições para governador, o que contribuiu para aumentar os gastos extras. Também era preciso honrar os acordos com os partidos da coligação, cujas despesas estavam na conta do PT. Para piorar, a cúpula petista também havia deliberado, numa atitude inédita, que os custos das campanhas regionais seriam pagos pelo diretório nacional. No total, a legenda devia 60 milhões de reais.

Com as contas vermelhíssimas, o tesoureiro expôs o problema numa reunião da Executiva do partido. Ouviu de seus pares: "Dê um jeito". Foi o que Delúbio fez. Procurou Marcos Valério, que tinha empresas com faturamento de 400 milhões de reais e, portanto, crédito junto aos bancos. Acertaram que Valério pegaria os empréstimos e o partido os pagaria com juros assim que a receita partidária permitisse. O PT recebia anualmente, somando verbas do Fundo Partidário e a contribuição dos filiados, cerca de 48 milhões de reais. Hoje, fatura o dobro.

"Então o anjinho do Marcos Valério resolveu socorrer o PT só por boa vontade?", perguntou uma juíza a Delúbio durante um interrogatório. "Não, ele tinha um interesse, ele queria ser o marqueteiro do PT. Isso não é crime", respondeu o tesoureiro.

O primeiro empréstimo foi tomado ainda no verão de 2003. Daí por diante, o dinheiro passou a correr livre no partido. Quem procurasse o tesoureiro do PT para cobrar o seu quinhão ouvia como resposta que deveria falar com Marcos Valério. E assim o fazia. Até maio de 2005, o PT distribuiu 55 milhões de reais, originários das contas das empresas de Valério. Nos depoimentos dos envolvidos à Justiça, há relatos de carros-fortes que transportavam maços de notas de cem reais, malas de dinheiro, deputados que aguardavam horas em agências bancárias até sair com um envelope porque se recusavam a assinar recibos. Também existem descrições de funcionárias de Marcos Valério reunidas em quartos de hotéis e em salas reservadas nos bancos para contar e distribuir cédulas e mais cédulas. O dinheiro era sacado por taxistas, ex-policiais e até garçons antes de parar na mão de parlamentares.

O comportamento de Delúbio Soares mudou. Ele passou a chamar a atenção até mesmo de seus conhecidos de longa data. Andava em carro blindado e, não raro, era escoltado por batedores e seguranças privados. Reclamava de vinhos em restaurantes e costumava deixar dois charutos cubanos acesos em cima da mesa. Gostava de mostrar poder e de se gabar de sua amizade de muitos anos com o presidente. Teria esquecido a regra de ouro, recordada havia poucas semanas por Elio Gaspari a propósito do enriquecimento súbito de burocratas chineses: porco esperto não engorda.

Seu renome cresceu dentro do partido. Foi convidado a participar de reuniões para discutir temas que nada tinham a ver com sua área de atuação, como a reforma política. Integrou a comitiva presidencial em uma viagem à África, quando apareceu em encontros oficiais ao lado de Lula e de mandatários africanos. Deixava claro não se importar com a fronteira que separava o público do privado, o partido do governo. Com Lula no poder, pediu doações a empresários para construir uma nova sede para o PT em São Paulo. Solicitou que o Banco do Brasil patrocinasse um show dos sertanejos Zezé di Camargo e Luciano para arrecadar fundos para o partido.

Àquela altura, apesar de transitar nos bastidores, ou por isso mesmo, era um dos homens mais requisitados da República. Seu prestígio era tamanho que uma festa do Dia de Reis, em Buriti Alegre, organizada há décadas por sua mãe, provocou um congestionamento inédito de jatinhos na cidade de 9 mil habitantes. Entre os convivas estavam os governadores Marconi Perillo, do PSDB de Goiás, e Zeca do PT, de Mato Grosso do Sul, além do publicitário Duda Mendonça e do presidente do PL (atual PR), Valdemar Costa Neto — os dois últimos denunciados no escândalo do mensalão. De outra feita, Delúbio promoveu uma festa de aniversário na churrascaria Porcão, em Brasília, onde mais de quinhentas pessoas pagaram para comemorar a seu lado.

Nessa época, a fazenda de seu pai dobrou de tamanho. Terras ao redor dela foram compradas com dinheiro vivo. Delúbio disse que ele e um irmão haviam ajudado os pais com uma pequena quantia. A explicação foi insuficiente: seus pais foram denunciados por crime contra a ordem tributária, acusados de registrar as novas terras por um valor muito abaixo do mercado.

O dinheiro jorrou no PT até que o deputado Roberto Jefferson, do PTB, movido por razões pessoais e políticas, revelasse o esquema em junho de 2005, numa entrevista à jornalista Renata Lo Prete, então na *Folha de S.Paulo*. Orador afiado, Jefferson deu cara aos delitos ao cunhar a implacável expressão "mensalão".

A música da dupla sertaneja Cezar & Paulinho ecoava pelos alto-falantes e era acompanhada com entusiasmo por parte da assistência. Fazia frio, catorze graus, e o pátio da sede da Central Única dos Trabalhadores em Itaquaquecetuba, a 45 quilômetros de São Paulo, estava lotado. Cerca de duzentas pessoas, entre crianças, operários, senhoras, representantes de movimentos sociais e religiosos, acomodavam-se novamente em cadeiras de plástico, dispostas diante de um palanque com uma longa mesa coberta com a bandeira do PT. A música dizia:

Escolha bem seus companheiros
de conduta:

companheiro é companheiro
fédaputa é fédaputa.
Quem veste a nossa camisa é
companheiro
quem põe nós em confusão é fédaputa
quem ajuda quem precisa é
companheiro
e quem deixa a gente na mão é
fédaputa.
Quem devolve o que empresta é
companheiro
quem enrola igual retrós é fédaputa
quem convida nós pra festa é
companheiro
quem deseja mal pra nós é fédaputa.
Fédaputa é fédaputa

Por todo espaço havia dezenas de faixas em homenagem ao convidado. "O verdadeiro militante é aquele que acredita no projeto e por ele se sacrifica", lia-se em uma delas. "Delúbio, guerreiro do povo brasileiro", "Companheiro Delúbio, estamos com você", "Mesmo vencendo nas urnas ainda sofremos a ditadura da mídia", diziam outras.

Uma semana depois do encontro em Salvador, Delúbio Soares fazia mais uma palestra. Às oito da noite, vestindo um casaco de couro preto sobre um colete, ele chegou acompanhado da mulher, Mônica Valente, da sogra, Diva Valente, e de Luiz Eduardo Greenhalgh. Depois de ter cumprimentado com abraços e tapas no ar militantes e sindicalistas, foi levado a uma sala onde havia salgadinhos e sucos numa mesa montada com capricho. Junto a vereadores, postulantes a prefeituras na região e representantes de associações de classe, Delúbio se inteirava da política local. "Quem nós temos aqui?", perguntou. Deu palpites sobre a conjuntura, a organização de possíveis alianças e reafirmou que o "jogo ainda está começando". Por isso era cedo para arriscar prognósticos eleitorais.

Um grupo de dez homens se trancou em uma sala para conversar com ele em particular. Diva Valente, uma senhora franzina e doce, ficou sozinha em um canto tentando se proteger do frio. Era a primeira vez que acompanhava uma palestra do genro. Estava curiosa pela reação das pessoas. "Você não imagina o que passamos, é muita injustiça, é muita covardia", disse.

Nas ocasiões em que estive com Delúbio em locais públicos, ele jamais foi hostilizado. No ano passado, foi convidado para ser paraninfo de uma turma de formandos em direito de uma faculdade de Goiás. Um dos alunos da comissão de formatura revelou que o ex-tesoureiro doara 6 mil reais para colaborar com a festa. À época, a notícia surpreendeu alguns amigos habituados a seu modo de vida espartano.

No pátio da sede da CUT, o mestre de cerimônias do encontro — que usava uma boina verde *à la* Sierra Maestra — subiu ao palco e explicou que o convidado não faria comentários sobre o governo. Afinal, justificou, ele não ocupava cargo público e tampouco tinha mandato eletivo. Delúbio filmava a plateia com seu iPad, movendo lentamente o tablet como numa tomada cinematográfica. Ele pediu que a mulher ocupasse um lugar à mesa e agradeceu pela chance de "esclarecer os fatos".

Começou falando que seus pais eram analfabetos e que tinha origem muito pobre — e seu "r" alcançou os píncaros do sotaque matuto. Disse que contaria uma história que começava "há muito, muito tempo atrás", em 1848, quando dois homens "muito inteligentes" escreveram um texto de oitenta páginas e "mudaram o mundo": "O nome deles era Marx e Engels. Eles disseram que a história da nossa sociedade tem sido a história da luta de classes. E é até hoje".

Em tom de comício, logo pulou para as mudanças recentes no país. Contrariando o que dissera seu apresentador, opinou que Lula e Dilma promoviam uma "revolução silenciosa" para acabar com as desigualdades sociais e construir um "Brasil mais justo". "Estamos tirando gente da miséria e botando para comer, tirando negro e índio da exclusão e pondo na universidade", disse. "*Fidipóbi* tem que fazer dou-to-ra-do!", gritou, provocando um estouro de palmas e assobios.

Aí se estendeu sobre o que mais lhe interessava: não houve mensalão, não houve coincidência de votos e pagamentos, havia um acordo prévio para repasse de dinheiro para saldar débitos de campanha, se Marcos Valério usou notas falsas, laranjas ou offshores, a responsabilidade era inteiramente dele. Na plateia, o publicitário paulista Ruy Nogueira Netto tuitava flashes da palestra como se os comentários tivessem sido escritos pelo ex-tesoureiro. Há meses, ele dá consultoria a Delúbio, orienta-o acerca da imprensa e funciona como seu ghost-writer num blog.

Delúbio publica artigos semanais (alguns escritos por ele) no site Brasil 247 e no jornal goiano *Diário da Manhã*. Aborda temas variados, do desemprego às eleições na França. Nas redes sociais, onde se apresenta como "professor, sindicalista, fundador e militante do PT e da CUT, ambientalista", é mais popularesco. Comenta futebol, política, música e notícias de celebridades, como a evolução do quadro clínico do filho do cantor sertanejo Leonardo. Tem 5 mil amigos no Facebook e é seguido por quase 7 mil pessoas no Twitter, para o qual já mandou cerca de 20 mil posts.

"Eu vou dizer de novo por que esse debate é importante", falou. "É para você saber o que aconteceu de verdade. É para você chegar na família, nos amigos, nos vizinhos, na fila do ônibus e dizer: 'Você está falando besteira! Eu li a defesa dele e não foi isso o que aconteceu!'." Perguntou se alguém sabia o nome de algum dos ministros do Supremo. Como ninguém levantasse a mão, explicou que os juízes iriam decidir o futuro dos companheiros petistas. "Vamos nos concentrar numa energia positiva para iluminar a cabeça dos onze!", bradou. "Se o julgamento for baseado só nos autos, tá liberado. Mas se for em cima do boato, do que diz a mídia, acabou."

Logo em seguida às revelações de Roberto Jefferson, a primeira reação de Delúbio foi negar os pagamentos, a ligação com Marcos Valério e até os empréstimos. Depois, numa estratégia articulada pelo então ministro da Justiça, Márcio Thomaz Bastos — hoje advogado dos donos do Banco Rural no processo —, chegou-se ao mantra da defesa: se houve crime, foi o de caixa dois. E não se deveria falar em dinheiro sujo ou por fora, e sim em "recursos não contabilizados", já que se tratava de empréstimos bancários com origem conhecida.

O presidente Lula foi à televisão mais de um mês após a eclosão da crise para dizer que havia sido um crime menor, cometido sistematicamente por todos os partidos. O "erro de um dirigente ou de outro" não autorizaria ninguém a dizer que o PT estava envolvido em corrupção. Nas outras ocasiões que se manifestou sobre o assunto, afirmou que foi "traído" e que "o nosso Delúbio" havia errado.

Conforme a crise avançou, detalhes do "valerioduto" foram sendo revelados e novos escândalos estalaram na imprensa. Eles podiam nada ter a ver com o mensalão, mas contribuíram para sujar ainda mais a imagem do governo: os dólares na cueca de um assessor do irmão de José Genoíno, a Land Rover dada para Silvio Pereira por uma empresa que tinha contratos com a Petrobras, a doação nunca comprovada de dólares de Cuba para a campanha de Lula.

Delúbio Soares foi à Polícia Federal em 66 ocasiões. Seu depoimento mais curto em comissões parlamentares de inquérito que trataram do mensalão durou nove horas. O mais longo, dezenove. Sua situação parecia fora de controle. Numa cerimônia pública em Goiás, ele chorou três vezes durante um discurso. "Se deixarmos, a direita vai querer fazer o impeachment do presidente", disse aos presentes. Dias depois, pediu afastamento da tesouraria do partido.

A estaca no coração do PT foi enterrada pelo publicitário Duda Mendonça. Em agosto, ele contou à CPI na Câmara que recebera 10 milhões de reais de Marcos Valério, numa conta nas Bahamas, como parte do acerto pela campanha de Lula. Enquanto o marqueteiro falava, havia parlamentares de estrela vermelha na lapela que choravam pelos cantos do Congresso.

O impedimento de Lula tornou-se uma ameaça real no segundo semestre de 2005. O então porta-voz da presidência, André Singer, procurou donos de veículos de comunicação para medir o tamanho da crise. Três dos principais integrantes do governo — Thomaz Bastos, Antonio Palocci e Gilberto Carvalho — foram a Lula para levantar a hipótese de que ele desistisse da reeleição a fim de arrefecer a pressão por seu afastamento. O presidente não levou a conversa adiante. Dias depois, ele entrou na sala de Gilberto Carvalho, no Palácio do Planalto, e disse: "As pessoas não sabem da minha ligação com o povo". No PT, uma corrente destacava a "burrice" de Delúbio, pois teria recorrido a métodos e pessoas utilizados pelo PSDB. Outra facção atribuía o caso à soberba e à desorganização do partido, que, uma vez no poder, deixara uma única pessoa atuar com destemor e autonomia total.

"Delúbio era um cara sem condição de ter o poder que tinha", disse-me um ministro de Dilma Rousseff num almoço recente no restaurante Lake's, em Brasília. "E, de repente, ele fica lá, solto, decidindo o que fazer sozinho, lidando com milhões em nome do PT. Olhando para trás, percebe-se que foi tudo errado: o PT pirou, o Delúbio pirou, o Zé Dirceu pirou. Estava todo mundo se achando Deus."

Naqueles dias de tumulto, a Democracia Socialista, ala do PT contrária ao Campo Majoritário — ao qual pertenciam José Dirceu, Lula e Delúbio —, passou a dirigir o partido. O ministro Tarso Genro, da DS, tomou as rédeas da situação e falou em "refundação do PT", identificando uma "crise ética e política" sem precedentes. Segundo seus adversários, Tarso vislumbrava naquele cenário a oportunidade de viabilizar seu próprio nome à sucessão de Lula.

Quatro meses depois das denúncias de Jefferson, Delúbio foi expulso do PT por 37 votos contra dezesseis e duas abstenções. Foi o único a ter o pescoço degolado pela legenda.

A carta que ele escreveu à Comissão de Ética do PT era pura resignação, mas deixava transparecer sinais de seu poder de fogo. Nela, ele dizia que cumprira ordens, que não era um delator ou traidor, e que sua expulsão era uma decisão política — de "dar carne, a minha carne, aos leões". E vaticinou: "A história cobrará esse erro. Não estou fazendo a minha defesa, mas a defesa de todos os que se beneficiaram dos recursos não contabilizados, que não foram inventados por mim". Encerrou a carta com uma frase de ressonâncias bíblicas: "Tranquilizem-se os beneficiados pelo meu trabalho, pois seus nomes não brotarão de minha boca, ainda que o meu não saia das deles".

Durante quase sete anos, Delúbio viveu numa semiclandestinidade. Não se afastou da política nem foi completamente abandonado pelo partido, mas sua presença era evitada. Certa vez, quando Lula esteve no interior de Goiás para inaugurar uma montadora, o cerimonial da presidência levou o ex-tesoureiro para uma sala reservada e providenciou sua saída pelos fundos, para que não fossem fotografados juntos.

Mesmo recolhido, Delúbio continuou a manter contato com petistas e ajudou em campanhas políticas de aliados. Em 2007, fundou a Geral Imóveis, um portal de classificados imobiliários, que reúne ofertas de empresas e corretores autônomos e as disponibiliza em um grande banco de dados.

Especula-se com frequência sobre ações de Delúbio como consultor e lobista, o que ele sempre negou. Em maio, uma reportagem da *Folha de S.Paulo* revelou que ele fora flagrado no Aeroporto Santos Dumont discutindo com um empresário, investigado pela Polícia Federal, o fornecimento de lousas digitais para escolas públicas capixabas e goianas. Na palestra em Salvador, ele deu sua versão do caso: "O cara falou comigo uma vez, eu falei para me procurar depois do Carnaval e nunca mais soube dele. Nunca fiz nada, nada, nada. Mas sabe o que é isso? É mais uma tentativa de me indispor com a sociedade, com o STF, às vésperas desse julgamento".

Há seis anos, ele se mudou de um apartamento de setenta metros quadrados nos Jardins, em São Paulo, onde viveu de aluguel por doze anos, para outro do mesmo tamanho, na Consolação, cedido pela sogra. Até hoje, não tem bens registrados em seu nome. "A casa dele é pequena, simples, mas simples mesmo", disse Carlos Augusto Montenegro, dono do Instituto Brasileiro de Opinião Pública e Estatística, o Ibope, que já foi convidado para comer arroz com pequi, uma iguaria goiana preparada pelo próprio anfitrião.

Quando o espaço do mensalão no noticiário se reduziu, o ex-tesoureiro quis sair do ostracismo. Em 2009, planejava ser candidato a deputado federal. Algumas pesquisas o mostravam em ótima situação na corrida eleitoral, mas recebeu um recado de Lula de que deveria esquecer o assunto. Para o presidente, ainda não era hora de ele voltar ao partido nem, tampouco, de ensaiar uma candidatura: sua exposição poderia comprometer os planos da sucessão no ano seguinte. Delúbio acatou o ditame, mas, ao retirar seu pedido de reincorporação aos quadros do PT, mandou uma carta ao partido lembrando mais uma vez a todos que apenas cumprira determinações. "Não fui um alegre, um néscio, um ingênuo", escreveu. "Aceitei os riscos da luta. Mas não fui senão, em todos os instantes, sem exceção, fiel cumpridor das tarefas que me destinou o PT." Delúbio chegou a cogitar a oferta para se filiar ao PMDB e assim sair candidato. Acabou recusando. Mais uma vez, o soldado aceitava o sacrifício.

Com a eleição de Dilma, finalmente sua situação mudou. Não foi bem o resgate do soldado Delúbio, mas, em abril do ano passado, ele voltou ao PT com 80% dos votos a favor de sua reintegração. O ex-presidente da sigla Ricardo Berzoini — que havia defendido sua expulsão — disse que Delúbio já tinha pagado um "preço alto demais". Pusera a cabeça a prêmio para salvar o partido sem jamais ter cobrado a fatura, o que o fez ter o respeito e a gratidão dos companheiros. Como um camicase que sacrifica a vida em nome de uma causa, sacrificara a honra e o futuro.

* * *

No mês passado, o lançamento do *Anuário da Justiça* do site Consultor Jurídico reuniu em Brasília ministros do Supremo, procuradores, advogados e jornalistas. Entre as conversas, ouviam-se apostas de quando o mensalão seria julgado, quem sairia condenado ou absolvido. Aposentado, Antônio Fernando de Souza, o procurador que fez a denúncia do esquema, circulava pela festa. "Acho engraçado falar que a denúncia é inepta", disse. "Está tudo lá, não se deve ter dúvidas. Esses caminhos de coisas escusas são sempre mal explicados. O julgamento será importante porque ele reflete a história, e vai esclarecer o que as pessoas não entenderam ainda."

Durante toda a fase de interrogatórios e até a finalização da denúncia, Antônio Fernando foi assessorado por uma equipe de jovens procuradores federais, boa parte deles permanentemente desconfiados de autoridades do Estado, não importa qual sua filiação partidária. Um deles concordou em falar sobre o caso dias depois, desde que sua identidade fosse preservada. Em seu gabinete, ele defendeu que era tosco o argumento segundo o qual não havia necessidade de pagar para que um petista votasse com o governo: nenhum deputado do PT foi denunciado por votar de determinada maneira no Congresso, e sim por ter utilizado estratagemas criminosos para receber dinheiro, disse.

Ele explicou que o fato de o dinheiro ter sido usado para sanar dívidas de campanha não ameniza em nada o crime. O destino e o uso do dinheiro — saldar débitos de campanha, botar no próprio bolso ou doar para uma creche — são irrelevantes. O que importa judicialmente é que receberam verbas, desviadas por um esquema de corrupção, pelas atribuições que tinham naquele momento. Ou seja, pelo fato de serem parlamentares.

Na avaliação do procurador, não há dúvida quanto ao desvio de dinheiro público: pelo menos 10 milhões de reais da Visanet abasteceram o PT, por meio de contratos de Marcos Valério com a empresa. Advogados da defesa retrucam que os recursos da Visanet são privados, já que se trata de um fundo composto por mais de 25 bancos — inclusive o Banco do Brasil —, e foi a empresa, e não o banco estatal, quem fez o pagamento às agências de Valério.

O procurador refutou a tese da defesa com um laudo do Instituto de Criminalística, anexado ao processo. O laudo diz o seguinte: "Todo desfalque na

Visanet repercute negativamente no balanço do patrimônio líquido do Banco do Brasil", que tinha uma participação de 30% no fundo da empresa. Com isso, o procurador quis demonstrar que havia, sim, verba pública no dinheiro embolsado por parlamentares. A mesma conclusão de um relatório adicional sobre o caso que a Polícia Federal entregou ao Supremo no início de 2011.

Segundo o procurador, o "número mágico" dos quarenta acusados surgiu de maneira involuntária. A equipe de redatores da denúncia só se deu conta da coincidência quando a imprensa passou a explorar o fato. Dos denunciados, 38 irão a julgamento. O deputado José Janene morreu em 2010 e o ex-ministro Luiz Gushiken, internado com um câncer terminal no Hospital Sírio-Libanês, foi retirado da denúncia, por falta de provas, nas alegações finais do processo.

O interesse dos acusados, segundo o procurador, está demonstrado nos autos. O BMG ganhou o crédito consignado e foi o primeiro banco privado autorizado pelo governo a operar essa modalidade de empréstimo para aposentados e pensionistas. O Rural compraria a massa falida do Banco Mercantil de Pernambuco, um negócio que poderia lhe render 550 milhões de reais, se o Banco Central interrompesse sua liquidação. Marcos Valério queria ser o marqueteiro de campanhas eleitorais do PT e ter as contas gordas do governo. E o PT queria o que todo partido deseja — poder.

O procurador teria feito algo diferente na instrução da denúncia? Ele pensou e respondeu: teria ouvido Lula no "calor dos fatos", e não como foi feito, por escrito, apenas em 2009, quando o presidente respondeu às perguntas "tranquilo, sentado em seu gabinete". Ele tem uma única concordância com os amigos e companheiros do antigo tesoureiro do PT: Delúbio integrava uma engrenagem, era um soldado, um cumpridor de ordens.

Na palestra em Itaquaquecetuba, Delúbio não se furtou a falar da Comissão Parlamentar de Inquérito que investigava as ligações entre o senador Demóstenes Torres e o contraventor Carlos Cachoeira. "O senador Demóstenes Torres, que ficava nos chamando de mensaleiros, *taí ó*, enrolado até o pescoço", disse. "A Globo e a revista *Veja*, que queriam me detonar, e também ao Lula e ao Zé Dirceu, agora estão tremendo de medo de ir parar numa CPI."

O debate foi aberto a perguntas da plateia, mas os que se inscreveram fizeram curtos discursos de incentivo ao réu e ataques à imprensa. Usaram as seguintes expressões: "os articuladores de direita", "a mídia conservadora", "os reféns da ditadura da imprensa", "a mídia marrom" e "a imprensa deturpadora cheia de más intenções".

Num almoço na rua Amauri, em São Paulo, o advogado de um dos réus, que pediu para ter seu nome preservado, também ressaltou a parcialidade da imprensa. "A Globo e a *Veja* defendem a condenação dos acusados mais conhecidos", falou. "A revista está em campanha pela prisão dos acusados petistas, e a Globo não precisa nem fazer isso. Basta que ela bote o julgamento no *Jornal Nacional* todas as noites. Os ministros explodirão de vaidade e condenarão a todos." A desqualificação da mídia é parte de sua estratégia de defesa.

No pátio da CUT, um dos militantes inscritos para falar pegou o microfone, olhou para o convidado e lhe disse, emocionado: "Delúbio, nós não temos vergonha de tirar foto com você, não! Porque você foi muito macho, Delúbio! Você segurou o rojão lá sozinho. Nós estamos com você!". O ex-tesoureiro se levantou e deu um abraço apertado no que discursava. Um coro bem nutrido se alastrou: "Delúbio é meu amigo, mexeu com ele, mexeu comigo!".

Às dez da noite, quando metade das pessoas já havia ido embora, anunciou-se que seria servido um lanche. A mesma música sertaneja do início da palestra tomou conta do ambiente.

Quem tá do lado da gente é
companheiro
e quem dá o golpe traiçoeiro é fédaputa
Escolha bem seus companheiros
de conduta
Companheiro é companheiro
Fédaputa é fédaputa.

Uma fila organizada se formou nos fundos do galpão, onde sanduíches de pão francês com mortadela e suco de caju foram distribuídos por voluntários. Cercado pelos políticos locais, Delúbio Soares voltou para a salinha contígua para mais conversas privadas. Se condenado, sua pena pode chegar a 111 anos de prisão.

PÓS-ESCRITO

Em novembro de 2012, Delúbio Soares foi condenado a oito anos e onze meses de prisão pelos crimes de corrupção ativa e formação de quadrilha.

O ex-tesoureiro do PT ficou dez meses na penitenciária da Papuda, em Brasília, antes de ir para o regime semiaberto, quando passou a trabalhar na Central Única dos Trabalhadores, como assessor. Em 2015, sua pena foi extinta. Nesse mesmo ano, porém, ele foi denunciado por crime de lavagem de dinheiro na Operação Lava Jato, acusado de ter intermediado um empréstimo do banco Schahin ao pecuarista José Carlos Bumlai, que sustentou na Justiça ter repassado o dinheiro para o PT. Segundo um de seus advogados, Pedro Paulo Guerra, o processo ainda deve tramitar por pelo menos um ano.

Atualmente, Delúbio Soares mora em São Paulo, com a mulher, num apartamento alugado.

O delator

Delcídio do Amaral fala sobre os tempos de poder, os meses na prisão e a ruptura com Dilma, Lula e o PT

MALU GASPAR
Junho de 2016

"Vamos abrir os trabalhos", disse Delcídio do Amaral enquanto se servia de três pedras de gelo e uma dose generosa de Johnnie Walker Red Label. Passava um pouco das cinco da tarde do dia 17 de abril. Depois de três horas de discursos, ia começar a votação do impeachment de Dilma Rousseff na Câmara dos Deputados. Delcídio acompanharia a sessão acomodado no local em que mais ficava desde que saíra da prisão, dois meses antes: uma saleta vermelha que o dono da casa, seu irmão, um executivo de multinacional aficionado por rock 'n' roll e motos Harley-Davidson, transformara em pub. O senador sentou no sofá, cruzou as pernas e estendeu os braços ao longo do encosto. À sua frente, sobre uma mesinha redonda coberta por uma bandeira dos estados confederados americanos, salgadinhos, refrigerante e água. Usava camisa de linho lilás para fora da calça, jeans claro e sapato social. Alguns poucos parentes assistiriam com ele à transmissão pela TV — entre eles a mãe, Rosely, e o irmão, José Ramon, o núcleo duro da família Amaral. Haviam se reunido para dar apoio ao membro mais ilustre do clã.

Na tela, o presidente da Câmara, Eduardo Cunha, explicava aos deputados a dinâmica da votação. Delcídio mantinha a postura aparentemente relaxada, mas seu semblante estava tenso. Por vezes o olhar ficava estático, grudado na TV, mas ele não parecia prestar atenção. Talvez fosse cansaço, visível pelas olheiras profundas. Mas também podia ser incredulidade. Nos últimos anos, o senador eleito pelo Partido dos Trabalhadores de Mato Grosso do Sul havia se transformado em peça fundamental do governo. Presidiu a Comissão Parlamentar de Inquérito (CPI) dos Correios, por duas vezes comandou a Comissão de Assuntos Econômicos, abafou escândalos e negociou projetos importantes — e, no decorrer do processo, tornou-se homem de confiança de Lula e Dilma. Em 2015, escolhido como líder do governo no Senado, era chamado quase diariamente ao Palácio do Planalto para deliberar com a presidente e seus principais ministros.

Agora estava ali, no pub particular de uma confortável casa na zona sul de São Paulo, a mais de mil quilômetros da capital federal, torcendo para esse mesmo governo cair. De repente, como quem se dá conta da gravidade do momento, Delcídio inclinou o corpo para a frente e, com os olhos ainda fixos na TV, apoiou os cotovelos sobre os joelhos, passou as mãos no rosto, olhou para mim de soslaio e confessou estar ansioso. "Sabe o que é? Querendo ou não, eu sou protagonista nessa confusão aí. Eu ajudei a enterrar."

* * *

Delcídio do Amaral passou a considerar a hipótese de implodir o governo Dilma na manhã de 25 de novembro de 2015, logo que se viu na sala do plantão da Polícia Federal em Brasília. Estava acordado desde o raiar do sol, quando um time de cinco agentes da Polícia Federal, um delegado e dois procuradores o surpreendeu no quarto de hotel onde morava, às margens do lago Paranoá. Enquanto o local era revistado, foi obrigado a tomar banho de porta aberta, sob a vigilância de um agente. Ouviu, de pé, a leitura do mandado assinado pelo ministro Teori Zavascki, do Supremo Tribunal Federal, responsável pelos processos da Operação Lava Jato. Entendeu que estava sendo preso em flagrante — única situação em que se pode deter um senador da República. Era acusado de obstrução de Justiça.

Só mais tarde, porém, Delcídio compreendeu o que, exatamente, o levara à prisão. Na PF, antes de ser trancafiado na cela improvisada — uma sala usada para a soneca dos delegados do plantão —, foi autorizado a ver TV. Soube pela GloboNews que uma conversa sua havia sido gravada por Bernardo Cerveró, filho do ex-diretor da Petrobras, Nestor Cerveró. Ouviu-se dizendo que fazia lobby no STF pela libertação de Cerveró, encarcerado em Curitiba havia dez meses. Ouviu-se oferecendo alternativas de fuga.

No final da tarde, o presidente do PT, Rui Falcão, divulgou uma nota comunicando que o partido não se julgava obrigado a qualquer gesto de solidariedade. Mas a ficha começou mesmo a cair à noite, ao assistir à sessão extraordinária em que os senadores mantiveram sua prisão. "Você não imagina a decepção que eu tive. Arrumei dinheiro, nomeação, fiz favores pra dois terços do Senado. E de repente nego estava ali me xingando. Foi duro."

Aquela foi a primeira noite que o senador dormiu na cela: uma sala de nove metros quadrados, sem banheiro, com uma cadeira de plástico e uma cama. Num canto, uma pequena bancada de madeira funcionava como mesa. Do lado de fora do estreito basculante lateral, tapando a vista e impedindo a circulação de ar, havia um gerador a diesel. Delcídio logo descobriu que o equipamento era acionado nas constantes quedas de energia do edifício, provocando um barulhão e enchendo a cela de fumaça. No dia seguinte, ao dar seu primeiro depoimento aos procuradores Sérgio Fernandes e Marcello Miller, o senador afirmou que iria colaborar. Naquele momento, porém, a delação premiada não era sua primeira alternativa. Tanto que, nesse depoimento inaugural, Delcídio passou boa parte do tempo tergiversando.

Descontraído como se estivesse no plenário, num papo com colegas ou jornalistas — com os quais sempre se deu muito bem —, ele sorria, fazia piadas e lançava uma ou outra informação mais picante, de que se arrependia quando via o delegado e os procuradores fazerem a transcrição. "Melhor não pôr isso, doutor", Delcídio pedia, segundo o relato de um procurador. Até que, na terceira vez, um deles perdeu a paciência. "O senhor está num interrogatório. Nosso papel não é escrever discurso para ficar bom para o senhor." O clima pesou e o advogado pediu um tempo para conversar com o cliente.

No breve período em que os dois se ausentaram da sala aconteceu um daqueles lances fortuitos que dão impulso a investigações: um agente da PF que trabalhava em outro setor e nada tinha a ver com a Lava Jato bateu na porta. "É aqui que estão tomando o depoimento do Delcídio?" Espantados — até então pensavam estar agindo em completo sigilo —, os investigadores confirmaram. O policial entregou um papel com uma notícia impressa e saiu. "'Coisa de imbecil' e 'que idiota', diz Lula sobre Delcídio, preso na Lava Jato" era a manchete da *Folha Online*. Os investigadores imediatamente botaram o papel bem em frente à cadeira do senador. Quando a dupla voltou, o advogado chamou os interrogadores para uma conversa no canto da sala — queria explicar que o cliente ia colaborar, mas estava muito abalado para falar, não conhecia todos os aspectos do processo. O senador se viu sozinho por alguns segundos com o papel na mão. Leu, arregalou os olhos e conferiu seu conteúdo. Bufou e disse, entre dentes: "Ele está fazendo isso por causa do BTG". Referia-se ao Lula e ao banco de André Esteves, preso com ele sob a acusação de tentar calar Cerveró. A partir dali, Delcídio se mostraria bem mais solícito.

"O que foi que você fez?! O que você fez?! Eu não te conheço, esse não é o meu marido! Você está oferecendo um avião para o cara fugir? Você está maluco!", fulminou no celular Maika do Amaral logo na primeira conversa com Delcídio, ainda no dia da prisão. Morena, baixinha e de sorriso largo, Maika, de 52 anos, é famosa pela personalidade forte e pelo medo que provoca no marido. Embora não se envolvesse em articulações palacianas, ela participava ativamente das campanhas políticas e, sempre que tinha chance, palpitava.

Uma de suas broncas constantes era a filiação dele ao PT, partido que ela nunca engoliu.

"Não adianta, não temos cara de PT!", disse Maika, sentada no sofá vermelho do pub particular, numa noite fria do início de maio. Dona de duas franquias de uma marca de roupa em Florianópolis, onde o casal morou nos anos 1990, foi cliente assídua da Daslu nos tempos áureos, e até hoje é convidada para as semanas de moda do Rio e de São Paulo. Em Campo Grande, é personagem obrigatória das colunas sociais. "Eles sempre me trataram como uma primeira-dama de shopping. O partido nunca o reconheceu como petista."

Confrontado com a fúria da mulher ao telefone, o senador não teve outra alternativa a não ser se penitenciar. "Errei", disse ele. Ela não tripudiou, mas sua cólera não aplacou. À noite, desabafou com um jornalista amigo da família. "Eu avisei! Ele já devia ter saído do PT há muito tempo! A culpa de tudo é daquela filha da puta!" No dia seguinte, a frase de Maika Amaral sobre Dilma Rousseff estava estampada em vários blogs, junto com a informação de que ela defendia a delação premiada do marido. Quando o casal se encontrou, dias depois, na Polícia Federal, houve choro e pedidos de perdão. Minutos depois, mais calmos, ela foi peremptória. "Eu quero a minha honra de volta. Quero poder entrar num supermercado e andar com você na rua. Você vai me devolver a honra."

O potencial de uma possível delação de Delcídio do Amaral provocou imediato estado de tensão em Brasília. O líder do governo detinha segredos dos mais variados partidos além do PT, sobretudo do PMDB e do PSDB. Desde seu primeiro emprego público, como gerente regional da Usina Hidrelétrica de Tucuruí, no sul do Pará, o senador construiu relações duradouras com empreiteiros e se tornou próximo dos políticos. Um dos primeiros foi Jader Barbalho, hoje senador pelo PMDB, à época governador do estado. "Jader é meu amigo. Quando tinha problema lá nas estradas, eu metia as máquinas de Tucuruí para resolver", ele disse, enquanto acompanhava a votação do impeachment na Câmara.

Nomeado anos depois diretor da Eletrosul, cuja sede ficava em Santa Catarina, Delcídio se aproximou de Jorge Bornhausen, senador pelo estado e cacique do antigo PFL, hoje DEM. Em 1994, sob o governo de Itamar Franco, Delcídio foi secretário-executivo do Ministério de Minas e Energia, e, por alguns meses, ministro interino. Em 1998, filiou-se ao PSDB. Mas foi com o aval do PMDB de Barbalho, Geddel Vieira Lima e Eliseu Padilha que chegou à Diretoria de Gás e Energia da Petrobras, no ano seguinte. Em 2001, trocou o ninho tucano pelo petista, assumindo a Secretaria de Infraestrutura e Habitação do governo de Zeca do PT, do Mato Grosso do Sul, seu estado natal. No ano seguinte, elegeu-se senador.

Em sua primeira declaração após a prisão de Delcídio, depois de se dizer "extremamente perplexa", Dilma afirmou que ele era "uma pessoa bastante bem relacionada no Senado e, aliás, nós o escolhemos porque ele tinha relações com todos os partidos, inclusive os da oposição".

O primeiro político a telefonar para Maika do Amaral foi Renan Calheiros, presidente do Senado, horas depois da prisão. "Ele disse que estava ligando para expressar solidariedade. Eu pedi: 'Tira o meu marido de lá!'. Ele prometeu fazer o que pudesse." Naquela mesma manhã, Calheiros encomendou à Consultoria Jurídica do Senado um parecer contestando a prisão no STF. Disse aos jornalistas considerar perigoso prender um senador "sem culpa formada", e declarou que faria uma votação secreta a respeito da manutenção da prisão. Em seguida, perdeu o controle da situação. Os senadores decidiram que a votação seria aberta — e, apesar do constrangimento, mantiveram Delcídio preso por 59 votos a treze.

No dia seguinte, um dos mais próximos aliados de Calheiros, Vandenbergue Machado, lobista da Confederação Brasileira de Futebol em Brasília, ofereceu abrigo a Maika em sua mansão no Lago Sul. Ela aceitou. "O Vandenbergue era nosso amigo, e eu não queria ficar no hotel, cercada de jornalistas. Só com o tempo percebi que ele e o Renan queriam me vigiar", contou Maika. Ela ficou hospedada na casa do lobista durante todo o período da prisão, ora sozinha, ora em companhia dos anfitriões.

Tanto Calheiros como Delcídio eram vistos em Brasília como políticos amigos da CBF. Naquele momento, porém, segundo os Amaral, o lobista não agia a mando da entidade. "Ele é 'amarra-cachorro' do Renan, falava pelo PMDB. E me visitava quase toda semana, dizendo: 'Meu amigo, meu irmão'. Ele queria era me monitorar." No jargão popular, o amarra-cachorro é um auxiliar a quem são delegadas tarefas sem importância. No meio político, adquiriu conotação um pouco diferente. "Sabe aquele sujeito que passa depois do chefe para acertar o 'lado prático' de uma negociação? Esse é o amarra-cachorro", explicou-me certa vez o próprio Delcídio.

Na prisão, as visitas eram permitidas às terças e quintas, de manhã e à tarde. No início, sempre havia políticos esperando para entrar. Num desses primeiros dias, chegou um grupo composto pelo deputado José Mentor, de São Paulo, e os senadores Paulo Rocha, paraense, e Humberto Costa, pernambucano — todos petistas. (Segundo a delação de Nestor Cerveró, Delcídio, Mentor e dois representantes de Fernando Collor de Mello se reuniam com frequência entre 2010 e 2013, no Rio, para discutir a repartição de propinas na BR Distribuidora. Todos negam.) Na visita a Delcídio, mostraram-se preocupados em sondar sua disposição em entregar o que sabia. "Foi o Lula quem mandou o Zé Mentor lá. Ele chegou cercando o alambrado, dizendo que o Lula tinha pedido desculpas, mas que só falava aquelas coisas para quem ele gosta. E eu respondi que não tinha nem ligado", contou Delcídio, com uma expressão de desprezo, enquanto balançava o copo de uísque. E completou: "Puta conversa fiada".

Afora os momentos de visita, Delcídio passava quase todo o tempo sozinho. Não tinha companheiros de cela. Ao acordar, vestia camisa, calça e sapato social. "Eu disse a mim mesmo: 'Entrei como general, vou sair como general'. Bermuda e chinelo, não usava. Tomava banho de manhã, tomava banho à noite. Trabalhava o dia inteiro. Criei um ritual para não enlouquecer." Estudava o próprio processo ou lia um dos muitos livros que lhe traziam, fazendo anotações num caderninho.

Dado o inusitado da situação, não havia regras claras sobre o que era ou não permitido fazer. Quando o chefe do plantão estava de bom humor, a porta da saleta era aberta. Do contrário, Delcídio ficava trancado e, para ir ao banheiro, precisava bater na porta. Almoços e jantares eram servidos numa quentinha, mas seu assessor de imprensa, José Eduardo Marzagão, levava diariamente uma garrafa térmica de café com leite, além de bolo ou misto quente. Às vezes o deixavam entrar, às vezes, não. A arbitrariedade dos agentes federais exasperava o outrora poderoso senador.

No início da noite de um sábado, acabou a luz no prédio da PF. O gerador vizinho a Delcídio foi ligado automaticamente, mas estava programado para iluminar apenas os principais ambientes do prédio, que não incluíam o quartinho-cela. A trepidação da máquina fazia tremer as paredes, a fumaça entrava pela janelinha lateral. Fechado no escuro, o preso se sentiu mal. "Aquilo encheu o quarto de fumaça, e eu comecei a bater, mas ninguém abriu. Os caras não sei se não ouviram ou se fingiram que não ouviram. Era um gás de combustão, um calor filho da puta. Só três horas mais tarde abriram a porta. Foi dificílimo", lembrou o senador, meses depois, durante um almoço na casa do irmão.

Naqueles dias, momentos de otimismo davam lugar a acessos de choro, sem aviso prévio. "O humor dele era como o resultado de um eletrocardiograma. Uma hora, lá no alto. De repente, chorava como criança", lembrou Marzagão. Uma vez, depois de visitá-lo, uma de suas filhas lhe enviou uma carta. "Num dos trechos ela dizia assim: 'Pai, sempre te vi grande, eu queria ficar com você. Hoje eu te vi, pequeno, magro, mas vivo. E queria te colocar numa caixinha'. É foda", lembrou o senador, com os olhos encharcados. Afora esse momento específico, sempre que perguntei a Delcídio se havia chorado, se ficara sem dormir ou se tomava remédios, ele negou. E várias vezes completou com a frase: "Eu me adapto bem às situações".

Com o tempo e a aproximação das festas de fim do ano, as visitas ficaram rarefeitas. Mas também escassearam porque as pessoas zelavam pela própria imagem. O pedetista Telmário Mota, de Roraima, vice-líder de Delcídio no Senado, foi um dos que agendou visita e fez forfait. "Quando cheguei e vi os jornalistas, dei para trás", ele me disse, em maio passado. Aqueles que nem cogitavam ir até a PF, como José Sarney ou Lindbergh Farias, enviavam recados. O senador, por sua vez, também enviava suas mensagens ao mundo exterior.

No primeiro depoimento ao Ministério Público Federal, no dia seguinte à prisão, ele confirmou a ligação entre o então vice-presidente, Michel Temer, e Jorge Zelada, ex-diretor da área Internacional da Petrobras. Os dois nomes haviam sido mencionados na conversa gravada por Cerveró filho, na qual Delcídio afirmou ter sido Dilma quem indicara Cerveró pai à diretoria da BR Distribuidora em 2008. No mundo político, tais menções foram entendidas como ameaça.

Naqueles dias, Renan Calheiros chamou Maika para duas "visitas institucionais" à residência oficial da presidência do Senado — conversas cheias de rodeios e indiretas, em que ele dizia "estar tentando", e Maika afirmava que "o que aconteceu com Delcídio pode acontecer com qualquer senador". As filhas mais novas do casal, Maria Eduarda, de 21 anos, e Maria Eugênia, de vinte, foram alvo de mensagens agressivas nas redes sociais — fotos das duas foram acopladas a imagens de meninas nuas. (Delcídio tem outra filha, Dafne, de um relacionamento anterior.) O senador soube que colegas seus exibiam no Congresso as imagens falsificadas.

Vários jornais reproduziram o relato de um colunista social de Campo Grande sobre a festa de quinze anos de Maria Eugênia, em 2011. Àquela altura, o pai era poderoso, mas não tão notório. Bajulador, o colunista caprichou nos detalhes, para justificar a "suntuosidade" que detectou no evento para setecentos convidados. Descreveu o salão de 1,6 mil metros quadrados, citou as 120 garrafas de uísque Johnnie Walker e as 240 de champanhe Veuve Clicquot, o vestido de cristais da Givenchy da aniversariante, os brincos, anéis e pulseiras de ouro e brilhantes que ela ganhou. "A nobreza inglesa que me perdoe, mas aqui em Campo Grande essa festa da Maria Eugênia Amaral não ficou devendo quase nada ao servido naquele chamado 'casamento do século' que eles fizeram na Inglaterra", dizia o texto.

A pressão sobre a família mexeu com o senador. Eram frequentes as especulações de que ele avaliava colaborar com a Lava Jato.

Foi depois de passar um dia inteiro na Polícia Federal que Marzagão, o assessor de Delcídio, recebeu uma ligação de Anna Carolina Castro, a Cacá, assessora do ministro da Educação, Aloizio Mercadante. Os dois se conheciam desde que o ministro passara pelo Senado. Marzagão estava a caminho de casa, mas Cacá disse que Mercadante queria vê-lo o quanto antes. Marzagão fez o retorno e logo estava na sede do MEC. Ficou desconfiado daquela chamada repentina — Delcídio e Mercadante tinham um histórico de atritos, alguns inclusive em público. Pensando nisso, ligou o gravador do iPhone e o botou no bolso, ainda no estacionamento. Foi encaminhado ao elevador reservado às autoridades, sem passar pela recepção nem se identificar. Mercadante estava reunido com um grupo numa sala, mas abandonou o compromisso para recebê-lo no gabinete. A conversa, contudo, foi enigmática. "[...] eu vou dizer o seguinte. Eu sou um cara leal. A Dilma sabe que, se não tiver uma pessoa pra descer aquela rampa, eu vou com ela até o final. Eu gosto do Delcídio", disse o ministro. "O que eu acho que ele está precisando agora é de algum tipo de apoio e solidariedade, pessoal e político. Então você veja no que eu posso ajudar."

Na semana seguinte, quando o ministro o chamou pela segunda vez, Marzagão teve certeza de que estava em curso uma operação abafa. Era 9 de dezembro. Na véspera, os jornais haviam noticiado que Delcídio contratara o advogado Antonio Augusto Figueiredo Bastos, especializado em delações premiadas. Dessa vez, Mercadante foi mais claro. "Eu acho que ele devia esperar, não fazer nenhum movimento precipitado [...]. Pra ele não ser um agente que desestabilize tudo. Porque senão vai sobrar uma responsabilidade pra ele monumental, entendeu?" O ministro prometeu acionar consultores do Senado para encontrar uma saída para a prisão, criticou a postura do PT em relação a Delcídio e disse que tentaria falar com ministros do STF para ver se havia um meio de soltá-lo. Disse que não agia a mando de Dilma e afirmou não estar "nem aí" para uma eventual delação. Mas, uma ou outra vez, sugeriu que se tirasse o assunto "da pauta": "Então, eu acho que tem que tirar isso da pauta nesse momento, pra defesa dele, tô falando... pra tentar construir". Marzagão gravou tudo, transcreveu o que havia sido dito e mostrou ao chefe, que achou ótimo. Tinha ali um belo capítulo para sua proposta de delação.

O enredo que levou à prisão de Delcídio teve início em 8 de maio de 2015, quando ele se encontrou com Luiz Inácio Lula da Silva na sede do Instituto Lula, em São Paulo. Desde que a Operação Lava Jato ganhara corpo, pouco mais de um ano antes, as frequentes conversas dos dois desembocavam nesse mesmo assunto. O ex-presidente invariavelmente se queixava de Dilma Rousseff, a quem julgava leniente com a operação, e manifestava preocupação com os efeitos políticos do processo. Ele atribuía o descaso da sucessora à influência de figuras como Mercadante, que — Lula tinha a certeza — queria queimá-lo para poder se candidatar à presidência em 2018.

No encontro de maio, porém, o ex-presidente tinha uma preocupação mais concreta. Num gesto atípico, levantou da cadeira em que normalmente se sentava em sua mesa de trabalho e deu a volta para ficar ao lado de Delcídio, num assento destinado às visitas. "Ele veio para bem perto de mim e começou a cochichar na sala vazia: 'Porra, Delcídio, nós precisamos ajudar o nosso amigo Bumlai. Estou achando que as coisas estão se fechando em cima dele'", contou o senador, um ano depois. Lula estava bem informado sobre os imbróglios em que Bumlai se envolvera. Citou especificamente o empréstimo de 12 milhões de reais que o pecuarista recebeu do Banco Schahin, e que teve como contrapartida contratos de arrendamento de sondas na Petrobras para a empreiteira do grupo. O próprio Bumlai viria a admitir, depois de ser preso, ter repassado dinheiro ao PT. Lula continuou: "O negócio das sondas, da Schahin, isso deve ser falado na delação, então nós precisamos ajudar. Eu quero que você ajude eles. Veja o que é necessário fazer para as coisas caminharem". Versado no vocabulário particular adotado nesse tipo de situação, Delcídio traduziu "ajudar" por "ter a situação de Bumlai sob controle". E por "as coisas caminharem", entendeu que "era preciso que Bumlai não fosse preso, e ainda eliminar referências a ele nas delações de Baiano e Cerveró". Por intermédio do Instituto Lula, o ex-presidente afirmou que tal cena nunca aconteceu, e que as histórias contadas por Delcídio são mentirosas.

Delcídio era amigo dos Bumlai desde pequeno, quando as famílias de ambos frequentavam as fazendas uma da outra, no Pantanal. Procurou Maurício, filho de José Carlos Bumlai, e disse que "uma forma razoável de tentar fazer alguma coisa" era dar dinheiro aos Cerveró, que estavam passando por dificuldades. O senador tinha contato direto com eles. Antes de ser preso, em janeiro, o próprio Nestor havia procurado Delcídio para pedir ajuda. Na Petrobras, todo mundo sabia que os dois eram unha e carne. Conheciam-se desde a época em que Delcídio era diretor da Petrobras, onde Cerveró era gerente. O senador fizera do ex-subordinado o diretor da área internacional da estatal, numa indicação avalizada pelo PT. Segundo Delcídio, com a CPI dos Correios e a consequente necessidade do governo de reorganizar sua base para abafar o escândalo do mensalão, o PT abriu espaço para o PMDB na diretoria internacional. "Foi nessa época que Renan, Baiano e Bumlai o capturaram", ele me disse. Em sua delação, afirmou que Cerveró passou a ser "anfíbio", servindo ao PT e ao PMDB, "embora muito mais ligado ao PMDB". Na noite do impeachment, o senador me contou que os peemedebistas acompanhavam detalhadamente, com documentos, planilhas e números, todos os passos de Cerveró. Se ele não prestasse contas, era cobrado. No Congresso, a disputa entre Renan e Delcídio pela "paternidade" de Cerveró era assunto conhecido. Aparentemente, porém, haviam se acertado, pois de vez em quando os três almoçavam juntos em algum restaurante de Brasília. Na conversa com Marzagão, Mercadante lembrou a disputa por Cerveró, e sugeriu que, para dar certo a estratégia de aliviar a situação de Delcídio no Senado, "não pode botar o Renan contra a parede". Revista hoje, a observação parece profética.

Bumlai logo se prontificou a ajudar os Cerveró. O auxílio, aliás, era bem-vindo: além de resolver o problema de Lula, também poderia solucionar o drama do próprio senador, citado em todas as propostas de delação feitas por Cerveró ao Ministério Público. Delcídio, porém, sustenta que não agiu por interesse próprio no que ele mesmo chama de "Operação Bumlai". "Aquilo foi feito exclusivamente por causa do Lula. Até porque, àquela altura, o (Fernando) Baiano já tinha posto o meu nome na delação dele. Eu já estava na pica do saci", falou, empregando mais uma de suas expressões, que no linguajar popular significa uma tremenda enrascada. Enquanto Cerveró não fechasse nenhum acordo, porém, a situação ainda poderia ser revertida. Pelo menos era nisso que apostavam Lula, Bumlai e Delcídio.

A primeira parcela da "ajuda" foi entregue por Maurício Bumlai diretamente a Delcídio, dentro de uma sacola de loja de departamentos, depois de um almoço na churrascaria Rodeio do Shopping Iguatemi, em São Paulo, frequentada por gente do mercado financeiro e ricos de variadas estirpes. Na saída, o empresário deu uma carona ao senador até o Maksoud Plaza, perto da avenida Paulista. Assim que chegou ao hall do hotel, Delcídio encontrou o advogado de Cerveró, Edson Ribeiro, e lhe repassou a sacola, onde havia 50 mil reais. O senador contou que, depois daquele dia, teve uma conversa com a família Cerveró. "Eu disse, olha, eles estão ajudando. Então vocês têm que avaliar bem o que vão dizer, porque foram os únicos que estenderam a mão para vocês. Eles responderam: 'Não há dúvida nenhuma'. Mas o tempo foi passando e a gente via que não existia aquele compromisso."

Em julho, Cerveró fez ao Ministério Público sua primeira proposta de delação premiada — que receberia vários acréscimos nos meses seguintes. "Naquela época, eu soube que o Nestor estava em desespero, e começou a fazer propostas em série. Advogados que andavam por Curitiba me disseram que a papelada vivia solta nas mesas dos delegados. Você achava delação do Nestor em tudo que era lugar no presídio", contou Delcídio. Numa das últimas versões, apresentada em setembro, Delcídio, Collor, o deputado petista Cândido Vaccarezza, Calheiros e Barbalho foram citados como beneficiários de propina. Dilma Rousseff também estaria envolvida — segundo o ex-diretor da Petrobras, ela teria acompanhado de perto as negociações para a compra da refinaria de Pasadena, transação na qual a estatal brasileira pagou um sobrepreço de 821 milhões de dólares.

À medida que crescia a disposição de Cerveró em colaborar, diminuía a vontade dos Bumlai de continuar financiando a família. O senador então decidiu buscar um plano B: o banqueiro André Esteves, outro que tinha boas razões para temer as revelações de Cerveró. Uma das histórias que o ex-diretor da refinaria tinha para contar dizia respeito ao investimento que a BR Distribuidora fizera, em sua gestão, numa rede de postos de que Esteves era sócio e que estava em dificuldades. Outro episódio sobre o qual Cerveró poderia jogar luz era a compra, pelo BTG Pactual, de uma fatia da PetroAfrica, subsidiária da Petrobras, por menos da metade do valor estimado internamente pelos técnicos da própria área internacional da empresa.

"Eu disse: 'Olha, André, os caras estão numa situação difícil, se você achar interessante...'. E ele disse: 'Não, tudo bem, em princípio estou de acordo. Vamos deixar os fatos correrem'", lembrou Delcídio. Entre junho e agosto, Edson Ribeiro recolheu de intermediários de Bumlai e Delcídio 250 mil reais, camuflados em sacolas, envelopes, caixa de vinho e de sapato. No depoimento ao MP, Bernardo Cerveró admitiu ter recebido 50 mil. A PF e o MP suspeitam que o advogado tenha ficado com o resto do dinheiro. Em setembro, Delcídio recebeu o recado de que a família não queria mais ajuda. Cerveró se decidira pela delação.

Os procuradores, porém, recusavam o acordo: haviam descoberto uma nova conta na Suíça, que Cerveró não reconhecia. E mais: conheciam algumas das histórias que ele pretendia contar, adiantadas na delação do lobista Fernando Baiano, que com ele administrava o pagamento das propinas para o PT e o PMDB. Em agosto, Cerveró foi condenado pelo MP a doze anos e três meses de prisão por corrupção passiva e lavagem de dinheiro.

Seu filho, Bernardo, ator, deixara de lado o teatro e o sítio na serra fluminense, onde cultivava produtos orgânicos. Passava o tempo em reuniões com advogados e viagens a Curitiba, vendo o pai oscilar entre o desespero e a depressão. Segundo contou ao MP, os advogados em Curitiba lhe propuseram uma solução: Delcídio. Bernardo então procurou Edson Ribeiro e pediu que retomasse as negociações. O senador voltou a procurar Esteves, e a conversa ganhou termos mais concretos: que se repassasse 1,5 milhão de reais a Cerveró via Ribeiro, que justificaria os pagamentos por um contrato de consultoria.

Enquanto isso, os defensores paranaenses de Cerveró procuraram o Ministério Público. Os procuradores foram claros: estavam interessados, mas só falariam em delação se Bernardo trouxesse provas.

Na tarde do dia 4 de novembro, Delcídio inadvertidamente passou a atuar como o agente que, nas palavras de Mercadante, desestabilizaria tudo. Às duas horas da tarde, ele e o chefe de gabinete, Diogo Ferreira, chegaram ao quarto 5111 do Hotel Royal Tulip para uma conversa com Bernardo Cerveró e o advogado Edson Ribeiro. Antes do encontro, todos entregaram seus celulares. O ator preparara quatro aparelhos para captar o conteúdo da conversa, um dos quais era um chaveiro espião. Dois celulares estavam dentro de uma mochila, e um outro ficou escondido no bolso. Foi esse o que detonou a bomba.

A gravação deixa claro que o advogado patrocinava um acerto: se o dinheiro de Esteves saísse, o nome de Delcídio e o do banqueiro seriam excluídos da delação. Para convencer o rapaz de seu empenho, o senador foi incisivo. "Agora, Edson e Bernardo, eu acho que nós temos que centrar fogo no STF. Eu conversei com o Teori, conversei com o Toffoli, pedi pro Toffoli conversar com o Gilmar, o Michel conversou com o Gilmar também, porque o Michel tá muito preocupado com o Zelada, e eu vou conversar com o Gilmar também." O plano era conseguir um habeas corpus para Cerveró — que, uma vez solto, fugiria do Brasil. "Porque acho que o foco é o seguinte: tirar [da cadeia]. Agora, a hora que ele sair tem que ir embora mesmo", prosseguiu Delcídio. Por alguns minutos, discutiram como funcionaria o plano de fuga. Bernardo disse que pensava em tirar o pai pela Venezuela, mas Delcídio discordou. "A saída melhor é a saída pelo Paraguai..." A ideia, porém, enfraqueceu-se quando debateram sobre como se livrar da tornozeleira eletrônica. Não parecia haver solução. O advogado então disse: "Tecnicamente o ideal é não fugir agora". E Delcídio respondeu: "Edson, a gente tem que fazer o possível pro Nestor ter tranquilidade aqui". Ao final da conversa, ficou combinado que Delcídio buscaria novo contato com Esteves para combinar o pagamento. A reunião chegou a ser marcada para o dia 19 de novembro, na sede do BTG, no Rio de Janeiro. Mas Bernardo, com medo, não apareceu. Em uma semana, todos, menos ele, estariam presos. (Cerveró conseguiu fechar o acordo de delação premiada, ganhou redução na pena e o direito a passar dez dias com a família no final do ano — mas, depois, voltou à prisão. Bernardo submergiu.)

* * *

Já eram mais de nove da noite, a Câmara havia acabado de computar os votos do estado do Rio na sessão do impeachment quando Delcídio começou a refletir sobre o tombo que tomara. "Eu passei 61 anos andando sobre as águas. Eu me sentia muito inteligente. Era um cara vivido, falo quatro idiomas, conhecia o mundo inteiro. E fui ficando cada vez mais poderoso, entendeu? E, porra, uma cochilada com um moleque e eu me fodi!" A capacidade de análise seguia afiada depois de quatro uísques e um charuto. "O poder inebria. O poder é atraente pra caralho. Vejo o Lula, a Dilma, esses caras que agora estão aí na pica do saci. Eles achavam que não ia acontecer com eles, e acontece! Aconteceu comigo."

Apesar de sempre ter sido mais próximo das legendas de centro e de direita, Delcídio ascendeu mesmo junto com o petismo. Entrou para o partido pelas mãos de José Dirceu e Lula, que buscavam quadros menos radicais e mais adequados à mensagem centrista que seria mais tarde exposta na famosa "Carta ao povo brasileiro". Ele era, de fato, diferente do resto da turma. Filho de pai engenheiro, fora criado em São Paulo e estudara no Colégio São Luís, um dos mais tradicionais da cidade.

Com dois anos de mandato, tornou-se presidente da CPI dos Correios, indicado pelo PT. "Desde essa época eles já me chamam de traidor", comentou. "Acharam que eu ia fazer de tudo para agradar o partido."

A CPI dos Correios teve início em maio de 2005, com a divulgação de um vídeo em que um apadrinhado do PTB na estatal negociava propina com empresários que buscavam participar de uma licitação. No vídeo, o funcionário dizia ter o respaldo do presidente do partido, Roberto Jefferson. Acuado, Jefferson revidou denunciando um esquema de compra de votos de deputados para aprovar pautas do governo no Congresso, que ele mesmo batizou de mensalão. Não demorou para que se descobrisse que o dinheiro do mensalão vinha dos fundos de pensão, do Banco Rural e de contratos de publicidade de estatais, sempre com alguma conexão com o publicitário mineiro Marcos Valério.

Empurrada pelo noticiário, a CPI acabou encurralando o governo. De uma hora para outra, Delcídio passou a ser o homem a quem todos recorriam. "Houve muita pressão de todos os lados." E o senador cedeu. Em sua delação premiada, contou ter adiado um prazo para a entrega de documentos do Banco Rural a pedido do governador Aécio Neves, para que os banqueiros tivessem tempo de adulterá-los. Revelou, ainda, ter atuado para tirar do relatório final da CPI os nomes de Lula e de seu filho Fábio Luís, o Lulinha.

Na noite da votação do impeachment, perguntei a Delcídio se Lula lhe fizera o pedido diretamente. "O Lula nunca me pediria isso. Ele sempre usava terceiros. E quem mais fazia esse tipo de pressão era o José Eduardo [Cardozo]. Ele me procurou um dia e disse: 'Se botar Lula e Lulinha, o troço vai virar do avesso. Vamos tumultuar tudo e essa CPI vai terminar sem relatório'." Na mesma noite, Delcídio se encontrou com seus pares no comando da comissão e disse que retirar o nome de Lula e do filho era a única forma de fechar a CPI de forma honrosa. Havia, porém, acréscimos no texto sugeridos pelos parlamentares, que poderiam levar a uma discussão pública sobre a inclusão de Lula e Lulinha. Se isso ocorresse, a armação seria exposta. "De madrugada eu conversei com a Heloisa Helena e com o Álvaro Dias. E disse: 'Vocês querem acabar bem essa CPI? Então tem que tirar o Lula'. Eles concordaram." Questionado a respeito pela *piauí*, Cardozo disse que nunca pressionou Delcídio, e que as brigas que tiveram na CPI tinham outras razões. No dia 5 de abril de 2006, a CPI dos Correios aprovou um relatório reconhecendo a existência do mensalão e recomendando o indiciamento de 115 pessoas, entre eles dezenove deputados. Nem Lula nem Lulinha estavam na lista.

No auge da pressão durante a CPI dos Correios, Delcídio descobriu um grampo no apartamento do hotel onde morava. "Algumas coisas que eu falava dentro do apartamento vazavam. Por exemplo, quando o Duda Mendonça foi pedir pelo amor de Deus para ser denunciado só por evasão de divisas e não por corrupção — e era isso mesmo, porque ele não deu dinheiro para ninguém, só recebeu. E a história vazou. Como, se só tinha eu e ele?" Delcídio contratou uma equipe para fazer uma varredura, que achou escutas escondidas entre os livros, embaixo da cabeceira e na lâmpada do abajur. Até hoje ele tem certeza de que quem plantou os grampos foi gente do PT.

> Eram eles, com certeza. Agora mesmo, estão loucos para me pegar. Não conseguem. Porque eu não sou nenhum santo, mas dinheiro para a política eu acertava direto com as empresas. Estão achando que eu precisava nomear diretor disso

e daquilo para conseguir dinheiro para a política? Não! Eu conversava com o Marcelo [Odebrecht], com o Emílio [Odebrecht], com o Vitor Hallack na Camargo [Corrêa]... Eu conversava com o Ricardo Pessoa [da UTC], com o [lobista] Julio Camargo, com o [José] Antunes [Sobrinho, da Engevix]... não tem essa de "Ah, você me faz um negócio aqui que eu te dou isso ali". Porra nenhuma! Esses caras eu ajudei a minha vida inteira.

A sessão na Câmara ficava cada vez mais barulhenta. "Um filho seu não foge à luta!", gritou um deputado ao microfone. O senador olhou para a tela, meio enfastiado. "São uns idiotas, uns hipócritas."

Durante a CPI, um episódio foi decisivo para comprometer o relacionamento de Delcídio com o PT e com Lula. E, já daquela vez, tinha a ver com a compra de silêncio. No início de 2006, o senador jantou com Marcos Valério na casa de uma assessora da CPI. O publicitário se queixou: estava sofrendo muito, a mulher havia tentado se matar, os filhos tinham saído da escola e a família estava sem dinheiro. E disse que o PT precisava pagar o que lhe devia. Nas contas do publicitário, eram 220 milhões de reais — usados no caixa dois de campanhas petistas e no mensalão. Valério disse ainda que havia conversado em Belo Horizonte com Paulo Okamotto, homem de confiança de Lula, e que ele admitira a dívida e garantira "honrar o compromisso". Até então, porém, nada acontecera. Valério foi claro: sem pagamento, "se as coisas estão ruins, vão piorar mais ainda".

Delcídio prometeu resolver o assunto. No dia seguinte, procurou Okamotto. "Eu me encontrei com uma pessoa com quem você esteve em Belo Horizonte e a quem você prometeu algo. Você tem que cumprir." Okamotto lhe disse que tomaria providências. No mesmo dia, o senador esteve com Lula, numa conversa sem testemunhas, no Palácio do Planalto. "Eu conversei com o Marcos Valério e acabo de sair do gabinete do interlocutor que o senhor enviou a Belo Horizonte. Quando se assume um compromisso, este tem que ser cumprido ou negociado. Se as coisas não andarem, o quadro que já está ruim vai ficar pior ainda." Segundo Delcídio, Lula ficou "branco", olhando a paisagem pela parede envidraçada do palácio, sem dizer palavra. O senador afirmou que sua missão estava cumprida e saiu. "Nunca mais falamos no assunto."

Mais tarde, Delcídio ouviu de empresários hoje acusados de envolvimento com o petrolão que o PT havia dado a Valério cerca de 110 milhões de reais.

"Um deles, inclusive, foi orientado a depositar dinheiro numa conta no exterior e só depois descobriu que a conta era do Marcos Valério." (Ao longo daquele período, antes de dormir Delcídio contava para um gravador os fatos do dia. Com o conteúdo dos áudios, ele cogita escrever um livro.) Tempos depois, o senador relatou a um amigo a conversa com Lula. "Esse amigo me disse: 'Você se fodeu. Virou detentor de um segredo que não estava autorizado a ter'. Era verdade. Mesmo anos depois, senti que o Lula não tinha me perdoado." Só com a eleição de Dilma eles voltariam a se aproximar.

A votação na Câmara caminhava para o final. Na TV, a deputada evangélica Tia Eron, do PRB da Bahia, dava seu voto pelo impeachment, balançando uma bandeira brasileira. Do lado de fora, fazia um frio de rachar. Os parentes haviam debandado. No pub particular, só o senador, a mãe dele e eu. Àquela altura, Dilma não tinha mais chance. Delcídio foi ficando cada vez mais quieto, os olhos grudados na TV. O que ele achava que ia acontecer a Lula? "Acabou. O Lula acabou. Ele abraçou a Dilma no momento errado. Tinha que ter entrado no governo em junho passado. Mas não, ele achava que não era digno dele", disse, aparentando abatimento diante do espetáculo que se desenrolava na TV.

A ideia de Lula virar ministro de Dilma foi discutida no PT durante meses e, segundo Delcídio, estava diretamente relacionada ao avanço da Lava Jato. Mas, durante todo o ano de 2015, mesmo com as delações premiadas e o apoio dos tribunais superiores, a operação era um tabu no Palácio do Planalto. Em uma das reuniões de segunda-feira entre a presidente e a coordenação do governo, Delcídio perguntou se ninguém iria discutir os impactos políticos e a estratégia do governo para lidar com a operação. Silêncio sepulcral.

> Nos anos 1960, havia um bar muito famoso no Rio de Janeiro chamado Zeppelin. Naquela época, tudo era normal. Um dia entrou no bar um sujeito vestido com um escafandro. Sentou-se, bebeu, dançou com a namorada, e ninguém falava nada. O petrolão no PT era exatamente a situação do sujeito vestido de escafandro dentro do Zeppelin. Todo mundo sabia, todo mundo via, mas ninguém falava nada.

No final de 2015, Lula ainda teria passado a Delcídio mais uma missão: derrubar a convocação de duas pessoas para depor na CPI do Conselho Administrativo de Recursos Fiscais, o Carf. A comissão estava apurando um esquema de propinas que vigoraria no conselho, responsável por julgar recursos às multas impostas pela Receita Federal. Lula marcou um encontro com o senador num hangar do aeroporto de Brasília e lhe pediu para barrar os depoimentos do lobista Mauro Marcondes e de sua mulher, Cristina Mautoni. O lobista havia sido preso em outubro, na Operação Zelotes da Polícia Federal, acusado de intermediar propinas para livrar empresas de multas. Teria repassado 2,4 milhões de reais a Luís Cláudio Lula da Silva, por uma consultoria que este não conseguia comprovar. Marcondes ainda era suspeito de ter comprado uma medida provisória no governo do petista. Sua mulher era sócia na empresa de lobby. "O Lula me disse: 'Eles não podem ser convocados'. Eu falei, vou chamar a tropa de choque e derrubar o que estiver ali. Ele só queria saber dos dois. Mas os outros líderes tinham outras agendas, então derrubamos um monte de requerimentos." Por intermédio do Instituto Lula, o ex-presidente afirmou que são mentirosas as histórias a seu respeito incluídas pelo senador em sua delação premiada.

Mesmo depois de todas as missões que afirma ter cumprido para Lula, Delcídio diz que nunca se considerou amigo do ex-presidente. "O Lula é ele, usa as pessoas. A gente se ilude porque ele é cativante. Só que o Lula não gosta de ninguém. O Lula só gosta dele."

Delcídio ainda estava no primeiro uísque quando começou a analisar o processo pelo qual Dilma cavou a própria cova. "Hoje eu vejo o Eduardo Cunha aí. Eu dizia, Dilma, recebe o Eduardo, chama ele para o Palácio do Alvorada, para uma conversa privada. E ela: 'Não! Com ele é só no Planalto'. Ela faz política com o fígado." Os votos foram se sucedendo, as doses de uísque também, a conversa tangenciava temas e personagens diversos, mas sempre voltava a Lula e Dilma. Por volta das oito da noite, no momento em que a bancada do Maranhão declarava seus votos, Delcídio foi buscar um charuto. "O Lula foi pedir apoio para o Sarney, e ele disse: 'Se fosse para você, tudo bem. Para a Dilma, não'." Disse não ter dúvidas de que Dilma seria afastada. Pela manhã, ouvira de Eliseu Padilha, um dos principais articuladores de Michel Temer, que já eram 357 os votos pelo impeachment. O placar final da Câmara registraria, horas depois, 367.

Embora no exílio, o senador passava o tempo todo ao telefone, quando não recebendo pessoalmente políticos e empresários, naquele mesmo pub vermelho. "O Sarney, para Dilma, não passa de um político provinciano. Ela se acha muito diferente, superior a todo mundo. Se ela vivesse na Europa tudo bem. Mas nós vivemos no Brasil! O que ela tinha que fazer? Trazer os caras para perto, depois dar o rumo das coisas e ir cortando o espaço deles. Não, ela assumiu a briga de frente. O resultado está aí."

Delcídio repassou, então, seu relacionamento com a presidente. Logo depois das eleições de 2014, ele, Dilma e Mercadante (então ministro da Casa Civil) tiveram uma reunião. "Eu expliquei didaticamente que a Lava Jato ia acabar chegando no governo. Era preciso soltar algumas pessoas, acabar com alguns inquéritos. Se fosse o Fernando Henrique, quando prenderam o Paulo Roberto (Costa) acabava a investigação. Porque os tucanos sabem se movimentar. Nisso eles são bons." Ao final daquela conversa a três, Dilma lhe pareceu convencida. Mas não durou muito. "Meu erro foi deixar o Mercadante ouvir. Quando eu fui embora ele desconstruiu tudo. Ele disse: 'O Delcídio está defendendo empreiteiro, os ex-colegas dele lá na Petrobras, a classe política... Deixa correr! Você vai sair fortalecida e com a imagem de quem combateu a corrupção.'" O senador fez uma pausa, e a seguir disse: "Eles não estavam nem aí para o seu Lula. Na cabeça deles, o segundo mandato seria a desvinculação total". Depois me olhou com um ar meio divertido e arregalou os olhos: "Pois é. E agora?". Perguntei se o fato de a Dilma evitar os corruptos não contava a favor dela. "O problema é o porquê. Ela agiu por soberba. Pensava que iria sair limpa. E só quando percebeu que o troço estava começando a chegar perto foi que tentou se envolver."

A certa altura da votação, perguntei se ele preferia estar lá, na Câmara. "Claro! Esse é o jogo que eu sei jogar. E jogo como poucos. Eu sei o que cada um precisa", disse ele, assim mesmo, no presente. "Enquanto eu estava na liderança do governo, não perdemos nenhuma votação. Quando fui preso, caminhávamos para sair da lama e votar o ajuste fiscal. Tem que ser muito incompetente para deixar a coisa chegar a esse ponto."

"Vamos dar um pulo em São Paulo", propôs Renan Calheiros. Era uma sexta-feira, 17 de julho de 2015. "Vamos conversar com o presidente Lula, ele está passando por uma situação difícil, está numa tensão danada, vamos lá dar uma força para ele." Delcídio topou. Calheiros chamou Edison Lobão e os três embarcaram num jatinho particular. O senador afirmou ao Ministério Público que o valor da viagem, 51 mil reais, foi rachado entre os três — a sua parte, paga em cheque. Chegaram ao Instituto Lula no início da noite. Acompanhado de Okamotto, o ex-presidente lhes ofereceu uísque. O cerne da conversa — mais uma vez — era a Lava Jato. Lula queria ajuda para montar um núcleo de gestão de crise no Senado — para acompanhar a operação e dar alguma resposta à nação. O ex-presidente já teria tentado convencer Dilma da oportunidade do grupo, sem sucesso. Os senadores ouviram, aparentemente concordaram, mas a ideia não prosperaria. "Era claro que não íamos fazer. Até porque estava todo mundo muito fragilizado. O Renan mesmo nunca comandaria um grupo desses no Senado, até pelo momento que ele vive", disse Delcídio aos procuradores.

Quando a trinca embarcou de novo no jatinho, às dez e meia da noite, a conversa se fixou naquilo que impressionara a todos na visita: o desamparo, a fragilidade e a angústia do ex-presidente. "Não era só o abatimento dele, mas a situação. Um cara que foi um puta de um presidente e saiu com 82% de aprovação, vulnerável daquele jeito, com uma sucessora que não o defendia. Os três pensávamos: 'Que merda, onde é que nós chegamos!'", lembrou Delcídio, no final de abril.

Talvez não fosse a reação esperada por Lula, mas Dilma e seu grupo mais próximo — que incluía Delcídio, o ministro da Justiça José Eduardo Cardozo e o advogado Luiz Carlos Sigmaringa Seixas, que a presidente chamava de "Old Man" — já vinham discutindo como influir no Judiciário para "soltar algumas pessoas". No dia seguinte à conversa com Lula, um sábado, Dilma chamou Delcídio ao Alvorada. Fazia exatamente uma semana que ela se encontrara com o presidente do STF, Ricardo Lewandowski, numa escala de viagem internacional na cidade do Porto.

Mais tarde, Delcídio soube que a iniciativa havia sido um desastre de cabo a rabo. Primeiro, porque era para ser uma reunião secreta, mas a imprensa descobriu e começou a especular. O governo tentou disfarçar, o assunto seria o reajuste do Judiciário, mas não colou. Não bastasse, Dilma teve frustrado seu desejo de falar também com Teori Zavascki, o relator do petrolão — o ministro inventou uma desculpa e não apareceu. Dilma teria pedido a Lewandowski que a ajudasse a obter alguns habeas corpus na Corte.

Em sua delação, Delcídio disse que não foram citados nomes específicos, mas subentendia-se que Marcelo Odebrecht e Otávio Azevedo, principal executivo preso da construtora Andrade Gutierrez, estariam entre os que deveriam ser soltos. Lewandowski, porém, disse não. De volta ao Brasil, o ministro da Justiça, José Eduardo Cardozo, detalhou a Delcídio o encontro. "Segundo ele, a conversa foi deserta. O Lewandowski chegou a dizer que tinha se desgastado muito na época do mensalão, tinha sido até hostilizado em São Paulo, e não ia se meter na Lava Jato."

O governo, então, tirou da manga o plano B: tentar uma operação no Superior Tribunal de Justiça, que vinha recusando pedidos de habeas corpus de réus da Lava Jato. Era sobre isso que Dilma queria falar quando chamou Delcídio para uma conversa naquele sábado, num final de tarde ensolarado. Era preciso nomear um novo ministro para o STJ, justo na vaga ocupada pelo relator da Lava Jato. A presidente queria escolher alguém que tivesse "compromisso com o governo". O preferido de Cardozo era o desembargador potiguar Marcelo Navarro, ligado ao presidente do STJ, Francisco Falcão. Mas Dilma estava em dúvida. "Ela queria ter firmeza quanto à fidelidade do Navarro", explica Delcídio. "Era o trauma do mensalão, quando nomearam o Fux pensando que ele ia votar com o governo e se ferraram. Eu disse: 'Olha, eu tenho estado com ele sistematicamente. Se quiser, eu falo com ele'. E ela me autorizou, e ainda disse: 'Tem que olhar no olho dele!'."

Nos diversos encontros que teve com Delcídio, Navarro disse ter clareza do que deveria fazer. "Tenho ciência dos compromissos assumidos", afirmou, segundo o senador. Dias depois, ao dar a notícia a Cardozo, Delcídio ouviu: "Eu sei que a conversa foi boa, o Falcão me falou". O ministro da Justiça também lhe contara que o presidente do STJ prometera que, se Navarro desse o relatório favorável, ele conseguiria fazer com que outros membros o acompanhassem. "O Zé Eduardo estava muito convicto disso", afirmou Delcídio. Navarro foi nomeado em agosto, assumiu em setembro e, em dezembro, votou a favor da concessão de habeas corpus a cinco réus da Lava Jato, incluindo Odebrecht e Azevedo. Mas o resto da turma não o seguiu, e os réus continuaram presos. "O Falcão vendeu uma mercadoria que não podia entregar", explicou Delcídio. Tanto Dilma Rousseff como José Eduardo Cardozo e os ministros Navarro e Falcão negam que os episódios contados por Delcídio tenham acontecido. Cardozo afirmou que Delcídio construiu uma história falsa utilizando-se de fatos reais (como os votos de Navarro).

Delcídio respirou fundo. Passava das onze da noite. As últimas pedras de gelo da sétima dose de uísque derretiam no copo e o segundo charuto minguava, quando ficou claro que o voto que garantiria a abertura do processo de impeachment na Câmara seria do deputado pernambucano Bruno Araújo, do PSDB. "Vai dar Bruno mesmo. É o Bruno", disse Delcídio. Na TV, via-se Araújo abraçado a uma bandeira de Pernambuco, de olhos marejados, esperando o coro dar trégua para votar. "Eu sou brasileiro, com muito orgulho, com muito amor", cantavam. Muitos seguravam cartazes com a inscrição "Tchau, querida". Com um ar perplexo, Delcídio levou as duas mãos ao rosto. "Sabe que no final das contas eu fico... Como é que alguém joga fora um projeto? Eu tô feliz, mas... Como é que alguém é tão incompetente?"

Araújo finalmente pegou o microfone, enxugou uma lágrima e fez um breve e emocionado discurso, que terminou em um grito esganiçado: "Sim para o futurooooooo!". Delcídio disse: "Acabou". Levantou-se e foi abraçar a mãe, que estava sentada numa poltrona do bar. "Mãe, pelo nosso sofrimento! Pelo futuro!" Os dois choraram juntos. Ao sentar-se de novo na poltrona vermelha, o senador continuou tentando definir o que sentia. "Eu tô meio apoplético. Porque eu apostei no caos. Mas nunca imaginei que veríamos um governo petista 'impichado'." Naquele momento, Delcídio sentia-se vitorioso. Para ele, a aprovação do processo de impeachment representava uma esperança de conseguir reverter sua provável cassação no Senado. "Depois do impeachment, o Brasil é outro. E eu fui um dos protagonistas."

O procurador Andrey Borges de Mendonça exasperou-se:

> Sr. Delcídio, eu vou falar bem honestamente para o senhor a minha opinião: se a gente for no Google, a gente pega mais coisa do que o senhor está dizendo. Então, para mim, isto aqui é uma perda enorme de tempo. É óbvio que o senhor sabe mais do que isso, porque *eu* sei mais do que isso. Eu vou chegar para o procurador-geral hoje e falar: "Se for pra continuar desse jeito, é melhor nós pararmos aqui".

Era 11 de fevereiro de 2016, o primeiro dia de depoimentos da colaboração premiada do senador. Passava das nove da noite, Delcídio falava havia cinco horas e os procuradores estavam irritados. As negociações para a delação tinham sido cheias de idas e vindas. Delcídio fizera uma série de exigências, todas atendidas. Contudo, no dia e hora marcados para o primeiro depoimento, com todo o aparato da PF mobilizado para levá-lo a um local insuspeito e transportá-lo sem que fosse identificado, ele se recusou a sair da cadeia. Segundo o próprio Delcídio, não o avisaram de que os depoimentos teriam início naquele dia. "Não ia começar a depor sem me preparar." O Ministério Público ameaçou cancelar todo o acordo, e no dia seguinte os depoimentos principiaram.

Agora, diante de dois procuradores, um delegado e uma câmera de vídeo, o senador ainda "rodeava o toco", como ele mesmo gosta de dizer. Parceiro do procurador da República Mendonça na oitiva, o procurador Sérgio Fernandes complementou a bronca: "Senador, vamos ser claros e chamar as coisas pelos nomes. Aqui não existe projeto, não existe apoio, compromisso, não existe nada. Aqui é propina, ilicitude". Delcídio tentou acalmá-los, argumentando que nos depoimentos seguintes diria "o que os senhores querem saber". Ele estava seguindo um método, uma ordem, e não fugindo do assunto. Mendonça, porém, não engolia. "Nós temos mais de trinta réus colaboradores e todos falaram mais que o senhor." E disparou: "O senhor recebeu vantagem ilícita?". Delcídio fez cara de surpresa: "Eu? Não!". O procurador insistiu: "Nunca recebeu?". O senador também insistiu: "Não!". Mendonça ficou ainda mais impaciente: "É isso o que o senhor está dizendo? Todo mundo recebeu e o senhor nunca recebeu!".

Depois desse tranco, o diálogo fluiu. Em quatro dias, Delcídio do Amaral detalhou os bastidores da nomeação de Marcelo Navarro para o STJ, sustentou que Dilma Rousseff sabia das negociatas relativas à desastrosa aquisição da refinaria de Pasadena, contou como Lula pediu que ele derrubasse pedidos de convocação na CPI do Carf, destrinchou as manobras da CPI dos Correios, revelou o esquema de chantagem na CPI Mista da Petrobras, explicou como fora montado o esquema de corrupção na obra da Usina Hidrelétrica de Belo Monte e entregou esquemas de propina de vários caciques peemedebistas — entre eles, Calheiros, Jucá e Lobão. Reconheceu ter recebido dinheiro desviado da compra da refinaria de Pasadena para pagar despesas de campanha e ter negociado com André Esteves dinheiro para calar Cerveró. Quando os 21 depoimentos terminaram, às onze e meia da noite do dia 14 de fevereiro, havia sido produzida, afinal, "A Delação", como os procuradores a batizaram. O senador da República que outrora habitava o cerne do governo Dilma envolvera em "ilicitudes" senadores, deputados, ministros e magistrados. Nos meses seguintes, com base nas declarações de Delcídio, o procurador-geral da República denunciou Lula e os Bumlai por participação na "Operação Bumlai" e pediu a inclusão de 33 pessoas nos inquéritos que investigam a Lava Jato — entre elas, o próprio Lula, Dilma, Cardozo e Mercadante.

Não é difícil entender por que o senador resistiu tanto. Um acordo de delação poderia lhe dar a chance de sair da cadeia e defender seu mandato. Mas, se confessasse os crimes e ainda entregasse os malfeitos de senadores, deputados e ministros, fatalmente seria cassado. A primeira lista de informações que Delcídio se propôs a dar ao Ministério Público foi considerada fraca. Segundo alguns negociadores disseram à *piauí*, o conteúdo da proposta só melhorou mais para o final de dezembro, quando Delcídio se convenceu de que, se não falasse, não seria solto.

Na mesma época em que o senador foi transferido da Polícia Federal para o quartel da Polícia Militar, em meados de dezembro, o ministro Zavascki mandou soltar André Esteves, mas manteve Delcídio na cadeia. "Até então, eu ainda tinha a esperança de ser solto." Dali em diante, ele se dedicou a trabalhar com mais afinco na delação. Providenciaram-lhe um computador sem acesso a internet para a redação da proposta, bem como um aparelho de DVD — ele assistiu séries como *House of Cards*, *Game of Thrones*, *Roma* e *Band of Brothers*. Passou o Natal na prisão com as filhas, a mulher, a mãe, o irmão e a cunhada. Antes de ser solto, ainda comemoraria ali três aniversários da família: o dele, o da mulher e o de uma filha. "A gente levava um bolinho pequeno e cantava baixinho, pra não reclamarem", lembrou a mãe do senador, Rosely Amaral.

Enquanto Delcídio negociava a delação secretamente, o processo de cassação no Senado avançava a passos de cágado. Licenciado por tempo indeterminado, o senador ainda contou com a estrutura do gabinete, com secretárias, assessores e motorista, e o salário de 33,7 mil reais. Delcídio afirmava estar quebrado — sem dinheiro para pagar os honorários de 3,5 milhões de reais da equipe de Figueiredo Basto, mais a multa de 1,5 milhão de reais imposta pelo MP como parte do acordo de delação premiada. Ele diz que, para cobrir as despesas, vendeu uma casa e mais de mil cabeças de gado de sua fazenda em Corumbá, no Pantanal sul-mato-grossense.

Delcídio tinha em mente uma sequência ideal: fazer a delação, escapar da cassação e ainda votar a favor do impeachment no Senado antes que suas revelações viessem à tona. Por isso, entre todas as condições impostas ao MP — como a de não usar tornozeleira depois de solto, por exemplo —, a mais importante e mais complexa era a de que a colaboração fosse mantida em sigilo por, pelo menos, 180 dias. Os procuradores concordaram — o processo seria incluído na chamada "tramitação oculta" do Supremo, quando não há nem registro de sua existência no sistema eletrônico da Corte. Só os procuradores, a defesa de Delcídio e o gabinete de Teori Zavascki teriam acesso a ele. Mas, com tanta gente envolvida, era impossível garantir a blindagem. Experiente no relacionamento com a imprensa, conhecedor dos mecanismos pelos quais os vazamentos se materializam, Delcídio não se iludia: dificilmente sua delação poderia se manter em segredo por seis meses. "Eu imaginava que fosse vazar, mas achava que seria pouca coisa, aqui e ali."

Cinco dias depois de encerrados os depoimentos, em 19 de fevereiro, Zavascki mandou soltar Delcídio. Embora o acordo ainda não tivesse sido homologado, o senador poderia aguardar em liberdade. Naquela tarde, por um momento o assessor e a mulher pensaram que ele não fosse superar os 87 dias de encarceramento. Os dois apanhavam as roupas e os objetos acumulados na cela, quando um apavorado Delcídio pôs-se a protestar: "Pra onde vocês vão levar isso tudo? Não tira o lençol! Senão eu não vou ter onde dormir!". O ataque de pânico foi breve. Ao sair da cadeia, o senador já tinha uma fala ensaiada. Iria se isolar para preparar um discurso que faria na semana seguinte. "Preciso de paz", afirmou. E rumou com a mulher para a casa do amarra-cachorro de Renan Calheiros, onde ficaria hospedado antes de se transferir para a casa do irmão em São Paulo. Seu plano, agora, era defender o próprio mandato. Delcídio só não entendera ainda que, no momento em que foi preso, já não tinha mais controle do próprio destino.

Os destinos de Delcídio do Amaral e de Dilma Rousseff começaram a tomar forma na primeira quinta-feira de março. Naquela manhã, a revista *IstoÉ* expôs quase toda a delação do senador — suas afirmações sobre Lula, Dilma, Renan, Jucá, Aécio Neves e todos os outros. Caiu como bomba sobre o Planalto. Nas semanas anteriores, o senador dera inúmeras declarações negando qualquer acordo com o MP. Por sugestão de Vandenbergue Machado — que, meses depois, novas gravações revelariam estar agindo por orientação de Renan —, enviara uma carta pessoal a todos os colegas de Senado. "O injusto encarceramento me afastou temporariamente da convivência familiar, social e política, todavia não me exonerou da coerência e da razão", dizia ele. Até então, o clima geral no Senado em relação a Delcídio era de condescendência. Aos repórteres, Calheiros deixava vazar que a Casa deveria empurrar o processo com a barriga pelo menos até que o Supremo o sentenciasse.

Com a delação na praça, as esperanças de Delcídio simplesmente viraram pó. Já as do governo, que dez dias antes sofrera o golpe da prisão do marqueteiro João Santana, encolheram um pouco mais. Convocaram-se reuniões de emergência no Planalto e no Senado, ministros mais próximos da presidente negaram as acusações feitas pelo ex-líder do governo. José Eduardo Cardozo — um dos que, segundo a delação do senador, mais conspirava com ele contra a Lava Jato — devolveu os petardos, isentando-se de culpa:

> Ele vinha quase diariamente tratar de vários assuntos. Dizia pra eu tomar providências sobre a Lava Jato: "Temos que ver o que está ocorrendo. Réus estão sendo pressionados a fazer delação. Tem que falar com o [Rodrigo] Janot, com o Teori". E eu respondia: "Delcídio, representa (oficialmente), meu filho". Depois eu vi que ele estava é defendendo sua sobrevivência.

À *piauí*, ele completou: "O Delcídio só falava e só pensava em Lava Jato".

Em meio à tormenta, Delcídio "mergulhou", como ele mesmo definiu. Passou um tempo quieto, assimilando o golpe. Quando o visitei pela primeira vez, em São Paulo, um mês depois da quinta-feira fatídica, ele já havia virado a chave. Discorria animadamente sobre os bastidores da delação e as dificuldades do governo, ao som de uma trilha de blues e rock 'n' roll que saía da jukebox do pub transformado em bunker. Em 13 de março, fora à manifestação na avenida Paulista contra o governo, na garupa da Harley-Davidson do irmão. Circulara rapidamente nas franjas da avenida, sem tirar o capacete, e se convencera de duas coisas: o impeachment seria a salvação de seu mandato, e ele dera uma grande contribuição ao país.

Preparava-se para uma cirurgia de retirada de pedras na vesícula e pólipos do intestino, o que lhe garantiria um período extra de licença do Senado, e passava a maior parte do tempo ao telefone. Não parou de receber visitas de advogados, empresários e políticos. Um deles foi o ex-senador Jorge Bornhausen, amigo desde os tempos de Eletrosul.

> Ele me disse: "É, você bateu duro no Senado Federal". E eu respondi: "Bati mesmo. O que foi que o Senado fez comigo quando eu fui preso?! Caras que eu ajudei pra cacete. Agora dizem, ah, não, eu vou cassar o Delcídio. Mas cassar a troco de quê? Eu estou denunciado por obstrução, não por desvio de dinheiro. E os que estão, não vai acontecer nada com eles?".

Embora afirmasse ter certeza de que seria cassado, o senador continuaria lutando pelo mandato até o final. Mesmo que, para isso, precisasse apelar. "Olha, Jorge, você me conhece. Você sabe o que eu sei. Se eu resolver virar os arreios, vamos ver o que vai acontecer lá dentro." Ao presidente do Conselho de Ética, o senador peemedebista João Alberto Souza, um dos mais fiéis aliados de Calheiros, o recado foi mais direto. Numa conversa ao telefone, Delcídio pediu que o depoimento fosse adiado, e ouviu que ele nem seria necessário. "Eu respondi: 'João, falar pra mim isso, como se eu fosse um novato?! Eu tenho treze anos de Senado!'." Souza sustentou ser apenas um moderador, e ele perdeu a paciência. "João, você não é moderador de nada, João... Eu sei do seu papel. Você era do conselho quando nós íamos cassar o Sarney, lembra? Então você pode dizer para outras pessoas que tem papel moderador. Não para mim!" A conversa ainda durou o suficiente para que ele dissesse ao colega: "Vocês não vão acabar com a minha história. Agora, se eu for aí, eu tenho capacidade de acabar com a história de muita gente". Depois disso, Delcídio apresentou novos atestados médicos, e o conselho prorrogou por mais uns dias o prazo para o depoimento. Para ele, o melhor seria só comparecer ao Parlamento depois do impeachment. A agenda do Senado, porém, era outra.

O plenário da Comissão de Constituição e Justiça e de Cidadania estava cheio para ouvir Delcídio falar na tarde de 9 de maio — o que era um feito, pois, embora fosse a primeira vez que ele comparecia à antiga casa desde a prisão, Brasília estava em polvorosa. Eduardo Cunha havia sido afastado, e o presidente da Câmara, Waldir Maranhão, anulara a sessão que aprovara o processo de impeachment quando faltavam apenas dois dias para a votação no próprio Senado. Enquanto Calheiros desancava Maranhão no plenário e mantinha o cronograma do impeachment, Delcídio falava na comissão. Os governistas da CCJ se revezavam entre um evento e outro. A comissão estava reunida para votar pelo envio ao plenário do pedido de cassação — aprovado previamente no Conselho de Ética. Era, portanto, a última chance de Delcídio adiar a cassação. Daí ele ter passado as últimas semanas em frenéticas articulações telefônicas. Procurou senadores de todos os partidos, ouviu frases simpáticas, mas foi no PSDB que encontrou guarida.

Os caciques tucanos tinham suas razões para lhe dar sobrevida — seria útil e simbólico ter o ex-líder do governo discursando contra Dilma na votação do impeachment. Pretendiam, também, proteger-se, já que Delcídio vinha sugerindo adicionar novas informações à delação. Mas precisavam driblar a ira de Aécio Neves. Logo depois da prisão de Delcídio, Aécio havia dito que o senador petista se comportava como "chefe de máfia". Agora, não o perdoava por tê-lo incluído em sua delação. Em busca de boa vontade, Delcídio passou a dizer que suas declarações sobre o mineiro eram só "de ouvir falar". Fizera um gesto. Agora era a vez dos tucanos.

"Quero, primeiro, pedir desculpas por aquilo que causei, pelos constrangimentos que causei, não só aos senadores e senadoras, mas, especialmente, ao povo brasileiro e ao povo do meu estado", disse Delcídio, mal segurando as lágrimas. "Peço desculpas, errei, agi a mando." A cassação, sustentou, era uma pena grave demais para a falta que cometera. Além do mais, disse, seu processo no STF tinha fatos novos, que a comissão deveria conhecer antes de tomar uma decisão. O tucano Aloysio Nunes pegou a deixa e perguntou ao advogado de Delcídio se os acréscimos ao processo alterariam o julgamento. A defesa afirmou que sim. Nunes então sugeriu que o processo fosse suspenso até que a comissão tivesse acesso aos novos documentos.

Era aquela a manobra que poderia reverter a situação de Delcídio, a ser definida só depois do impeachment. Quase deu certo. Como os governistas mais aguerridos não estavam presentes, o debate foi dominado pela oposição, que se manifestava em peso a favor da protelação. Aflito com o rumo que a coisa tomava, o vice-líder do governo Telmário Mota, responsável pelo relatório do Conselho de Ética pela cassação, correu ao plenário para falar com Renan Calheiros. No dia seguinte, em seu gabinete, o próprio Mota me contou o ocorrido. "Eu corri lá e disse: 'Renan, não dá! Vão segurar o cara, aprovando uma coisa que não tem nada a ver!'." Calheiros respondeu: "É a porra desse PSDB!". "Então tome providências", disse o primeiro.

Naquele momento, a CCJ aprovou a suspensão do processo. Delcídio deixou vitorioso a sala da comissão, rindo e brincando com os jornalistas. Deu entrevista e saiu pelos corredores, cercado por um séquito de advogados, assessores e seguranças. Era a última vez que experimentava a sensação daquele ritual tão característico do poder.

Logo ao entrar no elevador, o petista ouviu do assessor de imprensa: "O Renan está dizendo no plenário que só vota o impeachment depois da sua cassação". Ele franziu a testa. Ao chegar ao gabinete, viu que sua breve vitória já era uma lembrança. A TV Senado mostrava uma discussão acalorada entre Calheiros e Aloysio Nunes. De rosto vermelho, alterado, o presidente do Senado queria reverter a decisão tomada na comissão, e seu interlocutor afirmava que só estava garantindo o direito de defesa. "Nós não podemos deixar o processo legislativo entregue à manobra para delongar julgamento!" E ameaçou: "Se esta Casa procrastinar, como procrastinou a outra Casa, não vai contar com a minha boa vontade de marcar a sessão de quarta-feira [do impeachment]". O peemedebista Romero Jucá, aliado de Renan, sugeriu rever a decisão da CCJ em regime de urgência. E assim se fez. Em poucos minutos a decisão foi derrubada. No dia seguinte, 10 de maio, Delcídio foi cassado por 74 votos a zero. Apenas um senador se absteve.

De volta à casa do irmão, em São Paulo, ele evitou assistir à sessão. Preferiu ver *Homeland*, sua nova série preferida. Sua mulher, em outro quarto, de vez em quando vinha dar notícias. Quando telefonei, naquela noite, ele me disse: "Eu sabia que isso ia acontecer. No fundo, é até um alívio". E, desde então, passou a se referir a Renan Calheiros como "o Cangaceiro".

Dez dias depois, encontrei Delcídio mais uma vez. Naquela manhã, a *Folha de S.Paulo* havia publicado o conteúdo das gravações em que Jucá, ministro do Planejamento recém-empossado do ainda interino governo Temer, discutia com o ex-presidente da Transpetro, Sérgio Machado, como se proteger do juiz Sérgio Moro e "delimitar" a Lava Jato. O autor da gravação era o próprio Machado — até então tido como amarra-cachorro de Calheiros, Jucá e Sarney.

Encurralado pela operação, que descobrira contas suas no exterior, Machado negociava ele próprio uma delação premiada. Agora ex-senador, privado de direitos políticos por onze anos, Delcídio reagiu com ironia. "Olha, eu estou deprimido, viu? Coitados...", disse. "É exatamente o que aconteceu comigo. Mas convenhamos, perto disso, o meu caso é a Disney!"

Naquele dia o telefone tocou o tempo todo. Eram advogados, jornalistas e ex-assessores, agora comentando o imbróglio Jucá. Embora saboreando a vingança, Delcídio sentia o baque de ter de se acostumar à nova situação. Entre as chamadas, algumas eram de funcionários de sua fazenda, pedindo remédios e instruções sobre como lidar com o gado.

O ex-senador voltaria nos próximos dias ao Pantanal e, em algum momento, passaria a prestar serviços à comunidade. Pelo acordo de delação, agora que está sem mandato, ele deve ser obrigado a usar tornozeleira eletrônica. Seu processo passa à jurisdição de Sérgio Moro. Delcídio também pretendia atender a um pedido da família: parar de dar entrevistas. Mal nos separamos, porém, ele falou com uma repórter do *Estadão*, a quem declarou que a gravação mostrava "um estado de obstrução de Justiça institucionalizada". "Uma obstrução de Justiça em cima de um pacto que passa pelo afastamento de uma presidente, isso é muito grave!", completou, pouco antes de chamar Romero Jucá de "Romero, o Breve". Ao ler a entrevista, lembrei-me de uma frase que ele disse em uma de nossas conversas: "A política é a única atividade em que o cara ressuscita mais de uma vez".

PÓS-ESCRITO

Delcídio do Amaral voltou a Campo Grande, onde administra a fazenda de sua família. Agora só vai a Brasília quando tem de prestar depoimento. Mesmo tendo feito acordo de delação premiada, responde a processo por obstrução de Justiça — atualmente na Justiça Federal e não mais no Supremo, já que não tem mais foro privilegiado. Ainda assim, em razão do acordo de delação, mesmo se for condenado, o ex-senador cumprirá a pena em regime de prisão domiciliar.

O antropólogo contra o Estado

Eduardo Viveiros de Castro, o intelectual brasileiro que virou a filosofia ocidental pelo avesso

RAFAEL CARIELLO
Janeiro de 2014

Marcio Ferreira da Silva, um sujeito grandalhão e bem-humorado, professor de antropologia na Universidade de São Paulo, tentava encontrar um volume nas estantes de seu apartamento. Depois de perscrutar as prateleiras da sala, sumiu por um instante no corredor que levava aos quartos. "Achei", exclamou. Trouxe lá de dentro uma edição especial da revista *L'Homme*, publicada no ano 2000, em que o antropólogo Claude Lévi-Strauss, aos 91 anos, comentava os avanços recentes de sua disciplina.

"Olha o que o bruxo escreveu!", disse o antropólogo da USP. Passou então a ler em voz alta os parágrafos finais de um artigo em que o etnólogo francês exalta o trabalho dos "colegas brasileiros", atribuindo a eles a descoberta de uma metafísica própria aos índios sul-americanos. "A filosofia ocupa novamente o proscênio da antropologia", escreveu Lévi-Strauss. "Não mais a nossa filosofia", acrescentou, mas a filosofia dos "povos exóticos". O texto que Marcio Silva tinha nas mãos indicava que algo havia mudado na relação da academia brasileira com a metrópole — uma relação que poderia ser descrita como uma via de mão única, ou quase isso, ao longo da maior parte do século XX.

Num artigo que causou certa discussão, escrito em 1968 para a *aut aut*, prestigiosa revista italiana de filosofia, o filósofo Bento Prado Jr. registrou que resenhar, naquela publicação, as obras de seus pares produzidas no Brasil "não implicaria nenhuma informação para o leitor europeu". E argumentava: "Aqui também se faz marxismo, fenomenologia, existencialismo, positivismo". Mas não havia novidade ou contribuição maior: "Quase sempre, o que se faz é divulgação". Três décadas depois, Lévi-Strauss identificava um conjunto de ideias na fronteira da antropologia e da filosofia que, a seu ver, o leitor europeu precisava conhecer.

Marcio Silva havia retirado outro volume da estante. Leu o título: *Transformations of Kinship* [Transformações do parentesco]. "É a última grande compilação de estudos da área. O último grande livro do século XX. Tem um artigo do Eduardo", disse, referindo-se ao antropólogo Eduardo Viveiros de Castro, seu orientador no doutorado, nos anos 1980. Abriu o livro nas páginas finais e procurou referências bibliográficas. Encontrou os nomes de ex-alunos de Viveiros de Castro. "Olha aqui o Carlos Fausto. Citado em português! A Aparecida Vilaça também." O próprio Silva também constava da lista. "Foi por causa do Eduardo que os 'colegas brasileiros' passaram a existir", disse. "É muito fácil aferir isso. Basta folhear as principais revistas da disciplina. Isso mudou. E mudou por causa dele."

* * *

Eduardo Viveiros de Castro mora com a mulher, Déborah Danowski, e a única filha deles, Irene, de dezoito anos, num prédio antigo, estilo art déco, na praia de Botafogo, no Rio de Janeiro. No apartamento de pé-direito alto, estantes de livros cobrem as paredes já no pequeno corredor que serve como hall de entrada. Na prateleira de uma delas, na sala, vê-se uma foto antiga do antropólogo, na casa dos vinte anos, com o cabelo comprido. Ao lado, um retrato de Bob Dylan.

Numa noite de outubro do ano passado, Viveiros de Castro criticava o avanço do governo de Dilma Rousseff sobre a Amazônia, seus projetos de estradas e usinas hidrelétricas, benefícios ao agronegócio — e descaso com os direitos dos povos indígenas. Sentado no sofá, o antropólogo comparou as ambições desenvolvimentistas da atual presidente à megalomania da ditadura, com seu ideário de "Brasil Grande".

"Hegel deve estar dando pulinhos de alegria no túmulo, vendo como a dialética funciona", ele disse.

> Foi preciso a esquerda, uma ex-guerrilheira, para realizar o projeto da direita. Na verdade, eles sempre quiseram a mesma coisa, que é mandar no povo. Direita e esquerda achavam que sabiam o que era melhor para o povo e, o que é pior, o que eles pensavam que fosse o melhor é muito parecido. Os militares talvez fossem mais violentos, mais fascistas, mas o fato é que é muito parecido.

Apesar da contundência, falava com calma, o tom de voz baixo.

> O PT, a esquerda em geral, tem uma incapacidade congênita para pensar todo tipo de gente que não seja o bom operário que vai se transformar em consumidor. Uma incapacidade enorme para entender as populações que se recusaram a entrar no jogo do capitalismo. Quem não entrou no jogo — o índio, o seringueiro, o camponês, o quilombola —, gente que quer viver em paz, que quer ficar na dela, eles não entendem. O Lula e o PT pensam o Brasil a partir de São Bernardo. Ou de Barretos. Eles têm essa concepção de produção, de que viver é produzir — "O trabalho é a essência do homem". O trabalho é a essência do homem porra nenhuma. A atividade talvez seja, mas trabalhar, não.

Viveiros de Castro não é um homem alto. "Oficialmente", mede 1,68 metro, mas diz que a idade já deve ter lhe roubado um ou dois centímetros. Tem 62 anos, o cabelo e a barba grisalhos. O que se destaca em sua fisionomia é o nariz grande, reto, quase um triângulo retângulo aplicado ao rosto. Seus gestos são contidos e ele fala numa versão mais atenuada, mais diluída, do sotaque carioca. Em contraste com o discurso combativo, faz lembrar, na prosódia e nos modos, um diplomata. Afável, o antropólogo recusa a imagem: a comparação com a elite burocrática do país — espécie de símbolo da vida burguesa bem-comportada — não lhe agrada.

Num texto memorialístico recente, Viveiros de Castro contabilizou dezesseis anos de estudo, do primário à faculdade, em duas tradicionais instituições cariocas: o Colégio Santo Inácio e a Pontifícia Universidade Católica do Rio. "Dois estabelecimentos privados de classe média e alta — ninguém é perfeito — da minha cidade natal, ambos dirigidos pelos padres jesuítas", escreveu. Seu pai pertencia a uma família de "políticos e juristas". Augusto Olympio Viveiros de Castro, bisavô de Eduardo, foi ministro do Supremo Tribunal Federal e hoje é nome de rua em Copacabana. Outro bisavô, Lauro Sodré, nome de avenida em Botafogo, foi militar, senador e governador do Pará. Participou da Revolta da Vacina, em 1904 — segundo o antropólogo, por ser positivista e acreditar que o Estado "só podia chegar até a pele" dos cidadãos. "Um argumento curioso", comentou. "Equivocado, no caso da vacina. Mas tem o seu interesse retórico. Tendo a simpatizar com ele. Acho que o Estado devia parar muito antes, bem longe da pele."

Do ponto de vista intelectual, Viveiros de Castro é herdeiro de cientistas sociais que ajudaram a derrubar o senso comum de que os povos indígenas são marcados pelo atraso em relação ao mundo ocidental. Essas sociedades sempre foram descritas como "primitivas" por carecerem de instituições modernas — como o Estado e a ciência.

Foi Claude Lévi-Strauss quem aposentou definitivamente a ideia de que os povos sem escrita seriam menos racionais do que os europeus. Os índios ocupavam um lugar próximo, nessa visão de mundo que ele ajudou a desfazer, ao das crianças, ou dos loucos. O pesquisador francês argumentou que havia método e ordem nas aparentemente caóticas associações que esses povos faziam — entre tipos de animais, acidentes geográficos, corpos celestes e instituições sociais. Eram o resultado não da falta de razão, mas, em certo sentido, de seu excesso. O que nenhuma sociedade humana tolera, dizia Lévi-Strauss, é a falta de sentido. O "pensamento selvagem", assim, é totalizante, e procura, por meio de analogias, uma compreensão completa de todo o universo, estabelecendo relações entre os diferentes tipos de fenômenos. Um determinado rio se distingue de outro de maneira análoga ao modo como uma espécie animal é diferente de outra, ou um grupo social, de seus vizinhos. Nada pode escapar à sua malha de significados.

Nos anos 1970, o antropólogo francês Pierre Clastres argumentou que a falta de Estado nos povos das terras baixas sul-americanas — em contraste com a forte centralização política de seus vizinhos andinos — não seria uma carência, mas uma escolha deliberada, coletiva. Há entre eles, com frequência, alguma forma de chefia. Em troca de prestígio, o chefe ocupa um lugar privilegiado, e apartado, em relação aos demais integrantes da sociedade. Pode falar à vontade. Mas ninguém lhe dá ouvidos. "O chefe por vezes prega no deserto", escreveu Clastres. Do chefe é exigida uma generosidade maior, que o obriga a distribuir bens para o restante da sociedade. Lévi-Strauss, ao falar dos nambiquaras, dizia que "a generosidade desempenha um papel fundamental para determinar o grau de popularidade de que gozará o novo chefe".

Por mais populares que sejam, contudo, tais líderes não dispõem de nenhuma capacidade coercitiva. O chefe não manda. Tudo se passa como se essas sociedades criassem uma posição privilegiada, o lugar exato onde o Estado poderia nascer, para então esvaziá-la de poder, numa espécie de ação preventiva. Foi o que Clastres chamou de "sociedades contra o Estado". Defendeu a ideia em um de seus artigos, argumentando que "só os tolos podem acreditar que, para recusar a alienação, é preciso primeiro tê-la experimentado".

Naquela mesma década de 1970, o norte-americano Marshall Sahlins se ocupou da dimensão econômica dessas sociedades. Procurou analisar as mais "pobres" dentre elas, os grupos nômades de caçadores-coletores. Segundo a visão então consagrada, tais sociedades mal conseguiriam assegurar a própria subsistência. Com técnicas pouco desenvolvidas e baixa produtividade, por certo não havia nelas produção excedente, poupança, investimento. Viviam da mão para a boca.

Ocorre que o tempo dedicado ao trabalho também era pequeno. Esses estranhos "primitivos" pareciam ser ao mesmo tempo miseráveis e ociosos. O que Sahlins argumentou é que não fazia sentido, para grupos nômades, acumular bens — quanto menos tivessem de carregar, tanto melhor. Tampouco era lógico produzir estoques, quando esses estão ao redor, "na própria natureza". Do ponto de vista dos caçadores-coletores, não lhes faltava nada. Trabalhar pouco era uma escolha, e aqueles grupos constituiriam o que o antropólogo chamou de primeira "sociedade de afluência".

Em alguns de seus textos, Viveiros de Castro cita Lévi-Strauss e Pierre Clastres como paixões intelectuais. Não chega a fazer o mesmo com Sahlins, mas o ex-aluno dos padres jesuítas retomou o autor norte-americano, num ensaio recente, para argumentar que, junto aos outros dois, ele contribuiu para colocar em questão "a santíssima trindade do homem moderno: o Estado, o Mercado e a Razão, que são como o Pai, o Filho e o Espírito Santo da teologia capitalista". Em vez de símbolo de atraso, a "sociedade primitiva", escreveu o antropólogo carioca, "é uma das muitas encarnações conceituais da perene tese da esquerda de que um outro mundo é possível: de que há vida fora do capitalismo, como há socialidade fora do Estado. Sempre houve, e — é para isso que lutamos — continuará havendo".

O antropólogo e sua mulher mantêm uma casa simples num condomínio de classe média alta, em Petrópolis, na serra fluminense. Costumam passar os finais de semana lá. No centro do terreno se ergue uma espécie de pequeno Pão de Açúcar, uma pedra grande, com cerca de cinco metros de diâmetro, que se mostrou providencial para baratear o preço do lote. "O pessoal por aqui quer casa com cinco salas, cinco suítes", disse Viveiros de Castro. "Esse pedregulho atrapalha." Nos fundos, fica uma obra a que ele se dedica com afinco e que parece lhe dar grande orgulho: um jardim-pomar.

Num domingo de céu sem nuvens, ele caminhava por entre os arbustos distribuídos no terreno gramado. Levava um cajado de madeira quase do seu tamanho. Usava-o sobretudo para apontar as frutas de nomes estranhos, que eram sempre aparentadas de outras, mais conhecidas. "Essa é da família da pitanga"; aquela outra, "parente da lichia"; uma terceira, "deliciosa, com o gosto entre a goiaba e o abacaxi". Déborah acompanhava o percurso. Ela é professora de filosofia na PUC do Rio. Os dois são casados há quase três décadas. Quando voltamos para a sala da casa, pedi que Viveiros de Castro falasse sobre a ideia que o projetou. A síntese da metafísica dos povos "exóticos", a que se referia Lévi-Strauss, surgiu em 1996. Ganhou o nome de "perspectivismo ameríndio".

Fazia já alguns anos, então, que o antropólogo se ocupava de um traço específico do pensamento indígena nas Américas. Em contraste com a ênfase dada pelas sociedades industriais à *produção* de objetos, vigora entre esses povos a lógica da *predação*. O pensamento ameríndio dá muita importância às relações entre caça e caçador — que têm, para eles, um valor comparável ao que conferimos ao trabalho e à fabricação de bens de consumo. Diferentes espécies animais são pensadas a partir da posição que ocupam nessa relação. Gente, por exemplo, é ao mesmo tempo presa de onça e predadora de porcos.

Duas alunas suas, Aparecida Vilaça e Tânia Stolze Lima, preparavam, naquela ocasião, teses de doutorado que chamavam a atenção para outra característica curiosa do pensamento de diferentes grupos indígenas. Tânia pesquisava os jurunas, do Xingu; Aparecida, os uaris, em Rondônia. Pois bem: de acordo com os interlocutores de ambas, os animais podiam assumir a perspectiva humana. Tânia e Viveiros de Castro fizeram um levantamento que indicava a existência de ideias semelhantes em outros grupos espalhados pelas Américas, do Alasca à Patagônia. Segundo diferentes etnias, os porcos, por exemplo, se viam uns aos outros como gente. E enxergavam os humanos, seus predadores, como onça. As onças, por sua vez, viam a si mesmas e às outras onças como gente. Para elas, contudo, os índios eram tapires ou pecaris — eram presa. Essa lógica não se restringia aos animais. Aplicava-se aos espíritos, que veem os homens como caça, e também aos deuses e aos mortos.

Ser gente parecia uma questão de ponto de vista. Gente é quem ocupa a posição de sujeito. No mundo amazônico, escreveu o antropólogo, "há mais pessoas no céu e na terra do que sonham nossas antropologias".

Ao se verem como gente, os animais adotam também todas as características culturais humanas. Da perspectiva de um urubu, os vermes da carne podre que ele come são peixes grelhados, comida de gente. O sangue que a onça bebe é, para ela, cauim, porque é cauim o que se bebe com tanto gosto. Urubus entre urubus também têm relações sociais humanas, com ritos, festas e regras de casamento. O mesmo vale para peixes entre peixes, ou porcos-do-mato entre porcos-do-mato.

Tudo se passa, conforme Viveiros de Castro, como se os índios pensassem o mundo de maneira inversa à nossa, se consideradas as noções de "natureza" e de "cultura". Para nós, o que é dado, o universal, é a natureza, igual para todos os povos do planeta. O que é construído é a cultura, que varia de uma sociedade para outra. Para os povos ameríndios, ao contrário, o dado universal é a cultura, uma única cultura, que é sempre a mesma para todo sujeito. Ser gente, para seres humanos, animais e espíritos, é viver segundo as regras de casamento do grupo, comer peixe, beber cauim, temer onça, caçar porco.

Mas se a cultura é igual para todos, algo precisa mudar. E o que muda, o que é construído, dependendo do observador, é a natureza. Para o urubu, os vermes no corpo em decomposição são peixe assado. Para nós, são vermes. Não há uma terceira posição, superior e fundadora das outras duas. Ao passarmos de um observador a outro, para que a cultura permaneça a mesma, toda a natureza em volta precisa mudar.

Já fazia alguns minutos que Déborah tinha se enfurnado dentro da casa, enquanto o antropólogo falava de peixes, antas e urubus. Viveiros de Castro disse se lembrar de que estava lendo um ensaio de Lévi-Strauss quando teve o "estalo" que deu origem ao perspectivismo. Fez uma pausa e, sem se levantar da poltrona, chamou pela mulher. "Débi!" Ela apareceu no mezanino, sobre nossas cabeças. O antropólogo voltou a contar a história. "Eu lembro que saí do escritório, onde estava lendo esse texto, e disse à Débi que tinha acabado de ter uma ideia; uma ideia que iria me ocupar por uns dez anos, se eu quisesse tirar todas as consequências dela." Virou-se para cima e perguntou: "Lembra, Débi?". Do alto do mezanino, ela riu, simpática, e respondeu balançando a cabeça: "Não".

A antropóloga Manuela Carneiro da Cunha, professora da Universidade de Chicago, avalia que as ideias desenvolvidas por Viveiros de Castro a partir do perspectivismo ameríndio dialogam diretamente com boa parte da tradição filosófica ocidental. Ao mesmo tempo, a síntese que ele propôs do pensamento indígena é uma crítica a essa tradição, ao questionar as noções de "natureza" e "cultura" da "vulgata metafísica ocidental".

Essa capacidade crítica foi logo notada. Durante um debate na Inglaterra, mal a ideia havia sido apresentada, um interlocutor do antropólogo carioca lhe disse que os índios de que ele falava "pareciam ter estudado em Paris". Reagindo à provocação, Viveiros de Castro comentou que "na realidade havia ocorrido exatamente o contrário: que alguns parisienses", e ele se referia certamente a Lévi-Strauss, que viveu no Brasil entre 1935 e 1939, "haviam estudado na Amazônia". E argumentou que sua análise "devia tanto ao estruturalismo francês", de Lévi-Strauss, quanto este estava em débito com o conhecimento que travara com povos indígenas do Brasil. "Não fora o Pará que estivera em Paris", disse o antropólogo, "mas sim Paris no Pará."

Viveiros de Castro promoveu, em relação à filosofia, algo análogo ao que Pierre Clastres e Marshall Sahlins haviam feito em relação ao Estado e à economia de mercado: mostrou que um outro mundo é possível. A ideia recebeu enorme atenção, dentro e fora do país, quase imediatamente após sua formulação. "Na França e na Inglaterra, o Eduardo é altamente respeitado", declarou a professora da Universidade de Chicago; "basta dizer que na Livraria Gibert, em Paris, há uma seção de prateleira com o nome dele."

Nos Estados Unidos, a resistência ao perspectivismo foi maior, observou Manuela. No final de novembro passado, contudo, após uma conferência de Viveiros de Castro para a Associação Americana de Antropologia, ela me enviou uma mensagem informando que a recepção às ideias dele estava "melhorando bastante". Mesmo antes disso, de toda forma, o professor brasileiro já contava com defensores importantes. Marshall Sahlins, colega de Manuela em Chicago, considera Viveiros de Castro "o antropólogo mais erudito e original do planeta" da atualidade, tendo inaugurado "uma nova era para a antropologia, com profundas implicações para o resto das ciências humanas e das humanidades".

Eduardo Batalha Viveiros de Castro nasceu no dia 19 de abril de 1951, no Rio de Janeiro. Passou toda a adolescência na Gávea, zona sul da cidade. Nos anos 1960, o bairro era uma larga ilha de classe média contida entre a Rocinha, no alto do morro, e o Parque Proletário, uma favela que não existe mais. Eduardo morava numa casa grande de dois andares, movimentada, aberta à vizinhança, com os pais e os cinco irmãos mais novos. A mãe "era dona de casa, formada em letras, como convinha a uma moça de boa família". O pai, um advogado trabalhista, não dirigia. Nos finais de semana, contratava os serviços de um vizinho taxista para levar a família à praia em Ipanema.

Tampouco tinham TV — levaram certo tempo até adquirir uma, "meio que obrigando a gente a estudar". Por outro lado, a biblioteca era boa. "Os livros que não eram brasileiros eram franceses. Aprendi a ler em francês folheando os livros do meu pai. A minha mãe, também, tinha estudado numa escola de freiras francesas. Havia um ruído de fundo em francês na casa."

Viveiros de Castro não deu muita atenção quando chegou ao bairro a notícia do golpe militar, em 1964: "Eu tinha treze anos, estava jogando bola". Seu interesse, além do futebol, eram os livros de divulgação científica. Começou a gostar de música na época em que os discos dos Beatles e dos Rolling Stones desembarcaram no país, e decidiu aprender inglês quando conheceu as canções de Bob Dylan, que ele reputa, ainda hoje, personagem fundamental em sua formação intelectual. "Os discos dele em geral tinham as letras na contracapa. Era só abrir o dicionário." Foi por meio do cantor norte-americano que o antropólogo descobriu a geração beat, com seus valores libertários, e a contracultura.

Em contraposição à vida alegre da Gávea, o Colégio Santo Inácio, onde estudou até chegar à faculdade, foi um longo "serviço militar", do qual disse não guardar boas lembranças — nem más. Uma escola exclusivamente masculina, em que a ênfase não estava no ensino religioso, mas na disciplina.

Os anos decisivos foram 1967 e 1968. Interessou-se pelas discussões intelectuais publicadas nos suplementos dominicais da imprensa, tomando o partido da poesia concreta, das revoluções formais e do tropicalismo, contra o que se refere como vertente nacional-populista, "tipo samba de raiz, Tinhorão, CPC — o marxismo cultural, chamemos assim". Passou a ler obras de linguística, filosofia, poesia brasileira e literatura francesa. Ainda gostava de matemática, carreira que considerou seguir. Desistiu ao se confrontar com um colega que "nadava de costas" na disciplina. "Ele era muito melhor do que eu. Vi que não tinha condições de ser matemático."

Foi nessa época, disse o antropólogo, que ele descobriu o mundo intelectual "pra valer". "Comecei também a desenvolver sentimentos antiburgueses. Deixei o cabelo crescer, por assim dizer. Passei a experimentar as drogas, a frequentar ambientes pouco recomendáveis e a ter amigos fora do colégio. Sobretudo um, que foi muito importante para me situar nos debates da época, amigo meu até hoje, que é o Ivan Cardoso, cineasta."

Quando se referem um ao outro, Viveiros de Castro e o amigo do tempo da adolescência, dois senhores de mais de sessenta anos, parecem garotos. Assim que encontrei Ivan Cardoso pela primeira vez, em sua casa, em Copacabana, ele foi logo dizendo: "O Viveiros? Eu comia ele".

Com uma calva pronunciada, o cineasta trazia o cabelo desarrumado nas têmporas e na nuca. Numa sala atulhada de móveis e objetos criados por ele, quadros com esmaecidas bandeirolas de festa junina se destacavam. "São Volpis?", perguntei. "São Ivolpis", ele respondeu, satisfeito, "Ivolpis!"

Mais conhecido por seu longa *O segredo da múmia*, de 1982, Cardoso foi um inovador formal, rodando filmes de vanguarda em super-8 a partir do final dos anos 1960. Viveiros de Castro conta que a preocupação do amigo com a plasticidade das cenas, aliada à paródia das fitas de terror que fazia, levou o poeta e crítico Haroldo de Campos a sintetizar sua obra como "Mondrian no açougue". "Tenho uma admiração imensa pelo Ivan", me disse o antropólogo. "Ele, sim, é um artista. Nunca se afastou disso, e tem uma puta imaginação plástica. Eu sou um anão. O Ivan é um gigante."

Os pais de Ivan Cardoso e de Viveiros de Castro eram amigos. Os dois garotos estudavam em escolas diferentes, mas próximas. O Colégio São Fernando, que Ivan frequentava, ficava em Botafogo, como o Santo Inácio. Cardoso editava um jornal estudantil e convidava artistas plásticos para dar palestras aos alunos. "O Ivan era muito cara de pau", explicou o antropólogo. "Batia na porta das pessoas. Eu ia um pouco no vácuo dele." Os dois ficaram amigos de Hélio Oiticica. "Ele gostou da gente", contou o antropólogo. "Ensinava coisas. Foi um pouco o nosso guia no mundo artístico."

Estirado na cama de seu quarto, Ivan Cardoso lembrou a primeira vez em que encontrou Oiticica. Cardoso havia ligado para o artista, pedindo que falasse a seus colegas, na escola. Recebeu, como resposta, um convite para que fosse a sua casa, no Jardim Botânico — um lugar que mais tarde ele e Viveiros de Castro passariam a frequentar. "A casa do Hélio era estranhíssima. Misturavam-se críticos de arte e malandros do morro. Era um desfile. Na sala, tinha uma tenda. Ele morava com a mãe. Todo mundo queimando fumo, e a mãe dele descia a escada e reclamava: 'Vocês vão ser todos presos! Eu já chamei a polícia, seus maconheiros!'. A velha sofreu."

Viveiros de Castro e Hélio Oiticica gostavam de conversar sobre literatura e filosofia. "Os dois já tinham lido tudo. Cheguei à conclusão de que não adiantava mais eu ler. Qualquer coisa, perguntava para eles." Segundo o cineasta, seu amigo tomava o café da manhã com um livro aberto na mesa. "Ele lia até trepando", disse, rindo.

Mas não era apenas um intelectual. Ele andava com um canivete de mola. Era transviado também. Uma vez ele arrumou uma confusão desgraçada no baixo Leblon. Arranjou briga, tacou o carro em cima de um desgraçado lá, um elemento nocivo, tipo um "bad boyzinho" desses. Ele sempre foi uma pessoa carismática, e fazia o marketing dele. Fumava Continental sem filtro, que é um destronca peito desgraçado, e era um bom pé de cana. Tomava traçado.

No meio da conversa, o cineasta quis saber o que eu achava do amigo intelectual. Em silêncio, sério, prestou atenção à resposta. "Então é isso", concluiu. "O Caetano está perdendo tempo com esse Mangabeira Unger. É um merda."

Em 1969, Viveiros de Castro começou a estudar na PUC. Cursou jornalismo por um ano. No ciclo básico, se interessou por ciências sociais e pediu transferência. Parte considerável do que era lecionado no novo curso, no entanto, não o agradava. "O que o pessoal estava ensinando era teoria da dependência, Fernando Henrique Cardoso, burguesia nacional, teoria da revolução — quem seria o guia da mudança, se o operariado ou o campesinato", contou.

> Eu, na verdade, tinha horror àquela coisa. Não tinha saco para a teoria da dependência e não gostava da teoria do Brasil. Achava de uma arrogância absurda enunciar a verdade sobre o que o povo deve ser, o que o povo deve fazer. Isso de teorizar o Brasil é uma coisa que a classe dominante sempre fez. Quem fala "Brasil" é sempre alguém que está mandando. Seja pra fazer revolução de esquerda, seja pra soltar os gorilas da ditadura na rua. E aqueles caras... Eu ficava pensando: eles querem as mesmas coisas que os militares. Só que querem ser eles a mandar. Vai ser um quartel, isso aqui.

O tema mobiliza Viveiros de Castro: esquerda tradicional, "careta", de um lado; esquerda existencial, "libertária", de outro. A divisão, ele observa, não era apenas intelectual. Definiu trajetórias pessoais, "como ir para a clandestinidade e para a luta armada; ou ir para a praia, fumar maconha, tocar violão". Num texto de memórias, disse admirar seus "companheiros mais corajosos" que se arriscaram na clandestinidade. Viveiros resolveu ir à praia.

Em 1970, um píer foi construído em Ipanema, por ocasião das obras para lançar o esgoto longe da costa. Moveram a areia e surgiram morrotes altos, que mais tarde ganhariam o apelido de "dunas do barato". Mudanças no fundo do mar melhoraram as ondas, atraindo os surfistas. Com eles vieram os hippies e o que havia de contracultura no Rio de Janeiro de então. O jovem estudante da PUC também fazia ponto por lá.

"Como diz o Ivan Cardoso, esse era o tempo em que a gente era feliz e sabia. Eu ia nos finais de semana. Tinha muita droga. Muita maconha, muito ácido. Foi um momento importante porque houve uma interpenetração cultural entre o morro e a baixada, por causa do pessoal que vendia pó, vendia fumo." Ele próprio, segundo disse, não gostava particularmente das substâncias em voga naquele momento. "Eu sou uma pessoa medrosa. Experimentei uma ou duas vezes LSD. Não gostei, fiquei paranoico. Maconha eu usei muito, mais porque era coisa da época. O efeito em si... Me dava sono."

Seu perfil de usuário era mais clássico: álcool, tabaco e cocaína.

> Não era maconha, comida vegetariana, ácido. Eu era mais década de 1950 do que década de 1970. Fui quase viciado em cocaína. Parei porque achei que não ia aguentar fisicamente. É uma droga horrível. Ela te transforma num monstro narcísico. Dá uma sensação de onipotência, que na verdade é uma "oni-impotência". Quando você está mais onipotente é na verdade quando você está completamente impotente: você fica só falando merda, fazendo besteira, e também não é um estimulante sexual. É uma droga idiota, fascista. Mas eu gostava. Eu usava.

Entre o píer e a PUC, Viveiros de Castro conheceu a obra de Lévi-Strauss, que começava a ser lida no Brasil. O crítico literário Luiz Costa Lima, professor na mesma PUC, disse ter tomado contato com as ideias do antropólogo francês em meados dos anos 1960, "quando começou a moda do estruturalismo". Atraído pelo rigor formal das análises lévi-straussianas, passou a estudá-las a sério. O que aprendia, ensinava na faculdade. Viveiros de Castro seguiu seu curso. "O estruturalismo fazia parte daquilo que a esquerda tradicional considerava anátema", disse o ex-aluno. "Falavam que era burguês, formalista, que negava a história. Tinha uma série de palavras de ordem que você ouvia."

Costa Lima e o aluno se tornaram amigos. Formaram um grupo de estudos e se dedicaram por alguns anos, duas vezes por semana, à leitura sistemática das *Mitológicas*, a obra em que Lévi-Strauss analisa a lógica de mitos ameríndios, reunindo rigor formal e atenção aos detalhes concretos, significativos nas narrativas: cores, cheiros, comportamentos dos animais, detalhes escatológicos, sexo. "Fiquei fascinado com os mitos", disse Viveiros de Castro.

> Eram rabelaisianos, mas tinham uma lógica formal, por causa das combinações, das permutações. Eram "Mondrian no açougue", como os filmes do Ivan. Aquilo tinha uma relação com as coisas que eu lia nos suplementos e de que gostava. Em particular a linguística. E os concretistas. Havia uma afinidade, não direta, mas havia, entre concretistas, tropicalismo e estruturalismo.

Essa não foi a única influência que Costa Lima exerceria na vida do aluno. Terminada a faculdade, Viveiros de Castro não sabia que rumo tomar. Pensou em fazer pós-graduação em letras. O professor, crítico literário, o desestimulou. Fez isso, explicaria mais tarde, porque "o estudo de literatura sempre foi muito ruim no Brasil". "Hoje é péssimo", frisou. Recomendou ao aluno, entusiasmado pelas *Mitológicas*, que cursasse antropologia no Museu Nacional, vinculado à Universidade Federal do Rio de Janeiro.

Roberto DaMatta, à época professor do Museu, participou da banca de seleção para o mestrado. "Eu era besta pra cacete", comentou Viveiros de Castro, ao falar sobre o exame. "O Matta me perguntou: 'Estou vendo aqui no seu currículo que você leu Lévi-Strauss. O que você leu?'. E eu respondi: 'Tudo!'."

Na sala de sua casa, em São Paulo, Marcio Silva acendeu um cigarro. O antropólogo pegou uma prancheta na qual havia anotado pontos importantes da trajetória intelectual de seu antigo orientador. Viveiros de Castro se tornou professor assistente do Museu em 1978, pouco depois de concluir o mestrado. Naquele mesmo ano, escreveu um artigo com seus professores Anthony Seeger e Roberto DaMatta sobre a noção de pessoa entre os grupos indígenas da América do Sul, texto que se tornaria referência para o estudo desses povos.

Marcio ressaltou a audácia dos primeiros parágrafos do artigo. Ali os três autores afirmam que diferentes regiões do planeta haviam contribuído, no passado, com algum aspecto importante da teoria antropológica. A Melanésia, diziam, descobriu a reciprocidade — a obrigação social de dar, receber e retribuir "dádivas", cuja circulação seria como a linha de costura da sociedade, mantendo-a coesa. O Sudeste Asiático, por sua vez, alargou a compreensão dos sistemas de parentesco e das alianças feitas por regras de casamento. Da África, lembravam, veio um entendimento melhor das linhagens, da bruxaria e da política.

Davam então o passo ousado. Os povos da América do Sul, menos pesquisados e conhecidos, deveriam também fazer sua contribuição, resultado de uma característica específica dessas sociedades: o privilégio que conferiam, em suas cosmologias, ao corpo. "Ele, o corpo, afirmado ou negado, pintado e perfurado, resguardado ou devorado, tende sempre a ocupar uma posição central na visão que as sociedades indígenas têm da natureza do ser humano."

Perguntei a Marcio Silva se seu ex-orientador, à época desse artigo um jovem de 27 anos, não lhe parecia "atrevido, pretensioso". "Essa palavra, 'atrevido', é boa", respondeu Silva. "Às vezes ele parece gostar de correr riscos."

Deu um exemplo. Nos anos 1980, Viveiros de Castro retomou um tema, antes central, que estava fora de moda na antropologia: o parentesco. A partir do final do século XIX, pesquisadores passaram a identificar os laços forjados pela consanguinidade — aqueles que criam grupos de descendência — e pela aliança por casamento — laços que "costuram" as relações sociais entre grupos diferentes — como a coluna vertebral das "sociedades primitivas". Era assim que elas se mantinham coesas, e era por meio do estudo desses laços que os antropólogos poderiam conhecê-las melhor.

Viveiros de Castro fez uma pergunta distinta. Ele não queria saber apenas o que o parentesco dizia sobre os povos indígenas, mas também o que as culturas ameríndias teriam a dizer sobre o parentesco. Será que os índios explicavam o parentesco do mesmo modo que nós, ocidentais? A ideia que lhe ocorreu é em tudo semelhante à lógica do perspectivismo. Pode ser considerada um passo prévio, mais fácil de compreender quando já se conhece a metafísica dos povos indígenas das Américas.

No Ocidente, ele disse, o que é dado são as relações de filiação, de "consanguinidade". A ligação entre pais, irmãos e filhos é "natural", logicamente anterior às relações com esposa, sogros e cunhados — relações de "afinidade" que não são dadas, mas construídas pelas escolhas dos indivíduos.

Para os povos ameríndios, contudo, o valor fundamental não está nos laços biológicos, "de sangue", mas nas relações de aliança, com sogros e cunhados. Aquilo que para nós faz parte da cultura, do que precisa ser construído, para eles já é dado, é a referência que dá sentido e organiza as relações sociais. A lógica da afinidade, das normas que proíbem ou prescrevem casamentos entre pessoas e grupos distintos, é usada mesmo nas relações sociais relativamente distantes, com outros povos, inimigos e espíritos; relações que não têm a ver, necessariamente, com a troca de cônjuges.

O que precisa ser construído por eles, por outro lado, é aquilo que para nós já é dado: o corpo. A "consanguinidade", a relação de semelhança corporal entre parentes e até entre pais e filhos, precisa ser fabricada mesmo depois do nascimento — por meio da partilha dos mesmos alimentos, por exemplo. Daí a importância do corpo, notada no artigo de 1978.

O atrevimento de seu ex-orientador, segundo Marcio Silva, foi tirar todas as consequências desse fato. Os dois modos de compreensão do parentesco têm implicações políticas distintas. "Numa sociedade como a nossa, a consanguinidade, a relação entre irmãos, é pensada como um modelo da relação social", disse Silva.

> Por exemplo, como Viveiros de Castro lembrava, na Revolução Francesa você tem liberdade, igualdade e fraternidade. Fiquemos com a fraternidade. A relação social boa é como se fosse uma relação entre irmãos. Mesmo que eu não tenha parentesco com você, eu sou seu irmão: somos ambos filhos de Deus. Também nas constituições laicas operamos com base nessa metáfora fortíssima de irmãos. O que significa dizer que você é meu irmão? Significa que somos semelhantes e que somos conectados por um ente superior. Que pode ser o Estado, pode ser Deus, pode ser o nosso pai, se formos irmãos mesmo. Isso que nos unifica é um termo superior.

Já na lógica social dos povos indígenas, não há termo superior que unifique. Os outros — que podem ser um povo indígena diferente, o inimigo, os animais — são para os ameríndios, antes de tudo, uma espécie de cunhado. "O que significa chamar de cunhado? Entre dois cunhados não tem ninguém que seja superior: tem uma mulher que é diferente para cada um. Para um é irmã, para o outro é esposa. Somos relacionados porque vemos uma mesma mulher de maneiras diferentes." Não há, aí, necessidade de Deus, de pai ou de Estado para se pensar a boa relação social.

"Lembro-me dele dizendo em sala de aula, em tom de blague, que na Amazônia não valia o lema 'liberdade, igualdade e fraternidade'. Liberdade, tudo bem. Mas no lugar de igualdade, diferença. No lugar de fraternidade, afinidade."

Se a Melanésia havia contribuído com a noção de reciprocidade, e a África com os grupos de descendência, então os povos da América do Sul forneciam, no início dos anos 1990, a ideia de "afinidade potencial". Tanto nesse caso quanto no perspectivismo ameríndio, que surgiria poucos anos depois, Viveiros de Castro usou conceitos ocidentais — natureza, cultura, consanguinidade, afinidade — para tentar entender as culturas ameríndias. Mas descobriu que era preciso invertê-los para que funcionassem bem naquelas sociedades.

As consequências políticas dessa operação, tanto no caso do parentesco quanto no da metafísica indígena, em que a natureza muda dependendo do observador, eram as mesmas. "Esse é um mundo em que você não tem um ponto de vista dominante, soberano, monárquico", explicou Viveiros de Castro. "Ao contrário, a condição de sujeito está espalhada, dispersa. Não tem uma transcendência, um ponto de vista do todo, privilegiado. O perspectivismo é o correlato cosmológico, metafísico, da ideia de sociedade contra o Estado, do Pierre Clastres."

Em seu apartamento, em outubro passado, Viveiros de Castro parecia irritado. Explicou que havia se contrariado no trabalho, o que não era incomum. Descreveu mais de três décadas de uma relação conflituosa com seus colegas de instituição. A origem dos aborrecimentos, ele disse, remontava a 1978, quando havia concluído o mestrado e concorreu a uma vaga de professor assistente no Museu Nacional. Dois candidatos se apresentaram: ele próprio e o antropólogo João Pacheco de Oliveira Filho.

Oliveira Filho é, hoje, um dos principais representantes de uma linha de pesquisa importante na instituição carioca. Seus seguidores procuram entender os povos indígenas em suas relações com a sociedade e o Estado brasileiros. Essa corrente descende de Darcy Ribeiro, passando por Roberto Cardoso de Oliveira, um dos criadores da pós-graduação em antropologia no Museu Nacional, em 1968. Cardoso de Oliveira descreveu a "sociologia do contato", que ele praticava, como uma tentativa de explicar a "sociedade tribal, vista não mais em si, mas em relação à sociedade envolvente". Em um artigo recente, em que mencionava os ticunas, do Amazonas, João Pacheco de Oliveira ressaltou que mesmo as "crenças, costumes e princípios organizativos" dos povos indígenas estão "interligados e articulados com determinações e projetos da sociedade nacional".

Por telefone, o norte-americano Anthony Seeger, coautor do artigo de 1978 e orientador de Viveiros de Castro no doutorado, disse que ele e o aluno acreditavam que "as sociedades em si também mereciam atenção". Ao se preocuparem com o parentesco e com as cosmologias dos grupos que estudavam, praticavam uma etnologia — a parte da antropologia que se ocupa dos povos indígenas — "clássica", tida por representantes da outra corrente como excessivamente "filosófica", apolítica e pouco comprometida com as circunstâncias sociais dos índios. De sua parte, Viveiros de Castro acredita que é a "sociologia do contato", uma linha de pesquisa, ele diz, associada à "esquerda tradicional", que é politicamente questionável. Seus rivais veriam os índios a partir da mesma perspectiva adotada pelo Estado, como parte do Brasil. Ele, ao contrário, inverteria o ponto de vista. Partiria das sociedades indígenas, tomando suas ideias e práticas como referências para criticar o Brasil, o Estado, o capitalismo.

Viveiros de Castro perdeu o concurso de 1978. Segundo ele porque os representantes da esquerda tradicional eram majoritários na banca. João Pacheco de Oliveira Filho foi o escolhido, mas uma segunda vaga foi criada. O etnólogo "clássico" se tornou, ele também, um jovem professor do Museu. Nos anos seguintes, o que começara como uma disputa teórica se transformaria em cizânia e ressentimento.

Tanto assim que as opiniões sobre o antropólogo carioca se dividem, de maneira marcada. Entre ex-alunos, ele é reconhecido por gestos de generosidade e de correção intelectual. Contudo, são também frequentes os relatos de arrogância na relação de Viveiros de Castro com os colegas, o que contribui para o clima de animosidade na instituição. Ele próprio disse representar, no Museu, "uma posição que é considerada *trouble maker*, anarquista, e que despreza os outros". "Isso é quase verdade. Sou tido como alguém que não leva muito a sério o outro tipo de antropologia que é feita lá. De fato. Eu nunca manifestei isso, acho eu. Mas o pessoal percebe. Hoje eu diria que está quase todo mundo aliado ao João, e contra mim. Alguns ficam em cima do muro, que é a posição mais confortável."

O antropólogo Paulo Maia, professor da Universidade Federal de Minas Gerais e ex-orientando de Viveiros de Castro, afirma que o antigo professor tende a assumir posições pouco diplomáticas. "Ele não quer encontrar um meio-termo: quer marcar posições", disse Maia. "O Eduardo não busca o consenso e não gosta de pessoas que têm um caráter mais subalterno, boazinhas. Ele gosta de gente mais intempestiva mesmo. Na própria escrita dele, dá para ver isso. É um estilo que não é muito diferente do modo como ele fala. O que para muitos alunos é encantador. A escrita dele é cativante."

Em 1997, a tensão entre colegas no Museu Nacional se tornou mais aguda. A instituição abriu concurso para professor titular, o posto mais alto da carreira universitária. Quase duas décadas depois da primeira disputa entre os dois, Viveiros de Castro e João Pacheco de Oliveira tinham novamente a intenção de se candidatar à mesma posição. Outros integrantes do departamento se mobilizaram para evitar o embate. "Houve uma pressão muito forte, dentro da instituição, para que só se apresentasse um candidato", disse Viveiros de Castro. "Partindo daquele éthos característico da academia, em que você prefere arranjar as coisas para evitar situações delicadas. Entenda-se: para que não entre a pessoa que você não quer."

A solução encontrada, segundo professores do Museu, foi a realização de um sorteio prévio: quem ganhasse se apresentaria como candidato, e o derrotado desistiria da disputa. Viveiros de Castro perdeu.

Naquele mesmo ano, o antropólogo viajou para a Inglaterra, convidado para uma temporada de um ano na Universidade de Cambridge. Lá, conheceu Marilyn Strathern, professora titular de antropologia social na instituição, talvez o cargo de maior prestígio da disciplina. Ela ainda não conhecia o trabalho do colega brasileiro, que fez quatro conferências sobre o perspectivismo ameríndio. Strathern disse ter ficado impressionada com o argumento, exposto com "erudição e autoconfiança" — o mesmo atrevimento que lhe causava problemas em casa ajudava-o a conquistar audiências estrangeiras. A ideia exposta por Viveiros de Castro pareceu à professora "profundamente imaginativa e bastante precisa".

O texto sobre o perspectivismo foi lançado em inglês em 1998. "Foram essas conferências de Cambridge e a publicação em inglês que alçaram o tema a uma posição de destaque no campo antropológico", observou Viveiros de Castro. Segundo Strathern, as ideias do brasileiro fazem, hoje, parte do cânone apresentado aos estudantes de pós-graduação da disciplina no Reino Unido.

O caráter conflituoso de Viveiros de Castro se manifesta nas redes sociais. O antropólogo tem mantido, nos últimos anos, intensa atividade política no Twitter e no Facebook. Seus curtos enunciados são às vezes enigmáticos, com frequência irônicos, quase sempre militantes. Em outubro, quando manifestantes subiram no Monumento às Bandeiras, em São Paulo, e cobriram de tinta as estátuas de Brecheret que celebram a conquista do Oeste pelos paulistas, com consequências trágicas para os índios, ele ofereceu seu veredicto: "É preciso derrubar essa porcaria".

Boa parte das frases e dos pequenos textos que publicou no Twitter e no Facebook, desde junho, manifestava entusiasmo pelas manifestações de rua, das quais ele evitou participar, por medo de aglomerações. Seus posts revelavam também o que ele chamou de "simpatia" em relação à ação dos *black blocs*. "É espantoso como a esquerda tradicional está histérica com os *black blocs*", ele me disse. "Está histérica porque não controla, porque não é partido. Não é militante de partido. Os *black blocs* nem existem como movimento. É uma tática."

> Devo dizer que fiquei muito feliz de ver os manifestantes subirem na parte de cima do Caveirão. Gostaria que eles tivessem virado o Caveirão de cabeça para baixo. Se tivessem feito isso, acharia legal! E será que destruir a porta de um banco é uma coisa assim tão abominável? Em que será que se está tocando quando se quebra a porta de um banco? Por que deixa todo mundo tão nervoso?

Já havia manifestado ideia semelhante no Facebook. "Quebrou uma vitrine do Banco Itaú, é vândalo, apanha da polícia e vai pro presídio; desapareceu com bilhões do BNDES, é empresário em dificuldades, vai para recuperação judicial", publicou, no início de novembro. Estendeu-se um pouco mais em outro comentário:

> O que o Estado faz, e deixa fazer, com os índios é um resumo altamente concentrado e potencializado do que ele faz, e deixa que façam, com toda a população. Os que dizem que não se pode mesmo dar mole para esses selvagens, que é preciso logo civilizá-los etc., são como o servo que se acha senhor porque o servo do lado levou mais chicotadas no lombo do que ele.

Em seu apartamento, ao lado da mulher, o antropólogo explicou sua conversão recente às redes sociais, resultado de uma briga com a imprensa *mainstream*. Há pouco mais de três anos, a revista *Veja* publicou uma reportagem intitulada "A farra da antropologia oportunista". Criticava a multiplicação de povos indígenas no país, interessados nas terras que sua nova condição lhes daria direito. "Em 2000, o Ceará contava com seis povos indígenas", o texto registrava. "Hoje, tem doze. Na Bahia, catorze populações reivindicam reservas. Na Amazônia, quarenta grupos de ribeirinhos de repente se descobriram índios."

Citavam então Viveiros de Castro, atribuindo a ele uma opinião crítica aos "índios ressurgidos": "Não basta dizer que é índio para se transformar em um deles. Só é índio quem nasce, cresce e vive num ambiente de cultura indígena original". A primeira frase havia sido retirada de um texto publicado pelo antropólogo, intitulado "No Brasil, todo mundo é índio, exceto quem não é". A segunda, ele nunca disse ou escreveu. "Colocaram entre aspas uma frase que tiraram de um artigo meu, e acrescentaram a ela outra, que eles inventaram." Ao inventarem, puseram em sua boca ideias opostas às que ele defende. Nas últimas décadas, argumentou o antropólogo, tem acontecido no Brasil algo inverso ao problema que ocupava os fundadores da sociologia do contato. Em vez de os índios se tornarem, aos poucos, brasileiros, são os brasileiros que estão virando índios. E não é necessário um "ambiente de cultura indígena original" para que um grupo advogue essa condição.

> Várias populações tradicionais estão se redescobrindo indígenas. Isso acontece porque eram índios. Foram obrigadas a esquecer que eram, forçadas a aprender português. Houve um processo de branqueamento que nunca se completou. E não se completar fazia parte do processo: o cara deixava de ser índio, mas você não o deixava virar branco. Parava no meio. Virava um brasileiro. O que é um brasileiro? É um índio pra quem você diz: "Você vai ser branco, você deixará de

ser índio", mas o cara para no meio. Você é quase branco. O cara perde a sua condição indígena, mas não ganha do outro lado.

Foi para divulgar sua indignação com a revista, disse o antropólogo, que ele passou a usar as redes sociais. Primeiro o Twitter, no qual tem hoje cerca de 4600 seguidores. Depois o Facebook, onde conta com mil amigos e quase 5 mil seguidores.

Um dos temas caros a Viveiros de Castro e a Déborah Danowski, tratado com frequência por ele em sua militância na internet, é o que chamam de "catástrofe" ambiental. Em outubro, no dia do primeiro leilão do pré-sal, o antropólogo escreveu: "Não faça parte das minorias com projetos ideológicos irreais: colabore para a destruição do planeta. Deus proverá. Viva Libra, viva a Shell, viva a Total, viva a China, viva o Brasil". Em meados de novembro, um outro post conclamava: "Liberar a Terra das cadeias produtivas".

Desde os anos 1980, o antropólogo milita contra a construção de hidrelétricas na Amazônia. Foi um dos fundadores do ISA, o Instituto Socioambiental, uma das principais ONGs de defesa do meio ambiente e dos povos indígenas no país. Na sala de sua casa, no Rio, o casal citou estimativas de aquecimento global feitas pelo IPCC, o Painel Intergovernamental sobre Mudanças Climáticas, da ONU. Um aumento de temperatura que não é improvável neste século, disseram, pode pôr em risco a maior floresta do planeta. "A parte oriental da Amazônia é mais seca do que a ocidental", afirmou o antropólogo.

> Essa parte mais seca, em alguns lugares, está começando a perder mais água do que recebe. Aquilo está secando. Um processo de ressecamento progressivo, discreto talvez, no sentido de que não é uma coisa catastrófica. Mas acontece que, se essa floresta passa de determinado ponto crítico de ressecamento, uma hora pega fogo e ninguém mais apaga.

Os dois lembraram ainda a impossibilidade de o planeta comportar, para toda a sua população, o atual padrão de produção e consumo ocidental. "O que vai acontecer, provavelmente, é a falência degenerativa, muito mais do que apocalíptica, do atual sistema técnico-econômico mundial, que não vai se sustentar", disse Viveiros de Castro.

> Temos que nos preparar para um mundo radicalmente diferente deste em que vivemos. Temos que pensar num mundo fora do milênio, fora da ideia de que um dia vamos dar tudo para todos, seja no capitalismo "sustentável", dois ponto zero, seja no socialismo. A ideia de que vamos finalmente chegar a um estágio de plenitude, de abundância e de equilíbrio. Nós não vamos. A minha impressão é de que estamos numa curva descendente do ponto de vista da civilização, talvez da espécie, e que a gente tem que se preparar pro declínio.

Argumentei que há quem conte com inovações tecnológicas, como já aconteceu no passado, para mover a fronteira dos limites planetários. "Eu acho que isso é religião", respondeu o antropólogo. "Essa coisa de que vamos sair dessa é teologia. É achar que o homem sempre pode dar um jeito, pela sua capacidade, de transcender as condições naturais. Isso para mim é cristianismo laicizado."

O que fazer? "Oposição ao governo, dono de um projeto ecocida", respondeu. O antropólogo votou em Marina Silva em 2010, mas disse ter dúvidas se repetirá o apoio em 2014, caso ela venha a concorrer. "Não morro de paixão pelas alianças que ela fez nem por sua base de consulta intelectual", composta por economistas liberais. "Mas nada, nem o Serra, vai me fazer votar na Dilma. Não adianta virem com o Serra pra cima de mim. 'Olha o Serra!' Não há Cristo, nem Diabo, que me faça votar na Dilma."

A política partidária, de toda forma, parece pouco relevante em seu discurso, fatalista.

> Pode ser que nós, ocidentais de classe média, o francês, o brasileiro rico de São Paulo, o americano, pode ser que passemos pela mesma coisa por que passaram os índios em 1500. Eles continuam aí, mas o mundo deles acabou em 1500. Se formos falar do fim do mundo, pergunte aos índios como é, porque eles sabem. Eles viveram isso. A América acabou. Pode ser que venhamos todos a ser índios, nesse sentido. Todos venhamos a passar por essa experiência de ter um mundo desabando. No caso deles, eles foram invadidos por nós. Nós também vamos ser invadidos por nós. Já estamos sendo invadidos por nós mesmos. Vamos acabar com nós mesmos da mesma maneira como acabamos com os índios: com essa concepção de que é preciso crescer mais, produzir mais.

Em seu apartamento, já de noite, Viveiros de Castro se disse pessimista. "Mas esse pessimismo não é paralisante. Não é um quietismo. A sensação que eu tenho é de que a gente está lutando dentro de casa. Quarteirão a quarteirão. Como essas guerrilhas." Deu um exemplo de resistência. "Dizem que os índios já foram incorporados ao capitalismo. Mas não foram dominados mentalmente. Já foram dominados economicamente, politicamente, mas não mentalmente. O problema com os índios é que eles são insubordinados. Você não consegue domesticar o índio. É por isso que o governo tem tanto horror deles."

"É isso que significa o brasileiro virar índio", disse, alargando o sentido da frase. "Numa versão 'Twitter', para encurtar a conversa, é isso. É virar *black bloc*. Menos pelego, e mais *black bloc*."

Em 2008, Marilyn Strathern se aposentou do cargo de professora titular de antropologia social, em Cambridge. Mais de um ano antes, tinha dado início ao processo de escolha de seu sucessor. Ela sugeriu ao etnólogo carioca que apresentasse sua candidatura ao posto.

Viveiros de Castro disse que foi só por causa da insistência da amiga que concordou em concorrer. "Relutei e tergiversei, pois não tinha a intenção de aceitar", diria mais tarde. Além de razões práticas — como o trabalho de sua mulher no Rio —, afirmou que "sabia do tamanho do abacaxi que era ser o cabeça da antropologia social" na universidade inglesa. Disse não ter vontade de se dedicar à administração acadêmica, o que certamente seria exigido pela posição.

De toda forma, no final de 2007, estava entre os três finalistas. Viajou à Inglaterra para apresentar uma aula na universidade, parte do processo de seleção. Na sala em que falou, numa noite fria do outono inglês, alunos e professores se apertavam, muitos sentados no chão, outros espremidos nos cantos, junto às paredes.

Foi só quatro anos depois de concorrer à vaga na Inglaterra que Viveiros de Castro pôde afinal se candidatar, em 2011, ao posto de professor titular do Museu Nacional. O memorial que escreveu para o pleito foi redigido "num tom quase insolente" de propósito, ele disse. Ali ele afirma que sua produção intelectual "exerceu uma influência teórica muito significativa" na antropologia, "talvez a influência mais significativa exercida até o presente pelo trabalho de um antropólogo brasileiro". No mesmo texto, voltou ao assunto do cargo em Cambridge, revelando seu desfecho. "Fizeram-me saber (ou deixaram-me saber, como se diz) que eu tinha todas as chances de ser o escolhido. Escrevi rapidamente ao departamento e a Marilyn recusando o posto, *just in case*. Eu realmente queria continuar sendo um jardineiro em Petrópolis."

Considerava já ter alcançado, então, o objetivo de se fazer ouvir ao norte do equador. No memorial, um balanço de mais de três décadas de atividade intelectual, Viveiros de Castro afirmou ter tido, desde o início de sua carreira, o propósito explícito de "rebater para a matriz nossas lucubrações periféricas" e de "meter a colher na sopa metropolitana".

"Cuido que consegui", ele conclui, sem modéstia.

Laerte em trânsito

Como vive e o que pensa o cartunista que decidiu ser mulher

FERNANDO DE BARROS E SILVA
Abril de 2013

Laerte se levantou da mesa e atravessou o longo salão do restaurante até o banheiro. Entrou no masculino. No caminho de volta, foi abordado por um grupo de homens e mulheres, reunidos num happy hour animado. Haviam reconhecido o cartunista e queriam tirar fotos com ele. Em meio a abraços, poses e cliques dos celulares, um dos rapazes arriscou um elogio: "Genial isso da sua vestimenta". "Não é só a vestimenta, você sabe disso, né?", respondeu Laerte, provocando sorrisos e deixando no ar uma ponta de interrogação. No percurso, o caixa do estabelecimento também o saudou em voz alta: "Te vi na televisão!".

"Eu me transformei nisso", disse Laerte, de volta à mesa, no Senzala, conhecido bar e restaurante da praça Panamericana, na zona oeste de São Paulo, frequentado por professores e alunos da Universidade de São Paulo.

"É meio perturbador, uma sensação estranha", comentou, tentando descrever como assimila o fato de ter se tornado uma celebridade. "Antes eu era conhecida como autora de quadrinhos", falou, usando a concordância feminina. "Mas era algo localizado. Agora virei também uma figura dos faits divers. Ah, é o cara que se veste de mulher! É um cartunista. Mas é gay? Não, não é bem assim. Não é? Não sei", ela imitava vozes e ria do próprio teatro.

Fazia um calor intenso naquela tarde paulistana de dezembro. Laerte vestia uma minissaia jeans ("Não muito curta, tenho 61 anos") e uma blusa branca de botões, estampada com flores miudinhas. Usava maquiagem discreta no rosto, um colar de pedras coloridas e cinco ou seis pulseiras. Tinha as unhas das mãos pintadas de vinho e as dos pés, de vermelho cintilante. Calçava sandálias marrons de salto baixo.

Logo que chegou, tirou da bolsa um leque preto. Pediu ao garçom um chope escuro e uma porção de bolinhos de bacalhau. "Ainda gosto de brincar de tia, mas estou fazendo voos mais amplos", disse, abanando-se com movimentos curtos e ligeiros, quando lhe perguntei sobre o tipo de roupas femininas que gostava de usar.

"As pessoas costumam ser muito receptivas comigo", contou. "Mas o que tem sido fácil para mim é difícil para a imensa maioria das travestis. Isso me deixa com certo desconforto, me dá a sensação de que estou *anodinizando* a atitude travesti", disse, empregando um de seus inúmeros neologismos. "Não gostaria de transformar essa atitude — que é de desafio à regra, de transgressão — em algo palatável. O papel de ursinho carinhoso me incomoda."

Não é preciso muito tempo de conversa para ver Laerte desempenhar o papel de "advogada da diaba", expressão dela. É comum que estenda uma argumentação até o limite para, logo em seguida, dar meia-volta e inverter o sentido do pensamento, levando-o ao outro extremo, como alguém que, de maneira quase instantânea, submete suas ideias à contraprova. Sua cabeça funciona muitas vezes como um bumerangue — vai em uma direção, volta em outra.

Ida: "De certa forma, as travestis que se sacrificaram e se sacrificam estão me permitindo uma espécie de existência num patamar seguro. É uma leitura possível". Volta: "Mas, também, isso é um pouco injusto comigo. Em algum grau, também estou transformando a *travestilidade* numa coisa possível e viável. Não tenho muito como medir isso agora".

A primeira estação da lenta viagem que Laerte Coutinho, um dos mais importantes cartunistas do país, fez para assumir sua persona feminina é conhecida pela sigla BCC. O Brazilian Crossdresser Club surgiu em 1997, inspirado num similar norte-americano. Começou como uma espécie de fórum, contando com recursos ainda embrionários da internet, em que homens que gostavam de se vestir de mulher compartilhavam experiências. Em pouco tempo, se revelou um poderoso catalisador de algo que estava disperso e era invisível. "Antes do BCC, travesti e transexual de classe média era como cabeça de bacalhau: todo mundo sabe que existe, mas ninguém nunca viu", resumiu Letícia Lanz, uma trans de Curitiba que conheceu Laerte no clube e se tornou uma de suas grandes amigas.

Formada em economia e pós-graduada em administração e psicologia social, Letícia é uma travesti de sessenta anos. Tem os cabelos brancos e cacheados, meio revoltos, o que faz lembrar uma versão feminina de Erasmo Carlos. Usa um piercing entre o queixo e o lábio inferior e ostenta seios discretos.

"O Laerte chegou ao BCC como chega a maioria. Completamente perdido", lembrou Letícia. E chegou usando a identidade feminina que adotou para si, conforme exigiam as regras do clube: chamava-se Sônia Cateruni.

Nem Letícia nem Laerte pertencem mais aos quadros do BCC. A primeira rompeu com o clube depois de sete anos, justamente no momento em que Sônia estava ingressando. "O BCC funciona como porta de entrada, mas não tem proposta nenhuma. É um clube de festas, no qual as pessoas mais fogem do problema do que o encaram." As palavras de Letícia para definir o Brazilian Crossdresser Club são duras: "Um ambiente extremamente misógino, extremamente homofóbico e extremamente transfóbico".

Se há uma ideologia no BCC, diz Laerte, "é a ideologia do armário". Algo como "a construção da arte de se apresentar femininamente num contexto específico e fechado e, ao mesmo tempo, manter no cotidiano a identidade masculina, pela qual se é publicamente conhecido. É uma puta confusão. E, em resumo, é uma fuga".

Existe uma questão de status social envolvida na identidade do clube. "O *crossdresser* é um travesti. Só que de classe média. Se lhe aplicarem a pecha de travesti, ele morre. *Eu? Sou fina. Sou educada, não faço barraco na rua!*", disse Laerte, imitando uma personagem de voz afetadinha.

O BCC não tem sede, não existe materialmente. Na maior parte do tempo, funciona como um clube virtual. Promove também uma festa anual e encontros esporádicos, em sítios ou casas alugadas, que podem durar até um fim de semana inteiro.

Entre a condição semiclandestina experimentada por Laerte no BCC e sua superexposição atual há uma distância que também pode ser medida nos termos da politização progressiva de sua atitude. No mês passado, por exemplo, na onda dos protestos contra o deputado-pastor Marco Feliciano, circulou freneticamente pelas redes sociais uma foto da cartunista com o arco-íris ao fundo e os dizeres: "Laerte para presidente da Comissão de Direitos Humanos e Minorias da Câmara". A *boutade* é sintomática do lugar que ela passou a ocupar.

Entre um bolinho e um gole de chope, Laerte contou que havia participado na véspera, pela primeira vez, de um encontro no Projeto Purpurina, grupo que auxilia pais de homossexuais a conviver com a opção de seus filhos. "Um menino de dezessete anos veio falar comigo. Disse que eu fui importantíssimo para o passo que ele deu. Ele estava linda. Uma menina linda, uma maquiagem incrível. Mas ele se apresenta como Henrique. Não é travesti *old school*, que precisa de nome, de carteirinha. É uma nova proposta de *transgenereidade*."

Laerte também deu seu depoimento no Purpurina (com acesso vetado, para preservar a intimidade das famílias), mas disse que estava lá para acompanhar a amiga Márcia Rocha. Formada em direito pela Pontifícia Universidade Católica de São Paulo, dona de uma rede de estacionamentos e de uma incorporadora imobiliária, Márcia também é travesti. "Ela foi com a filha, as duas falaram, se emocionaram, choraram juntas", contou Laerte.

Márcia se separou da mulher quando a filha, hoje com dezoito anos, tinha nove meses. A jovem e o pai travesti moram juntos em Alphaville, condomínio luxuoso na Grande São Paulo. Márcia é uma morena de 1,80 metro de altura, cabelos negros lisos e compridos, cuja presença não passa despercebida. Aos 48 anos, é dona de um corpanzil e tem seios bem evidentes. Começou a tomar hormônios femininos de forma regular há oito anos e, em 2011, decidiu pôr uma prótese de silicone: "Sou muito grande, os hormônios não davam conta sozinhos".

Numa tarde de dezembro, Márcia vestia camiseta regata preta, minissaia jeans curtinha e sandálias. Fumava em pé, ao lado de uma mesa na calçada, quando a encontrei na Mercearia São Pedro, endereço da boemia paulistana, na Vila Madalena, frequentado por escritores, jornalistas, gente de teatro.

Com a fala desimpedida, ela contou que, apesar de sua transformação — e apesar de ser rica ("Dinheiro, para mim, não é problema") —, nunca teve intenção de fazer cirurgia para trocar de sexo. "Eu adoro o meu peru. Amo ele de paixão. Se eu tivesse que escolher entre tirar o pinto e tirar o peito, eu tirava o peito, sem piscar." Acrescentou que sente atração por homens e por mulheres, mas costuma ter mais relacionamentos com o sexo feminino: "As lésbicas me olham com desejo. Uma das coisas que eu mais gosto é me sentir desejada, me sentir mulher, perceber que estou agradando".

A certa altura da conversa, Márcia fez questão de esclarecer um ponto de maneira didática: não confunda identidade de gênero (masculino e feminino) com orientação sexual (heterossexual, homossexual, bissexual, assexuado). "São coisas distintas", ela explicou, citando-se como exemplo. Não há relação necessária entre o corpo biológico de alguém e seu gênero. Não há relação necessária entre o gênero da pessoa e seu desejo sexual. Falava como se estivesse revelando a mim a Primeira Emenda da Constituição dos transgêneros.

No início de novembro, quase um mês antes de participar do Projeto Purpurina, Laerte e Márcia viajaram juntas para Curitiba. Foram no carro da empresária para o congresso de "Expressões Transgêneras". Era o primeiro evento público promovido pela Abrat, a Associação Brasileira de Transgêner@s — assim mesmo, com @. A ONG foi criada no final de 2011 e desde o início é dirigida por Laerte e Márcia, junto com mais duas trans da capital paranaense, a psicóloga Letícia e Maitê Schneider. As quatro haviam se conhecido no BCC.

Como Laerte, só tardiamente Letícia começou a transformar seu corpo e a maneira de se vestir — por volta do ano 2000, depois dos 45 anos. "Quando saí do armário, perdi todos os meus clientes", disse ela, que atuava como consultora de empresas. "Agora alguns estão voltando, devagarinho."

Letícia tem voz mansa e fala de forma pausada, com sotaque levemente acaipirado. A "descompressão", como ela gosta de dizer, não alterou sua orientação sexual: "Eu sempre fui uma pessoa hétero. Hoje eu diria que sou homo. Tenho atração por mulheres". Continua casada com a mãe de seus três filhos, todos já adultos. "Não aceito a imposição de que a pessoa, ao assumir sua condição trans, precisa jogar casamento, família, profissão, tudo pelos ares, mandar tudo para a puta que o pariu. Não aceito. Você nem imagina o sofrimento dessa luta."

Maitê é a caçula da ONG. Tem quarenta anos e trabalha como depiladora e atriz de teatro. De todas as fundadoras da Abrat, é a única transexual — construiu uma vagina no lugar do pênis, num processo cheio de lances dramáticos, que levou décadas para ser consumado e até hoje lhe causa transtornos.

Sentindo-se desde a infância confinada num corpo pelo qual tinha aversão, aos dezesseis anos ela tentou o suicídio. Quando tinha trinta anos, depois de tomar hormônios por conta própria anos a fio, comprou anestesia de dentista, bisturi, linha de sutura e, num gesto de desespero, arriscou fazer sozinha, em casa, uma orquiectomia (a remoção cirúrgica dos testículos). Quase morreu, mas foi socorrida a tempo por um amigo que a levou ao hospital.

Recuperada, descobriu uma clínica clandestina no Paraguai, onde conseguiu retirar os testículos. Voltou para casa de ônibus com um deles embrulhado num plástico, dentro da bolsa. "Viajei doze horas esmagando a bolinha. Quando cheguei, joguei fora na rodoviária de Curitiba. Para ter certeza de que não iriam reimplantar."

Só meses mais tarde ela conseguiria, enfim, passar pela cirurgia de readequação sexual dentro dos trâmites legais. Mas teve outras complicações e, desde então, já foi submetida a catorze intervenções cirúrgicas corretivas.

Olhos azuis, cabelos pretos, pele clara, Maitê chama a atenção pela beleza. Durante nosso almoço, num shopping de Curitiba, ela falava compulsivamente, com sotaque acentuado e voz cantada, emendando uma história na outra, sempre muito bem-humorada. Havia um descompasso gritante entre o enredo que narrava e a alegria incontida e contagiante de sua figura.

Maitê enxerga nas três sócias uma coragem que não vê em si:

> Elas puseram em risco tudo o que haviam construído quando decidiram se assumir: a Laerte já tinha uma carreira brilhante como artista, um nome consagrado; a Letícia era uma profissional muito bem-sucedida; a Márcia é empresária — e todas têm filhos. Eu não. Não tinha nada. Ou eu me transformava numa mulher ou me matava. De certa forma era uma decisão bem mais simples.

Foi mais ou menos na ocasião em que Laerte ingressou no BCC que Márcia Rocha o apresentou a Dudda Nandez: "Você vai lá que ela te monta inteirinha. Tem peruca, roupa, sapato, maquiagem, esmalte, tudo".

Dudda Nandez é o nome artístico de uma jovem que se especializou em produzir homens com trajes femininos. Quando conheceu Laerte, ela alugava um espaço em Santa Cecília, região central de São Paulo. "Nossa, lembro como se fosse hoje o dia em que conheci o Lá. Desde o começo eu só o trato como Sônia" — o nome que Laerte usava no BCC. "Mas ele não veio de primeira querendo se produzir. Veio mais para um aconselhamento psicológico. Estava todo perdido."

Uma troca de e-mails entre Laerte e Dudda deixou registrado esse momento. No dia 12 de fevereiro de 2009, ele escreveu para ela:

> Não preciso repetir como foi positiva a conversa de ontem.
> Gostaria de lembrar a expressão que você usou, pra me dizer: "Para de...?" — não lembro se era "pensar", "encanar", era um verbo bom, que eu esqueci.
> Você lembra?
> Saí dali e comprei uma calcinha muito gostosa.
> Quero saber se você se incomoda que eu cite você e o seu estúdio no meu blog.
> Beijo!
> Sônia

A resposta de Dudda veio no mesmo dia:

> Oi, meu amor... Fico feliz que tenha gostado... Quanto ao que eu te disse, é para parar de questionar tanto as coisas ao seu redor e ir para a prática... *Vá viver, vá curtir, vá namorar, ser feliz...* é isso que vale!!! Que bom que comprou a calcinha... logo logo são roupitchas e vestidos... Beijos, flor, e pode citar sim...

Na segunda vez, Laerte marcou uma depilação. "Ele chegou daquele jeito dele, amoroso, sossegado, desligadão. Ficou todo contente, se sentindo bem feminina quando se viu sem os pelos", disse Dudda. Na terceira visita, marcou a produção: "Resolveu se montar. Ele gosta mais de roupas de senhora. Nada muito ousado, que tenha decote, nada justo, que dê conotação sexual".

O atual estúdio de Dudda fica num sobrado simples de uma rua pouco movimentada da Penha, na zona leste de São Paulo. O andar térreo funciona como um salão de beleza convencional — maquiagem para mulheres, depilação e unhas para ambos os sexos. Não há na fachada da casa nenhuma indicação de que ali se pratica o *crossdressing*. Os clientes costumam agendar horários alternativos, em que possam ser produzidos de forma discreta, sem mulheres no local.

Dudda é uma morena de 27 anos, cabelos longos e cacheados, bastante volumosos, olhos amendoados e um sorriso encabulado, que deixa à mostra dentes irregulares. Tem uma filha de sete anos e diz ser "bissexual desde os quinze". Começou a travestir homens por acaso, depois que passou a frequentar ambientes GLS, no final da adolescência. Uma das "meninas" produzidas por ela divulgou fotos na internet e a imagem se espalhou. Até então gratuito e visto como uma diversão (o que ela diz ser até hoje), o trabalho de Dudda foi aos poucos se profissionalizando.

Hoje a produção completa em seu estúdio custa entre duzentos reais (depilação, maquiagem, roupa) e trezentos reais (com direito a até quatro roupas e sessão de fotos para guardar de lembrança).

Ela também promove encontros entre os *crossdressers*. Costumam acontecer uma vez por mês. "As meninas se reúnem, mas não tem nada de pegação, é bem familiar. Elas se produzem, a gente come, bebe, conversa, tira fotos." Na média, participam de dez a quinze pessoas por encontro, mas já chegaram a ser trinta numa única tarde de sábado.

No final de abril de 2009, Laerte escreveu um e-mail para Dudda sobre o primeiro *cross day* de que participou:

> Dudda, o encontro foi uma delícia. Todas saíram com essa opinião — no fórum seu estúdio está sendo comentado de cima a baixo (agora que tem dois andares).
> Fiquei com alguns itens seus que preciso devolver: corset, brincos e pulseiras.
> Além de um coração cheio de alegria, que não posso devolver, mas que espero retribuir!
> De prático, quero começar o curso de automaquiagem.
> Beijo!
> Sônia

No dia 15 de maio, ele narra em outro e-mail os resultados desanimadores da primeira tentativa de automaquiagem:

> Em resumo, acho que foi um desastre.
> Primeiro, mesmo fazendo a barba com fé e devoção, os pelos aparecem no resultado final, impávidos.
> Talvez seja a base.
> Essa base líquida, de vidrinho, foi um problema: apanhei dela desde a tampinha, que não sei se abri certo ou se quebrei sem saber.
> Ela tem um pincel interno, que está junto com a tampa e sai cheio de base líquida grudada.
> Usei assim: passando neste líquido o pincel que veio naquele estojinho que a gente comprou na Sumirê e aplicando no rosto.
> Segui os passos que você indicou. Acho que neste ponto fiz tudo certo.
> Mas borrei a pálpebra com o lápis, foi muito difícil.
> E o batom que eu usei antes do corretivo, na pele, não serve pra lábio... fica muito esquisito, um rosinha meio tonto.
> E não passei blush — acho que a gente esqueceu de comprar, não encontrei por aqui.
> Bom, alguns problemas estruturais não têm nada a ver com você: preciso de espelho maior, luz melhor e LENTE DE CONTATO. Está um saco maquiar e botar óculos toda hora.
> Beijo!
> Sônia

* * *

A sede da Associação Brasileira de Transgêner@s, a entidade criada por Laerte e suas três amigas, fica no bairro Mercês, próximo ao centro de Curitiba, numa rua tranquila, de poucos prédios, onde se misturam residências e pequenos estabelecimentos comerciais. Não há, na casa de fachada amarela e portão de ferro, nenhum registro de que ali funciona uma ONG.

Eram 68 os inscritos. Naquela manhã ensolarada de sábado, porém, apenas 41 tinham aparecido no congresso transgênero. Na plateia havia estudantes de ciências sociais, história, psicologia, pedagogia e medicina social, professores das áreas de humanas, gente formada em direito, enfermagem e até em turismo. Tirando as anfitriãs, só uma advogada, vinda de Brasília, era travesti.

Como estrela do evento, Laerte faria a palestra de encerramento, na parte da tarde. Antes disso, no intervalo da programação, saiu com um grupo para almoçar num restaurante a poucas quadras dali.

"Os senhores querem beber o quê?"

A pergunta do garçom se dirigia à mesa, indistintamente, onde havia quatro pessoas: uma professora da Universidade Federal do Paraná, Laerte, Márcia Rocha e eu.

Minutos depois, ele insistiu, de cara amarrada:

"Já escolheram, *senhores*?"

Sua atitude denotava menos a intenção deliberada de agredir que uma visível incapacidade de lidar com a situação. Laerte até então parecia compenetrada na conversa, alheia às palavras do jovem negro vestido de terno branco e gravata-borboleta. Virou-se de repente na direção do rapaz e perguntou, séria:

"Como é a panqueca?"

"É bem servida, são três rolos..."

"E qual é o tamanho do rolo?", devolveu, fazendo logo o gesto típico com as mãos espalmadas no ar.

Antes que o garçom conseguisse reagir, formou um círculo com os dedos, e emendou, abrindo um sorriso:

"E o diâmetro do rolo, como é?"

Foi-se a circunspecção. O garçom explodiu numa gargalhada.

Durante o almoço, Laerte se levantou para ir ao banheiro duas vezes. Na primeira, usou o feminino. Na segunda, anunciou que iria "conhecer o banheiro masculino, para comparar". Voltou com questões: *Por que o banheiro masculino é invariavelmente mais sujo que o feminino? Será apenas uma decorrência da anatomia de cada sexo? Por que o fraldário, ali como em todos os lugares, fica dentro do banheiro feminino? Por que é tão natural a ideia de que são as mulheres que devem trocar as crianças?*

"Banheiro público também é construção de gênero. Nessa minha vida com dupla cidadania, eles se tornaram um objeto antropológico", ela explicou.

Transformaram-se também em dor de cabeça. No início de 2012, em São Paulo, uma mulher acompanhada da filha, uma criança de dez anos, sentiu-se ultrajada ao reconhecer Laerte no banheiro feminino de uma pizzaria. Cobrado, o proprietário deu razão à cliente. Pediu que a cartunista usasse o banheiro adequado — o dos homens. Laerte também protestou. Sentia-se no direito de entrar no banheiro que bem entendesse. O episódio vazou para a internet e a polêmica chegou rapidamente à Secretaria da Justiça e Defesa da Cidadania do Estado. No fim, o dono do restaurante se desculpou e as coisas ficaram por isso mesmo.

"Foi desagradável para todo mundo", comentou Laerte. "Não gosto da ideia de fazer desafio, de ficar testando. Em determinados lugares, procuro ir ao banheiro masculino, para evitar encrencas. Não quero fazer do instante de mijar um momento de tensão."

Bem antes de se tornar a figura do universo transgênero de maior visibilidade no país, Laerte esteve na linha de frente de uma geração que mudou a cara dos quadrinhos, em meados dos anos 1980. Na revista *Chiclete com Banana* e nas páginas da *Folha de S.Paulo*, foi responsável, ao lado de Angeli e Glauco (assassinado em 2010), pela criação de um humor novo e escrachado, de traço sujo e vocação anarquizante, cuja graça e força crítica estavam ancoradas no desajuste — social e comportamental — dos personagens que punha em cena, e não em uma pauta política supostamente comum a todos.

Rê Bordosa (Angeli), Geraldão (Glauco) e os Piratas do Tietê (Laerte) foram, entre tantas coisas, crias e expressões da ressaca democrática que se seguiu à barra da ditadura. Estavam enraizados na cena underground paulistana e participaram de um momento da cultura que elegeu a cidade subterrânea — imunda e inviável — como palco e problema. Foi também a época de filmes como *Cidade oculta* e da música de Arrigo Barnabé: *Clara Crocodilo* e os *Tubarões Voadores* — desenhados por Luiz Gê, da mesma turma de quadrinistas — eram monstros que viviam e se divertiam aterrorizando a metrópole, como os bucaneiros perversos e depravados criados por Laerte.

O banner do congresso da Abrat trazia uma tirinha feita especialmente para o evento pela cartunista. Na primeira cena, um homem ao volante põe o cotovelo para fora da janela e berra na direção de uma travesti: "Existe macho e fêmea. E tá acabado!". No quadro seguinte, a travesti responde: "Isso mesmo. Eu sou macho e fêmea. E você tá acabado!".

A travesti era Muriel, personagem famosa que surgiu em 2004 nas páginas da *Folha*, quando Hugo, até então a figura central da história, decidiu se travestir. Já o motorista-ogro era inspirado em outro colaborador do jornal: "Essa fala é real. Foi mais uma das inúmeras contribuições do *soi-disant* filósofo Luiz Felipe Pondé", explicou Laerte, ao iniciar sua apresentação.

Desde que foi inventado, na década de 1990, Hugo se comportava como uma espécie de alter ego do cartunista. Anos depois, quando se transformou em Muriel, a personagem ganhou nova dimensão: passou a ser tanto a elaboração artística como um documento velado do terremoto vivido ainda às escondidas por seu criador.

O tema central da palestra de Laerte naquela tarde em Curitiba tinha a ver com tudo isso. Por quarenta minutos, ela tratou das relações complexas, tensas e frequentemente infelizes entre o trabalho do cartunista e a militância de gênero; ou entre as demandas do humor, de um lado, e as da política, de outro.

Trajando um vestido de algodão cor de champanhe, Laerte caminhava com o microfone na mão, absorta em si, sem fixar os olhos na plateia. Começou dizendo que o discurso humorístico tem uma particularidade: "É quase 'inagarrável', só existe como a areia que escorre numa ampulheta: se você tentar pegá-lo, ele se desfaz". E continuou: "Daí o risco de usar o humor como ferramenta ideológica. Toda vez que procurei fazer isso, seja quando militei no PCB, nos anos 1970, seja agora, na minha militância das questões transgêneras, sempre tive problema. É um momento em que a linguagem do humor perde o rebolado".

Mas o fato — ela continuou, compenetrada — é que também existe hoje, muito disseminada, certa ideia de que o humor tem em seu DNA uma espécie de "neutralidade", ou de "imunidade", que o poria acima, ou à parte, das críticas ou das discussões políticas que é capaz de suscitar. Antes que alguém pudesse chiar, ela tratou logo de esclarecer que a censura nunca é uma solução. Mas isso não deve impedir que se enfrente um paradoxo: "As pessoas que reivindicam liberdade de expressão para falar certas coisas sob a proteção do humor são, em geral, altamente contrárias a determinadas liberdades de expressão".

A conversa, então, foi parar no bobo da corte — essa figura a quem historicamente coube a tarefa de divertir o círculo do rei. Para isso, recebia uma espécie de licença, ou de salvo-conduto, que lhe permitia difamar, insultar, esculhambar quem fosse. "Podia dizer que fulano dava para beltrano, ou que sicrano era um covarde filho da puta. O bufão era inimputável. Não era para ser levado a sério." Além do mais, costumava ser fisicamente diferente das demais pessoas. Em geral era um anão, alguém deformado ou identificado com algo inferior ou ridículo. Suas roupas tinham guizos, adereços, itens carnavalizantes que o distinguiam das pessoas tidas como sérias e respeitáveis.

Tudo somado, o bobo da corte cumpria um papel corretivo: não era "um transgressor dos costumes", mas, antes, "um corretor moral", um elemento que servia a determinada estrutura de poder, reproduzindo-a justamente à medida que a avacalhava segundo as regras estabelecidas.

Ridendo castigat mores. Laerte recorreu à máxima em latim (algo como "o humor corrige ou castiga os costumes") para lembrar que, etimologicamente, o verbo *castigare* deriva de *castus* e também quer dizer "tornar casto". Fez então a ponte histórica com a atualidade: certo humor praticado hoje com muito êxito é herdeiro do bufão. Goza da mesma imunidade do palhaço da corte para "tornar castos" os costumes, ou seja, repisar preconceitos. Mas, diferentemente do bobo original, esse comediante contemporâneo se beneficia "da falta de fronteira entre a piada e a realidade, entre o discurso construído e a espontaneidade de quem pensa realmente daquele jeito".

Indo e vindo pelo palco, àquela altura Laerte já se referia explicitamente à *stand-up comedy* — a "gente como Rafinha Bastos". "Primeiro ele fala que mulher feia tem que agradecer quando é estuprada; depois acrescenta que não é possível que achem que ele realmente pensa assim: 'Eu estava fazendo humor!'. A nebulosidade é do interesse dessa linguagem", sustentou.

Para ilustrar o que dizia, a cartunista exibiu um dos três filmes que havia selecionado, um vídeo do humorista Marcelo Selingardi que fazia sucesso na internet: um rapaz se apresenta diante da câmera e faz questão de dizer logo de saída que é hétero, mas que ser gay não tem nada de mais. Conforme o depoimento avança, ele vai enumerando suas experiências homossexuais, atribuindo-as todas não ao próprio desejo, mas ao fato de acompanhar um amigo gay em suas aventuras, atitude liberal a comprovar como ele, narrador hétero, é tolerante e progressista. Contadas como se fossem ocorrências meramente casuais, as confissões vão em uma escalada (abraço, beijo, masturbação, sexo oral), sempre acompanhadas de palavras contra o preconceito e do bordão "*É da cultura deles*", até culminar com a admissão de sodomia do narrador.

Ao final, a pequena plateia reunida na Abrat ria em coro do falso hétero moderno e compreensivo.

"Esse filme que a gente viu é estranho", disse Laerte. E se pôs a explicar:

> Existe um primeiro personagem evidente. Existe um segundo personagem, que é a armadilha em que ele caiu. E existe um terceiro personagem, que é a plateia que vê tudo e diz: "*Ha-ha, o cara é gay e não percebeu que é gay*". Existe, ainda, um quarto personagem, que somos nós pensando: esse cara construiu habilmente um discurso, em que o conceito vai e vem, vem e vai, e você fica pensando: do que é que estou rindo? Estou rindo de quem?

A graça de instantes atrás havia se dissipado.

Laerte contou que já tinha se manifestado nas redes sociais contra o filme. Acusou-o de ser uma "combinação perfeita de preconceito fingindo que não era preconceito para afirmar o preconceito". Selingardi, o autor, reagiu furioso. Afirmou que Laerte não tinha entendido nada e estava atuando como "fiscal de conteúdo". A resposta abalou a cartunista. "Escrevi para ele, disse que talvez ele tivesse razão, que eu posso ter agido mesmo como fiscal de conteúdo, e pedi desculpas." Selingardi não respondeu e excluiu Laerte da lista de amigos no Facebook.

"Com essa minha segurança toda, basta uma fagulha para me desmontar inteiro", comentou depois Laerte.

"Mas você não transmite isso", retruquei.

"Não transmito, mas sinto. Tenho uma insegurança fodida."

* * *

Quando soube que Laerte havia tornado público seu segredo, Dudda Nandez tomou um susto: "Meu Deus, que merda aconteceu?!". Em suas palavras, "ele priorizava muito o sigilo, era muito medroso". Pegou o telefone e ligou, ansiosa:

"Lá, que história é essa da revista? Vazou?"

"Eu saí. Vou expor para todo mundo."

A entrevista para a revista *Bravo!* em que Laerte assumiu sua identidade feminina foi publicada em setembro de 2010. Ao jornalista Armando Antenore ele disse que sua "predileção" se insinuava havia séculos, mas tinha se manifestado "com todas as letras apenas em 2009". Revelou que o novo hábito estava provocando nele "um prazer indescritível". E acrescentou: "Não planejo mudar de gênero definitivamente. O *crossdressing*, no meu caso, se refere menos à atividade sexual e mais à transposição de limites".

A partir daí, foi uma avalanche. Ao longo dos últimos dois anos e meio, Laerte concedeu incontáveis entrevistas. O excesso de visibilidade talvez tenha ofuscado a percepção de algumas mudanças de ênfase na maneira como ela vê sua transformação desde que a tornou pública.

A expressão "crossdresser", usada como referência pessoal, praticamente sumiu de seu vocabulário, substituída por "travesti". A frase "Não planejo mudar de gênero definitivamente", na *Bravo!*, também ficou com o prazo de validade vencido.

Primeiro, em termos práticos, porque Laerte desde então só aprofundou sua mudança e só pensa em aprofundá-la.

Segundo, em termos conceituais, a ideia de um gênero cristalizado, de uma identidade masculina ou feminina definida e definível de uma vez por todas, não passa, para ela, de ilusão, contra a qual tem se insurgido. Nesse ponto, apesar de repetir que sua vida intelectual se baseia em "chutação" e "achismo", a cartunista se aproximou naturalmente das ideias da teórica feminista Judith Butler, autora de livros que norteiam discussões nessa área, como *Problemas de gênero: feminismo e subversão da identidade* (publicado originalmente em 1990) e *Bodies that Matter* (1993).

Butler concebe o gênero como algo em permanente movimento, instável, movediço — e no limite indefinível. A prosa encrespada da autora, que cultiva o mesmo gosto pela obscuridade de certa filosofia pós-estruturalista francesa e da versão francesa da psicanálise, fica mais palatável quando Laerte se põe a traduzi-la em insights para seu idioma: "Sou uma mulher em caráter experimental".

Ela não cogita se submeter à cirurgia para mudar de sexo. "Não penso, não. Muita mão de obra, muita mexida, me dá medo. Fora que não estou exatamente em conflito com a minha genitália." Mas Laerte planeja fazer implante de seios. "Eu vou pôr peito. Quero investigar melhor, saber toda a dimensão do que é fazer isso. É uma intervenção cirúrgica. Na minha idade não dá mais para fazer pela via hormonal. É jogar hormônio fora, não funciona."

Em outubro do ano passado, a cartunista passou por uma cirurgia de redução da próstata. Sentia muitas dores e uma sensação de angústia antes da operação. "O urologista disse que pelos próximos dez anos não precisarei mais me preocupar com o assunto. Eu não conseguia mais fazer xixi sentado. Agora consigo. Sou ambidestro", disse, rindo, e me fazendo rir ao tratar de um assunto delicado.

Na maior parte do tempo, Laerte é uma figura muito séria, de fisionomia triste, marcada pelos sulcos na face, olhos negros e miúdos ligeiramente espantados. Seus sorrisos chegam quase sempre sem avisar, como se fossem descargas elétricas súbitas de uma cabeça de alta voltagem, que produz faíscas de humor mais rápido do que é capaz de controlar. Ri menos dos outros que de si. Mas não prepara as piadas — elas simplesmente pipocam, como tiros vindos do nada.

"Podemos falar da sua próstata na *piauí*?"

"Tudo bem. Tudo é público. A minha próstata é pública."

A colocação de peitos, prosseguiu, vai custar entre 8 mil e 10 mil reais. "Foi o que custou a minha próstata. Só que o dinheiro da próstata eu pedi para meus pais. Não tinha grana, precisava fazer rápido. Não vou pedir peito para meus pais." (Laerte ganha entre 13 mil e 15 mil reais por mês. Cerca de um terço desse valor vem do salário que recebe da *Folha*. O restante se deve a direitos autorais dos livros e a trabalhos como freelancer, que oscilam.)

Bastam alguns segundos para reconhecer a cartunista na fisionomia de Maria de Lourdes de Freitas Gordinho, ou apenas dona Lila, como ela é chamada por todos. Em poucos minutos o interlocutor percebe que está diante da mesma lepidez mental, das mesmas risadas inesperadas, do mesmo jeito do filho. A mãe de Laerte é uma senhora miudinha — de apenas 1,44 metro. Apesar da escoliose que lhe roubou dez centímetros de altura, é serelepe e não aparenta ter seus 86 anos.

Na terça-feira de Carnaval ela estava em casa com o marido, o geólogo aposentado pela USP José Moacyr Vianna Coutinho, à beira de completar 89 anos. Dona Lila se formou no antigo curso de história natural da USP, mas nunca exerceu a profissão. "No primeiro ano éramos vinte. No ano seguinte, seis mulheres e um carinha, que dizia: 'Vocês são o meu harém!'", recordou, soltando uma gargalhada gostosa.

Os pais de Laerte completaram 64 anos de casados em fevereiro. Moram no Alto de Pinheiros, a poucas quadras da praça Panamericana, numa casa ampla, com jardim na frente, típica da classe média alta anterior à era dos muros ostensivos e dos condomínios fechados. Quando se mudaram para lá, por causa da USP, 54 anos atrás, a rua era de terra e quase não havia vizinhos. Foi onde Laerte viveu dos sete aos 22 anos.

"Fisicamente, ele é o filho que se parece comigo. Já fomos até mais parecidos. Algumas décadas atrás, as pessoas diziam: 'Meu Deus'. Em gênio também. A gente era muito louquinho. De falar bobagem, dar risada. Os outros filhos tinham um pouco de ciúme", disse dona Lila, sentada no sofá da sala.

Laerte é o segundo de quatro irmãos. Mauro, o mais velho, é engenheiro e mora em Itapecerica da Serra, na Grande São Paulo. Helena, ou Lena, como todos a chamam, é fotógrafa e mora nos Estados Unidos. Foi casada com João Santana, hoje o marqueteiro mais cobiçado da República, e, depois, com o compositor Raul Seixas.

A irmã caçula de Laerte é Marília, temporã de 49 anos (dez a menos que Lena). Bióloga formada pela USP, começou a praticar levantamento de peso, o *powerlifting*, para combater um transtorno bipolar que a persegue há décadas. Tornou-se rapidamente uma atleta de elite e hoje detém o título mundial em uma das modalidades do esporte. Marília tem uma filha que cursa psicologia e mora na casa dos avós.

Dona Lila se ajeitou, virou o rosto um pouco de lado e falou:

> Se eu disser que gosto, estarei sendo... não é bem falsa, mas escondendo um pouco. O que me dá desconforto é essa projeção dele num meio que pode... que

inclui algum perigo. Tenho receio de que alguém pense mal dele. Porque não é para pensar mal do Laerte. Não é. Ele é uma pessoa com intenções sempre muito boas. Mas não forçadamente boas. Ele é naturalmente uma pessoa... boa.

Falava devagar, cheia de pausas: "Ele tem objetivos altos. Pensa que as pessoas devem ter direitos iguais. Equitativos. Que todos têm que ter o direito de ser o que quiserem". Reiterou sua preocupação: "Eu sempre digo a ele: meu pavor é que um homofóbico te pegue. Um desastre de grandes proporções não paga por essa felicidade de se vestir. E se você ficar muito machucado? E se te quebrarem as pernas, te incapacitarem de andar?". No instante seguinte voltou a se resignar: "Mas quase todo mundo com quem eu converso aprova. Se ele quer, tem que fazer. A posição dele é essa. Respeite-se".

O pai, José Moacyr, já havia se retirado para a saleta de TV. De chinelo, calção e camisa social de manga curta, permaneceu na minha presença por um ou dois minutos, tempo suficiente para que pudesse ser cordial. Quando o talento artístico do filho foi invocado pela mulher, ele se apressou em dizer: "Dos desenhistas de quadrinhos, ele é o melhor. Eu acho. O melhor". Pediu licença e saiu instantes depois. "Ele às vezes fica angustiado, mas nem comigo se abre. É uma pessoa muito fechada", disse dona Lila, comentando que o marido não entende e não lida bem com a escolha do filho.

Não houve, propriamente, um momento em que tudo se revelou à família. As pessoas próximas de Laerte foram percebendo as mudanças conforme elas ocorriam, em doses homeopáticas, antes que tudo viesse a público. "Ele começou a aparecer com unhas pintadas", lembrou dona Lila. "Eu olhava e dizia: 'Laerte, não consigo parar de olhar para suas mãos. Parecem as mãos da minha mãe'. Vi que aos poucos ele estava pondo mais enfeites. Eu brincava: 'À medida que vou tirando os badulaques, que estou deixando de achar graça em me enfeitar, você vê cada vez mais graça nisso'. Ele foi acostumando a gente aos pouquinhos."

Os depoimentos dos filhos de Laerte se parecem muito com o da avó: "O pai sempre foi diferente. Sempre brincou com essa coisa de bissexualidade e feminilidade. Uma vez, assistindo a *Confissões de adolescente*, pedi para ele passar batom, e ele passou numa boa. Ele sempre disse que todo mundo tem um pouco de gay", contou Laila, a caçula, de 23 anos, que é quem cuida das finanças do pai e soube me informar, a pedido de Laerte, o quanto ele ganha. "É claro que no início foi chocante, mas ele preparou a gente aos poucos. Tinha peruca em casa, usava brinco, cabelo comprido — isso tudo antes de ficar toda montada", disse Laila.

Com 33 anos, Rafael é cartunista como o pai. Usa barba e tem o temperamento expansivo — é frequente vê-lo abrir um sorriso largo no rosto enquanto fala. "Fico feliz, sou grato, porque isso nos deu espaço de manobra", disse, referindo-se ao desvelamento gradual de Laerte.

Sentado num banquinho da cozinha do estúdio que divide com outros sete artistas gráficos, na Pompeia, zona oeste de São Paulo, Rafael recordou as frases que ouviu, ainda garoto: "Não vou ser o pai que você espera que eu seja. Vou ser mais um amigo". Na hora foi difícil: "Como assim? Não quer ser meu pai!? Mais tarde percebi que ele tinha essas limitações mesmo. Nunca quis fazer a figura do macho alfa, da autoridade. Nos tornamos grandes amigos".

Rafael caminhou até a área de serviço, nos fundos da cozinha, e acendeu um cigarro. Tentou dimensionar o alcance da mudança do pai: "Ele se desfez de uma série de coisas, pôs em risco a carreira e a imagem que construiu. Isso tudo não pode ser um golpe de vaidade, uma coisa passageira, fortuita. É muito o que está em jogo".

Dona Lila não faz o gênero sentimental. Mas não se conteve ao falar da relação entre Rafael e o pai. "Ele lida muito bem com o Laerte. Lida com amor. Ele abraça o Laerte assim...", ela meneou a cabeça e fez o gesto de quem enlaça com um dos braços um corpo imaginário, como se o acolhesse em seu ombro.

Laerte contava dezoito anos quando teve a primeira namorada. "Começamos a namorar porque pensei que ela fosse um menino. Era uma mulher linda. Na época, tinha catorze anos e parecia um menino lindo." Casou-se com ela, depois de dez anos de relacionamento. Durou apenas três meses.

O segundo casamento teve duração de uma década. Além de Rafael, desse relacionamento nasceu Diogo. Casou-se ainda uma terceira vez, com sua mulher já grávida de Laila. E, de novo, a história expirou depois de dez anos.

Laerte mora sozinha. Quando jovem, ainda adolescente, achou que fosse "100% gay". "Comecei minha vida sexual com homens e continuei durante um tempo com homens. Foi muito perturbador para mim", diz ela, alongando o "u" de "muito". "Vendo a minha trajetória, eu penso em trajetórias clássicas de gay reprimido. Todas as minhas relações homossexuais foram clandestinas. Por outro lado, também curti as mulheres e os relacionamentos heterossexuais que eu tive."

Mais ou menos na mesma época em que começou sua transformação, em 2004, Laerte iniciou um namoro. "Quando eu falei que gostava de me vestir de mulher, houve uma crise. Depois ela me deu esse colar", contou, apontando para o pescoço. "Eu já sabia que era bi, não estava mais a fim de contemporizar. A proposta era um namoro avançado. Mas as relações têm uma dinâmica própria, que as empurra para o campo da caretice, onde todo mundo se sente mais confortável — e o resultado é crise", resumiu. Nos últimos meses, o namoro caminhava para se converter em amizade. A namorada trabalha na área de exposições e eventos do Centro Universitário Maria Antonia, da USP, e preferiu não falar a este perfil.

Entre o início do travestismo dentro de casa — até então intermitente — e a entrevista em que assumiu sua persona feminina está o acontecimento mais traumático da vida de Laerte: a morte do filho Diogo, aos 22 anos, num acidente de carro, no Carnaval de 2005. A associação entre a tragédia e a metamorfose do cartunista foi feita ou insinuada inúmeras vezes nos últimos anos. "Já ouvi isso de forma maldosa", disse.

"A morte do Diogo de maneira alguma me alucinou. Não me tirou a razão nem me deixou enlouquecida. Não foi isso." Laerte parou um segundo e respirou mais fundo:

> Certas coisas mandam tudo para o espaço. Simplesmente não fazem sentido dentro de uma ordem moral ou espiritual. Eu já não era religiosa. Fui, no final da infância, início da adolescência. Eu ia à missa, fazia questão do código moral católico. Quando o Diogo morreu, eu já estava longe disso. No entanto, de alguma forma, a gente guarda uma religiosidade, uma ordem de coisas que nos são sagradas, ou imanentes, ou permanentes, ou inatas. E isso tudo realmente perde sentido. Você não precisa ingressar no terreno da loucura para pôr em questão todas essas coisas.

Se o episódio teve efeito prático sobre a transformação de Laerte, foi no sentido de adiá-la: "Eu interrompi por um bom tempo o processo de busca do meu feminino e da *transgenereidade*".

Dona Lila em nenhum momento estabeleceu um nexo entre as duas coisas durante nossa conversa. Mas fez uma menção ao impacto da morte de Diogo sobre o filho:

"Depois que o menino dele morreu, ele ficou muito estranho. Caiu numa... enfim [ela suspirou]. Numa coisa dolorosa que nem sei se dá conta ainda de quanto alterou a sua personalidade."

Laerte afirma que o episódio provocou uma reviravolta no modo de compreender e realizar seu trabalho. Algo disso já estava em gestação: em 2004, ele havia aposentado personagens famosos e ensaiado passos no rumo de tirinhas mais especulativas e filosóficas, menos ancoradas em narrativas lineares e desfechos engraçados.

A morte de Diogo o fez ir fundo nessa direção. Depois de um mês sem publicar — mergulhado na "absoluta incapacidade de desenhar" —, Laerte retomou a produção na *Folha*. Tentou reabilitar Os Gatos, o lascivo casal de felinos que criara ainda no final dos anos 1980, mas não conseguiu. Deu, então, início a uma fase de desenhos herméticos, estranhos a preocupações discursivas.

"Não era só que não tinha humor. Não tinha tira", diz André Conti, editor de quadrinhos da Companhia das Letras. Responsável pela edição de *Muchacha*, um "*graphic*-folhetim" que Laerte publicou em 2010 sobre os bastidores da TV nos anos 1950, Conti atualmente prepara um novo livro do cartunista. Deve se chamar *Manual do Minotauro* e vai reunir justamente trabalhos que documentam o período que se seguiu à morte de Diogo, quando ele virou pelo avesso sua criação.

"As tiras costumam obedecer a uma estrutura: você prepara, mira e atira. No caso do Laerte, elas não preparam nada, não miram para lugar nenhum e não acertam nada", analisou Conti. Na sua opinião, ele "mudou o jogo, deu uma rasteira em todo mundo. Outros autores de tirinhas acusaram o golpe, passaram a exigir mais de si".

"Meu trabalho mudou depois de 2005", me disse Angeli. "Vi que o Laerte estava dando uma virada e pensei: não posso ser comum daqui para a frente. Resolvi virar junto." A mudança mais visível ocorreu nas charges publicadas na página 2 da *Folha*. Angeli foi deixando de retratar personagens ilustres da política, em geral de má fama, substituindo-os por figuras carrancudas sem identidade definida — algo como protótipos do político encarnando o grotesco do poder.

Com a barba e o cabelo totalmente brancos, Angeli preserva aos 56 anos o visual, meio Bob Cuspe, meio James Dean, que exibe desde jovem. "Mas estou meio lesado", ele falou logo no início da entrevista. "Tive uma quase depressão, um estresse profundo no ano passado. Perdi a memória, comecei a gaguejar para falar. Eu não era assim. Dá um desconto", pediu.

Era uma sexta-feira de fevereiro e ainda havia caixas com arquivos espalhadas pelo chão de seu novo escritório — um apartamento espaçoso em Higienópolis, alugado meses antes, a duas quadras de onde ele mora. Ao falar do talento de Laerte, Angeli fez elogios superlativos: "Ele sempre foi o melhor de todos nós", "O Glauco dizia que o Laerte era de outro planeta", "Naquela época ele já era o ídolo da gente".

A admiração, no entanto, não se traduzia em afinidade pessoal. Ela era maior entre Angeli e Glauco, parceiros da boemia e da vida desregrada. "Éramos os dois bandalheiros. O Laerte era o cara que cuidava dos filhos, que fazia isso, fazia aquilo, era todo responsável", disse, resumindo numa palavra que o via como alguém "implicante". "Às vezes eu e o Glauco mexíamos com uma mulher na rua, fazíamos uma graça qualquer, e o Laerte reagia: '*Hummm*, feio isso'. Esse *hummmm* durou muito tempo", lembrou.

A homossexualidade, então, não era uma questão que eles abordavam diretamente, mas aparecia na forma de brincadeiras. A partir de meados dos anos 1980, o trio se reunia com frequência no estúdio de Angeli, no bairro do Sumaré. Desenhavam juntos *Los 3 Amigos* — um pastiche de faroeste ambientado no México, no qual representavam versões cucarachas de si mesmos: Laertón, Angel Villa e Glauquito. As aventuras anti-heroicas do trio pelo lugarejo de Marisales duraram quase dez anos e representaram um dos momentos altos do quadrinho brasileiro.

Foi nessa época que Glauco desenvolveu o hábito de bolinar o parceiro. "Ele chegava por trás do Laerte e dizia: '*Laertiiiiiiinho!!!*'", contou Angeli, imitando a cena de uma encoxada. "O Laerte ficava quietinho. Não falava nada. Fui percebendo que aquilo não era só brincadeira. Pensei comigo: ele tem que sair do armário. Disse ao Glauco que era melhor não fazer mais aquilo. Mas daí quem começou a brincar foi o Laerte: 'Você só fala. Encoxa, mas não faz nada'." Angeli deu risada.

Sua maneira de se relacionar com Laerte mudou nos últimos anos. "Hoje em dia a gente se vê pouco, mas a qualidade da amizade cresceu", disse, emendando a seguir: "Antes o Laerte falava alguma coisa e eu fingia que escutava. Atualmente eu escuto muito o que o Laerte fala e penso bastante sobre o que ele falou".

No círculo de amizades e interesses que gravitam hoje em torno de Laerte, o jornalista Sérgio Gomes parece um remanescente de outra era. "De repente, o tal do personagem passa a comandar a vida dele e as pessoas só querem falar disso e esquecem a obra", diz ele, apontando logo o cerne do que o desagrada no encantamento que a figura de Laerte passou a exercer nos últimos anos.

Serjão, como todos o conhecem, é "o amigo que veio do frio". Ambos se conheceram em 1970, na Escola de Comunicação e Artes da USP, onde Laerte estudou música e jornalismo, e foi Serjão quem apadrinhou a sua entrada no Partido Comunista, em 1973. "O Serjão me aliciou, como se dizia. Quando ele me apresentou um operário pela primeira vez, eu quase gozei nas calças", lembrou-se Laerte.

Sérgio Gomes trabalha até hoje na empresa que os dois fundaram em 1978 para produzir e editar jornais sindicais, a Oboré. Foi lá, acumulando com o emprego de ilustrador da *Gazeta Mercantil*, que Laerte produziu inúmeros quadrinhos e charges voltados aos trabalhadores do ABC paulista. Conheceu nessa época o então presidente do sindicato dos metalúrgicos, Luiz Inácio da Silva.

Serjão é um tipo sanguíneo e à primeira vista meio abrutalhado. Usa uma barba farta, que encobre a boca mesmo quando fala, e tem prazer em se apresentar como "fumante e sedentário". Depois de poucos minutos revela ser extremamente afável.

"Existe a questão da expectativa dos meios de comunicação em relação a esse personagem", ele comentou, ajeitando-se na cadeira e acendendo o primeiro cigarro. Estava contrariado com uma matéria recente que havia posto lado a lado Laerte e Marília, a irmã halterofilista: "Ele se deixou produzir e fotografar daquele jeito, funcionando como contraponto à irmã masculinizada. Passou a ideia de que essa é uma família de bizarros".

Serjão fez uma pausa e puxou a fumaça com gosto, em dois tempos, tragando fundo: "Se esse projeto for até o fim, qual é o fim? Botar peito? Cortar o pau e construir uma boceta? Do ponto de vista de gênero é isso? Para onde vai o Laerte?". Ficou em silêncio e retomou, menos exaltado: "Essa mudança está acontecendo de forma temporã. Ele está se assumindo como mulher quando a libido já foi embora. Não é por sexualidade. É outra coisa. O Laerte está fazendo a defesa do gênero humano. Mas ele mesmo ainda não conseguiu arredondar o seu discurso".

Durante duas horas e meia, Serjão fumou dez cigarros e se serviu quatro vezes de café na garrafa térmica. Chamou Laerte de "gênio multitalentoso" e disse que o amigo é "um Chaplin". Reiteradas vezes, pareceu empenhado em mostrar que seu reconhecimento está sendo obtido pelas razões erradas. "Mesmo a tietagem do Laerte não conhece a obra do Laerte", decretou.

Aos poucos, foi cobrindo a mesa em que estávamos com recortes de jornal, cartazes e panfletos feitos por Laerte nos anos de ouro do movimento sindicalista. Providenciou, entusiasmado, uma xerox do livro *Ilustração sindical*, com mais de mil desenhos de Laerte, e leu, em voz alta, a apresentação que o cartunista escreveu para *O tamanho da coisa*, livro de 1985 em que reunia charges políticas.

Serjão agia como se acreditasse que daqueles papéis antigos iria emergir o Laerte que realmente importa e ninguém valoriza, a começar pelo próprio. "Ele diminui tudo o que fez. Não é demagogia. Acha de verdade que não fez nada de importante. Se fosse possível, teria eliminado a própria biografia." Suas palavras ecoavam o que o filho Rafael havia dito dias antes, com orgulho nos olhos: "Meu pai não celebra a própria história. Ele é uma figura anti-heroica". Serjão mirou em mim e perguntou: "Você conhece a casa do Laerte? A casa dele não tem nada. O Laerte é um monge".

Foi apenas em nosso terceiro encontro que Laerte revelou o grande desconforto que sente em relação a sua casa: "Estou morando num lugar que não é agradável. Não estou satisfeito com isso, não estou me sentindo recompensada de nenhum jeito e nem quero que isso se prolongue. Mas eu simplesmente não tenho planos nem forças para mudanças. Vou chutar, mas acho que tem algum tipo de autopunição, de autoflagelo nisso tudo".

Estávamos no café de um pequeno sebo na praça Benedito Calixto, em Pinheiros. Laerte havia acabado de gravar uma entrevista para a TV Câmara, ali mesmo na praça, dentro de uma livraria especializada em gibis.

De vestido longo com alças azul-marinho ("Minha roupa de ir à TV") e o leque preto de sempre nas mãos, ela prosseguiu: "Do mesmo modo que estou buscando o guarda-roupa adequado à minha pessoa e ao meu sentimento de hoje, poderia estar construindo a minha casa. Mas não tenho móvel, não tenho bosta nenhuma. Tudo é meia-boca. Acho que estou gastando toda a energia com a expressão, com os limites do meu corpo".

Nesse momento duas jovens que passavam pela calçada a reconheceram, e uma delas disse alto: "A gente te adora!". "Obrigada", ela retribuiu, abrindo um sorriso. E voltou: "O que me aflige é constatar que eu não quero que ninguém visite a minha casa, que eu tenho vergonha dela e não quero que ninguém veja que eu moro ali".

Laerte mora numa rua tranquila de casas geminadas no bairro do Rio Pequeno, atrás do campus da USP, no extremo oeste da cidade. Paga 1500 reais por mês de aluguel. Os dois apartamentos que tinha ficaram para as ex-mulheres, mães de seus filhos.

Visto de fora, o sobrado lembra um pouco um desenho infantil — bem recuado da calçada, tem a fachada amarela e a janelinha no andar superior semiencoberta por uma árvore grande e frondosa.

Ao se mudar para lá, em 2003, ela confidenciou a uma amiga ter a sensação de que sua casa jamais ficaria pronta, arrumada. Ouviu dela que casa não tem que ficar pronta, tem que ficar viva. "Pois é, tenho dúvidas de que a minha casa está viva", comentou, rindo subitamente de si, antes de concluir: "... dado o fedor".

O problema do mau cheiro decorre do quadro clínico de uma das duas gatas de Laerte. Cinco anos atrás, Celina e Muriel foram alvejadas com tiros de espingarda por alguém da vizinhança. Muriel convive até hoje, e aparentemente bem, com a bala de chumbinho que ficou alojada em seu ombro. Mas o tiro que atingiu Celina a deixou paraplégica. "Ela perdeu as pernas de trás. Tem cistite recorrente, precisa tomar antibiótico de doze em doze horas, não controla o mijo, suja tudo", explicou Laerte.

A gata se arrasta pela casa. Durante parte do dia, se locomove com a ajuda de uma espécie de cadeira de rodas feita pela cartunista. À noite, dorme na sala, trancada numa gaiola. Muriel dorme na cama com a dona. "Quando acordo, abro a porta para a Muriel e vou cuidar da Celina."

Ela não quis investigar quem foi o autor dos disparos: "Um vizinho ficou me açulando, dizia: 'Ele tem um táxi'. Quatro caras na minha rua têm táxi. O que vou fazer com essa informação?".

Quando a casa de Laerte foi roubada, em maio do ano passado, fãs se mobilizaram nas redes sociais para divulgar o crime e tentar reaver dois microcomputadores e um HD que armazenava a maior parte de seus últimos doze anos de trabalho. Depois da repercussão do caso, a polícia prendeu o receptador em uma favela próxima e recuperou o HD, mas ele estava adulterado e já não tinha mais arquivos.

Comentou-se, na ocasião, que o crime poderia ter motivação homofóbica. Laerte descarta a hipótese. A investigação concluiu que o roubo fora praticado por dois jovens, auxiliados por um terceiro informante conhecido no bairro pelo histórico de pequenas delinquências. A cartunista fala do assunto com um misto de desdém e pé atrás: "Não quis entrar na onda de louvação à polícia só porque eles acharam um receptador que estava a cinquenta metros da delegacia".

A primeira coisa que se vê quando se entra na casa de Laerte é o piano, próximo da porta. Além dele, há a gaiola de Celina e uma estante de livros, encostadas na parede, e um cavalete com uma prancheta de desenho ocupando o centro do ambiente. Pouco iluminada, sem nenhum lugar para sentar e nenhum móvel de estar, a sala sugere mais um lugar de passagem. No fundo dela fica a cozinha e, mais adiante, o quintal, com chão de concreto e uma pequena área gramada. No piso de cima estão os dois quartos, um na parte da frente, onde Laerte dorme, e outro sobre a cozinha, seu escritório. Há um pequeno banheiro entre eles, ao lado da escada.

O conjunto é espartano. Os cômodos superiores estavam levemente desorganizados, mas na verdade não havia muito o que organizar. A não ser por uma arara de roupas no quarto, quase nada na casa sugeria que é habitada por uma alma feminina. Não existem sinais de vaidade no banheiro. O chão de cerâmica vermelha, o chuveiro elétrico, a pia — uma peça de louça branca fixada contra a parede, sem bancada ou qualquer adorno em volta, nenhum cosmético ao alcance da vista —, tudo parecia ser a materialização das perguntas que Laerte tinha feito diante de mim, dois meses antes:

"Esta é a minha casa, é o que eu chamaria de lar? Quando eu viajo e volto para casa, eu me sinto voltando para casa? A resposta é não. Eu me sinto voltando para um lugar em que estou dormindo. Não sinto que seja meu lar." Fez uma pequena pausa e continuou: "Então, qual foi o meu último lar? Do tempo em que era criança, talvez. Mas a casa dos meus pais hoje não tem nada a ver com o meu lar. Às vezes fico pensando: eu sou assim mesmo? Será que estou condenado a ser gerido por mim?".

ANAIS DA IMPRENSA

A doutora

Os feitos da médica Virgínia Soares de Souza, acusada de matar sete pacientes numa UTI em Curitiba

DANIELA PINHEIRO
Junho de 2013

A fisioterapeuta Karina Casser acordou cansada naquela manhã de março do ano passado. Mais uma vez, passara a noite em claro. Nos últimos tempos, padecia de insônia, tinha pesadelos e crises de choro. Pulou da cama cedo, tomou café com o marido e discutiram novamente o assunto.

Pouco antes das dez horas, telefonou para a Ouvidoria-Geral do Estado do Paraná. Durante trinta minutos, a fisioterapeuta contou à atendente o que vinha lhe tirando o sono havia meses. Com a voz ofegante e embargada, narrou o que se passava no lugar onde trabalhava, a Unidade de Terapia Intensiva do Hospital Universitário Evangélico, o maior e mais antigo de Curitiba.

Era uma denúncia sinistra: a equipe médica da UTI acelerava a morte de doentes em estado grave. Manipulava padrões de oxigênio de aparelhos respiratórios e ministrava aos doentes um coquetel de sedativos e bloqueadores neuromusculares. A combinação dos procedimentos comprometia a respiração e dificultava a passagem de ar para os pulmões dos enfermos. Na maioria dos casos, ela disse, o óbito se dava em poucas horas. Quase sempre por asfixia. O motivo, segundo ela, era "liberar os leitos da UTI" para acomodar novos pacientes.

A fisioterapeuta informou ainda que a maioria dos funcionários discordava da prática, mas muitos eram coniventes "por obediência à chefe". Referia-se à sua superior, a dra. Virgínia Helena Soares de Souza, diretora da Unidade havia sete anos. A dra. Virgínia decidia quem deveria viver ou morrer na UTI.

"Desliguei o telefone e fui trabalhar ainda sem acreditar que tinha tido coragem de revelar tudo", disse-me Karina Casser num centro comercial no bairro do Tatuapé, em São Paulo. "Quando cheguei ao trabalho, a dra. Virgínia me olhou diferente, achei que tivesse descoberto. Não era nada. Eu estava com medo, mas aliviada porque havia feito a minha parte."

Nos dias seguintes, a fisioterapeuta telefonou outras cinco vezes à Ouvidoria para dar nomes de pacientes e o horário de suas mortes. Detalhou o papel de médicos e enfermeiros em cada caso. Especificou os percentuais de manipulação das máquinas de oxigênio e forneceu a dosagem dos remédios dados aos doentes. Do outro lado da linha, a atendente lhe garantiu anonimato e pediu mais detalhes.

Karina acompanhou o protocolo da denúncia pela internet. Apesar da seriedade da acusação, nada aconteceu. Não se iniciou nenhuma investigação no hospital. Seus colegas e funcionários trabalhavam como de hábito. Ninguém falava da Ouvidoria na UTI. Semanas se passaram e ela acreditou que o assunto tivesse sido esquecido.

Oito dias depois das ligações, porém, a Promotoria de Proteção à Saúde Pública de Curitiba foi acionada. Por meio de certidões de óbito, promotores confirmaram nomes, dia e hora da morte de pacientes mencionados na denúncia anônima. Embora dos documentos não constassem os nomes dos remédios usados ou a evolução do quadro clínico dos doentes antes da morte — dados disponíveis apenas nos prontuários médicos —, algumas coincidências consolidaram as suspeitas. Ainda assim, pairava a dúvida se as acusações haviam sido motivadas por vingança pessoal contra a médica ou o hospital.

O Núcleo de Repressão aos Crimes contra a Saúde, da Polícia Civil, passou a investigar o caso, que correu em segredo de Justiça. Durante meses, tentou-se encontrar um policial formado em enfermagem para ser infiltrado no hospital. Identificaram seis deles no Paraná, mas a ideia se mostrou inviável. Outra hipótese foi instalar câmeras dentro da UTI, de maneira a captar um flagrante. Também foi descartada por motivos práticos.

Em setembro, a Justiça autorizou a interceptação telefônica dos números da casa, dos celulares e do ramal da dra. Virgínia no hospital. Passaram-se outros três meses para levantar informações complementares. Apenas em janeiro as linhas puderam ser gravadas. Depois de quinze dias, como ainda não havia provas contundentes, a polícia prorrogou a escuta por mais duas semanas.

"Quando chegaram as primeiras gravações, vimos que havia muitas evidências, mas naquela altura tínhamos poucos detalhes", disse a promotora Fernanda Nagl Garcez, em seu gabinete, em Curitiba. "Apesar disso, poderia haver gente morrendo ainda, a dra. Virgínia precisava ser controlada."

Em 32 horas de grampo, a doutora aparece conversando com médicos, enfermeiros, diretores do hospital e familiares dos doentes. Chamou a atenção dos policiais que ela usasse as expressões "girar a UTI", "rodar a UTI", "desentulhar a UTI", "desligar o paciente", "ir com o paciente".

Numa ligação, ela diz que "infelizmente, é nossa missão intermediá-los no trampolim do além". Em outra, refere-se a um médico como um "entulhador que não quer desligar nada". Num trecho, menciona uma criança internada e diz que "tentou ir lá desligar, mas a mãe tinha decorado os parâmetros". Também comenta que alguns pacientes "estão mortos, não há mais o que se fazer por eles". Há uma ocasião em que um enfermeiro diz a ela: "Ê, Virgininha Mengele".

Aí apareceu uma gravação macabra: a dra. Virgínia dizia estar "com a cabeça tranquila para assassinar". Para os investigadores, havia material suficiente para incriminar a médica. A polícia saiu a campo.

A dra. Virgínia lia prontuários médicos sentada na mesa de sua sala, em frente à UTI, quando uma enfermeira lhe avisou que policiais a esperavam no corredor. Não estranhou: com frequência, tinha de dar explicações à polícia sobre pacientes fugitivos da Justiça ou envolvidos em acidentes de trânsito. Daquela vez, contudo, havia algo muito diferente: quatro agentes com coletes à prova de bala, de metralhadoras em punho, pediram os prontuários médicos de seus doentes.

"A senhora me acompanhe", disse a delegada Paula Christiane Brisola, do Núcleo de Repressão aos Crimes contra a Saúde.

"Por quê?", disse a médica, impassível.

"Antecipação de óbitos", falou a delegada.

"Como?"

Virgínia Helena Soares de Souza nasceu em Santos, em 1956. A mãe, formada em belas-artes, era dona de casa; o pai, diretor de uma companhia de navegação. Caçula de três irmãos, ela cresceu numa casa espaçosa, estudou em colégios particulares e passava férias no apartamento da família no Guarujá. O pai e o padrinho — que sugeriu batizá-la em homenagem à vedete Virgínia Lane — tratavam-na como um bibelô. Até morrerem, eles a presenteavam no Dia das Crianças. Na última ocasião, a médica tinha 51 anos.

Mimada, desde menina ouvia do pai que deveria dizer o que pensasse, "sem se importar com as consequências". Seus arroubos de sinceridade soavam como rispidez a quem estava sob seu tacão no Hospital Universitário Evangélico. "Eu nunca fui a Miss Simpatia", reconheceu a doutora.

A decisão de estudar medicina foi fortuita. "Nunca pensei em ser médica", costuma dizer sobre a vocação. Foi aprovada nos vestibulares de engenharia, matemática e farmácia, mas optou pela Faculdade Bandeirante de Medicina, em Bragança Paulista. Era aplicada, mas "não CDF", como diz. Sempre gostou de festas e serestas.

Virgínia chamava a atenção. Seus olhos muito vivos, claros e amendoados eram emoldurados por uma cabeleira curta e escura, combinada a uma farta franja escovada de lado — que imitava o corte de Lady Di quando conheceu o príncipe Charles. Magra mas curvilínea, com a pele queimada pelo sol da praia, tinha uma gargalhada contagiante. Gostava de estar na moda. Suas roupas eram modernas e exclusivas, costuradas por sua mãe, que tirava os moldes da revista alemã *Burda*.

Mudou-se para São Paulo para fazer residência médica, em clínica geral, no Hospital Matarazzo. Morava sozinha, era independente e autocentrada. "Naquela época, tudo era eu, eu, eu", costuma dizer. Foi quando conheceu o médico curitibano Nelson Marcolini, seu preceptor no curso, e começaram a namorar.

Casaram-se numa grande festa, em Santos. O casal partilhava o gosto por artes plásticas, música clássica e filmes de época. Dois anos depois, mudaram-se para Curitiba, onde Marcolini tinha um emprego garantido. Ao chegar à cidade, ela estranhou o provincianismo e a escassez de bons profissionais na área médica. "Estava acostumada a trabalhar com enfermeiro que era quintanista da Escola Paulista de Medicina, e aqui foi um choque", disse. Empregou-se como intensivista no Hospital Santa Cruz, aonde a elite paranaense ainda se dirige quando precisa de assistência médica.

No ano seguinte, ela deu à luz Leonardo — em homenagem ao maestro Leonard Bernstein. Inteligente e articulado, o filho único, de 27 anos, é um pródigo pianista em Curitiba, onde ainda mora. Em paralelo à medicina, a doutora mantinha uma confecção, chamada Bianco, no térreo de sua casa. Vendia roupas finas, malharia e trajes de festa. Por causa do corpo bem-feito, ela era a modelo de prova das peças feitas pelas costureiras.

A médica foi contratada pelo Hospital Evangélico em 1988. A essa altura o casamento havia naufragado e ela concentrou as energias no trabalho. (No dia da prisão, Marcolini veio a público defender a ex-mulher.) Ali, conheceu o chefe da UTI Geral, Nelson Mozachi, um médico efusivo, de temperamento forte, voz grave de barítono, dado a rompantes mercuriais com funcionários e superiores. Eram almas gêmeas. Casaram-se dois anos depois. Dois dos três filhos do primeiro casamento dele se juntaram à nova família.

O casal era inseparável. Falava de medicina, pacientes, tratamentos durante todo o dia. Fumavam como uma chaminé. Uma ex-funcionária do Hospital Evangélico que se tornou amiga deles se lembra da dupla discutindo o tratamento de pacientes nos corredores da UTI, a plenos pulmões. Sentiam-se em casa.

Em 2005, publicaram juntos um cartapácio de mais de oitocentas páginas chamado *O hospital: manual do ambiente hospitalar*. A obra é descrita como um guia que ensina "os procedimentos necessários para o perfeito cuidado do paciente". Mozachi já estava com câncer. Sucumbiu à doença um ano depois. A doutora foi nomeada a nova diretora da UTI Geral.

Fundado há 53 anos, o Hospital Universitário Evangélico tem o maior pronto-socorro de Curitiba e é uma referência em transplantes, traumas, queimaduras e gravidez de risco. Com 3200 funcionários, quatrocentos médicos e 615 leitos, atende 92% de seus pacientes pelo Sistema Único de Saúde. Faz cerca de 2500 internações e cirurgias por mês.

Construído com doações, o hospital é administrado pela Sociedade Evangélica Beneficente de Curitiba, que também cuida de uma faculdade. Até há pouco tempo, a Sociedade era dirigida pelo deputado federal André Zacharow, do PMDB. Ele deixou o cargo depois da divulgação de suspeitas de irregularidades na administração da entidade, que é mantida em parte com recursos públicos.

Em 2011, a Polícia Federal anunciou que a Sociedade recebera 4 milhões de reais do Ministério do Turismo para treinar mão de obra para a Copa do Mundo — um serviço que nunca fizera anteriormente. O dinheiro fora liberado por uma emenda parlamentar apresentada por Zacharow. "Se geriram o dinheiro mal, o problema não é meu", disse-me o deputado. "Não há qualquer acusação contra mim nesse caso."

Os endividamentos das Santas Casas e dos hospitais filantrópicos no país somam 15 bilhões de reais. Uma das principais causas é a defasagem de 35% entre o custo dos serviços e o valor repassado às unidades por órgãos do governo, a começar pelo SUS. A dívida chega a 300 milhões de reais no Hospital Universitário Evangélico. Greves de médicos e enfermeiros por atraso no pagamento se tornaram frequentes. O pronto-socorro chegou a ser fechado por mais de 48 horas em julho do ano passado. Em maio, nem mesmo o salário de dezembro de 2012 havia sido pago aos médicos.

Com a morte do marido, a doutora afundou no trabalho. De segunda a sexta-feira, chegava cedo à UTI Geral e lá passava até doze horas seguidas. Dormia pouco e almoçava em sua mesa a comida trazida de casa, que dividia com colegas e funcionários da limpeza. Relaxava bordando tapeçarias e fumando um cigarro atrás do outro dentro do hospital.

Nos fins de semana, acompanhava pelo telefone o que se passava com os pacientes. Médicos, plantonistas e auxiliares tinham ordem para chamá-la no celular antes de decidir o que fazer com um doente. Todas as prescrições feitas na UTI deveriam ser anotadas sob seu nome. Para isso, ela deixava sua senha aberta no computador. "Eu sou a responsável", dizia.

A médica tinha confiança apenas em meia dúzia dos profissionais na UTI. Em depoimentos à polícia, testemunhas dizem que ela cultivava "um grupinho", "os preferidos", "os protegidos". Aos demais, não dirigia a palavra. Quando o fazia, era para esculachar: "Não quero ver bunda em cadeira", "Olha aqui, ô, primor de inteligência", "Pobre é uma desgraça mesmo", dizia. Não raro, gritava: "Tinha que ser preto mesmo para fazer uma merda dessas!".

Por causa dos rompantes da médica, do atraso no pagamento e do descumprimento de direitos trabalhistas, a rotatividade de profissionais na UTI Geral era acelerada. Houve períodos em que, em apenas um mês, seis profissionais da enfermagem foram substituídas. A equipe acabava sendo formada por iniciantes. A dra. Virgínia atribui as trocas rápidas à falta de mão de obra qualificada. A Promotoria diz que era proposital, já que trabalhar com neófitos evitava questionamentos sobre procedimentos eventualmente suspeitos.

Há quem defenda Virgínia. A empresária catarinense Roseléia de Souza Houstin passou 85 dias na UTI Geral ao lado do irmão, Genildo, em meados de 2010. Ele tivera um grave acidente de moto e estava em coma. "Quando a doutora não estava, o pessoal que trabalhava lá era de um corpo mole generalizado", disse Roseléia. "A maioria ficava de fofoquinha ou falando no celular. Mas quando ela chegava gritando, exigindo, querendo saber o que tinha sido feito, é que a coisa entrava nos eixos."

A fonoaudióloga Rosangela Hein, que presta serviço particular terceirizado na UTI desde 1998, tem impressão semelhante. "Muitos desses profissionais que a acusam, eu conheço do hospital, e eram os mais relapsos e preguiçosos", disse. "Eu estava lá todos esses anos e o que eu vi foi a doutora se matando pelos doentes. Muitas vezes ela me pediu para atender paciente pobre de graça, e tirou dinheiro do próprio bolso para comprar lanche para a família de paciente que não tinha dinheiro", afirmou.

Alguns funcionários, no entanto, formalizaram as queixas contra o temperamento da médica à direção antes de ela ser acusada de matar internados na UTI. Um deles foi a própria Karina Casser, que, três meses depois dos telefonemas à Ouvidoria, pediu para ser transferida de setor. Ela disse à Justiça ter informado sua chefe imediata sobre a aceleração das mortes na Unidade de Terapia Intensiva e as grosserias da doutora — que a chamava de "lerda", "burra", "tartaruga". Segundo a fisioterapeuta, ela foi aconselhada a "não entrar" no primeiro assunto e a escrever uma carta à direção focada apenas nos problemas pessoais. O papel foi anexado à ação penal.

"Ela tratava mal as pessoas, é verdade, mas é uma questão de temperamento, cada um tem o seu", disse o pastor Olegário Teixeira da Costa, superintendente do hospital. "Com os doentes nunca houve reclamação. Ao contrário. Muitas vezes, vi familiares pedindo pra ela desistir de tentar salvar um parente, deixá-lo ir em paz, e ela tentando todas as alternativas."

A dra. Virgínia era equânime nas agressões verbais. Numa ocasião, chamou de "imbecil" um dos pastores da diretoria porque ele dizia à família de um paciente desenganado que ainda deveria ter esperança. Em 2011, ela foi suspensa por trinta dias depois de uma briga com um ortopedista nos corredores da UTI, num episódio no qual houve palavrões, empurrões e tapas à vista do corpo médico e de funcionários.

Duas horas depois da prisão, Virgínia Helena de Souza estava nos sites de notícias e nos telejornais de todo o Brasil, que repetiram à exaustão a cena da médica escoltada por duas agentes. Ela estava de cabeça baixa, o ralo cabelo arroxeado permitindo entrever o couro cabeludo. Sua saia rodada era laranja. De blusa azul, ela segurava os óculos em uma mão e o jaleco branco na outra. Seu corpo era pesado e o rosto, macilento. A imagem e as acusações à médica pareciam corroborar o apelido que ela ganhara de funcionários do Hospital Universitário Evangélico – "Bruxa".

No mesmo dia, dezenas de pessoas — muitas, voluntariamente — apareceram na delegacia para depor. Eram técnicos de enfermagem, fisioterapeutas, enfermeiros, estagiários, gente da administração, auxiliares de limpeza e familiares de pacientes mortos na UTI. Três e-mails anônimos também foram enviados à polícia e ao Ministério Público corroborando as denúncias.

Karina Casser, que a essa altura morava em São Paulo, soube da notícia por telefone. "A *titia* foi presa!", disse-lhe, em tom de comemoração, uma ex-colega do hospital. Ao longo do dia, seu celular não parou de tocar. Na semana seguinte, Karina pegou um avião e foi a Curitiba contar o que sabia à polícia.

Nos autos da ação penal — que corre em sigilo de Justiça — há 26 depoimentos de testemunhas com um enredo parecido: a doutora declarava qual paciente tinha poucas chances de sobreviver, pedia que se pusesse um biombo em frente ao leito, mandava diminuir os parâmetros de oxigênio para em seguida ser aplicado o coquetel de sedativos. Era assim que ela fazia "girar a UTI". As acusações não são unânimes: outros 22 funcionários disseram à polícia nunca ter visto ou ouvido falar de nada parecido nas dependências do hospital.

Cinco dias depois da prisão da doutora, a polícia voltou atrás no ponto mais grandiloquente do inquérito. Ela não dissera em um telefonema que estava "com a cabeça tranquila para assassinar". Falara, isso sim, estar "com a cabeça tranquila para *raciocinar*". O erro na transcrição da fala fora vazado à imprensa e enviado à Promotoria sem o áudio e ninguém duvidara de suas palavras.

"O conjunto das conversas era pesado e evidenciava a intenção de provocar a morte dos pacientes, independente de ela falar 'raciocinar' ou 'assassinar'", disse o procurador Marco Antonio Teixeira, que participou do caso. O *Jornal Nacional* deu uma longa reportagem sobre a transcrição errada da polícia. Mas as incriminações, dentro e fora da imprensa, continuaram sem qualquer alteração.

Uma coordenadora de enfermagem afirmou que, quando seis feridos num acidente de trânsito estavam para chegar à UTI lotada, a doutora provocou seis óbitos em meia hora para vagar os leitos. Uma técnica de enfermagem disse que um paciente estava bem, chegou a pedir os óculos de leitura, e, três horas depois de tomar o coquetel prescrito pela médica, estava morto.

Há o relato de uma enfermeira dizendo que um doente estava "acordado e falante", e também morreu depois de lhe ministrarem os remédios. Outra disse que tentou reanimar um paciente e a doutora mandou "deixá-lo quietinho". Uma secretária de nutrição afirmou que viu a doutora "desligar quatro aparelhos". Uma auxiliar de limpeza falou que "morria muita gente mesmo porque eu tinha que limpar muitos leitos". Uma enfermeira afirmou ter desistido da profissão depois do que viu na UTI Geral.

Nos relatos feitos em juízo, porém, há uma quantidade impressionante de frases como "ouvi dizer que", "era consenso no hospital", "soube que", "o comentário geral no hospital é de que", "o grande comentário é", "era sabido que". Na maioria deles o caráter intratável da médica também era ressaltado.

Especulou-se muito, e às vezes de maneira disparatada. Disseram que a doutora sempre queria se livrar de pacientes do SUS (ainda que fossem a maioria absoluta dos atendidos), que fazia muitas traqueostomias sem necessidade para ganhar dinheiro (quem recebe pelo procedimento é o hospital e o médico que o faz, e não a chefe da UTI), que era dona dos respiradores e os alugava para o hospital (o que nunca se confirmou).

De um passado distante se materializou a costureira Rosely Hanemann, que havia trabalhado na confecção Bianco nos anos 1980. Ela foi à polícia assim que viu a prisão da doutora pela televisão. "Nunca me saiu da cabeça ela me contando que praticava eutanásia porque as pessoas tinham vivido muito e era preciso dar lugar para outras no hospital", disse-me.

A costureira afirmou que a médica lhe confidenciou, em 1988, ter sido contratada pelo Hospital Universitário Evangélico apenas por ter assumido, durante a entrevista de admissão, ser favorável à eutanásia. "Eu juro por tudo o que é mais sagrado que ela falou isso e eu nunca esqueci. Fala aqui com a minha colega, que sabe de tudo porque contei desde aquela época", disse-me passando o telefone para a amiga.

Seis pessoas afirmaram à polícia ter ouvido a médica dizer em alto e bom som: "A UTI é minha. Quem decide quem vive e quem morre aqui sou eu". Com isso, um carrossel de atônitos se instalou na porta do hospital e da delegacia que investigava o caso. Familiares e amigos de atuais e ex-pacientes se aglomeravam em busca de informações. Muitos parentes registraram boletins de ocorrência dizendo que a morte de um ente querido se encaixava no perfil das denúncias contra a doutora.

O Evangélico soltou um comunicado anunciando uma sindicância interna. O presidente da Associação de Medicina Intensiva Brasileira, José Mário Meira Teles, alertou que decisões corriqueiras tomadas em uma UTI podem ser mal interpretadas por leigos. A presidente da Sociedade de Terapia Intensiva do Paraná, Cintia Grion, considerou ter havido uma criminalização das falas da doutora, analisadas fora de contexto.

Em São Paulo, o superintendente do Hospital Sírio-Libanês, Gonzalo Vecina Neto, acompanhava o noticiário com desconfiança. "Um hospital daquele porte, que presta um serviço relevante para a população, ia ignorar e aceitar uma coisa dessas por anos?", perguntou ele no final de maio. "Para uma situação dessas, seria necessária a cumplicidade de muita gente, do que eu duvido."

Segundo ele, as palavras da dra. Virgínia faziam sentido. "A UTI tem mesmo que girar", disse. "Se o paciente está estável, ele tem que sair de lá. Se ele está num quadro terminal, a equipe toma uma decisão conjunta, que pode ser a de não prolongar o sofrimento, e a morte chega como deve chegar. Na minha opinião se trata, mais uma vez, de um erro da imprensa", comentou.

O noticiário tomava proporções de caça às bruxas. Trechos dos depoimentos das testemunhas eram vazados aos jornalistas, assim como detalhes sórdidos do que teria acontecido entre as paredes da UTI Geral. O site de notícias G1 publicou com exclusividade um bilhete de uma paciente, no qual pedia socorro "pois tentaram hoje me matar desligando os aparelhos". Ao site, ela — que estava recuperada — afirmou que a doutora planejou matá-la, mas fora salva por uma enfermeira. Outros dois bilhetes apareceram depois.

A revista *Veja* trouxe uma reportagem com chamada de alto de capa sobre a "repugnante máquina de execuções instalada na UTI" do hospital curitibano. Alguns programas na televisão passaram a se referir à médica como "Dra. Morte". A notícia repercutiu no exterior. *The New York Times*, *The Guardian*, *The Independent*, Al Jazeera, CNN, Fox News fizeram reportagens sobre o caso. Lembraram-se do médico americano Jack Kevorkian, que praticou eutanásia em mais de cem pessoas, e do inglês Harold Shipman, um adorável cirurgião que matava seus pacientes depois de convencê-los a lhe passar seus bens em testamento.

O site Terra publicou uma entrevista de uma técnica de enfermagem que afirmava ser "de domínio público dentro do hospital" que a doutora havia antecipado também a morte do próprio marido, quando ele estava internado com câncer na UTI Geral. A informação também foi publicada no jornal *O Estado de S. Paulo*.

Nenhum dos quase quatrocentos médicos do hospital, porém, apareceu para corroborar as acusações. Os que foram arrolados pela polícia as negaram. A Promotoria atribui o fato ao "corporativismo médico". "Se um fala que sabia, por que então nunca denunciou?", disse a promotora Fernanda Nagl Garcez, e informou-me: “O hospital atrapalhou muito as investigações, demorando a fornecer informações ou nos mandando dados errados”.

“Eu fiquei perplexo quando ouvi isso”, disse o infectologista Sergio Ricardo Penteado Filho, que atendeu Nelson Mozachi até sua morte. Segundo ele, a dra. Virgínia sequer estava presente quando o marido faleceu. Penteado chegou a publicar uma nota indignada, na qual dizia que a responsável pela afirmação deveria ser “investigada e processada por falso testemunho”.

A UTI Geral foi fechada. Quando reabriu, duas semanas depois, tinha um novo nome, UTI 1. Seus 34 médicos e 47 enfermeiros haviam sido substituídos. O Hospital Evangélico não tem ideia de quantas pessoas deixaram de ser atendidas nesse período.

“A essa altura, a dra. Virgínia já era um monstro, um demônio indefensável execrado publicamente”, disse o advogado Elias Mattar Assad, em seu escritório, em Curitiba. “Tiraram toda a credibilidade da doutora antes de ela poder se defender ou de terem levantado provas reais do que houve. Quando peguei esse caso, me vi diante de um novo dilema de Galileu: ignorância *vs.* ciência.”

Segundo Elias Assad, as acusações contra a médica foram feitas por leigos que se impressionaram com o que se passa num ambiente de UTI. Foram também motivadas por vingança pessoal contra os desacatos ditos pela médica. Em sua avaliação, não havia sequer fato criminoso. “As pessoas morreram pelos efeitos deletérios dos males que tinham”, disse. “Elas morreram na UTI do Evangélico como morreriam em qualquer UTI do mundo, onde receberiam a mesma medicação — que é a padrão e a correta.”

Ele se dizia surpreso por nenhuma acusação ter sido jamais levada ao Conselho Regional de Medicina do Estado do Paraná ou a uma sindicância interna no hospital. E o mais curioso, a seu ver, foi que “todos os pacientes tratados por ela tinham outro médico. A Virgínia não era a médica deles. Ela cuidava deles na UTI, mas havia o médico assistente que participava de todas as decisões, dos procedimentos e, inclusive, era quem assinava os óbitos ou dava alta. No entanto, ninguém se interessou em ouvi-los”.

O oncologista Alexandre de Almeida Guedes fazia parte da equipe responsável pelo paciente Manrique Manoel Neiva Negrão, de 73 anos. Com câncer avançado, o doente estava, nas palavras de uma enfermeira, “acordado e falante” às oito da noite. Às dez, Negrão recebeu o coquetel e, à meia-noite, morreu.

Quando lhe perguntei sobre o que ocorrera, Guedes disse que não falaria sobre o assunto com uma jornalista. "Se fosse o seu pai, você não gostaria de ver os detalhes do que houve com ele publicados numa revista", disse-me. "Isso envolve uma questão judicial em curso, também o sigilo médico, e é uma questão de ética."

Perguntei-lhe se, caso fosse intimado, seria um problema ou um embaraço esclarecer o ocorrido na polícia. "Não seria problema algum. Se for chamado, eu irei. Eu sei do caso dele, sei do prognóstico e de como tudo ocorreu. Está tudo no prontuário médico", afirmou. Sobre a dra. Virgínia, ele foi direto: "Convivi com ela, conheço-a bem".

Durante uma semana, a médica ficou presa na carceragem da delegacia do Núcleo de Repressão aos Crimes contra a Saúde. Dividiu uma sala de vinte metros quadrados com outras três mulheres, acusadas de desviar verbas de uma faculdade em Ponta Grossa. Quando o erro na transcrição das fitas foi divulgado, ela foi transferida no meio da noite para o presídio de segurança máxima de Piraquara, nos arredores da capital. Ali, passou outros seis dias fazendo a "dancinha da garrafa" — como ela chamou a revista íntima — e tratando a carcereira na forma majestática de "Sua Agente", conforme era obrigada. Ao todo, passou um mês na cadeia.

Em março, treze meses depois dos telefonemas, a doutora e seus "protegidos" — três médicos, uma fisioterapeuta e dois enfermeiros — foram denunciados por formação de quadrilha e homicídio duplamente qualificado de sete pacientes: Clarita Colle, Pedro Amir Pereira, Manrique Negrão, Airton Santos, Romari Rocha, Leônidas Irala e Ivo Spitzner.

Na denúncia, a Promotoria ignorou os bilhetes de socorro, ainda que eles tenham sido repetidamente divulgados pela imprensa como prova do crime. Segundo os promotores, é normal pacientes sedados ou com traumas neurológicos desenvolverem uma paranoia de perseguição ou terem alucinações. Também foi descartada a declaração da técnica de enfermagem de que a doutora havia matado o marido.

Eram três horas de uma tarde fria de maio quando a dra. Virgínia abriu a porta de seu apartamento em um bairro de classe média alta de Curitiba. Vestia *kaftan* roxo e pantufas com estampa de oncinha. Usava gel nos cabelos curtíssimos, tinha os olhos delineados a lápis kajal preto, sombra clara e *gloss* avermelhado nos lábios. Cheirava a lavanda de bebê. Desde que fora presa, quase três meses antes, emagrecera uns bons quilos.

"Menina, dê boa-tarde", ela falou a um cão preto da raça lhasa apso cheio de grampinhos coloridos no alto da cabeça, que latia com vontade. "Essa aqui é a Naomi, o nome é autoexplicativo, não?", disse-me numa alusão à modelo Naomi Campbell.

Cada parede da sala do apartamento é pintada de uma cor (salmão, vermelho e azul) e abriga um sem-número de quadros de paisagens marítimas e cenas do Carnaval veneziano pintadas pelo impressionista catarinense Érico de Castro. Dois sofás de corino roxo, ornados por almofadas alaranjadas, formam um "L" diante de uma lareira desativada. Há tapetes, cortinas escuras, uma grande mesa de jantar com cadeiras de espaldar alto, um bar espelhado que abriga taças e garrafas de bebidas à mostra.

A doutora dificilmente ri. Quando o faz, é de modo canhestro e pouco natural. Ela fala com afetação, como se estivesse no salão de chá de um palácio florentino. Muitas vezes, ao encerrar uma frase, recolhe os lábios e faz um bico proeminente, o que lhe dá um ar de empáfia. Não é fácil simpatizar com a médica.

Desde que deixou a cadeia, ela passa o tempo debruçada nas mil páginas do processo, lendo e relendo os depoimentos e examinando prontuários médicos. "Você sabe que eu vivi tanto tempo fora da minha casa que estou até achando bom: aqui para mim é Pasárgada", disse, referindo-se ao poema de Manuel Bandeira, alcançando um maço de cigarros Dunhill em uma mesinha. Passou também a assistir televisão, mas sem som. "Não quero ouvir 'a médica que matava pacientes'", disse. "Deviam botar ao menos 'suspeita de'. Não acredito em mais nada que passa na TV. Uma reportagem diz 'fulano matou'. Eu fico pensando: 'Será?'."

À medida que o tempo passava, as acusações lhe pareciam ainda mais estapafúrdias. "Eu só queria saber o motivo das minhas supostas ações", disse. "Sou uma psicopata que montou, ao longo de 25 anos, uma quadrilha de outros psicopatas, que aderiam sem ganho algum? Nesses anos todos, quatrocentos médicos não acharam nada errado? Ou, se acharam, ficaram calados porque sou extremamente poderosa? Isso é sensacional."

Segundo ela, o que a promotoria chamou de "coquetel assassino" e "kit morte" são procedimentos corriqueiros usados em unidades de terapia intensiva em pacientes de extrema gravidade. São tentativas de melhorar o estado do paciente, jamais criar uma situação inversa. Às vezes, tinha-se sucesso. Em outras, não. "É proibido ao médico usar de recursos absurdos quando o paciente não tem mais condições de sobreviver; isso é ética", afirmou.

Com a reforma do Código de Ética Médica, em 2010, a ortotanásia passou a ser um procedimento aceito pela Justiça. A ortotanásia se dá quando um médico interrompe o tratamento de um paciente desenganado, deixando de prescrever procedimentos considerados invasivos e cuidando apenas de evitar seu sofrimento. A decisão pela chamada "morte digna" nunca é tomada por um único especialista, mas por uma equipe médica, depois de descartadas todas as alternativas de tratamento.

A ortotanásia é diferente da eutanásia e da distanásia. Na eutanásia, há consenso entre o especialista e o paciente, ou sua família, no sentido de abreviar-lhe a vida. A eutanásia é crime no Brasil. A distanásia ocorre quando se mantém um doente terminal e incurável ligado a aparelhos, prolongando-lhe artificialmente a vida, muitas vezes para que o hospital continue recebendo pela internação do doente.

Quando ainda era proibida por lei, adotava-se a ortotanásia em muitos hospitais brasileiros. Uma reportagem publicada pela revista *Veja*, em 2002, ouviu anonimamente 26 dos mais conhecidos intensivistas. Eles admitiam alterar padrões de respiradores ou drogas que mantinham pacientes desenganados ainda vivos. Era o que se fazia para abreviar o sofrimento do doente e a dor da família, ou abrir vaga para alguém que tivesse mais chances de sobreviver ou não dispusesse da cobertura de um plano de saúde.

"Há procedimentos especializados e complexos, feitos em UTIs, que são tentativas de tratar dos sintomas de pacientes terminais", disse-me Gustavo Amarante, da Unidade de Terapia Intensiva do Hospital Sírio-Libanês, em São Paulo. "Eles incluem dar determinados remédios e mexer nos parâmetros de ventilação."

Segundo ele, há um ponto em que não há mais nada a fazer a não ser poupar o paciente de efeitos desagradáveis, como dor ou falta de ar. Nessa hora, o médico procura aliviar os sintomas com analgésicos, sedativos. "Há coisas que a gente faz que, por mais que eu conte como é que são feitas, um leigo pode interpretar de outro jeito", disse Amarante.

Há alguns anos, um estudo publicado pela *New England Journal of Medicine* suscitou um animado debate sobre o uso de sedativos e bloqueadores neuromusculares em pacientes terminais. De acordo com o trabalho, depois de o doente receber determinados medicamentos para aliviar a dor, ele permanecia vivo por um intervalo que variava de seis a oito horas.

"Veja que saia justa", disse Amarante, referindo-se ao artigo. "O sujeito está com uma dor oncológica enorme, você inicia a sedação e a analgesia, cuida da falta de ar, e ele morre. Aí, vem a pergunta: você acelerou a morte dele? Não sei, não dá para responder. Agora, ele morreu sem dispneia, sem estar se contorcendo de dor, sem sofrer desnecessariamente. Morreu porque estava morrendo." Ele fez uma longa pausa e perguntou: "Percebe como é uma questão muito complicada?".

O pneumologista Luiz Felipe Mendes foi diretor do Hospital Evangélico de 2008 até estourar o escândalo da UTI Geral. Segundo ele, sua saída estava prevista havia meses. Ele é o interlocutor da doutora na gravação em que ela comenta ter tentado "desligar" uma criança, o que não havia sido possível porque "a mãe tinha decorado os parâmetros".

Segundo Mendes, a menina havia sido atacada por um cachorro e estava com morte cerebral documentada. "Era um caso dramático porque ela estava na casa dos avós e os pais viajando", contou. "A Virgínia me dizia que estava incomodada com a pessoa da captação de órgãos, que ficava ao lado da família da menina. E depois, porque queria desligar a medicação, já que a morte cerebral estava comprovada, para não prolongar o sofrimento dessa família. A criança estava morta."

A dra. Virgínia comentou o caso: "Não se prolonga um sofrimento desses, isso é desesperar uma família. Mas nós, latinos, temos essa cultura de deixar tudo, respirador, droga, e isso é um crime porque a pessoa não está mais lá". A decisão da família foi a de esperar o coração da criança parar, o que ocorreu três dias depois.

A médica considerou "de um primarismo atroz" as interpretações de suas falas. Em suas palavras, "desentulhar UTI" era mandar o paciente para o quarto. "Desligar o paciente", não ministrar determinada droga ou procedimento. E quanto à gravação na qual era chamada de "Virgininha Mengele"? "Muito fácil de responder", afirmou. Segundo disse, ao chegar a casa teve dúvidas se havia receitado um analgésico a um paciente, que havia sido suspenso durante o dia. "Então, o funcionário me disse que eu tinha deixado, sim, o analgésico", disse. "E ele mencionou Mengele porque o médico nazista fazia experiências que deixavam as pessoas berrando de dor. Era uma brincadeira. Só."

Há mais de uma década, o ortopedista Manuel Ruedas Guerrero atende pacientes da UTI Geral. Ele se disse chocado pela maneira como jargões médicos foram interpretados pela polícia. Em uma época, ele contou, era chamado de "rei dos sacis" porque havia feito cinco amputações em sequência. "Tinha um colega que era 'matador de velhinhas' porque ele só pegava caso complicado de velho", lembrou. "Se a polícia tivesse ouvido isso, o cara estava na cadeia", afirmou. "Grampeia um delegado e vê como ele fala de um morto: vai ser de 'presunto' para baixo. É muito feio, choca, mas, pelo amor de Deus, acusá-la de assassinato?"

Para Guerreiro, é possível que as acusações contra a médica tenham outras razões. "Ela é grossa, é racista, é mal-educada, é implicante, é desrespeitosa, é feia", disse. "Se for isso, acusem-na, processem-na por racismo ou assédio moral. Mas falar que ela matava? Qual seria o seu interesse? Financeiro? Loucura?"

Como o Sistema Único de Saúde paga uma diária de mil reais por paciente, independentemente dos procedimentos feitos no doente, Guerreiro não vê sentido nas motivações financeiras. "É melhor deixar um paciente antigo, que necessita de poucos procedimentos, em vez de pegar um novo, que demanda mais. Não há nenhum ganho em matar."

Para ele, o caso era um enredo acabado, que agradou os urubus de ocasião: "Pegaram o que existe de mais sensível, que é a morte, com o que há de mais obscuro, que é uma UTI: portas fechadas, a tênue linha entre vida e morte. E uma mulher que era uma bruxa. Veja bem: ninguém que a acusa trabalha lá, e quem acusou foi gente que foi demitida".

No meio da sala, Naomi latia insistentemente na minha direção. A doutora afinou a voz e passou a dublar o animalzinho: "Eu não gosto de mulher... Eu não sou boba... Eu quero atenção!". Ela contou que havia perdido outro cão, Igor, recentemente. "Ele me esperou voltar da prisão e depois de quinze dias se foi", disse com os olhos marejados.

"Eu me lembro exatamente de cada um", comentou a doutora sobre os doentes que era acusada de matar. "Eu reconheço paciente pelo cheiro, e isso não é mérito, é uma coisa de alguém que faz há trinta anos a mesma coisa e gosta", afirmou. "Em todos os casos, tentou-se tudo."

Em uma gravação, a doutora é informada de que um "paciente de convênio" é esperado no hospital. Ela pergunta qual é o convênio e depois diz: "Então você tem que ir com o Ivo". Referia-se a Ivo Spitzner, 65 anos, internado pelo Sistema Único de Saúde, que morreu depois de cinco dias na UTI Geral.

"O prontuário do Ivo é a maior testemunha de que tudo foi feito para salvá-lo", disse. Segundo ela, o paciente era um homem acamado desde 1996, havia sofrido sete derrames e foi reanimado durante cem minutos depois de ter sofrido uma parada cardíaca. "A média é de 45 minutos, e ele foi reanimado por cem, até dar tempo de a família chegar", disse. "Achei curioso que apareceu, no inquérito, uma foto dele pescando. Deve ser de 1995. Então o que parece é que ele chegou lá andando e morreu do nada."

Perguntei-lhe se nunca houve uma situação em que um paciente desenganado poderia viver um ou dois dias a mais, e o tempo foi abreviado propositalmente. "Nunca", respondeu.

Leonardo, o filho da doutora, trouxe uma bandeja com xícaras e um bule de café. Serviu a mãe com delicadeza enquanto ela relembrava o período em que ficou presa. "Se Graciliano Ramos visse as *minhas* memórias do cárcere, ele ficaria com inveja." Com humor, ela contou que a única coisa que pediu da "carceragem", como diz, foi uma sandália, porque não sabe andar de chinelos. "E uma amiga me traz um tamanco igualzinho ao de biscate de novela das nove."

Ela se mexeu no sofá, apalpando o estofado atrás do maço de cigarros, e se lembrou da enxurrada de acusações: "Era uma surpresinha todo dia. Um dia, eu matei o meu marido. No outro, vendia os aparelhos respiratórios. Mais um dia e eu tinha sociedade no hospital. Ah, eu fazia tudo por dinheiro. Eu só podia rir, não é?". De todas as acusações, uma a feriu fundo: a de ter matado o marido. "Essa eu não perdoo", disse.

A enfermeira Carla Fernanda Pires Santos trabalhou na UTI Geral de abril de 2011 a janeiro de 2012. À polícia, ela afirmou ter sido impedida pela doutora de reanimar um paciente em choque. "Ela dava o coquetel quando achava que o paciente não tinha mais chance", disse-me durante um café da manhã, em Curitiba. "Mas houve um paciente que chegou sem a calota craniana, recebeu o coquetel e não morreu", disse. "Ou seja: essa coisa de que a pessoa já estava morta era mentira. Ele sobreviveu!"

Carla Fernanda disse ter visto a paciente Clarita Colle pedir água, receber o coquetel de medicamentos e morrer em seguida. "Tudo bem que ela não ia sobreviver muito mais tempo, mas acho que não ia morrer naquele dia", disse. "E, depois que a doutora mexeu nos parâmetros e deu a sedação, ela morreu em uma hora. Foi uma coisa que abalou demais a gente."

A enfermeira passou a discorrer sobre o temperamento da médica. "Ela parecia uma bruxa de conto de fadas, sabe?", disse. "Malvada, assustadora, xingando todo mundo." Perguntei por que ela havia sido insultada pela doutora. "Só porque atendi uma ligação do celular na UTI", explicou Carla Fernanda. "Ela foi reclamar de mim, falou que eu era negligente e irresponsável. Mas era uma ligação importante, eu já tinha assumido o plantão, estava tudo sob controle."

A dra. Virgínia me disse se lembrar bem do caso de Clarita Colle. A paciente tinha câncer de pulmão com metástase no cérebro, e exames patológicos mostravam que não tinha condições de ser submetida à quimioterapia. "Ela tinha um tumor que havia crescido para dentro do tronco", contou. "Quando Clarita chegou ao máximo da asfixia, ela foi anestesiada. E depois, o coração parou. Mas a enfermeira acha que fui eu que provoquei a asfixia." Sobre o paciente sem calota craniana, ela comentou: "É isso! A gente faz as coisas para que eles sobrevivam".

A médica se disse estupefata com a acusação de que houve seis mortes para receber vítimas feridas em um acidente. "Nem se eu tivesse varinha de condão", falou. Só para retirar os cadáveres, desinfetar as camas e rearrumá-las para um novo paciente — a doutora raciocinou —, seria preciso pelo menos uma hora e meia em cada caso. "E a pessoa diz que desceu para o pronto-socorro, subiu e apareceram seis leitos vagos. Essa pessoa era a chefe da enfermagem. Por que ela não fez uma denúncia ou ao menos me questionou?"

Eu disse à doutora que me impressionava como ela falava do assunto sem emoção. Afinal, era acusada de assassinato e se dizia totalmente inocente, o que seria uma injustiça inexorável. "O que você quer que eu faça?", ela redarguiu. "Eu não sei te dizer, porque, depois que eu matei o meu marido, eu só não matei o Hugo Chávez, não é? Quando alguém estava pedindo um copo d'água e cinco minutos depois está morto, tudo é possível. Eu faço o quê?"

Em sua opinião, nem todo doente cujo coração para tem de ser reanimado. "Tem doente que até não tem que ir para a UTI, entendeu?", perguntou. "Mas, se você tenta explicar isso, acontece o que aconteceu comigo: 'Ela deixou o doente morrer', 'Ela acelerou a morte'. Não! O doente já estava tecnicamente morto. Ninguém acelera nada."

À volta da doutora, amigos e ex-funcionários atribuem as denúncias ao que passaram a chamar de "revolta do baixo clero". "Ela está pagando por um comportamento", disse a nutricionista Karina Kaminski Paciornik, ex-superintendente administrativa do Hospital Evangélico. "Está pagando por ser grosseira, mal-educada, arrogante e ter cobrado demais das pessoas. Toda vez que ela surtava era porque esse pessoal tinha feito alguma coisa errada", afirmou.

A cachorrinha se aninhou ao meu lado, o que provocou uma expressão doce no rosto da médica. Perguntei sobre o baixo clero. "Você sabe o que é a hora do cafezinho?", ela indagou.

> Pode haver um doente precisando de auxílio, mas eles param tudo porque "é a minha hora do café". Você sabe o que é perder pela quinta vez a veia de um paciente? Não dar alimentação porque tem preguiça de dar? Você acha que a enfermagem me amava por eu não deixar os doentes usarem fralda — para não dar ferida ou mau cheiro — e eles terem que limpar a evacuação no lençol? Quem trabalha à noite tem apenas uma hora para jantar e estender as pernas. Mas não, eles queriam dormir.

Ela me pediu para desligar o gravador, e disse: "Sabe o que é isso? É *infernagem*!". Com o dedo em riste, fez um sinal para que eu voltasse a registrar a conversa. "Eu cobrava, exigia. Isso incomoda, perturba." Segundo ela, as acusações foram dirigidas aos médicos e aos enfermeiros mais rígidos, mais exigentes. "Eu esperava um processo de assédio moral. Mas não houve nenhum."

A doutora não tem dúvida de que sua aparência influenciou as acusações. "Eu sempre brinquei que a pior coisa do mundo é você ter cara de pobre, porque pobre só puxa desgraça", disse. "Então, sempre me arrumei bem." Num depoimento, uma enfermeira afirma que a médica ia trabalhar de casaco de pele. "Imagina, pele gruda secreção, não é higiênico", falou.

O grande problema, ela disse, era a dificuldade de separar o público do privado no ambiente de trabalho. Qualquer repreensão era levada para o lado pessoal. "Se eu te chamo de horrorosa, eu não estou nem olhando para a sua cara, estou falando do seu trabalho", disse. "Você está numa UTI e ainda tem que se preocupar porque a mocinha ficou ofendida quando você chamou a atenção dela. Por favor, por favor", disse, impaciente.

Nos depoimentos, pelo menos cinco pessoas mencionam o fato de a doutora não lhes dirigir a palavra. "Eu não saía para trabalhar para fazer amiguinho, eu saía para trabalhar." O filho se levantou do sofá e pôs um cinzeiro dourado em frente à mãe. "Mas não. Lá, elas choram, tem quem desmaie se leva uma bronca. 'Ah, ela gritou comigo.' Meu Deus, que coisa fantástica, não é?"

De volta ao sofá, Leonardo balançou a cabeça num sorriso. Perguntei de que ele achava graça. "É que eu conheço a personalidade da minha mãe", respondeu. "Acho bonito como ela é verdadeira. Não é ilegal ser grosso. Quando a visitei na prisão, eu falei: 'Tenho orgulho de ser seu filho.'"

Depois da prisão da médica, a polícia apreendeu 1872 prontuários de pacientes que passaram pela UTI Geral, entre janeiro de 2006 e fevereiro de 2013. Eles estão sob segredo de Justiça por conter informações pessoais dos pacientes. Num primeiro levantamento, a polícia científica localizou 417 pacientes que haviam recebido o coquetel de sedativo e o bloqueador neuromuscular, o que os tornava casos suspeitos. Desses, 346 foram prescritos pela doutora e, em 317 casos, os pacientes morreram no mesmo dia — o que significa uma mortalidade de 91%. Das 128 prescrições feitas por outros médicos da UTI, apenas dois pacientes morreram em um período de 24 horas, o que correspondia a 13% deles.

O advogado Elias Mattar Assad diz que a contabilidade é falaciosa. Primeiro, porque a maioria das prescrições era mesmo efetuada pela dra. Virgínia, que disponibilizava sua senha a outros médicos e era quem recebia os pacientes que chegavam à unidade. E também porque, feita uma conta de 317 mortes ao longo de seis anos, chega-se a uma morte por semana, o que seria um número insignificante para uma UTI de catorze leitos.

De fato, a taxa de mortalidade na UTI Geral do Evangélico — que foi de 17% no ano passado — ficou abaixo ou igual à média de outros hospitais do mesmo porte, como o Souza Aguiar, no Rio, ou o Hospital das Clínicas, em São Paulo.

"Ninguém prova morte com estatísticas", disse Assad. "O Ministério Público vai ter que provar que as pessoas morreram de causas diferentes das que elas morreram. Esses senhores podem já ir rascunhando um pedido de desculpas à medicina, não só à médica."

"O número de mortes não é o que chama a atenção", reconheceu o auditor Mário Lobato, do Departamento Nacional de Auditoria do Sistema Único de Saúde, que coordena a sindicância sobre o caso. "A prova dos crimes é outra: é o padrão usado sistematicamente pela equipe médica para antecipar os óbitos. E se houve uma morte só por semana, não interessa. Interessa que essa morte não deveria ter ocorrido naquele dia. Ela foi provocada, foi assassinato."

A comissão de sindicância composta por médicos, legistas e intensivistas analisa os prontuários escritos à mão pela enfermagem, e os eletrônicos tirados dos computadores dos médicos da UTI. Segundo Lobato, a comparação de ambos é uma confissão dos crimes.

"É possível esquadrinhar em detalhes o modus operandi — sempre a alteração nos padrões de ventilação artificial, combinada com o coquetel de remédios — e até mesmo um perfil dos pacientes escolhidos", disse o auditor. "Há muitos queimados na face, mulheres que tiveram problemas depois do parto, usuários de drogas."

Segundo Lobato, no relatório dos médicos há um texto-padrão para uma série de doentes distintos. Nos escritos pela enfermagem, vê-se com detalhes a evolução dos pacientes: "Dá para identificar que, em muitos casos, o paciente estava respirando bem, tinha pressão controlada, poderia lutar pela vida por mais tempo, mas, sem qualquer indicação terapêutica, é aplicado o 'kit morte'".

O processo ainda está na fase de recolhimento de provas e oitiva de mais testemunhas de acusação. De acordo com o auditor Mário Lobato, outros 21 casos suspeitos já foram identificados nos prontuários e, pelo menos, mais algumas dezenas devem se confirmar nas próximas semanas.

* * *

A doutora acendeu o sexto cigarro. Contou ter sonhado, na véspera, que era expulsa de um restaurante. Para o filho, significava que era hora de sair de casa. "Não sei, ainda tenho dúvidas, tenho a figura marcante, pode ter cara feia, vamos ver", comentou a médica.

Ela disse que sua vida profissional estava encerrada: "Não toco mais em paciente. Eu posso fazer parte burocrática, uma medicina de trabalho, uma auditoria". Comentei ser provável que os pacientes também não quisessem mais ser tocados por ela. "É, mas mesmo que tudo se solucione, eu não suportaria um olhar de desconfiança."

O hospital continua pagando o salário da doutora, em torno de 25 mil reais por mês. O Ministério Público entrou com um novo pedido de prisão da médica, que deve ser julgado em junho.

Debateu-se o que a doutora poderia fazer enquanto responde ao processo em liberdade. "Pensei em atualizar a edição do livro que fiz com meu marido. Mas o problema é que ele é voltado à...", ela interrompeu a frase, fez uma careta de zarolha e pôs a língua para fora, "... enfermagem!" Houve uma explosão de riso na sala. Virgínia Helena Soares de Souza recompôs a expressão facial, virou o rosto de lado e empinou o nariz teatralmente.

PÓS-ESCRITO

Depois de ter vindo à tona o caso da morte de pacientes do Hospital Evangélico, Virgínia Helena Soares de Souza nunca mais voltou a clinicar. Afastada do cargo, sem emprego ou renda, a médica entrou com uma ação contra o hospital, reivindicando direitos trabalhistas como horas extras, férias e 13º salário. A ação ainda tramita na Justiça.

Nesse período, a doutora fez uma pós-graduação em auditoria fiscal em uma faculdade privada de Curitiba. Segundo sua advogada, Louise Assad, ela trabalha de casa, por telefone, prestando serviço de avaliação do atendimento de clínicas particulares da cidade. Deixou o apartamento alugado em que morava com o filho, num bairro nobre de Curitiba, e há um ano vive num imóvel emprestado por uma amiga.

Em julho de 2016, a médica havia sido inocentada em seis das nove denúncias a que respondia no Conselho Regional de Medicina do Paraná. No entanto, ela e outros sete ex-funcionários do hospital ainda respondem por homicídio qualificado e formação de quadrilha, acusados de antecipar a morte de pacientes. O julgamento está previsto para meados de 2017.

A nova sinfonia paulistana

Como a rádio Jovem Pan se reinventou ao dar voz para o sentimento antipetista em São Paulo

JULIA DUAILIBI
Julho de 2015

"Bom dia! Muito bom dia para você que nos ouve. Hoje é segunda-feira, então coraaaagem, amigos", diz a locutora, em tom esportivo, esticando o "a". Os relógios marcam sete e meia. "Estamos em pleno verão brasileiro. Vinte e um graus neste momento na capital paulista. Faz um friozinho gostoso", continua ela, com animação. Naquele momento, a lentidão no trânsito da cidade ultrapassa os cinquenta quilômetros. A voz dá lugar ao som de uma orquestra nervosa e apressada — e a buzina dos instrumentos de metal anuncia de maneira estridente que o dia começou. "Vambora, vambora/ Olha a hora, vambora" — o refrão da *Sinfonia paulistana*, longa peça musical escrita pelo paraense Billy Blanco há mais de quarenta anos, é inequívoco: estamos na frequência AM 620 kHz. É a rádio Jovem Pan.

A jornalista Rachel Sheherazade é a dona da voz que apresenta o *Jornal da Manhã*, carro-chefe da emissora paulista, no ar desde 1972. Nos estúdios da Jovem Pan, no 24º andar do edifício Sir Winston Churchill, na avenida Paulista, Sheherazade chama as manchetes do dia 9 de março. Dois locutores de voz grave e empostada começam a ler os destaques, como num jogral. "Dilma Rousseff pede paciência, e brasileiros respondem com vaias e panelaço em doze capitais", diz um deles; "Em rede de rádio e TV, presidente defendeu ajuste fiscal e cobrou apoio da população", emenda o outro. Sobe o som. Um barulho de panelas, vaias e apitos invade o estúdio.

"Olha o apoio da população aí, gente", ressurge Sheherazade, agora com uma risadinha, inaugurando seus comentários do dia. Pelas próximas duas horas e meia, a jornalista emitirá opiniões sobre diversos assuntos, mas principalmente sobre a política nacional. Naquela manhã, mirou o "demorado e demagógico" discurso de véspera da presidente Dilma Rousseff, que usara a cadeia nacional de rádio e TV, "se aproveitando do Dia da Mulher", para "ludibriar o eleitor". "O panelaço que aconteceu ontem à noite é uma amostra do que deve acontecer no próximo dia 15, nas manifestações pró-impeachment", diz Sheherazade. E avisa: "O bicho vai pegar, Dilma!".

Desde novembro de 2014, Sheherazade compõe a bancada do *Jornal da Manhã*, da qual também participam o historiador Marco Antonio Villa e o jornalista Joseval Peixoto. E lá, de fato, o "bicho pega" para Dilma e o PT. Neste ano, o trio passou a liderar a audiência das manhãs no rádio, temperando as notícias com a pimenta da opinião — invariavelmente de oposição ao governo petista e quase sempre ultraconservadora, na linha "bandido bom é bandido morto".

O *Jornal da Manhã* e, particularmente, *Os Pingos nos Is*, programa comandado pelo jornalista Reinaldo Azevedo às seis da tarde, restituíram à Jovem Pan o protagonismo que teve no passado. A rádio — que se orgulha de estar presente em 2500 cidades, numa rede de cem afiliadas — já foi casa de Roberto Carlos e Hebe Camargo, de Reali Júnior e Joelmir Beting, Fausto Silva e Osmar Santos. Nos últimos tempos, flertava com a irrelevância, atropelada pela concorrência.

Eleita ainda nos anos 1990 "a cara de São Paulo", a Jovem Pan sempre teve como vocação falar para a classe média do estado mais rico e populoso do Brasil, onde o sentimento antipetista é antigo e alcança altos decibéis. Para voltar ao topo, a emissora fez uma aposta: converter em negócio — leia-se audiência e, portanto, publicidade — o crescimento da insatisfação com o PT. O mesmo público que nunca permitiu a chegada do PT ao poder no estado em que o partido nasceu, numa espécie de *no pasarán* às avessas, e que tem na revista *Veja* seu oráculo impresso, encontra agora no rádio uma frequência em que se reconhece.

O artífice da operação é o empresário Antonio Augusto Amaral de Carvalho Filho, neto do fundador da rádio. Tutinha, como é conhecido por todos, chegou à presidência da Jovem Pan no ano passado. Até então confinado ao comando da Jovem Pan FM, o braço musical do grupo, ele vislumbrou a oportunidade histórica de patrocinar um *aggiornamento* da emissora, apropriando-se da onda antipetista.

"O Tutinha, por ser uma pessoa muito antenada e aberta, sacou que havia um vazio, e que esse era o momento de ir contra o governo federal, de aprofundar essa oposição", me disse um ex-executivo da Pan ao descrever as transformações recentes. A rádio passou a ser chamada entre jornalistas e nas redes sociais de "Fox News Brasileira" — referência ao grupo de mídia conservador norte-americano —, mas também de "Ku Klux Pan" e de "Jovem Klan".

Rachel Sheherazade Barbosa (Sheherazade é um segundo nome, dado pela avó, inspirada pela leitura de *As mil e uma noites*) não se incomoda com apelidos ou memes que a apontam como heroína da direita ou princesa dos reacionários. Pelo contrário. Diz ser "conservadora como a maioria da população brasileira" e comemora o fato de a direita estar agora "mostrando a sua cara". "Sou contra o aborto, a favor de penas mais duras para crimes hediondos. Então, não estou em dissonância com a sociedade, posso estar em dissonância com os meus coleguinhas jornalistas. Estes, sim, têm motivos de sobra pra me atacar", falou, durante uma entrevista na TV, ao citar pesquisas de opinião que apontam o apoio popular avassalador à redução da maioridade penal.

Sheherazade tem 41 anos e nasceu em João Pessoa, na Paraíba. É evangélica (inclusive doa o dízimo) e casada com um corretor de imóveis, com quem tem dois filhos. Pensou em ser escritora na infância, brincou de atriz na adolescência (interpretou Maria Madalena no teatro), foi professora de inglês na juventude, mas acabou se formando jornalista pela Universidade Federal da Paraíba, profissão que acumulou com a carreira de servidora do Tribunal de Justiça do estado.

A jornalista apresentava um telejornal da afiliada do SBT na Paraíba, onde fazia dois ou três comentários semanais sobre as notícias do momento, até que em 2011 se insuflou contra o Carnaval de João Pessoa. Com firmeza na voz e indignação no olhar, atacou os "abadás e camarotes VIPs" que teriam transformado a comemoração em "negócio dos ricos". A bronca caiu no gosto do povo e acabou vista por mais de 1 milhão de pessoas nas redes sociais. Silvio Santos farejou o sucesso e imediatamente mandou chamar a moça de lábios carnudos, olhos puxados, sobrancelhas grossas e cabelos lisos, ora dourados, ora cor de mel. Alçou-a a estrela de seu noticiário nacional da noite, o *SBT Brasil*.

Na emissora de Silvio Santos, Sheherazade soltou o verbo, sempre ao lado do "cidadão de bem". Em setembro de 2013, ao comentar a execução, dentro de um presídio, dos assassinos de um menino boliviano de cinco anos, disse estar "aliviada". "Que me perdoem os defensores de bandidos, mas esses colheram o que plantaram! [...] Se a Justiça legal não funciona, do tribunal do crime ninguém escapa: estuprou, é estuprado; matou, não merece viver." Como uma justiceira, talhando em pedra um Código de Hamurabi próprio, decretou: "Aqui se faz, aqui se paga".

Meses depois, reeditou o mesmo estilo ao comentar a ação de outros justiceiros, responsáveis por agredir um rapaz negro acusado de cometer assaltos no Aterro do Flamengo, no Rio. Depois de deixá-lo nu, o grupo o amarrou a um poste, usando uma trava de bicicleta. "A atitude dos vingadores é até compreensível. O Estado é omisso, a polícia, desmoralizada, e a Justiça é falha. O que resta ao cidadão de bem, que ainda por cima foi desarmado? Se defender, é claro", declarou. Sempre em tom indignado, desafiou: "E, aos defensores dos direitos humanos que se apiedaram do marginalzinho preso ao poste, eu lanço uma campanha: façam um favor ao Brasil, adotem um bandido". O episódio a lançou aos píncaros da fama, mas com ela veio a acusação de incitação ao crime. Acuada pelo Ministério Público, por parte da opinião pública e por jornalistas da própria casa, a direção do SBT cortou seus comentários.

A Jovem Pan ficou seduzida com as mil e uma de Sheherazade, e Tutinha a levou para soltar o verbo na rádio. Seus comentários vão do pastiche de artigos publicados pela *Veja* a teorias supostamente próprias que envolvem "ex-gays", "aborto eugênico" e "cristofobia". Cita com reverência Silas Malafaia, "uma das lideranças cristãs mais respeitadas do Brasil", e defende propostas do deputado Jair Bolsonaro, como a "castração química" de estupradores. Em fevereiro, ao comentar a reação de um comerciante a um assalto, disse: "Ele [...] baleou dois dos marginais. Os assaltantes morreram. Ainda bem. Melhor eles que a vítima!".

Sheherazade não improvisa: seus comentários são lidos em tom dramático, ora acelerando a fala, como se narrasse uma caçada policial, ora pausando a voz, para imprimir a cada sílaba sua dose de indignação. Na Pan, ganhou o apelido de "Garota Wikipédia" pela frequência com que recorre ao Google procurando informações do tipo "Winston Churchill frases". No afã de atacar o PT, alivia até para o PMDB: "O partido se desgastou por demais andando de braços dados com o sujo Partido dos Trabalhadores. Tem um ditado que minha avó dizia: quem anda com porco farelo come".

A agressividade das opiniões contrasta com o biotipo mignon e feminino. Sheherazade está sempre maquiada, de batom e base, e dá preferência às saias quando aparece publicamente, sobretudo em programas de auditório. De Ratinho a Palmirinha, lá está ela, uma Sarah Palin brasileira, pregando sobre a família e Deus, falando com simpatia de sua inaptidão para a cozinha (só se arrisca no brigadeiro), do fascínio por cemitérios (pediu a um professor que a levasse ao Instituto Médico Legal para ver um cadáver) e do gosto por rock 'n' roll (anda com CDs do Iron Maiden no carro).

A desmoralização recente do PT inflou ainda mais a celebridade da apresentadora. Foi eleita uma das personalidades do ano de 2014 pela revista *Veja São Paulo*, onde apareceu ostentando os muques; nas manifestações pró-impeachment, foi apontada como a jornalista em que o público mais acredita, ao lado da revista *Veja*, veículo mais confiável.

* * *

"Fora PT, fora PT", diziam os manifestantes no dia 15 de março. Na manhã do dia seguinte, o grito de guerra era reproduzido pela Jovem Pan. Havia certa euforia nos estúdios da emissora, que na véspera deixara de transmitir o futebol, fato raríssimo, para dedicar-se aos protestos. "Brasil paaaaara em protesto contra o governo federal e a corrupção", anunciou um locutor, dando início ao jogral das manchetes. "Em todo o país, 2 milhões de pessoas fizeram história neste domingo em manifestações pacíficas", rebateu o colega, devolvendo a bola. "São Paulo tem o maior protesto desde as Diretas Já."

No estúdio, enquanto Sheherazade repetia que o Brasil "clamava" pelo impeachment de Dilma, "*persona non grata* número 1 do país", seu colega Marco Antonio Villa destacava que os protestos não tinham "paralelo na história" e defendia a expulsão do poder "desses criminosos de lesa-pátria que nos governam". Villa não se conformava com a medição do Datafolha, que estimara o público da Paulista em 210 mil pessoas, número muito discrepante do divulgado pela Polícia Militar — 1 milhão de manifestantes. "É uma mentira! Eu estive nas Diretas Já, no impeachment do Collor, nas passeatas nos anos 1970", bradava o historiador, furioso. "A presidente Dilma está mais perdida que o Lula em biblioteca", ironizou. O comentário jocoso arrancou risos de Sheherazade e Joseval Peixoto, além de pedidos dos ouvintes para que o repetisse. "Ela não tem a mínima ideia do que está acontecendo. É uma Maria Antonieta em 1789", improvisou o comentarista.

Villa nasceu há sessenta anos em São José do Rio Preto, interior de São Paulo, e é ex-professor do Departamento de Ciências Sociais da Universidade Federal de São Carlos. Em 2003, publicou o livro *Jango: um perfil*, no qual questiona a "mitificação" do ex-presidente João Goulart. Virou alvo da esquerda ao atacar a "vitimização" dos movimentos de luta armada contra a ditadura e as indenizações pagas aos anistiados. Em contrapartida, tornou-se comentarista do *Jornal da Cultura*, emissora de TV controlada pelo governo tucano, analista na TV Veja e colunista do jornal *O Globo*. Mais recentemente, publicou *Década perdida: Dez anos de PT no poder* e *Um país partido: 2014, a eleição mais suja da história*.

Villa é um homem magro, de estatura mediana. Fala de maneira ligeira e anasalada, fazendo tremer a língua na pronúncia dos erres, no típico sotaque paulista de influência italiana. Não tem o apelo de Rachel Sheherazade nem a desenvoltura de Reinaldo Azevedo, mas se desdobra como pode. "Ou o Brasil acaba politicamente com o petismo, ou o petismo destrói o Brasil" é um de seus bordões. Refere-se a Lula como "chefe da quadrilha", "Pedro Malasartes de São Bernardo" e "Marcola de barba". Andou enfurecido com a oposição, que não estaria se esforçando o bastante para apear Dilma do Planalto. "Com todo o respeito ao ex-presidente Fernando Henrique Cardoso, ele faria um bem para o país ficando calado", disse quando o tucano se pronunciou contra o impeachment. Durante uma entrevista ao vivo com o senador Aloysio Nunes Ferreira, do PSDB paulista, sustentou que as declarações do parlamentar estavam "na contramão da história" e eram "opostas ao que pensa o povo brasileiro". Levou um chega pra lá: "Propor impeachment é faculdade de qualquer cidadão brasileiro. Se você acha que tem de propor agora, por que você não propõe?".

No 13º andar de um prédio no centro de São Paulo fica o escritório de advocacia de Joseval Peixoto, também âncora do *Jornal da Manhã*, ao lado de Villa e Sheherazade. Com 76 anos, dedica-se há mais de quarenta não apenas às notícias do dia, mas a matérias penais, sua especialidade. Formou-se na Faculdade de Direito da Universidade de São Paulo, no Largo de São Francisco, em 1965; atuou como promotor na Justiça Militar e hoje também é advogado da Pan, onde trabalha desde 1963 (salvo breves períodos em que esteve nas concorrentes, as rádios Bandeirantes e Tupi).

Passava do meio-dia quando Joseval Peixoto entrou na sala de reunião de seu escritório. Bronzeado, com cabelos grisalhos e sorriso de dentes brancos, parece mais alto na TV. Assim como Sheherazade, passou a integrar o telejornal *SBT Brasil* em 2011, após convite de Silvio Santos, ouvinte da Jovem Pan. Simpático, começou a contar com voz pausada e familiar histórias da época de locutor esportivo: é dele a narração radiofônica da vitória do Brasil na Copa de 1970, no México, assim como a letra da música "*Ói* nois aqui traveis", gravada pelos Demônios da Garoa.

Depois de dez minutos de conversa, Joseval Peixoto abordou o tema: "A direita está crescendo em todo o mundo. Na Jovem Pan, o que aconteceu? O dono é o seu Tuta, que tem 84 anos. Está fazendo hemodiálise, está muito mal.

Ele foi o construtor de tudo aquilo". Fez uma pausa e prosseguiu: "Esse homem saiu e os filhos o substituíram. O Tutinha e o Marcelo [Carvalho, que cuida da parte administrativa]. Não é que eles estejam errados, porque estão acertando em audiência. Mas mudaram completamente o conceito". Explicou: "Prestação de serviço. Sou radialista desse conceito. A gente não tem a preocupação de fazer manchete como os jornais. Se tiver um incêndio no Empire State, em Nova York, e um buraco na Vinte e Três de Maio, a gente vai para a Vinte e Três, porque nossos ouvintes passam por lá".

Peixoto fez então uma digressão para contar que a rádio costumava ouvir a todos, de esquerda ou de direta, "com dignidade e respeito". "Você recebia um Lula, um Suplicy, uma Marta ou um Maluf. O que a gente queria? Colher deles informações para os nossos ouvintes."

De volta ao presente, continuou com perguntas que ele próprio respondia: "O que eu vejo hoje? Acho que o surgimento da direita no jornalismo até demorou. Principalmente no nosso estado, onde o PT sempre foi derrotado". Mesmo na eleição de 2012 para a prefeitura da capital paulista, quando o petista Fernando Haddad venceu José Serra, a insatisfação com o PT predominava no público da emissora, que se manifestava sobre o pleito em enquetes informais. "Eu botava trinta ouvintes no ar. Dava 28 a dois para o Serra. O que isso quer dizer? Quer dizer que o público da Jovem Pan é anti-PT, sempre foi. Então, criticar o PT na Jovem Pan é como bater em cego."

O radialista fala com respeito dos colegas, a quem chama de "homens de direita" — e sobretudo de Sheherazade, que diz ser sua "irmã". Foi ele quem a apresentou à Pan, a pedido de Tutinha, num almoço entre a então estrela do SBT, Marcelo Carvalho e José Carlos Pereira, diretor de jornalismo da rádio, onde começou em 1966. "O *Jornal da Manhã* e *Os Pingos nos Is* viraram uma trincheira contra o PT. É pau no PT direto, direto. Não é a forma como eu faço jornalismo", lamentou Peixoto. Ele atribui à formação como advogado criminal o desconforto que diz sentir. *Reus sacra res est*, asseverou em latim. "O réu é uma coisa sagrada. Então, me machuca quando esses colegas, que são grandes colegas, acusam apenas pela leitura dos jornais, isso me agride."

Joseval Peixoto está longe de ser considerado uma voz do rádio a serviço da esquerda. Até a chegada dos dois companheiros de bancada, era uma das referências do conservadorismo na Jovem Pan. Hoje, brinca que, perto dos colegas, é marxista. "Eu, na verdade, não sou nem de direita nem de esquerda.

Sou jornalista, entendeu? Sou um profissional de prestar serviços. Eu não me sinto bem. Realmente, não me sinto bem", voltou a dizer, questionado sobre o rumo da emissora. Perguntei se ele já havia conversado com a direção da rádio sobre o assunto: "Eles sabem, têm perfeita noção disso". E confidenciou: "Eles pedem para, de vez em quando, eu dar uma levantada de voz. Sendo possível, a gente faz uma ponderação".

Saímos para almoçar. Caminhando pelas ruas do centro, Peixoto cumprimentava pessoas e distribuía sorrisos. No restaurante por quilo, frequentado por advogados e estudantes de direito, o radialista voltou a recorrer ao direito penal. Citando Nicola Dei Malatesta, jurista italiano do século XIX, autor de *A lógica das provas em matéria criminal*, lembrou: "No processo crime, tudo há de ser claro como a luz, certo como a evidência e cristalino como qualquer grandeza algébrica. Dentro desse conceito, acho que são levianos quando acusam o Lula de chefe da quadrilha, a Dilma de chefe da quadrilha. 'Mas não é possível que ela não soubesse.' Isso é uma hipótese", concluiu. Seu filho, que também é advogado, nos acompanhava no almoço. Ao ouvir os argumentos do pai, achou por bem fazer uma breve intervenção: "Isso não é jornalismo. Isso aí é conversa de boteco".

Quando Joseval Peixoto começou a trabalhar na Pan, a emissora ainda era conhecida pelo nome de batismo, Rádio Panamericana, oficializado em decreto de Getúlio Vargas, de 1942. A rádio, porém, só entrou no ar às dezoito horas do dia 3 de maio de 1944, ao som da *Quinta sinfonia* de Beethoven, conforme consta do livro *JP: 50 anos*, do jornalista e poeta Álvaro Alves de Faria. Seis meses depois da estreia, o advogado, empresário e futuro dirigente do São Paulo Futebol Clube, Paulo Machado de Carvalho, comprou a emissora dos primeiros donos, entre os quais o autor e diretor Oduvaldo Vianna (pai do dramaturgo Vianinha).

A Panamericana, que tinha como carro-chefe programas voltados para as colônias estrangeiras em São Paulo, tornou-se uma das três emissoras de Machado de Carvalho, avô de Tutinha e dono das rádios Record e São Paulo. Machado de Carvalho entrou para a história por chefiar a delegação brasileira de futebol nas campanhas vitoriosas de 1958 e 1962, o que lhe rendeu o apelido de "Marechal da Vitória" e o nome na porta do Estádio do Pacaembu. Em

1953, fundou a TV Record, vendida 36 anos mais tarde para Edir Macedo, o bispo fundador da Igreja Universal do Reino de Deus.

A partir da Copa de 1950, com Pedro Luiz, um dos vultos da locução esportiva, e o comentarista Mario Moraes, a Panamericana começou a fazer sucesso como "a emissora dos esportes". Teve em seus quadros Casimiro Pinto Neto, radialista de Bauru — que deu nome ao sanduíche de queijo, rosbife e tomate que pedia no Ponto Chic, tradicional restaurante do centro —, e Wilson Fittipaldi, o Barão, pai dos pilotos de automobilismo Emerson e Wilsinho. Não durou muito. A TV roubou as estrelas do rádio, e a Panamericana entrou em decadência.

"Aquilo era um cachorro morto", diz o jornalista e musicólogo Zuza Homem de Mello, autor de *A era dos festivais: Uma parábola*, uma espécie de enciclopédia da cultura musical dos anos 1960. Ele trabalhou na TV Record e na Pan, onde por mais de dez anos teve um programa de música. "Ninguém queria pegar aquela mandioca. Ela ficou jogada às traças durante anos, com uma audiência mínima", lembra Zuza, de bermuda e tênis, sentado de costas para um gramofone numa poltrona de seu apartamento em Pinheiros.

A "mandioca" foi parar nas mãos de Tuta, caçula dos três filhos de Paulo Machado de Carvalho. Antonio Augusto Amaral de Carvalho — ou A. A. A. de Carvalho e, mais tarde, "seu Tuta" — começara a trabalhar aos dezoito anos na Panamericana. Depois foi para a TV Record, onde se destacou como diretor no *Fino da Bossa*, na *Família Trapo* e na *Jovem Guarda*. Fazia parte da chamada "Equipe A" da emissora, formada por Manoel Carlos, futuro escritor de novelas da Globo, e pelos diretores Nilton Travesso e Raul Duarte.

Foi nessa época que Tuta teve uma ideia para transformar o mico em sucesso: promover a rádio com artistas da TV Record. Ofereceu programas a Roberto Carlos e Hebe Camargo. "Os caras praticamente não cobravam, porque o salário vinha da TV e, na rádio, eles anunciavam seus shows. O Tuta teve essa sacada, mais barata impossível. Levantou assim a Panamericana", contou Zuza. Os "Machado de Carvalho", como ele se refere à família, sempre tiveram uma meta: "O Tuta era um cara que queria ficar rico. O Tutinha também".

Inspirado pela Jovem Guarda, o velho Machado de Carvalho sugeriu a troca do nome da rádio para Jovem Pan. "Isso foi a pedra de toque do sucesso da emissora", avaliou o musicólogo. "Rádio Panamericana" é complicado de dizer, não tem impacto. "É comprido, ruim de se pronunciar, não tem condição. Agora, 'Rádio Jovem Pannnnnn...'", disse, imitando a vinheta da emissora, que deixa ecoar o "n" no ar, como na vibração de um instrumento. "Puuuuta! Nego fica doido", completou, sorrindo e levantando ligeiramente os joelhos da poltrona. Nos anos 1970, a pedido de Tuta, Zuza Homem de Mello foi a Dallas para criar a identidade sonora da rádio. Algumas vinhetas idealizadas por ele estão no ar até hoje.

A transformação da Pan em referência do jornalismo radiofônico veio da parceria entre Tuta e Fernando Vieira de Mello, que saiu da TV Record em 1966 para comandar a redação da rádio. Vieira de Mello instituiu o binômio "informação e prestação de serviço". Em 1974, quando a comunicação instantânea engatinhava e a TV ainda encontrava muitas dificuldades para operar ao vivo, a Pan fez história ao deixar de transmitir a *Voz do Brasil*, obrigatória, para cobrir o incêndio do edifício Joelma, no centro de São Paulo, convocando a população para doar sangue aos feridos na tragédia.

O dono da emissora e seu diretor de jornalismo se completavam. Tuta, discreto, tímido e avesso a eventos sociais, tinha ojeriza a receber políticos. Reza a lenda que chegou a se esconder no banheiro durante uma visita de Paulo Maluf à redação. Já Vieira de Mello, que acumulava a função na Pan com a de diretor de marketing da loja de departamentos Mappin, desempenhava com gosto o papel de relações-públicas.

O *Jornal da Manhã* já teve como apresentadores nomes como Ney Gonçalves Dias e Oswaldo Sargentelli, conhecido pela voz de trovão — e, mais ainda, pelos shows que promovia com mulatas em suas casas noturnas. Foi nessa época que Vieira de Mello criou outra marca registrada da emissora, o "Repita", momento em que os locutores falam a hora em dobradinha. Certa manhã o radialista Antonio Alexandre apresentava o programa quando pediu a um colega que repetisse a hora que acabara de informar. Vieira de Mello adentrou o estúdio gritando "sensacional". O bordão foi adotado.

"A cidade não desperta, apenas acerta sua posição/ Porque tudo se repete, são sete/ E às sete explode em multidão:/ Portas de aço levantam, todos parecem correr/ Não correm de, correm para/ Para São Paulo crescer/ Vambora,

vambora, olha a hora/ Vambora, vambora, vambora, vambora" — o famoso trecho de "Amanhecendo", uma das quinze canções que compõem a *Sinfonia paulistana*, anuncia desde os anos 1970 o começo do *Jornal da Manhã*.

O ritmo marcado e agitado da melodia — uma dose de cafeína sonora — combina com os versos quase caricatos de uma letra que, em sua versão completa, faz referências às chaminés da cidade, ao metrô, ao "dinheiro, mola do mundo", e sobretudo, inúmeras vezes, ao trabalho. No fim das contas, funciona como uma versão mais elaborada de um apito de fábrica, exortando quem a ouve a sair da cama com o único objetivo de trabalhar e produzir. "Na reza do paulista, trabalho é Padre-Nosso", diz um dos versos. A música é uma homenagem ambígua à cidade de São Paulo — às vezes parece um comentário irônico, às vezes uma adesão ingênua aos mais conhecidos clichês sobre os paulistas. Talvez não seja à toa que tenha sido concebida no Rio de Janeiro, em pleno Arpoador.

"Nos anos 1960, nós íamos à praia com meu pai, bem cedo, antes de amanhecer. Mas tínhamos escola logo depois, então, quando chegava a hora de voltar para casa, meu irmão lembrava meu pai: 'Vamos embora, olha a hora, vamos embora'", contou o músico Billy Blanco, filho do autor da sinfonia. Billy Blanco, pai, que estava escrevendo a *Paulistana* como um presente à mulher, paulista, aproveitou para inserir o apelo do filho na peça que demorou dez anos para completar. Quando ficou pronta, pegou o grande carretel de fita com a gravação e seguiu para o Jardim Botânico, no Rio, onde ficava a TV Globo.

Nilton Travesso lembra: "Ele me disse: 'Ouça'. E foi realmente assustador. Tinha um encantamento e uma poesia inacreditáveis". Travesso, que naquela época comandava o *Fantástico*, disse a Blanco: "Olha, tem uma rádio em São Paulo todinha voltada para a cidade. Deixa eu mostrar para eles". A sinfonia agradou. Nos anos seguintes, a *Paulistana* se tornaria a companheira de todas as manhãs dos paulistas — e trilha sonora da infância de muita gente que ia para a escola ouvindo a Jovem Pan no carro dos pais.

Da música que abria o *Jornal da Manhã* às escolhas políticas, Tuta construiu uma emissora cem por cento voltada para São Paulo, conforme dizia. A emissora flertava com o malufismo e nunca foi uma voz de oposição ao regime militar. Em 1973, Tuta comprou as ações dos irmãos e se tornou o único dono da Jovem Pan.

Como na divisa do brasão da cidade, que se pode ler na lataria dos ônibus na capital paulista — *Non Ducor Duco* —, o empresário conduzia, não era conduzido. Da escala de cobertura dos jogos de futebol às requisições para comprar pilhas, tudo passava por sua mesa. Se alguém insistia numa tese de que discordava, dizia: "Compre uma rádio para você, por enquanto essa é minha". Gostava de circular pela redação, sempre com as mãos para trás, e conversar com os funcionários, que ainda hoje falam com carinho de "seu Tuta".

Em 1976, a sede da emissora foi para a Paulista. Um amigo ajudou seu Tuta na época: João Carlos Di Genio, dono do cursinho Objetivo e, mais tarde, da Universidade Paulista, a Unip. O cursinho anunciava de graça na rádio, que distribuía bolsas de estudos para os ouvintes. Além de dar à emissora o primeiro carro de reportagem, Di Genio presenteou Tuta com um Porsche, e foi retribuído com um Rolex. No final dos anos 1980, decidiram embarcar juntos no sonho de Tuta de voltar a fazer TV. Criaram a TV Jovem Pan, no canal 16 UHF.

Logo se desentenderam sobre a entrada de um novo sócio no negócio. Hamilton Lucas de Oliveira, dono da IBF (Indústria Brasileira de Formulários), que fazia as "raspadinhas" e foi acusado de atuar no esquema de PC Farias, fora apresentado a Tuta pelo mais velho de seus cinco filhos, o Tutinha. A briga entre os sócios resultou na instalação de uma CPI no Congresso em 1993. Em seu relatório final, a CPI citou o suposto envolvimento de Tuta com documentos falsos e até com o sumiço de tapetes comprados para a nova emissora de TV — as investigações mostraram que as peças haviam ido parar nas casas dos filhos do dono da Pan.

O jornalismo da Jovem Pan envelheceu com "seu Tuta". A partir dos anos 1990, começaram a surgir no Brasil as emissoras FM dedicadas exclusivamente à transmissão de notícias — primeiro a CBN, e, já nos anos 2000, a BandNews. A Pan e seu jornalismo pareciam jurássicos. Quando assumiu a emissora, no ano passado, Tutinha enfrentou o processo de decadência, "mas sem mudar o seu DNA conservador", afirmou o ex-executivo da emissora. "O que houve nessa transição foi a soma de duas coisas: uma exacerbação ideológica, por questões de mercado, e a defesa da posição política em que eles, de fato, acreditam. Tanto assim que, se você for nas redes sociais, o Marcelo, irmão do Tutinha, dá pau na Dilma todo dia."

No ano passado, antes do segundo turno das eleições, Tutinha participou de manifestação a favor do tucano Aécio Neves, apelidada pela revista *The Economist* como "Revolução do Cashmere", em razão do público formado por "barões dos negócios" e "socialites" que pediam a vitória do candidato de "centro-direita" (a família Neves é dona de uma retransmissora da Pan em Minas). Na ocasião, o dono da Pan foi apontado como autor da foto em que um dos herdeiros do *Estadão*, Fernão Mesquita — casado com a irmã da mulher de Tutinha —, protestava segurando um cartaz com a frase "Foda-se a Venezuela".

Com seu sotaque italiano, Claudio Carsughi tem uma das vozes mais familiares do rádio esportivo brasileiro. Nascido em Arezzo, na Toscana, veio com a família para o Brasil em 1946, aos catorze anos. O pai, advogado, não queria que o filho perdesse a fluência no idioma materno e lhe arranjou uma posição como correspondente esportivo do jornal de um amigo, na Itália. Carsughi chegou a cursar a Escola Politécnica da USP, mas seus bicos como jornalista se mostraram mais rentáveis do que as perspectivas de um engenheiro em início de carreira. Começou na Rádio Panamericana em 1953, onde trabalharia praticamente a vida toda. Em abril deste ano foi demitido, em pé, numa escada da emissora de Tutinha.

Num fim de tarde de maio, Carsughi, com 82 anos, me recebeu em seu apartamento, a poucos metros da Rádio Jovem Pan. Formal, de terno e gravata e semblante sério, me conduziu à sala, onde uma TV sem som transmitia uma partida do futebol europeu. A decoração do cômodo, com enfeites de centro e cortinas volumosas, parece ser herança de sua mulher. Carsughi é viúvo e há algum tempo mora sozinho no apartamento. O jornalista se sentou numa poltrona, de costas para a janela, e cruzou elegantemente suas pernas finas. Atrás dele, da janela do apartamento, no 19º andar, era possível ver uma imensa antena.

Carsughi se orgulha de ter trabalhado com as três gerações dos Machado de Carvalho. A preocupação com as despesas da emissora cresceu na gestão mais recente, de Tutinha, ele disse. O tema surgiu sem rodeios numa conversa com Marcelo Carvalho, em que discutiam a possibilidade de a Pan voltar a cobrir as corridas de Fórmula 1. "O Marcelo me disse: 'Quando tinha meu pai, se faltavam 3 milhões, ele fazia um cheque e estava resolvido. Se hoje faltam 3 milhões, preciso ir ao banco levantar isso'."

A sala já estava escura no momento em que o relógio de pêndulo, apoiado na parede, soou seis badaladas. Carsughi se levantou para acender a luz, sem interromper seu raciocínio: "A rádio tem uma despesa muito grande porque não é só a família, mas uma árvore genealógica que está pendurada lá: netos, bisnetos, sobrinhos". Sua demissão, ele disse, "foi uma coisa absolutamente empresarial". Mas fez uma ressalva: "Não que o meu ordenado fosse nababesco".

"Essa atitude do Tutinha, para mim, não causou nenhum rebuliço. Se tivesse sido com o Tuta, eu teria ficado surpreso." Questionou, contudo, o que chamou de "opções políticas" de Tutinha. "Ele contratou a Sheherazade e o... me foge sempre o nome..." Reinaldo Azevedo, completei. "Sim." E o Marco Antonio Villa? "Quem é esse?", perguntou, sem esperar a resposta: "Se eu sou um empresário, posso abominar o Lula, a Dilma, o PT. Mas não vou fazer publicidade numa rádio que diga isso, porque amanhã preciso de dinheiro do BNDES. Então, negócio é negócio. Gosto pessoal é outra coisa". Fez uma pausa, parecia refletir. "Vê se uma multinacional da indústria automobilística vai anunciar num troço desse? Mas nem por sonho."

Ao final da conversa, Carsughi me acompanhou até o elevador e disse "fazer votos" para que as mudanças na Jovem Pan, onde trabalhou por mais de sessenta anos, deem certo. Mas não parecia confiante. "Se fossem ações da Bolsa, diria que não são blue chips. São ações de risco. Eu não compraria", falou, destacando que o rádio, assim como a televisão, é uma concessão do governo. A da Jovem Pan AM foi renovada em 2009. Vence daqui a quatro anos. "O Tutinha não tem problema porque é rico. Mas todos os funcionários, os demais membros da família, sei lá... É uma jogada. Acho arriscada. Talvez porque eu seja mais velho."

Depois da TV, o rádio é o meio de comunicação mais acessado no Brasil. Seu uso, porém, caiu nos últimos dois anos — de 61% para 55% da população, segundo a Pesquisa Brasileira de Mídia (PBM), realizada pelo Ibope por encomenda da Secretaria de Comunicação da presidência da República. No ano passado, movimentou 1,3 bilhão de reais em publicidade, conforme levantamento do Projeto Inter-Meios, elaborado pelo jornal *Meio & Mensagem*. O estudo, baseado no faturamento declarado de 350 veículos, mostra que há dez anos o rádio representa invariáveis 4% do bolo publicitário, diferentemente do que ocorre com jornais e revistas, cuja participação no total está em queda.

Mas essa aparente estabilidade é contestada por gente do mercado. "Na agência, o meu *share* de rádio caiu absurdamente nos últimos anos. Migrou muito para as mídias digitais e para a TV a cabo", disse o publicitário Daniel Chalfon, vice-presidente de Mídia da agência Loducca e presidente do Grupo de Mídia de São Paulo, entidade que divulga informações sobre o mercado brasileiro de anúncios.

Chalfon tem uma hipótese para os números que parecem não bater.

> A grande questão é que o crescimento do dinheiro está indo para o Google e para o Facebook. E esses caras não reportam aqui [no Inter-Meios]. Face, Twitter, Buscapé, Google não revelam faturamento. O Google hoje só perde para a Globo. A Globo fatura 16 bilhões de reais, eles faturam uns 4,5 bilhões de reais no Brasil. O Face deve bater os 2 bilhões este ano, duas vezes a Abril,

arrisca. Em 2014, as receitas da Pan foram de 63 milhões de reais, contra 64 milhões no ano anterior. O carro-chefe do faturamento é a Jovem Pan AM, na qual estão os anunciantes de maior peso, como bancos e grandes varejistas. Trinta segundos na emissora custam 9739 reais, mais do que cobram suas concorrentes CBN e Bandeirantes.

Segundo o Ibope Monitor, que acompanha 85 emissoras pelo país, nove dos dez maiores anunciantes de rádio no Brasil são empresas privadas. O único sob influência direta do governo é o Banco do Brasil, que no ano passado gastou 18 milhões de reais com publicidade nas rádios, entre elas a Pan. Para integrantes da equipe e amigos, Tutinha disse que sua decisão de bancar vozes de oposição ao governo lhe custou 12 milhões de reais em publicidade. De fato, na programação da emissora, não são significativos os anúncios do governo federal ou de estatais. A Petrobras, por exemplo, que neste ano já gastou 2 milhões de reais com rádios, alocou apenas 20 mil na Pan.

"Mas ninguém tem verba do governo, ninguém", insistiu o vice-presidente de rádios do Grupo Bandeirantes, Mario Baccei, que controla onze emissoras, entre as quais as rádios Bandeirantes e BandNews. Estávamos em sua sala, no último andar do prédio em que funciona o Grupo Bandeirantes, no Morumbi. "Pega qualquer rádio. As minhas, por exemplo. Não tem um anúncio da Caixa, dos Correios. Eu tenho um contrato com o Banco do Brasil, mas é um contrato histórico, que só a Rádio Bandeirantes tem", argumentou Baccei, mencionando a crise política e econômica do país.

Na programação da Pan, em contrapartida, a Sabesp e o Metrô, empresas ligadas ao governo estadual tucano, anunciam com frequência. Neste ano, o Metrô investiu 235 mil reais na rádio. No ano passado foi 1 milhão de reais. Parte da propaganda da empresa aparece disfarçada na programação, com o que chamam eufemisticamente de "publieditorial": reportagens exaltando o Metrô feitas pelos repórteres da casa, mas encomendadas pelo anunciante. Na gestão de Gilberto Kassab, do PSD, a prefeitura costumava pagar cachê aos repórteres da Pan por esse tipo de serviço, e um jornalista poderia receber até 10 mil reais extras fazendo uma reportagem pautada pelos marqueteiros da prefeitura. Nas últimas semanas, porém, a crise parece ter chegado aos anunciantes do governo do estado. As verbas de publicidade para a Pan diminuíram — o que gerou queixas internas em relação ao governador Geraldo Alckmin.

Em seu livro de memórias *Ninguém faz sucesso sozinho*, Tuta disse que "o governo simplesmente nega anúncio das empresas públicas aos meios de comunicação que falam mal dele". O livro é assinado por Tuta — ele registra tanto o apelido quanto o nome cheio de iniciais, A. A. A. de Carvalho, na capa —, mas foi escrito por José Nêumanne Pinto, editorialista do *Estadão* e comentarista de política da Pan, que até a chegada dos novos colegas era considerado um radical do antipetismo.

Na obra, Tuta ainda conta ter sofrido pressão para acabar com a campanha "Brasil, país dos impostos", levada ao ar durante o governo FHC. "Com o presidente Lula, temos total liberdade, nunca recebemos recados, nunca fomos pressionados, falamos mal, às vezes, de certas coisas do governo, e nada", registra no livro publicado em 2009, num momento de alta popularidade de Lula. Tuta chega a dizer que "temos uma liberdade de imprensa maior que com FHC". Mas fez um senão: "Só que, com Lula, nenhuma verba publicitária do governo nem das estatais é destinada à rádio".

Quando assumiu a presidência em 2003, Lula e seu então ministro-chefe da Secretaria de Comunicação do Governo, Luiz Gushiken, operaram uma reforma na distribuição de recursos de publicidade do governo. Pulverizaram a verba, distribuindo-a para veículos de comunicação do interior do país, abastecendo assim a chamada "mídia regional". Desse modo, o dinheiro de publicidade para as rádios passou a ser dividido com emissoras minúsculas Brasil afora. No primeiro ano de governo petista, 270 rádios recebiam propaganda oficial. Hoje são mais de 3 mil. O governo também começou a abastecer com dinheiro oficial sites e blogs de jornalistas favoráveis à administração petista, numa tentativa de fazer frente ao crescimento das vozes de oposição na imprensa tradicional.

Mario Baccei, da Band, elogia o trabalho do concorrente, apesar dos riscos da empreitada.

> A Pan é uma empresa que está entrando novamente nos trilhos. Os caras estão fazendo um belo trabalho. Num mundo em que todo mundo é politicamente correto, se alguém se diferencia vão dizer: "Ah, está tendo uma posição radical, de direita". Eu elogio a posição: "Vou fazer essa marca voltar a ser de verdade". Acho do cacete. Brilhante. Valoriza o rádio.

Fez uma pausa e arrematou: "É a posição de cada um. Como é que eu ponho a minha cabeça no meio da multidão e apareço um pouco mais? 'Ah, xinga a mãe.' Xinga a mãe, então".

Em termos de receita e prestígio, a Jovem Pan AM é mais forte que a Jovem Pan FM, originalmente só musical. A frequência AM, porém, é fraca e chega aos rádios baixa, com chiados e interferências. Na Paulista, onde estão os estúdios da Pan, mal se ouve a programação, emitida pela antena de Balneário Mar Paulista, a vinte quilômetros dali, numa espécie de brejo às margens da represa Billings. "Os adolescentes com dezessete, dezoito anos são a primeira geração educada cem por cento digitalmente. Esses caras agem com muita naturalidade com e-mail, WhatsApp. Estão acostumados a ver TV em 4k (Ultra High Definition). E aí? Você vai dar uma rádio AM para eles?", questionou o publicitário Daniel Chalfon, sentado em uma das oito cadeiras de couro branco na sala de reuniões da agência, com quadro de arte abstrata, geladeirinha modelo *vintage* e vista para o Parque Ibirapuera.

De acordo com a pesquisa da Secom, as AMs são preferidas por apenas 14% dos brasileiros (e 12% dos paulistas). Quando ainda comandava a Jovem Pan, Tuta pai começou a retransmitir parte da programação jornalística do AM no FM, numa tentativa de alcançar os concorrentes que, a partir dos anos 1990, começaram no FM com conteúdo *all news*.

Tutinha confidenciou recentemente à equipe que gostaria de transformar a FM, que "só dá prejuízo", numa *all news*, a exemplo da CBN e da BandNews.

Disse, porém, que ainda lhe falta coragem. "O Tutinha pode ter mil problemas, mas ele entende essa movimentação perfeitamente. O Brasil deve a ele esse modelo de rádio FM que a gente teve durante vinte anos. Foi o primeiro a buscar uma rede nacional para falar com jovens e a colocar humor. Claro que ele copiou de fora, não inventou isso, mas foi o primeiro", avaliou Chalfon, o publicitário da Loducca.

Há mais de trinta anos Tutinha chegou a ser apontado pela *Veja* como uma das pessoas que revolucionavam o rádio. Criou o humorístico *Pânico*, transmitido desde 1993 pela Jovem Pan FM, inspirado no radialista americano Howard Stern, conhecido por ofender seus ouvintes.

As recentes mudanças implantadas por Tutinha no jornalismo da Jovem Pan também guardam paralelo com um movimento que ocorreu nos Estados Unidos nos últimos dez anos: o fortalecimento das *talk radios*. Lá, com o surgimento das novas tecnologias para se ouvir música, as emissoras musicais perderam importância e encontraram sobrevida retransmitindo programas jornalísticos, esmagadoramente conservadores, de apoio aos republicanos e contrários à administração de Barack Obama. O formato dos programas é sempre o mesmo: um apresentador polêmico comenta as notícias do dia, enquanto recebe ligações dos ouvintes. Esse tipo de programa se tornou possível em 1987, com o fim da Fairness Doctrine, lei que determinava às emissoras que dessem tratamento igualitário a diferentes pontos de vista.

No *paper* intitulado *Understanding the Rise of Talk Radio*, o professor de ciência política Jeffrey M. Berry, da Universidade Tufts, em Massachusetts, diz que há vinte anos havia nos Estados Unidos quinhentas *all news* ou *all talk radios*. Hoje são 3500. Segundo Berry, dos dezesseis apresentadores de *talk radios* com maior audiência, onze são conservadores. O líder é Rush Limbaugh, um gordinho careca, com charuto na mão. Seu programa tem mais de 20 milhões de ouvintes por semana e é retransmitido por seiscentas emissoras de rádio de todo o país.

Em junho, a candidata democrata Hillary Clinton sugeriu que a "retórica inflamada" das *talk radios* poderia ser o gatilho de massacres que ocorrem pelo país, como o de Charleston, onde nove negros foram mortos por um jovem branco. Limbaugh respondeu: "É a linguagem da esquerda que está destruindo a fé das pessoas no futuro. É a linguagem da esquerda, de seus intelectuais e de seus cientistas, que está dando às pessoas ideias apocalípticas".

Na opinião de Otavio Frias Filho, a ascensão do pensamento de direita na esfera cultural remonta a 1989. "Por mais que muita gente de esquerda tenha sido crítica, a União Soviética não deixava de ser um paradigma. De repente, sumiu esse pedaço do mundo. Foi um golpe", disse-me o diretor de redação da *Folha de S.Paulo*, durante um café, em junho.

O ano de 2001 pode ser tomado também como um marco. "A Estrada de Damasco foi o ataque do Onze de Setembro", afirmou o jornalista e dramaturgo, em referência à conversão de são Paulo, de perseguidor dos cristãos a anunciador da fé em Jesus. "Foi um divisor de águas na medida em que a esquerda sempre foi mais simpática ao antiamericanismo. A partir dali, muitos intelectuais e jornalistas foram pra direita", comentou.

No Brasil, Frias Filho aponta o ensaísta Olavo de Carvalho, nos anos 1990, como o "são João Batista", aquele que veio antes e nunca deixou de ser uma espécie de pai espiritual de uma leva de polemistas que passou a ocupar espaço na imprensa, principalmente após a chegada do PT ao poder. Entre eles, Diogo Mainardi, Demétrio Magnoli, Luiz Felipe Pondé e o próprio Reinaldo Azevedo, os três últimos colunistas da *Folha* (ao lado deles, o jornal também publica colunistas de esquerda, como André Singer, Vladimir Safatle, Guilherme Boulos e Ricardo Melo).

De certa forma, a presença da direita nos meios de comunicação do país até demorou para chegar. A ditadura, feita em nome de valores conservadores contra a "ameaça comunista", permitiu à esquerda ser detentora de uma "hegemonia moral" no debate intelectual, segundo Frias Filho, mesmo muito depois de encerrado o regime militar. O pensamento de direita ficava circunscrito basicamente à esfera econômica, com protagonismo de Roberto Campos, Delfim Netto e Mario Henrique Simonsen.

Depois dos sucessivos escândalos de corrupção envolvendo lideranças do PT e da fadiga de material após tantos anos no poder, alterou-se o diapasão político da sociedade. Os colunistas de direita se legitimaram, muitas vezes lançando mão de um discurso histriônico. "Há um nível de exagero na forma desses polemistas que obscurece o conteúdo", avaliou Frias Filho.

* * *

A jornalista Mariza Tavares comanda há treze anos a CBN, emissora das Organizações Globo, a primeira FM com formato *all news*. Da sala de reuniões da CBN em São Paulo, enquanto pedia à equipe informações sobre a liberação do balanço da Petrobras — prestes a sair naquela noite de abril —, Tavares concordou que "o modelo musical das rádios está em xeque". "Por que agora tá todo mundo 'Ah, fazer jornalismo é a melhor coisa do mundo'? Porque o mercado vê que o musical está se diluindo. Aí, parece que todo mundo passou a gostar muito de jornalismo. Mas dá trabalho fazer a coisa direito", disse ela, que comanda uma redação com mais de cem repórteres em São Paulo, Brasília e Rio.

"Então, quando você fala em cobertura das rádios, é cobertura ou é apresentador dando pitaco?", provocou, discretamente. Tavares se dispôs a conversar com a *piauí* desde que não precisasse se pronunciar sobre o modelo de negócios dos concorrentes. Mas não deixou de mandar seu recado. "Qual é o maior patrimônio que a gente tem? Isenção, credibilidade. Procurar o tempo todo juntar as versões para contar as histórias. É claro que isso não faz com que a gente abra mão de opinião. E os comentaristas estão aí para isso. Mas zelamos pela pluralidade de comentaristas", disse a diretora executiva.

Ela discorda da tese, muito difundida, de que o público paulista é conservador e que, por isso, as emissoras teriam de se enquadrar nesse perfil de audiência. "São Paulo tem de tudo, como qualquer cidade. O principal é que as pessoas querem se informar, e rádio é muito serviço. Fica parecendo que o principal é uma opinião, mais ou menos raivosa. As pessoas querem saber como chegar em casa quando tem chuva. Não é só opinião. A opinião é muito importante, mas o rádio não se resume a isso." Ainda que não diga, o alvo principal da diretora de jornalismo da CBN tem nome.

Às seis da tarde em ponto, um locutor da Jovem Pan anuncia em tom solene que está no ar *Os Pingos nos Is*. A trilha sonora grandiloquente que precede a abertura do programa cessa e Reinaldo Azevedo assume o microfone enunciando o bordão que repete, com convicção, de segunda a sexta: "A partir de agora, informação, os principais fatos do dia e a melhor análise". Mas a solenidade logo se dissipa: "Ó nois aí. Vai!". Azevedo dá a largada a seu show.

No ar desde abril de 2014, na Jovem Pan AM e FM, o jornalista pode ser surpreendentemente engraçado e terrivelmente agressivo. Criou uma versão radiofônica — portanto mais ruidosa, mais histérica e histriônica — do blog que há nove anos abriga no site da *Veja*, onde se consolidou como voz de oposição ao petismo. A fórmula rendeu a *Os Pingos nos Is* a liderança de audiência, com aproximadamente 98 mil ouvintes por minuto, à frente da Rádio Bandeirantes e da CBN. Azevedo não hesita em se gabar do feito, pondo no ar o funk de Valeska Popozuda: "Beijinho no ombro pro recalque passar longe/ Beijinho no ombro só pras invejosas de plantão".

No programa, já mandou Dilma, a quem chama de "governanta", "calar a boca". Em defesa da redução da maioridade penal, ataca "merdas" e "vagabundos" que são contra. Diz ter "nojo" do PCdoB, "gente que vive com dinheiro de pobre, desdentado". Adversários são "essa gente"; a esquerda, "bostinhas", a quem manda "coçar as partes pudendas em boteco". Chama o "petismo" e variações "esquerdistas" de "doenças do espírito". Sugeriu à professora Marilena Chaui que pegasse sua vassoura: "E não é vassoura de varrer. É aquela que voa mesmo".

No mês passado, inflamou-se contra os "blogs sujos", financiados com dinheiro do governo federal, referindo-se a eles como "prostitutas barbudas disfarçadas de jornalistas". Xingou de "canalha ética", "bandido moral" e "delinquente intelectual" um grupo de pessoas que defendia o regime venezuelano, entre as quais o escritor Fernando Morais, "aquele mistificador". "É por isso que a esquerda é nojenta. Eu sou conservador. Tentem achar um texto meu defendendo o Pinochet, a ditadura militar argentina ou a brasileira", desafiou.

Na boca de Azevedo, Raúl Castro vira o "anão assassino"; Che Guevara é o "porco fedorento"; Cristina Kirchner, a "beiçola de Buenos Aires"; Kim Jong-il, o "gordinho tarado". Lula é sempre o "babalorixá de Banânia". Aliás, em sua versão radiofônica, Azevedo imita com frequência — e bem — o ex-presidente, a quem costuma mandar recados: "Você, Lula, é o pior caminho entre dois pontos". Ao dizer que o petista é um "cadáver político", parafraseou o filme *O sexto sentido*: "*I see dead people*. Quando vejo o Lula, 'eu vejo gente morta'". Às vezes, empolga-se tanto na virulência que tropeça nas palavras. Ele mesmo brinca, dizendo que se "afogou com guspe", citando expressão de Dois Córregos, cidade do interior paulista onde nasceu.

Era uma segunda-feira, dia 22 de junho, e Azevedo parecia especialmente animado. "E aí, tomou umas Brahma, Reginaldo?", perguntou de saída, gargalhando. Reginaldo Lopes, a quem chega a citar dezenas de vezes enquanto está no ar, é o operador de som do programa. Ao lado do jornalista Patrick Santos, de 42 anos, e de Victor LaRegina, de vinte anos e ainda estudante, Lopes é um personagem que serve de escada para Azevedo brilhar.

"Esse negócio de Brahma tá rendendo, hein, Reginaldo?", continuou. Fazia alusão ao noticiário do fim de semana, no qual Lula aparecia numa suspeita troca de e-mails entre empreiteiros, com a alcunha da marca de cerveja. Naquele dia, o ex-presidente era o alvo do "editorial", comentário que Azevedo lê no ar logo no início do programa: "Eu diria que ele está abaixo do volume morto. Mas, também, não é boa a expressão. Volume morto é a água que está abaixo da linha de captação. Pode ser tratada e consumida. O Lula já não tem mais como ser consumido. Nem o PT. É incompatível com o consumo humano".

Por quase onze minutos, Azevedo criticou declarações de Lula sobre o PT, a imprensa e a democracia. Referiu-se à "espantosa ignorância" do "chefão petista" para concluir seu editorial: "É impressionante que o Brasil tenha produzido essa monstruosidade política disfarçada de operário bonachão e bom camarada. #ProntoFalei".

Naquela tarde, ironicamente, Azevedo comentou que não precisava "sair xingando" ninguém "para aparecer em rede social". Era uma alusão velada ao jornalista Ricardo Boechat, da BandNews, que dias antes havia virado hit nas redes depois de mandar, ao vivo, o pastor Silas Malafaia "procurar uma rola".

No dia 16 de abril, um dos assuntos de *Os Pingos nos Is* era uma manifestação em São Paulo contra o prefeito Fernando Haddad. Prato cheio para Azevedo, o alvo era o projeto "De Braços Abertos", que oferece tratamento e abrigo em hotéis do centro da cidade, além de uma pequena remuneração — em troca de serviços de varrição — a usuários de crack. "Imagina o que é, caro ouvinte, o prefeito juntar no mesmo prédio viciados, dando a eles uma renda." Nesse instante, Lopes subiu o som da música, para criar o clima de tensão adequado, recurso dramático que abunda no programa.

Azevedo retomou: "E aí vêm essas esquerdas vagabundas, esses canalhas do patrimônio alheio, falando: 'Ah, é discriminação'. Por que não leva o drogado pra sua casa, seu filho da mãe?". Ele grita: "Leva pra sua casa! Você, esquerdinha chique de Moema, da Vila Nova Conceição, da Vila Madalena, de Higienópolis, do Itaim. Leva pra sua casa, seu banana!". Parece que vai bater com um cassetete na mesa. "Os jornalistas que gostam disso façam a mesma coisa. Leva lá! Aproveita e já puxa um fumo com o craquelado. Faz lá um negócio de droga geral, já que um bando de jornalista queima mato mesmo. Ou não queima?!"

O jornalista dá uma trégua a si próprio. O som do estúdio diminui. "Eu falo aquilo que as pessoas sabem que é verdade e fica todo mundo escondendo. É gente que fica dando passinho miudinho, que anda segurando o pum. Aqui é o seguinte: eu falo, não tenho medo, não!" Mais batidas na mesa. Ele respira. Pede então a Lopes que ponha Gustav Mahler. Entra o "Adagietto", da *Sinfonia nº 5* do compositor austríaco. Azevedo diz que a música o acalma. Soam as cordas e a harpa que compõem a trilha sonora do filme *Morte em Veneza*, de Luchino Visconti.

E assim é de segunda a sexta, diariamente. Durante sessenta minutos, Reinaldo Azevedo é o *showman*. No estúdio azul da Pan, cujas paredes são recortadas por grandes círculos envidraçados, apoiado na mesa de fórmica cinza e com um microfone a sua frente, ele vai do berro à gargalhada em fração de segundos. Alterna fúria e zombaria, gravidade e escárnio, sem cessar.

Para muitos leitores do blog e ouvintes da rádio, Tio Rei, como se autodenomina, virou uma espécie de guru. Seu programa alimenta isso. Azevedo dá conselhos do tipo "Use camisinha, vai com calma, não adianta reclamar para Deus se fizer besteira, Deus tem mais o que fazer do que cuidar do seu peru". Indica bandas indies, filmes, cita autores e recomenda bibliografia. Vai de Rimbaud às novelas globais, da epopeia grega à canção sertaneja. Não perde a chance de corrigir o português dos outros, dos petistas em especial, e discorre sobre o significado de palavras que cita nos editoriais, como "condestável" ou "inefável" — e então uma vinheta em tom meio galhofeiro anuncia o "momento cultural" do programa.

Reinaldo Azevedo estreou seu blog na *Veja* em 2006, quando Lula já caminhava para a reeleição, recuperado do escândalo do mensalão, que eclodira em 2005. O PT, no entanto, havia perdido no curso da crise seus principais quadros. Mais do que isso, deixara definitivamente de ser o partido da ética. Foi nesse terreno fértil, com uma disposição inesgotável para enfrentar Lula, que Azevedo pavimentou sua estrada. A expressão "petralha", que cunhou, é um de seus orgulhos.

Caiu no gosto de milhares de pessoas, e seu blog passou a ter mais de 500 mil acessos por dia. Em 2013, a *Folha* o convidou a assinar uma coluna semanal. No mesmo ano, ele aceitou participar como convidado de uma das edições do *Jornal da Manhã*, na Pan. Os ouvintes gostaram e, a partir de dezembro, começou a fazer comentários diários na rádio, gravando-os em casa, de madrugada (ele vai dormir quando o dia está amanhecendo e acorda por volta de meio-dia). Em março de 2014, propôs a Tutinha um programa.

A princípio, o dono da Pan ficou reticente — avaliava que Azevedo, com trajetória no jornalismo impresso, tinha uma fala complexa demais para o rádio. Depois de três pilotos, topou. Bastaram três meses para o programa se alçar à liderança. Na aldeia antipetista da Pan, Reinaldo Azevedo é a principal figura. Tem trânsito direto com Tutinha, a quem considera um amigo. É o único dos comentaristas que desfruta de sala própria, onde costuma fumar (até um maço de cigarros por dia) e se entupir de café (teve seu fumódromo denunciado à Vigilância Sanitária por algum colega incomodado, não se sabe se com a fumaça ou com a presença do fumante).

Azevedo foi de esquerda durante muito tempo. Ex-trotskista, na juventude atuou no movimento estudantil Liberdade e Luta, a Libelu. Ainda em 1995, era possível vê-lo elogiando alguém como o petista Emir Sader. Na *Folha*, ao resenhar o livro *O anjo torto*, do cientista político, saúda a obra que "não se limita a justificar o presente, mas a interrogá-lo", afirma que "os patrulheiros do antiesquerdismo *fashionable* podem ficar tranquilos", já que o autor "não absolve a esquerda de seus erros", e diz ser evidente que "o neoliberalismo tem fracassado na tentativa de revigorar o capitalismo". Então conclui: "Sader escreveu um livro simples e necessário". Hoje com 53 anos, Azevedo tinha 33 quando assinou essas linhas. Como Paulo Francis, converteu-se à direita tardiamente.

Sua infância foi pobre. O pai era operário e moleiro de caminhão, a mãe foi empregada doméstica e trabalhou numa granja depenando frangos. "Às vezes, eu ia com ela. Tenho dificuldade de comer ave até hoje", declarou numa entrevista recente à revista *Playboy*. A família mudou para Santo André, no ABC paulista, quando ele tinha nove meses. Morando numa casa de um quarto, muitas vezes dormia na cozinha. Na escola, gordinho, de óculos e ruim de bola, tomou gosto pelos livros e, depois, se tornou professor de cursinho. "A gente tinha várias maneiras de ganhar a vida. Várias desonestas e uma honesta: trabalhar", declarou à revista. No rádio, diz que ele e seus ouvintes são da turma que "trabalha e estuda". Dá "pau no pobrismo", segundo ele o ato de transformar a pobreza em valor ou em estética, e condena à fogueira o "vitimismo triunfante" e a "apologia da ignorância" que vê em Lula.

Azevedo cursou faculdade de letras, mas não concluiu. Formou-se em jornalismo pela Universidade Metodista de São Paulo. Foi redator-chefe do *Diário do Grande ABC*, passando depois pela *Folha* e pelas revistas *República*, *Bravo!*, *Primeira Leitura* e, finalmente, *Veja*.

Apesar de dizer sobre os usuários de crack a mesma coisa que Sheherazade declarou sobre o rapaz amarrado ao poste — "Leva para casa" —, o astro de *Os Pingos nos Is* se incomoda ao ser comparado à colega de emissora ou a figuras como Jair Bolsonaro. Não passa um programa sem fazer a defesa do "Estado democrático de direito", que vê permanentemente ameaçado ou desrespeitado pelo petismo. Define-se como "liberal, católico e conservador", o que não o impede de ser a favor do casamento entre homossexuais e da adoção por casais gays, ou de se mostrar contrário à independência do Banco Central. Seu pensamento, ele sempre diz, tem matizes que os adversários insistem em omitir.

Em 2006, Azevedo sofreu uma cirurgia para retirar dois tumores da cabeça. A partir daí, passou a andar com um chapéu-panamá, que por um tempo se tornou sua marca registrada. Uma pessoa próxima ao jornalista me disse ter a impressão de que depois desse episódio ele consolidou o estilo que mantém até hoje. A iminência da morte lhe deu um sentido de urgência das coisas e reforçou o desassombro e a falta de medida que o caracterizam. O tucano José Serra, de quem Azevedo é amigo, certa vez o definiu como uma "locomotiva desgovernada".

O jornalista não respondeu aos pedidos de entrevista da *piauí*. No ar, disse outro dia: "Esse programa é meu e no meu programa eu faço o que eu quero! Quando o Tutinha não quiser mais, ele me manda embora. Você entendeu como funciona, meu *fio*? É rottweiler! Vem aqui brincar, vem botar a mão na minha boca pra ver o que te acontece".

* * *

"Vai se f..." Um apito interrompe o palavrão. "Essa mulher aí quer acabar com o Brasil", reclama Doutor Pimpolho, personagem do quadro de humor *Chuchu Beleza*, que vai ao ar na Jovem Pan FM. Com sua voz desafinada, com um sotaque típico paulistano, Pimpolho desabafa com um amigo: "Não dá pra ser rico no Brasil, Almeida. Meu sonho era morar num lugar em que eu pudesse andar de Porsche sossegado, de vidro aberto. Com meu Rolecão de ouro no pulso". Pimpolho é um empresário bem-sucedido, porém mau-caráter, egoísta e mimado, que trata mal todos a sua volta, principalmente a secretária. Seu bordão é "Vai se f..., meu". O radialista Felipe Xavier, criador do humorístico de rádio *Sobrinhos do Ataíde*, inventou o personagem num período em que havia saído da Pan. Sua inspiração foi Antonio Augusto Amaral de Carvalho Filho, o Tutinha.

O atual presidente da Jovem Pan cresceu pelos corredores das emissoras da família. Na Record, costumava levar os amigos de escola para ver filmes que ainda não haviam estreado e os professores para assistir aos festivais de música. "Eu era um ídolo", contou em entrevista recente à revista de uma companhia aérea. O empresário diz que costumava fazer *bullying* na escola como forma de se proteger de eventual troça dos colegas, em razão de um sinal de nascença que tem no lado esquerdo do rosto, uma mancha vermelha que marca parte da testa e do olho. Tutinha nunca foi chegado aos estudos. Começou a trabalhar cedo. Aos quinze anos, dirigia um programa na Record, enquanto nas horas vagas saía com as bailarinas da emissora. Na época, os comerciais eram ao vivo, e ele conta que se divertia quando garotas-propaganda tinham de tomar xixi no ar, porque alguém trocara o conteúdo da bebida que elas anunciariam. "Pegadinha" parecida com o tipo de humor que faria anos depois, no *Pânico*.

Em 1976, recebeu do pai a missão de tocar a Jovem Pan FM. Diz ter sido o responsável por lançar Madonna, Lulu Santos, Titãs, Mamonas Assassinas, entre outros. Em entrevista à *Playboy*, em 2006, contou que, certa vez, mandou Renato Russo "pro inferno" porque ele não queria gravar um "Jovem Pan" no meio da melodia de uma música sua que tocava na rádio. Depois, fez as pazes e promoveu um show do Legião Urbana, que foi um sucesso. "Ganhei tanto dinheiro que saí com a caixa igual à da Igreja Universal."

Tutinha pôs muita banda para tocar na rádio em troca da receita de shows. Ficou famosa uma briga com o Ultraje a Rigor, por causa desse acordo informal. Roger, o vocalista, se insuflou contra o empresário e gritou no meio de um show: "Tutinha, filho da puta, Tutinha, jabazeiro". Tutinha institucionalizou o jabá na rádio (a prática de receber dinheiro das gravadoras para tocar determinadas músicas), embora refute esse nome, alegando que a operação é comercial, com emissão de nota fiscal e pagamento de imposto. Disse à *Playboy* ter faturado 1 milhão de dólares para lançar a cantora Shakira no Brasil e ter conhecido vários países de graça por causa dos pacotes pagos pelas gravadoras. "Recebo trinta artistas novos por dia na rádio. Seleciono dez, vou à gravadora e dou preferência para aquela que me dá alguma vantagem."

Como disse certa vez, sempre foi "bamba" em ter ideias. Criou personagens humorísticos que se tornaram clássicos da rádio, como Mike Nelson e Djalma Jorge, os quais ele mesmo interpretava, com piadas escatológicas sobre hemorroidas e afins. Sua criação de maior sucesso, porém, foi o *Pânico*, que depois levou para a TV ao lado do parceiro Emílio Surita. A atração persegue personalidades e põe "gostosinhas" para servir de escada aos apresentadores. O empresário admite que, às vezes, sua equipe foge dos limites. Disse ter ficado uma semana sem dormir quando Sabrina Sato masturbou um porco em cadeia nacional.

O seu senso de humor é particular. Recentemente, em conversa com os repórteres da Pan, mostrou um aplicativo de vídeo no celular, pelo qual é possível interagir com outros internautas. Exibiu, então, um filme que fez da mulher dormindo, e a reação dos internautas que pediam para ele, entre outras coisas, soprar no rosto dela.

A lista de seus negócios já incluiu uma parceria com a UNE para confeccionar e vender as carteirinhas de estudantes (disse ter vendido mais de 150 mil delas), site de entretenimento e torneio de lutas marciais. "Na verdade, só tenho que agradecer ao meu pai, pois ele, com todo esse gênio, terminou me fazendo ganhar mais dinheiro na família", disse, em depoimento ao livro de Tuta pai.

Certa vez, o pai encomendou uma pesquisa sobre a qualidade das águas minerais. Verificou-se que determinada marca tinha coliformes fecais. O dono da água ofereceu 500 mil reais para que não fosse veiculada a informação, proposta que teria sido negada pelo presidente da Pan. "Você está louco!", reagiu Tutinha, censurando a decisão do pai. Anos depois, ao comentar a história, contemporizou, dizendo que era muito "moleque e ambicioso".

O presidente da Pan parece estar sempre mal-humorado. Com frequência usa expressões como "some daqui", "vai pro inferno" e "de quinta categoria". O estresse já lhe rendeu gastrite e asma. "Sou um empreendedor. As pessoas assim são mais infelizes", disse à revista *Trip* em 2005. Tutinha foi procurado pela *piauí* diversas vezes, desde o dia 23 de março. Não respondeu a nenhuma das mensagens e orientou os demais profissionais da emissora a não falar para esta reportagem.

Em fevereiro deste ano, ele convocou uma reunião com a equipe de jornalismo no restaurante Ráscal, que fica no térreo do prédio onde funciona a Jovem Pan, na Paulista. Queria contar sobre as mudanças que estava implementando e explicar a demissão de Carlos Belmonte, chefe de reportagem da emissora, que saiu da Pan alegando ter sido dispensado por ser "um homem de esquerda". "Desprezo a escola Reinaldo Azevedo, ou melhor, desprezo Reinaldo Azevedo", disse Belmonte, numa rede social, após 24 anos de Jovem Pan.

Durante duas horas, intercalando um "bosta" aqui e um "merda" acolá, Tutinha expôs sua visão da conjuntura política do país e as razões que o levaram a apostar numa linha editorial antipetista. Admitiu que alguns comentaristas falavam "umas merdas", mas disse que traziam audiência, citando os vídeos de Sheherazade no portal da emissora. Disse que sua decisão era ousada e que por enquanto lhe dava prejuízos. Mas que precisava fazer algo, afinal os jornais da emissora eram uma "bosta". "Aos poucos vou reerguendo essa merda."

Apesar do discurso e da guerra declarada ao governo nos microfones da rádio, os donos da Jovem Pan andaram passando o chapéu pelos corredores do Palácio do Planalto. No dia 12 de março, segundo registros da presidência, ele e o irmão estiveram reunidos com o então ministro da Comunicação Social, Thomas Traumann, no segundo andar do Palácio do Planalto, a poucos metros da "governanta". Dois meses depois, em meados de maio, representantes da Pan voltaram a Brasília, dessa vez para fazer pontes com o novo ministro, Edinho Silva. Após uma semana, em 26 de maio, nova reunião, na redação da Jovem Pan, da qual participaram sete pessoas, entre as quais o diretor de jornalismo, José Carlos Pereira. Os encontros seguiram rituais parecidos: um lado reclamou da verba publicitária rarefeita, o outro questionou a linha editorial e a abundância de adjetivos contra Dilma e o PT. No meio da conversa, Tutinha exaltou o fato de não fazer mais um jornalismo "água de salsicha", insosso, para o qual ninguém dava bola. Comemorou a alta na audiência, mas reclamou, de novo, que a liderança não havia se traduzido em dinheiro.

O governo sinalizou com novas campanhas, entre elas uma pregando mais "tolerância" entre os brasileiros. Dias depois da visita do ministro, estreou um quadro no *Jornal da Manhã*, chamado "Boa notícia". O patrocinador é a administradora de cartões Elo, controlada pelo Bradesco, Caixa e Banco do Brasil.

Há pouco mais de um ano, a Jovem Pan promoveu um evento com o mercado publicitário para formalizar a chegada de Tutinha à presidência da emissora. No encontro, com seu ar enfadado, o empresário anunciou: "Eu me coloquei uma margem: se for mal em três anos, tchau. Nova York que me espere. Eu não fico mais aqui".

Doutor Pimpolho, com certeza, aprovaria a decisão.

PÓS-ESCRITO

A jornalista Rachel Sheherazade pediu demissão em outubro de 2015, alegando falta de tempo para a família. A principal atração da rádio, Reinaldo Azevedo, seguiu com ataques sistemáticos e inflamados ao PT, a Lula e a Dilma, sempre pregando a legalidade do processo de impeachment. Alinhou-se na primeira hora ao governo de Michel Temer, com elogios a medidas tomadas pela nova equipe ministerial e pelo próprio presidente. O modelo de negócios criado pelo dono da Jovem Pan, Antonio Augusto Amaral de Carvalho Filho, o Tutinha, ganhou novo gás com a ascensão de Temer ao topo da República. Por enquanto, Tutinha não colocou em prática o plano de viver em Nova York.

Caro, trabalhoso, chato

O jornalismo investigativo americano luta para sobreviver

BRANCA VIANNA

Outubro de 2010

Steve Coll trabalhou mais de vinte anos no *Washington Post*. Foi repórter, editor, correspondente internacional e diretor de redação do jornal. Tem seis livros publicados, ganhou dois prêmios Pulitzer e escreve sobre segurança nacional na revista *The New Yorker*. Com seu rosto redondo e um resto de franja ruiva que resiste à calvície, aos 52 anos Coll parece um menino envelhecido. "Se estivesse começando agora, escolheria outra profissão", disse ele, desanimado, folheando uma *piauí* na sala de reuniões da New American Foundation, da qual é presidente. "O tipo de jornalismo que fiz a vida toda, com reportagens investigativas longas, de estilo narrativo, acabou."

Foi outro dia mesmo — na segunda metade do século XX — que o jornalismo investigativo americano viveu sua época de glória. Em 1969, o repórter Seymour Hersh publicou em mais de trinta jornais uma reportagem sobre o acobertamento do massacre de centenas de civis por soldados americanos na aldeia de My Lai, no Vietnã.

Dois anos depois, o *New York Times* publicou os "papéis do Pentágono", uma série de reportagens sobre um estudo secreto do próprio governo que demonstrava a impossibilidade de ganhar a Guerra do Vietnã.

Em 1972, por fim, Bob Woodward e Carl Bernstein, repórteres policiais do *Washington Post*, descobriram que a Casa Branca plantara escutas ilegais na sede do Partido Democrata, no edifício Watergate, na capital americana. A investigação levou dois anos, e mostrou que Richard Nixon não só ordenara o crime como tentara escondê-lo da Justiça, o que provocou a renúncia do presidente, em 1974.

Woodward e Bernstein, com alguma ajuda de Robert Redford e Dustin Hoffman, que os retrataram bonitos e charmosos em *Todos os homens do presidente*, fizeram do jornalismo investigativo uma atividade glamorosa. As escolas de jornalismo encheram-se de jovens querendo derrubar presidentes.

São reportagens como essas que, segundo Steve Coll, podem estar em vias de extinção nos Estados Unidos. O motor da crise está na internet, que alterou tanto a maneira como a imprensa escrita obtém lucro quanto os hábitos de leitores e anunciantes.

O início da crise remonta a 1995, quando Craig Newmark começou a enviar para uma lista de endereços eletrônicos um boletim gratuito com informações sobre eventos sociais em São Francisco, cidade para onde se mudara recentemente e na qual não tinha muitos amigos. A iniciativa resultou na craigslist.org, hoje o maior site de anúncios classificados do mundo, com 20 bilhões de *page views* por mês, mais de 50 milhões de usuários só nos Estados Unidos e versões em setenta países (no Brasil, ele existe em nove capitais).

O site da Craigslist, feio e funcional, lembra as velhas seções de classificados que veio a substituir. Cobra-se apenas por determinados tipos de anúncios, em algumas cidades. Corretores de imóveis em Nova York têm de pagar. Já os de Des Moines, capital do Iowa, anunciam de graça. Nas dezoito maiores cidades americanas, são cobrados os classificados de empregos e as ofertas de serviços, e nas outras não.

A Craigslist tem uma receita anual estimada em pouco mais de 100 milhões de dólares — quase nada, quando se pensa no estrago que ela causou. Até o surgimento do site, os grandes jornais americanos financiavam 80% de suas operações com classificados e anúncios. Apenas 20% vinham de assinaturas e da venda em bancas. Os classificados garantiam a sobrevivência dos jornais não só por seu peso na receita, mas também pela pulverização que representavam. Junto com os anúncios do comércio local, eles garantiam o equilíbrio das contas, caso o jornal perdesse um ou outro anunciante de grande porte.

É por isso que Steve Coll acha uma falácia debater se os leitores devem ou não sustentar os jornais pagando pela leitura on-line. "Leitor nunca sustentou jornal. Eram os classificados e os anunciantes que o faziam", ele disse. E tanto um como o outro foram atraídos para a internet.

Nos grandes jornais, os anunciantes pagavam caro pelo acesso a um público enorme, variado e disperso. Ou seja, desperdiçavam dinheiro para atingir leitores que nunca comprariam suas mercadorias. A internet resolveu o problema. Casando resultados de buscas, histórico de compras e informações fornecidas pelos próprios consumidores em sites de relacionamento, é possível acercar-se com precisão do público-alvo. O retorno é maior e o custo dos anúncios é menor.

Além da derrota econômica para a internet, os jornais também foram vencidos na batalha, por assim dizer, ideológica. Mais precisamente: eles se renderam. Renderam-se à premissa, alardeada pelos conglomerados on-line, de que tudo na internet deve ser acessível e gratuito. Com isso, o trabalho de jornalistas como Steve Coll passou a ser distribuído de graça e reproduzido por toda a rede. Parte dos leitores migrou do papel para os sites de notícias.

A crise se instalou. A companhia que controla o *Los Angeles Times* e outros jornais tradicionais, como o *Chicago Tribune*, pediu concordata. O *Washington Post*, cuja margem de lucro caiu 25% nos últimos cinco anos, sobrevive subsidiado pela Kaplan, empresa de materiais didáticos pertencente ao mesmo grupo. O *New York Times*, com uma queda de 50% na margem de lucro, foi obrigado a tomar um empréstimo a juros altos do bilionário mexicano Carlos Slim. A revista semanal *Newsweek*, que no ano passado perdeu 30 milhões de dólares, foi vendida para o milionário Sidney Harman por um dólar (mais as dívidas). A circulação da mídia impressa caiu 30% em um par de anos. Calcula-se que 26 mil jornalistas tenham perdido o emprego desde 2008. As áreas que mais sofreram foram o jornalismo investigativo e a cobertura internacional.

Nesse cenário devastado apareceu, no improvável papel de herói, o casal de velhinhos Marion e Herb Sandler. Hoje chegando aos oitenta anos de idade, os Sandler começaram a fazer fortuna em 1963, com a criação da Golden West Financial Corporation. O negócio cresceu e se tornou o World Savings Bank. Em 2006, um pouco antes da crise financeira, o casal o vendeu para o Banco Wachovia. Dos 2,4 bilhões de dólares que receberam na transação, 1,4 bilhão foi destinado à pequena fundação que haviam criado anos antes. O aporte pôs a Fundação Sandler entre as trinta maiores dos Estados Unidos.

Os Sandler começaram a financiar pesquisas de doenças parasitárias e criaram um programa de estudo da asma, doença da qual Marion sofre. Doaram mais de 30 milhões de dólares para a organização de direitos humanos Human Rights Watch. Fundaram um centro de estudos, em Washington, dirigido por John Podesta, ex-chefe de gabinete de Bill Clinton. E decidiram bancar um projeto de jornalismo sem fins lucrativos.

O casal distribui dinheiro de um modo singular. Em vez de receber propostas, como ocorre com a maioria das fundações americanas, são eles que saem atrás das melhores pessoas das áreas para as quais querem fazer doações. Os beneficiários são surpreendidos por um telefonema oferecendo financiamento para seus projetos. Mas a Fundação Sandler esquadrinha a vida dos escolhidos como se fossem candidatos a emprego na Casa Branca. Colegas e ex-colegas recebem telefonemas em busca de informação, e toda a vida profissional dos possíveis favorecidos passa pelo crivo do casal.

Foi assim que chegaram a Paul Steiger, o diretor de redação do *Wall Street Journal*. Os Sandler queriam saber em quais áreas do jornalismo seu dinheiro poderia fazer diferença. Ouviram de Steiger que o jornalismo investigativo é o ramo mais importante para o funcionamento de uma democracia — e o que mais está em risco. O casal, que havia conversado com outros jornalistas, disse-lhe então que queria montar uma redação que se dedicasse exclusivamente a reportagens investigativas. Seria uma redação bem paga, que trabalharia em liberdade e não buscaria o lucro. A única condição que impunham era que Steiger fosse o editor-chefe.

Investigações jornalísticas são trabalhosas, caras, demandam tempo e nem sempre rendem reportagens publicáveis. Pode-se passar meses escarafunchando um assunto e não conseguir material suficiente. A maioria exige viagens e algumas requerem mais de um repórter trabalhando em tempo integral. Também costumam ser bem mais longas que as matérias comuns, o que, no mundo do Twitter, lhes reduz o número de leitores em potencial.

Reportagens de Steve Coll para a *New Yorker*, por exemplo, ocupam de quinze a vinte páginas da revista e custam mais de 100 mil dólares. "Dependendo da dificuldade de acesso e das condições do lugar", disse Coll, "30 mil vão só para cobrir as despesas de deslocamento." Como os países sobre os quais ele costuma escrever são Iraque, Paquistão e Afeganistão, a essas despesas somam-se os custos com segurança e apólices de seguro contra sequestros. Paul Steiger conhece esse risco. Ele chefiava a redação do *Wall Street Journal* em 2002, quando o repórter Daniel Pearl foi sequestrado e morto pela Al-Qaeda depois de cinco semanas de cativeiro no Paquistão.

Gerry Marzorati, editor-chefe da *New York Times Magazine*, a revista dominical do *Times*, lembrou-se das guerras que cobriu na América Central, nos anos 1980: "Os rebeldes precisavam da imprensa para divulgar sua luta. Não nos viam como inimigos. Era raro um repórter ser ferido. Com duzentos dólares dava para se hospedar por um mês no InterContinental em San Salvador e a gente ainda ganhava um arroz com feijão que não era nada mau".

Em janeiro de 2008, Paul Steiger e os Sandler fundaram a ProPublica, no 23º andar de um prédio na ponta sul de Manhattan, a cinco minutos da Bolsa de Valores e em frente à famosa escultura do touro de Wall Street. O aluguel estava barato porque o lugar pertencia a uma corretora de valores que acabara de quebrar.

A redação é decorada com discrição, toda em tons de bege, com muita luz natural e amplas vistas da cidade. O ambiente é sóbrio. Os chefes usam gravata. Os outros se vestem com discrição. Todos falam baixo e mal tiram os olhos de seus monitores Apple. As baias não têm decoração pessoal, nada de retratos ou pôsteres, nenhum bonequinho ou desenho de criança.

Quando foi procurado pelos Sandler, Steiger se aproximava dos 65 anos, idade de aposentaria compulsória no *Wall Street Journal*. A ProPublica lhe deu a oportunidade de recomeçar do zero, numa versão para o século XXI da carreira que teve no século XX. Em contraste com o ceticismo de Steve Coll, seu entusiasmo é o de um novato, idêntico ao do redator-chefe Steve Engelberg, também veterano. Engelberg costuma dizer, em suas muitas aparições públicas para falar do empreendimento, que esse é o melhor emprego que já teve na vida.

A Fundação Sandler doou 30 milhões de dólares para sustentar os três primeiros anos da ProPublica. A cada final de ano o financiamento pode ser renovado por mais doze meses, de tal forma que, se a fonte secar, a redação terá sempre dois anos para buscar novos patrocinadores. Até agora, a renovação aconteceu como previsto. O dinheiro está garantido até pelo menos 2013.

A ProPublica só faz reportagens investigativas. Nas palavras de Susan White, uma das quatro editoras, dali "só sai notícia ruim". São 32 pessoas que investigam governo, instituições, indivíduos e empresas. Além da redação em Nova York, há uma sucursal em Washington, com quatro pessoas. As reportagens podem levar semanas, meses ou anos para ficar prontas. Dinheiro não é problema.

Ao abrir as portas, há dois anos, sem pôr um anúncio, Steiger recebeu 1400 currículos de gente querendo trabalhar lá. Para Mike Webb, o diretor de comunicações, o número colossal de candidatos "revela mais sobre a situação do jornalismo americano do que sobre a nossa redação". Com o orçamento anual de 10 milhões de dólares, Steiger não teve dificuldade em montar uma equipe de primeira, composta de jornalistas do *Wall Street Journal*, *New York Times*, *Washington Post* e outras publicações da grande imprensa. Há oito vencedores do Pulitzer na equipe. Há também jornalistas jovens, com experiência em internet.

A ProPublica não trabalha com voluntários nem freelancers na apuração e redação de matérias. Os repórteres são todos contratados em regime de dedicação exclusiva e recebem salários que equivalem aos da grande imprensa. Segundo Philip Gourevitch, repórter da *New Yorker*, a ProPublica "é uma redação de verdade, chefiada por um jornalista de verdade, com repórteres de verdade. A única coisa que eles não têm que fazer é administrar um jornal".

A organização mantém um site no qual se define como uma "redação independente e sem fins lucrativos dedicada a servir o público". As reportagens estão sempre disponíveis ali. Mas, para obter maior repercussão, a prioridade é publicá-las em parceria com jornais, revistas, sites de notícias e redes de rádio e televisão. A missão da ProPublica, segundo Mike Webb, é editar matérias com "força moral, apurar casos de abuso de poder e desmando por parte de indivíduos, governo e instituições públicas ou privadas, como hospitais, escolas, universidades ou a polícia".

Em maio passado, a ProPublica ganhou seu primeiro Pulitzer. A reportagem premiada teve como tema as decisões tomadas por médicos de um hospital de Nova Orleans nos dias imediatamente posteriores à passagem do furacão Katrina. Assinada por Sheri Fink e publicada na revista do *New York Times*, a matéria levou dois anos para ser apurada, escrita e editada. Nesse período, a repórter se dedicou exclusivamente ao assunto, sem escrever mais nada. O custo total das quase 13 mil palavras sobre os médicos de Nova Orleans ficou em cerca de 350 mil dólares, a maior parte bancada pela ProPublica.

Em sua sala no novo edifício do *New York Times*, projetado pelo arquiteto italiano Renzo Piano, Gerry Marzorati, editor da revista dominical, explicou: "Matérias investigativas tratam de assuntos delicados, requerem checagem cuidadosa de todos os fatos e de todas as fontes. Tudo passa pelos advogados, o que aumenta o custo. Hoje, são poucas as organizações jornalísticas capazes de arcar com um projeto assim".

Nos Estados Unidos, todas as reportagens e artigos que lidam com fatos polêmicos se submetem a uma avaliação jurídica, como precaução contra processos. O *New York Times* tem uma equipe própria de advogados para cuidar disso. Na ProPublica, essa é a área de Dick Tofel, advogado e administrador da redação. A reportagem de Sheri Fink foi apresentada aos advogados das duas publicações.

Marzorati refez o histórico da matéria:

Sheri nos havia oferecido a matéria antes até de começar a escrevê-la. Não aceitamos porque não a conhecíamos e ela não era repórter de revista. Meses depois, Steve Engelberg, que eu conhecia dos muitos anos dele no *New York Times*, me falou de novo da matéria. Com esse aval, foi mais fácil aceitar uma reportagem produzida por outra redação que não a nossa. Como a ProPublica não tem editores de revista, levamos quase um ano na edição, que foi feita em conjunto.

Em quase três anos de existência, a ProPublica fez parcerias com todos os grandes jornais americanos e com muitos dos pequenos e médios, como o *Times-Picayune*, de Nova Orleans, e o *Miami Herald*. Suas matérias são veiculadas em sites de notícias como o Politico, o Huffington Post e o Daily Beast. E em programas de televisão de grande audiência, como o *60 Minutes*, da CBS, e o *20/20*, da ABC. A CNN também leva ao ar reportagens da ProPublica.

Um parceiro estratégico é a National Public Radio, a NPR, que tem mais de 20 milhões de ouvintes. A ProPublica colabora regularmente com vários programas da emissora. Um deles é o *This American Life*, que foi escolhido para trabalhar em conjunto numa reportagem sobre um *hedge fund* predatório chamado Magnetar. Antes da crise de 2008, o fundo ganhou muito dinheiro especulando, ou manipulando, o mercado de hipotecas de risco.

This American Life é semanal. Apresenta sempre um tema ilustrado por duas ou três histórias reais, contadas com rigor jornalístico mas também com muito humor. Jake Bernstein e Jesse Eisinger, repórteres da ProPublica acostumados à linguagem seca e direta das seções de economia, passaram sete meses investigando o Magnetar. Contribuíram com o programa dando entrevistas e explicações sobre o complexo mundo dos derivativos. A equipe do *This American Life* cuidou de tornar o assunto palatável aos seus mais de 6 milhões de ouvintes mensais. Bernstein e Eisinger, que nunca haviam trabalhado com rádio, viram sua matéria inspirar uma canção, intitulada "Apostando contra o sonho americano", baseada no tema do musical *Os produtores*. Em forma escrita, austera e sem música, a reportagem saiu também no site da ProPublica.

Jesse Eisinger, que tem trinta e poucos anos e trabalhara com Steiger no *Wall Street Journal*, acha que a parceria com a equipe irreverente e talentosa do *This American Life* foi das melhores experiências de sua carreira. Num café próximo à redação, ele contou que, quando Steiger o convidou para a ProPublica, não teve dúvidas em aceitar.

Ele era repórter da revista financeira *Portfolio*, que estava prestes a fechar, e tinha boas propostas de emprego da Reuters e da Bloomberg. Na ProPublica, o salário era um pouco menor. Mas Eisinger contava com a indenização que receberia da *Portfolio*. E, sobretudo, queria mudar o rumo de sua vida profissional. "Eu escrevia colunas sobre como os ricos podem ganhar ainda mais dinheiro", disse. "Queria algo novo, e ainda não havia tido muitas oportunidades de fazer jornalismo investigativo."

Eisinger se entusiasma com a ProPublica:

> Ao contrário do que acontece num grande jornal, onde há sempre muitas editorias, aqui todos seguem a mesma direção, com os mesmos objetivos. Temos apoio da chefia para perseguir matérias longas e complicadas pelo tempo que for necessário e não há pressão para escrever "o que vende". Na grande imprensa os repórteres normalmente competem não pela melhor matéria, mas pela matéria de capa. Isso não existe aqui. Além do quê, no *Wall Street Journal* ninguém nunca transformou uma matéria minha num musical...

A editora Susan White, que ocupa uma sala com vista para a Broadway, é uma californiana de catálogo, cheia de energia. De cabelos curtos e claros, porte de quem pratica esportes, ela fala rápido e se empolga com facilidade. É outra entusiasta do modelo não comercial da ProPublica.

White explicou que, para garantir a repercussão das reportagens, a redação se une ao veículo que considera mais adequado a cada matéria. "Descobrimos que um senador do Havaí usava sua influência para obter dinheiro do TARP, um programa do governo federal de auxílio às instituições financeiras, e favorecer um banco do qual era acionista", disse. Foi feita uma parceria com o *Washington Post* antes de a série de reportagens ser escrita.

O repórter da ProPublica estava familiarizado com a burocracia do TARP, contou Susan White, enquanto o repórter do *Post* conhecia tanto o congressista, que ele já vinha investigando havia um tempo, como o funcionamento do Congresso: "Os dois apuraram e escreveram juntos, e, como sempre, programamos a primeira matéria para sair no mesmo dia no nosso site e no jornal. Assim ninguém fura ninguém".

Nesse caso, cada veículo cobriu os custos da sua parte da investigação. Mas há situações em que o jornal ou revista recebe a matéria de graça. Ainda assim, explicou Susan White, não se trata necessariamente do texto definitivo: "Nosso parceiro pode sugerir mudanças por questões de espaço e para adequá-lo aos seus leitores. Não vemos nenhum problema nisso". A iniciativa, porém, é sempre da ProPublica. "Nós começamos uma apuração sozinhos e avançamos nela até ter certeza de que dá matéria", disse. Só então é proposta a parceria.

Susan White veio do jornal *San Diego Union-Tribune*, que passa por dificuldades. A imprensa regional é a maior vítima da crise. Muitos jornais fecharam ou cortaram drasticamente os custos, a ponto de quase não terem mais as notícias locais. O senador democrata Chris Dodd disse em agosto à *New Yorker*: "Antigamente, havia onze repórteres de jornais de Connecticut cobrindo as minhas atividades todos os dias. Hoje não há nenhum". Para Susan White, os jornais regionais "cometem suicídio" ao incentivar os repórteres a escrever "o mesmo tipo de matéria curta e superficial" que caracteriza a internet e a televisão.

Gerry Marzorati, do *New York Times*, concorda, e identifica um risco ainda maior. "A elite intelectual nunca teve tanta informação de qualidade à disposição", disse.

> Todos os grandes jornais e revistas do mundo estão on-line e vão sobreviver. O drama é o desaparecimento da mídia local, pois isso significa que a classe média perdeu as fontes de informação qualificadas. Antes, todo mundo via o noticiário principal da televisão, e lia na *Time* ou na *Newsweek* a versão resumida do que saía nos veículos mais sofisticados — isso além de ler sempre os jornais locais. Hoje o que a classe média consome são as notícias policiais, as fofocas da TV aberta e a gritaria partidária dos canais a cabo. É muito difícil governar com seriedade um país com uma população desinformada.

Visitando a redação do *New York Times*, não se acredita que o jornal esteja em crise. É preciso um esforço para lembrar que a construção do novo edifício deixou a empresa tão endividada que em 2009, dois anos depois da inauguração, foi necessário vender o imóvel e arrendar do novo proprietário os 21 andares ocupados pelo jornal. O *Times* tem a opção, se tudo der certo, de recomprá-lo em 2019 por 25 milhões acima do preço de venda. Até lá, o prédio com o famoso nome em letras góticas na fachada não pertence ao *New York Times*.

A redação — uma área aberta tomada por baias amplas, com acabamento em madeira — é dominada por duas escadarias vermelhas que levam a um mezanino, com balaustrada da mesma cor, no qual está instalada a editoria de cultura. As salas de reunião do primeiro escalão lembram o salão de comando de emergência da Casa Branca em filmes-catástrofe: uma mesa comprida e imponente, monitores em todas as paredes e o que mais se imaginar de parafernália *high-tech* de comunicação.

A sensação é de uma empresa de tecnologia ultramoderna, mas sem nerds ou espécimes da *jeunesse dorée* do Vale do Silício. Nada de funcionários de patinete pelos corredores. Quase não se ouve conversa. Os repórteres usam fones e falam baixo. Marzorati gosta muito do edifício, que acha bonito e funcional. O ambiente combina bem com suas ambições para o jornal: "No futuro, o *New York Times* será um site que terá também uma versão impressa".

Os chefes da ProPublica insistem em dizer que sua empreitada não é um modelo a ser seguido, e muito menos a solução para os problemas da imprensa. Não há como substituir com filantropia aquilo que, no jornalismo tradicional, é uma mercadoria. Uma redação como a do *New York Times*, com 1150 pessoas e 26 sucursais internacionais, consome 200 milhões de dólares por ano. Não há fundação que aguente. A operação tem de ser lucrativa.

A ideia de uma redação não comercial que colabore com os veículos tradicionais não foi inventada pela ProPublica. Ela é a base, há duas décadas, do Center for Public Integrity, o CPI. Ele foi criado por Charles Lewis, que o dirigiu por quinze anos e hoje é professor da American University, em Washington. Lewis é um fundador compulsivo de redações sem fins lucrativos. Desde 1989, já foram quatro. O CPI, além de produzir jornalismo, é o que os americanos chamam de *watchdog group*, um grupo que monitora instituições de interesse público. Com esse fim, o centro produz relatórios e livros sobre suas pesquisas. Tudo está no site.

Sua sede fica a dois quarteirões da New American Foundation de Steve Coll, numa região coalhada de lobistas. A redação tem 35 repórteres e pesquisadores, quatro editores, um checador e um advogado. Um subprojeto do Centro é o Consórcio Internacional de Jornalistas Investigativos, uma rede de mais de cem jornalistas em cinquenta países (entre eles, o Brasil), que é mobilizada para coletar informação para as investigações. O CPI administra um orçamento de 5 milhões de dólares por ano, doados por mais de cinquenta fundações, empresas e indivíduos. Segundo Bill Buzenberg, o diretor executivo, trata-se de um esquema que garante não só o futuro do centro, mas também sua independência. Se perder alguns desses financiadores, não fecha as portas.

Uma das críticas mais comuns à ProPublica, ao contrário, está no fato de seus recursos virem praticamente de uma só fonte. Isso daria poder demais aos Sandler, e poria em risco a continuidade do projeto caso desistam de cacifá-lo. Paul Steiger vem tentando diversificar o financiamento, mas, como parte do patamar de 10 milhões de dólares por ano, não é fácil achar quem queira contribuir. Assim mesmo, a ProPublica acaba de receber uma doação de 1 milhão de dólares da Fundação Knight, dinheiro que seria uma bênção para qualquer outra organização. Para a dos Sandler, não faz nem cócegas.

A diversificação, que não atrela a ProPublica à boa vontade dos filantropos, é necessária também para manter a credibilidade do projeto, que até aqui está diretamente associada à escolha de Steiger como editor-chefe. Ele é respeitado no metiê, à direita e à esquerda do espectro ideológico. Ninguém imagina que aceitaria dirigir uma redação ativista, empenhada em defender as causas preferidas do patrocinador. O que vai acontecer quando se aposentar é outra história. Por enquanto, Steiger está a mil, sem dar nenhum sinal de que é hora de parar.

Bill Buzenberg, diretor executivo do CPI desde 2007, é outro que está animadíssimo, apesar de ter mais de sessenta anos. Ele fez carreira na chamada "mídia pública", aquela que recebe alguma verba do governo e as isenções fiscais a que têm direito instituições como museus e universidades. O grosso do financiamento, no entanto, vem de fundações e doações de particulares e do público.

Buzenberg passou três anos na BBC em Londres e foi vice-presidente de notícias da NPR. Grandalhão, meio desengonçado e de pele bem branca, em qualquer praia do Rio seria reconhecido a quilômetros como gringo. Sua sala é entupida de livros e papéis. Ao se levantar da mesa e se dirigir até o pequeno sofá, ele tropeça na pilha de folhetos que estava no caminho. Quando começa a falar do trabalho, vai quase num fôlego só. De vez em quando se levanta para pegar material sobre o que está contando. Os visitantes saem carregados de folhetos, apostilas e livros, não só sobre o CPI, mas sobre os males do tabaco, o problema do estupro nas universidades americanas, o peso dos lobistas no funcionamento do Legislativo e por aí vai.

O diretor executivo do CPI não para de ter ideias de novas investigações, novas parcerias e novas formas de conseguir dinheiro. Até dessa última função ele gosta: "Descobri quando estava na NPR que eu adorava sair atrás de financiadores. E por que não? São pessoas interessantes, que acham o nosso trabalho importante e querem nos dar dinheiro. Tem coisa melhor?". Quando finalmente decide respirar, ele diz: "Eu adoro o meu trabalho".

A redação do CPI, barulhenta e movimentada, se parece com ele. Os repórteres são mais jovens do que os da ProPublica, vestem-se de maneira mais informal, decoram as baias com objetos pessoais e pregam avisos de feiras de produtos orgânicos e shows de música pela sala. Parece mais a sede de uma ONG. Mas ninguém trabalha de graça, e os salários são semelhantes aos da ProPublica. O jornalismo que se produz ali é tido pela imprensa tradicional como confiável e de alta qualidade. Além de colaborar com todos os grandes jornais, revistas e redes de rádio e televisão, o CPI se associa também a veículos estrangeiros, como o jornal *The Guardian* e a BBC.

O CPI e a ProPublica são de longe as redações não comerciais mais bem financiadas. O orçamento das outras varia de 100 mil a 1 milhão de dólares. Jesse Eisinger, repórter financeiro da ProPublica, acha que as redações menores, as locais, vão todas fechar, mas não só por falta de financiamento. Há outro motivo: a falta de leitores. "A verdade é que jornalismo investigativo não é popular nem entre anunciantes, nem entre leitores", disse. Só raramente aparece um assunto empolgante como Watergate ou Abu Ghraib. Em geral, são temas que as pessoas preferem ignorar.

"É um jornalismo difícil de fazer e chato de ler", disse Eisinger. Num jornal ou numa revista, a reportagem investigativa vem na sequência de notícias sobre esportes, estilo, cultura, moda, política. Bem ou mal, o leitor acaba dando uma olhada em tudo. Já no site da ProPublica ou do CPI, todas as matérias são graves, consequentes. O estilo tende ao árido.

Susan White, a editora da ProPublica, explica: "Steve Engelberg, nosso diretor de redação, gosta que todos os fatos importantes estejam nos primeiros parágrafos, descritos de forma clara. Não há espaço para estilos pessoais. Nossa missão é chamar a atenção para problemas que precisam ser resolvidos. Damos toda a informação necessária para quem quiser resolvê-los". A ProPublica está tentando aumentar o tráfego em seu site para não depender tanto dos parceiros. Até agora, não teve muito sucesso. Força moral não costuma ser um grande chamariz de público.

A imprensa americana começou a esboçar uma reação. Os jornais que ainda têm dinheiro estão investindo pesado em seus sites. O *New York Times* cobrará pelo acesso on-line a partir de janeiro de 2011. A empresa estima que o nytimes.com perderá 20 milhões dos seus atuais 22 milhões de leitores quando a cobrança for instituída. O *Times* de Londres fechou seu site aos não pagantes em julho. O jornal não revela números, mas calcula-se que tenha perdido entre 80% e 90% dos leitores on-line.

O *Wall Street Journal* e o *Financial Times* sempre cobraram e continuarão a fazê-lo. Para eles, funciona. Não só não perdem leitores, como até ganham dinheiro com assinaturas on-line. Como diz Clay Shirky, professor da New York University, informação sobre finanças é o único tipo de conhecimento que o leitor faz questão de não dividir com ninguém.

Outra solução aventada, mas ainda não levada à prática, é o modelo de jornal sem fins lucrativos do britânico *The Guardian*. Há até um projeto de lei em tramitação no Congresso americano que viabilizaria a transição. O *Guardian*, fundado em 1821, pertence desde 1936 ao Scott Trust, fundado pela família Scott para garantir seu financiamento em caráter perpétuo. A família abriu mão da propriedade do jornal e pôs quase toda a fortuna no fundo que o financia. O dinheiro é usado para sustentar o *Guardian* nos períodos de vacas magras. Nos de vacas gordas, o lucro é integralmente reinvestido. Ultimamente, as vacas andam magérrimas.

O editor-chefe Alan Rusbridger costuma dizer que os donos de jornais julgam muito interessante o modelo do *Guardian* — mas só até descobrir que deixam de ser donos dos jornais. Grande defensor do acesso gratuito à informação, ele acha que tornar o jornalismo mais caro vai na contramão da história, num momento em que, graças à internet, a sociedade se torna mais aberta e colaborativa. O guardian.co.uk é o segundo site de jornal em inglês mais lido do mundo, logo atrás do *New York Times*. Um terço dos leitores está nos Estados Unidos. Rusbridger não pretende cobrar pelo acesso.

Para Steve Coll, o lado positivo da crise foi ter desencadeado o debate sobre mídia pública. Entre os países ricos, os Estados Unidos estão entre os que menos gastam com ela: 1,35 dólar per capita ao ano, contra 25 dólares no Canadá e na Alemanha, sessenta no Japão, oitenta no Reino Unido e mais de cem na Dinamarca. Coll, Buzenberg e agora também o presidente da Universidade Columbia, Lee Bollinger — que defendeu a ideia num artigo no *Wall Street Journal* —, acham que há margem para que o governo americano invista muito mais sem comprometer a independência dos órgãos de comunicação.

A BBC é o exemplo de jornalismo de qualidade mais citado pelos que defendem ajuda governamental. Seu financiamento vem do governo britânico e da "licença de TV", imposto que todos os moradores do Reino Unido pagam para ter direito a um televisor em casa. Fora do setor filantrópico, no entanto, essa solução não é muito popular. Philip Gourevitch, o repórter da *New Yorker*, diz: "Não tenho nada contra mídia pública nem contra jornalismo sem fins lucrativos, mas prefiro acreditar que meu trabalho ainda possa dar lucro".

Um dos poucos consensos é que a era do jornal de papel está próxima do fim. Daí que a grande esperança sejam os dispositivos eletrônicos como o iPad e o Kindle. Mathias Döpfner, presidente da Axel Springer, conglomerado alemão que controla mais de 170 jornais e revistas em 36 países, disse numa entrevista a Charlie Rose que todo *publisher* deveria, uma vez por dia, rezar em agradecimento a Steve Jobs, por ele ter salvado o negócio.

Nem todos se mostram tão entusiasmados, mas o raciocínio que embasa a reação de Döpfner vem se generalizando. É o seguinte: pode ser muito difícil convencer o leitor a gastar dinheiro com o site de jornal que ele acessa de graça há dez anos. No entanto, é considerado natural pagar por serviços móveis, como SMS, *ringtones*, chamadas de voz e caixa postal. Os aplicativos disponíveis no iPhone provam que o consumidor não se incomoda em pagar por novos serviços que lhe pareçam importantes. A esperança é que incluam nessa categoria seus jornais e revistas prediletos.

PÓS-ESCRITO

Em 2011, a redação sem fins lucrativos ProPublica ganhou seu segundo prêmio Pulitzer, pela reportagem sobre o fundo predatório Magnetar. Em 2015, foram dois prêmios Emmy e, em 2016, mais um Pulitzer. Conseguiram diversificar a base de financiadores, ainda que a Fundação Sandler continue a ter um papel importante. Estão de vento em popa, com quarenta jornalistas, em vez dos 32 que havia em 2010.

O resto da imprensa, porém, segue em crise. Em 2013, o bilionário Jeff Bezos, da Amazon, comprou o *Washington Post* por 250 milhões de dólares. Por enquanto a experiência está dando certo. Bezos não se envolve nas decisões editoriais, mas ajuda na tecnologia, assunto que domina, facilitando a contratação de uma equipe de engenheiros, "como nas melhores empresas do Vale do Silício", segundo disse numa entrevista. A aquisição também financiou a chegada de mais jornalistas ao *Post*, que hoje se aproximou muito do *New York Times* em furos, relevância, *unique digital visitors* nos Estados Unidos e ameaças de processo por parte de Donald Trump na campanha presidencial de 2016, uma marca de sucesso. A questão é quanto tempo vai durar a isenção editorial de Bezos. E a generosidade: o jornal continua perdendo dinheiro. Numa palestra recente para a redação, ele declarou que "passa muito tempo no chuveiro pensando no *Post*".

O *New York Times*, que em 2010 queria ser um "um site que terá também uma versão impressa", hoje é muito mais do que isso. Instituíram uma paywall, e investiram pesado na internet. Sem prejuízo da qualidade da cobertura nacional e internacional pelas quais são conhecidos, produzem vídeos, podcasts, matérias com realidade virtual, blogs especializados em análise de dados, aplicativos muito populares de culinária e palavras cruzadas (este, bastante lucrativo), e têm presença marcante em todas as mídias sociais. As assinaturas digitais crescem a cada trimestre, tendo chegado a 1,4 milhão em maio de 2016. Circulação impressa e receita, no entanto, só fazem cair. O jornal tem quase 77 milhões de *unique visitors* por mês nos Estados Unidos, uma enormidade, mas ninguém ainda descobriu como transformar isso em dinheiro.

Nem tudo são lamúrias no jornalismo investigativo. Recentemente, do Consórcio Internacional de Jornalistas Investigativos — que em 2010 tinha mais de cem jornalistas em cinquenta países e hoje tem mais de 190 cobrindo 65 países — saiu o furo dos Papéis do Panamá, revelando transações financeiras em paraísos fiscais, organizadas pela firma de advocacia Mossack Fonseca. O furo abriu as finanças de traficantes de pessoas e de armas, de chefes de Estado corruptos, de bilionários com negócios escusos, de ricos cidadãos fugindo do fisco de seus países. As revelações estão sendo publicadas a conta-gotas e a redação promete muitas surpresas.

Ilusões perdidas

Uma repórter narra sua trajetória, da glória à agonia dos grandes jornais

GRACIELA MOCHKOFSKY
Maio de 2013

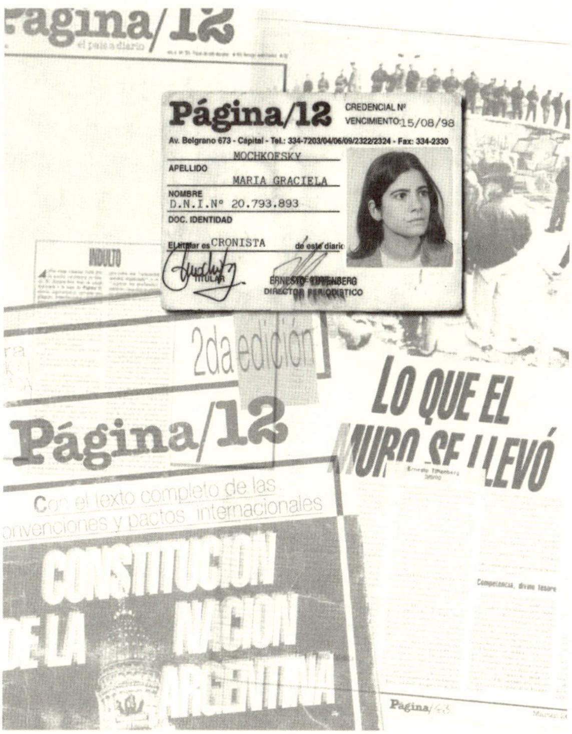

Quando, aos oito anos de idade, no remoto povoado patagônico de Planicie Banderita, descubro minha vocação de jornalista, mal sei o que é isso.

Muitos anos depois, tentarei entender de onde ela veio. Então vou me deparar com a perplexidade de meu pai engenheiro e minha mãe bioquímica: eles não sabem explicar.

Não há mesmo explicação. Só algumas lembranças.

Publico minha própria revistinha, *El Club de los Castores*. É um apanhado de textos e imagens que recorto das revistas infantis *Anteojito* e *Billiken* e colo em folhas de papel. Também inclui artigos escritos por mim: minha avó sempre lembrará que um dia pedi permissão a minha mãe para entrevistar os bombeiros.

Deixo uma cópia em cada uma das quatrocentas portas de Planicie Banderita. Invento de vender números de uma rifa. Todos os compradores ganham uma "assinatura" da revista, e o premiado, um bolo feito por minha mãe.

Meu pai me dá um microgravador com microcassetes, que cabe no bolso, e com ele começo a gravar conversas. Também ganho dele uma Olivetti portátil azul-celeste e tábuas de compensado, com as quais construímos uma redação no jardim.

Peço emprestada sua Polaroid e componho meu primeiro trabalho jornalístico em forma de livro. Título: *Minha família*. Cada página traz um texto biográfico de um de nós — meu pai, minha mãe, meus três irmãos e eu mesma — e, no final, uma galeria de fotos. Ainda não associo minha vocação com uma profissão de gente grande, tanto que na minha página consta: "Não sei o que quero ser quando crescer".

Nos fins de semana, entramos em nosso Ford Falcon e viajamos 65 quilômetros por uma estrada de cascalho até a cidade de Neuquén. A primeira parada é na Livraria Siringa. Compramos dicionários, livros de ciências e enciclopédias: do universo, do corpo humano, do centro da Terra. É toda a não ficção que está ao meu alcance.

Dez anos e quatro províncias depois, estou em Córdoba. Toda manhã atravesso a cidade para entrar num mundo desconhecido: a escola de jornalismo da Universidade Nacional.

Todo dia deixo para trás o rico subúrbio que bem poderia ser uma ilha; a discoteca, a obsessão pela roupa, os jogadores de rúgbi. Depois de cinco anos morando lá, quase não conheço o resto da cidade.

Na Universidade Nacional falam uma nova língua, que eu decifro a duras penas. Fala-se, por exemplo, de política: de não pagar a dívida externa, da nova ordem mundial das comunicações, dos planos contra a hiperinflação e da queda de Raúl Alfonsín. Leem-se alguns xeroxes: de Adorno, Horkheimer, Benjamin, Van Dijk, McLuhan. Leem-se livros: de Cortázar, Oliverio Girondo, Tomás Eloy Martínez. Contam-se lendas sobre jornalistas que, no passado, fizeram presidentes tremer. Aparenta-se certo cinismo — parece que os jornalistas que fazem os presidentes tremer são assim. Conta-se uma piada: um editor pede a um jornalista uma coluna sobre Deus, e ouve dele a pergunta: "Contra ou a favor?". Temos de achar graça.

Venera-se o *Página/12* — o jornal que faz os presidentes do momento tremerem. Todos me explicam que é independente e crítico, que é de esquerda, que está comprometido com a democracia e com os movimentos de defesa dos direitos humanos fundados por familiares das vítimas da ditadura militar. Que tem o caráter narrativo do Novo Jornalismo americano e a opinião política dos jornais europeus. Que nele trabalham os jornalistas importantes. Nos corredores, lemos com devoção suas colunas, suas investigações sobre a corrupção no governo Carlos Menem. Reverenciamos sua primeira página em branco para anunciar os indultos que Menem deu aos militares condenados alguns anos antes por crimes que mais tarde serão chamados de lesa-humanidade.

Não há profissão mais fascinante que a de jornalista, e não há personagens mais românticos que os jornalistas. O jornalista é boêmio, fumante, notívago, talvez alcoólatra, leitor e escritor, um tanto aventureiro, engajado, disposto a arriscar a própria vida, cético, cínico, imensamente idealista. Passa as tardes soltando frases espirituosas, falando de assuntos importantes, tomando café com as pessoas mais interessantes ou derrubando ministros instalado em sua trincheira.

Tem coisa melhor?

Lá vou eu.

Entro no *Página/12* em abril de 1991, aos 21 anos. O jornalismo argentino, diremos depois, vive uma idade de ouro que se estenderá por quase uma década.

Os argentinos, nessa época, amam os jornalistas. Acreditam neles mais do que em ninguém: mais do que no presidente, mas isso é fácil, porque ele mesmo disse que mentiu para ganhar as eleições; mais do que nos magistrados, mas isso também não é difícil, pois houve um ministro que entregou a outro, escrita num guardanapo, a lista dos juízes comprados pelo governo; mais do que nos sindicalistas, mas quem a essa altura ainda acredita nos sindicalistas?; mais do que nos bispos, que antes foram cúmplices dos militares e agora são cúmplices de Menem; mais do que nos professores, porque a educação está em crise e afundando por causa das políticas neoliberais.

Todas as pesquisas de opinião confirmam: os jornalistas são heróis. Todos querem ser jornalistas. Eu já sou — e no *Página/12*!

Em público me vanglorio disso, mas em segredo não consigo acreditar na minha sorte. É verdade que ganhamos pouco, passamos horas trancados numa redação horrível e sem janelas, e frequentemente não temos dinheiro para ir até o local dos fatos. Mas e daí?

Por exemplo. Mataram seis pessoas numa fazenda no interior da província de Buenos Aires: a proprietária, seu namorado e seu filho, um andarilho e dois peões. Confiam o caso a mim! É uma oportunidade extraordinária — e apavorante. De um caso parecido, Truman Capote extraiu *A sangue-frio*. Agora é minha vez.

Passo a noite relendo *A sangue-frio*. De madrugada já estou na rodoviária de Retiro, pronta para percorrer os 466 quilômetros até o município de General Villegas. Levo comigo uma sacola com roupa, uma escova de dentes e uns poucos pesos. Subo com o fotógrafo no ônibus escolhido por uma secretária do jornal. Pergunto impaciente ao motorista qual o horário previsto de chegada. Calculo estar no destino ao meio-dia, a tempo de descobrir o assassino e escrever meu primeiro grande artigo. O motorista me explica que esse ônibus para em cada cidadezinha e cada vilarejo que existe no pampa entre Buenos Aires e Villegas. Com sorte, diz ele, chegaremos no meio da tarde.

Com sorte? Que sorte? O jornal escolheu as passagens mais baratas. Vou perder a corrida com os outros jornais antes mesmo de começar.

O ônibus já deixou a rodoviária. Ainda não há celulares — ou melhor, não para qualquer um, como alguns anos depois. Não posso consultar ninguém, tenho de decidir sozinha. Que é que eu faço? O que Truman Capote faria?

O ônibus avança pela estrada. Faço contas com o fotógrafo: quanto dinheiro temos, juntando o que cada um carrega? Descemos no primeiro vilarejo. Vemos uns táxis brancos numa travessa. Quanto cobram por uma corrida até Villegas? Só ida, e em tempo recorde. Mostramos o que temos, o que podemos pagar.

Um dos taxistas aceita. Sem pensar duas vezes, liberamos o ônibus e embarcamos no Peugeot 504, que faz uma curva, entra na rodovia, avança trezentos metros, começa a se sacudir com uma tosse de cachorro, a soltar fumaça pelo capô — e para.

O taxista desce para examinar o motor e volta com o diagnóstico: fundido.

Não vamos chegar nunca.

Lá se foi minha primeira cobertura como enviada especial — e tudo por problemas de logística. Já prevejo um fracasso maior, definitivo: sou mais uma de muitas promessas do jornalismo que nunca chegaram a se realizar, acabou-se meu futuro na profissão. Sem dúvida os repórteres do *Clarín* já estão em Villegas, com carro de aluguel, resolvendo o crime que eu estava destinada — ou não! — a deslindar.

Não, não pode ser, não pode acabar assim. Penduro minha bolsa no ombro, cruzo um olhar com o fotógrafo e me instalo no acostamento. Peço carona. Pouco depois, para uma picape azul.

Estão indo para onde?, pergunta o sitiante.

Jornalistas do *Página/12*, múltiplo assassinato, mistério, urgência, General Villegas, táxi fundido, jornal de amanhã.

Vamos!, ele responde.

E nos deixa no portão da fazenda.

Entramos na cena do crime com o sol ainda alto. Apreciamos a cara contrariada do repórter do *Clarín*, que chegou horas antes em seu carro alugado e imaginou que tivesse os policiais à disposição dele e mais ninguém. Consigo as informações; o fotógrafo, as imagens. Depois, como já podemos qualquer coisa, também arrumamos uma pessoa que nos leve até a cidade, que nos alugue dois quartos numa pensão barata, que outra pessoa nos empreste papel e uma máquina de escrever, e que uma terceira me deixe usar seu telefone para ditar, palavra por palavra, o artigo que chega em cima da hora do fechamento.

Passados alguns dias, voltarei a Buenos Aires triunfante — sem ter resolvido o caso, como tampouco a polícia, nem ninguém até hoje, 21 anos depois, resolveu.

* * *

Temos orgulho de *ser* do *Página/12*. Gostamos de ouvir a voz vacilar quando dizemos de onde falamos. Por toda parte proclamamos o que somos: jornalistas do *Página/12*. Sentimos quando alguém não comenta conosco nosso texto do dia e pensamos que só pode ser um reacionário ou alguém que vive de costas para a realidade, conformado com a paridade artificial do peso com o dólar e com seus eletrodomésticos pagos em prestações.

Aqui não importam as hierarquias nem a antiguidade. Trazendo informação, o principiante tem as mesmas chances que os veteranos de ir parar na primeira página e ser tratado como estrela — pelo menos até a próxima edição.

Se todos os jornalistas foram, somos e seremos filhos do meio e do momento em que nascemos para a profissão, eu sou filha do *Página/12* e desses anos 1990.

São os anos do surgimento da CNN, o primeiro canal internacional de notícias 24 horas, que transmitiu ao vivo para o mundo a queda do Muro de Berlim. À sua imagem, pouco depois nascem, na Argentina e por toda parte, os canais de notícias a cabo. Tem início a era multimídia; os jornais se transformam em grandes corporações, ou as grandes corporações começam a comprar também os jornais e a faturar cifras multimilionárias nunca vistas na história do jornalismo. Fala-se dos "meios" como parte do poder econômico e político — como nunca antes se falou.

Na Argentina, o jornal *Clarín* compra canais de televisão aberta e a cabo, compra empresas de telefonia celular e seguradoras de previdência privada, produz espetáculos e investe em quase tudo, conquistando enorme poder.

As redações se modernizam. Surgem os primeiros faxes — montar a *Página/12* leva um dia inteiro de árduas provas. Para inveja dos demais, os repórteres de rádio começam a aparecer nas coletivas armados de celulares. Logo cada um de nós terá o seu.

Os primeiros computadores chegam às redações. Os velhos jornalistas se negam a entregar suas máquinas de escrever. Nós, jovens, vivemos o frenesi de uma epopeia.

Em pouco tempo nos equiparamos com colegas do Primeiro Mundo na cobertura de guerras, cúpulas, catástrofes, copas, olimpíadas. Jornalistas italianos comparam seus salários aos de um argentino. O do argentino é mais alto.

Mas alguma coisa estranha acontece.

Estamos em 1995. É meu quinto ano no jornal. Na seção "Sociedade", cubro casos policiais, judiciais, desastres naturais, violência e pobreza. Já nem me lembro quem fui nas vidas passadas, só sei desta: de sol a sol na rua, falando com testemunhas, vítimas, criminosos, funcionários, personagens comuns e estranhos, no vasto território da Grande Buenos Aires, às vezes mais além. Fumo, leio, bebo uísque, escrevo, estou entre gente interessante. Cheguei lá.

Então, circula um boato terrível: dizem que, em segredo, o *Clarín* comprou o *Página/12*. Isso significa que o *Página/12* vai deixar de ser independente, que a concorrência o absorveu para... para quê?

Ambas as partes desmentem o boato, mas ele coincide com a entrada de um novo administrador e de um diretor financeiro que antes trabalhava no *Clarín* — e com um enorme corte de gastos e de pessoal. Numa redação pequena, que era como uma família, um dia nos comunicam a demissão de quase cem colegas.

Parece impossível, insuportável. Fazemos uma greve de quarenta dias. O jornal é publicado numa versão empobrecida, sustentada pelos chefes.

No sábado anterior à reeleição do presidente Menem, que na redação (e em muitas outras partes do país, mas decerto não tantas assim) é sentida como uma derrota pessoal, a empresa consegue que o governo declare a greve abusiva e somos obrigados a suspendê-la — ou entrar na ilegalidade.

Na véspera da volta ao trabalho, como fecho do protesto, um grupo faz um piquete na entrada do prédio para impedir que os chefes entrem — e que o jornal saia. Há um empurra-empurra. Os chefes, prudentes, se recolhem no café da esquina. Nós nos espalhamos por outros bares, bebemos, discutimos. Sabemos que é o fim.

Na manhã seguinte, um subeditor que faz questão de ser detestado dribla os piqueteiros, distribui uns empurrões e consegue atravessar o bloqueio. Passa o dia inteiro sozinho na redação deserta, onde tocam telefones que só ele atende e aonde chegam faxes que só ele lê.

Na segunda-feira começará tudo de novo. A redação voltará a se encher, os telefones serão atendidos. Paira, no entanto, um vazio, do qual alguns falarão e outros nem isso, mas que todos sentem.

No meio do conflito, me avisam que consegui uma vaga no mestrado em jornalismo da Universidade Columbia, em Nova York. Talvez seja um bom momento para ficar um ano fora. Convenço meus pais a vender o pequeno apartamento onde moro em Buenos Aires e uso o dinheiro para pagar a viagem.

Columbia, pelo que me disseram, tem a melhor escola de jornalismo do mundo. Para mim é o berço do jornalismo rigoroso, honesto, independente, crítico e vigilante do poder que tentava se impor nas redações argentinas em meus anos de formação. No *Página/12*, nós, jovens, dividíamos a admiração entre a geração de jornalistas argentinos dos anos 1960 e 1970 (alguns sobreviventes trabalhavam conosco) e americanos como Bob Woodward e Carl Bernstein, que tinham derrubado o presidente Nixon (há maior feito para um jornalista do que forçar a renúncia de um presidente que enganava seu país?). Citávamos *Primera Plana* e *La Opinión* como nossos grandes modelos nacionais, mas o *New York Times*, o *Washington Post*, o *Wall Street Journal* ou a *New Yorker* — mesmo que não os lêssemos — como os melhores do mundo. Líamos a geração do Novo Jornalismo, Capote, Talese, Mailer, que, misturados com as tradições locais (de inspiração europeia), ajudaram a moldar o estilo singular do *Página/12*, que eu tinha adotado até onde podia: um jornalismo narrativo de espírito crítico e mordaz.

Lá vou eu.

É meu primeiro dia em Columbia. A decana nos reúne em um grande salão e diz que somos especiais, representantes de uma elite, os melhores de nossa geração, herdeiros de uma honorável tradição; que o sucesso de nosso investimento (muitos assumiram grandes dívidas para poder estar aqui) é garantido.

Aprendo muitas coisas nesse ano de pouco sono, pressão permanente e feroz competição. Num dos primeiros exercícios, o professor nos fornece alguns dados sobre um caso: um prefeito foi detido como suspeito de um crime. Temos de escrever um texto enxuto e informativo como um redator de agência de notícias e dentro de um prazo curtíssimo. Corremos para as máquinas.

Enquanto teclamos desesperadamente os laptops — comprei o meu assim que cheguei —, o professor espia sobre nossos ombros. Ao passar na minha mesa, se detém. Para impressioná-lo, resolvi inserir detalhes narrativos, como fazia em Buenos Aires: acrescentei, por exemplo, que o prefeito passou a noite em claro na cadeia.

O professor se escandaliza: como é que eu posso saber se o prefeito dormiu ou não? Ninguém citou esse detalhe, não tem fonte. Devo deixar a imaginação fora da sala!

Começo a duvidar de tudo o que havia feito até então — e do que meus pares fizeram, de como trabalhamos. Do que eu entendia por jornalismo.

Em Columbia, os estudantes sonham em desafiar o poder, ou publicar grandes matérias sobre temas importantes, ou ser correspondentes de guerra. As figuras em destaque no momento vêm falar conosco: os últimos ganhadores do Pulitzer, correspondentes no Burundi e em Sarajevo, especialistas em ciência e em educação. Quando minha classe de Reporting and Writing recebe a visita de David Remnick, ganhador de um Pulitzer por sua cobertura da queda da União Soviética e recém-nomeado diretor de redação da *New Yorker* ("a melhor revista do mundo"), há um instante de temor reverencial, como se acabasse de entrar um deus — mas um deus que todos ali aspiram substituir num futuro não muito distante.

E, quando os deuses não vêm até nós, nós vamos até eles. Um dia nos convidam para tomar o café da manhã no *Wall Street Journal* com Paul Steiger, diretor do jornal. Logo vejo que até então não tinha uma percepção clara sobre o poder de um grande veículo. Steiger não é como os editores de jornal que conheci na Argentina, que afinal eram jornalistas assalariados com anos de experiência: não, ele parece um aristocrata, um presidente, uma figura poderosa e distante. E o prédio, o salão, é próprio de uma corporação multimilionária — não aquele galpão do *Página/12* iluminado com luzes fluorescentes que chamamos de "submarino". Ser jornalista será, então, fazer parte desse novo poder?

No final do encontro, Steiger vem falar comigo, porque lhe disseram que eu era argentina, para me dar um exemplar do *Wall Street Journal Americas*, uma seleção de artigos em espanhol que o jornal está lançando.

Estou no topo do mundo. Eu, todos nós podemos ficar aqui se trabalharmos duro e entendermos as regras.

Mas há exceções. Vez por outra chegam a nós, como ecos distantes, histórias de fracassos, de jornalistas do *New York Times* que vivem amargurados porque mal e mal conseguem publicar um artigo insignificante por mês e passam o resto dos dias afogando sua frustração em uísque.

Só merecem nosso desprezo. Não, conosco nunca vai acontecer uma coisa dessas.

Na última semana do programa, a universidade monta uma feira de emprego: editores de todo o país vêm nos entrevistar. Meus colegas sonham em trabalhar em Nova York, mas sabem que deverão aceitar ofertas em cidades menores, Saratoga ou Charlotte, e ir subindo na escala, com muito esforço (ou muita sorte), até chegar ao destino. Eu falto às minhas entrevistas. Decidi voltar para a Argentina, ainda tenho meu cargo no *Página/12* e muito a aplicar por lá. Quero contar grandes histórias, no estilo que os americanos chamam *features*, e penso que estando em Buenos Aires posso imaginar uma obra com projeção internacional, talvez um livro.

Imagino que Buenos Aires será Nova York.

O *Página/12* já não é mais o mesmo. Muitos editores e redatores se foram; outros logo irão. Mas o que desapareceu com aquelas primeiras demissões, mais do que nada, foi uma coisa indefinível, algo que dava sentido a tudo, que dava um sentido a nós mesmos.

Dedico-me a cobrir casos policiais, quando posso — continuo na seção "Sociedade" —, mas já imagino outra coisa. Começo a escrever meu segundo livro, uma investigação sobre um retumbante escândalo que mistura drogas e política, a quatro mãos com Gabriel Pasquini, com quem moro desde a greve de 1995 e que daí em diante será meu editor e meu marido. É a história de como um juiz e um grupo de policiais armaram uma cilada para o empresário de Diego Maradona, Guillermo Coppola, incriminando-o por tráfico de drogas, para ganhar fama e dividendos políticos. O que a história de fato mostra é como é possível manipular os rumos da Justiça com o respaldo da classe política... e da mídia.

A sociedade condenou Coppola de antemão, decidiu culpá-lo pelos desastres pessoais de seu representado, o ídolo popular, e não quer ouvir nenhum argumento que possa provar sua inocência. Muitos veículos e jornalistas dão à sociedade o que ela quer. Eu mesma escuto perguntas tensas dos editores quando minha cobertura do caso insiste em mostrar que o inquérito contra Coppola é uma grande armação. Descubro que, quando a verdade não é a que o público espera, quando ela é inconveniente, também os jornais não têm interesse em dizer a verdade.

Essa também é uma verdade inconveniente. Por enquanto.

Procuro uma válvula de escape para minha insatisfação com o jornal, uma transição até descobrir como sair de vez. Encontro um novo projeto: investigar a vida de Jacobo Timerman, um mítico e polêmico editor dos anos 1960 e 1970 que ajudou a modernizar a imprensa argentina da época, transformado em protagonista de infinitos casos que cansei de ouvir da boca dos veteranos.

Pouco depois, surge a chance de mudar para o *La Nación*, que em muitos sentidos é o exato oposto do *Página/12*: um jornal de mais de cem anos, fundado por um ex-presidente, porta-voz da elite e das grandes empresas tradicionais do país, por sua origem, constituição acionária e vocação. Um veículo conservador que também se diz liberal, ainda que só o seja de fato em economia, e que apoiou a última ditadura militar e ainda manifesta simpatia ou apoio aos militares — embora comece a reconhecer seus crimes, a contragosto, e a modernizar uma linguagem e um *modus operandi* rígido e antigo, que seus praticantes resumiam em lemas como: "Sabemos tudo, mas não publicamos nada".

O *La Nación* pretende mudar, modernizar-se conforme o ideal norte-americano. O controle acionário foi assumido por uma das famílias descendentes do fundador Bartolomé Mitre. São os Saguier, a mãe e quatro filhos. Fernán, que foi correspondente em Washington, assume a secretaria-geral. Os Saguier procuram jornalistas formados no *Página/12*, e muitos de nós — chegamos a ser dezenove — vamos para as seções "quentes": política, economia, informação geral. Forma-se até uma equipe de investigação, que é incentivada a se imaginar como parte do *Washington Post*.

Essas pretensões de renovação convivem com os velhos editores e com o velho público, que não compartilham os mesmos valores. E isso exige de nós mais rigor: nossa informação deve ser irrepreensível, todo dia devemos lutar para que ela conquiste algum destaque. Já não há lugar para os subentendidos nem as licenças do *Página/12*. É um bom desafio, que pode até resultar em melhor jornalismo.

Além disso, o *La Nación* tem todos os recursos de um grande jornal. Quando telefonamos de lá, quase sempre somos atendidos.

Consigo a melhor função possível: cobrir a chegada ao poder da Aliança e do presidente Fernando de la Rúa. Se alguém me pergunta o que mais eu gostaria de fazer, respondo: nada. Não concebo minha vida fora de uma redação. Meu futuro já está todo planejado: vou ser a principal colunista política do país e morrer fazendo isso, feliz.

Mas não é tão fácil assim.

"Isso que você escreveu", escuto certa noite do meu editor, que tem meu artigo do dia sobre a mesa, todo anotado, "é impecável. Confirmei pessoalmente a informação com todas as fontes." E acrescenta, terminante: "Nunca mais faça isso".

Em outra ocasião, para me convencer de que minha voz crítica já está incomodando:

"Você tem que ser capaz de olhar um pássaro e descrever a sua beleza."

De início sem me dar conta, vou aprendendo como as coisas funcionam na realidade. Como cronista do jornal, todo dia investigo os principais jogadores da vida política e da imprensa, meus contemporâneos, enquanto, como biógrafa de Timerman, reconstruo a história do mesmo jogo nos cinquenta anos precedentes. Em certos momentos de sorte, consigo ter uma clareza que poucas vezes se consegue estando imerso na pura prática: a de ligar o passado, o presente e o futuro do jornalismo e do país.

Nesses momentos de lucidez, vejo meu erro: o que eu penso que o jornalismo é, ou devia ser, não condiz com a realidade de todos os dias. Boa parte do meu trabalho cotidiano consiste numa queda de braço, não mais com aqueles que, instalados no poder, querem impedir a publicação de certas ações e planos que esperam manter ocultos, e sim com meus editores, que esperam que meus artigos sigam a visão menos crítica do jornal e que avaliam a informação conforme os interesses editoriais do momento.

Entendo que meu trabalho consiste numa dupla batalha: com as fontes, para conseguir a informação mais verdadeira possível, e com os editores, para conseguir que seja publicada sem distorções.

Ganho muitas batalhas, perco outras. No meu balanço pessoal, conto mais vitórias do que derrotas, por isso acho que vale a pena. Sinto nessa dupla batalha uma espécie de façanha profissional.

A crise que desemboca neste dezembro de 2001 devasta a classe política, o modelo econômico, boa parte da classe média e muito mais — e também cobra a fatura da mídia e dos jornalistas. Os jornais sofrem uma drástica perda de anunciantes. Enquanto as dívidas milionárias acumuladas durante a expansão da década anterior permanecem em dólares, em 2002, com a desvalorização da moeda, seus ganhos em pesos são reduzidos a um terço. Quem devia 100 milhões de dólares pela compra de um moderno parque gráfico nos anos de prosperidade continua devendo 100 milhões de dólares; mas cada peso-dólar ganho anteriormente com publicidade e vendas agora se reduz a trinta centavos.

Os donos dos meios de comunicação entram em pânico. Na iminência de quebrar ou de entregar tudo aos credores, recorrem ao governo, aos bancos, a outros empresários, fazem negociações para "salvar" suas empresas. Naturalmente, não se deve incomodar aqueles a quem se pede ajuda. Nas redações, cancela-se toda investigação, toda crítica, exceto contra quem não tem poder algum.

Durante uma passeata de desempregados, a polícia mata dois jovens, Darío Santillán e Maximiliano Kosteki. Os fotógrafos dos jornais conseguem as fotos que podem provar o que aconteceu. Mas o governo de Eduardo Duhalde, que chegou à presidência sem legitimidade popular, por um acordo entre políticos para sair da crise, pede aos jornais que não se fale em "repressão". Os jornais — exceto o *Página/12* — decidem não publicar as fotos.

Para os jornalistas que não nos tornamos cínicos é uma época deprimente.

Por outro lado, não posso me iludir achando que esse cenário é uma exceção na história do jornalismo argentino. É um ciclo que já ocorreu antes, muitas vezes. Embora pareça existir um abismo separando os anos de Timerman deste meu presente — a época dele foi a da dominação militar do espaço político; esta é a segunda década de democracia estável —, certos mecanismos e reações continuam funcionando do mesmo modo. Até certos protagonistas continuam os mesmos.

Talvez não exista nada além disso.

Talvez seja simplesmente assim, tenha sido sempre assim.

Talvez eu tenha vivido enganada, iludida.

Talvez seja hora de largar tudo.

O país parece fazer eco a meus pensamentos. Duhalde renuncia e, por uma insólita série de circunstâncias, chega à presidência o quase desconhecido Néstor Kirchner, que pensa que a mídia molda seu conteúdo sempre de acordo com seus próprios interesses econômicos e políticos; que não existe nenhum espaço para um jornalismo "independente" ou até verdadeiro. Para ele não existe jornalismo, somente "meios".

Assim como outros políticos, Kirchner divide a imprensa entre amiga e inimiga, mas, diferentemente daqueles, não tem medo de declarar isso em público. Seu principal inimigo é o jornal *La Nación*, ao qual só fornece informação em determinadas ocasiões, tachando-o de oposicionista e porta-voz de grandes interesses econômicos. No campo aliado, situa o Grupo Clarín, dando-lhe absoluta prioridade nos furos de reportagem, nas entrevistas e em toda informação que lhe interessa difundir. Mantém contato permanente com Héctor Magnetto, CEO do grupo e um de seus principais acionistas, com quem negocia acordos que beneficiam o jornal e discute a situação do país e os rumos do governo.

Os jornalistas percebem que houve uma mudança nas regras do jogo. Nos anos 1990, os funcionários do governo se sentiam na obrigação de recebê-los, de dar explicações (mesmo que falsas), de proclamar seu respeito pela liberdade de imprensa, enquanto por baixo do pano tratavam de reduzir o estrago: quer dizer, mostravam respeito pelo que consideravam ser o poder dos jornalistas e da mídia. Agora o governo fala com certas empresas e com outras não, desprezando publicamente os jornalistas que são das empresas inimigas. Estes não são recebidos — nem sequer atendidos ao telefone.

Desapontada com os jornais, peço demissão do *La Nación* em 2003. Pouco depois, é publicado *Timerman*, no qual levei quase seis anos trabalhando. Busco refúgio nos meus livros — começo a trabalhar, quase que simultaneamente, nos dois seguintes —, enquanto tento descobrir como continuar a exercer o jornalismo.

Durante os cinco anos seguintes, Gabriel e eu levamos uma vida de escritores — ele se demitiu do *La Nación* alguns meses antes de mim —, mas começamos a sonhar em fundar um meio de comunicação próprio: o meio onde queremos trabalhar.

Elaboramos projetos, mantemos reuniões, levantamos custos, traçamos planos de negócios. E sempre nos chocamos contra o mesmo muro: é necessário um grande investimento em dinheiro, o dinheiro exige um financiador, e o financiador vem com uma agenda, condições e propósitos que limitam a possibilidade de fazer jornalismo, que não pode ser feito sem dinheiro…

Como fazer jornalismo sem um meio? Como fazer jornalismo em um meio?

* * *

Estamos nesse dilema quando surge a possibilidade de eu voltar para os Estados Unidos: ganho uma *fellowship* para jornalistas da Nieman Foundation, na Universidade Harvard. A bolsa Nieman, que todos os anos é concedida a 24 jornalistas com experiência, metade dos Estados Unidos e metade do resto do mundo, foi criada em 1937. A viúva de um jornalista doou uma fortuna a Harvard para que lá fosse criada uma escola de jornalismo, mas a universidade — que queria o dinheiro — não considerava o jornalismo merecedor de curso algum. A solução foi criar um programa que receberia os jornalistas para instruí-los, pondo-os lado a lado, por um ano, com uma das mais importantes elites acadêmicas do mundo.

Ano após ano, os selecionados se inscrevem reverentemente nos mais diversos cursos: filosofia, literatura, ciência, música, religião, oratória, leis, arte, saúde pública, negócios, política, história, arquitetura, design, urbanismo... a fascinante oferta de Harvard. Espera-se que, voltando ao trabalho, utilizem o que aprenderam.

Mas, pouco depois do início do ciclo, fica evidente que minha turma será diferente das anteriores.

Meus colegas americanos começam animados, mas logo sucumbem à ansiedade e à depressão. Todo dia se anuncia uma nova leva de demissões em suas redações. Desta vez são quatrocentos, não, quinhentos jornalistas; alguém telefona: fala-se em mais demissões, até em fechar as portas. Minha amiga Dorothy fica sabendo que seu jornal, o centenário *Seattle Post-Intelligencer*, do qual era colunista, cancelou sua edição em papel para se transformar numa pequena redação on-line, sem lugar para ela. David é informado de que o *Chicago Tribune* pediu falência. Alguns recebem ofertas de demissão "voluntária", em troca de uma indenização, ou a advertência de que na volta os espera, com sorte, a incerteza.

Toda semana assistimos a palestras de colegas, empresários, especialistas e variados gurus que concordam no mesmo diagnóstico: a gratuidade, a velocidade, a infinita possibilidade de reprodução e distribuição e o acesso maciço à internet destruíram o monopólio dos meios de comunicação, por isso seu "modelo de negócios" (nos anos seguintes ouviremos tantas vezes essas três palavras que elas parecerão encerrar a chave do jornalismo) acabou, e não há substituto. Um artigo sobre moda, uma importante cobertura internacional ou uma crônica de guerra podem custar fortunas, mas, uma vez publicados na internet, seu preço tende a zero e compete, às vezes com desvantagem, com vídeos ou *posts* publicados por gente de todo o mundo que nunca nem sonhou em ser jornalista, que nunca teve um *Club de los Castores* nem pediu carona na estrada para viajar quinhentos quilômetros e apurar quem matou uma família em General Villegas.

Já em 1995, em Columbia, tivemos um primeiro sinal disso, mas nenhum de nós o entendeu. A universidade deu a cada um dos mestrandos uma conta de e-mail, que para a maioria de nós foi a primeira. Todos passamos pelo curso de Reportagem Assistida por Computador, que não considerávamos, nem de longe, o mais interessante do programa.

Sem saber, nossa geração estava sendo preparada em nível olímpico para uma competição cuja natureza e cujas regras mudariam por completo quando chegássemos à idade de lutar pelas primeiras posições. Como se, depois de sermos treinados durante anos para quebrar o recorde dos cem metros rasos, de repente nos avisassem que iríamos competir numa corrida de saco aberta a qualquer pessoa que resolvesse participar.

A terrível notícia: não precisam mais de nós.

Eric Alterman escreve na *New Yorker* outra frase que logo também será um bordão: há uma "mudança de paradigma". Antigamente, uma elite preparada detinha a missão e o poder de obter e processar a informação e de distribuí-la entre um público predominantemente passivo; agora, amplos coletivos desejam se informar por meio de uma contínua "conversa" entre seus membros. Ele também alerta para o risco de que essas conversas se deem em comunidades isoladas, que falam consigo mesmas, e nunca além dos limites da sua bolha.

Recebemos uma avalanche de estatísticas. Segundo uma pesquisa da Universidade Columbia, o total de jornalistas contratados nos jornais americanos, que entre 1971 e 1992 passou de 40 mil a mais de 60 mil, voltou a 40 mil em 2009. Os anúncios em jornais de papel caíram 23% em dois anos, segundo relatório sobre o estado da mídia em 2009 do Pew Project for Excellence in Journalism. "Alguns jornais estão em bancarrota", diz o relatório, "outros perderam três quartos de seu valor de mercado. Quase um de cada cinco jornalistas que trabalhavam em jornais em 2001 perdeu seu emprego, e é possível que 2009 seja ainda pior." Nos canais de televisão, as equipes de notícias foram reduzidas "a níveis sem precedente" e o faturamento caiu 7% em um ano eleitoral, "coisa nunca vista". Doze jornais metropolitanos foram fechados e dez passaram a ser publicados exclusivamente on-line, ou reduziram ao mínimo sua existência em papel desde março de 2007, segundo o site *Newspaper Death Watch*.

A migração para a internet é cada vez maior. Segundo o relatório do Pew Project, o número de visitantes habituais de sites de notícias nos Estados Unidos aumentou 19% entre 2007 e 2008. Nesse último ano, o tráfego dos cinquenta sites de notícias mais populares cresceu 27%. Mas seu faturamento com publicidade, que naquele último biênio havia aumentado à razão de um terço ao ano, estagnou. Calcula-se que em 2008 a recessão no mínimo duplicou as perdas da indústria jornalística americana.

Os números parecem frios e distantes, até que eu possa perceber algo nas mensagens que recebo de meus ex-colegas de Columbia. Durante anos nos mantivemos informados sobre promoções, correspondências, livros publicados, prêmios ganhos — Paul foi contratado pelo *New York Times* para cobrir o Sudeste Asiático, como queria; Susan escreve do México para uma grande agência de notícias; Julia produz documentários em Nova York; outros escrevem de Serra Leoa, do Afeganistão, da China, de Madagascar —, além de receber as ofertas de trabalho de quem atingiu posições executivas. Mas 2009 é diferente.

Amy anuncia que deixou seu cargo de jornalista de investigação televisiva para montar seu negócio em Connecticut, que já está rendendo um bom dinheiro. Por acaso um veículo próprio? Não. Ela é gerente regional de uma marca suíça de cosméticos — uma versão sofisticada da Avon. Trabalha em casa e é feliz. Avisa que, se estamos procurando um "plano B", os cosméticos são uma boa opção.

Sua mensagem provoca uma avalanche de respostas. Condoídas? Reprovadoras? Muito pelo contrário. Deena, de Nova Jersey, fala de si mesma como "uma das últimas egressas da escola de jornalismo ingênuas o bastante para continuar trabalhando num jornal". Amy não está sozinha, afirma Deena: "Um número cada vez maior de jornalistas talentosos está largando a profissão para abraçar oportunidades mais estimulantes e bem remuneradas. Devo admitir que uma parte de mim se sente fortemente tentada a fazer o mesmo".

Norman anuncia que está prestes a criar uma ONG, assim como Paul. Outra colega, Temima, confessa que levou muito tempo para perceber que "não havia problema em fazer outra coisa" que não fosse jornalismo, mas que agora é feliz dando aulas de literatura inglesa e oratória no ensino médio. Ana Lisa conta que foi editora de grandes revistas de Nova York e Los Angeles durante doze anos e ajudou a lançar novas publicações, mas que só duas dessas revistas ainda sobrevivem e, reconhece, "são uma porcaria". Os colegas que continuam trabalhando nelas, afirma, "estão deprimidos e odeiam seu trabalho mais do que imaginavam ser possível". Ela mesma passou mais de um ano desempregada. Agora está estudando biblioteconomia, uma carreira com um futuro que — tem certeza disso — o jornalismo já não oferece.

Josh chegou a editor sênior na revista *Entertainment Weekly*, na qual fez carreira ao longo de doze anos. Depois de publicar seu primeiro livro, no entanto, percebeu qual seria o plano ideal para sua vida: escrever mais livros e dar aulas. "Na manhã seguinte a essa epifania", conta, "a economia foi para o buraco, e agora me agarro com unhas e dentes ao meu trabalho e ao meu salário na revista."

Adam nos lembra que, pouco depois da graduação, foi contratado como assistente de produção pela Fox News. Estamos lembrados, claro: fazia inveja em muita gente. Em cinco anos, chegou a produtor sênior. Depois foi contratado por outra cadeia como produtor de um programa de notícias em horário nobre. Mas a cada dia se sentia mais infeliz no trabalho, até que "se tornou dolorosamente claro que não queria mais produzir notícias". De um dia para o outro, desistiu do jornalismo e iniciou uma nova carreira como... comediante de *stand-up*.

Em outra geração, esses relatos seriam uma expressão da crise dos quarenta. Na minha, são os ecos do estouro de uma manada — o estouro final, cego, desesperado de uma espécie em risco de extinção.

Nos anos seguintes ficaria claro que o problema não afeta só os Estados Unidos. Ainda que em diferentes proporções e velocidades, o jornalismo e a mídia entraram em crise em (quase) todo o mundo. Os barões do velho modelo vão tombando fragorosamente; Rupert Murdoch é o que faz mais barulho ao cair. Durante décadas um magnata todo-poderoso que compartilhava a mesa do poder com presidentes e reis e decidia sobre atos de governo, grandes e pequenos, Murdoch sucumbe ante a revelação de que um de seus jornais na Grã-Bretanha vinha fazendo escutas ilegais para conseguir as informações que publicava. Fez-se vista grossa enquanto se tratava de grampear só celebridades, mas quando se comprovou que o jornal também espionava a vítima de um crime, a sociedade não tolerou. Na esteira do escândalo, vem a público o que muitos sabiam, mas não divulgavam: as ligações de Murdoch com o poder. São instaurados inquéritos judiciais sobre suborno e corrupção, importantes editores são presos. O império balança.

Assim como o de Murdoch, outros grandes conglomerados dos anos 1990 começarão a se esfacelar ou vão simplesmente desabar de uma vez. Os grandes jornais não voltarão a ver aquela quantidade inusitada de zeros em suas planilhas de lucros.

A realidade parece sugerir uma solução para a contradição entre a estrutura empresarial da mídia e a aspiração do jornalismo à verdade: a morte dos meios.

Claro que ela não ocorrerá, ou não ocorre, da mesma forma para todos. Depois de uma rodada de lamúrias na Nieman Foundation em que os *fellows* americanos choram suas mágoas com particular autocomiseração, Thabo, o colega sul-africano, levanta-se muito animado e sugere uma alternativa: por que eles não se mudam para a África? Lá há diversos países de língua inglesa, como o seu próprio, cujas revistas e jornais de tiragem crescente poderiam aproveitar editores e redatores experientes.

Silêncio.

Passaram-se cinco anos desde que Thabo fez aquele convite. Que eu saiba, ninguém até agora se mudou.

Também na Argentina o sistema parece ruir.

Em meados de 2008, o *Clarín* rompeu sua aliança com o governo e perdeu as vantagens que ela lhe proporcionava. Governa Cristina Fernández de Kirchner, que sucedeu o marido. O *Clarín* decidiu, por razões táticas e políticas, apoiar o setor que se opôs ao governo num conflito motivado pelo aumento dos impostos sobre as exportações de soja, e o governo considera isso uma traição. Os Kirchner se dedicam a atacar a credibilidade de seu antigo aliado, enquanto, nos bastidores, tentam negociar uma reconciliação. Nos atos públicos governistas veem-se cartazes, balões, camisetas, bonés e até meias que proclamam: "O *Clarín* mente".

Volto a Buenos Aires a tempo de acompanhar as eleições legislativas em que o governo de Cristina Kirchner é derrotado. Uma das primeiras imagens que vejo ao chegar é o rosto transtornado de Néstor Kirchner na televisão, às tantas da madrugada de 29 de junho de 2009, aceitando a derrota com espetacular reticência.

Mas em vez de recuar, os Kirchner decidem partir para o ataque, encontrar os culpados e golpear seus inimigos. Atingem o *Clarín* onde mais lhe dói: no bolso. Cancelam negócios milionários, perseguem o Grupo na Justiça e conseguem aprovar uma lei que o obrigará a se desmembrar.

Ao radicalizar o confronto, por momentos com uma retórica velha e sempre com fins políticos mais do que imediatos, os Kirchner se tornam, de repente, muito modernos: começam a falar com a sociedade de forma direta, descartando aberta e militantemente a intervenção da mídia — desqualificando com palavras e gestos a mediação dessa elite a que se referia Eric Alterman na *New Yorker*.

E falam *muito*: em certos períodos, Cristina poderá ser vista todos os dias na televisão, fazendo longos discursos em cadeia nacional. E depois no Twitter. E depois nos espaços de publicidade oficial.

Ela não está sozinha. No mundo inteiro, os políticos fizeram a mesma descoberta. Presidentes tão diferentes como Barack Obama, nos Estados Unidos, e Hugo Chávez, na Venezuela, arrasam no Twitter. Na América Latina, o fenômeno ganha coloração política e faz parte de uma polarização ideológica, uma divisão em comunidades com valores diferentes que não se ouvem entre si — como advertiu Alterman. Em países como Venezuela, Equador, Brasil, Bolívia e, claro, Argentina, com matizes bem diversos e combinando processos específicos, o confronto entre governo e mídia é uma guerra declarada.

No fundo, os políticos fazem o que sempre fizeram: tentar domesticar a mídia. Antes isso era feito nos bastidores; agora, com a desvalorização do nosso papel histórico, ousam fazer tudo abertamente.

E nós? O que fazemos?

Bom, também a mídia argentina faz o que sempre fez: o que a mandam fazer. Alguns meios são acusados de integrar a oposição política e de ser porta-vozes de grupos econômicos, outros são convocados a integrar a grande causa nacional e popular — e todos cumprem sua tarefa. Distorcem os fatos, forçam as manchetes, omitem ou exageram para mostrar que o governo é um demônio ou um deus, que a Argentina é o inferno ou o paraíso, que vivemos em situação de emergência ou na maior prosperidade. Sua versão do país já não é apenas irreal, mas por momentos resvala no absurdo. Pelo jeito, ninguém mais teme cair no ridículo.

Os opositores se intitulam "independentes". Os oficialistas se dizem "militantes". Tenho colegas do *Página/12* em ambos os lados. Alguns viraram estrelas da televisão oficial; outros, da televisão antigovernista. Muitos jornalistas se alinham à empresa em que trabalham como se ela representasse uma causa sagrada.

Aqueles que observam o estado das coisas com o velho ceticismo que era comum aos dois campos preferem, em sua maioria, o silêncio. Temem que suas vozes se percam na gritaria. E também que por baixo de tanto barulho alguma coisa esteja realmente mudando, que tenhamos perdido algo que não vai voltar nunca mais: aquilo que fomos ou que acreditávamos ser — ou melhor, aquilo que sonhávamos e nunca conseguimos ser.

Muitos vão trabalhar em outra coisa.

Isso é tudo?

É o fim?

Não. Por algum motivo, algo de novo começa a surgir em toda parte. Inclusive em países da América Latina que não parecem os mais óbvios. A jornalista Juanita León lança em Bogotá um site dedicado a informar e debater sobre o poder político na Colômbia, sem as amarras e compromissos dos meios tradicionais nos quais se formou. O conhecido jornalista investigativo peruano Gustavo Gorriti lança um site de investigação onde é possível publicar o que é impublicável nos jornais limenhos. Em El Salvador, o jornal digital *El Faro*, fundado por um grupo de jornalistas jovens que também não encontravam espaço para contar o que viam, há mais de uma década, quando no país quase não existiam conexões com a internet, começa a ganhar notoriedade por suas importantes investigações e grandes crônicas sobre a violência.

São jornalistas que, como eu, chegaram à profissão décadas atrás, passaram pela experiência de trabalhar nos grandes meios e se decepcionaram; viveram todas as crises e ainda querem algo, ainda esperam conseguir algo que não se conseguiu.

Lá vou eu.

Em março de 2010 lançamos uma revista digital sobre cultura e política que chamamos *el puercoespín*. Ainda não sabemos o que vai ser. Mas sabemos o que queremos que seja: um meio no qual possamos nos reconhecer.

Já estamos há três anos nisso. *La Silla Vacía*, na Colômbia, completou quatro; o mesmo tempo que *IDL-Reporteros*, no Peru; *Animal Político*, no México, três; *CIPER*, no Chile, seis... São todos fruto da frágil esperança de que desta vez vai, desta vez será diferente.

Pouco antes de voltar à Argentina, em 2009, reencontrei Paul Steiger, aquele editor do *Wall Street Journal* cuja aura de poder tanto me impressionara fazia mais de uma década.

Continuava impressionando: destacava-se como um membro de outra espécie em meio à multidão de jornalistas e editores convidados ao congresso de jornalismo digital que ele ia abrir. Deixara o *WSJ* quando este havia sido vendido ao Grupo Murdoch e agora era presidente de um dos novos meios digitais, ProPublica, dedicado exclusivamente à investigação do poder.

Steiger traçou um diagnóstico da indústria em colapso e falou sobre o desespero dos jornalistas veteranos, que não encontram um lugar no "novo paradigma". Mas enumerou também experiências fascinantes que surgiram da crise: espaços em que se pratica o melhor jornalismo, sem deformações; nos quais as melhores aspirações da profissão estão intactas.

"É um momento ideal para se ter vinte anos", concluiu.

Eu não tenho mais vinte anos.

Mas comecei de novo.

PÓS-ESCRITO

Mais de três anos se passaram desde a publicação de "Ilusões perdidas". Cristina Kirchner já não é mais presidente da Argentina, mas a polarização que tomou conta dos veículos jornalísticos ao longo da última década sobreviveu a seu governo. Depois das eleições que deram a vitória à oposição, nada mudou no palco da mídia: os mesmos atores continuam a representar a mesma farsa. Houve apenas uma troca de papéis: aqueles que incensavam cegamente os Kirchner são agora críticos implacáveis do novo presidente, Mauricio Macri, enquanto os incansáveis opositores de ontem são hoje entusiastas porta-vozes do governo em exercício.

E, no entanto, algumas coisas mudaram, sim, tanto na relação da mídia com a sociedade como na dos jornalistas com as empresas que os empregam. Pouco depois da vitória de Macri, o jornal conservador *La Nación* publicou um editorial conclamando não apenas a interrupção dos processos em curso contra os militares que sequestraram, torturaram e assassinaram durante a última ditadura (1976-83), mas também pedindo uma espécie de resgate dessa, digamos assim, "epopeia". Era um editorial, se não totalmente esperado, altamente previsível: *La Nación* foi um dos grandes jornais que aplaudiram a ditadura militar quarenta anos atrás. O que não era previsível ou esperado, nem pelo público, nem, muito menos, pelo jornal, é que seus jornalistas decidissem, em assembleia, repudiar o editorial e publicar sua posição numa carta aberta. Acuado, *La Nación* se viu forçado a noticiar essa rebelião interna, que recebeu amplo apoio de outros colegas e sobretudo do público.

São muitos os processos que conduziram a esse episódio extraordinário, talvez prenúncio de uma mudança política e cultural maior. Entre eles, sem dúvida, foi fundamental o esforço de todas as pessoas que, ao longo de décadas, batalharam para denunciar e manter na memória os crimes cometidos pela ditadura e a conivência que os possibilitou. Mas há também um componente novo. Com o uso cotidiano do Facebook, do Twitter e de outros canais semelhantes, por vezes incentivado pelos próprios veículos de comunicação, os jornalistas argentinos foram adquirindo uma voz e um perfil próprios, em conexão direta com uma comunidade de debate que já não se restringe às redações. Isso lhes deu uma nova imagem pública, com o poder mas também com as obrigações que isso acarreta.

el puercoespín não existe mais, porque não conseguimos financiá-lo, mas sua influência permanece. A maioria dos veículos digitais independentes citados na matéria se consolidou e surgiram outros, que estão buscando seu espaço na Argentina, na Venezuela, no Peru, na Colômbia, na Guatemala, no México. Animados por esses exemplos, cada vez mais jornalistas ousam encarar aventuras semelhantes. Dessa experimentação, com todos os fracassos que vier a trazer, nascerá um novo jornalismo.

Meu filho, que já está com cinco anos, me disse outro dia que, depois de pensar muito sobre o assunto, resolveu que não quer ser policial, cientista ou astronauta, e sim escritor de "não ficção" para contar "histórias de verdade". Ele quer escrever sobre "as espécies em extinção".

Continuo acreditando que os jornalistas não estarão entre elas.

Sobre os autores

JOÃO MOREIRA SALLES é documentarista e editor da *piauí*.

JOSEFINA LICITRA é jornalista argentina e colaboradora da *piauí*. Publica também em revistas como *Letras Libres* (México) e *Internazionale* (Itália). Escreveu, entre outros livros, *El Agua Mala — crónica de Epecuén y las casas hundidas* (Aguilar, 2014).

CAROL PIRES é jornalista e tem seus textos publicados em revistas como a *piauí*, a *n+1* e a *Gatopardo*. É mestre em estudos latino-americanos pela Universidade Columbia.

RAFAEL CARIELLO é repórter e editor da *piauí*. Foi editorialista e correspondente da *Folha de S.Paulo* em Nova York.

CONSUELO DIEGUEZ é repórter da *piauí* e autora da coletânea de perfis *Bilhões e lágrimas*, da Companhia das Letras. Trabalhou no jornal *O Globo*, no *Jornal do Brasil*, na TV Globo e nas revistas *Veja* e *Exame*.

PAULA SCARPIN é repórter da *piauí* desde 2007. Também é responsável pelos podcasts no site da revista. É mestre em letras pelas universidades PUC-Rio e Paris VII — Denis Diderot.

LUIZ MAKLOUF CARVALHO, jornalista, é autor de *O coronel rompe o silêncio* (Objetiva, 2004) e coautor de *Vultos da República* (Companhia das Letras, 2010).

MALU GASPAR é repórter da *piauí* e autora do livro *Tudo ou nada: Eike Batista e a verdadeira história do grupo X* (Record, 2014).

ROBERTO KAZ é repórter da *piauí* e autor de *O livro dos bichos* (Companhia das Letras, 2016). É ganhador do prêmio Esso de Reportagem de 2013 e mestre em jornalismo pela Universidade Columbia.

DANIELA PINHEIRO é repórter da *piauí* e coautora de *Vultos da República* (Companhia das Letras, 2010). Foi bolsista da John S. Knight Journalism Fellowships, na Universidade de Stanford.

FERNANDO DE BARROS E SILVA é diretor de redação da *piauí*. Escreveu *Chico Buarque* (Publifolha, 2004). Foi editor de política e colunista da *Folha de S.Paulo*.

JULIA DUAILIBI é repórter da *piauí*. Trabalhou na TV Bandeirantes, na *Folha de S.Paulo*, na *Veja* e no jornal *O Estado de S. Paulo*.

BRANCA VIANNA é linguista, intérprete e professora da PUC-Rio.

GRACIELA MOCHKOFSKY é jornalista argentina e colaboradora da *piauí*. Escreveu *Pecado original: Clarín, los Kirchner y la lucha por el poder* (Planeta, 2011), entre outros livros. É diretora do programa de língua espanhola do curso de jornalismo da City University of New York.

Créditos das imagens

Todos os esforços foram feitos para determinar a origem das imagens publicadas neste livro, porém isso nem sempre foi possível. Teremos prazer em creditar as fontes, caso se manifestem.

p. 15: *The Reykjavík Grapevine*
p. 47: Tom McClenahan
p. 73: Valeria Gallo
p. 95: DR
p. 129: Roberto Torrubia
p. 161: Paula Scarpin
p. 183: Ella Durst
p. 209: Silvia Costanti/ *Valor*/ *Folhapress*
p. 229: Simon Plestenjak
p. 253: Fernández-Gesret
p. 275: Reprodução — Ficha de imigração
p. 311: CárcamO
p. 337: Orlando Brito
p. 357: Roberto Castro
p. 381: Egberto Nogueira
p. 413: Ana Carolina Fernandes
p. 439: Ella Durst
p. 469: Daniela Pinheiro
p. 493: Roberto Negreiros
p. 523: Fotomontagem feita pela *piauí*
p. 541: Fotomontagem com arquivo pessoal

ESTA OBRA FOI COMPOSTA EM MINION PELO ACQUA ESTÚDIO E IMPRESSA PELA GRÁFICA BARTIRA EM OFSETE SOBRE PAPEL PÓLEN SOFT DA SUZANO PAPEL E CELULOSE PARA A EDITORA SCHWARCZ EM NOVEMBRO DE 2016

FSC
www.fsc.org
MISTO
Papel produzido a partir de fontes responsáveis
FSC® C105484

A marca FSC® é a garantia de que a madeira utilizada na fabricação do papel deste livro provém de florestas que foram gerenciadas de maneira ambientalmente correta, socialmente justa e economicamente viável, além de outras fontes de origem controlada.